섹션 SECTION
벼개기

종합편

LEVEL 1

책임 집필·검토진

유동훈, 양다원, 고하은, 이선민, 김완주, 심수연

섹션별개기 종합편

LEVEL 1

지 은 이 | IAP BOOKS

기　　획 | 유동훈　양다원

개　　발 | 고하은　김정진　이선민　김완주

디 자 인 | 정은아　정수진　최미나　오예인

조　　판 | 정수진　최미나

영　　업 | 한기영　이경구　박인규　정철교　김남준　이우현

마 케 팅 | 박혜선　남경진　이지원　김여진

섹션 SECTION
뽀개기
종합편
LEVEL 1

상쾌한 **향상**을 경험하다

국어 문제의 해결사 SLS

학습자 맞춤형 문제은행 출제 마법사
Smart Learning Solution

학생들에게 1:1 과외의 효과를!

초등 4학년부터 고등 3학년까지!
개별 학생에게 맞춘 유연한 문제은행 출제 마법사
시스템이기에 더욱 빠르고 학습진단 및 분석,
그리고, 이에 맞춘 처방까지!
학생들의 성적이 달라집니다!!

온라인 교재 학습

▸ 온라인 제공 문제 서비스
▸ 출판사, 난이도별 문제

차별화된 인강시스템

▸ 모든 문항별 강의 동영상
▸ 강좌별 영상 강의

SMART LEARNING SOLUTION
SLS

유사 문제 자동 추천

▸ 오답 문제와 유사한 문제 제공
▸ 오답 문제 완전 정복

130만 국어 문항 DB

▸ 국내 최대 DB
▸ 수능, 내신 모든 문항의 DB

화법 / 작문 / 언어 / 매체, 독서, 문학 1(현대시 / 고전운문), 문학 2(현대소설 / 고전산문)까지 예비 고등국어 전 갈래를 학습할 수 있도록 구성되어 있습니다. 각 갈래별로 지문과 대표 문항, 고난도 문항을 단계별로 제공하여 스스로 문제를 풀고 해결해 나갈 수 있도록 편집되었습니다.

섹션뽀개기

현대시, 현대소설, 고전운문, 고전산문, 극수필, 독서, 화법과 작문, 문법 총 8권으로 구성되어 있습니다. 실전에 들어가기 전 꼭 알아야 할 기본 개념을 체크하고, 각 갈래별로 유형과 개념이 잘 나타난 대표 유제를 통해 문제 접근법과 풀이 방법을 익힐 수 있습니다. 또한 수능 및 전국연합 기출 문제를 선별하여 앞에서 학습한 개념과 관련된 문제를 통해 실제 문제에 대한 해결력을 기르고 수능 감각을 익힐 수 있도록 하였습니다. 자기 주도학습을 할 수 있도록 인강을 제공하고, SLS 시스템을 통해 취약 영역도 보완하도록 지원하고 있습니다.

섹션뽀개기 실전편

문학, 독서, 화법과 작문, 언어와 매체 총 4권으로 구성되어 있습니다. 각 항목별로 개념과 대표 유제, 실전 문제를 단계별로 제공하여 스스로 문제를 풀고 해결해 나갈 수 있도록 편집되었습니다. 자기 주도학습을 할 수 있도록 인강을 제공하고, SLS 시스템을 통해 취약 영역도 보완하도록 지원하고 있습니다.

기승전결 모의고사

LEVEL 1(Ⅰ·Ⅱ·Ⅲ·Ⅳ), LEVEL 2(Ⅰ·Ⅱ·Ⅲ·Ⅳ), LEVEL 3(Ⅰ·Ⅱ·Ⅲ·Ⅳ), LEVEL 4(Ⅰ·Ⅱ·Ⅲ·Ⅳ)등 총 16권으로 구성되어 있습니다. 권당 실전 모의고사 9회가 수록되어 있고, 주차별로 1회씩 학습하도록 구성했습니다. 수능, 평가원, 교육청에서 출제되었던 실전 모의고사와 자체적으로 만들고 리믹스한 모의고사로 편성되어 있습니다. 자기 주도 학습을 할 수 있도록 인강을 제공하고, SLS 시스템을 통해 취약 영역도 보완하도록 지원하고 있습니다.

리딩플러스 국어

총 8단계로 구성되어 아이들이 다양한 갈래의 책을 읽고, 책에 관련된 문제를 풀어보며 글쓰기 실력을 향상시킬 수 있는 독서논술 교재입니다. 책을 읽으면서 궁금해할 만한 것이나 중요한 개념을 안내하는 배경 지식, 책에 등장한 어휘 관련 문제, 책에서 발췌한 제시문에 대한 독해력·사고력 문제를 통해 아이들이 흥미롭게 독서 활동을 할 수 있도록 하고, 책을 읽은 후 느낀 점 등을 독후활동지로 정리할 수 있도록 구성되어 있으며, SLS 시스템을 통해 온라인으로도 학습할 수 있도록 지원하고 있습니다.

어휘어법

LEVEL 1(Ⅰ·Ⅱ), LEVEL 2(Ⅰ·Ⅱ), LEVEL 3(Ⅰ·Ⅱ), LEVEL 4(Ⅰ·Ⅱ) 등 총 8권으로 구성되어 있습니다. 학기별로 학습할 수 있도록 권당 18~26강으로 편성되어 있고, 모듈 프로세스를 통해서 영역별 학습이 가능하게 만들어져 있습니다. 사자성어·속담·한자어·관용어·혼동어휘 등을 교재별로 모듈화하여 단계별로 학습하고 주차별로 테스트를 하도록 구성되어 있습니다.

구성과 특징

실전문제

1. 수능, 모평, 학평 및 전국연합 기출 문제를 선별하여 다양한 영역 및 주제의 문제들을 통해 실전 감각을 익힐 수 있도록 구성하였습니다.

2. 지문별 핵심 정리, 문제풀이 맥을 제시하여 지문에 대한 이해도를 높이고 학습 효과를 올릴 수 있습니다.

핵심정리

지문과 연관된 필수 개념과 중심 내용을 정리하여 그 내용을 쉽게 이해할 수 있도록 구성하였습니다.

QR코드

QR코드를 활용하여 최적화된 온라인 학습을 구현할 예정입니다.

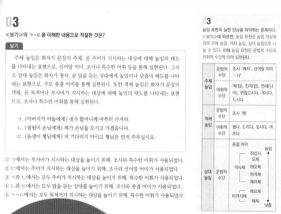

문제풀이 맥

문제별 문제풀이 맥을 제시하여 문제의 접근 방법을 확인하고, 쉽게 문제를 풀 수 있도록 구성하였습니다.

스스로 점검하기

유형별 체점표를 통해 스스로 부족한 유형을 점검할 수 있도록 구성히였습니다.

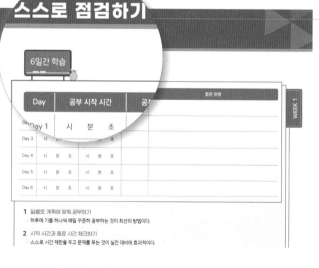

정답 및 해설

1. 지문별로 해설과 문제 유형을 제시하여 문제에 대한 이해의 폭을 넓히고, 전략적으로 공부할 수 있도록 하였습니다.
2. 차별화된 IAP BOOKS만의 꼼꼼한 선지 분석을 통해 정답이 정답인 이유, 오답이 오답인 이유를 명확하게 구분할 수 있습니다.

| 지문 분석
본문에 나온 지문별 상세한 해설에 주석을 첨부하여 혼자서도 깊이있는 이해를 할 수 있도록 구성하였습니다.

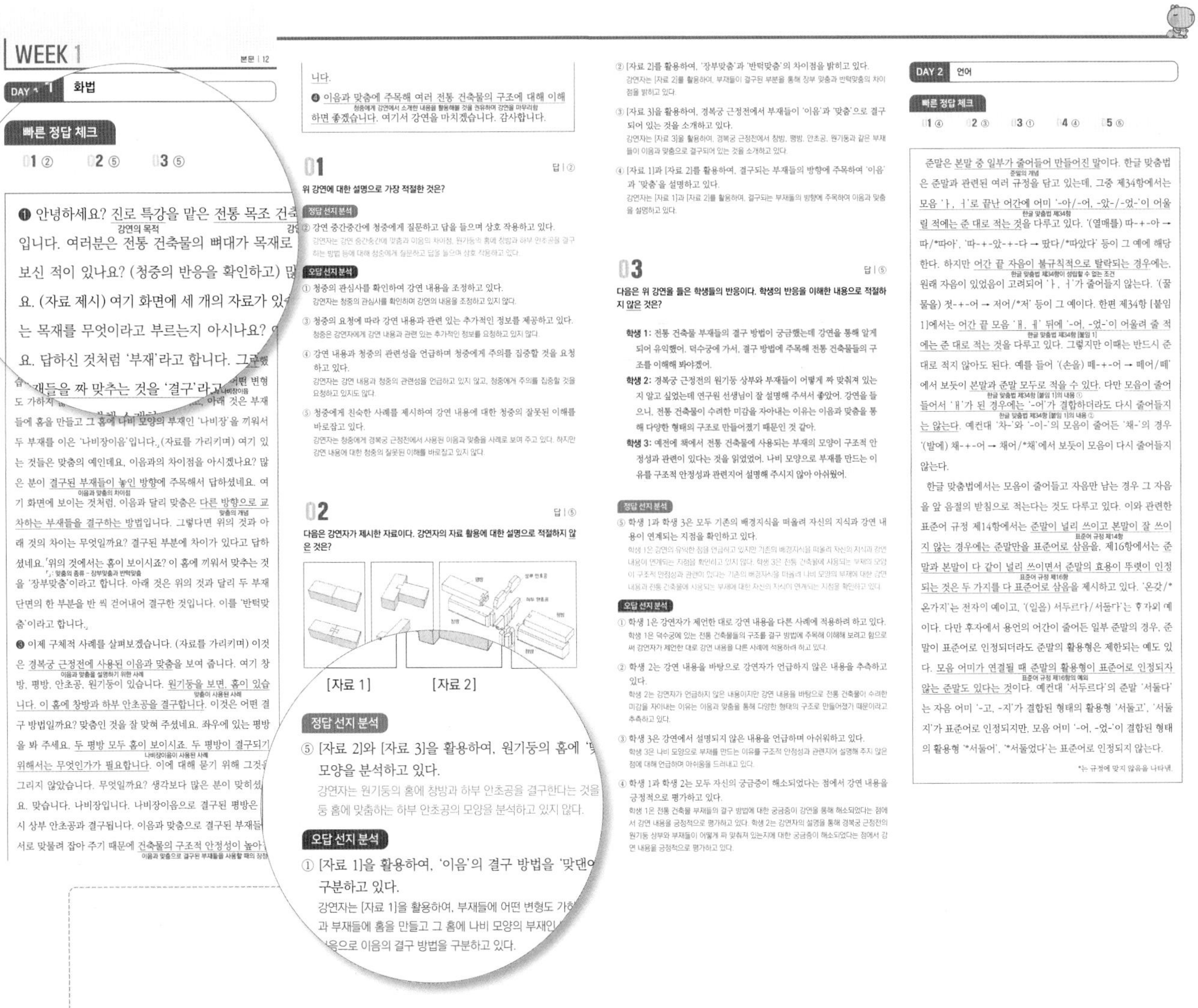

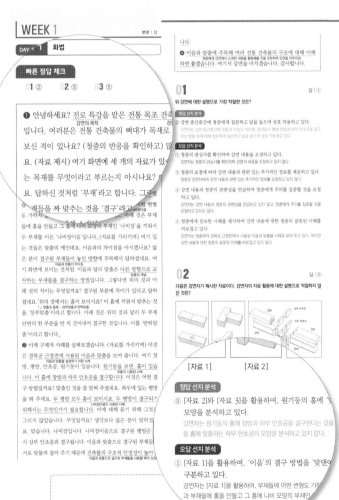

WEEK 1

본문 | 12

DAY 1 화법

빠른 정답 체크

1 ② **2** ⑤ **3** ⑤

❶ 안녕하세요? 진로 특강을 맡은 전통 목조 건축
입니다. 여러분은 전통 건축물의 뼈대가 목재로
보신 적이 있나요? (청중의 반응을 확인하고) 많
요. (자료 제시) 여기 화면에 세 개의 자료가 있�_
는 목재를 무엇이라고 부르는지 아시나요?
요. 답하신 것처럼 '부재'라고 합니다. 그ㄹ─
재들을 짜 맞추는 것을 '결구'라고
도 가히지ㅡㅡㅡㅡㅡㅡㅡㅡㅡㅡㅡㅡㅡ
들에 홈을 만들고 그 홈에 나비 모양의 부재인 '나비장'을 끼우며
두 부재를 이은 '나비장이음'입니다. (자료를 가리키며) 여기 있
는 것들은 맞춤의 예입니다. 이음과의 차이점을 아시겠나요? 많
ㅡㅡㅡ 분이 결구된 부재들이 놓인 방향으로 주목해서 답하셨네요. 여
기 화면에 보이는 것처럼, 이음과 달리 맞춤은 다른 방향으로 교
차하는 부재를 결구하는 방법입니다. 그렇다면 위의 것과 아
래 것의 차이는 무엇일까요? 결구된 부분에 차이가 있다고 답하
셨네요. '위의 것에서는 홈이 보이죠? 이 홈에 끼워서 맞추는 것
을 '장부맞춤'이라고 합니다. 아래 것은 위의 것과 달리 두 부재
단면의 한 부분을 반 씩 걸어내어 결구한 것입니다. 이를 '반턱맞
춤'이라고 합니다.

❸ 이제 구체적 사례를 살펴보겠습니다. (자료를 가리키며) 이것
은 경복궁 근정전에 사용된 이음과 맞춤을 보여 줍니다. 여기 장
방, 평방, 안초공, 원기둥이 있습니다. 원기둥을 보면, 홈이 있습
니다. 이 홈에 창방과 하부 안초공을 결구합니다. 이것은 어떤 결
구 방법일까요? 맞춤인 것을 잘 맞혀 주셨네요. 좌우에 있는 평방
을 봐 주세요 두 평방이 놓이시죠. 두 평방이 결구된 모양을 보기
위해서는 무엇인가가 필요합니다. 이에 대해 묻기 위해 그것을
그리지 않았습니다. 무엇일까요? 생각보다 많은 분이 맞혀셨
요. 맞습니다. 나비장입니다. 나비장이음으로 결구된 평방은
시 상부 안초공과 결구됩니다. 이음과 맞춤으로 결구된 부재들
서로 맞물려 잡아 주기 때문에 건축물의 구조적 안정성이 높아

니다.

❹ 이음과 맞춤에 주목하여 여러 전통 건축물의 구조에 대해 이해
하면 좋겠습니다. 여기서 강연을 마치겠습니다. 감사합니다.

01

답 | ②

위 강연에 대한 설명으로 가장 적절한 것은?

정답 선지 분석
② 강연 중간중간에 청중에게 질문하고 답을 들으며 상호 작용하고 있다.

오답 선지 분석
① 청중의 관심사를 확인하여 강연 내용을 조정하고 있다.
③ 청중의 요청에 따라 강연 내용과 관련 있는 추가적인 정보를 제공하고 있다.
④ 강연 내용과 청중의 관련성을 언급하여 청중에게 주의를 집중할 것을 요청하고 있다.
⑤ 청중에게 친숙한 사례를 제시하여 강연 내용에 대한 청중의 잘못된 이해를 바로잡고 있다.

02

답 | ⑤

다음은 강연자가 제시한 자료이다. 강연자의 자료 활용에 대한 설명으로 적절하지 않은 것은?

[자료 1]   [자료 2]

정답 선지 분석
⑤ [자료 2]와 [자료 3]을 활용하여, 원기둥의 홈에 '평
모양을 분석하고 있다.
강연자는 원기둥의 홈에 창방과 하부 안초공을 결구한다는 것을
둥 홈에 맞춤하는 하부 안초공의 모양을 분석하고 있지 않다.

오답 선지 분석
① [자료 1]을 활용하여, '이음'의 결구 방법을 '맞댄어
구분하고 있다.
강연자는 [자료 1]을 활용하여, 부재들에 어떤 변형도 가히
과 부재에 홈을 만들고 그 홈에 나비 모양의 부재인
음으로 이음의 결구 방법을 구분하고 있다.

③ [자료 2]를 활용하여, '장부맞춤'과 '반턱맞춤'의 차이점을 밝히고 있다.
강연자는 [자료 2]를 활용하여, 부재들이 결구된 부분을 통해 장부 맞춤과 반턱맞춤의 차이점을 밝히고 있다.

③ [자료 3]을 활용하여, 경복궁 근정전에서 부재들이 '이음'과 '맞춤'으로 결구
되어 있는 것을 소개하고 있다.
강연자는 [자료 3]을 활용하여, 경복궁 근정전에서 창방, 평방, 안초공, 원기둥과 같은 부재
들이 이음과 맞춤으로 결구되어 있는 것을 소개하고 있다.

④ [자료 1]과 [자료 2]를 활용하여, 결구되는 부재들의 방향에 주목하여 '이음'
과 '맞춤'을 설명하고 있다.
강연자는 [자료 1]과 [자료 2]를 활용하여, 결구되는 부재의 방향에 주목하여 이음과 맞춤
을 설명하고 있다.

03

답 | ⑤

다음은 위 강연을 들은 학생들의 반응이다. 학생의 반응을 이해한 내용으로 적절하
지 않은 것은?

학생 1: 전통 건축물 부재들의 결구 방법이 궁금했는데 강연을 통해 알게
되어 유익했어. 덕수궁에 가서, 결구 방법에 주목해 여러 전통 건축물을 이
해해 봐야겠어.

학생 2: 경복궁 근정전의 원기둥 상부와 부재들이 어떻게 짜 맞춰져 있는
지 알고 싶었는데 연구원 선생님이 잘 설명해 주셔서 좋았어. 강연을 들
으니, 전통 건축물이 수려한 미감을 자아내는 이유는 이음과 맞춤을 통
해 다양한 형태의 구조로 만들어지기 때문인 것 같아.

학생 3: 강연에 책에서 전통 건축물에 사용되는 부재의 모양이 구조적 안
정성과 관련이 있다는 것을 알았어. 나비 모양으로 부재를 만드는 이
유를 구조적 안정성과 관련지어 설명해 주시지 않아 아쉬웠어.

정답 선지 분석
⑤ 학생 1과 학생 3은 모두 기존의 배경지식을 떠올려 자신의 지식과 강연 내
용이 연계되는 지점을 확인하고 있다.

오답 선지 분석
① 학생 1은 강연자가 제안한 대로 강연 내용을 다른 사례에 적용하려 하고 있다.
② 학생 2는 강연 내용을 바탕으로 강연자가 언급하지 않은 내용을 추측하고 있다.
③ 학생 3은 강연에서 설명되지 않은 내용을 언급하며 아쉬워하고 있다.
④ 학생 1과 학생 2는 모두 자신의 궁금증이 해소되었다는 점에서 강연 내용을 긍정적으로 평가하고 있다.

DAY 2 언어

빠른 정답 체크

1 ① **2** ③ **3** ③ **4** ④ **5** ⑤

준말은 본말 중 일부가 줄어들어 만들어진 말이다. 한글 맞춤법
은 준말과 관련된 여러 규정을 담고 있다. 그중 제34항에서는
모음 'ㅏ, ㅓ'로 끝난 어간에 어미 '-아/-어, -았-/-었-'이 어울
릴 적에는 준 대로 적는 것을 다루고 있다. (열매들) 따+-아 →
따/*따아, '따-+-았-+-다 → 땄다/*따았다' 등이 그 예에 해당
한다. 하지만 어간 끝 자음이 불규칙적으로 탈락되는 경우에는,
원래 자음이 있었음이 고려되어 'ㅏ, ㅓ'가 줄어들지 않는다. (꿀
물을) 젓-+-어 → 저어/*저 등이 그 예이다. 한편 제34항 [붙임
1]에서는 어간 끝 모음 'ㅐ, ㅔ' 뒤에 '-어, -었-'이 어울려 줄 적
에는 준 대로 적는 것을 다루고 있다. 그렇지만 이때는 반드시 준
대로 적지 않아도 된다. 예를 들어 '(손을) 깨-+-어 → 깨어/깨'
에서 보듯이 본말과 준말 모두로 적을 수 있다. 다만 모음이 줄어
들어서 'ㅐ'가 된 경우에는 '-어'가 결합하더라도 다시 줄어들지
는 않는다. 예컨대 '차-'와 '-이-'의 모음이 줄어든 '채-'의 경우
'(발에) 채-+-어 → 채어/*채'에서 보듯이 모음이 다시 줄어들지
않는다.

한글 맞춤법에서는 모음이 줄어들고 자음만 남는 경우 그 자음
을 앞 음절의 받침으로 적는다는 것도 다루고 있다. 이와 관련한
표준어 규정 제14항에서는 준말이 널리 쓰이고 본말이 잘 쓰이
지 않는 경우에는 준말만을 표준어로 삼음을 다룬다. 제16항에서는 준
말과 본말이 다 같이 널리 쓰이면서 준말의 효용이 뚜렷이 인정
되는 것을 두 가지를 다 표준어로 삼음을 제시하고 있다. '온갖/*
온가지'는 전자의 예이고, '(일을) 서두르다/서둘다'는 후자의 예
이다. 다만 후자에서 용언의 어간이 줄어든 일부 준말의 경우, 준
말이 표준어로 인정되더라도 준말의 활용형은 제한되는 예도 있
다. 모음 어미가 연결될 때 준말의 활용형이 표준어로 인정되지
않는 준말도 있다는 것이다. 예컨대 '서두르다'의 준말 '서둘다'
는 자음 어미 '-고, -지'가 결합된 형태의 활용형 '서둘고', '서둘
지'가 표준어로 인정되지만, 모음 어미 '-어, -었-'이 결합된 형태
의 활용형 '*서둘어', '*서둘었다'는 표준어로 인정되지 않는다.

*는 규정에 맞지 않음을 나타냄.

| 정·오답 선지 분석
수록된 모든 문제의 정답 및 오답을 꼼꼼히 분석하여 **정답**이 정답인 이유, **오답**이 오답인 이유를 명확히 구분할 수 있도록 하였습니다.

목차

WEEK 5

WEEK 6

WEEK 7

WEEK 8

핵심정리

갈래
발표

제재
병풍

화제
병풍의 특징과 의의

문단 중심 내용

❶ 발표 주제 선정 배경
❷ 병풍 이름의 뜻과 구조적 특징
❸ 병풍의 장식적 특징
❹ 병풍의 유교적 특징
❺ 병풍의 의의와 당부

병풍

의미	'바람을 막는다.'
기능	• 바람을 막는 기능 • 무엇을 가리는 용도
특징	• 구조적 특징: 펼치고 접을 수 있어서 공간을 효율적으로 사용할 수 있음. • 장식적 특징: 상징적인 의미를 그린 그림들을 사용하여 상황에 맞는 분위기를 조성함. • 유교적 특징: 글자와 그림이 어우러져 유교의 주요 덕목을 되새기게 함.

발표 특징

• 발표 내용에 대한 구체적인 예시를 활용함.
• 준비한 시각 자료를 바탕으로 대상의 특징과 기능을 설명함.

※ 다음은 학생의 발표이다. 물음에 답하시오.

❶ 안녕하세요? 여러분, 병풍이 무엇인지 알고 계신가요? (청중의 반응을 살피며) 네, 고개를 끄덕이는 분들이 많으시네요. 최근 한 휴대폰 제조사에서 여러 번 접을 수 있는 병풍의 특징을 적용한 '병풍폰'을 개발한다는 기사를 보았습니다. 저는 이 기사를 보고 호기심이 생겨 전통 공예품 중 병풍에 대해 조사하여 발표하게 되었습니다.

❷ '병풍'은 바람을 막는다는 의미를 지니는데, 바람을 막는 기능 외에 무엇을 가리는 용도로도 사용되는 소품입니다. (㉠ 자료를 제시하며) 병풍은 이렇게 펼치고 접을 수 있는 구조적 특징이 있어 공간을 효율적으로 사용할 수 있도록 하는 장점이 있습니다. 병풍을 펼쳐 공간을 분리하거나, 접어서 공간을 확장하여 사용할 수 있기 때문입니다. 이러한 구조적 특징으로 인해 야외나 다른 공간으로 병풍을 옮겨 사용하기 편리하고, 접었을 때 보관하기에도 용이합니다.

❸ 병풍은 공간을 꾸며 상황에 맞는 분위기를 조성하는 장식적 특징도 있습니다. 이러한 특징은 병풍에 그림을 넣는 데서 두드러지게 나타나는데, 병풍에는 상징적인 의미를 지닌 그림들을 사용하는 경우가 많습니다. 장수를 기원할 때는 십장생을, 선비의 지조를 강조하고자 할 때는 사군자를 그린 그림을 사용하기도 하였습니다. (㉡ 자료를 제시하며) 지금 보시는 이 병풍에는 꽃과 새가 그려져 있는데, 결혼식 때 신랑 신부의 행복과 부귀영화를 기원하는 상징적 의미를 담은 것입니다. 꽃과 새를 화려하게 그려 넣어 장식함으로써 결혼식의 경사스러운 분위기를 조성하는 데 사용합니다.

❹ (㉢ 자료를 제시하며) 여러분, 이 병풍에는 어떤 특징이 있을까요? (청중의 대답을 듣고) 네, 맞습니다. 이 병풍은 글자와 그림이 어우러져 있는 '문자도 병풍'입니다. 문자도 병풍은 유교의 주요 덕목을 나타내는 글자를 그린 병풍입니다. 보시는 것처럼 '효'라는 한자와 다양한 소재들이 어우러져 있는데요, 각 소재들은 효자와 관련된 이야기에 등장하는 것들입니다. 이 중에서 가장 크게 보이는 잉어를 예로 들자면, 추운 겨울에 물고기를 드시고 싶어 하는 부모님을 위해 얼음을 깨고 물고기를 잡은 효자의 설화와 관련이 있습니다. 이러한 문자도 병풍은 집안을 장식하고 유교적 덕목을 되새기기 위한 용도로 사용되었습니다.

❺ 병풍은 우리 선조들의 생활 속에서 꾸준하게 사랑받아 온, 실용성과 예술성을 겸비한 생활용품입니다. 앞으로 여러분께서도 어디선가 병풍을 접했을 때 관심 있게 살펴봐 주시기 바랍니다. 그리고 발표 내용을 떠올리면서 병풍에 담긴 의미를 생각해 보고, 그 아름다움도 느껴 보시면 좋을 것 같습니다. 이상으로 발표를 마치겠습니다.

01

위 발표에 대한 설명으로 적절하지 않은 것은?

① 발표 소재를 선정한 계기를 언급하며 발표를 시작하고 있다.

② 다른 대상과 대비하여 발표 소재의 장점을 강조하고 있다.

③ 구체적인 예를 들어 발표 내용에 대한 이해를 돕고 있다.

④ 질문을 던지는 방식을 활용하여 청중과 상호작용하고 있다.

⑤ 발표 소재에 대한 관심을 당부하며 발표를 마무리하고 있다.

02

다음은 발표를 듣고 학생이 보인 반응이다. 이를 이해한 내용으로 가장 적절한 것은?

> 얼마 전 카페에서 전체를 접고 펼 수 있는 구조로 된 창문을 보았어. 날씨가 나쁠 때는 펼쳐서 외부와 차단하고, 날씨가 좋을 때는 접어서 공간을 확장하여 사용하고 있었어. 발표 내용을 듣고 그 창문이 공간을 분리하고 확장하는 병풍의 구조적 특징과 유사하다고 생각하게 되었어. 박물관에서나 볼 수 있는 옛날 물건이라고만 생각했던 병풍이 가지는 현대적 가치를 생각해 보는 기회가 되었어.

① 자신의 경험과 관련지어 발표 소재에 대해 새롭게 인식하고 있다.

② 발표 내용이 발표 주제에 부합하는지 객관적으로 분석하고 있다.

③ 발표를 듣기 전에 지녔던 의문을 발표 내용을 통해 해소하고 있다.

④ 발표 내용 중 사실과 의견을 구분하여 선별적으로 수용하고 있다.

⑤ 배경지식을 활용하여 발표자의 견해를 비판적으로 평가하고 있다.

■ **문제풀이 맥** ■

01

발표자의 말하기 전략을 이해하는 문제이다. 세부적인 내용을 파악하기에 앞서, 어떠한 방식을 사용하여 발표 내용을 전달하고 있는지 파악해야 한다. 또한 발표 전략이 해당 발표에서 어떤 효과를 나타내는지 정확하게 파악해야 한다.

문단별 주요 말하기 방식

1문단	발표 주제 선정 동기 제시
2~4문단	시각 자료를 활용하여 발표 대상의 특징 소개
5문단	• 발표 대상의 의의 제시 • 마무리 인사 및 당부

02

청자의 반응을 이해하는 문제이다. 이러한 유형의 문제는 발표의 내용을 전체적으로 이해하고 있어야 한다. 또한 청자가 어떠한 반응을 보였는지 파악하여 선택지에 대입해야 한다.

03

03

자료 활용 방안을 파악하는 문제이다. 이러한 문제는 발표 중 자료를 제시하는 부분의 앞뒤 맥락을 고려하여 어떠한 자료가 사용되었는지를 추론해야 한다. [자료 1]은 병풍의 구조적 측면을, [자료 2]는 병풍의 장식적 측면을, [자료 3]은 병풍의 유교적 측면을 보여 주는 자료이다.

다음은 발표자가 제시한 자료이다. 발표자의 자료 활용에 대한 이해로 적절하지 <u>않은</u> 것은?

[자료 1]　　　　　　[자료 2]　　　　　　[자료 3]

① ㉠에서 [자료 1]을 활용하여, 펼치고 접을 수 있어 공간 활용의 효율성을 높이는 병풍의 구조적 특징을 설명하였다.

② ㉠에서 [자료 1]을 활용하여, 실내외 공간에 따라 그림이나 글자를 선택할 수 있는 병풍의 다양성을 설명하였다.

③ ㉡에서 [자료 2]를 활용하여, 기원하는 바를 그림에 담아 표현하는 병풍의 상징성을 설명하였다.

④ ㉡에서 [자료 2]를 활용하여, 공간을 꾸며 상황에 맞는 분위기를 조성하는 병풍의 장식적 특징을 설명하였다.

⑤ ㉢에서 [자료 3]을 활용하여, 글자와 그림을 통해 유교적 덕목을 되새길 수 있는 병풍의 용도를 설명하였다.

2 Day 언어

언어 고1 2023년 6월

※ [01~02] 다음 글을 읽고 물음에 답하시오.

보조사는 앞말에 붙어 특별한 뜻을 더해 주는 기능을 한다. 격 조사가 문법적 관계를 나타내 주는 것과 달리, 보조사는 앞말에 결합되어 의미를 첨가하는 기능을 한다.

ㄱ. 소설만 읽지 말고 시도 읽어라.
ㄴ. 소설만을 읽지 말고 시도 읽어라.

위의 ㄱ에서 '만'은 앞 체언에 '한정'의 의미를 더해 주고 있으며, '도'는 앞 체언에 '역시, 또한'의 의미를 더해 주고 있다. 한편 ㄴ의 '만을'에서 확인할 수 있듯이, 보조사와 격 조사가 함께 나타날 수 있다. 이때 문법적 관계는 격 조사가 담당하고 보조사는 앞말에 특정한 의미를 더해 주는 기능을 한다.

보조사의 다른 특징은 결합할 수 있는 앞말이 체언에 국한되지 않고, 부사, 어미 등의 뒤에도 결합할 수 있다는 것이다. 또한 '격 조사+보조사' 혹은 '보조사+보조사'의 형태로도 결합할 수 있고, 격 조사 자리에 보조사가 나타날 수도 있다.

[A]
한편 ⓐ 보조사 중에서 ⓑ 의존 명사 또는 어미와 그 형태가 동일한 경우가 있어 헷갈릴 수 있다.

ㄱ. 나는 나대로 계획이 있다.
ㄴ. 네가 아는 대로 말해라.

위 ㄱ에서 '대로'는 대명사 '나'에 결합되었기 때문에 보조사로, ㄴ에서 '대로'는 관형어의 수식을 받기 때문에 의존 명사로 본다.

핵심정리

조사의 종류

격 조사	문장에서 자신의 앞에 오는 체언에 일정한 자격을 가지도록 하는 조사
접속 조사	두 단어를 같은 자격으로 이어 주는 조사
보조사	앞말에 특별한 뜻을 더하여 주는 조사

보조사의 결합

	예시
체언	쉬면서 영화도 보자. 휴식은 중요하다. 너희 중 셋만 쉬어라.
부사	가끔은 쉬어야 한다.
어미	주말엔 집에서 쉬어요.
격 조사	집에서도 못 쉰다.
보조사	그때까지만 쉬자.

보조사와 의존 명사의 구분

보조사	의존 명사
띄어쓰기 ×	띄어쓰기 ○
주로 체언과 결합	주로 관형어와 결합

01

보조사를 이해하는 문제이다. 국어의 조사 중에 주로 체언 뒤에 결합하여 문법적인 관계를 나타내는 격 조사와 체언, 부사, 활용 어미 등에 붙어서 특별한 의미를 더해주는 보조사가 있다.

윗글을 참고하여 <보기>의 ㉠~㉢을 이해한 것으로 적절하지 않은 것은?

보기

㉠ 라면마저도 품절됐네.
㉡ 형도 동생만을 믿었다.
㉢ 그는 아침에만 운동했다.

① ㉠: 격 조사 뒤에 '역시, 또한'의 의미를 더해 주는 보조사가 덧붙고 있다.

② ㉡: 주격 조사 자리에 '도'라는 보조사가 나타나고 있다.

③ ㉡: 보조사 '만'과 격 조사 '을'이 함께 나타나고 있다.

④ ㉢: '에'는 체언에 결합하여 문법적 관계를 나타낸다.

⑤ ㉢: '만'은 보조사가 결합할 수 있는 앞말이 체언에 국한되지 않음을 보여 준다.

02

보조사와 의존 명사를 이해하는 문제이다. 보조사와 의존 명사의 형태가 동일한 경우 띄어쓰기와 수식 관계에 따라 구분할 수 있다. 조사는 단어이지만 독립성이 없기 때문에 앞말에 붙여 사용한다. 반면 의존 명사는 문장 안에서 홀로 쓰이지 못하지만, 앞말과 띄어 쓰는 것을 원칙으로 한다. 조사는 주로 체언과 결합하여 나타나지만 의존 명사는 관형사의 수식을 받거나 관형사형 전성 어미가 결합한 용언의 수식을 받을 수 있다.

[A]에서 설명하는 ⓐ, ⓑ의 예에 해당하는 것은?

① ⓐ: 이것은 나에게만큼은 소중한 물건이다.
　 ⓑ: 너는 먹을 만큼만 먹어라.

② ⓐ: 그는 그냥 서 있을 뿐이다.
　 ⓑ: 날 알아주는 사람은 너뿐이다.

③ ⓐ: 그녀는 뛸 듯이 기뻐했다.
　 ⓑ: 사람마다 생김새가 다르듯이 생각도 다르다.

④ ⓐ: 나는 사과든지 배든지 아무거나 좋다.
　 ⓑ: 노래를 부르든지 춤을 추든지 해라.

⑤ ⓐ: 불규칙한 식습관은 건강에 좋지 않다.
　 ⓑ: 친구를 만난 지도 꽤 오래되었다.

03

<보기>의 [활동]을 수행한 결과로 적절하지 <u>않은</u> 것은?

보기

[활동] 제시된 단어의 발음을 [자료]와 연결해 보자.

신라, 칼날, 생산량, 물난리, 불놀이

[자료]

㉠ 'ㄹ'의 앞에서 'ㄴ'이 [ㄹ]로 발음되는 경우

㉡ 'ㄹ'의 뒤에서 'ㄴ'이 [ㄹ]로 발음되는 경우

㉢ 'ㄴ'의 뒤에서 'ㄹ'이 [ㄴ]으로 발음되는 경우

① '신라'는 ㉠에 따라 [실라]로 발음하는군.

② '칼날'은 ㉡에 따라 [칼랄]로 발음하는군.

③ '생산량'은 ㉢에 따라 [생산냥]으로 발음하는군.

④ '물난리'는 ㉠, ㉡에 따라 [물랄리]로 발음하는군.

⑤ '불놀이'는 ㉡, ㉢에 따라 [불로리]로 발음하는군.

03

음운의 변동 중 교체란 한 음운이 다른 음운으로 바뀌는 현상을 말한다. 이때 'ㄴ'이 유음 'ㄹ'의 영향을 받아 'ㄹ'으로 동화되는 음운 현상을 유음화라고 한다. 이러한 유음화는 두 가지 유형으로 나타난다.

① 유음이 아닌 음운 'ㄴ'이 'ㄹ'의 앞에서 유음 'ㄹ'으로 바뀌어 발음됨.   → ㄴ+ㄹ=[ㄹ+ㄹ] 예 난로[날로]
② 유음이 아닌 음운 'ㄴ'이 'ㄹ'의 뒤에서 유음 'ㄹ'으로 바뀌어 발음됨.   → ㄹ+ㄴ=[ㄹ+ㄹ] 예 달님[달림]

단, 한자어에 접사처럼 붙은 '란, 량, 력, 론, 료, 례, 령' 등은 비음화 현상을 적용하여 'ㄴ'으로 발음된다.

04

밑줄 친 ㉠의 예로 적절한 것은?

우리말의 문장 유형은 평서문, 의문문, 명령문, 청유문, 감탄문으로 나뉘는데, 대개 특정한 종결 어미를 통해 실현된다. 그런데 경우에 따라 ㉠ <u>동일한 형태의 종결 어미가 서로 다른 문장 유형을 실현</u>하기도 한다.

①	-니	너는 무엇을 먹었니? 아버님은 어디 갔다 오시니?
②	-ㄹ게	오늘은 내가 먼저 나갈게. 내가 나중에 다시 전화할게.
③	-구나	그것 참 그럴듯한 생각이구나. 올해도 과일이 많이 열리겠구나.
④	-ㅂ시다	지금부터 함께 청소를 합시다. 밥을 먹고 공원에 놀러 갑시다.
⑤	-어라	늦을 것 같으니까 어서 씻어라. 그 사람을 몹시도 만나고 싶어라.

04

문장의 유형을 이해하는 문제이다. 종결 어미는 문장의 맨 끝에 붙어 문장의 유형을 결정한다.

문장의 유형

평서문	말하는 이가 듣는 이에게 하고 싶은 말을 단순하게 진술하는 문장
의문문	말하는 이가 듣는 이에게 질문하여 대답을 요구하는 문장
명령문	말하는 이가 듣는 이에게 어떤 행동을 요구하는 문장
청유문	말하는 이가 듣는 이에게 어떤 행동을 함께 하자고 요청하는 문장
감탄문	말하는 이가 듣는 이를 의식하지 않고 자신의 감정이나 느낌을 표현하는 문장

05

05

국어사전의 정보를 이해하는 문제이다. 다의어란 하나의 단어가 여러 가지 의미를 가지고 있을 때 그 단어를 지칭하는 용어이고 동음이의어는 서로 다른 두 개 이상의 단어가 소리만 같은 경우이다. 사전에서 다의어는 한 표제어에 여러 뜻을 구분하여, 동음이의어는 단어에 따라 어깨번호를 달리하여 제시한다. 또한 사전을 활용하여 문형 정보를 알 수 있다. 예를 들어, 표제어 '삼다' 옆에는 동【…을 …으로】이라고 되어 있는데, 이는 '삼다'가 동사이자 세 자리 서술어라는 것을 나타낸다.

<보기>는 '사전 활용하기 학습 자료'의 일부이다. 이에 대해 탐구한 내용으로 적절하지 **않은** 것은?

보기

갈다¹ 동 갈아[가라] 가니[가니]
【…을, …을 …으로】 이미 있는 사물을 다른 것으로 바꾸다.
¶ 컴퓨터의 부속품을 좋은 것으로 갈았다.

갈다² 동 갈아[가라] 가니[가니]
1 【…을】 날카롭게 날을 세우거나 표면을 매끄럽게 하기 위하여 다른 물건에 대고 문지르다.
¶ 옥돌을 갈아 구슬을 만든다.
2 【…을】 잘게 부수기 위하여 단단한 물건에 대고 문지르거나 단단한 물건 사이에 넣어 으깨다.
¶ 무를 강판에 갈아 즙을 낸다.

갈다³ 동 갈아[가라] 가니[가니]
1 【…을】 쟁기나 트랙터 따위의 농기구나 농기계로 땅을 파서 뒤집다.
¶ 논을 갈다.
2 【…을】 주로 밭작물의 씨앗을 심어 가꾸다.
¶ 밭에 보리를 갈다.

① '갈다¹', '갈다²', '갈다³'은 동음이의어이군.
② '갈다³'은 여러 가지 뜻을 가지므로 다의어이군.
③ '갈다²-2'의 용례로 '무딘 칼을 날카롭게 갈다.'를 추가할 수 있겠군.
④ '갈다¹'은 '갈다²', '갈다³'과 달리 부사어를 요구할 수도 있는 동사로군.
⑤ '갈다¹', '갈다²', '갈다³'은 '갈-'에 '-니'가 결합할 때 표기와 발음이 같군.

3 Day

독서(기술)　고2 2023년 3월

mRNA 혁명, 세계를 구한 백신

시작시간　시　분　초 / 종료시간　시　분　초

온라인 문제풀이

정답 및 해설 | 5

WEEK 1

※ 다음 글을 읽고 물음에 답하시오.

❶ 세포핵 속 DNA에 저장된 생물체의 유전 정보는 mRNA로 전사되어 세포질로 내보내진 후 리보솜을 통해 단백질로 합성된다. 바이러스는 단백질로 둘러싸인 DNA나 RNA를 유전 물질로 갖는 기생체로, 생물체에 침입하여 자신의 유전 물질을 mRNA로 바꾼 뒤 숙주 세포가 스스로 바이러스 단백질을 합성하게 한다. 이에 대항해 생물체는 바이러스 단백질을 항원으로 인식하고 항체를 만들어 대항하거나 기억 세포를 생성해 같은 바이러스가 침입할 경우를 대비한다. 따라서 바이러스를 인공적으로 흉내 낸 물질인 백신을 접종하여 면역 반응을 일으키면 바이러스 감염에 미리 대비할 수 있다.

❷ mRNA 백신은 바이러스 단백질의 유전 정보를 암호화한 ⓐ mRNA를 접종하는 것으로, 주입된 mRNA를 통해 바이러스 단백질을 합성하여 면역 반응을 유도한다. 바이러스를 배양하여 접종하는 기존의 백신과 달리 mRNA 백신은 바이러스가 아니기 때문에 인체가 바이러스에 감염될 위험이 없으며 체내 효소에 의해 쉽게 분해된다. 반면 이처럼 체내에서 불안정할 뿐 아니라 분자의 크기가 크고 음전하를 띠고 있어 세포에 거의 흡수되지 않는 문제가 있다. 따라서 mRNA를 보호하여 세포 내로 진입시키기 위해 지질 나노 입자를 이용한다.

❸ 지질 분자는 지방산으로 이루어져 있기 때문에 물 분자와 섞이지 않는 소수성을 갖는다. 물은 분자 내 전하가 양극으로 분리된 상태인 극성을 띠거나 분자가 전하를 띠는 물질, 즉 친수성 물질과만 섞이고 소수성 물질은 소수성 물질과만 섞이기 때문이다. 한편 ㉠ 생물체의 세포막은 인지질로 구성되는데, 인지질은 지방산으로 이루어진 소수성 꼬리와 음전하를 띤 ⓑ 인산기 머리를 갖고 있다. 따라서 인지질은 친수성 용매나 소수성 용매 모두와 섞이는 양친매성 물질이다. 이에 따라 인지질의 친수성 머리는 세포 외부나 세포질의 수용액에 접하고 소수성 꼬리는 소수성 분자 간의 인력으로 인해 서로 몰려 있는 상태로 세포막이 구성된다. 세포막의 이러한 특징으로 인해 친수성 물질이 세포막을 투과하는 것이 차단된다.

❹ 양이온성 지질을 지질 나노 입자로 사용하면 mRNA와 세포막 사이에 전기적 반발력이 발생하는 것을 막을 수 있다. 음전하를 띤 mRNA가 양이온성 지질로 둘러싸이면 음전하를 띤 세포막의 인산기 머리와 서로 반발하지 않기 때문이다. 그런데 양이온성 지질은 실험실 환경에서는 mRNA를 세포 내로 진입시키는 데 도움이 되지만 체내에서는 양이온성 지질에 ⓒ 혈장 단백질이 흡착되어 mRNA의 세포막 투과가 제한된다.

❺ 따라서 용액의 pH*에 따라 양이온성이 달라지는 ⓓ 이온화 지질을 지질 나노 입자의 재료로 사용한다. pH가 낮은 용액에서는 수소 이온 농도가 높으므로 이온화

💬 **핵심정리**

문단 중심 내용

- ❶ 바이러스 감염에 대비하기 위한 백신
- ❷ mRNA 백신의 장점과 한계
- ❸ 지질 분자와 인지질로 구성된 세포막의 특징
- ❹ 양이온성 지질을 지질 나노 입자로 사용할 때의 한계
- ❺ mRNA-지질 나노 입자 복합체의 활용

mRNA 백신

개념	바이러스 단백질의 유전 정보를 암호화한 mRNA를 접종하는 것
장점	• 인체가 바이러스에 감염되지 않음. • 체내 효소에 의해 쉽게 분해됨.
한계	• 체내에서 불안정함. • 세포에 거의 흡수되지 않음.
해결 방법	지질 나노 입자 이용 → mRNA를 보호하여 세포 내로 진입시킴.

지질과 인지질

지질	• 지방산으로 이루어짐. • 소수성을 가짐.
인지질	• 소수성 꼬리(지방산) + 인산기 머리(음전하) • 양친매성 물질

⬇

친수성 물질의 세포막 투과 차단

양이온성 지질

장점	mRNA와 세포막 사이에 전기적 반발력이 발생하는 것을 막음.
한계	체내에서는 혈장 단백질로 인해 mRNA의 세포막 투과가 제한됨.

mRNA-지질 나노 입자 복합체의 활용

낮은 pH에서 mRNA와 이온화 지질 결합

⬇

pH를 높여
중성의 mRNA-지질 나노 입자 복합체 생성

복합체가 세포막의 수용체에 결합

내포 작용에 의해 세포 내부로 진입

세포질 안에 엔도솜 구조체 형성

엔도솜 내부의 산성화

엔도솜 막이 불안정해져
mRNA가 세포질로 방출

방출된 mRNA가 리보솜과 결합

바이러스 단백질 합성, 기억 세포 생성

바이러스 감염에 대비

▌ 문제풀이 맥 ▌

01

글의 세부 정보를 파악하는 문제이다. 지문 전체에 걸쳐 설명된 mRNA 백신의 특징과 작용 방식, 기존 백신과의 차이점 등을 이해해야 한다. 특히, 선택지에 낯선 용어가 등장하면 용어가 잘못 쓰이지는 않았는지 다시 확인해야 한다.

지질이 양이온화된다. 반면 pH가 높은 용액에서는 수소 이온을 적게 받아들여 이온화 지질이 전기적으로 중성이 되므로 이온화 지질에 혈장 단백질이 흡착되지 않는다. 즉 낮은 pH에서 mRNA와 이온화 지질을 결합시킨 뒤 pH를 높이면 중성의 'mRNA-지질 나노 입자 복합체'를 만들 수 있고, 이 복합체는 세포막의 수용체에 결합하여 내포 작용에 의해 세포 내부로 진입할 수 있다. 내포 작용이란 일종의 생화학적 싱크홀 현상으로, 세포막의 일부가 수용체에 결합한 외부 물질과 함께 세포질로 함입되는 현상이다. 내포 작용이 일어나면 세포질 안에 엔도솜 구조체가 형성된다. 세포질에서 엔도솜 내부는 산성화되는데, 이에 따라 ⓒ 세포막에서 유래한 엔도솜 막이 불안정해져 mRNA가 세포질로 방출된다. 그리고 방출된 mRNA가 리보솜과 결합하여 바이러스 단백질을 합성하고 기억 세포를 생성함으로써 인체가 바이러스 감염에 대비할 수 있게 된다.

* pH: 수용액의 수소 이온 농도를 나타내는 지표. 중성 수용액의 pH는 7이며, 산성 용액에서는 7보다 낮다.

01

mRNA 백신에 대해 이해한 내용으로 적절한 것은?

① 바이러스 대신 인체 내에서 합성된 바이러스 단백질을 항체로 이용하여 면역 반응을 유도한다.

② 바이러스에 감염되는 경우와 마찬가지로 유전 물질을 통한 세포의 단백질 합성 과정이 수반된다.

③ 기억 세포의 유전 정보를 암호화한 유전 물질을 이용하기 때문에 바이러스 감염으로부터 안전하다.

④ 세포핵 안에서 유전 정보가 전사되는 과정을 조절하여 리보솜의 단백질 합성 작용에 영향을 미친다.

⑤ 바이러스를 배양해서 접종하는 경우와 달리 유전 정보가 제거된 바이러스 단백질을 백신으로 주입한다.

02

㉠을 설명한 내용으로 적절하지 <u>않은</u> 것은?

① 인산기가 세포 바깥쪽에, 지방산이 세포질에 접하는 형태로 구성된다.

② 수용체를 통해 특정의 세포 외부 물질을 세포 내부로 진입시킬 수 있다.

③ 내포 작용이 발생하면 일부가 세포질로 함입되어 엔도솜 구조체를 형성한다.

④ 친수성 물질 및 소수성 물질 모두와 섞일 수 있는 양친매성의 인지질로 이루어진다.

⑤ 인지질의 소수성 꼬리로 인해 세포 내외의 친수성 물질이 세포막을 투과하는 것을 제한한다.

02

글의 세부 정보를 파악하는 문제이다. ㉠은 생물체의 세포막으로, 3문단에서 세포막의 구성 요소와 특징을 설명하고 있다. 세포막을 구성하는 인지질이 소수성 꼬리와 인산기 머리를 갖고 있다는 점과 각각의 성질을 이해해야 한다. 또한 5문단에서 mRNA-지질 나노 입자 복합체가 세포막에 작용하는 방식을 설명하고 있으므로 해당 내용도 파악해 두는 것이 좋다.

03

ⓐ~ⓓ에 대한 설명으로 적절하지 <u>않은</u> 것은?

① ⓓ는 ⓐ가 체내 효소에 의해 분해되는 것을 방지하는 인공 외막으로 기능한다.

② ⓐ와 ⓑ는 모두 음전하를 띠기 때문에 둘 사이에 서로를 밀어내는 힘이 작용한다.

③ ⓐ가 리보솜에 전달되려면 세포 밖에서 ⓓ와 결합한 후 세포 안에서 ⓓ와 분리되어야 한다.

④ ⓒ는 음전하를 띠는 반면 ⓓ는 주변에 분포하는 수소 이온의 양에 따라 이온화의 정도가 변화한다.

⑤ ⓐ와 결합하면서 ⓓ가 전기적으로 중성이 되기 때문에 체내에서 ⓒ가 흡착되는 현상이 억제된다.

03

글의 핵심 정보를 비교하여 이해하는 문제이다. ⓐ는 mRNA, ⓑ은 인산기 머리, ⓒ는 혈장 단백질, ⓓ는 이온화 지질이다. ⓐ~ⓓ 각각의 특징을 파악하고, 공통점과 차이점을 추려내야 한다. 전하나 극성 등, 지문과 선택지에 공통적으로 등장하는 용어를 기억해 두면 조금 더 수월하게 문제를 풀 수 있다.

04

㉡의 이유를 추론한 내용으로 가장 적절한 것은?

① 엔도솜 내부의 pH가 낮아짐에 따라 mRNA와 지질 나노 입자 사이에 전기적인 반발력이 발생하기 때문이다.

② 엔도솜 막의 인산기와 양이온화된 지질이 서로 결합함으로써 mRNA를 둘러싼 엔도솜 막이 붕괴하기 때문이다.

③ 내포 작용으로 세포질에 함입된 세포막이 엔도솜 내부의 산성화에 따라 다시 세포 표면으로 방출되기 때문이다.

④ 엔도솜 내부가 산성화됨에 따라 mRNA가 음이온화되면서 mRNA와 리보솜 사이에 결합력이 발생하기 때문이다.

⑤ 엔도솜 내부의 pH 변화로 인해 엔도솜 막이 산성화되면서 체내 효소에 의한 엔도솜 분해 작용이 나타나기 때문이다.

04

글의 생략된 정보를 파악하는 문제이다. ㉡은 세포막에서 유래한 엔도솜 막이 불안정해져 mRNA가 세포질로 방출되는 현상을 가리킨다. ㉡에 앞서 언급한, 세포질에서 엔도솜 내부가 산성화되는 상황이 일어나는 과정을 이해해야 한다. 혹은, 각 선택지의 내용이 지문과 일치하는지를 먼저 따져 볼 수도 있다.

05

글을 구체적 사례에 적용하여 이해하는 문제이다. <보기>는 mRNA-지질 나노 입자 복합체의 형성 과정을 나타낸 것으로, 텍스트를 통해 그림을 읽을 수 있어야 한다. 다음으로는 5문단에서 설명하는 mRNA-지질 나노 입자 복합체의 특징 및 활용 과정과 관련하여 선택지를 이해해야 한다. 이때, 선택지에서 mRNA-지질 나노 입자 복합체의 형성 과정에 관여하는 요소들의 성질에 대해서도 묻고 있으므로 주의해야 한다.

05

<보기>는 'mRNA-지질 나노 입자 복합체'의 형성 과정을 나타낸 것이다. 윗글을 참고하여 <보기>를 이해한 내용으로 적절하지 <u>않은</u> 것은?

보기

산성 용액에 녹인 mRNA와 에탄올에 녹인 이온화 지질을 Y자 형태의 미세관에 일정한 속도로 흘려보낸다. 이렇게 혼합된 용액을 수용성 완충 용액으로 투석 처리하여 pH를 높인다. 그리고 에탄올을 제거하여 균일한 상태의 mRNA-지질 나노 입자 복합체를 얻어낸다.

(단, 이때 에탄올의 pH는 7임.)

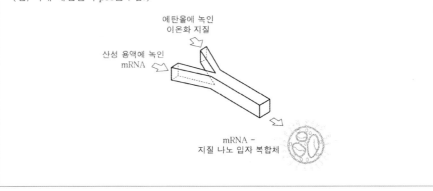

① 이온화 지질이 에탄올에 녹을 수 있는 것은 에탄올이 지질과 섞일 수 있는 소수성을 가진 물질이기 때문이겠군.

② mRNA와 이온화 지질이 녹은 각 용액의 투입 속도를 조절해 투입량을 조절하면 mRNA-지질 나노 입자 복합체의 균일도가 유지되겠군.

③ mRNA가 녹은 산성 용액과 이온화 지질이 녹은 에탄올이 혼합되면 이온화 지질이 양전하를 띠면서 이온화 지질과 mRNA가 결합하는 현상이 나타나겠군.

④ 수용성 완충 용액으로 산성 용액을 투석 처리하면 수소 이온의 농도가 낮아져 이온화 지질이 전기적으로 중성이 되겠군.

⑤ pH가 높아지면 이온화 지질의 소수성이 약해져 소수성 분자 간의 인력이 감소하므로 더욱 미세한 크기의 mRNA-지질 나노 입자 복합체가 형성되겠군.

4 Day

독서(인문)　고1 2023년 9월

예술과 세계 : 세계의 모든 얼굴 ／ 대중문화, 예술과 일상의 구분 지우기

시작시간　시　분　초 / 종료시간　시　분　초

온라인 문제풀이

※ 다음 글을 읽고 물음에 답하시오.

🐨 핵심정리

가

❶ '세계'는 그것을 대면한 각 인식 주체들에 의해 다양하게 드러난다. 가장 일차적이고 일반적인 세계는 우리가 경험하는 현실 세계이며, 인식 주체들은 각자가 지닌 조건에 따라 현실 세계를 다양하게 인식한다. 한 예로, 각 인식 주체는 서로 다른 가시 및 가청 범위를 가지며, 이러한 신체적 지각의 차이에 따라 그들이 경험하는 세계에 대한 인식도 각기 달라진다. 또한 인식 주체는 일상 언어를 바탕으로 현실 세계를 인식한다. 예를 들어 연속된 시간을 시, 분으로 표현하는 것처럼 일상 언어는 연속된 세계를 분절하여 인식하게 만든다.

❷ 그런데 신체적 지각이나 일상 언어는 고정적이지 않다. 운동선수처럼 반복적 수련을 하거나 안경 등의 도구를 이용하면 인식 주체들이 지닌 조건은 ⓐ 달라질 수 있으며, 새로 도입된 낯선 언어가 시간이 흐르면서 일상 언어로 자리 잡기도 한다.

❸ 인식 주체들에 의해 드러나는 각각의 세계는 세계 전체를 이루는 여러 얼굴이라 할 수 있다. 인식 주체들의 인식 조건은 다양하므로 각각의 인식틀에 따라 저마다의 얼굴, 즉 각각의 존재면이 드러나게 된다. 그런 의미에서 회화 예술은 세계의 다양한 존재면을 드러내는 작업이다.

❹ 의식 수준이 성장함에 따라 인간은 점차 현실 세계의 현상 너머에 있는 형이상학적인 것을 갈망하게 되었다. 이런 경향은 현대회화에도 영향을 ⓑ 끼쳤으며, 회화에서 현실 세계를 다루는 양상에도 변화가 나타났다. 현대회화의 존재적 특징은 과학과의 비교를 통해 분명해진다. 과학은 존재면이 비교적 일의적이며, 한 존재면을 수직으로 파고들어 그 면을 심층적으로 드러낸다. 예를 들어 생물학은 종, 개체, 기관, 세포, 유전자 등 무수한 면들을 드러내나, 이 면들은 넓게 보면 같은 면의 객관적 심층이다. 그러나 현대회화는 여러 존재면을 수평적으로 드러낸다. 예를 들어 입체주의나 표현주의 현대회화를 보면, 하나의 그림 위에 일상의 현실 세계와 상상에 의한 가능 세계가 혼재해 있음을 알 수 있다. 현실 세계의 실재를 있는 그대로 재현하고자 했던 ㉠ 전통회화와 달리 ㉡ 현대회화는 변형과 과장을 통해 실재와는 다른 방식으로 세계들을 조합해 나간 것이다. 이러한 현대회화의 추상성은 처음에는 혁신적이었으나 점차 보편적인 것이 되었다.

❺ 추상의 강도가 더해질수록 현대회화는 실재의 재현에서 더욱 ⓒ 멀어져, 실재가 아닌 화가의 내면을 표현하는 것으로 인식되었다. 내면은 상상의 영역이기에, 전통회화와 달리 현대회화로는 현실 세계의 존재면을 드러내기 어렵다는 인식도 생겨났다. 그러나 현대회화의 추상성에 대해 실재는 배제한 채 내면만 표현한 것이라고 이분법적으로 이해하는 것은 적절하지 않다. 상상의 대부분은 현실의 경험에서 ⓓ 비

가

문단 중심 내용

- ❶ 인식 주체들에 의해 다양하게 드러나는 세계
- ❷ 현실 세계를 인식하는 데 인식 주체가 지닌 조건
- ❸ 세계의 다양한 존재면을 드러내는 회화 예술
- ❹ 일상의 현실 세계와 상상에 의한 가능 세계가 혼재해 있는 현대회화
- ❺ 세계의 존재면을 드러내는 현대회화의 추상성

제목의 의미

조건	
신체적 지각	일상 언어

↓

현실 세계를 다양하게 인식

↓

각각의 인식틀에 따라 각각의 존재면이 드러남.

현대회화와 과학의 비교

현대회화	과학
여러 존재면을 수평적으로 드러냄.	존재면이 비교적 일의적이며, 한 존재면을 심층적으로 드러냄.

현대회화와 전통회화의 비교

현대회화	전통회화
변형과 과장을 통해 실재와는 다른 방식으로 세계들을 조합함.	현실 세계의 실재를 있는 그대로 재현하고자 함.

현대회화의 추상성

현실의 경험에서 비롯된 상상	객관적 실재의 외면을 이질적으로 변형시킨 내면의 추상적 영역

록되며, 내면의 추상적 영역 또한 객관적 실재의 외면을 이질적으로 변형시켜 존재를 다양하게 드러내는, 세계의 무수한 존재면 중 하나이기 때문이다. 회화를 통해 접하는 다양한 가능 세계와의 만남은 우리를 현실 세계에 더 가까이 다가가게 해 준다.

나

❶ 회화는 캔버스 위에 물감으로 색과 형태를 드러낸 가시적 존재지만, 회화의 의미가 창작자의 주관이나 감상자의 주관에 따라 다양하게 형성된다는 점에서 비가시적 존재이기도 하다. 이렇듯 회화는 가시적이면서 동시에 비가시적인 독특한 존재 방식을 갖는다.

❷ 전통회화는 회화의 가시적 속성을 통해 객관적 세계의 외면을 사실적으로 재현하는 데 주목했다. 이에 반해 현대회화는 회화의 가시적 속성을 통해 화가의 비가시적 내면을 드러내는 데 치중한다. 현대회화는 화가들이 자신만의 관념적 세계를 가시화한 결과물로서, 회화 속에서 객관적 실재는 주관화된다. 현대회화의 화가들은 현실에서 목격하는 일상의 모습이 비대칭적이고 혼란스럽더라도 임의로 대칭을 만들거나 현실을 조작하는 등의 방법으로 비현실적 허구를 표현해 내고자 했다. 이렇게 예술을 통해 현실이 추상화되는 과정에서 예술은 객관적 현실로부터 점차 멀어져 가는 경향을 보였다.

❸ 이러한 ㉮ 예술과 현실의 분리는 회화뿐 아니라 음악에서도 나타난다. 음악에 사용되는 음은 현실의 무한한 소리 중 극히 일부이며, 일상에서 들을 수 있는 일반적 소리와 달리 균질적이고 세련되며 인위적인 배열을 ⓔ 따른다. 이렇게 음악도 일상 현실과 거리를 두며 그 정체성을 확보해 왔다.

❹ 그런데 이러한 예술의 흐름에 대항하여 새로운 시도를 하는 예술가들도 있었다. 화가이자 음악가였던 루솔로는 일상 현실의 기계 소리를 소음이 아닌 음악적 표현 대상으로 삼아, 소음 기계를 악기로 만들었다. 작곡가 바레즈는 분절된 몇 개의 음만을 표현할 수 있는 일반적 악기와 달리, 사이렌이 음과 음 사이의 분절되지 않은 무한한 음을 낼 수 있는 일상적 사물이라는 점에 주목하여 사이렌으로 음악을 표현했다. 또한 작곡가 셰페르는 사람의 소리, 기계 소리, 자연음 등을 '음향 오브제'로 활용하는 '구체음악'을 창시하기도 하였다.

❺ 게르노트 뵈메는 예술의 영역을 일상적 삶으로 확장하려는 이러한 노력을 '확장된 미학'이라 일컬었다. 뵈메는 예술의 미적 경험이 일상적인 맥락에서 분리되어 예술가라는 특별한 존재에 의해 창조되는 특정한 미적 대상에만 국한된다고 보는 기존의 미학을 비판하며, 예술이 창작되고 수용되는 미적 경험이 일상적 현실로까지 확장되어야 한다고 보았다.

(좌측 정리 도표)

다양한 가능 세계와의 만남

↓

현실 세계에 더 가까이 다가가게 해 줌.

나

문단 중심 내용

❶ 회화의 특성
❷ 현실로부터 점차 멀어져 가는 경향을 보인 현대회화
❸ 음악에서도 나타난 예술과 현실의 분리
❹ 예술과 현실의 분리에 대항한 예술가들
❺ 게르노트 뵈메의 '확장된 미학'

회화의 특성

가시적	비가시적
캔버스 위에 물감으로 색과 형태를 드러냄.	창작자나 감상자의 주관에 따라 의미가 다양하게 형성됨.

↓

가시적이면서 동시에 비가시적임.

현대회화와 전통회화의 비교

현대회화	전통회화
회화의 가시적 속성을 통해 화가의 비가시적 내면을 드러내는 데 치중함.	회화의 가시적 속성을 통해 객관적 세계의 외면을 사실적으로 재현하는 데 주목함.

예술과 현실의 분리에 대항한 예술가들

루솔로	일상 현실의 기계 소리를 음악적 표현 대상으로 삼아 소음 기계를 악기로 만듦.
바레즈	사이렌이 음과 음 사이의 분절되지 않은 무한한 음을 낼 수 있는 일상적 사물이라는 점에 주목하여 사이렌으로 음악을 표현함.
셰페르	사람의 소리, 기계 소리, 자연음 등을 '음향 오브제'로 활용하는 '구체음악'을 창시함.
뵈메	예술이 창작되고 수용되는 미적 경험이 일상적 현실로까지 확장되어야 한다고 봄. → '확장된 미학'

01

(가)와 (나)에 대한 설명으로 가장 적절한 것은?

① (가)는 인식 주체가 인식의 한계를 극복하는 과정을, (나)는 인식의 한계가 예술 이해에 미친 영향을 설명하고 있다.

② (가)는 현대회화의 추상성을 이분법적으로 이해해야 하는 이유를, (나)는 회화가 비가시적 내면을 드러내는 원리를 분석하고 있다.

③ (가)는 세계에 대한 인식을 바탕으로 회화 예술을 이해하는 관점을, (나)는 예술과 현실의 관계에 대한 상반된 인식을 제시하고 있다.

④ (가)는 인간의 의식 수준의 성장에 따른 현실 세계의 변화 양상을, (나)는 일상으로부터 분리되어 가는 예술의 흐름을 언급하고 있다.

⑤ (가)는 현대회화가 세계를 추상적으로 드러내는 방식을, (나)는 현실 세계에 의해 회화와 음악이 변화하게 되는 계기를 밝히고 있다.

01

글의 내용 전개 방식을 파악하는 문제이다. (가)와 (나)의 핵심 주제를 파악해야 한다. 선택지가 '(가)는 ~에, (나)는 ~에 대한 것이다.'라는 의미의 내용으로 구성되어 있으므로, (가)와 (나)에 대한 설명이 모두 일치하는지 확인해야 한다.

02

(가)를 바탕으로 존재면과 관련하여 추론한 내용으로 적절하지 않은 것은?

① 하나의 회화 작품을 함께 감상하더라도 각 감상자가 지닌 인식틀에 따라 서로 다른 존재면을 인식하게 될 수 있겠구나.

② 새로 개발된 기술을 지칭하는 용어가 일상 언어로서의 지위를 갖게 되면 그 언어로 지각되는 존재면도 달라질 수 있겠구나.

③ 형이상학적인 것에 대한 갈망으로 인해 회화에 나타난 현실 세계의 존재면이 추상적 방향으로 변하는 경향을 띠게 되었겠구나.

④ 개개의 과학 학문은 하나의 존재면이 서로 관련이 없는 여러 존재면들로 구성되어 있을 때 그 학문의 심층이 드러나게 되겠구나.

⑤ 입체주의 화가의 회화에서는 현실 세계의 존재면과 가능 세계의 존재면이 수평적으로 혼재해 있는 모습을 발견할 수 있겠구나.

02

글의 내용을 추론하는 문제이다. (가)의 3문단에서 존재면이란 인식 주체들의 각각의 인식틀에 따라 드러나는 저마다의 얼굴이며, 회화 예술은 세계의 다양한 존재면을 드러내는 작업이라고 하였다. 존재면에 대한 설명을 바탕으로 현대회화와 과학의 특징을 제시하고 있으므로 각각의 특징을 파악해야 한다.

03

03

글의 세부 내용을 파악하는 문제이다. ㉠은 전통회화, ㉡은 현대회화이다. (가)의 4~5문단과 (나)의 1~2문단에서 전통회화와 현대회화의 특징을 비교하며 설명하고 있으므로 해당 부분의 내용을 정확히 파악해야 한다.

(가)와 (나)를 바탕으로 ㉠과 ㉡을 비교하여 이해한 내용으로 가장 적절한 것은?

① ㉠과 ㉡은 모두 현실 세계의 존재면을 드러내기 어렵다는 한계를 갖는다.

② ㉠과 ㉡은 모두 현실 세계의 사실적 재현을 통해 화가의 내면 세계를 드러내는 데 치중했다.

③ ㉠은 ㉡과 달리 다양한 가능 세계와의 만남을 통해 현실 세계에 더 가까이 다가가게 해 준다.

④ ㉡은 ㉠과 달리 가시적 속성과 비가시적 속성을 동시에 가지는 독특한 존재 방식을 취한다.

⑤ ㉡은 ㉠과 달리 현실 세계의 객관적 외면을 의도적으로 변형시킴으로써 현실 세계의 얼굴을 다양하게 드러낸다.

04

구체적 사례에 적용하는 문제이다. <보기>는 과학을 바탕으로 클림트의 회화인 <키스>를 연구한 내용을 제시하고 있다. 연구진이 <키스>를 분석한 내용을 (가), (나)에서 설명한 회화의 특징과 연관 지어 이해하고, 선택지의 내용이 지문의 내용과 일치하는지 파악해야 한다.

(가), (나)와 관련지어 <보기>에 대해 보인 반응으로 적절하지 않은 것은?

> **보기**
>
> 최근 한 의과 대학에서 구스타프 클림트의 대표적 표현주의 작품인 <키스>에 대한 연구 결과를 발표했다. 연구진은 이 회화 속 남녀의 의상에 한 사람의 생명체가 완성되기까지의 순차적 세포분열 과정이 과장된 크기와 다양한 색으로 변형되어 그려져 있음에 주목했다. 그리고 이를 통해 클림트가 당시 현미경 기술의 비약적 발전에 따른 생물학적 탐구에 대한 성과를 토대로 삶과 죽음, 생명에 대한 자신의 깊은 관심을 드러냈다고 밝혔다.

① (가): 생명체가 완성되기까지의 세포분열 과정을 밝혀낸 생물학적 지식이 드러내는 현실 세계는 클림트의 회화에 비해 일의적인 성격을 갖는다고 볼 수 있겠군.

② (가): 현미경 기술의 발전으로 세포분열 과정을 직접 관찰할 수 있게 된 것은 인식 주체가 지닌 조건이 달라져 현실 세계가 새롭게 지각된 사례에 해당한다고 볼 수 있겠군.

③ (가): 클림트의 회화에서 세포분열 과정이 현실과 다르게 변형되어 그려진 것에서 실재와는 다른 방식으로 세계를 조합하는 현대회화의 추상성이 드러난다고 볼 수 있겠군.

④ (나): 클림트의 회화는 색과 형태를 가진다는 점에서는 가시적이지만 세포분열 과정이라는 생물학적 탐구를 다루고 있다는 점에서는 비가시적 속성을 가진다고 볼 수 있겠군.

⑤ (나): 클림트의 회화에서 삶과 죽음, 생명에 대한 화가의 관심이 드러난다고 본 연구 결과는 회화가 화가의 관념적 세계를 표현한 결과라는 인식이 반영된 것이라 볼 수 있겠군.

05

㉮와 관련하여 (나)에 언급된 인물들에 대해 파악한 내용으로 적절하지 <u>않은</u> 것은?

① 현대회화 화가들은 일상의 비대칭성과 혼란스러움을 조작하여 그린 예술 작품을 통해 현실을 비현실적으로 추상화하고자 했다.

② 루솔로는 일상의 기계 소음에서 음악에 사용되는 음의 인위적인 배열을 추구함으로써 예술과 현실의 대립을 극복하고자 했다.

③ 바레즈는 일반 악기와 달리 두 음 사이의 무한한 음을 표현할 수 있는 도구를 이용해 일상 현실을 예술로 표현하고자 했다.

④ 셰페르는 기존 음악의 정체성과는 거리가 먼 일상의 소리를 음향 오브제로 활용하는 새로운 예술 장르를 창시하였다.

⑤ 게르노트 뵈메는 미적 대상의 창작과 수용에 따르는 미적 경험이 일상 현실로까지 확장되어야 한다고 여겼다.

05

글의 세부 내용을 파악하는 문제이다. ㉮는 예술과 현실이 분리되는 경향을 가리킨다. (나)의 2문단에서는 예술이 객관적 현실로부터 점차 멀어져 간 경향을, 3문단에서는 음악이 일상 현실과 거리를 둔 방식을, 4문단에서는 이러한 흐름에 대항하여 새로운 시도를 한 예술가들을 설명하고 있다. (나)의 4~5문단에 특히 인물명이 여럿 제시되므로, 예술가들이 예술과 현실의 분리에 대항한 방식을 파악해야 한다.

06

문맥상 ⓐ~ⓔ와 바꾸어 쓰기에 가장 적절한 것은?

① ⓐ: 치환(置換)될
② ⓑ: 부과(賦課)했으며
③ ⓒ: 심화(深化)되어
④ ⓓ: 시작(始作)되며
⑤ ⓔ: 추종(追從)한다

06

어휘의 문맥적 의미를 파악하는 문제이다. ⓐ~ⓔ의 자리에 선택지에서 제시된 어휘를 넣어 보고 문맥상 어색하지 않은지 확인해야 한다. 의미가 비슷해 보이는 단어여도 문맥에 넣어 읽어 보면 어색할 수 있다.

핵심정리

가

갈래
강호가사

성격
예찬적, 자연 친화적

제재
자연

주제
자연에서 느끼는 흥취와 번민

특징
① 자연에서 느끼는 만족감을 묘사함.
② 자연에 은거하게 된 배경을 제시함.
③ 자연을 예찬하면서도 세속에 대한 미련을 드러냄.

해제
이 작품은 작가의 친필 일기인 〈지암일기〉에 수록된 가사이다. 함평 현감으로 부임한 지 6년 만에 정치적 탄압으로 인해 관직에서 물러나 고향 해남으로 돌아간 감회를 표현하고 있다. 자연의 아름다움과 세속을 벗어나 자연 속에서 살아가는 즐거움을 중점적으로 표현하고 있으면서도 혼탁한 정치 현실로부터 벗어나려 한 사대부의 고뇌와 연군의 정이 잘 드러나 있다.

구성

전반부	자연에 은거하게 된 배경
후반부	자연에 대한 만족감과 흥취
결말부	임금에 대한 축수

화자의 상황과 태도

상황	자연 속에서 생활하고 있음.
태도	아름다운 자연 속에서 흥취를 느끼면서도 속세에 대한 미련을 버리지 못하는 자신의 모습에 부끄러움을 느낌.

※ 다음 글을 읽고 물음에 답하시오.

가

이몸이 늦게 나서 세상에 할 일 없어

강호의 임자 되야 풍월로 늙어가니

물외청복(物外淸福)이 없다야 하랴마는

돌이켜 생각하니 애달픈 일 하고 많다

만물의 귀한 것이 사람이 으뜸인데

그중의 남자 되야 이목총명(耳目聰明) 갖춰 삼겨

평생의 먹은 뜻이 일신부귀 아니러니

세월이 훌쩍 가고 지업(志業)에 때를 놓쳐

백수공명(白首功名)을 겨우 굴어 이뤄내니

종적이 저어하고 세로(世路)도 기구하야

수년(數年) 낮은 벼슬로 남 따라 다니다가

삼춘휘(三春暉) 쉬이 가니 촌초심*이 그지없어

동장(銅章)을 빌어 차고 **오마(五馬)**를 바삐 몰아

남주(南州) 백리지(百里地)에 여민휴식(與民休息)* 하랴터니

이마 흰 모진 범이 어디서 나타났는고

가뜩이나 엷은 환정(宦情)* 하루아침에 재 되거다

젖은 **옷** 벗어놓고 황관(黃冠)*으로 갈아 쓰고

채 하나 떨쳐 쥐고 호연히 돌아오니

산천이 의구하고 **송죽**이 반기는 듯

시비(柴扉)를 찾아들어 삼경(三逕)을 다스리니

금서일실(琴書一室)*이 이 아니 내 **분**인가

앞내에 고기 낚고 뒷뫼에 약을 캐야

수업(手業)을 일로 삼아 여년(餘年)을 보내노니

인생지락(人生至樂)이 이밖에 또 없도다

(중략)

박잔에 술을 부어 알맞게 먹은 후에

수조가(水調歌)를 길이 읊고 혼자 서서 흔들대니

호탕한 미친 흥을 행여 아니 남이 알겠는가

하마 저물었느냐 먼 뫼에 **달** 오른다

그만하야 쉬어보자 바위에 배 매어라

패랭이 빗기쓰고 오죽장(烏竹杖) 흩어 짚어

모래 둑을 돌아들어 석경(石逕)으로 올라가니

오류댁(五柳宅)* 소쇄한데 경물이 새로워라

솔 그늘에 훗걸으며 원근을 바라보니

수월(水月)이 영롱하야 건곤이 제각기인 듯

희희호호(凞凞皞皞)하야 신세를 다 잊겠구나

이 중에 맺힌 마음 북궐(北闕)에 달렸으니

사안(謝安)의 사죽도사(絲竹陶瀉)* 옛일이 오늘일세

내 근심 무익(無益)한 줄 모르지 아니하되

천성(天性)을 못 변하니 진실로 가소롭다

두어라 강호(江湖)의 일민(逸民)*이 되야 축성수(祝聖壽)*나 하리라

- 윤이후, 〈일민가(逸民歌)〉 -

* 촌초심: 부모의 은혜와 사랑에 보답하려는 마음.
* 여민휴식: 백성과 함께 지내는 마음으로 다스림.
* 환정: 벼슬을 하고 싶어 하는 마음.
* 황관: 풀로 만든 관으로, 평민이 씀.
* 금서일실: 거문고와 책이 있는 방.
* 오류댁: 진나라 시인 도연명의 집으로 은거하는 집을 일컬음.
* 사안의 사죽도사: 진나라 사람 사안이 음악으로 시름을 달래며 지냈다고 함.
* 일민: 학식과 덕행이 있으면서도 세상에 나서지 않고 문혀 지내는 사람.
* 축성수: 임금의 장수를 빎.

제목의 의미

일민가
백성들을 편안하게 하는 가사

↓

자연 속에서 살아가는 것에 대한 만족감을
드러내면서도 속세에 대한 미련을 드러냄.

시어의 의미

이마 흰 모진 범	속세에서 화자를 방해하는 존재
젖은 옷	관복(속세에서의 삶)
술	자연에서의 흥취를 고조시키는 대상
달	화자의 행동 변화가 일어나는 시간적 배경

나

　붉은 **튤립**의 열(列) 옆으로 나무장미의 만발한 이랑이 늘어서고 달리아가 장성하며 한편에는 우방의 활엽(闊葉)이 온통 빈틈없는 푸른 보료*를 편다. ㉠ 가구(街區)*에서는 좀체 얻어 볼 수 없는 귀한 경물이니 아침저녁으로 손쉽게 그것을 바라볼 수 있는 나는 자신을 행복스럽게 여긴다. 그 한 조각의 밭을 다스려 아름다운 **꽃**을 보이는 사람은 놀라운 재인(才人)도 장정도 아니라 별사람 아닌 한 사람의 육십을 넘은 노인인 것이다. 봄에 씨를 뿌려 꽃을 피우고 가을에 뒷기둠을 마치고 다시 갈아엎을 때까지 그 밭을 만지는 사람은 참으로 그 육십 옹 단 한 사람인 것이다. 씨를 뿌리기 시작한 날부터는 하루도 번기는 날이 없이 **아침**만 되면 육십 옹은 보에 쟁기를 싸가지고 어디선지 나타난다. 살수(撒水) 중경시비(中耕施肥) 제초 배토 — 그때그때를 따라 일과에는 조금의 소홀도 없으며, 일정한 필요의 과정이 오십 평의 구석구석까지 알뜰히 미쳐 이윽고 제때에 아름다운 성과를 맺게 한다. ㉡ 옹은 허리가 휘고 기력이 부실하나 서두르는 법 없이 지치는 법 없이 말하는 법 없이 날이 맞도록 묵묵히 일하며 그의 장기(匠器)가 미치는 뒷자취는 나날이 면목이 새롭고 아름다워진다. 침착하게 움직이는 그의 양을 바라볼 때 거기에는 고로(苦勞)의 의식의 표정은 조금도 눈에 띄지 않으며 도리어 한 이랑 한 이랑의 흙을 아끼고 사랑하는 그 거동에는

나

갈래

현대 수필

성격

반성적, 성찰적

제재

꽃밭을 가꾸는 노인

주제

꽃을 가꾸는 대상을 보고 얻은 깨달음

특징

① 글쓴이와 대조적인 대상이 나타남.
② 화자의 깨달음과 문제 극복 의지가 드러남.
③ 글쓴이가 바라보는 공간을 시각적으로 제시함.

해제

이 작품의 제목인 '화춘의장'은 '꽃향기가 그윽하나'라는 뜻으로, 꽃밭을 가꾸는 노인의 모습을 통해 무기력한 삶을 사는 자신의 삶을 성찰하며 삶에 대한 극복 의지를 드러내고 있다.

구성

처음	아름다운 꽃밭의 모습을 묘사하고, 꽃밭을 아침저녁으로 볼 수 있음에 감사를 느낌.
중간	꽃밭을 가꾸는 노인의 성실함과 열정을 예찬함.
끝	노인과 대조되는 삶을 사는 자신을 반성하고 삶에 대한 의지를 다지며 글을 마무리함.

화자의 상황과 태도

| 상황 | 꽃밭을 가꾸는 노인을 바라보고 있음. |
| 태도 | 꽃밭을 가꾸는 노인의 성실함과 열정을 예찬함. |

육십 옹과 글쓴이의 대조적인 삶

| 육십 옹 |
| • 씨를 뿌리기 시작한 날부터 하루도 빠짐없이 밭을 가꿈.
• 서두르거나 지치는 법 없이 날마다 묵묵히 일함.
• '즐거운 예술'과 같이 자신이 하는 일에 희열을 느낌. |

| 글쓴이 |
| • 주기적으로 생활의욕이 급격히 저락되고 침체됨.
• 젊은이들과 달리 희망의 의미를 구체화하지 못해 답답함을 느낌.
• 할 바를 알고 있으나 길이 없어 우울함을 느낌. |

| 글쓴이는 자신과 대조적인 삶을 사는 '육십 옹'을 통해 자신의 삶을 돌아보고 가치 있는 삶의 모습을 깨달음. |

만신(滿身)의 희열이 드러나 보인다. ⓒ 때때로 얼굴이 마주칠 때의 아이같이 방긋 웃어 보이는 동심의 표정을 읽으면 그는 괴롭게 노동하고 있는 것이 아니라 그 오십 평 속에서 천진하게 장난하고 예술하고 있는 것이라고 번역된다. 참으로 오십 평 속에서의 그의 생활은 싫은 노역이 아니라 즐거운 예술이라고 보여진다. **근로와 예술을 동시에 가진 생활** — 생활의 미화, 노동의 예술화 — 진부한 어투인지는 모르나 **노동의 참된 경지**를 그 구체적 실례를 나는 그 육십 옹에게 보는 것이다.

생산만이 아니라 미를 겸했으며 미만이 있는 것이 아니라 생산의 열매가 아울러 온다. 반드시 **꽃밭**을 가꾸게 됨으로써의 미를 일컬음이 아니라 만족스런 노동의 표정의 미를 말함이다.

(중략)

한편 그의 착실한 자태를 바라볼 때 나는 그 허리 굽은 **육십 옹**의 여일한 **생활의식에 비겨** 자신의 그것이 때때로 월등 저하되고 **소침(消沈)됨을 깨닫고 부끄러운** 생각을 마지 못한다. 주기적으로 **생활의욕이 급거히 저락되**고 침체된 일종의 플래토*의 지대에 다다르게 될 때 주위가 어둡고 진퇴가 귀치않고 우울, 저미(低迷)되어 결과는 생활력조차 감퇴하여 버린다. 욕심이 없고 희망이 없는 탓이라면 육십 옹의 앞에 너무도 보람 없고 비굴하여 얼굴이 붉어질 지경이나, ⓔ 솔직하게 말하여 그 대체 희망이라는 것이 어떤 내용 어느 정도 어느 거리의 것인가를 생각할 때 역시 답답해지는 것이 당연하며 뜻 없는 명랑은 도리어 천치의 소위로밖에는 생각되지 않는다. 같은 세대의 젊은이들에게 그대는 생활의 신조를 어떻게 세웠느냐고 묻고 싶은 때조차 있다. 빈틈없는 이론으로 든든히 무장을 해본다 하더라도 행동이 없는 이상 갑을 흑백을 어떻게 가린단 말인가. 참으로 웃을 수 있는 사람은 웃어 보라고 다시 청해 보고 싶다. 우울을 말할 때가 아닐는지는 모르나 때때의 생활의식의 저조에는 너무도 절실함이 있다.

ⓜ 할 바를 모르는 것이 아니라 길이 없는 것이다. 여기에 좀체 구하기 어려운 저미의 근인(根因)*이 있기는 있는 것이나 그러나 그렇다고 허구한 날 **상을 찌푸리고만 지낼 수도** 없는 노릇이니 가까운 **손잡이**를 잡고 억지로라도 플래토를 정복하고 식물 이하의 무기력에서 식물 이상의 **행(行)의 생활**로 애써 솟아올라야 할 것이다.

– 이효석, 〈화춘의장(花春意匠)〉 –

* 보료: 바닥에 까는 두툼한 요.
* 가구: 거리의 구역.
* 플래토: 정체기.
* 근인: 근본이 되는 원인.

01

(가)와 (나)의 공통점으로 가장 적절한 것은?

① 설의적 표현을 활용하여 의미를 강조하고 있다.

② 구체적 지명을 활용하여 현장감을 드러내고 있다.

③ 청각적 이미지를 통해 대상의 특성을 강조하고 있다.

④ 연쇄의 방식을 사용하여 상황의 심각성을 표현하고 있다.

⑤ 언어유희를 통해 현실에 대한 태도를 간접적으로 드러내고 있다.

02

(가)와 (나)를 비교하여 이해한 내용으로 가장 적절한 것은?

① (가)의 '오마'는 화자를 과거에 억압하던 대상이고, (나)의 '꽃'은 글쓴이가 관찰한 대상이 자신의 이상을 펼치도록 돕는 소재이다.

② (가)의 '옷'은 화자가 자연 풍경에 대한 감탄을 자아내게 하는 소재이고, (나)의 '손잡이'는 글쓴이가 이를 사용하는 인물의 능력에 대해 감탄을 자아내는 소재이다.

③ (가)의 '송죽'은 화자가 새로운 공간으로 돌아와서 만난 소재이고, (나)의 '튤립'은 글쓴이가 벗어나고자 하는 공간의 특징을 나타내는 소재이다.

④ (가)의 '달'은 화자의 행동 변화가 일어나는 시간적 배경을 나타내는 소재이고, (나)의 '아침'은 글쓴이가 관찰한 대상의 일관된 행동이 나타나는 시간적 배경이다.

⑤ (가)의 '오류댁'은 화자가 동경하는 행위가 드러나는 공간이고, (나)의 '꽃밭'은 글쓴이가 경계하는 행위가 드러나는 공간이다.

03

작품의 세부 내용을 이해하는 문제이다. 이러한 유형의 문제는 먼저 각 기호에 제시된 내용을 작품의 주제와 연결지은 뒤, 해당 구절이 쓰인 앞뒤의 문맥과 전체적인 작품의 내용을 복합적으로 고려해야 한다. (가)는 자연에서 느끼는 흥취와 번민을, (나)는 꽃을 가꾸는 대상을 보고 얻은 깨달음을 주제로 하고 있다.

03

㉠~㉤에 대한 설명으로 적절하지 않은 것은?

① ㉠: 풍경의 가치를 인식하며 이를 수시로 감상할 수 있는 데 따른 글쓴이의 심정이 드러나 있다.

② ㉡: 대상에 대한 의혹이 해소되어 가는 데 대한 글쓴이의 인식이 드러나 있다.

③ ㉢: 주의 깊게 살펴본 대상의 면모를 주관적으로 해석하는 글쓴이의 인식이 드러나 있다.

④ ㉣: 희망의 의미를 구체화하지 못하는 것에 대한 글쓴이의 심정이 드러나 있다.

⑤ ㉤: 자신이 현재 상태에 이르게 된 근본적 원인에 대한 글쓴이의 판단이 드러나 있다.

04

외적 준거에 따라 작품을 감상하는 문제이다. 이러한 문제는 <보기>의 내용을 이해하고 이를 바탕으로 작품을 파악해야 한다. <보기>에서는 (가)의 화자가 속세에서 갈등을 겪고 자연 속에 은거하며 위안을 얻지만 속세에 대한 번민을 떨치지 못했다는 점과, (나)의 글쓴이가 자신과 대조적인 삶을 사는 대상을 통해 자신의 현재 삶을 성찰하고 극복하고자 하는 의지를 드러낸다는 점을 설명한다.

04

<보기>를 바탕으로 (가), (나)를 감상한 내용으로 적절하지 않은 것은?

> **보기**
>
> (가)와 (나)는 자기 성찰과 현실에 대한 고민이 드러나 있는 작품이다. (가)의 화자는 속세에서 갈등을 겪고 은거하는 삶을 살고 있다. 이때 화자는 자연을 통해 위안을 얻기도 하지만 번민을 떨치지 못하는 자신을 인식하며 자연에서의 삶에서도 세상을 향한 마음을 드러낸다. (나)의 글쓴이는 자신과 대조적인 삶을 살고 있는 대상을 통해 자신의 삶을 돌아보게 된다. 이러한 과정에서 글쓴이는 가치 있는 삶의 모습을 깨닫고 무기력한 삶을 극복하고자 하는 의지를 드러낸다.

① (가)의 '앞내에 고기 낚고 뒷뫼에 약을 캐'며 '인생지락'을 느끼는 것에서 화자가 자연에서의 삶 속에서 위안을 얻고 있음을 알 수 있군.

② (나)의 '근로와 예술을 동시에 가진 생활'이 '노동의 참된 경지'라는 것에서 글쓴이가 깨달은 가치 있는 삶의 모습이 드러나고 있음을 알 수 있군.

③ (가)의 '금서일실'을 '내 분'으로 여긴다는 것에서 화자가 속세로 돌아가고 싶어 하는 고민이 드러나 있음을, (나)의 '소침됨을 깨닫고' '생활의욕이 급거히 저락되'었다는 것에서 글쓴이가 해결하고 싶어 하는 고민이 드러나 있음을 알 수 있군.

④ (가)의 '내 근심 무익한 줄 모르지' 않지만 '천성을 못 변'해 '가소롭다'는 것에서 화자가 번민을 떨치지 못하는 자신을 성찰하고 있음을, (나)의 '육십 옹'의 '생활의식에 비겨' 보며 '부끄러'워 한 것에서 글쓴이가 타인과 대조하며 자신을 성찰하고 있음을 알 수 있군.

⑤ (가)의 '강호의 일민이 되야 축성수나 하리라'에서 화자가 은거하면서도 세상을 향한 마음을 드러내고 있음을, (나)의 '상을 찌푸리고만 지낼 수' 없다며 '행의 생활'을 다짐하는 것에서 글쓴이가 무기력한 삶을 극복하고자 하는 의지를 드러내고 있음을 알 수 있군.

b
Day

문학(현대소설)　고2 2023년 6월

어머니 _ 한승원

※ 다음 글을 읽고 물음에 답하시오.

[앞부분의 줄거리] 어머니는 마름집 하인들에게 억울한 일을 당하자, 아들들에게 아버지의 억울한 죽음이 마름집과 관련되어 있다고 이야기한다. 이에 막내아들이 격분하여 마름집을 턴다. 이후 막내아들은 도피 생활을 하던 중 다른 사건에 연루되어 감옥에 갇히게 되고, 어머니에게 복역 중이라는 편지가 전달된다.

발만 동동 구르고 있을 수만은 없어, 도짓소* 내어 준 것을 팔아, 그래도 제깐에는 세상 물정에 귀가 뚫렸다 하는 작은아들 이현이를 광주로 보냈던 것이었는데, 거길 갔다 온 그놈의 말이, 국회의원에 입후보한 독립투사였던 사람을 암살한 범인이기 때문에 징역을 산다더라고 하던 것이었다. 한데, 또 그렇게도 답답할 수가 없던 것은, 언제까지 산다더냐 해도, 언제 나오게 될 것이라더냐 하여도, 이현이 대꾸를 하지 않고 고개를 푹 숙이고 있기만 하던 것이었다.

"먼 일이란가, 먼 일이여?"

그게 무슨 벼락맞을 소리냐고, 우리 막동이는 그럴 아이가 아니라고, 그건 옆의 사람이 지어 붙여 뒤집어씌운 것일 거라고 펄펄 뛰어 보는 것도 마냥 쓸데없는 일이었고, 이때부터, 열흘 걸러 한 번씩 허위허위 보성으로 달려가서 기차를 타고, 광주 땅에 내리기가 바쁘게 동명동 형무소 면회 창구에 면회 신청을 하여, 두 손을 묶이어 나오는 푸르스름한 죄수복의 막동이, 그놈의 허옇고 부석부석한 얼굴을 보면서, 쓰라린 마음을 달래곤 했었다. 그러면서, 그놈에게 늙은 어머니는 누가 너에게 그런 죄를 씌웠느냐고 울며불며 물어보고 했던 것이었지만, 그놈은 멀거니 이 어미의 얼굴을 건너다볼 뿐, 입을 꼭 다물고만 있곤 할 뿐이던 것이었다. 그놈의 그런 태도를 미루어, 그놈의 심중에는 어느 누구한테도 말하지 못할 어떤 사정인가가 있기는 있는 모양이지만, 그걸 무슨 말로 어떻게 해서 비춰 주게 할 것인지 알 수가 없는 것이었다.

늙은 어머니는, 그 **막동이를 그렇게 만들어 놓은** 게 모두 소갈머리 없는 **자기 때문이라** 하며, 혀를 깨물고 칵 죽어야 한다고 생각해 보지 않은 게 아니었지만, 마룻장 위에서 울골울 떨고 있는 그 막동이를 그대로 둔 채 **눈을 감을 수란** 도저히 없는 일이므로, 일일마다가 마냥 답답하고 기막히다 할지라도, 이미 그놈한테 내리 덮인 죄, 그 **죄를 어떻게 벗겨 줄 길**이란 없는 일이니, 이젠 그놈이 벗어 나오는 날까지, 이렇게 면회를 가면 **얼굴이라도 보도록 해 주는 것만도 고맙게 여기**면서, 부지런히 면회를 다니는 길밖에 없다 했다.

한데, 그 면회나 자주 다닐 수 있었으면 하련마는, 그놈이 집에 있을 때 품들어 받아들인 쌀 판 돈으로 마련한 송아지 도짓소로 준 것, 그것을 팔아 젖혀 면회를 다니며 써 버린 뒤로는, 왔다 갔다 할 차비 이천 원에 먹고 잘 돈 오백 원, 면회하면서 그

핵심정리

갈래

연작 소설, 단편 소설

배경

• 시간적 배경 – 해방 직후
• 공간적 배경 – 전라남도의 한 마을

시점

전지적 작가 시점

제재

수감된 아들을 면회하는 어머니

주제

자식에 대한 어머니의 사랑과 한

특징

① 문장의 호흡이 긴 만연체가 활용됨.
② 사투리를 활용하여 사실감과 현장감을 드러냄.
③ 현재에서 과거로 되돌아가는 역순행적 구성 방식을 취함.

해제

이 작품은 일제 강점기와 해방 직후를 배경으로 그 시대를 살아가는 어머니의 한과 자식에 대한 깊은 사랑을 다루고 있다. 어머니는 감옥살이를 하는 자식을 면회하기 위해 필요한 여비를 마련하려고 애쓴다. 그 과정에서 과거부터 지금까지의 일을 회상하며 아들을 만나러 가는 심정을 애절하게 그리고 있다.

등장인물

어머니	감옥에 수감된 막내아들을 보러 가기 위해 부지런히 면회를 다닐 정도로 강한 모성애를 지님. 아들의 복역을 자신의 탓이라 자책함.
막내아들 (막동이)	국회의원에 입후보한 독립투사를 암살하여 교도소에 복역 중임. 유순하지만 불의를 참지 못하는 성격임을 알 수 있음.

전체 줄거리

어머니는 형무소에 구속된 막내아들 '막동이'를 보러 간다. 그러나 너무 자주 간 탓인지 큰 아들 일현은 더 이상 어머니에게 여비를 대어주려 하지 않는다. 할 수 없이 어머니는 미역장사를 해 여비를 벌기로 하고, 미역 살 돈을 얻기 위해 목수인 둘째 아들을 찾아간다. 변변찮은 기술로 가난하게 지내는 둘째 아들은 어머니의 부탁에 구장네 집의 봄철에 할 일을 모두 하여 주기로 하고 미역 장만할 돈을 얻어다 준다. 돈을 얻은 어머니는 미역을 사고 딸의 집으로 가던 도중, 막동이를 떠올리며 자신의 남편이 죽은 사연을 자식들에게 고백했던 것을 후회한다. 죽은 남편은 그가 짓던 다섯 마지기 논에 참봉네 마름이 감당할 수 없는 소작료를 물리자 참봉의 아들을 찾아가 사정을 하다가 옆구리를 차인 게 화근이 되어 늑막염으로 죽고 만 것이다. 이는 아들들의 가슴에 불을 질러, 해방 몇 해 전 흉년이 들어 자식들에게 먹일 것을 구하러 간 어머니가 마름의 밭에 있는 자운영을 뜯다가 봉변을 당하자 마을 사람들과 합세하여 마름네 자운영 밭을 밟아버리고 곳간도 털어 버린다. 피신해 있던 마름은 순사를 앞세우고 범인을 색출하였고, 그 결과 소작인들이 잡혀 들어가고, 막동이는 멀리 피신한다. 다행스럽게도 막동이가 은신처에서 좋은 사람을 만나 넉넉히 살고 있다는 내용의 편지를 보내 어머니는 안심한다. 그런데 어느 날, 막동이가 형무소에서 복역 중이라는 편지를 받게 되고, 이때부터 어머니는 막동이를 보러 면회를 가기 시작한다. 딸은 자신의 집에 도착한 어머니를 만삭의 몸으로 반갑게 맞이하고, 어머니를 돕기 위해 미역을 김으로 바꿔 온다. 김을 팔아 여비를 마련한 어머니는 아들이 좋아할 만한 것들을 구하여 면회를 간다. 한참 동안이나 교도소에서 아들을 기다리던 어머니는 교도관으로부터 막내아들이 목포로 이감되었다는 소식을 듣게 되고, 놀란 어머니는 기침을 하며 가슴에 품었던 우유를 떨어뜨린다.

소재의 의미

쇠고깃국 냄비, 우유병	아들에 대한 어머니의 지극한 사랑
종이쪽지	어머니로 하여금 비극적인 상황을 불러 일으키는 소재
기침 소리	• 늙은 어머니의 애처로운 삶 • 막내아들과 관련된 비극적인 상황에 대한 어머니의 절망감

놈에게 먹고 마시게 할 돈 천 원…… 하여 모두 **삼천오백 원** 돈, 그걸 마련 못해 주겠다고 앙탈을 하는 **큰아들들의 소행**들이 못내 섭섭하고 **노여워**, 늙은 어머니는 그 저수지 둑 밑에 주저앉아 다리를 쭉 뻗고 통곡이라도 해 버렸으면 시원할 것 같은 심사를 억누르고, 부지런히 활갯짓을 하면서 오른손에 든 지팡이를 옮겨 놓는 것이었다.

(중략)

'아니, 어짠 일이란가?'

맨 먼저 접수를 시켰으니 응당

"윤 소님 씨!"

하고 늙은 어머니의 이름을 더 먼저 불러들여야 할 일인데도, 이미 늙은 어머니보다 훨씬 늦게 접수한 사람들을 무려 여섯 사람이나 면회장 안으로 불러들이고 있으면서, 그 늙은 어머니를 불러 넣어 주지는 않는 것이었다.

'멋 땀시 그란단가?'

혹시 그놈이 아파서 못 나오는 것은 아닌가, 아니, 어디 다른 델 보내 버렸을까, 하며 조급해진 늙은 어머니의 생각에, 꼭 열두 번째의 사람을 면회장 안으로 불러들였다고 느껴지는 순간,

"윤 소님 씨!"

하는 소리가 들려, 휘이, 이제야 데리고 나왔는가 보다 하며, 난로 위의 뜨거운 **쇠고깃국 냄비**를 뜨거운 것도 **의식하지 못한 채** 덥썩 들어 안고 면회장 안으로 들어서려는데, 입구를 지키던 교도관이

"할머니!"

하고 늙은 어머니를 세우더니, 손에 든 ⊙ 종이쪽지를 옆에 서 있는 다른 교도관에게 보이며 무슨 말인가를 속닥거렸다. 그러더니 눈살을 잔뜩 찌푸리며 쓴 입맛을 다시고,

"이막동이가 아들이요?"

하고 물었다.

"야."

가슴이 후들거리고, 기침이 목구멍 너머에서 자꾸 근질거리며 튀어나오려는 것을 이를 악물어 억누르는데,

"이막동말고 아들 또 있소?"

하고 다시 물었다. 둘이나 있다고 하자, 그 교도관은 옆에 있는 교도관하고 말을 주고받은 뒤 고개를 주억거리다가,

"이막동 씨 어제 옮겨 갔어요."

하는 것이었다.

"야?"

무슨 뜻이냐고 묻자, 교도관이 예쁘장하게 생긴 얼굴을 다시 한번 일그러뜨리고, 문밖으로 멀리 갔다는 손짓을 곁들여, 퉁명스런 목소리로

"목포로 갔단 말이요, 어제. 빨리 그리로 가 보시오."

늙은 어머니는 자기의 귀를 의심했다.

"목포로 욍게라우?"

교도관은 고개를 깊이 주억거려 주고, 잠시 동안 천장을 멀거니 쳐다보다가 다음 사람을 불렀다.

"어따 어메, 어째사 쓰꼬!"

하고 허둥허둥 나서다가, 쿨룩쿠울룩 터져 나오는 기침 때문에 배창자를 긁어 쥐느라고 쪼그려 앉은 늙은 **어머니의 품** 속에서 **우유병** 하나가 떨어져 하얗게 박살이 나고 있었는데, 옆에 섰던 한 남자가 안되었다는 듯 끌끌 혀를 차는 것이, 그 늙은 어머니의 귀에 들어갔을 까닭 없던 것이었다.

– 한승원, 〈어머니〉 –

* 도짓소: 한 해 동안 곡식을 얼마씩 내기로 하고 빌려 부리는 소.

인물의 수난

① 막내아들이 징역을 살게 되었다는 소식을 듣게 됨.
② 큰아들들이 여비를 마련해주지 않아 막내아들의 면회를 가기에 여의치 않음.
③ 막내아들이 목포로 이감되었다는 소식을 듣자 놀라움과 절망감에 빠짐.

↓

인물의 수난을 제시하여 자식에 대한 어머니의 사랑과 한이라는 주제를 부각함.

01

윗글의 서술상 특징으로 가장 적절한 것은?

① 공간적 배경에 대한 묘사를 통해 미래의 일을 암시하고 있다.
② 인물 간 성격의 대비를 통해 사건이 반전되는 양상을 부각하고 있다.
③ 시간의 흐름에 따라 서술자를 달리하여 사건을 입체적으로 조명하고 있다.
④ 다른 공간에서 동시에 일어난 사건을 병치하여 이야기의 흐름을 지연시키고 있다.
⑤ 외부의 서술자가 특정 인물에 초점을 두고 사건을 서술하여 인물의 내면을 드러내고 있다.

▓ 문제풀이 맥 ▓

01

서술상의 특징을 파악하는 문제이다. 작품 속 서술 표현의 특징을 찾아내는 것이 중요하다. 특히 이 작품은 전지적 작가 시점으로, 시간의 흐름에 따른 중심인물의 행동을 호흡이 긴 문장으로 서술하고 있는 것이 특징이다.

02

외적 준거에 따라 작품을 감상하는 문제이다. 이러한 문제는 <보기>에서 제시된 작품에 대한 설명을 숙지한 뒤, 이를 바탕으로 선택지에 제시된 내용이 적절한지 파악해야 한다. <보기>에서 윗글은 작품의 중심인물인 어머니를 설명하며, 아들과의 만남이 무산된 상황을 통해 인물의 감정이 변화될 것임을 제시하고 있다. 따라서 <보기>의 설명을 바탕으로 '어머니'의 심리와 감정을 예측해야 한다.

02

<보기>를 참고하여 윗글을 감상한 내용으로 적절하지 않은 것은?

> **보기**
>
> 이 작품은 아들의 감옥살이를 자신의 탓이라고 여기는 어머니의 한과 자식을 향한 사랑을 그리고 있다. 어머니는 몸도 쇠약하고 경제적으로도 힘들지만, 아들을 만나러 다니는 것을 위안으로 삼는다. 그렇기에 고대하던 아들과의 만남이 무산된 비극적 상황은 어머니의 한이 심화될 것임을 암시한다.

① '막동이를 그렇게 만들어 놓은' 것이 '자기 때문이라'고 하며 '눈을 감을 수' 없다고 생각하는 장면을 통해 아들의 처지에 대한 어머니의 자책감을 짐작할 수 있겠군.

② '죄를 어떻게 벗겨 줄 길이' 없지만 '얼굴이라도 보도록 해 주는 것만도 고맙게 여기'는 장면을 통해 어머니가 자식을 보러 가는 것을 위안으로 삼고 있음을 짐작할 수 있겠군.

③ '삼천오백 원'을 마련해 주지 않은 '큰아들들의 소행'을 '노여워'하는 장면을 통해 어머니가 경제적 어려움을 자식들 탓으로 여기고 있음을 짐작할 수 있겠군.

④ '쇠고깃국 냄비'의 뜨거움도 '의식하지 못한 채' 들고 가는 장면을 통해 아들을 향한 어머니의 사랑을 짐작할 수 있겠군.

⑤ '어머니의 품'에 있던 '우유병'이 깨지는 장면을 통해 비극적 상황에 처한 어머니의 절망감을 짐작할 수 있겠군.

03

세부 내용을 이해하는 문제이다. 작품에 대한 전체적인 이해를 바탕으로 소재의 의미를 파악하는 것이 중요하다. ㉠은 종이쪽지로, 이와 관련된 인물들의 행동에 중점을 두고 문제를 이해하는 것이 중요하다.

03

㉠과 관련하여 윗글을 이해한 내용으로 가장 적절한 것은?

① '어머니'는 ㉠을 통해 자신의 마음을 아들에게 전달하고자 했다.

② '어머니'는 ㉠ 때문에 면회가 늦어진 것을 알고 '교도관'에게 항의했다.

③ '교도관'들은 ㉠으로 '어머니'와 '아들' 사이의 갈등을 해소하려고 하였다.

④ '교도관'들은 ㉠을 '어머니'에게 보여 주며 '아들'과 아는 사이임을 드러내었다.

⑤ '교도관'들은 ㉠과 관련하여 알고 있는 사실을 '어머니'에게 전달하기를 불편해 하였다.

6일간 학습

Day	공부 시작 시간	공부 종료 시간	틀린 문항 수	틀린 유형
Day 1	시 분 초	시 분 초		
Day 2	시 분 초	시 분 초		
Day 3	시 분 초	시 분 초		
Day 4	시 분 초	시 분 초		
Day 5	시 분 초	시 분 초		
Day 6	시 분 초	시 분 초		

1 일별로 계획에 맞춰 공부하기
하루에 기출 하나씩 매일 꾸준히 공부하는 것이 최선의 방법이다.

2 시작 시간과 종료 시간 체크하기
스스로 시간 제한을 두고 문제를 푸는 것이 실전 대비에 효과적이다.

3 틀린 문항과 유형 분석하기
틀린 문제는 또 틀릴 수 있다. 특정 문항과 유형에서 많이 틀렸다면, 그 이유를 분석해야 한다.

4 보충 학습하기
스스로 점검하기를 통해 자신의 취약한 유형을 확인하고, SLS를 통해 부족한 부분을 보충 학습한다.

	Day 1						Day 2						Day 3					
번호	1	2	3	4	5	6	1	2	3	4	5	6	1	2	3	4	5	6
정답률	90%	92%	88%				37%	75%	79%	87%	74%		38%	43%	28%	24%	39%	
채점																		

	Day 4						Day 5						Day 6					
번호	1	2	3	4	5	6	1	2	3	4	5	6	1	2	3	4	5	6
정답률	37%	75%	55%	55%	58%	74%	39%	64%	76%	62%			83%	90%	84%			
채점																		

결과	틀린 문항에는 ✕ 표시, 찍어서 막혔거나 헷갈렸던 문항에는 △ 표시, 맞춘 문항에는 ○ 표시
	채점 결과 : 맞은 문항 수 26개중 ☐ 개

나의 예상 등급은?

등급

1등급
23~26개

2등급
21~22개

3등급
18~20개

1 Day 화법과 작문

화법과 작문   고1 2023년 6월

핵심정리

가

갈래

안내문

제재

화장실 공간 개선

주제

학교 공간 개선에 대한 온라인 투표 결과와 추가적인 설문 조사 안내

문단 중심 내용

❶ 글을 쓰게 된 목적
❷ 온라인 투표 결과 공유
❸ 설문 조사 항목 소개
❹ 독자의 참여 유도

설문 조사 항목

• 우리 학교 화장실의 문제점과 여기에 대한 해결 방안
• 화장실의 구체적인 공간 구성에 대한 의견

나

갈래

회의

제재

화장실 공간 개선

안건

화장실 공간 개선에 대한 방안

※ (가)는 학교 홈페이지에 게시된 글이고, (나)는 (가)를 게시한 후에 열린 회의이다. 물음에 답하시오.

가

❶ ○○고등학교 학생 여러분, 안녕하세요. ○○고등학교 학생회입니다. 학교 공간을 사용자 중심의 공간으로 만들자는 취지에서 학교 공간 개선에 대한 논의를 진행하고 있습니다. 그 일환으로 실시된 우리 학교 공간 중 개선이 필요한 장소에 대한 온라인 투표가 여러분들의 협조 덕분에 잘 마무리되었습니다. 그 결과를 공유하고, 구체적인 개선 방안에 대한 설문 조사를 안내하기 위해 글을 쓰게 되었습니다.

❷ 투표 실시 전에 안내가 된 것처럼, 학생들이 가장 개선이 필요하다고 생각하는 학교 공간을 학생들의 의견을 적극적으로 반영하여 정비하겠다고 학교 측과 사전에 협의가 되었습니다. 전교생 중 90%가 투표에 참여했고, 그중 83%가 화장실 공간 개선을 요구하였습니다. 이에 화장실 공간 개선에 대한 구체적인 의견을 수렴하기 위해 설문 조사를 실시하고자 합니다.

❸ 오늘부터 일주일간 진행되는 설문 조사는 크게 두 가지 항목으로 이루어져 있습니다. 첫 번째로 여러분들이 생각하는 우리 학교 화장실의 문제점과 여기에 대한 해결 방안을 제안해 주십시오. 두 번째로 첨부 파일에 있는 우리 학교 각 층 화장실 도면을 참고하여 화장실의 구체적인 공간 구성에 대한 의견도 제시해 주시기 바랍니다.

❹ 학교 공간 디자인 전문가의 힘도 빌려야 하겠지만, 더 중요한 것은 학생 여러분의 의견입니다. '손이 많으면 일도 쉽다.'라는 말이 있습니다. 무슨 일이나 여러 사람이 힘을 합하면 쉽게 잘 이룰 수 있다는 이 말처럼 우리가 원하는 학교 화장실을 만들기 위해서 학생 여러분의 많은 관심과 적극적인 참여가 필요합니다.

⊙

나

선생님: 많은 학생들이 요구했던 화장실 공간 개선에 대한 회의를 시작하겠습니다. 설문 조사 기간이 일주일이었지요? 회의를 통해 화장실 개선에 대한 설문 조사 결과를 살피고, 학교 공간 디자인 전문가에게 전달할 내용들을 정리해 봅시다. 학생들은 개선이 필요한 점이 무엇이라고 이야기했는지 말해 볼까요?

학생 1: 네, 설문 조사 결과 여러 학생이 가장 불편함을 느꼈던 부분은 화장실 환기가 잘 되지 않는다는 점이었습니다. 습기가 빠지지 않아 눅눅하다는 의견, 공기 정화가 잘 되지 않는다는 의견 등이 나왔습니다.

학생 2: 맞습니다. 또 세면대 이용이 불편하다는 의견도 많았습니다. 세면대 개수가 부족하고 높이가 모두 같기에 본인의 키에 맞지 않아 불편함을 느낀다고 하였습니다.

선생님: 그렇군요. 정리하자면 학생들이 생각하는 우리 학교 화장실의 문제점은 화장실의 환기가 제대로 되지 않는다는 것과 세면대 개수와 높이에 문제가 있다는 것이네요. 그렇다면 학생들은 이러한 문제점에 대해 어떤 해결 방안을 제시하였나요?

학생 1: 화장실 환기 문제를 해결하기 위한 방안으로는, 낡고 오래되어 여닫기 힘든 창문을 교체해 달라는 의견이 있었습니다. 또한 환풍기를 추가로 설치하고 공기 정화 장치를 새롭게 설치했으면 좋겠다는 의견도 있었습니다.

학생 2: 공기 정화 장치를 설치하자는 것은 좋은 의견이네요. 세면대에 대한 해결 방안으로, 먼저 학생들은 세면대가 지금보다 더 많았으면 좋겠다고 답했습니다. 또한 두세 가지 정도의 다양한 높이로 되어 있다면 자신의 키에 맞게 사용할 수 있어서 좋을 것 같다고 하였습니다.

[A]

선생님: 그렇군요. 학생들이 생각하는 해결 방안을 잘 들었습니다. 참, 학생들에게 우리 학교 각 층 화장실의 도면도 제시했다고 알고 있는데, 이와 관련된 의견이 있었나요?

학생 2: 네, 우리 학교 1층 화장실의 도면을 참고하여 의견을 낸 학생들이 있었습니다. 다른 층에 비해 1층 화장실의 내부 공간이 여유로우니 여기에 탈의 공간을 만들어 체육복을 갈아입을 수 있도록 하면 좋겠다는 의견이 있었습니다. 저도 이 의견에 동의합니다.

[B]

학생 1: 이미 체육관 앞에 탈의 공간이 따로 있으니 탈의 공간보다는 그곳에 세면대를 더 두면 어떨까요? 저도 1층 화장실을 이용할 때 불편을 겪은 적이 있었기 때문에, 세면대를 두는 것이 넓은 공간을 잘 활용하는 방안이 될 것 같습니다.

선생님: 학교 도면이 복잡해서 잘 파악했을지 걱정이 좀 되었는데, 잘 이해하고 좋은 의견을 내어 주었네요. 그 외에 다른 의견들은 없었나요?

학생 1: 화장실 벽면에 학생들의 추천을 받아 그림이나 글귀를 부착하자는 의견도 있었습니다.

선생님: 여러 의견이 나왔네요. 이 의견들이 충분히 고려되어야 하므로 회의 내용을 학교 측과 학교 공간 디자인 전문가에게 전달하겠습니다. 그럼 다음 회의에는 학교 공간 디자인 전문가도 함께 모셔서 구체적인 시안을 바탕으로 화장실 공간 디자인을 검토하도록 합시다.

회의 중심 내용

문제 상황 ①
화장실 환기와 공기 정화가 잘 되지 않음.

해결 방안
• 낡고 오래되어 여닫기 힘든 창문 교체 • 환풍기 추가 설치 및 공기 정화 장치 설치

문제 상황 ②
세면대 이용이 불편함.

해결 방안
두세 가지 정도의 다양한 높이로 세면대 추가 설치

화장실의 구체적 공간 구성에 대한 의견
1층 화장실 내부 공간을 탈의 공간으로 활용 ↕ 체육관 앞 탈의 공간을 활용하여 내부 공간에 세면대 추가 설치
화장실 벽면에 그림이나 글귀 부착

'선생님'의 말하기 방식

• 질문을 던지는 말하기 방식을 활용하여 참여를 유도함.
• 설문 항목과 관련하여 설문 조사의 결과를 모아 온 학생들의 발화를 정리함.

01

글쓰기 전략을 파악하는 문제이다. (가)는 학교 공간 개선에 대한 온라인 투표 결과와 추가적인 설문 조사에 대해 안내하고 있다. 전체적인 글의 내용을 파악하고 있어야 쉽게 해결할 수 있다.

01

(가)를 이해한 내용으로 적절하지 않은 것은?

① 예상 독자를 명시한 후 글을 쓴 이유를 드러내고 있다.

② 사전 협의 내용을 밝히며 이후 진행될 과정을 제시하고 있다.

③ 온라인 투표 결과를 수치로 나타내어 독자와 결과를 공유하고 있다.

④ 설문 항목을 안내하고 설문 참여 시에 주의할 점을 덧붙이고 있다.

⑤ 관용 표현의 의미를 풀어 설명하여 독자의 참여를 유도하고 있다.

02

<조건>에 맞게 표현하는 문제이다. 이러한 유형은 형식상의 조건과 내용상의 조건이 함께 제시되는 경우가 많다. 이 문제에서는 형식상으로는 비유적 표현을 활용하여 글의 맥락에 맞게 마무리해야 하고, 내용상으로는 학교 공간 개선의 취지를 강조해야 한다. 이때 비유적 표현은 어떤 대상을 그것과 비슷한 다른 대상에 빗대어 표현하는 것을 말한다.

02

<조건>에 따라 ㉠에 마지막 문장을 추가한다고 할 때 가장 적절한 것은?

> **조건**
>
> ◦ 서두에 제시된 학교 공간 개선의 취지를 다시 강조할 것.
> ◦ 비유적 표현을 활용하여 맥락에 맞게 마무리할 것.

① 전문가도 인정하는 새로운 공간이 가득한 우리 학교는 사랑입니다.

② 편안하고 쾌적한 공원 같은 우리 학교 공간을 여러분에게 소개합니다.

③ 사용자인 우리의 편의를 두루 고려한 내 집 같은 학교 공간을 함께 만듭시다.

④ 공간을 바라보는 틀에 박힌 생각에서 벗어나 우리 학교를 새롭게 바꾸어 봅시다.

⑤ 학생도 선생님도 만족하며 사용하는 학교 공간을 우리의 노력으로 만들어 봅시다.

03

(나)의 '선생님'에 대한 설명으로 적절하지 않은 것은?

① (가)에서 언급한 설문 조사 기간을 확인하고, 회의에서 논의해야 할 사항을 안내하고 있다.

② (가)에서 제시한 첫 번째 설문 항목과 관련하여 설문 조사의 결과를 모아 온 학생들의 발화를 정리하고 있다.

③ (가)에서 두 번째로 제시한 설문 항목과 관련하여 조사 결과에 대해 질문하고 있다.

④ (가)에서 언급한 설문 참고 자료를 잘 파악했는지 점검한 후 학생의 설명에 대한 자신의 이해가 적절한지 확인하고 있다.

⑤ (가)에서 언급한 관련 분야 전문가가 다음 회의 참여자임을 밝히며 다음 회의를 예고하고 있다.

04

[A], [B]에 대한 설명으로 가장 적절한 것은?

① [A]: '학생 1'은 '학생 2'의 발언과 달리 전달할 내용을 제시한 후 자신의 의견을 덧붙이고 있다.

② [A]: '학생 2'는 '학생 1'의 발언을 구체화하며 자신의 견해를 수정하고 있다.

③ [A]: '학생 2'는 '학생 1'의 발언의 일부를 긍정하며 추가적인 정보 제공을 요청하고 있다.

④ [B]: '학생 1'은 '학생 2'의 발언과 달리 조사한 내용을 말하고 그에 동의하고 있다.

⑤ [B]: '학생 1'은 '학생 2'의 발언 내용과는 다른 의견을 자신의 경험을 바탕으로 제안하고 있다.

03

참여자의 역할을 파악하는 문제이다. (나)의 '선생님'은 회의의 진행자, 사회자와 같은 역할을 맡고 있다. 또한 (가)의 내용을 바탕으로 회의가 진행되는 것이므로 (가)의 내용을 정확히 이해하고 있어야 한다.

'선생님'의 주요 발화

첫 번째 발화	회의 주제와 내용 언급
두 번째 발화	설문 조사 결과를 정리
세, 네 번째 발화	설문 조사 결과를 질문
다섯 번째 발화	다음 회의를 예고

04

말하기 방식을 파악하는 문제이다. 이 문제는 지문 전체가 아닌, [A]와 [B]에 한정하여 묻고 있기 때문에 해당 부분의 대화 맥락을 더욱 꼼꼼히 파악해야 한다. [A]에서는 우리 학교 화장실의 문제점과 이에 대한 해결 방안이 제시되어 있고, [B]에서는 화장실의 구체적인 공간 구성에 대한 의견이 제시되어 있다.

핵심정리

형태소

의미	뜻을 가진 가장 작은 말의 단위	
종류	자립성 유무	○ 자립 형태소
		× 의존 형태소
	실질적 의미 유무	○ 실질 형태소
		× 형식 형태소

형태소의 기본형과 이형태

기본형	한 형태소가 여러 가지 다양한 이형태들로 실현될 때, 이형태들을 대표할 수 있는 형태
이형태	음운 환경에 따라 달리 나타나는 형태소들의 형태

형태소 교체의 종류

자동적 교체	교체가 일어나지 않고 그대로 실현되면 안 되기 때문에 일어나는 교체 예 먹물[멍물] → 비음 앞에서 평파열음인 'ㄱ, ㄷ, ㅂ'가 올 수 없기 때문에 발생
비자동적 교체	반드시 일어나야 할 필연적 이유가 없는 교체 예 감다[감ː따] → 용언의 어간 말음이 비음으로 끝나고 뒤에 어미가 올 때에만 발생

※ [01~02] 다음 글을 읽고 물음에 답하시오.

형태소는 일정한 뜻을 가진 가장 작은 단위를 말하며, 한 형태소는 다른 형태소와 결합하여 단어나 구, 문장과 같은 상위 단위를 이룬다. 이때 형태소는 항상 동일한 모습으로 나타나는 것은 아니고, 환경에 따라 형태가 달라질 수 있다. 이처럼 한 형태소가 환경에 따라 다른 모습으로 실현되는 것을 교체라고 한다. 특히 한국어는 문법적 관계를 나타내 주는 조사와 어미가 발달해 있어서 형태소끼리의 결합 과정에서 다양한 교체 현상이 나타난다.

빛: 빛이[비치], 빛도[빋또], 빛만[빈만], 쪽빛이[쪽삐치], 쪽빛도[쪽삗또], 쪽빛만[쪽삔만]
물: 물이[무리], 물도[물도], 물만[물만], 국물이[궁무리], 국물도[궁물도], 국물만[궁물만]

'빛'은 앞이나 뒤에 오는 형태소에 따라 6개의 서로 다른 형태로 실현된다. 이처럼 교체에 의해 달리 실현된 형태들을 이형태라고 한다. 교체가 일어난다는 것은 한 형태소가 최소한 둘 이상의 이형태를 가짐을 뜻한다. 이형태들은 나타나는 조건이나 환경이 겹치지 않는 상보적 분포를 지닌다. 한편 '물'은 앞이나 뒤에 어떠한 형태소가 오든지 항상 '[물]'로만 실현된다. 즉 교체가 일어나지 않는 것이다.

교체를 통해 이형태가 복수로 존재할 경우에는 기본형을 정해 준다. 한 형태소가 여러 가지 다양한 이형태들로 실현되면 이형태들을 대표할 수 있는 형태를 하나 설정하게 되는데, 그것이 바로 기본형이다. 교체를 하지 않는 형태소의 경우 그 자체가 기본형이 되지만 교체를 하는 형태소는 기본형을 따로 정해야만 한다.

또한 형태소의 교체는 일어나는 동기에 따라 자동적 교체와 비자동적 교체로 나눌 수 있다. ㉠ 자동적 교체는 교체가 일어나지 않고 그대로 실현되면 안 되기 때문에 일어나는 교체를 말한다. 음절의 종성에 두 개의 자음이 발음되는 것을 허용하지 않는 음운론적 제약이나 비음 앞에 평파열음인 'ㄱ, ㄷ, ㅂ'이 올 수 없다는 음운론적 제약 등으로 일어나는 교체가 자동적 교체이다. 예를 들면 '먹물 → [멍물]'에서 '먹'이 비음으로 시작하는 형태소인 '물'과 결합할 때 '멍'으로 교체를 보이는 경우이다.

다음으로 ㉡ 비자동적 교체는 반드시 일어나야 할 필연적 이유가 없는 교체를 말한다. 즉 '감다 → [감ː따]'는 비음으로 끝나는 어간 뒤에서 '−따'로 교체되는 경우로, 이는 비음 뒤에 'ㄱ, ㄷ, ㅈ'과 같은 자음이 오지 못하기 때문에 일어난 것은 아니다. 용언의 어간 말음이 비음으로 끝나고 뒤에 어미가 올 때에만 이 같은 현상이 일어날 뿐, '단검 → [단ː검]'과 같이 다른 환경에서는 얼마든지 비음과 'ㄱ, ㄷ, ㅈ' 등이 결합할 수 있기 때문이다.

01

㉠, ㉡에 해당하는 예끼리 바르게 짝지어진 것은?

	㉠	㉡		㉠	㉡
①	믿는[민는]	안고[안ː꼬]	②	삶도[삼ː도]	김장[김장]
③	입은[이븐]	넘다[넘ː따]	④	밥만[밤만]	앉는[안는]
⑤	닭이[달기]	삼고[삼ː꼬]			

■ 문제풀이 맥 ■

01

자동적 교체와 비자동적 교체를 구별하는 문제이다. 자동적 교체는 형태소가 음운 환경에 의해 필연적으로 일어나는 교체를 말한다. 반면 비자동적 교체는 음운 환경에 의해 필연적으로 일어나는 것이 아닌 교체이다.

02

윗글을 바탕으로 <보기>에 대해 이해한 내용으로 적절하지 <u>않은</u> 것은?

> **보기**
>
> ⓐ **닭**: 닭이[달기], 닭도[닥또], 닭만[당만], 통닭은[통달근]
> ⓑ **책**: 책이[채기], 책도[책또], 책만[챙만], 공책은[공채근]
> ⓒ **밥**: 밥이[바비], 밥도[밥또], 밥만[밤만], 찬밥은[찬바븐]
> ⓓ **달**: 달이[다리], 달도[달도], 달만[달만], 반달은[반ː다른]
> ⓔ **잎**: 잎이[이피], 잎도[입또], 잎만[임만], 솔잎은[솔리픈]

① ⓐ: '닭'의 이형태들은 상보적 분포를 보이는군.
② ⓑ: '책'은 기본형을 따로 정할 필요 없이 그 자체로 기본형이 되겠군.
③ ⓒ: '밥'이 이형태를 가지는 것으로 보아 교체가 일어났다고 볼 수 있겠군.
④ ⓓ: '달'은 앞이나 뒤에 어떠한 형태소가 오더라도 하나의 형태로만 나타나는군.
⑤ ⓔ: '잎'은 환경에 따라 다른 모습으로 나타나므로 이형태들을 대표할 수 있는 기본형을 설정하겠군.

02

이형태의 특징을 탐구하는 문제이다. 이 문제는 형태소의 교체와 관련된 어휘의 개념과 특징을 정확히 알아야 문제를 풀 수 있다. 형태소가 환경에 따라 음상을 달리하는 것을 교체라고 한다. 교체에 의해 달리 실현된 형태소의 형태를 이형태라고 하는데, 이형태는 형태가 달라지더라도 그 기능과 의미가 달라지지 않는 것이 특징이다. **또한 이형태들은 나타나는 조건이나 환경이 겹치지 않는, 즉 상보적 분포 관계를 보인다.**

03

피동 표현을 탐구하는 문제이다. 피동 표현을 사용하는 경우를 이해하고, 이를 주어진 예시에 적용할 수 있어야 한다.

피동 표현을 사용하는 경우
• 행위의 주체를 분명히 설정하기 어려울 때 • 행위의 주체보다 대상을 부각하고 싶을 때 • 행위의 주체를 분명하게 밝히지 않고자 할 때 • 행위의 주체가 중요하지 않거나 누구나 아는 사람이어서 말할 필요가 없을 때

03

<보기>의 [A]에 들어갈 말로 적절하지 않은 것은?

보기

학생: 선생님, 피동 표현은 어떤 경우에 사용하나요?
선생님: 피동 표현은 행위의 주체보다 대상을 부각하고 싶을 때, 행위의 주체를 분명하게 밝히지 않고자 할 때, 행위의 주체가 중요하지 않거나 누구나 아는 사람이어서 말할 필요가 없을 때 사용해요. 또한 행위의 주체를 분명히 설정하기 어려운 경우에 사용하기도 해요. 이제 아래 자료를 보고 피동 표현에 대해 탐구해 봅시다.

   ⊙ ┌ 벌이 그를 쏘았다.
      └ 그가 벌에 쏘였다.

   ⓛ ┌ 내가 편지를 찢었다.
      └ 편지가 찢어졌다.

   ⓒ ┌ 기자가 내 이야기를 신문에 실었다.
      └ 내 이야기가 신문에 실렸다.

   ⓔ ┌ 국민들이 대통령을 뽑았다.
      └ 대통령이 뽑혔다.

   ⓜ ┌ *A가 추웠던 날씨를 풀었다.
      └ 추웠던 날씨가 풀렸다.

※ '*'는 문법에 맞지 않음을 나타냄.

학생: [A]

선생님: 네, 맞아요.

① ⊙을 보니, 피동 표현을 통해 행위의 대상인 '그'를 부각할 수 있겠군요.
② ⓛ을 보니, 피동 표현을 통해 '편지'를 찢은 주체를 분명하게 밝히지 않을 수 있겠군요.
③ ⓒ을 보니, 행위의 주체인 '기자'가 중요하지 않을 때 피동 표현을 사용할 수 있겠군요.
④ ⓔ을 보니, 행위의 주체인 '대통령'이 누구나 아는 사람일 때 피동 표현을 사용할 수 있겠군요.
⑤ ⓜ을 보니, 행위의 주체를 분명히 설정하기 어려워 피동 표현을 사용했겠군요.

04

<보기>의 ㄱ~ㄹ을 탐구한 내용으로 적절하지 <u>않은</u> 것은?

보기

ㄱ. 나는 키가 크다.

ㄴ. 나는 여름만 좋아한다.

ㄷ. 그녀는 시인이자 선생님이다.

ㄹ. 그녀가 사과를 먹고 나는 배를 먹는다.

① ㄱ과 ㄷ을 구성하는 문장 성분의 종류는 동일하군.

② ㄱ과 ㄹ은 모두 주어와 서술어의 관계가 두 번 나타나는군.

③ ㄴ과 ㄷ의 서술어의 개수는 동일하군.

④ ㄴ과 ㄹ은 모두 주어와 목적어를 포함하고 있군.

⑤ ㄷ과 ㄹ은 모두 연결 어미를 포함하고 있군.

04

문장의 짜임을 탐구하는 문제이다. 문장은 홀문장과 겹문장으로 나눌 수 있는데, 이를 구분하기 위해서는 문장 안에서 서술어가 될 수 있는 용언과 서술격 조사가 한 번만 나오는지, 두 번 이상 나오는지 살펴보면 된다.

05

<보기>의 ㉠~㉢에 들어갈 말로 바르게 짝지어진 것은?

보기

중세 국어에서 과거 시제는 선어말 어미 '-더-'를 사용하여, 미래 시제는 선어말 어미 '-리-'를 사용하여 표현하였다. 하지만 현재 시제는 품사에 따라 다르게 표현했는데, 동사는 선어말 어미 '-ᄂᆞ-'를 사용하였고 형용사와 '체언+이다'는 특정한 선어말 어미를 사용하지 않았다.

◦ 내 (㉠)

[내가 가겠습니다.]

◦ 사르미 (㉡)

[사람의 스승이다.]

◦ 네 이제 또 (㉢)

[네가 이제 또 묻는다.]

	㉠	㉡	㉢
①	가리이다	스스이시다	묻ᄂᆞ다
②	가리이다	스스이시다	묻다
③	가리이다	스스이시ᄂᆞ다	묻ᄂᆞ다
④	가더이다	스스이시다	묻ᄂᆞ다
⑤	가더이다	스스이시ᄂᆞ다	묻다

05

중세 국어의 시제를 파악하는 문제이다. 우선 현대 국어와 중세 국어의 차이를 이해해야 한다. 선어말 어미를 이용하여 시제를 표현한다는 점에서는 같지만, 중세 국어의 시제 표현은 현대 국어와 차이가 있으며, 그 사용법도 현대와 다른 경우가 있다.

과거 시제 선어말 어미	-더-	
현재 시제 선어말 어미	동사	-ᄂᆞ-
	형용사, 체언+이다	×
미래 시제 선어말 어미	-리-	

3 Day

독서(기술)   고1 2023년 9월

디지털 워터마킹

문단 중심 내용

❶ 디지털 이미지 워터마킹의 개념
❷ 디지털 이미지 워터마킹 방식 ①
  – LSB 치환 방법
❸ LSB 치환 방법의 장단점
❹~❺ 디지털 이미지 워터마킹 방식 ②
  – DCT를 이용하는 방법
❻ DCT를 이용하는 방법의 장·단점

디지털 이미지 워터마킹

개념	디지털 이미지에 저작권자나 배급자의 서명, 마크 등의 특정 정보를 다른 사람들이 인식하지 못하도록 삽입하는 것
활용	디지털 이미지의 무단 배포, 무단 복사 등이 발생했을 때 저작권을 주장하거나 원본 이미지의 훼손 여부를 검증하기 위한 수단

공간 영역 활용 방식 – LSB 치환 방법

LSB	픽셀의 색상을 밝기에 따라 나누어 8비트로 나타낼 때, 색상 변화에 가장 영향을 적게 주는 최하위 비트
장점	• 많은 양의 데이터를 빠르고 간단하게 삽입할 수 있음. • 시각적으로 색상이나 감도의 변화를 감지하기 어려움.
단점	워터마크가 삽입된 이미지의 LSB를 인위적으로 조작하는 경우 워터마크가 쉽게 제거될 수 있음.

픽셀의 색상은 밝기에 따라 0~255까지의 정숫값을 가짐.

↓

이를 8비트로 나타냄.

↓

워터마크 이미지의 픽셀 데이터를 원본 이미지의 각 픽셀의 LSB에 하나씩 나누어 숨김.

※ 다음 글을 읽고 물음에 답하시오.

❶ 디지털 이미지 워터마킹은 디지털 이미지에 저작권자나 배급자의 서명, 마크 등의 특정 정보를 다른 사람들이 인식하지 못하도록 삽입하는 것을 말한다. 이때 삽입된 정보를 디지털 워터마크라고 하며, 이것은 디지털 이미지의 무단 배포, 무단 복사 등이 발생했을 때 저작권을 주장하거나 원본 이미지의 훼손 여부를 검증하기 위한 수단으로 활용된다.

❷ 디지털 이미지 워터마킹은 이미지의 공간 영역 활용 방식과 주파수 영역 활용 방식으로 나눌 수 있는데, 공간 영역 활용 방식으로는 LSB(Least Significant Bit) 치환 방법이 있다. 흑백 원본 이미지에 흑백 워터마크 이미지를 삽입하는 과정을 통해 그 원리를 살펴보자. 흑백 이미지를 구성하는 한 픽셀*의 색상은 밝기에 따라 0~255까지의 정숫값을 가지는데 0은 검은색, 255는 흰색을 나타낸다. 이를 컴퓨터가 처리하는 데이터의 기본 단위인 8비트*로 나타내면 각각의 픽셀은 검은색인 [0 0 0 0 0 0 0 0]부터 흰색인 [1 1 1 1 1 1 1 1]까지 총 256가지의 값 중 하나를 갖게 되며, 그 숫자가 클수록 흰색에 가깝다. 이때 각 픽셀은 8비트의 데이터 중 왼쪽에 위치하는 상위 비트가 바뀔수록 그에 해당하는 정숫값의 변화가 크기 때문에 색상의 변화를 육안으로 인식하기 쉽고, 오른쪽 하위 비트가 바뀔수록 색상의 변화를 육안으로 인식하기 어렵다. LSB는 색상 변화에 가장 영향을 적게 주는 오른쪽 마지막 최하위 비트를 ⊙ 말한다. LSB 치환 과정

[A] 에서는 원본 이미지에 시각적인 변화를 주지 않기 위해 워터마크 이미지의 픽셀 데이터를 원본 이미지의 각 픽셀의 LSB에 하나씩 나누어 숨긴다.

❸ 이때 원본 이미지 각 픽셀의 8개의 비트 중 LSB에만 데이터를 삽입하기 때문에 워터마크 이미지의 한 픽셀 데이터를 삽입하기 위해서는 원본 이미지의 픽셀 8개가 필요하다. 결국 원본 이미지의 픽셀 수는 최대로 삽입 가능한 비트 수와 같기 때문에 원본 이미지의 픽셀 수가 워터마크 이미지의 전체 비트 수보다 적다면 워터마크 이미지의 데이터 일부는 삽입할 수 없게 된다. 그리고 원본 이미지의 픽셀 수가 워터마크 이미지의 전체 비트 수보다 많을수록 원본 이미지에 시각적 변화가 적게 나타난다. 이 방법은 많은 양의 데이터를 빠르고 간단하게 삽입할 수 있으며, 원본 이미지의 각 픽셀에서 LSB만 변경하기 때문에 시각적으로 색상이나 감도의 변화를 감지하기 어렵다. 그러나 워터마크가 삽입된 이미지의 LSB를 인위적으로 조작하는 경우 워터마크가 쉽게 제거될 수 있다는 단점이 있다.

❹ 주파수 영역을 활용하는 방식으로는 <u>DCT(Discrete Cosine Transform)를 이용하는 방법</u>이 주로 쓰인다. DCT는 이미지 데이터를 공간값에서 주파숫값으로 바꾸는 과정이다. 이미지에 DCT를 적용하면 주변 픽셀과 색상이나 밝기 차이가 적은 픽셀은 낮은 주파숫값으로, 경계선 등 주변 픽셀과 색상이나 밝기 차이가 큰 픽셀은 높은 주파숫값으로 나타난다. 원본 이미지를 일정한 크기의 여러 블록으로 나누고 블록별로 각 픽셀의 색상값을 DCT 수식에 따라 변환하면 주파숫값 분포표를 얻을 수 있다. 주파숫값 분포표에는 좌측 상단으로 갈수록 낮은 주파숫값, 우측 하단으로 갈수록 높은 주파숫값이 분포하게 되는데 이미지의 색상이나 밝기에 따라 각 주파숫값이 분포하는 영역의 비율은 다르게 나타난다. 이때 워터마크 이미지의 픽셀의 색상값을 주파숫값 형태로 삽입한 후 다시 역변환 수식에 따라 변환하면, 어느 주파숫값에 삽입하든 워터마크가 원본 이미지의 전 영역에 걸쳐 고르게 분산된 형태로 삽입된다.

❺ 인간의 시각은 낮은 주파수 성분의 변화에는 민감하나 높은 주파수 성분의 변화에는 둔감하기 때문에 높은 주파숫값이 분포하는 영역에 워터마크를 삽입하면 원본 이미지의 시각적인 변화를 최소화할 수 있다. 그러나 JPEG와 같은 방식의 압축 이미지 알고리즘은 높은 주파수 성분의 요소를 제거하여 이미지를 압축하기 때문에 높은 주파숫값이 분포하는 영역에 워터마크를 삽입하면 이미지 압축과 같은 과정에서 워터마크가 삭제될 수 있다. 그래서 워터마크를 삽입할 때는 낮은 주파숫값이 분포하는 영역과 높은 주파숫값이 분포하는 영역의 경계면에 해당하는 특정 주파숫값 영역을 중심으로 워터마크 정보를 삽입한다.

❻ 이 방법은 이미지의 왜곡이 적어 시각적으로 원본 이미지와의 차이를 식별하기 어렵다. 또한 삽입할 데이터를 이미지 영역에 골고루 분산시키기 때문에 변형의 과정을 거쳐도 LSB 치환 방법에 비해 워터마크가 상대적으로 쉽게 제거되지 않는다. 그러나 데이터 삽입이 가능한 주파숫값의 개수가 원본 이미지의 픽셀 수보다는 훨씬 적기 때문에, 삽입할 수 있는 데이터의 양이 LSB 치환 방법보다 상대적으로 적다. 그리고 픽셀의 개수가 같은 이미지라 하더라도 이미지의 색상이나 밝기에 따라 각 주파숫값이 분포하는 영역의 비율이 달라지기 때문에 이미지에 따라 삽입할 수 있는 데이터의 양이 달라질 수 있다.

* **픽셀**: 작은 점의 행과 열로 이루어져 있는 화면의 작은 점 각각을 이르는 말.
* **비트**: 2진 기수법 표기의 기본 단위. 2진 기수법에서는 모든 수를 0과 1로만 표기하는데 이 0 또는 1이 각각 하나의 비트가 된다.

주파수 영역 활용 방식 – DCT를 이용하는 방법

DCT	이미지 데이터를 공간값에서 주파숫값으로 바꾸는 과정
장점	• 이미지의 왜곡이 적어 시각적으로 원본 이미지와의 차이를 식별하기 어려움. • 변형의 과정을 거쳐도 LSB 치환 방법에 비해 워터마크가 상대적으로 쉽게 제거되지 않음.
단점	• 삽입할 수 있는 데이터의 양이 LSB 치환 방법보다 상대적으로 적음. • 이미지에 따라 삽입할 수 있는 데이터의 양이 달라질 수 있음.

원본 이미지를 일정한 크기의 여러 블록으로 나누고 블록별로 각 픽셀의 색상값을 DCT 수식에 따라 변환하여 주파숫값 분포표를 얻음.

↓

워터마크 이미지의 픽셀의 색상값을 주파숫값 형태로 삽입함.

↓

다시 역변환 수식에 따라 변환함.

↓

워터마크가 원본 이미지의 전 영역에 걸쳐 고르게 분산된 형태로 삽입됨.

WEEK 2

01

글의 핵심 내용을 파악하는 문제이다. 선택지의 핵심어를 파악하고, 해당 내용을 지문에서 찾을 수 있는지 파악해야 한다. 예를 들어, 선택지 ①을 보고는 지문에서 '디지털 워터마크의 용도'를 설명하고 있는지 찾아봐야 한다.

01

윗글을 통해 답을 찾을 수 <u>없는</u> 질문은?

① 디지털 워터마크의 용도는 무엇인가?

② 디지털 이미지 워터마킹의 개념은 무엇인가?

③ 디지털 이미지 워터마킹 기술의 전망은 어떠한가?

④ 디지털 이미지 워터마크를 삽입하는 원리는 무엇인가?

⑤ 디지털 이미지 워터마킹의 방식에는 어떤 것들이 있는가?

02

글의 세부 내용을 파악하는 문제이다. LSB 치환 방법, DCT를 이용하는 방법, JPEG 압축 방식의 원리와 특징을 파악해야 한다. 특히, 지문에서 LSB 치환 방법과 DCT를 이용하는 방법을 비교하여 설명하고 있으므로 이에 대해서도 파악해 두어야 한다.

02

윗글에 대해 이해한 내용으로 적절하지 <u>않은</u> 것은?

① LSB 치환 방법은 DCT를 이용하는 방법에 비해 상대적으로 쉽게 워터마크가 제거되지 않는다.

② LSB 치환 방법은 DCT를 이용하는 방법에 비해 동일한 원본 이미지에 삽입할 수 있는 데이터의 양이 많다.

③ DCT를 적용하기 위해서는 원본 이미지를 여러 개의 블록으로 분할하고 블록 단위로 변환을 수행해야 한다.

④ JPEG 압축 방식은 이미지에서 주변 픽셀과 색상이나 밝기 차이가 큰 픽셀을 제거하는 방식으로 이루어진다.

⑤ DCT를 이용하는 방법은 원본 이미지의 색상이나 밝기에 따라 삽입할 수 있는 데이터의 양이 달라질 수 있다.

03

[A]를 바탕으로 <보기>를 이해한 내용으로 적절하지 <u>않은</u> 것은?

보기

다음은 LSB 치환 방법을 통해 흑백 이미지에 또 다른 흑백 이미지를 워터마크로 삽입하는 과정을 도식화하여 나타낸 것이다.

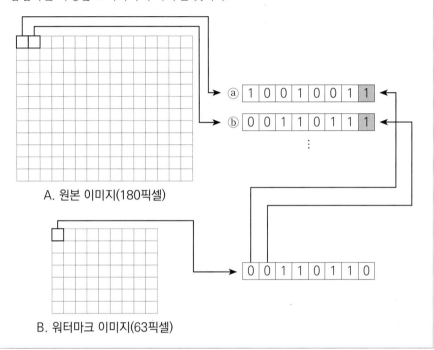

A. 원본 이미지(180픽셀)

B. 워터마크 이미지(63픽셀)

① A에 최대로 삽입 가능한 비트 수는 180이다.
② B의 전체 데이터 중 일부 비트는 A에 삽입할 수 없다.
③ B의 픽셀 수가 더 많아지면 A의 시각적인 변화는 줄어든다.
④ ⓐ 픽셀의 색상이 ⓑ 픽셀의 색상에 비해 더 흰색에 가깝다.
⑤ ⓐ 픽셀과 ⓑ 픽셀에 데이터가 삽입되면 LSB가 모두 1에서 0으로 바뀌게 된다.

03

구체적 사례에 적용하는 문제이다. LSB 치환 방법에서 이미지의 픽셀은 검은색인 0 0 0 0 0 0 0 0 부터 흰색인 1 1 1 1 1 1 1 1 까지 총 256가지의 값 중 하나를 갖게 되며, 그 숫자가 클수록 흰색에 가깝고, 왼쪽에 위치하는 상위 비트가 바뀔수록 색상의 변화를 육안으로 인식하기 쉽다. 또한 원본 이미지의 픽셀 수는 최대로 삽입 가능한 비트 수와 같다고 하였다. A의 ⓐ 픽셀과 ⓑ 픽셀을 비교하고, 원본 이미지인 A에 워터마크 이미지인 B를 삽입했을 때의 결과를 지문을 바탕으로 추론해야 한다.

04

구체적 사례에 적용하는 문제이다. <보기>는 DCT를 이용하는 방법을 활용하여 워터마크 정보를 삽입한 사례이다. ㉮는 좌측 상단이므로 낮은 주파숫값, ㉰는 우측 하단이므로 높은 주파숫값이 분포하고, ㉯는 두 영역의 경계면에 해당한다. 4~5문단을 통해 ㉮~㉰에 워터마크를 삽입했을 때의 효과를 파악해야 한다.

04

DCT(Discrete Cosine Transform)를 이용하는 방법에 대한 이해를 바탕으로 <보기>의 ㉮ ~㉰에 대해 보인 반응으로 가장 적절한 것은?

보기

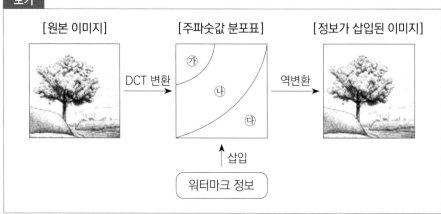

① ㉮는 ㉯보다 원본 이미지에서 주변 픽셀과 색상이나 밝기 차이가 더 큰 부분이겠군.
② ㉮에 워터마크를 삽입하면 ㉰에 삽입하는 것보다 역변환 후 원본 이미지의 시각적 변화가 더 크겠군.
③ ㉯에 삽입된 워터마크가 ㉰에 삽입된 워터마크보다 JPEG와 같은 방식의 압축에 의해 더 쉽게 제거되겠군.
④ ㉰에 삽입된 워터마크가 ㉮에 삽입된 워터마크보다 역변환 후 전체 이미지에 더 고르게 분산되겠군.
⑤ ㉮, ㉯, ㉰ 영역은 원본 이미지와 상관없이 항상 일정한 비율로 나타나겠군.

05

어휘의 문맥적 의미를 파악하는 문제이다. ㉠의 '말하다'가 문맥상 어떠한 의미로 사용되었는지 파악하고, 선택지에서 이와 유사한 의미로 사용된 사례를 찾아야 한다. 조사 등을 통하여 동일한 활용법을 가려낼 수 있다.

05

문맥상 ㉠과 가장 가까운 의미로 쓰인 것은?

① 북극은 지구 자전축의 북쪽 끝을 말한다.
② 선생님은 그 작가에 대해 항상 좋게 말했다.
③ 난 내 생각을 다른 사람에게 솔직하게 말한다.
④ 친구에게 동생이 오면 문을 열어 달라고 말했다.
⑤ 그녀에게 약속 장소를 말하지 않은 것이 생각난다.

※ 다음 글을 읽고 물음에 답하시오.

❶ 인간은 누구나 행복을 추구하며 살아간다. 그런데 과학기술의 발전을 통해 유례없는 풍요를 누리고 있는 현대인은 과연 행복한가? 현대 사회에서의 행복에 대해 고찰한 철학자 에리히 프롬은 행복을 무엇이라고 했는지 알아보자.

❷ 프롬의 사상을 파악하기 위해서는 먼저 그의 인간관을 이해해야 한다. 프롬은 인간과 다른 동물을 구분 지을 수 있는 특성이자 인간의 본질을 이성이라고 파악했다. 그에 따르면 이성이 있는 인간은 세계와 분리되어 있음을 인지하고 불안과 고독을 느낀다. 이는 인간의 실존적 한계이다. 프롬은 인간은 세계와 합일을 이루고자 하며, 이러한 열망이 충족될 때 행복을 느낄 수 있다고 보았다. 그는 인간이 세계와 관계 맺는 방식을 소유적 실존양식과 존재적 실존양식으로 구분하고 어떤 실존양식을 따르는지에 의해 인간의 사고, 감정, 행동이 결정된다고 보았다.

❸ 먼저 ㉠ 소유적 실존양식은 자신을 소유물과 동일시함으로써 세계와 일체감을 느끼고자 하는 삶의 방식이다. 소유적 실존양식 아래에서 사람들은 소유를 통해 감각적 욕망을 충족시킬 수 있지만, 욕망이 충족된 후에도 소유에 대한 탐욕을 느낀다. 자신과 세계와의 합일이 자신이 소유한 것에 의해 결정된다고 보기 때문이다. 프롬에 따르면 이러한 탐욕은 소유물을 차지하기 위한 경쟁의 욕구와 타인의 소유물을 빼앗기 위한 폭력의 욕구, 자신의 소유물을 잃을 수도 있다는 불안감을 불러일으킬 수밖에 없다. 그렇기에 소유적 실존양식 아래에서 사람들은 더 많이 소유하는 것, 자신의 소유물을 지키며 타인의 소유물을 빼앗을 수 있는 권력을 차지하는 것에서 행복을 찾으려고 한다. 프롬은 생존을 위해 필요한 최소한의 소유를 부정하지는 않았지만 소유를 통해 행복의 원천을 발견하려는 집착적 욕망을 비판했다. 프롬이 보기에 이러한 욕망에는 포화점이 없다. 이미 소유한 것은 더 이상 충족감을 줄 수 없으며, 소유를 통해서는 인간의 근원적 불안과 외로움은 극복되지 않기 때문이다.

❹ 프롬은 이러한 소유적 실존양식이 아닌 ㉡ 존재적 실존양식으로 살아갈 것을 제안했다. 존재적 실존양식은 소유에서 벗어나 세계와 하나가 되는 삶의 방식이다. 프롬은 세계와 합일을 이루기 위해서는 이성적 능력을 생산적으로 사용해야 한다고 했는데, 이때 '생산적'이라는 것은 쓸모 있는 결과물을 만들어 내는 능력이 아니라 내면의 능동적인 상태를 의미한다. 예를 들어 프롬은 시를 읽고 의미를 깊이 있게 고민하는 사람의 내면에서는 능동적인 작용이 일어나고 있다고 보았다. 존재적 실존양식 아래에서 사람들은 자신이 세계와 긴밀하게 결합해 있다고 느끼므로 가진 것을 잃을 수 있다는 불안에 시달리지 않는다. 그래서 다른 존재에 대해 호의적이다. 이때 사람들은 타인을 사랑하고 자신이 가진 것을 나눔으로써 다른 존재의 성장을 도우려 하는데, 프롬은 이러한 삶의 모습을 궁극적 행복이라 보았다.

핵심정리

문단 중심 내용

❶ 현대 사회에서의 행복에 대해 고찰한 에리히 프롬
❷ 에리히 프롬의 인간관
❸ 소유적 실존양식을 따르는 사람의 특징
❹ 존재적 실존양식을 따르는 사람의 특징
❺ 두 실존양식에서 다르게 나타나는 대상
❻ 현대 사회에서의 행복 문제에 대한 에리히 프롬의 진단
❼ 에리히 프롬에 대한 평가

에리히 프롬의 인간관

본질	이성: 인간과 다른 동물의 차이
실존적 한계	이성이 있는 인간은 세계와 분리되어 있음을 인지하고 불안과 고독을 느낌.
행복	세계와 합일을 이루고자 하는 열망이 충족될 때 느낄 수 있는 것.
실존 양식	• 인간이 세계와 관계 맺는 방식 • 소유적 실존양식 / 존재적 실존양식

소유적 실존양식과 존재적 실존양식

소유적 실존양식	존재적 실존양식
자신을 소유물과 동일시함으로써 세계와 일체감을 느끼고자 하는 삶의 방식	소유에서 벗어나 세계와 하나가 되는 삶의 방식
소유한 깃에 의해 세계와의 합일이 결정됨.	이성적 능력을 생산적으로 사용하여 세계와 합일을 이룰 수 있음.
소유와 권력에서 행복을 찾음.	다른 존재의 성장을 도우며 행복을 찾음.
근원적 불안과 외로움이 극복되지 않음.	불안에 시달리지 않음.
학습 = 권력 추구의 수단	학습 = 내면의 새로운 사고를 촉발하는 과정

WEEK 2

현대인	물질적 풍요를 통한 감각적 욕망의 충족+고독과 불안
원인	끝없는 소비를 조장하여 무한한 이윤을 추구하는 소유지향적인 사회
해결	• 개인이 존재지향적 삶을 사는 것만으로는 극복하기 어려움. • 근본적 해결을 위해 사회적 변혁이 필요함.

❺ 한편 프롬에 따르면 두 실존양식에서는 우리가 일상생활에서 사용하는 물건들과 지식·사상 등이 모두 그 대상으로 나타난다. 예를 들어 소유적 실존양식을 따르는 사람에게 학습은 권력 추구의 수단이 되지만 존재적 실존양식을 따르는 사람에게 학습은 내면의 새로운 사고를 촉발하는 과정이 된다고 보았다.

❻ 그렇다면 프롬은 현대 사회에서의 행복 문제를 어떻게 진단했을까? 프롬이 보기에 현대인은 물질적 풍요를 통한 감각적 욕망의 충족을 누리고 있지만, 고독과 불안에 시달리고 있다. 그에 따르면 이 같은 현대 사회의 병리적 현상이 일어나는 원인은 끝없는 소비를 조장하여 무한한 이윤을 추구하는 소유지향적인 사회이다. 프롬은 현대 사회의 병리적 현상과 같은 위기는 개인이 존재지향적 삶을 사는 것만으로는 극복하기 어려우며, 근본적 해결을 위해 사회적 변혁이 필요하다고 역설했다. 그는 사회의 구조와 규범에 따라 주된 실존양식이 무엇인지 결정된다고 보았기 때문이다.

❼ 이처럼 프롬은 무한 소비를 조장하는 현대 사회의 병리적 현상을 고찰하고 인간에 대한 신뢰를 바탕으로 해결책을 제시한 휴머니스트로 평가받는다.

▥ 문제풀이 맥 ▥

01

글의 세부 내용을 파악하는 문제이다. 각 문단에서 설명하고 있는 프롬의 주장을 파악해야 한다. 선택지의 내용이 지문에 언급되기는 하였으나, 질문에 대한 답을 찾을 수는 없는 경우도 있으므로 주의해야 한다.

01

윗글을 통해 답을 찾을 수 없는 질문은?

① 프롬은 현대 사회의 병리적 현상의 원인을 무엇이라고 진단했는가?
② 프롬은 실존양식에 따라 학습의 의미가 어떻게 달라진다고 보았는가?
③ 프롬은 동물과 달리 인간이 이성을 가지는 이유를 무엇이라고 보았는가?
④ 프롬은 사회의 주된 실존양식을 결정짓는 요인을 무엇이라고 보았는가?
⑤ 프롬은 존재적 실존양식 아래에서 사람들이 타인에게 호의적인 이유를 무엇이라고 보았는가?

02

㉠, ㉡에 대한 이해로 적절하지 <u>않은</u> 것은?

① ㉠에서 소유에 대한 탐욕은 경쟁심을 불러일으키는 요인이다.

② ㉠은 권력을 차지하는 것을 통해 소유의 충족감을 얻고자 하는 삶의 방식이다.

③ ㉡에서 유용한 결과물을 생산하는 것은 행복을 실현할 수 있는 조건이다.

④ ㉡은 상실에 대한 불안에서 벗어나 타인을 사랑하고 자신이 가진 것을 나눌 수 있는 삶의 방식이다.

⑤ ㉠과 ㉡은 모두 일상의 사물과 관념적 대상에 적용되는 삶의 방식이다.

글의 내용을 이해하는 문제이다. ㉠은 소유적 실존양식, ㉡은 존재적 실존양식이다. 3문단을 통해 소유적 실존양식의 특징을, 4문단을 통해 존재적 실존양식의 특징을 알 수 있다. 소유적 실존양식과 존재적 실존양식을 비교하는 선택지는 없으므로 각각의 특징에 대해서 알아두는 것만으로도 충분하다.

03

다음은 A와 B가 나눈 대화의 일부이다. 윗글을 바탕으로 할 때, ㉮에 들어갈 내용으로 가장 적절한 것은?

A : 내가 어제 책을 읽었는데, 행복을 위해서 아무것도 소유하지 않아야 한다고 하더라고. 그런데 현실적으로 생각하면 인간이 생존에 필수적인 의식주 없이 어떻게 살겠어? 또 난 얼마 전에 최신 휴대폰을 구매했는데 행복했어. 이처럼 소유를 통해 행복을 느낄 수도 있는 것 아닐까?

B : 그 문제에 대해서 프롬은 [㉮   ]고 이야기를 했어.

① 소유물은 소유하고 있는 동안 충분한 만족감과 행복을 제공하므로 소유를 통한 행복이 필요하다

② 삶을 영위하기 위한 기본적인 소유는 불가피한 것이지만 소유를 통해 행복을 찾으려는 욕망은 완전히 채워질 수 없다

③ 소유를 통해 만족감을 얻거나 행복의 원천을 발견하려는 집착적 욕망을 극복할 수 없으므로 모든 소유의 방식을 부정해야 한다

④ 생존을 위한 소유는 필요하지만 소유물과 자신을 동일시하는 태도는 세계와의 대립을 유발하므로 행복에 대한 욕망을 버려야 한다

⑤ 소유를 통한 행복을 부정하지는 않지만 처음 소유했을 때의 만족감은 시간이 지나면 사라지기 때문에 최소한의 소유도 필요 없다

글의 내용을 추론하는 문제이다. 대화에서 A는 행복을 위해서 아무것도 소유하지 않아야 한다는 주장에 회의적인 태도를 보이면서, 인간은 의식주 없이 살 수 없으며 소유를 통해 행복을 느낄 수도 있다고 말하고 있다. 이러한 문제에 대한 프롬의 태도를 추론하기 위해서는 필수적인 의식주에 대한 소유와, 소유를 통해 느끼는 행복에 대한 프롬의 관점을 파악해야 한다.

WEEK 2

04

관점을 비교하는 문제이다. 윗글과 <보기>에서 공통적으로 등장하는 제재는 '행복'이므로, 행복에 대한 프롬의 관점과 <보기>의 관점을 파악하고 비교해야 한다. <보기>에서는 감각적 욕망의 충족을 통해 누릴 수 있는 행복은 찰나에 불과하고, 사회에 책임을 지는 시민으로서의 정치적 행복은 사회를 떠나 존재할 수 없으며, 이성적 사고를 통해 세상의 질서를 깨닫는 철학자로서의 행복은 최고의 행복이라고 하였다.

04

윗글과 <보기>를 비교한 내용으로 적절하지 <u>않은</u> 것은?

> **보기**
>
> 인간의 본질인 이성이 탁월하게 실현된 상태가 덕이며, 덕이 구현된 상태가 행복이다. 행복은 세 가지로 나눌 수 있다. 첫 번째는 감각적 욕망의 충족을 통해 누릴 수 있는 행복이다. 하지만 이것은 찰나이며 지나칠 경우 거부감을 줄 수 있다. 두 번째는 사회에 책임을 지는 시민으로서의 정치적 행복이다. 이때 인간의 덕은 공동체의 훈육을 통해 개발되므로 인간은 사회를 떠나서 행복할 수 없다. 마지막은 이성적 사고를 통해 세상의 질서를 깨닫는 철학자로서의 행복이며, 최고의 행복이다. 인간이 행복한 삶을 누리기 위해서는 이 세 가지 행복을 함께 구현해야 한다. 행복이란 한순간의 감정이 아니라 덕의 실현이 습관화됐을 때 도달할 수 있는 경지이므로 어떤 사람이 행복한 사람인지를 알기 위해서는 그 사람이 일생에 이룩한 인격적 성숙에 따라 평가해야 한다.

① 프롬과 <보기>는 모두 인간의 행복은 사회의 영향을 받는다고 보았군.

② 프롬과 <보기>는 모두 행복을 위해서 개인이 사회에 책임을 짐으로써 사회적 변혁을 이끌어야 한다고 보았군.

③ 프롬은 궁극적인 행복이 내면의 능동적인 작용을 통해, <보기>는 최고의 행복이 이성적 사고를 통해 가능하다고 보았군.

④ 한 인간이 행복한지 알기 위해서 프롬은 세계와 합일을 이루었는지를, <보기>는 인격적으로 성숙했는지를 살펴보아야 한다고 보았군.

⑤ 감각적 욕망의 충족을 프롬은 행복이 아니라고 보았으나, <보기>는 지나치지만 않으면 행복한 삶을 누리기 위한 조건이 된다고 보았군.

5 Day

문학(현대시) 고1 2022년 6월

모란이 피기까지는 _ 김영랑 / 그날 나는 슬픔도 배불렀다 _ 함민복

WEEK 2

※ 다음 글을 읽고 물음에 답하시오.

가

모란이 피기까지는

나는 아직 나의 봄을 기둘리고 있을 테요

모란이 뚝뚝 떨어져 버린 날

나는 비로소 봄을 여읜 설움에 잠길 테요

오월 ⓐ 어느 날 그 하루 무덥던 날

떨어져 누운 꽃잎마저 시들어 버리고는

천지에 모란은 자취도 없어지고

뻗쳐오르던 내 보람 서운케 무너졌느니

모란이 지고 말면 그뿐 내 한 해는 다 가고 말아

삼백예순 날 하냥 **섭섭해 우웁네다**

모란이 피기까지는

나는 **아직 기둘리고 있을 테요 찬란한 슬픔**의 봄을

– 김영랑, 〈모란이 피기까지는〉 –

나

아래층에서 물 틀면 단수가 되는

좁은 계단을 올라야 하는 전세방에서

만학을 하는 나의 등록금을 위해

사글셋방으로 이사를 떠나는 형님네

달그락거리던 밥그릇들

베니어판으로 된 농짝을 리어카로 나르고

집안 형편을 적나라하게 까 보이던 이삿짐

가슴이 한참 덜컹거리고 이사가 끝났다

형은 시장 골목에서 자장면을 시켜주고

쉽게 정리될 살림살이를 정리하러 갔다

나는 전날 친구들과 깡소주를 마신 대가로

냉수 한 대접으로 조갈증을 풀면서

자장면을 앞에 놓고

이상한 중국집 젊은 부부를 보았다

바쁜 점심시간 맞춰 잠자주는 아기를 고마워하며

젊은 부부는 밀가루, 그 **연약한 반죽**으로

핵심정리

가 김영랑, 〈모란이 피기까지는〉

갈래
자유시, 서정시

성격
서정적, 애상적

제재
모란의 개화

주제
모란의 개화에 대한 간절한 소망과 기다림

특징
① 어순의 도치를 통해 화자의 의지를 드러냄.
② 역설적 표현과 수미상관 구조를 통해 주제를 강조함.
③ 짧은 시행과 긴 시행의 교차로 완급을 조절하고 운율을 부여함.

해제
이 작품은 모란이 피기를 기대하는 마음과 모란이 져서 느끼는 설움을 노래한 시로, 희망과 소망 등을 상징하는 '모란'에 대한 애정이 아름다운 시어와 부드러운 어조를 통하여 절묘하게 묘사되어 있다.

나 함민복, 〈그날 나는 슬픔도 배불렀다〉

갈래
자유시, 서정시

성격
의지적, 희망적

제재
중국집 젊은 부부의 모습

주제
고단함 속에서도 열심히 살아가는 삶의 아름다움

특징
① 일상적 상황을 통해 자아를 성찰함.
② 대상을 관찰한 뒤에 얻게 된 깨달음을 전달함.
③ 대립되는 이미지를 통해 희망을 잃지 않는 중국집 젊은 부부의 삶을 강조함.

튼튼한 미래를 꿈꾸듯 명랑하게 전화를 받고

서둘러 배달을 나아갔다

나는 그 모습이 **눈물처럼 아름다워**

물배가 부른데도 자장면을 남기기 미안하여

마지막 면발까지 다 먹고 나니

더부룩하게 배가 불렀다, 살아간다는 게

ⓑ 그날 나는 분명 **슬픔도 배불렀다**

　　　　　　　　- 함민복, 〈그날 나는 슬픔도 배불렀다〉 -

01

(가)에 대한 설명으로 적절하지 않은 것은?

① 색채어를 활용하여 대상의 불변성을 부각하고 있다.

② 변형된 수미상관의 구조를 통해 시의 주제를 강조하고 있다.

③ 도치의 방식으로 시상을 마무리하여 시적 의미를 강조하고 있다.

④ 음성 상징어를 통해 대상의 움직임에서 느끼는 인상을 드러내고 있다.

⑤ 작품의 표면에 나타난 화자가 자신의 정서를 직접적으로 드러내고 있다.

02

ⓐ와 ⓑ에 대한 설명으로 가장 적절한 것은?

① ⓐ는 대상과의 소통이 확대된 시간이고, ⓑ는 대상과의 소통이 단절된 시간이다.

② ⓐ는 대상과의 유대감을 느끼는 시간이고, ⓑ는 대상과의 거리감을 느끼는 시간이다.

③ ⓐ는 대상을 통해 삶의 희망을 찾게 된 시간이고, ⓑ는 대상을 통해 삶의 권태를 느낀 시간이다.

④ ⓐ는 대상의 소멸로 인해 슬픔을 느낀 시간이고, ⓑ는 슬픔 속에서도 아름다움을 발견한 시간이다.

⑤ ⓐ는 현실에 대한 비판적 태도가 드러나는 시간이고, ⓑ는 미래에 대한 희망이 드러나는 시간이다.

03

<보기>를 참고하여 (가)와 (나)를 감상한 것으로 적절하지 <u>않은</u> 것은?

> **보기**
>
> 시에서 대비되는 정서나 태도, 이미지가 제시될 때, 화자가 처한 상황이나 대상에 대한 인식이 강조되는 효과가 있다. 그런데 상반되거나 이질적인 정서나 태도, 이미지들이 함께 나타날 때는 표면적으로 모순이 있는 것처럼 보이기도 한다. 하지만 시인은 모순적으로 보이는 것들을 통해서 표면적 진술 너머에 있는 보다 높은 차원의 인식을 보여 준다.

① (가): '섭섭해 우옵네다'와 '아직 기둘리고 있을 테요'에서는 꽃이 사라진 것에 대한 화자의 태도가 대비되면서 화자의 기다림이 강조되는군.

② (가): '찬란한 슬픔'은 모순된 진술처럼 보이지만, 표면적 진술 너머에 슬픔을 극복하려는 화자의 인식이 담겨 있음을 볼 수 있군.

③ (나): '연약한 반죽'과 '튼튼한 미래'에서는 이미지의 대비를 통해 희망을 잃지 않는 중국집 젊은 부부의 건강한 삶을 강조하고 있군.

④ (나): '이상한'과 '눈물처럼 아름다워'에서는 중국집 젊은 부부를 향한 태도가 대비되면서 중국집 젊은 부부에 대한 화자의 긍정적인 인식이 부각되고 있군.

⑤ (나): '슬픔도 배불렀다'는 모순된 진술을 통해 중국집 젊은 부부의 고단한 삶과의 대비에서 느끼는 화자 자신의 삶에 대한 만족감을 강조하고 있군.

03

외적 준거를 통해 작품을 감상하는 문제이다. <보기>의 내용을 정확하게 파악하고 선택지의 설명에 적절하게 대입할 수 있어야 한다. <보기>를 고려한다면 이 문제는 모순을 중심으로 작품을 감상할 것을 요구하고 있다. 따라서 모순적 태도가 드러나는 구절을 파악하고, 이를 통한 효과를 적절하게 이해해야 한다.

b
Day

문학(고전소설) 고1 2022년 11월

화산기봉 _ 작자 미상

 핵심정리

갈래

고전소설, 영웅소설, 가정소설

배경

당나라 태종

시점

전지적 작가 시점

제재

가문의 음모와 계략

주제

가문의 안정 지향

특징

① 서술자가 개입하여 사건에 대한 주관적 판단을 드러냄.

② 악인을 처벌하는 것이 아닌, 가족 구성원에 대한 윤리를 지향함.

해제

이 작품은 중국 당나라의 장수 이성을 주인공으로 하는 영웅소설로, 계모형 가정소설에 궁정의 음모, 영웅담을 혼합시켜 주인공이 계모의 악행과 궁정의 음모 등 자신 앞에 주어진 시련을 일생을 통해 극복해나가는 과정을 서술하고 있다. 전반부의 가정의 음모가 전반부에서 끝나는 것이 아니라 후반부의 궁정의 음모와 연결되는 등 작품의 구성이 치밀하게 짜여있다. 또한 전쟁이 변방의 침입으로 인해 벌어지는 것이 아니라 궁정의 음모와 연관된 내란이라는 점에서 다른 영웅소설과 차별점을 보인다.

※ 다음 글을 읽고 물음에 답하시오.

계모 장씨는 이성이 왕실의 한 사람이 되어 그 권세가 가볍지 않음을 알고 늘상 혜랑과 신광 법사에게 의논하였다. 그러던 차에 이성과 화양 공주가 화목하지 않음을 알아챈 혜랑이 말하였다.

"이러한 기회는 두 번 다시 오지 않습니다. 부인께서 뜻을 이루실 때입니다."

"무슨 말이냐?"

혜랑이 헤헤헤 웃으며 말하였다.

"이렇게 저렇게 하면 묘하지 않겠습니까?"

장씨가 잠시 동안 생각하더니 말하였다.

"이는 정말 중요한 일이니 다른 꾀를 생각해 보아라."

혜랑이 신광 법사를 돌아보며 말하였다.

"부인께서 이처럼 약하시니 어떻게 소원을 이루겠습니까?"

신광 법사가 말하였다.

"이때가 정말 좋으니 부인은 의심하거나 걱정하지 마십시오."

그러고는 비밀스럽게 계교를 행하였다.

한편 보모 정 상궁은 이성이 화양 공주를 박대하자 통한히 여기고 말하였다.

"공주께서는 임금님의 아주 귀한 딸입니다. 더욱이 임금님께서 특별히 부탁하신 혼인인데 부마께서 이렇게 매몰차시니 어찌 분하지 않겠습니까?"

화양이 그 말을 듣고는 볼을 붉히며 말하였다.

"이 무슨 말인가? 서방님이 드러나게 나를 박대함이 없고 도리어 나의 불초함을 예로 대한다. 이로 인해 내가 항시 조심하고 있거늘 네가 주인을 원망하며 권세를 운운하니 어찌 한심하지 않겠는가?"

말의 기운이 엄숙하니 정 상궁이 두려워하며 물러났다. 그때 갑자기 신발 소리가 나며 이성이 ⓐ 방으로 들어왔다. 화양이 물러 내려서며 이성을 맞은 후 자리를 잡고 앉았다. 이성이 화양의 기색을 살펴보니 조금도 방자함이 보이지 않았고, 잘난 척하는 마음이 조금도 얼굴에 드러나지 않았다. 이에 화양을 지극히 후대하며 정이 점점 솟아났다. 한밤중 동안 그곳에 있다가 부모가 있는 곳으로 가 문안 인사를 정성껏 올렸다.

혜랑은 장씨와 매일 화양을 해칠 계교를 짜는 한편, 신광 법사에게는 이렇게 저렇게 하되 비밀이 탄로나지 않게 하라고 당부하고 보냈다. 혜랑의 가르침을 들은 신광 법사는 개용단*으로 이성의 모습을 한 채 ⓑ 명월루에 숨었다. 밤이 깊어 인적이 고요해지자, 바로 ⓒ 화양 공주의 방으로 뛰어 들어가 칼을 빼어 즉시 화양을 찌르려고 하였다. 때마침 방 밖에 시비들의 소리가 시끄럽게 들리자 마음이 급해진 신광 법사는 엉겁결에 비껴 찌르고 도망갔다. 비명소리를 들은 시비들이 놀라 들어와 시신이 침상 위에 놓여 있는 것을 보고, 목놓아 울며 말하였다.

"이 무슨 일이란 말인가?"

발을 구르고 ㉣외당에 사실을 알리며 우왕좌왕하였다. 이성이 미처 나오지 못한 사이에 이영준이 이성을 급히 불렀다. 이성이 나와 보니 명월루에 울음소리가 진동하였다. 시비들은 급히 뜻하지 않은 재앙이 화양의 몸에 미쳤다고 전하였다. 이성은 크게 놀라면서도 얼굴빛을 태연히 하였다. 이성이 화양을 찔렀다는 소식을 들은 이영준은 보자마자 어디에 있었는지 물었다. 이성이 정당에 있었다고 답하자, 이영준은 장씨를 의심하면서도 여러 시녀들이 이성이 찔렀다고 하는 말을 듣고는 정신없이 이성과 함께 명월루로 갔다. 시비들이 울부짖으며 어찌할 바를 모르다가 이영준과 이성을 보고 놀랐다. 이영준이 휘장 밖에 서서는 이성에게 들어가 보라고 하였다. 화양은 침상 아래 거꾸러진 채로 유혈이 낭자하니 그 모습이 매우 잔혹하였다. 왕실의 금지옥엽으로 이런 일을 당하였고, 그 누명이 이성에게 미칠 수 있으니 어찌 멸문지화*를 면할 수 있겠는가? 그럼에도 얼굴빛이 전혀 흔들리지 않고 천천히 나아가 공주를 살폈다. 두 눈이 감긴 채 두 뺨에는 혈기가 없고 손과 발은 얼음처럼 차가웠다. 살 방도가 전혀 없어 보였으나 비단 저고리를 걷고 자세히 보니 눈같이 흰 피부에 붉은 피가 가득하되 약간의 생기가 있었다. 주머니에서 침을 내어 기를 통하게 할 곳을 짚어 찔렀다. 이성의 침법이 원래 신이하였기에 얼마 지나지 않아 얼굴에 붉은빛이 통하고 생기가 돌았다. 약을 주자 잠시 후 화양이 숨을 쉬더니 소스라치게 놀라며 깨어났다.

[중간 부분의 줄거리] 누명을 쓰고 유배되었던 이성은 외적이 쳐들어오자 풀려나 전장에서 활약하고, 반역의 무리를 제압하는 과정에서 누명을 벗는다.

그때 사신이 이르렀다는 전갈이 오자 이영준이 이상하게 여겨 즉시 당에서 내려가 임금의 교지를 받았다. 보니 장씨의 허물이 적지 않게 들어 있었다. 궁궐에서 자기 집의 허물이 드러나 모든 관리에게 파다하게 알려진 사실이 부끄러운 한편 장씨의 심술에 통분하였다. 이에 노비를 호령하여 장씨를 모시던 시녀와 유모 혜랑을 잡아들이게 한 후 실상을 파헤쳤다. 혜랑이 비록 크게 간악하지만 일이 이 지경에 이르렀으니 어찌 속일 수 있겠는가? 처음에 자객을 보내어 이성을 해하려고 한 일부터 화양을 해쳐 그 죄를 이성에게 뒤집어씌운 일까지 바로 자백하였다.

'장씨가 마음이 좁은 여자여서 이미 짐작은 하고 있었지만 간교함이 이 정도일 줄은 생각도 하지 못하였다.'

생각이 이에 미치자 소리를 높여 꾸짖었다.

"너의 간악한 꾀로 명공의 집안에 화란을 짓고, 요악한 도사와 결탁하여 그 화가 국가에까지 미쳤다. 또한 너의 주인을 아주 못된 아녀자로 만들었으니 어찌 죽음

전체 줄거리

당나라 태종 시기, 예주 취련동에 사는 이영준은 아들 이성을 얻었는데, 이성이 영웅의 기상을 타고났음을 알게 되고 크게 기뻐한다. 이성이 아홉 살 되던 해 아내가 병을 얻어 죽게 되자, 이영준은 계모 장씨를 맞아들인다. 장씨는 성질이 고약하나 이성이 어머니에 대한 효성을 다하자 이성을 자기가 낳은 자식처럼 사랑하게 된다. 그러던 중 장씨는 아들 이무를 낳고, 이무를 맏아들로 삼기 위하여 유모 혜랑과 작당하여 이성을 없앨 음모를 꾸민다. 장씨는 자객을 보내 이성을 죽이려 하지만, 자객은 도리어 이성의 위풍에 눌려 감동하고는 그간의 일을 자백한다. 이성은 자하도인을 만나 무예와 병서를 통달하고 본가로 돌아온다. 이영준은 이성을 강상서의 딸과 정혼시킨다. 이성은 문무양과에 장원급제하여 문현각 태학사가 되고 강소저와 혼례를 치른다. 이때 황제의 총비 설귀비가 화양 공주를 두고 이성을 사윗감으로 고르려다 거절당하자, 강상서를 모해하여 귀양보낸 뒤 황제에게 이성을 부마로 간택하라고 종용한다. 이성은 마지못하여 공주와 혼인한다. 한편 장씨는 계교를 꾸미며 이성으로 변모한 신광 법사로 하여금 화양 공주를 죽이게 하고 이성에게 죄를 뒤집어씌운다. 급히 달려온 이성은 화양 공주를 소생시키지만, 황제가 이 참변을 듣고 이성을 유배시킨다. 자신의 어머니인 황후를 폐위시키려는 설귀비의 음모를 알게 된 화양 공주는 어머니의 말로가 보기 싫어 태청관으로 피신하다가 강에 투신자살하려던 강부인을 구해준다. 설귀비는 법사로 하여금 황후와 태자의 탈을 쓰고 설귀비를 죽이려 하는 음모를 꾸미게 하여 황제가 엿보도록 하였다. 설귀비의 계획대로 그 장면을 본 황제가 노하여 황후와 태자를 축출하려 한다. 이때 서번왕이 중원을 침공하여 오는데 장수들이 계속 대패하자, 이성이 출전하여 적군을 격파하고 돌아온다. 이에 황제는 이성에게 병부상서를 제수한다. 적군의 침공으로 황후와 태자를 폐출하는 데 실패한 설귀비는 다시 중서상서 어조은과 계교를 꾸미며 지방절도사들을 사주하여 반기를 들게 한다. 한편 설귀비에게 매수당하였던 법사가 설귀비의 모든 죄목을 황제에게 자백한다. 이에 설귀비의 조카인 간신 어침이 황성을 포위하고 황제를 폐위시키려 하자, 이성이 어침을 사로잡고 황제를 구출한다. 황제는 간악한 무리들을 숙청하고 설귀비에게 사약을 내리나 태자의 간청을 들어 본가로 돌려보낸다. 장씨는 이영준에 의해 내옥에 가둬졌으나, 이성과 무의 지극한 효성으로 풀려난다. 이때 지방절도사들의 역모 계획을 눈치챈 이성이 도순찰사가 되어 이들을 진정시킨다. 이성은 태청관으로 가서 화양 공주와 강부인을 데리고 상경하여 화목하게 살아간다.

이성	화양 공주와 결혼하여 권세가 강력해질 것을 경계한 계모 장씨의 계교에 의해 음모에 휘말림. 쓰러진 화양 공주를 침법으로 살려내는 등 신이한 능력을 지님.
화양 공주	장씨의 계교에 의해 신광 법사에게 칼을 맞아 쓰러지나, 이성의 재주로 다시 살아남.
장씨	이성을 경계하여 유모 혜랑, 신광 법사와 함께 이성과 화양 공주를 해칠 계교를 꾸밈. 장씨의 간교를 알게 된 이영준에 의해 냉옥에 갇힘.
신광 법사	장씨의 계교에 동참하는 인물로, 개용단을 이용해 이성으로 변모하여 화양 공주를 찌르고 도망감.
이영준	이성과 이무의 아버지로, 장씨의 잘못을 알게 되자 장씨를 냉옥에 가두고 관련 인물을 처형함.
이무	이영준과 장씨 사이의 아들로, 어머니 장씨의 잘못을 알게 되고 부끄러움을 느끼며, 냉옥에 갇힌 어머니를 포용할 것을 요청하는 등 유교적 윤리를 지키는 모습이 드러남.

을 면하겠느냐?"

말을 마치고는 노비를 명하여 지져 죽이는 형벌을 더해 죽였다. 장씨는 아들의 얼굴을 보아 ⓜ 후원 냉옥에 가두었다가 개과천선하기를 기다린 후 다시 처치하고자 하였다. 이때 장씨는 자기 허물이 온 나라에 시끄럽게 드러나자 크게 부끄러워하며 사람을 멀리하였다.

한편 열한 살인 이무는 모든 일에 어른처럼 노련하였다. 이 일을 당하니 마치 벼락에 온몸이 부서지는 듯하였다. 어머니 장씨의 허물이 이처럼 심한 것에 새롭게 놀라며 부끄러워 죽고 싶은 마음이 들었다. 그러나 죄를 받은 어머니를 보살필 사람이 없음을 알고 목숨을 유지하다가 아버지 이영준의 분노가 조금 가라앉자 이성과 함께 나아가 울며 말하였다.

"소자들은 천륜의 죄인입니다. 엎드려 바라오니 아버님께서는 어머니의 망극한 죄를 더하지 마시어 불초한 저희들로 하여금 만고의 죄인이 되지 않게 해 주십시오."

말을 하며 눈물을 비처럼 흘리니 그 효성스러운 거동이 사람의 분한 마음을 봄눈 녹듯이 사라지게 할 정도였다.

- 작자 미상, 〈화산기봉(華山奇逢)〉 -

* 개용단: 마음 먹은 대로 모습을 바꿔 주는 묘약.
* 멸문지화: 한집안이 다 죽임을 당하는 끔찍한 재앙.

■ 문제풀이 맥 ■

01

작품의 세부 내용을 이해하는 문제이다. 작품에 대한 전반적인 이해를 바탕으로 제시된 선택지가 작품의 내용과 일치하는지를 파악해야 한다. 작품에 나타난 인물과 사건을 적절하게 이해하는 것이 중요하다.

작품에 나타난 인물의 행동

이성	화양 공주가 칼에 찔리자 신이한 능력으로 살려냄.
장씨	혜랑, 신광 법사와 함께 이성과 화양 공주를 해칠 계교를 계획함.
이영준	장씨의 잘못을 알고 장씨 일행을 크게 꾸짖음.
혜랑	장씨를 도와 이성과 화양 공주를 해칠 계교를 계획함.

01

윗글에 대한 이해로 가장 적절한 것은?

① 이영준은 직접 화양의 상태를 확인하고 이성을 의심했다.

② 장씨는 자신의 잘못이 드러났음에도 끝까지 결백을 주장했다.

③ 이영준은 혜랑이 자백하는 척하며 장씨를 모함한 것을 꾸짖었다.

④ 이성은 화양이 습격을 당할 것을 예상하고 미리 그녀에게 주의를 주었다.

⑤ 혜랑은 이성과 화양의 불화가 자신의 계획에 유리하게 작용한다고 판단했다.

02

윗글의 서술상 특징으로 가장 적절한 것은?

① 외양을 세밀하게 묘사하여 인물을 희화화하고 있다.

② 꿈과 현실의 교차를 통해 사건의 진상을 밝히고 있다.

③ 대화와 삽입된 노래를 통해 인물들의 심회를 드러내고 있다.

④ 비현실적인 소재를 활용하여 낭만적 분위기를 형성하고 있다.

⑤ 서술자가 개입하여 사건에 대한 주관적 판단을 드러내고 있다.

02

서술상의 특징을 파악하는 문제이다. 작품에 표현된 서술 방법을 포착하고, 선택지의 설명이 상황에 맞는 표현법을 기술한 것인지 파악해야 한다.

WEEK 2

03

㉠~㉤에 대한 설명으로 적절하지 않은 것은?

① ㉠은 이성이 화양의 태도를 확인하고 화양에게 긍정적 감정을 느끼는 곳이다.

② ㉡은 신광 법사가 혜랑의 지시를 이행하기 위해 이동한 곳이다.

③ ㉢은 신광 법사가 외부적인 요인으로 인해 조급히 행동하는 곳이다.

④ ㉣은 이영준과 이성이 문제 해결에 대한 의견 차이를 드러내는 곳이다.

⑤ ㉤은 장씨가 자신의 행위를 반성하도록 이영준에 의해 보내진 곳이다.

03

공간의 기능을 파악하는 문제이다. 각각의 공간에서 일어난 사건들을 명확하게 파악하고 있어야 한다. 공간과 관련된 사건의 선후 관계와 사건과 관련된 인물을 이해하는 것이 중요하다.

작품의 공간과 사건

방	이성이 화양을 지극히 후내하며 정을 맺는 공간
명월루	이성으로 변신한 신광 법사가 침입한 공간
화양 공주의 방	신광 법사가 화양 공주에게 해를 입히는 공간
외당	쓰러진 화양 공주를 발견한 시비들이 이영준과 이성에게 이를 알리는 공간
후원 냉옥	장씨의 잘못을 알게 된 이영준이 장씨를 벌하기 위해 보낸 공간

04

외적 준거에 따라 작품을 감상하는 문제이다. <보기>에서는 윗글의 갈등 해결 방법과 갈등 해결 과정에서 가족 내 인물과 가족 외 인물이 어떠한 면모를 보이는지를 설명하고 있다. 따라서 이러한 특징이 작품에서 어떻게 드러나고 있는지를 파악해야 한다.

<보기>를 참고하여 윗글을 감상한 내용으로 적절하지 않은 것은?

보기

〈화산기봉〉에서 주인공의 혼인은 계모와의 갈등이 심화되는 계기가 된다. 이로 인해 가문 전체에 위협이 되는 사건이 초래되지만, 주인공은 비범한 능력을 발휘하여 위기에 대응한다. 한편 이러한 갈등의 해결 과정에서 가족 외 인물은 갈등 유발의 책임이 전가되어 처벌되는 반면, 가족 내 인물은 유교적 윤리를 바탕으로 포용의 대상이 된다. 이를 통해 가문의 안정을 지향하는 사대부의 면모를 보여 주고 있다.

① 장씨가 왕실의 사람이 된 이성을 경계하여 계교를 꾸미는 것을 보니, 주인공의 혼인으로 인해 계모와 주인공 사이의 갈등이 심화되고 있음을 엿볼 수 있군.

② 화양이 이성을 원망하는 정 상궁을 질책하는 것을 보니, 가족 내 갈등이 유발된 책임을 가족 외 인물에게 돌리고 있는 상황을 확인할 수 있군.

③ 장씨와 혜랑에 의해 이성이 누명을 쓰는 일이 멸문지화로 이어질 수 있다는 것을 보니, 계모가 일으킨 사건이 가문의 존속을 위협할 수 있음을 짐작할 수 있군.

④ 이성이 신이한 침술로 목숨이 위태로운 화양을 소생시키는 것을 보니, 주인공이 비범한 능력을 통해 급박한 상황에 대응하고 있음을 확인할 수 있군.

⑤ 이무와 이성이 장씨를 용서해 달라고 간청하는 것을 보니, 효라는 유교적 윤리를 바탕으로 악행을 저지른 가족 내 인물을 포용하려는 모습을 엿볼 수 있군.

스스로 점검하기

6일간 학습

Day	공부 시작 시간	공부 종료 시간	틀린 문항 수	틀린 유형
Day 1	시 분 초	시 분 초		
Day 2	시 분 초	시 분 초		
Day 3	시 분 초	시 분 초		
Day 4	시 분 초	시 분 초		
Day 5	시 분 초	시 분 초		
Day 6	시 분 초	시 분 초		

1 일별로 계획에 맞춰 공부하기

하루에 기출 하나씩 매일 꾸준히 공부하는 것이 최선의 방법이다.

2 시작 시간과 종료 시간 체크하기

스스로 시간 제한을 두고 문제를 푸는 것이 실전 대비에 효과적이다.

3 틀린 문항과 유형 분석하기

틀린 문제는 또 틀릴 수 있다. 특정 문항과 유형에서 많이 틀렸다면, 그 이유를 분석해야 한다.

4 보충 학습하기

스스로 점검하기를 통해 자신의 취약한 유형을 확인하고, SLS를 통해 부족한 부분을 보충 학습한다.

번호	Day 1						Day 2						Day 3					
	1	2	3	4	5	6	1	2	3	4	5	6	1	2	3	4	5	6
정답률	82%	84%	83%	76%			73%	52%	80%	36%	80%		86%	62%	41%	39%	89%	
채점																		

번호	Day 4						Day 5						Day 6					
	1	2	3	4	5	6	1	2	3	4	5	6	1	2	3	4	5	6
정답률	75%	78%	78%	52%			84%	90%	79%				57%	54%	67%	57%		
채점																		

나의 예상 등급은?

등급

1등급	22~25개
2등급	20~21개
3등급	18~19개

결과

틀린 문항에는 ✕ 표시, 찍어서 막혔거나 헷갈렸던 문항에는 △표시, 맞춘 문항에는 ○ 표시

채점 결과 : 맞은 문항 수 25개중 ☐ 개

1 Day

화법과 작문 고2 2023년 3월

작문

※ 다음은 교지 편집부의 요청에 따라 학생이 쓴 글의 초고이다. 물음에 답하시오.

❶ 전 세계 의류 생산량은 경제 성장과 함께 지속적으로 증가해 왔다. 특히 저가의 의류를 짧은 주기로 대량 생산·소비하는 패스트 패션 산업의 영향으로 2015년의 전 세계 의류 생산량은 2000년 대비 약 두 배로 증가하였다. 의류는 신체를 보호하고 개성을 드러내는 수단이지만, 의류의 생산과 사용, 폐기 과정에서 환경 오염이 유발된다. 의류의 생산과 소비가 급격히 늘어나며 확대된 의류 산업은 이 문제를 심화하고 있다.

❷ 의류의 생산 과정에서 발생하는 미세 먼지와 같은 유해 물질은 대기 오염의 원인이 된다. 염색에 사용되는 다양한 염료와 표백제는 땅과 바다로 흘러 들어가 토양 오염과 수질 오염을 유발한다. 의류의 사용과 폐기 과정에서 유발되는 환경 오염도 상당하다. 세탁할 때 의류에서 나오는 미세 플라스틱은 하천과 바다를 오염시킨다. 또한 폐기되는 의류 중 겨우 13%만 재활용되고, 대부분 소각·매립되어 대기 오염과 토양 오염을 일으킨다.

❸ 따라서 의류의 생산, 사용, 폐기 과정 전반에서 환경 오염을 최소화하는 방안이 필요하다. 의류 산업으로 인한 오염 물질의 배출량을 제한하는 제도를 강화해야 한다. 또한 천연 섬유를 일정 비율 이상 사용하도록 의무화하는 제도를 시행하고, 환경에 해가 되지 않는 의류 소재의 개발을 지원해야 한다.

[A]

01

다음은 편집장이 원고를 의뢰하며 보낸 이메일이다. 초고에서 ㉠~㉢을 반영할 때 활용한 글쓰기 방법으로 적절하지 <u>않은</u> 것은?

답장	전체답장	전달	✕ 삭제	스팸신고

　 　 _ ↗ ✕

　　안녕하세요. 편집장입니다. '산업과 환경' 기획 연재와 관련하여 '의류 산업과 환경 오염'이라는 주제로 글을 써주시길 부탁드립니다. ㉠ <u>의류 산업이 확대된 배경</u>, ㉡ <u>의류 산업으로 인한 환경 오염의 문제 상황</u>, ㉢ <u>문제 상황의 해결 방안</u>을 포함해 주세요. 감사합니다.

① ㉠: 특정한 시기를 언급하고 해당 시기 의류 생산량이 증가하는 데 영향을 준 요인을 제시했다.
② ㉡: 환경 오염의 하위 범주들을 설정하고 오염의 정도를 비교했다.
③ ㉡: 의류 생산 과정에서 발생하는 환경 오염과 사용, 폐기 과정에서 발생하는 환경 오염을 구별하여 제시했다.
④ ㉡: 문제 상황을 인식할 수 있도록 의류 산업으로 인해 발생하는 환경 오염의 사례를 들었다.
⑤ ㉢: 의류 산업으로 인한 환경 오염을 줄일 수 있는 다양한 해결 방안을 나열했다.

01
글쓰기 전략을 이해하는 문제이다. 이 문제는 초고 작성 전 글에 포함되어야 할 내용을 요구하고 있다. 요구한 내용이 지문에 어떠한 방식으로 쓰였는지 확인하기 위해선 지문의 구체적인 내용을 파악해야 한다.

02

다음은 학생이 글을 마무리하면서 떠올린 생각이다. 이에 따라 [A]를 작성한다고 했을 때 가장 적절한 것은?

　　마지막 문단에는 제도적 차원의 해결 방안만 제시되어 있으니 개인이 실천할 수 있는 방안을 추가해야겠다. 그리고 방안의 실천이 시급함을 강조하면서 글을 마무리해야지.

① 필요한 만큼의 옷만 구입하여 의류 폐기를 최소화하려는 노력도 필요하다. 당장 시작하지 않으면, 곧 지구 전체가 의류 폐기물로 뒤덮이게 될 것이다.
② 옷의 세탁 횟수를 줄이고, 세탁을 할 때는 미세 플라스틱을 적게 배출하는 방법을 선택해야 한다. 생활 속 작은 실천이 모여 지구를 회복시킬 수 있다.
③ 친환경 소재를 사용하여 의류를 생산하는 기업에 대한 감세도 효과적일 것이다. 무조건 채찍만 휘두르기보다는 당근을 적절히 활용하는 방안을 고민할 때이다.
④ 개성의 표현이 반드시 새 옷으로만 가능한 것은 아니다. 중고 거래나 재활용 등을 통해 개성을 표현한다면 의류 산업으로 인한 환경 오염을 줄일 수 있을 것이다.
⑤ 지구는 옷에서 나온 미세 플라스틱과 넘쳐나는 의류 폐기물로 고통받고 있다. 하루빨리 옷의 사용 과정과 폐기 과정에 대한 규제를 강화하여 죽어가는 지구를 살려야 한다.

02
조건에 맞는 내용을 생성하는 문제이다. 이러한 문제는 제시된 조건이 무엇인지 파악하는 것이 가장 중요하며, 조건이 두 가지 이상일 때는 모든 조건이 부합하는지 확인해야 한다. 이 문제에서는 개인이 실천할 수 있는 방안을 추가하고 방안의 실천이 시급함을 강조해야 함을 언급하고 있다.

03

자료를 활용한 양상을 파악하는 문제이다. 이러한 유형의 문제는 한 가지의 자료만 제시되는 것이 아니라 그림, 표, 인터뷰, 신문 기사, 그래프 등 다양한 자료가 제시된다. 따라서 자료를 분석한 뒤, 지문의 맥락에 따라 어떠한 자료가 쓰이는 것이 적절한지 파악해야 한다.

(가)	의류의 과잉 생산으로 인한 자원의 소모를 알 수 있는 전문가의 인터뷰 자료이다.
(나)	의류 판매량이 늘어남과 반대로 폐기 전까지의 의류 착용 횟수가 줄어드는 추세를 보여 주는 그래프와 의류의 세탁 과정에서 발생하는 미세 플라스틱의 양을 보여 주는 그래프이다.
(다)	의류 산업으로 인한 환경 오염을 최소화하는 제도에 관한 신문 기사 자료이다.

03

다음은 초고를 보완하기 위해 추가로 수집한 자료이다. 자료 활용 방안으로 적절하지 않은 것은?

(가) 전문가 인터뷰

"옷의 유행 주기는 점점 짧아져서 한 세기에서 10년, 다시 6개월이 되었습니다. 그런데 2000년대 초반 등장한 패스트 패션 브랜드들이 1~2주 간격으로 새 제품을 출시하면서 유행 주기는 더욱 짧아지고 있습니다. 이로 인한 의류의 과잉 생산으로 많은 자원이 소모됩니다. 가령 폴리에스테르의 생산에는 매년 3억 4,200만 배럴의 기름이 필요합니다."

(나) △△ 연구팀 논문 자료

(나-1)은 전 세계 의류 판매량과 의류 1점당 폐기 전까지 착용 횟수의 변화를 나타낸 그래프이고, (나-2)는 4인 가족 1회 세탁량에 해당하는 6 kg의 의류를 세탁한 뒤 나오는 미세 플라스틱의 양을 의류의 소재별로 나타낸 그래프이다.

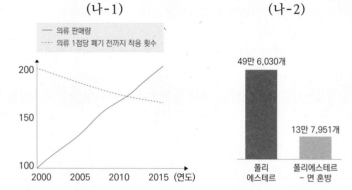

※ (나-1)에서 세로축의 수치는 2000년의 의류 판매량을 100으로, 의류 1점당 폐기 전까지 착용 횟수를 200으로 보았을 때의 지수임.

(다) 신문 기사

> '미세 플라스틱 저감 제도 마련을 위한 토론회'에서 한 시민단체 관계자는 "프랑스는 2025년부터 세탁기에 미세 플라스틱 필터 설치가 의무화된다. 필터 설치 의무화는 해양 오염을 방지하는 가장 효과적인 방법이다."라며 관련 법 제정을 촉구했다.

① (가): 전 세계 의류 생산량이 급속하게 증가하는 원인을 구체화하기 위하여, 의류 유행 주기의 변화를 1문단에 추가한다.

② (가): 의류 산업의 확대로 인한 문제점을 환경 오염으로 한정하기 위하여, 의류의 생산 과정에서 많은 자원이 소모된다는 내용을 2문단에 추가한다.

③ (나-1): 의류 폐기로 인한 환경 오염과 관련하여, 예전에 비해 사람들이 의류를 많이 사서 적게 입고 버리기 때문에 이런 추세가 지속된다면 오염이 악화될 수 있다는 내용을 1문단에 추가한다.

④ (나-2): 일정 비율 이상의 천연 섬유 사용을 의무화하는 제도의 필요성을 뒷받침하기 위하여, 생산 단계에서 천연 섬유를 혼방할 때의 효과를 3문단에 추가한다.

⑤ (다): 의류 산업으로 인한 환경 오염을 최소화하기 위한 제도를 마련하자는 주장을 뒷받침하기 위하여, 다른 나라의 사례를 3문단에 추가한다.

2 Day

언어　고1 2023년 9월

언어

WEEK 3

※ [01~02] 다음 글을 읽고 물음에 답하시오.

　　말을 글자로 적을 때 사람마다 다르게 적는다면 그 뜻을 제대로 파악하지 못할 수 있다. 이런 혼란을 피하고 효율적으로 의사소통하기 위해 제정한 것이 '한글 맞춤법'이다. 한글 맞춤법 총칙 제1항은 '한글 맞춤법은 표준어를 소리대로 적되, 어법에 맞도록 함을 원칙으로 한다.'이다. 소리대로 적는다는 것은 발음 그대로 적는다는 것이다. 그런데 소리대로 적는다는 원칙이 적용되기 어려운 경우가 있어 어법에 맞도록 한다는 또 하나의 원칙이 붙었다. 예를 들어 체언과 조사가 결합한 '잎이', '잎만'을 발음대로 적으면 '이피', '임만'인데, 사람들이 다르게 적힌 형태를 보고 그 의미를 파악하기 위해 '잎'이라는 본래 형태를 떠올려야 하는 어려움이 생긴다. 따라서 형태를 '잎'으로 고정하여 적을 필요가 있는 것이다. 그리고 '먹어', '먹는'처럼 용언의 어간과 어미도 구별하여 적는다. 즉 어법에 맞도록 적는다는 것은 형태소의 본모양을 밝혀 적는 것을 말한다. 그런데 어근과 접미사, 용언과 용언이 결합하여 하나의 단어로 쓰일 때는 형태소의 본모양을 밝혀 적기도 하고 소리대로 적기도 한다.

　　(ㄱ) 그는 웃음을 지으며 마감 시간을 확인했다.
　　(ㄴ) 방에 들어간 그는 사라진 의자를 발견했다.

　　(ㄱ)에서 '웃음(웃-+-음)'은 접미사 '-음/-ㅁ'이 비교적 여러 어근에 결합하고 결합한 후에도 어근의 본래 뜻이 유지되므로 형태소의 본모양을 밝혀 적었다. 이와 달리 '마감(막-+-암)'은 접미사 '-암'이 일부 어근에만 결합하기 때문에 소리대로 적었다. (ㄴ)에서 '들어간'은 앞말인 '들어'에 '들다'의 뜻이 유지되고 있어 형태소의 본모양을 밝혀 적었지만, '사라진'은 앞말이 본뜻에서 멀어져 그 의미가 유지되지 않아 소리대로 적었다.

[A] {　　한편, 의미를 정확하게 전달하기 위해서는 띄어쓰기를 바르게 하는 것도 중요하다. 예를 들어 '지'는 어미 '-(으)ㄴ지, -(으)ㄹ지'의 일부일 때는 띄어 쓰지 않지만, 시간의 경과를 나타낼 때는 앞말과 띄어 쓴다. 또한 어떤 일을 시험 삼아 시도함을 나타내거나 어떤 행동이나 상태를 강조하는 뜻을 나타낼 때는 '한번'이라고 쓰지만, '번'이 일의 횟수를 나타낼 때는 '한 번', '두 번'처럼 띄어 쓴다.

🔊 **핵심정리**

한글 맞춤법 총칙 제1항

> 한글 맞춤법은 표준어를 소리대로 적되, 어법에 맞도록 함을 원칙으로 한다.

① '소리대로 적되' : 표음주의
　→ 국어의 형태소를 발음대로 적음.
② '어법에 맞도록 함' : 표의주의
　→ 형태소들이 만나 소리가 바뀔지라도 형태소의 본모양을 밝혀 적음.

형태를 밝혀 적는 경우

① 한글 맞춤법 총칙 제14항
　: 체언은 조사와 구별하여 적는다.
② 한글 맞춤법 총칙 제15항
　: 용언의 어간은 어미와 구별하여 적는다.

↓

> '구별하여 적는다'
> = 각각의 형태를 밝혀 적는다.

어근과 접미사, 용언과 용언의 결합

	어근+접미사	용언+용언
형태소의 본모양을 밝혀 적음.	• 비교적 여러 어근에 결합 • 결합 후에도 어근의 본래 뜻이 유지	앞말의 뜻이 유지
소리대로 적음.	일부 어근에만 결합	앞말이 본뜻에서 멀어져 의미가 유지되지 않음.

띄어쓰기

'지'	어미 '-(으)ㄴ지, -(으)ㄹ지'의 일부 → 앞말과 띄어 쓰지 않음.
	시간의 경과를 나타낼 때 → 앞말과 띄어 씀.
'번'	어떤 일을 시험 삼아 시도함. / 어떤 행동이나 상태를 강조 → 한번
	일의 횟수를 나타낼 때 → 한∨번

01

한글 맞춤법을 이해하는 문제이다. 이 문제는 한글 맞춤법 전체를 아우르는 기본 원칙인 총칙 제1항의 내용을 자세히 살펴보아야 한다. 한글 맞춤법의 기본적인 원칙은 표준어를 소리 나는 대로 적는 것이다. 그러나 단어나 문장이 만들어지는 과정에서 소리가 바뀌는 경우에는 어법에 맞도록 적는다. 체언이 조사와 결합할 때, 용언의 어간에 어미가 결합할 때는 형태를 밝혀 적는다. 그러나 어근과 접미사가 결합할 때나 용언과 용언이 결합할 때는 형태소의 본모양을 밝혀 적기도 하고 소리대로 적기도 한다.

01

<보기>의 ⓐ~ⓔ를 이해한 내용으로 적절하지 않은 것은?

> **보기**
>
> · 풀이 ⓐ 쓰러진 사이로 ⓑ 작은 꽃이 ⓒ 마중을 나왔다.
> · ⓓ 끝이 보이지 않았지만 나는 그 ⓔ 믿음을 잃지 않았다.

① ⓐ: 앞말이 '쓸다'라는 본뜻에서 멀어져서 소리대로 적은 것이겠군.
② ⓑ: 용언의 어간 '작 –'과 어미 ' – 은'이 구별되도록 형태소의 본모양을 밝혀 적은 것이겠군.
③ ⓒ: 접미사 ' – 웅'이 여러 어근에 널리 결합하지 못하고 일부 어근에만 결합해서 소리대로 적은 것이겠군.
④ ⓓ: '끝'이라는 체언의 의미가 쉽게 파악되도록 형태소의 본모양을 밝혀 적은 것이겠군.
⑤ ⓔ: 어근에 접미사 ' – 음'이 결합한 후에 어근의 본래 뜻이 유지되지 않아서 형태소의 본모양을 밝혀 적은 것이겠군.

02

한글 맞춤법을 이해하는 문제이다. 정확한 의미 전달을 위해서는 띄어쓰기를 바르게 해야 한다. [A]에 따르면 '지'와 '번'은 의미에 따라 띄어 쓰기도 하고, 앞말에 붙여 쓰기도 한다. 제시된 예문에서 각각의 단어가 어떠한 의미로 사용되었는지 파악해 보자.

02

[A]를 참고할 때, 밑줄 친 부분의 띄어쓰기가 적절하지 않은 것은?

① 동네 인심 한번 고약하구나.
② 그를 만난 지도 꽤 오래되었다.
③ 무엇부터 해야 할 지를 모르겠다.
④ 견우와 직녀는 일 년에 한 번 만난다.
⑤ 얼마나 부지런한지 세 명 몫의 일을 해낸다.

03

다음은 수업 장면의 일부이다. ⓐ와 ⓑ에 들어갈 말로 적절한 것은?

선생님: 음운의 변동에는 어떤 음운이 다른 음운으로 바뀌는 교체, 두 음운이 합쳐져 하나가 되는 축약, 원래 있던 한 음운이 없어지는 탈락, 없던 음운이 추가되는 첨가의 유형이 있습니다. 이러한 음운의 변동은 한 단어에서 두 가지 이상이 함께 나타나기도 합니다. 또한 음운의 변동 결과가 표기에 반영되기도 하고, 음운의 변동 후에 음운의 개수가 달라지기도 합니다. 그러면 다음 자료에 나타난 음운의 변동을 탐구해 봅시다.

국밥[국빱], 굳히다[구치다], 급행열차[그팽녈차]

위 자료를 '국밥', 그리고 '굳히다, 급행열차'로 나눈다면, 그 기준은 무엇일까요?

학생: (ⓐ   )를 기준으로 나누었습니다.

선생님: 맞습니다. 그럼, '굳히다'와 '급행열차'에 공통으로 나타나는 음운의 변동은 무엇일까요?

학생: (ⓑ)입니다.

선생님: 네, 맞습니다.

	ⓐ	ⓑ
①	음운의 변동이 두 가지 이상 일어났는지	축약
②	음운의 변동이 두 가지 이상 일어났는지	교체
③	음운의 변동 결과 음운의 개수가 줄었는지	탈락
④	음운의 변동 결과 음운의 개수가 줄었는지	교체
⑤	음운의 변동 결과가 표기에 반영되었는지	축약

03

음운의 변동을 탐구하는 문제이다. 음운의 변동에는 교체, 축약, 탈락, 첨가가 있다. 이 중 첨가는 음운의 개수가 늘어나고, 탈락과 축약은 음운의 개수가 줄어든다. 또한 한 단어에 두 종류 이상의 음운 변동이 일어나기도 한다. 예를 들어 '막일'은 첨가가 한 번, 교체가 한 번 일어나 [망닐]로 발음된다. 이때 음운 변동 전 음운의 개수는 5개이지만, 변동 후 하나가 늘어 6개가 된다.

시간 표현을 탐구하는 문제이다. 시제는 사건이 발생한 시점인 사건시와 그 사건을 언어로 표현하는 시점인 발화시의 선후 관계에 따라 결정되는데, 주로 선어말 어미나 관형사형 어미, 시간 부사어를 통해 실현된다.

과거 시제	• 개념 : 사건시가 발화시보다 앞서는 시제 • 실현 양상 ① 선어말 어미 '-았-/-었-' ② 관형사형 어미 '-(으)ㄴ, -던' ③ 시간 부사어 '어제, 아까, 이미' 등
현재 시제	• 개념 : 사건시와 발화시가 일치하는 시제 • 실현 양상 ① 동사 : 선어말 어미 '-ㄴ-/-는-', 관형사형 어미 '-는' ② 형용사, 서술격 조사 : 관형사형 어미 '-(으)ㄴ', 기본형 ③ 시간 부사어 '지금, 오늘' 등
미래 시제	• 개념 : 사건시가 발화시보다 나중인 시제 • 실현 양상 ① 선어말 어미 '-겠-' ② 관형사형 어미 '-(으)ㄹ', 의존 명사 '것'이 결합된 '-(으)ㄹ 것' ③ 시간 부사어 '내일, 곧' 등

05

사전을 활용하는 문제이다. 다의어란 하나의 단어가 여러 가지 의미를 가지고 있을 때 그 단어를 지칭하는 용어이고, 동음이의어란 서로 다른 두 개 이상의 단어가 소리만 같은 경우이다. 사전에서 다의어는 한 표제어에 여러 뜻을 구분하여, 동음이의어는 단어에 따라 어깨번호를 달리하여 제시한다. 또한 사전을 활용하면 문형 정보를 파악할 수 있다. 예를 들어, 사전에서 '삼다'를 보면 [동][…을 …으로]이라 되어 있는데, 이는 '삼다'가 동사이자 목적어와 부사어를 필수적으로 요구하는 세 자리 서술어라는 것을 나타낸다.

<학습 활동>을 수행한 결과로 적절하지 않은 것은?

> **학습 활동**
>
> 시제는 말하는 때인 발화시를 기준으로 동작이나 상태가 일어난 때인 사건시와의 선후 관계를 따져 과거 시제, 현재 시제, 미래 시제로 나뉘며, 선어말 어미나 관형사형 어미, 부사어 등을 통해 실현된다. 다음 자료를 분석해 보자.
>
> ㄱ. 창밖에는 눈이 내린다.
> ㄴ. 곧 강연을 시작하겠습니다.
> ㄷ. 이것은 그가 내일 입을 옷이다.
> ㄹ. 내가 만든 빵을 형이 맛있게 먹더라.

① ㄱ은 사건시와 발화시가 일치한다.
② ㄴ은 사건시가 발화시보다 앞선다.
③ ㄴ과 ㄷ 모두 부사어를 활용한 시간 표현이 나타난다.
④ ㄷ과 ㄹ 모두 관형사형 어미를 활용한 시간 표현이 나타난다.
⑤ ㄱ, ㄴ, ㄹ 모두 선어말 어미를 활용한 시간 표현이 나타난다.

05

다음은 '사전 활용하기' 학습 활동을 위한 자료이다. 이에 대한 이해로 적절하지 않은 것은?

바르다¹ [동]

【…을 …에】【…을 …으로】

① 풀칠한 종이나 헝겊 따위를 다른 물건의 표면에 고루 붙이다.

¶ 아이들 방을 예쁜 벽지로 발랐다.

② 차지게 이긴 흙 따위를 다른 물체의 표면에 고르게 덧붙이다.

¶ 흙을 벽에 바르다.

바르다² [형]

① 겉으로 보기에 비뚤어지거나 굽은 데가 없다.

¶ 길이 바르다.

② 말이나 행동 따위가 사회적인 규범이나 사리에 어긋나지 아니하고 들어맞다.

¶ 그는 인사성이 바른 사람이다.

① '바르다¹'과 '바르다²'는 사전에 각각 다른 표제어로 등재되는 동음이의어이다.
② '바르다¹'과 '바르다²'는 모두 여러 가지 의미가 있는 다의어이다.
③ '바르다¹'은 '바르다²'와 달리 주어 이외의 다른 문장 성분을 필요로 한다.
④ '바르다¹'은 동작이나 작용을 나타내는 말이고, '바르다²'는 성질이나 상태를 나타내는 말이다.
⑤ '바르다² ①'의 예로 '마음가짐이 바르다.'를 추가할 수 있다.

※ 다음 글을 읽고 물음에 답하시오.

❶ ㉠ 중화(中華)사상은 한족(漢族)이 자신들을 세계의 중심을 의미하는 중화로 생각하고, 주변국들이 자신들의 발달된 문화와 예법을 받아들여야 한다고 생각한 사상이다. 조선은 중화사상을 수용하여 한족 왕조인 명나라의 문화를 받아들이는 것을 당연시하였다. 17세기에 이민족이 ⓐ 세운 청나라가 중국 땅을 차지하였지만, 조선은 청나라를 중화라고 생각하지 않고 명나라의 부활을 고대하였다. 당시 송시열은 '오랑캐는 중국을 차지할 수 없고 금수(禽獸)는 인류와 한 부류가 될 수 없다.'라고 하였는데, 이는 청나라를 공격하자는 북벌론과 청나라를 배척하자는 척화론으로 이어졌다.

❷ 18세기에 청나라가 정치적 안정을 이루고 조선이 북벌을 통해 명나라를 회복하기 어렵게 되자, 조선의 유학자들 사이에서는 조선이 중화의 계승자라는 인식이 보편화되었다. 이때 청나라가 가진 발달된 문물을 도입하자는 북학파가 등장하였다. 그중 홍대용은 청나라의 발달된 문물은 오랑캐인 청나라가 만든 것이 아니라, 청나라가 중국 땅을 차지하며 가지게 된 한족의 문물로 보았다. 이런 생각은 청나라와 청나라의 문물을 구별한 것으로, 그가 저술한 〈을병연행록〉에서도 발견된다. 이를 통해 이때까지도 그는 조선이 중화의 계승자라는 인식과 중화사상에서 벗어나지 못했음을 알 수 있다. 하지만 청나라 여행을 계기로 그곳에서 만난 학자들과 교류를 이어 가며 선진 문물과 새로운 학문을 탐구한 결과, 사상적 전환을 이루었고 이를 바탕으로 〈의산문답〉을 저술하였다.

❸ 홍대용의 사상적 전환을 잘 보여 주는 것은 〈의산문답〉에 실려 있는 ㉡ 지구설과 무한 우주설이다. 그는 하늘이 둥글고 땅이 모나다는 전통적인 천지관을 비판하고, 땅이 둥글다는 지구설을 주장하면서 그 근거로 일식과 월식을 이야기하였다. 일식과 월식이 둥글게 나타나는 것은 달과 우리가 사는 땅이 둥글기 때문이라는 것이다. 우리가 사는 땅은 둥글기 때문에 상하나 동서남북은 정해져 있지 않고, 개개인이 서 있는 곳이 각각 기준이 될 수 있다고 주장하였다. 또한 그는 하늘은 무한하여 형체를 알 수 없고 지구와 같은 땅이 몇 개가 되는지 알 수 없다는 무한 우주설을 주장하였다.

❹ 지구설과 무한 우주설은 세상의 중심과 그 주변을 구별하는 중화사상과 다른 생각이다. 홍대용은 하늘에서 우리가 사는 세상을 본다면 이 땅이 무한한 우주에 비해 티끌만큼도 안 되며, 안과 밖을 구별하거나 중심과 주변을 나눌 수 없다고 보았다. 따라서 중국 안과 밖을 구별할 수 없고 중화와 오랑캐라는 구별도 상대적이라고 생각했다. 이에 따라 중화와 오랑캐로 여겨졌던 국가가 모두 동등하며, 사람들이 각자 제 나라와 제 문화를 기준으로 살아가는 것이 당연하다고 생각하였다. 이러한 그의

핵심정리

문단 중심 내용

❶ 중화사상과 청나라에 대한 조선의 입장
❷ 〈을병연행록〉에 드러난 홍대용의 사상 – 중화사상
❸ 〈의산문답〉에 실려 있는 홍대용의 이론 – 지구설과 무한 우주설
❹ 지구설과 무한 우주설에 드러난 홍대용의 사상
❺ 홍대용의 사상이 가지는 의의

중화사상

의미	한족이 자신들을 세계의 중심을 의미하는 중화로 생각하고, 주변국들이 자신들의 발달된 문화와 예법을 받아들여야 한다고 생각한 사상
조선의 중화 사상	• 명나라의 문화를 받아들이는 것을 당연시함. • 청나라를 중화라고 생각하지 않음. → 북벌론(청나라 공격), 척화론 (청나라 배척)

홍대용의 사상적 전환

〈을병연행록〉
청나라와 청나라의 문물 구별, 조선이 중화의 계승자라는 인식

청나라 여행
학자들과의 교류, 선진 문물과 새로운 학문 탐구

〈의산문답〉
지구설, 무한 우주설

지구설과 무한 우주설

지구설	땅은 둥긂. → 개개인이 서 있는 곳이 각각 기준이 될 수 있음.
무한 우주설	하늘은 무한하여 형체를 알 수 없고 지구와 같은 땅이 몇 개가 되는지 알 수 없음.

지구설과 무한 우주설에 드러난 홍대용의 사상

> 땅은 무한한 우주에 비해 티끌만큼도 안 되며, 안과 밖, 중심과 주변을 나눌 수 없음.

↓

> 중화와 오랑캐라는 구별은 상대적임.

↓

> 사람들은 각자 제 나라와 제 문화를 기준으로 살아감.

↓

> 모든 사람들이 중심이 될 수 있고 존재 가치가 있음.

↓

> 양반을 비판하고, 재주와 학식이 있으면 신분에 상관없이 높은 관직에 올라야 한다고 주장함.

↓

> 평등주의, 다원주의

생각은 모든 사람들이 중심이 될 수 있고 존재 가치가 있다는 생각으로 이어졌고, 이를 바탕으로 그는 당시 유교적 명분을 내세우며 특권을 누리려 했던 양반들을 비판하였다. 또한 재주와 학식이 있는 자는 신분이 낮은 농부의 자식이라도 높은 관직에 오를 수 있어야 한다고 주장하였다.

❺ 어떤 국가와 문화, 사람도 각자 중심이 될 수 있고 존재 가치가 있다고 생각한 홍대용의 사상은 평등주의와 다원주의를 우리 역사에서 선구적으로 보여 주었다는 점에서 의의가 있다.

▌ 문제풀이 맥 ▌

01

세부 내용을 파악하는 문제이다. 1문단에서는 17세기에 청나라가 중국 땅을 차지한 이후의, 2문단에서는 18세기에 청나라가 정치적 안정을 이룬 이후의 조선의 중화사상을 설명하고 있다. 또한 2문단의 마지막 부분에서 홍대용의 〈의산문답〉을 언급한 내용을 통해 이어질 내용을 추론할 수 있다. '읽은 내용 정리'에서는 학생이 정리한 내용이 1, 2문단의 내용과 일치하는지, '확인 결과'에서는 학생이 예측한 내용이 3~5문단에서 실제로 어떻게 드러나는지를 파악해야 한다.

01

다음은 학생이 윗글을 읽는 중 작성한 독서 활동지이다. 학생의 활동 내용 중 적절하지 <u>않은</u> 것은?

◈ 2문단까지 읽고 내용을 정리한 후, 이어질 내용을 예측하고 확인하며 읽어 보자.

읽은 내용 정리
• 청나라가 중국 땅을 차지한 후 조선에서는 북벌론과 척화론이 나타남. ·· ①
• 청나라가 정치적 안정을 이루고 북벌이 힘들어지자 조선의 유학자들은 조선이 중화의 계승자라고 생각함. ········· ②
• 청의 문물을 배우자는 북학파가 등장하였고, 그중 홍대용은 선진 문물과 새로운 학문을 탐구하여 사상을 전환하고 〈의산문답〉을 저술함.

↓

이어질 내용 예측	확인 결과
• 홍대용이 선진 문물과 새로운 학문을 탐구하여 깨달은 점이 언급될 것이다.	하늘이 둥글다는 것을 깨달음. ······················ ③
• 〈의산문답〉의 내용이 언급될 것이다.	지구설과 무한 우주설을 설명함. ···················· ④
• 홍대용이 아닌 다른 북학파 학자들의 사상이 언급될 것이다.	언급되지 않음. ······ ⑤

02

<보기>의 대화를 윗글과 관련지어 이해한 것으로 적절하지 <u>않은</u> 것은?

> **보기**
>
> 갑: 천지 사이의 생물 가운데 오직 사람만이 귀합니다. 동물과 초목은 지혜가 없고 깨달음도 없으며, 오륜도 모릅니다. 그러므로 사람은 동물보다 귀하고, 초목은 동물보다 천합니다.
>
> 을: 오륜은 사람의 예의입니다. 무리 지어 다니고 소리를 내어 새끼들을 불러 먹이는 것은 동물의 예의입니다. 그리고 떨기로 나서 무성해지는 것은 초목의 예의입니다. 사람의 관점을 기준으로 하면 사람이 귀하고 사물이 천하지만, 사물의 관점을 기준으로 하면 사물이 귀하고 사람이 천한 것입니다. 하늘에서 보면 사람과 사물은 똑같습니다.

① 갑은 귀한 대상과 천한 대상을 나누어 생각한다는 점에서 송시열과 공통점이 있다.

② 갑이 동물보다 사람을 높게 평가한 것은 신분이 낮은 농부의 자식이라도 높은 관직에 오를 수 있어야 한다는 생각으로 이어질 수 있다.

③ 을이 동물과 초목이 각자의 예의가 있다고 한 것은 세상 사람들이 자기 나라와 자기 문화를 기준으로 살아가는 것이 당연하다는 생각과 연결될 수 있다.

④ 을이 사물의 관점을 기준으로 하면 사물이 귀하다고 한 것은 모든 사람이 존재 가치가 있다는 생각과 연결될 수 있다.

⑤ 을이 하늘에서 보면 사람과 사물이 똑같다고 한 것은 우리가 사는 이 땅에서 중심과 주변을 나눌 수 없다는 홍대용의 생각과 일맥상통한다.

구체적 사례에 적용하는 문제이다. <보기>의 갑은 사람, 동물, 초목 순으로 귀하다고 주장하고 있고, 을은 관점에 따라 귀한 것과 천한 것이 달라질 수 있으며 하늘의 관점에서는 귀한 것과 천한 것의 구별이 없다고 주장하고 있다. 이를 지문에서 언급된 사상가인 송시열과 홍대용의 사상과 관련지어 이해해야 한다.

03

㉠과 ㉡을 이해한 것으로 가장 적절한 것은?

① ㉠은 ㉡을 통해 조선의 중심 사상으로 자리 잡았다.

② ㉠과 ㉡은 청을 오랑캐라 여기는 생각의 근거가 되었다.

③ ㉠은 북벌론의 바탕이 되었고, ㉡은 척화론의 바탕이 되었다.

④ ㉡은 홍대용이 ㉠에서 벗어났음을 보여 주는 학설이다.

⑤ ㉡은 조선의 유학자들이 가지고 있던 ㉠을 홍대용이 발전시킨 것이다.

핵심 개념의 내용을 파악하는 문제이다. ㉠은 중화사상, ㉡은 지구설이다. ㉠과 ㉡을 주장한 사람들의 입장을 알고, 둘의 공통점과 차이점을 파악하여 어떠한 관계를 맺고 있는지 이해해야 한다.

WEEK 3

04

구체적 사례를 파악하는 문제이다. <보기>의 (가)는 홍대용의 <을병연행록>으로, 조선만이 명나라의 제도를 지킨다고 하고 있다. (나)는 홍대용의 <의산문답>으로, 사람과 국가가 동등하다는 사상을 공자의 《춘추》를 예시로 들어 설명하고 있다. (가)와 (나)에서 각각 드러나는 홍대용의 사상을 이해하고, 중화사상과 지구설, 무한 우주설 중 어느 쪽에 해당하는지 파악해야 한다. <을병연행록>과 <의산문답> 모두 지문에서 언급되었으므로 해당 부분의 내용을 주의 깊게 읽어야 한다.

04

<보기>는 심화 학습을 위해 조사한 자료이다. (가), (나)에 대해 보인 반응으로 적절하지 <u>않은</u> 것은?

보기

(가)

   중국 의관이 변한 지 이미 100년이 넘은지라 지금 천하에 오직 우리 조선만이 오히려 명나라의 제도를 지키거늘, 청나라에 들어오니 무식한 부류들이 우리를 보고 웃지 않는 사람이 없으니 어찌 가련치 않겠는가? (중략) 슬프다! 번화한 문물을 오랑캐에게 맡기고 백 년이 넘도록 회복할 방법이 없구나.

- 홍대용, 〈을병연행록〉

(나)

   피와 살이 있으면 다 똑같은 사람이고, 강토를 지키고 있으면 다 동등한 국가이다. 공자는 주나라 사람이므로 그가 쓴 《춘추》에서 주나라 안과 밖을 구분한 것은 당연하다. 그가 바다를 건너 주나라 밖에 살았더라면 주나라 밖에서 도를 일으켰을 것이고, 그곳을 기준으로 생각하는 《춘추》가 나왔을 것이다.

- 홍대용, 〈의산문답〉

① (가): 청나라를 오랑캐라고 말하고 있는 것에서, 홍대용이 중화사상을 가진 적이 있었다는 것을 확인할 수 있군.

② (가): 조선만이 명나라의 제도를 지킨다는 것에서, 홍대용이 조선을 중화의 계승자라고 생각했었음을 알 수 있군.

③ (가): 번화한 문물을 오랑캐에게 맡겼다고 한 것에서, 홍대용이 청나라와 청나라가 가지고 있는 문물을 구별하려 했음을 확인할 수 있군.

④ (나): 《춘추》에서 주나라 안과 밖을 구분한 것이 당연하다는 것에서, 중국 안과 밖을 구별하려는 홍대용의 생각이 드러나는군.

⑤ (나): 공자가 주나라 밖에 살았다면 그곳에서 도를 일으켰을 것이라는 부분에서, 중화와 오랑캐의 구별이 상대적이라는 홍대용의 생각이 드러나는군.

05

단어의 문맥적 의미를 이해하는 문제이다. 지문 내에서 해당 단어가 어떤 의미로 사용되었는지 이해하고, 각 선택지에서는 어떤 의미로 사용되었는지 확인하여 지문에서의 의미와 일치하는 것을 찾아야 한다. 같은 단어라도 문맥에 따라 의미가 달라지는 다의어의 특성을 이해해야 풀 수 있다.

05

문맥상 ⓐ와 의미가 가장 유사한 것은?

① 그는 새로운 회사를 세웠다.

② 국가의 기강을 바로 세워야 한다.

③ 집을 지을 구체적인 방안을 세웠다.

④ 두 귀를 쫑긋 세우고 말소리를 들었다.

⑤ 도끼날을 잘 세워야 나무를 쉽게 벨 수 있다.

4 Day

독서(사회) 고2 2022년 9월

결정의 본질

WEEK 3

※ 다음 글을 읽고 물음에 답하시오.

❶ 특정 상황에서 어떤 방안을 선택함으로써 얻을 수 있는 이익을 그 방안이 갖는 효용이라고 하며, 효용을 최대화하는 행동을 합리적 행위라고 한다. 허버트 사이먼은 합리적 행위와 관련하여 ㉠ 포괄적 합리성과 ㉡ 제한적 합리성이라는 두 가지 관점을 제시했다. 먼저 포괄적 합리성은 의사를 결정하는 행위자가 분명한 목적을 가지고 그것을 달성하기 위한 모든 방안을 찾는다고 보는 관점이다. 나아가 행위자는 각 방안에서 초래될 모든 결과를 정확히 평가하여 효용을 극대화하는 방안을 의도적으로 선택하며, 이러한 경향이 행위자의 특성에 상관없이 언제나 일관되게 선택 과정에 반영된다고 전제한다. 반면 제한적 합리성은 행위자가 자신의 목적을 달성하는 데 있어 지식과 인지 능력에 한계가 있음을 인정하는 관점이다. 행위자는 목적 달성에 필요한 정보인 자신이 처한 상황과 선택 가능한 방안, 선택의 결과 등을 정확히 인지하지 못한다고 보는 것이다. 따라서 제한적 합리성의 관점에서 선택의 합리성 여부를 판단하기 위해서는 행위자의 목적과 관련하여 그가 가진 정보와, 그 정보를 바탕으로 추론할 수 있는 능력 등 행위자의 특성에 대해서도 알아야 한다. 그레이엄 앨리슨은 이러한 관점들을 바탕으로 국제 사회의 외교 정책 행위를 몇 가지 모델로 분석하고자 하였다.

❷ 그중 합리적 행위자 모델은 포괄적 합리성을 바탕으로 정책 행위를 설명한다. 이 모델은 결정된 정책 행위가 특정 목적에 대해 최대 효용을 갖는 방안이라고 상정하기 때문에 그 목적을 찾아냄으로써 행위자가 왜 그러한 방안을 선택했는지를 설명한다. 여기서 행위자는 단일한 의사 결정자로서의 국가이며, 모든 국가는 포괄적 합리성을 가지고 행동한다. 이 모델에서는 행위자인 국가가 정책 행위를 결정한 목적을 몇 가지로 예상해 보고, 분석하고자 하는 정책 행위가 각각의 목적에서 갖는 효용을 계산한다. 그 결과 가장 큰 효용을 갖게 되는 목적을 찾아 선택의 의도를 추론하는 것이다. 이때 행위자는 언제나 일관된 경향으로 결정을 내리는 존재이므로 행위자가 처한 상황과 목적에 대한 객관적 지식만으로 정책 행위를 해석할 수 있다. 행위자가 처한 위기나 기회는 무엇인지, 목적 달성을 위해 선택할 수 있었던 방안들의 효용은 무엇인지, 그중 행위자의 목적을 최대한 달성하기 위한 최선의 선택은 무엇인지를 종합적으로 판단하여 정책 행위를 이해하는 것이다.

❸ 이러한 관점 때문에 합리적 행위자 모델은 포괄적 합리성에서 벗어나는 외교 사례를 설명할 수 없다는 한계가 있다. 앨리슨은 이를 보완하기 위해 제한적 합리성을 바탕으로 한 조직 과정 모델을 제시하였다. 이 모델은 정책 행위가 제한적 정보만으로 결정된다고 보기 때문에, 정책 행위의 목적보다는 그 정책 행위가 어떻게 결정되었는지에 주목한다. 이 모델에서 행위자는 독자적인 여러 조직이 모인 연합체로서

📎 **핵심정리**

문단 중심 내용

❶ 허버트 사이먼이 제시한 포괄적 합리성과 제한적 합리성
❷ 포괄적 합리성을 바탕으로 하는 합리적 행위자 모델
❸ 제한적 합리성을 바탕으로 하는 조직 과정 모델
❹ 앨리슨의 정책 결정 모델의 의의

포괄적 합리성과 제한적 합리성

포괄적 합리성	• 의사를 결정하는 행위자는 분명한 목적을 가지고 그것을 달성하기 위한 모든 방안을 찾음. • 행위자는 효용을 극대화하는 방안을 의도적으로 선택함. → 일관되게 선택 과정에 반영됨.
제한적 합리성	• 행위자는 자신의 목적을 달성하는 데 있어 지식과 인지 능력에 한계가 있음. • 행위자는 목적 달성에 필요한 정보를 정확히 인지하지 못함. • 선택의 합리성 여부를 판단하기 위해서는 행위자의 특성에 대해서도 알아야 함.

합리적 행위자 모델

바탕	포괄적 합리성
주목 요소	정책 행위의 목적
행위자	단일한 의사 결정자로서의 국가 → 일관된 경향으로 결정
정책 행위	행위자의 의도적 선택
의의	행위자가 처한 상황과 목적에 대한 객관적 지식만으로 정책 행위 해석 가능
한계	포괄적 합리성에서 벗어나는 외교 사례 설명 불가능

조직 과정 모델

바탕	제한적 합리성
주목 요소	정책 행위의 결정 과정

행위자	독자적인 여러 조직이 모인 연합체로서의 국가 → 조직이 SOP에 따라 처리한 제한된 정보만으로 정책 행위를 탐색하고 결정
정책 행위	미리 규정된 절차에 따라 조직들이 수행한 결과가 모여 만들어진 기계적 산출물
의의	포괄적 합리성에서 벗어나는 외교 정책 행위 설명 가능
한계	• 조직이 미처 고려하지 못한 방안이 가질 수 있는 더 큰 효용은 무시 • 합리적 행위자 모델로는 설명하기 힘든 정책 행위가 선택되는 경우 발생

앨리슨의 정책 결정 모델이 갖는 의의

합리적 행위자 모델과 조직 과정 모델
분석 대상이 되는 정책 행위를 바라보는 시각이 다름.

↓

같은 현상에 대해서도 다른 분석 결과를 도출함.

↓

외교 사건을 다각적으로 설명할 수 있음.

의 국가이며, 정책 행위는 행위자의 의도적 선택이 아닌 미리 규정된 절차에 따라 조직들이 수행한 결과가 모여 만들어진 기계적 산출물로 인식된다. 각 조직은 원활한 업무 수행을 위해 자체적인 표준운영절차(SOP), 즉 일을 처리하는 규칙에 따라 작동하는데, 국가는 그 규모가 크기 때문에 조직의 모든 활동을 국가의 의도에 맞게 완전히 통제하거나 감독할 수 없다. 결과적으로 국가는 조직이 SOP에 따라 처리한 제한된 정보만으로 정책 행위를 탐색하고 결정한다는 점에서 이 모델은 제한적 합리성에 기반을 ⓐ 둔다고 할 수 있다. 또한 조직은 불확실한 미래를 추측하고 그에 맞게 행동하는 것을 매우 꺼리기 때문에 문제의 심각성이나 긴박성에 따른 새로운 해결책을 강구하기보다 일상적인 SOP에 의존하여 판단을 내리는 경향이 강하다. 이러한 경향으로 인해 조직 과정 모델은 조직이 최적의 방안을 찾기보다 SOP에 부합하는, '그만하면 충분히 만족스러운' 방안을 선택한다고 본다. 이 과정에서 조직이 미처 고려하지 못한 방안이 가질 수 있는 더 큰 효용은 무시될 가능성이 높아지고, 합리적 행위자 모델로는 설명하기 힘든 정책 행위가 선택될 수 있다. 하지만 조직 과정 모델은 조직들의 SOP와 역량, 조직 간의 관계에 대해 분석하기 때문에 포괄적 합리성에서 벗어나는 외교 정책 행위를 설명할 수 있다.

❹ 이처럼 합리적 행위자 모델과 조직 과정 모델은 ㉮ 분석 대상이 되는 정책 행위를 바라보는 시각이 다르기 때문에 같은 현상에 대해서도 다른 분석 결과를 도출하게 된다. 이때 두 모델은 대립 관계에 있는 것이 아니라 외교 사건을 다각적으로 설명할 수 있게 해 준다는 것이 앨리슨의 정책 결정 모델이 갖는 의의이다.

01

윗글에 대한 설명으로 적절하지 않은 것은?

① 합리적 행위자 모델이 지닌 한계와 관련하여 조직 과정 모델이 갖는 의의를 제시하고 있다.

② 합리적 행위자 모델과 조직 과정 모델의 특징을 사이먼이 제시한 합리성과 관련지어 서술하고 있다.

③ 합리적 행위자 모델과 조직 과정 모델의 정책 행위 분석 단계를 구체적인 사례를 들어 설명하고 있다.

④ 합리적 행위자 모델과 조직 과정 모델에서 외교 정책 행위를 분석하는 방식을 비교하여 설명하고 있다.

⑤ 합리적 행위자 모델과 조직 과정 모델에서 바라보는 국가의 성격을 바탕으로 각 모델의 분석 대상을 서술하고 있다.

02

㉮에 대한 이해로 가장 적절한 것은?

① 합리적 행위자 모델은 규정된 절차에 따라 정책 행위가 결정된다고 보지만, 조직 과정 모델은 조직의 역량에 따라 정책 행위가 결정된다고 본다.

② 합리적 행위자 모델은 정책 행위를 연합체로서의 국가가 선택한 결과로 보지만, 조직 과정 모델은 정책 행위를 단일체로서의 국가가 선택한 결과로 본다.

③ 합리적 행위자 모델은 정책 행위를 목적에 따른 행위자의 의도적 선택으로 보지만, 조직 과정 모델은 정책 행위를 조직의 수행에 따른 기계적 산출물로 본다.

④ 합리적 행위자 모델은 국가가 효용을 계산하여 정책 행위를 결정한다고 보지만, 조직 과정 모델은 국가가 조직을 완전히 통제하여 정책 행위를 결정한다고 본다.

⑤ 합리적 행위자 모델은 정책 행위를 객관적 정보를 종합한 결과로 보지만, 조직 과정 모델은 정책 행위를 불확실한 미래를 추측하여 문제에 대한 새로운 해결책을 찾은 결과로 본다.

02

글의 핵심 내용을 이해하는 문제이다. ㉮는 합리적 행위자 모델과 조직 과정 모델에서의 분석 대상이 되는 정책 행위를 바라보는 시각을 가리킨다. 2문단에서 합리적 행위자 모델, 3문단에서 조직 과정 모델을 설명하고 있으므로 그 특징을 이해하고 비교할 수 있어야 한다. 합리적 행위자 모델과 조직 과정 모델은 행위자의 특징, 정책 행위에 대한 인식, 정책 결정 기준, 정책 행위 해석 기준 등에서 차이를 보인다.

03

㉠과 ㉡에 대한 이해로 가장 적절한 것은?

① ㉠은 행위자의 지식이, ㉡은 행위자의 목적이 선택에 가장 큰 영향을 미치는 요소라고 본다.

② ㉠은 ㉡과 달리 행위자가 어떤 방안을 선택할 때 자신이 달성하고자 하는 목적을 고려한다고 본다.

③ ㉠은 ㉡과 달리 행위자의 인지적 한계를 이유로 행위자가 처한 상황에 대한 분석이 중요하다고 본다.

④ ㉡은 ㉠과 달리 행위자가 어떤 방안을 선택했을 때 그 방안이 합리적인지 판단할 수 있다고 본다.

⑤ ㉡은 ㉠과 달리 목적과 상황이 동일하더라도 행위자의 특성에 따라 결정이 달라질 수 있다고 본다.

03

글의 세부 내용을 파악하는 문제이다. ㉠은 포괄적 합리성, ㉡은 제한적 합리성을 가리킨다. 1문단에서 포괄적 합리성과 제한적 합리성을 설명하고 있으므로 둘의 차이점이 무엇인지 파악하고 비교해야 한다. 포괄적 합리성과 제한적 합리성은 행위자의 특징, 행위자의 특성과의 관련 유무, 선택의 합리성 여부를 판단하는 방식 등에서 차이를 보인다.

04

구체적 사례에 적용하는 문제이다. <보기>에서 B국의 정보 조직은 SOP에 따라 A국의 군대 배치 정보를 처리한 결과 이를 상부에 전달하지 않았고, B국에서는 A국에 대한 안보를 확보하기 위한 정책으로 평화 협정 체결을 선택하게 되었다. 이 상황을 합리적 행위자 모델의 관점과 조직 과정 모델의 관점에서 바라보며 해석해야 한다. 합리적 행위자 모델과 조직 과정 모델의 정책 결정 방식을 파악해야 풀 수 있는 문제이다.

04

윗글을 바탕으로 <보기>를 이해한 내용으로 적절하지 않은 것은?

> **보기**
>
> A국과 B국은 군사적으로 대립 관계에 있는 인접 국가이다. A국은 B국보다 약한 군사력을 보완하기 위해 B국과의 국경 근처에 군대를 추가적으로 배치했다. 한편 B국의 정보 조직은 A국의 군대 배치 정보를 입수했지만, 일상적인 SOP에 따라 정보를 처리한 결과 이 정보가 상부에 전달되지 않았다. 결국 B국은 A국의 상황을 모른 채, A국에 대한 안보를 확보하기 위한 정책으로 군사력 강화와 평화 협정 체결 중 후자의 방안을 선택하게 되었다.
>
> (단, A국과 B국은 독립 국가이며 국내외의 다른 정치 외교적 상황은 양국의 정책 행위에 영향을 미치지 않는다고 가정한다.)

① 합리적 행위자 모델의 관점에서 A국의 목적을 군사력 증강으로 분석했다면, 군대의 추가 배치가 이 목적에 대해 가장 큰 효용을 가졌다고 분석했기 때문이겠군.

② 합리적 행위자 모델의 관점에서 B국의 정책 행위를 분석한다면, B국의 정보 조직이 파악한 정보가 상부에 전달되지 않은 과정에 주목하겠군.

③ 합리적 행위자 모델의 관점에서 B국의 평화 협정 체결이 국가 안보 확보를 위한 최적의 방안이 아니라고 분석했더라도, 이 관점에서는 왜 B국이 평화 협정 체결을 정책 행위로 선택했는지를 설명하지 못하겠군.

④ 조직 과정 모델의 관점에서 A국의 정책 행위를 분석한다면, 군대를 추가적으로 배치한 목적이 무엇인가보다는 어떻게 그 정책 행위가 선택되었는가를 분석하겠군.

⑤ 조직 과정 모델의 관점에서 B국이 평화 협정 체결을 선택하게 된 과정을 분석한다면, 관련 조직들의 SOP 및 조직 간의 관계를 중심으로 B국의 정책 행위를 설명하겠군.

05

어휘의 문맥적 의미를 파악하는 문제이다. 선택지에 제시된 의미가 지문에 제시된 의미와 같은지 파악해야 한다. 같은 단어라도 문맥에 따라 그 의미가 달라지므로 문장 전체의 맥락을 이해하여 어휘 사용의 적절성을 확인해야 한다.

05

문맥상 ⓐ의 의미와 가장 가까운 것은?

① 기준을 어디에 두느냐가 중요하다.

② 주말에 바둑을 두는 것이 취미이다.

③ 앞의 사람과 간격을 두며 줄을 섰다.

④ 위험물을 여기 그대로 두면 안 된다.

⑤ 그 사건은 평생을 두고 잊을 수 없다.

5 Day

문학(고전시가+현대수필) 고1 2023년 3월

고공답주인가 _ 이원익 / 돌탑과 잔돌 _ 문태준

시작시간 시 분 초 / 종료시간 시 분 초

온라인 문제풀이

※ 다음 글을 읽고 물음에 답하시오.

가

나는 이럴망정 외방의 늙은 종이

공물 바치고 돌아갈 때 하는 일 다 보았네

㉠ 우리 댁(宅) 살림이 예부터 이렇던가

전민(田民)*이 많단 말이 일국에 소문이 났는데

먹고 입으며 드나드는 종이 백여 명이 넘는데도

무슨 일 하느라 텃밭을 묵혔는가

농장이 없다던가 호미 연장 못 가졌나

날마다 무엇하려 밥 먹고 다니면서

열 나무 정자 아래 **낮잠만 자**는가

아이들 탓이던가

㉡ 우리 댁 종의 버릇 보노라면 이상하다

소 먹이는 아이들이 상마름을 능욕하고

오고 가는 어리석은 손님이 큰 양반을 기롱*한다

㉢ 그릇된 재산 모아 다른 꾀로 제 일하니

큰 집의 많은 일을 뉘라서 힘써 할까

곡식 창고 비었거든 창고지기인들 어찌하며

세간이 흩어지니 질그릇인들 어찌할까

내 잘못된 줄 내 몰라도 남 잘못된 줄 모르겠는가

㉣ 풀어헤치거니 맺히거니, 헐뜯거니 돕거니

하루 열두 때 어수선을 핀 것인가

（중략）

크게 기운 집에 상전님 혼자 앉아

명령을 뉘 들으며 논의를 뉘와 할까

낮 시름 밤 근심 혼자 맡아 계시거니

옥 같은 얼굴이 편하실 적 몇 날인가

이 집 이리 되기 뉘 탓이라 할 것인가

㉤ 생각 없는 종의 일은 묻지도 아니하려니와

돌이켜 생각하니 상전님 탓이로다

내 상전 그르다 하기에는 종의 죄 많건마는

그렇다 세상 보며 민망하여 여쭙니다

새끼 꼬는 일 멈추시고 내 말씀 들으소서

핵심정리

가 이원익, 〈고공답주인가〉

갈래

가사

성격

풍유적, 비판적, 교훈적

제재

기울어진 집안을 일으키는 방도

주제

나태하고도 이기적인 신하들의 행태에 대한 비판

특징

① 3·4조, 4음보의 율격으로 구성됨.
② 문제 상황에 대한 구체적 해결 방안을 제시함.
③ 비유적 표현을 통해 임금과 신하의 관계를 나타냄.

해제

조선 중기의 이원익이 지은 가사로, 나라의 신하들을 농사짓는 집안의 종들에 비유하여 집안의 무너진 살림을 일으킬 생각은 하지 않고 자신의 소임도 다하지 않는 종들의 잘못된 행태를 비판하고 있다. 아울러 종들을 제대로 관리하지 못한 상전에게도 잘못이 있다고 말하여 상전의 책임을 강조하고 있다.

구성

1~10행	가세가 기울어진 집안에 대한 한탄
11~27행	제 소임을 다하지 않는 종들과, 상전에 대한 비판
28~34행	집안 살림을 일으키기 위한 방책

시어의 의미

종	신하
소 먹이는 아이들	관청의 아전들
상마름	관청의 수령
상전	임금
어른 종	영의정, 고위 관리

WEEK 3

'크게 기운 집에 상전님 혼자 앉아~
옥 같은 얼굴이 편하실 적 몇 날인가'

집안의 일원으로서 상전을 바라보는
안타까움의 시선을 드러냄.

'이 집 이리 되기 뉘 탓이라 할 것인가~
돌이켜 생각하니 상전님 탓이로다'

기울어진 가세에 대한 상전의 책임을 묻고 있음.

↓

상전에 대한 양가적 태도를 취하고 있음.

나 문태준, 〈돌탑과 잔돌〉

갈래

현대 수필

성격

사색적, 교훈적

제재

돌탑을 쌓는 과정

주제

세상살이에서 잔돌 같은 사람의 중요성

특징

① 다양한 표현 방식을 활용하여 글쓴이의 인식을 드러냄.
② 돌탑을 쌓으면서 배운 점을 세상살이에 확장하여 적용함.

해제

이 작품에서 글쓴이는 잔돌이 그 자체로는 두드러지지 않을지라도 돌탑을 쌓을 때 잔돌이 없으면 돌탑의 수평이 무너질 수 있다고 말하고 있다. 글쓴이는 이러한 인식을 인간 세상의 삶으로 확장하여 잔돌 같은 사람의 필요성을 강조하고 있다.

구성

처음	소설가 김정한의 말을 인용하여 여러 모습을 지닌 사람들이 공존하는 세상에 대한 인식을 드러냄.
중간	돌탑을 쌓으며 배우게 된 잔돌의 중요성
끝	세상살이에서도 잔돌 같은 사람에 대한 고마움과 중요성을 설파하며 글을 마무리함.

　집일을 고치려거든 종들을 휘어잡고
[A]　종들을 휘어잡으려거든 상벌을 밝히시고
　상벌을 밝히시려거든 어른 종을 믿으소서
진실로 이리 하시면 **가도(家道)**＊ 절로 일 겁니다

– 이원익, 〈고공답주인가〉 –

＊ 전민: 농사짓는 일을 생업으로 삼는 사람.
＊ 기롱: 남을 속이거나 비웃으며 놀림.
＊ 가도: 집안에서 마땅히 지켜야 할 도덕적 규범.

나

　"사람답게 살아라."라는 말은 소설가 김정한이 평생을 두고 자주 한 말이다. 나는 그의 문장 가운데 다음의 구절을 좋아한다. "어딜 가도 산이 있고 들이 있고 그리고 인간이 살았다. 인간이 사는 곳에는 으레 나뭇가리가 있고 그 곁에는 코흘리개들이 놀곤 하였다. 조국이란 것이 점점 가슴에 느껴졌다." 이 명료한 문장을 읽고 있으면 사람이 떼를 이루어 사는 세상의 풍경이 한눈에 들어오는 것만 같다. 그것도 느리고 큰 자연과 더불어. 사람의 생활이라는 것도 눈에 들어오는 문장이다.

[B]　이래저래 만나게 되는 사람들과 이런저런 사연으로 이별을 경험하게 된 사람들, 그리고 그들의 눈물과 사랑을 하고 있는 저 뜨거운 가슴도 짐작을 하게 된다. 조각돌처럼 까다롭고 별난 사람도 있고, 몽돌처럼 둥글둥글한 사람도 있고, 조각을 한 듯 잘생긴 사람도 있고, 마음에 태풍이 지나가는 사람도 있고, 마음에 4월의 봄볕이 내리는 사람도 있다. 그들 모두 하나의 무리를 이루고 사는 것이 이 세상 아닌가 싶은 생각이 드는 것이다.

(중략)

　나는 가끔 생각하기를 마당이 있는 집이 내게 있다면 주변의 돌들을 모아서 돌탑을 쌓고 싶다고 소망한다. 그리고 나의 아이들과 아내에게도 돌탑을 하나씩 쌓을 것을 부탁하고 싶다. 산사에 올라가다 보면 길가나 바위 위에 누군가 쌓아 올린 돌탑들처럼 나의 작은 마당 한쪽 한쪽에 돌탑을 쌓아 놓고 싶은 것이다. 아래에는 큰 돌이 필요하고 위를 향해 쌓아 갈수록 보다 작은 돌들이 필요할 것이다. 그리고 각각의 장소에서 구해온 돌들은 각각의 크기와 모양과 빛깔을 지니고 있을 것이다. 반듯한 것도 있고 움푹 팬 것도 있을 것이다. 마치 여러 종류의 꽃과 풀들이 자라나서 하나의 화단을 이루듯이 그 돌들은 **서로 업고 업혀서** 하나의 탑을 이룰 것이다.

　그런데 돌탑을 쌓아 본 사람은 돌탑을 쌓는 데에는 **잔돌**이 필요하다는 것을 알 것이다. 불안하게 **기우뚱하는 돌탑**의 층을 바로잡아 주려면 이 잔돌을 괴는 일이 무엇보다 필요하다. 잔돌을 굄으로써 **탑**은 한 층 한 층 **수평을 이루게** 된다. 못생긴 나무도 숲을 이루는 한 나무요, 쓸모없는 나무는 없다는 말이 있듯이 보잘것없고 작은

잔돌이라도 탑을 올리는 데에는 꼭 필요하다. 돌탑을 쌓아 올리면서 배우는 것 가운데 하나는 이 잔돌의 소중함을 아는 일이다.

사람 사는 세상도 다를 바 없다. 잔돌 같은 사람이 필요하다. 의견이 맞지 않아 다툴 때 그 대화의 매정한 분위기를 무너뜨려 주는 사람이 우리 주변에는 더러 있다. 잔돌처럼 작용해 의견이 다른 사람들의 의견과 의견의 대립을 풀어 주는 사람이 있다. 이런 부드러운 개입의 고마움을 우리는 간혹 잊고 사는 것이 아닐까 싶다.

봄 산이 봄 산인 이유는 새잎이 돋고 꽃이 거기에 있기 때문이다. 수많은 꽃은 자기의 존재감을 주장하지 않는다. 그냥 **스스로**의 생명력으로 피어나 봄 산의 아름다움을 이룬다. 이 세세하고 능동적인 존재의 움직임을 보살폈으면 한다. 돌탑에 다시 비유하자면 잔돌과 같은 그 무엇이기 때문이다.

- 문태준, 〈돌탑과 잔돌〉 -

01

(가)와 (나)의 공통점으로 가장 적절한 것은?

① 부재하는 대상에 대한 그리움을 표현하고 있다.
② 순수한 자연 세계에 대한 동경을 나타내고 있다.
③ 부정적 현실에 대한 냉소적 태도를 드러내고 있다.
④ 현실이나 세상에 대해 통찰한 내용을 전달하고 있다.
⑤ 자신이 처한 상황에 순응하는 태도를 보여 주고 있다.

유추의 방식

잔돌
불안하게 기우는 돌탑의 수평을 이루게 함.

↓ 유추

잔돌 같은 사람
서로 다른 의견을 지닌 사람들의 의견과 의견의 대립을 풀어 주는 사람

봄 산에 피어나는 수많은 꽃
자기의 존재감을 주장하지 않고 스스로의 생명력으로 피어나 산의 아름다움을 이룸.

↓

작지만 꼭 필요한 존재의 중요성을 효과적으로 표현함.

WEEK 3

■ **문제풀이 맥** ■

01

두 작품의 공통점을 파악하는 문제이다. 표현상의 특징보다는 내용적 측면에 맞춰 작품을 비교할 것을 요구하고 있다. 따라서 내재적 관점에서 수사법, 어조, 화자의 상황과 태도 등을 바탕으로 두 작품의 내용을 파악해야 한다. (가)는 '나태하고도 이기적인 신하들의 행태에 대한 비판'을 주제로, (나)는 '세상살이에서 잔돌 같은 사람의 중요성'을 주제로 하고 있으므로 두 작품의 주제를 토대로 내용을 이해하는 것 또한 중요하다.

작품의 세부적 내용을 파악하는 문제이다. <보기>의 내용을 바탕으로 각 기호에 따른 구절을 연관 지어 이해해야 한다. <보기>에 따르면 (가)는 신하를 종으로, 임금을 상전으로 비유하여 임진왜란으로 인해 황폐해지고 위계질서가 무너진 상황에서 탐욕스러운 신하들을 비판하고, 왕의 책임을 강조하고 있다. 따라서 각 구절에 대한 선택지의 내용이 이와 일치하는지 파악해야 한다.

02

<보기>를 참고할 때 (가)의 ㉠~㉤에 대한 이해로 적절하지 않은 것은?

보기

〈고공답주인가〉는 고공(종)이 상전에게 답을 하는 형식을 통해 국가 경영을 집안 다스리는 일에 빗대어 표현하고 있다. 이 작품에서 상전은 왕, 종은 신하를 가리키는데, 화자는 임진왜란으로 인해 나라가 황폐해지고 위계질서가 무너진 상황에서 당파 싸움만 일삼으며 재물을 탐하는 신하들을 비판하고 있다. 그리고 국가를 경영하는 왕으로서의 책임을 강조하고 있다.

① ㉠: 나라가 황폐해진 상황이 예전부터 지금까지 이어지고 있다는 것을 드러내고 있다.
② ㉡: 상하의 위계질서가 무너져 신하들의 기강이 해이해진 상황을 나타내고 있다.
③ ㉢: 나라를 돌보는 일을 외면한 채 부정한 방법으로 재물을 탐하는 신하들의 모습을 드러내고 있다.
④ ㉣: 시도 때도 없는 당파 싸움으로 인해 혼란스러운 조정의 모습을 나타내고 있다.
⑤ ㉤: 나라가 어지러워진 책임이 신하뿐만 아니라 왕에게도 있다는 인식을 드러내고 있다.

작품의 표현상 특징을 파악하는 문제이다. (가), (나)가 아닌 [A], [B]를 비교할 것을 요구하고 있으므로 선택지에 제시된 표현법이 [A], [B]에 나타나는지를 찾으면 된다. 이를 위해서는 표현법의 개념과 그 효과가 적절하게 대응하고 있는지 인지해야 한다.

03

[A]와 [B]에 대한 설명으로 가장 적절한 것은?

① [A]는 [B]와 달리 대조적 의미를 지닌 구절을 활용하여 대상의 속성을 드러내고 있다.
② [B]는 [A]와 달리 자연물에 글쓴이의 감정을 이입하여 표현의 효과를 높이고 있다.
③ [A]는 반어법을 활용하여, [B]는 역설법을 활용하여 주제 의식을 강조하고 있다.
④ [A]와 [B]는 모두 유사한 문장 구조를 반복하여 전달 의도를 강조하고 있다.
⑤ [A]와 [B]는 모두 말을 건네는 어투를 사용하여 청자의 행동 변화를 호소하고 있다.

04

(나)의 글쓴이에 대한 이해로 적절한 것만을 고른 것은?

ㄱ. 자연과 대비되는 인간의 유한성을 자각한다.
ㄴ. 사람들이 서로 더불어 사는 세상을 긍정한다.
ㄷ. 주장을 굽히지 않는 삶을 살았던 자신을 반성한다.
ㄹ. 세상에는 갈등을 중재할 사람이 필요하다고 생각한다.

① ㄱ, ㄴ   ② ㄱ, ㄷ   ③ ㄴ, ㄷ   ④ ㄴ, ㄹ   ⑤ ㄷ, ㄹ

WEEK 3

4

글쓴이의 태도를 파악하는 문제이다. 작품에서 나타난 핵심 소재와 표현법을 통해 글쓴이가 강조하는 바가 무엇인지를 파악해야 한다. (나)에서는 핵심 소재인 '잔돌'을 유추의 방식을 활용하여 인간 세상에 대입하고 있으며, 이를 통해 '잔돌 같은 사람'의 중요성을 강조하고 있다.

05

<보기>를 바탕으로 (가), (나)를 감상한 내용으로 적절하지 **않은** 것은?

> **보기**
>
> 전체는 구성 요소들의 집합체이다. 그러므로 전체를 이루는 구성 요소들은 그 자체로는 두드러지지 않을지라도 전체를 위해 없어서는 안 되는 존재이다. 그리고 다양성을 지닌 구성 요소들은 각각의 역할을 능동적으로 수행할 때 존재의 의미를 획득하게 되고 전체는 조화로운 모습을 이루게 된다.

① (가)의 '가도'가 바로 선 집안은 구성 요소들이 어우러져 조화로운 모습을 갖춘 전체를 의미한다고 볼 수 있겠군.
② (나)의 '탑'이 '수평을 이루게' 하는 '잔돌'은 두드러지지 않지만 전체를 위해 없어서는 안 될 구성 요소로 볼 수 있겠군.
③ (가)의 '낮잠만 자'는 종과 달리 (나)의 '스스로' 핀 꽃은 능동적으로 존재의 의미를 획득한 구성 요소로 볼 수 있겠군.
④ (가)의 '먹고 입으며 드나드는'과 (나)의 '서로 업고 업혀서'는 다양성을 지닌 존재들의 필요성을 강조한 것으로 볼 수 있겠군.
⑤ (가)의 '크게 기운 집'은 구성 요소들이 역할을 제대로 수행하지 않은 결과로, (나)의 '기우뚱하는 돌탑'은 필요한 구성 요소들이 제대로 갖추어지지 않은 결과로 볼 수 있겠군.

5

외적 준거를 바탕으로 작품을 감상하는 문제이다. 외적 준거로 제시된 <보기>에서는 구성 요소의 수행능력에 따라 전체가 조화롭게 이루어짐을 설명하고 있다. 따라서 선택지에 제시된 작품에서 구성 요소가 능동적으로 각각의 역할을 수행하는지, 이것이 어떻게 전체의 모습에 영향을 끼치는지를 분석해야 한다. 이러한 상황에서 화자가 어떤 태도를 보이는지도 함께 주목해야 한다.

핵심정리

갈래

중편 소설, 여로형 소설

배경

• 시간적 배경: 1990년대
• 공간적 배경: 중앙아시아 카자흐스탄과 키르기스스탄 지역

시점

1인칭 주인공 시점

제재

고려인 동포들의 삶

주제

고국을 그리며 민족어를 지켜 가고 있는 중앙아시아 이주민의 삶으로부터 받은 감동

특징

① 재외동포들의 삶과 애환을 그려냄.
② 서술자의 내면 세계를 구체적으로 제시함.
③ 여정에 따른 견문과 감상이 구체적으로 드러남.

해제

이 작품은 고려인의 삶을 통해 민족어의 소중함을 일깨우는 중편 소설이다. '나'는 취재 차 중앙아시아를 여행하면서 강제 이주된 고려인 동포들이 힘든 삶 속에서도 모국어를 통해 민족의 정체성을 잃지 않으려는 모습을 보게 된다. 또한 고려인 소년의 고국에 대한 그리움과 한국말을 배우는 과정을 담은 '말 배우는 아이'라는 글을 쓴 '류다'를 만나길 희망한다. 현지 사정으로 많은 어려움을 겪지만 마침내 이식쿨 호수에서 류다를 만나게 되고, 그녀의 평범한 인사말에서 하얀 배를 떠올린다. '하얀 배'는 이식쿨 호수를 배경으로 한 소설 작품이자 외부 세계에 대한 동경을 상징하는 소재이다.

등장인물

'나'	취재 차 가게 된 중앙아시아에서 강제 이주된 고려인 동포들의 삶을 목격하고, '말 배우는 아이'의 작가인 류다를 만나면서 고려인의 고된 삶과 민족어의 소중함을 깨달음.
류다	고려인 3세로, 모국어인 한국어를 배우며 우리 민족에 대한 정체성을 잃지 않으려 함. 조국에 대한 동경을 품고 있음.

※ 다음 글을 읽고 물음에 답하시오.

[앞부분의 줄거리] '나'는 취재 차 중앙아시아로 향하면서 강제 이주된 고려인 동포들의 삶을 목격한다. 또한 한국을 그리며 '말 배우는 아이'라는 글을 쓴 고려인 '류다'를 만나길 희망한다. 알마아타에 도착한 '나'는 인근 우슈토베 지역을 여행하며 고려인 '미하일'로부터 류다가 이식쿨 호수 근처에 살고 있음을 듣게 된다.

"여기 사람들이 말하는데, 그 **호수 밑에 옛날 도시**가 가라앉아 있다고 그렇게 말합니다."

내가 그 호수에 관심을 보이자 미하일이 말했다. 그는 드물게도 서울 동숭동에 있는 해외동포교육원의 초청을 받아 어느새 한국에도 갔다 왔다고 했는데, **우리말을 꽤 정확하게 구사하**고 있었다. 그의 말에 나는 더욱 흥미를 갖지 않을 수 없었다.

"호수 밑에……"

나는 음료수와 함께 나온 깡통 맥주를 한 모금 마시며 그 먼 호수를 머릿속에 그렸다. 미하일의 말에 의하면 키르기스말로 이식쿨의 이식은 뜨겁다는 뜻이며, 쿨은 호수라고 했다. 또, 이식쿨의 물은 위는 민물, 아래는 짠물이며, 이에 비교되어 발하슈 호수는 한쪽이 민물, 다른 쪽이 짠물로서, 서로 차이를 보인다는 것이었다. 그리고 키르기스스탄의 소설가 아이트마토프가 쓴 〈하얀 배〉라는 소설까지 들먹거렸다. 부모가 이혼하는 바람에 그 호숫가의 할아버지 집으로 와 살고 있는 한 소년이 호수를 떠가는 **하얀 배**를 보면서, 커다란 물고기가 되어 **배를 따라가기를 꿈꾸는** 이야기라는 것이었다. 그의 말을 들으면서 나는 나대로 학교 시절에 읽은 독일 소설가 슈토름의 소설 〈이멘 호수〉를 떠올리고도 있었다.

㉠ "하얀 배라……"

신비하고 아름다운 광경이 내 머리를 자극했다.

그러던 나는 한글 선생이나 미하일 누구에게랄 것 없이 그 곳까지 가볼 수는 없느냐고 조심스럽게 물었다. 미하일이 들려주는 이야기는 모두 그 호수를 향한 내 마음을 한층 북돋기에 부족함이 없는 것이었다.

그러나 미하일에 의하면, 알마아타에서 호수까지는 직선거리는 그리 멀지 않지만 천산 산맥이 가로막혀 있어서 서남쪽 고갯길이 뚫린 곳으로 빙 돌아가야 하기 때문에 상당히 멀다는 것이었다.

㉡ "꼭 거길 가봤으면 하는데……무슨 방법이 없었을까요?"

나는 한글 선생과 미하일을 번갈아 쳐다보며 간청하다시피 했다. 내 말에 미하일은 한참 동안 생각을 하는 듯하다가 마침내 자기도 이 기회에 비탈리를 찾아가서 한번 만날 겸 같이 가보자고 말했다. 알마아타로 가서 차편을 알아보자는 것이었다. 이렇게 되어 나는 정말 뜻하지 않게 그 호수를 향하여 떠나게 된 것이었다.

우슈토베에의 여행에서 얻은 것은 적지 않은 셈이었다. 다른 것은 그렇다 치더라도 무엇보다 우리 동포들의 무덤을 보았고, 그들이 저 1937년에 내동댕이쳐 버려졌던 처절한 삶의 뿌리를 내리기 위해 **광야에 파놓은 갈대 움막집의 흔적**을 보았다. 오늘날 그곳에 문을 연 한글학교도 보았다. ⓒ 그러나 무엇보다도 내 가슴을 뛰게 한 것은 새로운 세계, 산속의 호수를 향해 가게 된 것이었다.

(중략)

그 호수를 보겠다고 해서, 카라가지나무와 주다나무와 미루나무와 버드나무를 이정표로 달려왔고, 드디어 보았다. 그러나……

나는 머리에 '그러나'가 꼬리표처럼 따라붙는 것을 어쩌지 못했다. 서울에서의 문제들은 서울에 가서의 일이다. ⓔ 나는 그 꼬리표를 떼어내려고 머리를 흔들었다. 그러나……

그때였다. 유원지의 돌 축대를 바라보던 나는 거기 웬 나무가 한 그루 우뚝 서 있는 것을 보았다. 들어올 때는 눈에 띄지 않은 까닭을 알 수 없었다. 아니다. 그 나무만 서 있었다면 그냥 스쳐 지나갔을지도 모른다. 그러니까 나는 그 나무만을 본 것이 아니라 그 옆에 서 있는 한 여자를 함께 본 것이었다. 젊고 환한 얼굴이 나무 그늘에 묻혀 있었다.

"류다!"

미하일이 소리쳤다. 우리는 돌 축대를 올라가 그 나무 아래로 걸음을 옮겼다. 서로 몇 마디의 러시아말이 오가고 난 뒤 내가 소개되었다.

"안녕하십니까."

맑은 눈동자가 나를 바라보았다. 순간, 나는 **너무나 또렷한 우리말**에 놀라지 않을 수 없었다. 중앙아시아에서 처음 들어 보는 또렷한 우리말이었다. 그리고 그 말 뒤에 '이 말은 우리 민족 말입니다' 하는 말이 소리 없이 뒤따르고 있음도 또렷이 느낄 수 있었다.

"아, 안녕하십니까."

ⓜ 나는 엉겁결에 똑같이 따라하고 말았다. 그와 함께 나는 그 단순한 인사말이 왜 그렇게 깊은 울림으로 온몸을 떨리게 하는지 형언할 수 없는 감동에 휩싸였다. ⓐ 개양귀비 꽃밭이 수런거리고, 숲 속의 들고양이들이 귀를 쫑긋거리고, 커다란 까마귀들이 전나무 가지를 치고 날았으며, 사막쥐들이 이리 뛰고 저리 뛰고, 돌소금이 하얗게 깔린 사막으로 큰바람이 이는 광경이 눈에 어른거렸다. 천산에서 빙하가 우르르르 무너지는 소리가 들린다고도 생각되었다.

나는 호수 건너 눈 덮인 천산을 바라보았다. '그러나'라고 미진했던 마음이 그녀의 "안녕하십니까"에 눈 녹듯 스러지는 듯 싶었다. 건너편의 천산이 내게 "안녕하십니까"의 새로운 의미를 배워주고 있다고 받아들여졌다. **멀리 동방의 조상 나라**를 동경하며 하얀 배를 그리는 모습이 거기 있음을 알 수 있었다.

전체 줄거리

'나'는 새로 이사 온 거처의 축대에 심겨진 사이프러스나무를 보고 과거 여행의 기억을 떠올리게 된다. '나'는 카자흐스탄의 한국 교육원으로부터, 조선족 소년이 할아버지의 고향 땅에 가보기를 원하며 '안녕하십니까'라는 한국말을 혼자 연습한다는 내용의 '말 배우는 아이'라는 한 편의 글을 알게 된다. '나'는 글의 주인공 소년이 그 글을 쓴 문 류다와 동일 인물일 것이라 추측하고, 중앙아시아로 가서 그를 만나고 싶다고 생각한다. 카자흐스탄에 도착한 '나'는 류다가 여자임을 알게 되고, 그녀가 조선족 청년과 결혼하고 싶은 소박한 꿈조차 이루지 못하고 살 길을 찾아 더 깊은 오지인 키르기스스탄으로 이주했다는 소식을 듣는다. 안내를 맡은 조선족 청년들과 함께 키르기스스탄으로 이동하면서, '나'는 평생 초원을 벗어나지 못하는 삶을 사는 중앙아시아 유목민들의 염원이 반영되어 있다는 이식쿨 호수와 관련된 전설을 듣고 이 호수를 직접 보고 싶다는 생각에 휩싸인다. 갖은 고초를 겪은 끝에 이식쿨 호수를 보고 떠나려는 찰나, '나'는 류다를 만나게 되고 그녀의 '안녕하십니까'라는 인사말에 큰 감동을 받는다.

여로형 소설

등장인물이 머물러 있던 곳을 떠나 다른 곳으로 여행을 하는 내용이 서사 구조의 중심이 되는 소설

카자흐스탄 (우슈토베)	· 강제 이주된 고려인 동포들의 삶을 목격함. · 미하일로부터 류다가 이식쿨 호수 근처에 살고 있음을 듣게 됨.

↓

키르기스스탄 (이식쿨 호수)	'말 배우는 아이'의 저자 류다를 만나게 됨.

'하얀 배'의 의미

표면적 의미
· 키르기스스탄의 소설가 칭기스 아이트마토프의 소설 제목 · 부모의 이혼으로 고향을 떠나 할아버지와 살게 된 소년이 호숫가의 하얀 배를 보고 커다란 물고기가 되어 배를 따라가고 싶어 한다는 내용

상징적 의미
· 류다: 조국에 대한 동경 · '나': 류다를 통해 느낀 감동을 표현하는 소재 → 외부 세계에 대한 동경과 구제의 표상

이식쿨 호수	위는 민물, 아래는 짠물 → 고려인 3세
사이프러스나무	본래 중앙아시아에는 없는 나무 → 이방인

'나'와 류다와의 만남

류다의 행동
'나'와의 첫만남에서 '안녕하십니까'라고 우리말로 인사함.

'나'의 감상
익숙하게 여겨 왔던 평범한 인사말이 누군가에는 간절한 그리움과 동경의 대상임을 깨닫게 됨.

↓

'나'와 류다의 만남은 '나'가 민족어로서 우리말의 소중한 가치를 인식하는 계기가 됨.

그녀가 그 그늘에 서 있던 나무가 바로 러시아말로 '키파리스'인 사이프러스였다. 스타니슬라브는 그 나무가 본래 중앙아시아에는 없는 나무로서 그루지야에나 가야 많다고 설명해 주었다. 아마도 유원지가 북적거리던 시절, 무슨 기념으로 심은 나무일 것이라고도 했다.

그날 그녀를 만나서 이야기를 나눈 시간은 매우 짧을 수밖에 없었다. 우리는 곧 알마아타로 돌아가야 했고, 또 내가 그녀와 오랫동안 함께 있어야 할 이유도 특별히 없는 것이었다. 그러나 나는 그 어느 때보다도 많은 느낌을 받았다.

ⓑ 키르기스스탄의 사이프러스나무 아래 우리 민족의 말인 "안녕하십니까"의 의미를 전혀 새롭게 말하는 처녀가 있었다. 나는 돌아오는 차 안에서도 내내 그 모습이 머리에서 떠나지를 않았다. 그리고 그 나무 아래서 호수를 바라보았을 때 물에 비치던 하얀 만년설의 산봉우리를 눈에 그렸다. 그리고 그것이 바로 하얀 배의 또 다른 모습이라고 깨달은 나는 입속으로 가만히 "안녕하십니까"를 되뇌었다.

– 윤후명, 〈하얀 배〉 –

■ 문제풀이 맥 ■

01

작품의 세부 내용을 이해하는 문제이다. 우선 작품을 전체적으로 이해한 뒤 서술자를 중심으로 각 기호에 대한 설명이 적절한지 파악해야 한다. 윗글의 시점은 1인칭 주인공 시점이므로 사건이 전개됨에 따라 '나'의 행동과 심리가 어떻게 변화하는지 인지해야 한다.

01

㉠~㉤에 대한 이해로 적절하지 않은 것은?

① ㉠: 이식쿨 호수와 관련된 이야기를 듣고 흥미를 느끼고 있음이 드러난다.

② ㉡: 이식쿨 호수에 가고 싶어 하는 간절한 마음을 확인할 수 있다.

③ ㉢: 계획에 없었던 새로운 여정에 대한 기대감과 설렘이 나타난다.

④ ㉣: 이식쿨 호수만을 생각하며 달려왔던 것을 반성하는 마음이 드러난다.

⑤ ㉤: 놀라움에 자신도 생각지 못한 반응이 나타났음을 확인할 수 있다.

02

ⓐ와 ⓑ에 대한 설명으로 가장 적절한 것은?

① ⓐ는 상상 속 장면을 활용하여, ⓑ는 과거 회상을 활용하여 인물의 내면 상황을 드러내고 있다.

② ⓐ는 내적 독백을 사용하여, ⓑ는 구어체를 사용하여 인물 사이의 대립 양상을 제시하고 있다.

③ ⓐ는 전해 들은 이야기를 통해, ⓑ는 직접 경험한 사건을 통해 인물의 성격을 구체적으로 보여 주고 있다.

④ ⓐ는 외부 세계를 묘사하여, ⓑ는 인물 간의 대화를 서술하여 인물이 처한 상황을 객관적으로 전달하고 있다.

⑤ ⓐ는 앞으로 일어날 일들을 제시하여, ⓑ는 이전에 일어난 일들을 제시하여 인물의 심리 변화 과정을 나타내고 있다.

장면의 특성을 분석하는 문제이다. 내용적 측면뿐 아니라 서술상의 특징도 파악하고 있어야 한다. ⓐ, ⓑ 모두 '나'의 서술로, ⓐ는 류다를 만난 '나'의 상황을, ⓑ는 류다와 만났던 과거의 상황을 서술하고 있다.

03

<보기>를 바탕으로 윗글을 감상한 내용으로 적절하지 <u>않은</u> 것은?

보기

　　이 작품에서 '하얀 배'는 외부 세계에 대한 동경을 상징하는 것으로, 중앙아시아 동포들의 고국에 대한 그리움을 서정적으로 드러내는 기능을 한다. '나'는 하얀 배를 그리는 소년과 류다를 연결지어 이해하면서, 류다를 포함한 중앙아시아 동포들이 시련이 연속되는 삶 속에서도 언어를 통해 민족의 정체성을 잃지 않으려는 모습에 주목한다.

① '호수 밑에 옛날 도시'는 소년이 '하얀 배'를 타고 가고자 하는 동경의 공간으로 '나'가 지향하는 곳이군.

② 미하일이 '우리말을 꽤 정확하게 구사하'는 것은 민족의 정체성을 잃지 않으려는 동포들의 모습으로 볼 수 있군.

③ '광야에 파놓은 갈대 움막집의 흔적'은 중앙아시아 동포들이 겪었던 시련을 증명하는 것이겠군.

④ '나'는 류다의 '너무나 또렷한 우리말'에서 동포들의 고국에 대한 그리움을 읽어 내고 있군.

⑤ '나'는 '멀리 동방의 조상 나라'를 꿈꾸는 류다와 '배를 따라가기를 꿈꾸는' 소년을 연관지었군.

외적 준거에 따라 작품을 감상하는 문제이다. <보기>는 중앙아시아 동포들의 고국에 대한 그리움과, 민족적 정체성을 잃지 않으려는 모습을 작품의 내용과 연관지어 설명하고 있다. 따라서 이러한 내용을 바탕으로 작품의 내용을 명확하게 이해한 뒤, 선택지의 설명이 적절한지 파악해야 한다.

6일간 학습

Day	공부 시작 시간	공부 종료 시간	틀린 문항 수	틀린 유형
Day 1	시 분 초	시 분 초		
Day 2	시 분 초	시 분 초		
Day 3	시 분 초	시 분 초		
Day 4	시 분 초	시 분 초		
Day 5	시 분 초	시 분 초		
Day 6	시 분 초	시 분 초		

1 일별로 계획에 맞춰 공부하기

하루에 기출 하나씩 매일 꾸준히 공부하는 것이 최선의 방법이다.

2 시작 시간과 종료 시간 체크하기

스스로 시간 제한을 두고 문제를 푸는 것이 실전 대비에 효과적이다.

3 틀린 문항과 유형 분석하기

틀린 문제는 또 틀릴 수 있다. 특정 문항과 유형에서 많이 틀렸다면, 그 이유를 분석해야 한다.

4 보충 학습하기

스스로 점검하기를 통해 자신의 취약한 유형을 확인하고, SLS를 통해 부족한 부분을 보충 학습한다.

번호	Day 1						Day 2						Day 3					
	1	2	3	4	5	6	1	2	3	4	5	6	1	2	3	4	5	6
정답률	86%	87%	55%				72%	78%	67%	63%	78%		81%	80%	87%	69%	93%	
채점																		

번호	Day 4						Day 5						Day 6					
	1	2	3	4	5	6	1	2	3	4	5	6	1	2	3	4	5	6
정답률	64%	75%	62%	60%	91%		84%	72%	59%	80%	76%		85%	85%	42%			
채점																		

결과	틀린 문항에는 ✕표시, 찍어서 막혔거나 헷갈렸던 문항에는 △표시, 맞춘 문항에는 ○표시
	채점 결과 : 맞은 문항 수 26개중 ☐개

나의 예상 등급은?

등급

1등급
23~26개

2등급
21~22개

3등급
19~20개

4

WEEK

1 Day 화법

화법과 작문   고1 2023년 6월

핵심정리

갈래
발표

제재
매장 문화재

화제
매장 문화재 발견 신고 제도

문단 중심 내용

❶ 발표 주제 소개
❷ 매장 문화재 개념 및 최근 문화재의 발견 양상
❸~❹ 매장 문화재 발견 신고 제도 절차 소개
❺ 매장 문화재 발견 시 주의 사항
❻ 매장 문화재 발견 신고의 의의 및 당부

매장 문화재

의미	땅속, 수중, 건조물 등에 묻혀 있던 유형의 문화재
'매장 문화재 발견 신고 제도'의 절차	① 7일 이내에 관할 지방 자치 단체나 경찰서에 신고 ② 신고를 받은 기관은 발견 신고서를 문화재청으로 제출 ③ 해당 물건의 소유자를 찾기 위해 90일간 공고 ④ 해당 물건이 문화재인지 확인하기 위한 예비 감정 평가 실시, 필요에 따라 발견 지역에 대한 현장 조사 진행 ⑤ 정당한 소유자가 나타나지 않을 경우 국가에 귀속

발표의 특징

• 시각 자료를 바탕으로 대상을 설명하고 있음.
• 발표 주제와 관련된 구체적 예시를 통해 청중의 이해를 돕고 있음.

※ 다음은 학생의 발표이다. 물음에 답하시오.

❶ (화면 1) 역사 동아리 친구들과 고분 답사를 갔다가 화면에서 보시는 도자기 조각 같은 것을 발견했습니다. 알고 보니 화단 장식물 파편이었는데, 만약 진짜 문화재라면 어떻게 행동해야 하는지 궁금했습니다. 혹시 여러분 중에 이런 경우에 어떻게 해야 하는지 아시는 분 있나요? (반응을 확인하고) 대부분 잘 모르시는 것 같군요. 자료 조사를 하면서 '매장 문화재 발견 신고 제도'가 마련되어 있음을 알게 되었는데, 저는 오늘 이에 대해 발표해 볼까 합니다.

❷ 땅속이나 수중, 건조물 등에 묻혀 있던 유형의 문화재를 매장 문화재라고 합니다. (화면 2) 일반적으로 이런 문화재는 화면과 같이 문화재청이나 학술 단체 등 전문 기관의 발굴 조사를 통해 세상에 나옵니다. 그런데 최근에는 매장 문화재의 발견 양상이 다양해졌고, 특히 일상생활이나 여가 활동 중에 문화재를 발견하는 경우가 늘고 있다고 합니다. (화면 3) 왼쪽에 보시는 것은 텃밭에서 농사를 짓다가 발견한 청동기 시대의 돌도끼, 오른쪽에 보시는 것은 등산 중에 발견한 백제의 기와입니다.

❸ (화면 4) 이런 현실을 반영해 만들어진 매장 문화재 발견 신고 제도의 절차를 화면으로 보고 계시는데요, 어떤 단계들이 있는지 함께 살펴봅시다. 우선 매장 문화재를 발견하게 되면 7일 이내에 관할 지방 자치 단체나 경찰서로 신고를 해야 합니다. 신고를 받은 기관은 발견 신고서를 문화재청으로 제출하고, 해당 물건의 소유자를 찾기 위해 90일간 공고를 해야 합니다. 다음으로 문화재청은 해당 물건이 문화재인지 확인하기 위해 예비 감정 평가를 실시하고, 필요에 따라 발견 지역에 대한 현장 조사도 진행합니다.

❹ 문화재로 판명되었는데도 정당한 소유자가 나타나지 않으면 국가에 귀속시켜 보관·관리하게 됩니다. 국가는 귀속된 문화재의 가치를 최종 감정하여 신고자에게 보상금을 지급하며, 이 신고로 인근에 발굴 조사가 이루어졌다면 포상금도 지급할 수 있습니다.

❺ (화면 5) 주의할 점도 정리해 보았는데요, 화면에 붉게 표시한 부분들에 특히 유의해야 합니다. 발견이란 우연한 기회에 드러난 문화재를 찾은 것을 말합니다. 따라서 땅속에 묻혀 있는 것을 일부러 파내어 신고하는 것은 범죄 행위인 도굴에 해당됩니다. 또한 발견하고도 신고하지 않는 경우에는 은닉죄 등이 적용되어 처벌을 받게 된다는 것도 기억해야 합니다.

❻ 매장 문화재 발견 신고는 소중한 문화재를 보호하는 데 힘이 됩니다. 그리고 무엇보다 일반 국민의 신고로 우리 문화재를 지키고 남길 수 있다는 데도 큰 의미가 있습니다. 여러분도 주변 사물들과 문화재에 더 많은 주의를 기울였으면 합니다. 끝까지 들어주셔서 감사합니다.

01

위 발표에 활용된 말하기 방식으로 적절하지 <u>않은</u> 것은?

① 발표 주제를 선정하게 된 동기를 밝히며 발표를 시작하고 있다.
② 발표 내용과 관련된 질문을 하여 청중의 관심을 유도하고 있다.
③ 구체적인 예를 활용하여 발표 내용을 효과적으로 전달하고 있다.
④ 발표 주제와 관련된 용어의 개념을 설명하여 청중의 이해를 돕고 있다.
⑤ 발표 내용을 친숙한 소재에 빗대어 표현하여 청중의 흥미를 유발하고 있다.

01

발표의 전략을 파악하는 문제이다. 이러한 문제는 발표의 내용을 전달하기 위해 어떤 방법을 사용했는지를 파악해야 한다. 발표자는 질문을 통해 청중과 상호 작용하며, 시각 자료를 통해 발표의 이해도를 높이고 있다.

02

위 발표에서 자료를 활용한 방식에 대한 설명으로 가장 적절한 것은?

① 자신이 발굴한 문화재를 소개하기 위해 '화면 1'에 발견한 것의 실물 사진을 제시하였다.
② 일반적으로 매장 문화재가 세상에 나오는 상황을 보여 주기 위해 '화면 2'에 문화재청의 발굴 조사 장면을 제시하였다.
③ 발견된 문화재의 시대적 층위를 부각하기 위해 '화면 3'에 고대와 근대의 문화재를 대비하여 제시하였다.
④ 제도를 세부적으로 파악할 수 있도록 하기 위해 '화면 4'에 감정 평가의 세부 단계들을 정리하여 제시하였다.
⑤ 주의할 점을 부각하여 전하기 위해 '화면 5'에 제도 운영의 핵심 취지 부분에 강조 표시를 해서 제시하였다.

02

자료 활용의 적절성을 파악하는 문제이다. 자료 활용 문제는 지문에서 자료가 어떤 맥락에 쓰였는지를 파악해야 한다.

화면 1	발표자가 자료 조사를 하게 된 계기 설명
화면 2	매장 문화재를 발굴하는 단체 소개
화면 3	최근의 문화재의 발견 양상 설명
화면 4	매장 문화재 발견 신고 제도 절차 설명
화면 5	매장 문화재 발견 시 주의사항 설명

03

위 발표를 들은 학생이 <보기>와 같이 반응했다고 할 때, 이에 대한 설명으로 가장 적절한 것은?

보기

할아버지 친구분께서 집을 새로 짓다가 비석을 발견해서 신고하셨는데 신라 시대 문화재로 밝혀졌다는 이야기를 들었던 게 떠올랐어. 이 비석이 어떤 절차를 밟아 문화재로 인정을 받게 되었는지 이전부터 궁금했는데, 알게 되어 유익했어. 수중에도 매장 문화재가 있다고 했는데, 구체적인 사례를 발표에서 다루지 않은 점은 아쉬웠어.

① 자신이 직접 당사자가 되었던 경험과 관련지어 발표 내용에 공감하고 있군.
② 발표를 듣기 전에 지니고 있었던 의문을 발표 내용을 통해 해소하고 있군.
③ 발표의 내용을 구조적으로 파악하여 전체 내용을 간략하게 정리하고 있군.
④ 발표의 내용이 발표 목적에 부합하고 있는지를 객관적으로 분석하고 있군.
⑤ 발표 내용 중에서 사실과 다른 부분을 판단하며 비판적으로 평가하고 있군.

03

청중의 반응을 분석하는 문제이다. 발표가 끝난 뒤 발표 내용에 대한 청중의 반응을 확인하는 문제는 발표의 내용을 전체적으로 이해하고 있어야 한다. <보기>의 '학생'은 자신이 경험했던 사실을 떠올리며, 문화재로 인정을 받게 된 과정을 알게 되었다고 반응하고 있다. 또한 발표에 구체적으로 제시되지 않은 정보에 대해 아쉬움을 드러내고 있다.

핵심정리

용언

개념	주로 서술어 역할을 하면서 문장에서 주체의 동작이나 상태 등을 설명
종류	동사, 형용사

용언의 활용

활용	문장에서 쓰일 때 쓰임에 따라 형태가 달라지는 것
어간	용언이 활용할 때 형태가 변하지 않는 부분 예 '먹다' → '먹-'+'-고' → '먹고' '먹-'+'-어' → '먹어'
어미	용언이 활용할 때 형태가 변하는 부분 예 '먹다' → '먹-'+'-고' → '먹고' '먹-'+'-어' → '먹어'

용언의 탈락

ㄹ 탈락	어간 말음 'ㄹ'이 'ㄴ', 'ㅂ', 'ㅅ', -오', '-(으)ㄹ' 앞에서 탈락하는 현상 예 '놀다' → '놀-'+'-는' → '노는' '놀-'+'-니' → '노니'
― 탈락	용언의 어간 끝소리 'ㅡ'가 모음으로 시작하는 어미 앞에서 탈락하는 현상 예 '크다' → '크-'+'-어서' → '커서' '나쁘다' → '나쁘-'+'-아서' → '나빠서'

어미의 종류

※ [01~02] 다음 글을 읽고 물음에 답하시오.

용언은 문장에서 다양한 형태로 활용하면서 주로 서술어의 역할을 하는 단어로, 동사와 형용사가 있다. 용언이 활용할 때 형태가 변하지 않는 부분을 어간이라고 하고, 형태가 변하는 부분을 어미라고 한다.

어간이나 어미는 문장에서 홀로 쓰일 수 없고, 어간 뒤에 어미가 결합하여 용언을 이룬다. 가령 '먹다'는 어간 '먹-'의 뒤에 어미 '-고', '-어'가 각각 결합하여 '먹고', '먹어'와 같이 활용한다. 그런데 일부 용언에서는 활용할 때 어간의 일부가 탈락하기도 한다. '노는'은 어간 '놀-'과 어미 '-는'이 결합하면서 'ㄹ'이 탈락한 경우이고, '커'는 어간 '크-'와 어미 '-어'가 결합하면서 'ㅡ'가 탈락한 경우이다.

어미는 크게 어말 어미와 선어말 어미로 구분된다. 어말 어미는 단어의 끝에 오는 어미이며, 선어말 어미는 어말 어미 앞에 오는 어미이다. '가다'의 활용형인 '가신다', '가겠고', '가셨던'을 어간, 선어말 어미, 어말 어미로 분석하면 아래와 같다.

활용형	어간	어미	
		선어말 어미	어말 어미
가신다	가-	-시-	-ㄴ-	-다
가겠고			-겠-	-고
가셨던		-시-	-었-	-던

어말 어미는 기능에 따라 종결 어미, 연결 어미, 전성 어미로 구분된다. 종결 어미는 '가신다'의 '-다'와 같이 문장을 종결하는 어미이고, 연결 어미는 '가겠고'의 '-고'와 같이 앞뒤의 말을 연결하는 어미이다. 그리고 전성 어미는 '가셨던'의 '-던'과 같이 용언이 다른 품사처럼 쓰이게 하는 어미이다. '-던'이나 '-(으)ㄴ', '-는', '-(으)ㄹ' 등은 용언이 관형사처럼, '-게', '-도록' 등은 용언이 부사처럼, '-(으)ㅁ', '-기' 등은 용언이 명사처럼 쓰이게 한다.

선어말 어미는 높임이나 시제 등을 나타낼 때 쓰인다. 활용할 때 어말 어미처럼 반드시 나타나지는 않지만, 한 용언에서 서로 다른 선어말 어미가 동시에 쓰이기도 한다. 위에서 '가신다', '가셨던'의 '-시-'는 높임을 나타내는 선어말 어미로, 문장의 주체를 높이는 기능을 한다. 그리고 '가신다', '가겠고', '가셨던'의 '-ㄴ-', '-겠-', '-었-'은 시제를 나타내는 선어말 어미로, 각각 현재, 미래, 과거 시제를 나타내는 기능을 한다.

01

윗글을 통해 알 수 있는 내용으로 적절한 것은?

① 용언은 어간의 앞뒤에 어미가 결합한 단어이다.

② 어간은 단독으로 쓰여 하나의 용언을 이룰 수 있다.

③ 어미는 용언이 활용할 때 형태가 유지되는 부분이다.

④ 어말 어미는 용언이 활용할 때 나타나지 않을 수 있다.

⑤ 선어말 어미는 한 용언에 두 개가 동시에 쓰일 수 있다.

01

용언의 어간, 어미의 특징을 이해하는 문제이다. 이러한 문제는 용언의 특징을 정확히 알고 있어야 한다. 용언은 문장의 주어를 서술하는 서술어의 역할을 하며 어간과 어미로 이루어져 있다. 어간은 기본형에서 '-다'를 제외한 나머지 부분에 해당하고, 어미는 어간의 뒤에 붙어 활용되는 부분에 해당한다. 이때 어미는 용언의 끝자리에 쓰이는 어말 어미와 어말 어미 앞에 쓰이는 선어말 어미로 나눌 수 있다.

예 사과를 먹었다.

어간 ← 선어말 어미 → 어말 어미

02

윗글을 바탕으로 <보기>의 ㄱ~ㅁ의 밑줄 친 부분을 탐구한 내용으로 적절하지 않은 것은?

> **보기**
>
> ㄱ. 너도 그를 <u>아니</u>?
> ㄴ. 사과가 <u>맛있구나</u>!
> ㄷ. 산은 <u>높고</u> 강은 깊다.
> ㄹ. 아침에 <u>뜨는</u> 해를 봐.
> ㅁ. 그녀는 과자를 <u>먹었다</u>.

① ㄱ: 어간 '알-'에 어미 '-니'가 결합하면서 'ㄹ'이 탈락하였다.

② ㄴ: 어간 '맛있-'에 종결 어미 '-구나'가 결합하여 문장을 종결하고 있다.

③ ㄷ: 어간 '높-'에 연결 어미 '-고'가 결합하여 앞뒤의 말을 연결하고 있다.

④ ㄹ: 어간 '뜨-'에 전성 어미 '-는'이 결합하면서 용언이 부사처럼 쓰이고 있다.

⑤ ㅁ: 어간 '먹-'과 어말 어미 '-다' 사이에 선어말 어미 '-었-'이 결합하여 과거 시제를 나타내고 있다.

02

용언의 어간, 어미의 종류와 결합 양상을 이해하는 문제이다. 일부 용언은 활용할 때 어간의 일부가 탈락하기도 한다. 어간과 결합하는 어미는 위치에 따라 어말 어미와 선어말 어미로 나눌 수 있는데, 어말 어미는 쓰임에 따라 종결 어미, 연결 어미, 전성 어미로 나눌 수 있다.

종결 어미	문장을 종결하는 어미
연결 어미	앞뒤의 말을 연결하는 어미
전성 어미	용언이 다른 품사처럼 쓰이게 하는 어미

WEEK 4

03

최소 대립쌍을 이해하는 문제이다. <보기>에 따르면, 특정 언어에서 어떤 소리가 음운인지 아닌지는 최소 대립쌍을 통해 확인할 수 있는데, 최소 대립쌍은 어떤 한 가지 음의 차이만으로 뜻이 변별되는 쌍을 의미한다. 예를 들어, '불'과 '물'은 서로 다른 음운인 'ㅂ'과 'ㅁ'에 의해 의미가 달라진다.

03

<보기>의 '학습 과제'를 바르게 수행하였다고 할 때, ㉠에 들어갈 단어로 적절한 것은?

보기

[학습 자료]

음운은 단어의 뜻을 구별해 주는 소리의 가장 작은 단위이다. 특정 언어에서 어떤 소리가 음운인지 아닌지는 최소 대립쌍을 통해 확인할 수 있다. 최소 대립쌍이란, 다른 모든 소리는 같고 단 하나의 소리 차이로 의미가 구별되는 단어의 쌍을 말한다. 예를 들어, 최소 대립쌍 '감'과 '잠'은 [ㄱ]과 [ㅈ]의 차이로 인해 의미가 구별되므로 'ㄱ'과 'ㅈ'은 서로 다른 음운이다.

[학습 과제]

앞사람이 말한 단어와 최소 대립쌍인 단어를 말해 보자.

① 꿀   ② 답   ③ 둘   ④ 말   ⑤ 풀

04

방향 반의어의 의미를 파악하는 문제이다. 방향 반의어란 '위-아래', '앞-뒤'와 같이 방향상 대립하는 반의어를 의미한다. <보기>에서는 방향 반의어가 문맥에 따라 추가적인 의미를 가질 수 있다고 설명하고 있으므로, 이를 유의하여 문제를 해결해야 한다.

04

밑줄 친 부분이 <보기>의 ㉠, ㉡에 해당하는 예로 적절하지 않은 것은?

보기

'위-아래'나 '앞-뒤'는 방향상 대립하는 반의어이다. '위-아래'나 '앞-뒤'가 단독으로 쓰이거나 다른 단어와 결합해서 쓰일 때, 문맥에 따라서 ㉠ '위'나 '앞'이 '우월함'의 의미를, ㉡ '아래'나 '뒤'가 '열등함'의 의미를 갖거나 강화하기도 한다.

① ㉠: 그가 머리 쓰는 게 너보다 한 수 위다.
② ㉠: 이 회사의 기술 수준은 다른 곳에 앞선다.
③ ㉡: 이번 행사는 치밀한 계획 아래 진행되었다.
④ ㉡: 그녀는 남에게 뒤떨어지지 않고자 노력했다.
⑤ ㉡: 우리 팀의 승률이 조금씩 뒷걸음질 치고 있다.

05

다음 '탐구 학습지' 활동의 결과로 적절하지 <u>않은</u> 것은?

[탐구 학습지]

1. 문장의 중의성
  ◦ 하나의 문장이 둘 이상의 의미로 해석되는 것

2. 중의성 해소 방법
  ◦ 어순 변경, 쉼표나 조사 추가, 상황 설명 추가 등

3. 중의성 해소하기
- 과제: 빈칸에 적절한 말 넣기
  ㄱ. (조사 추가) ·· a
  ◦ 중의적 문장: 관객들이 다 도착하지 않았다.
  ◦ 전달 의도: (관객 중 일부가 도착하지 않음.) ··········· b
  ◦ 수정 문장: 관객들이 다는 도착하지 않았다.

  ㄴ. (어순 변경) ·· c
  ◦ 중의적 문장: 우리는 어제 전학 온 친구와 만났다.
  ◦ 전달 의도: (전학 온 친구와 만난 때가 어제임.) ········ d
  ◦ 수정 문장: 우리는 전학 온 친구와 어제 만났다.

  ㄷ. 상황 설명 추가
  ◦ 중의적 문장: 민우는 나와 윤서를 불렀다.
  ◦ 전달 의도: '나와 윤서'를 부른 사람이 '민우'임.
  ◦ 수정 문장: (민우는 나와 둘이서 윤서를 불렀다.) ········· e
  ⋮

① a   ② b   ③ c   ④ d   ⑤ e

05

문장의 중의성을 이해하는 문제이다. 문장의 중의성이란 문장의 의미가 두 가지 이상으로 해석되는 문장 표현을 말한다. 중의성은 보통 네 가지의 양상을 보인다.

수식 범위에 따른 중의성	수식하는 말이 수식을 받는 말과 너무 떨어져 있어 수식의 모호성이 발생 예 예쁜 친구의 동생을 보았다.
부정 표현의 수식 범위에 따른 중의성	부정 표현이 수식하는 범위가 명확하지 못하여 발생 예 사촌들이 다 오지 않았다.
비교 대상의 모호성에 따른 중의성	비교 대상이 명확하지 않아 발생 예 나는 오빠보다 야구를 좋아한다.
병렬의 접속 조사 사용에 따른 중의성	병렬을 나타내는 접속 조사 '와/과'로 인한 중의성 발생 예 나는 물과 우유 두 병을 샀다.

WEEK 4

101

핵심정리

문단 중심 내용

❶ 보통 침전 방식과 약품 침전 방식
❷ 물의 탁도를 높이는 콜로이드 입자의 안정성
❸ 약품 침전 방식에서 물의 탁도를 낮추기 위해 쓰이는 응집제
❹ 약품 침전 방식에서 물의 탁도를 낮추는 과정 ① - 전기적 중화 작용
❺ 약품 침전 방식에서 물의 탁도를 낮추는 과정 ② - 가교 작용
❻ 약품 침전 방식에서 물의 탁도를 낮추는 과정 ③ - 체 거름 현상

침전 방식의 종류

목적	부유하는 오염 물질을 가라앉혀 물의 탁도를 제거하는 것
보통 침전 방식	다른 물질과의 상호 작용 없이 중력만으로 가라앉히는 방식
약품 침전 방식	화학 약품을 이용하여 입자들을 응집시켜 가라앉히는 방식

콜로이드 입자

음(-) 전하를 띠고 있음.

전기적 반발력의 영향을 받음.

일정 거리 이하로 입자들의 거리가 좁혀지지 않음.

물속에서 균일하게 분산되어 안정성을 가지고 부유하게 됨.

물의 탁도를 높임.

약품 침전 방식

전기적 중화 작용	응집제 주입 → 양(+) 전하의 금속 화합물 형성 → 콜로이드 입자와 결합 → 콜로이드 입자 간 전기적 반발력 감소 → 서로 응집하여 침전이 가능한 작은 플록 형성

※ 다음 글을 읽고 물음에 답하시오.

❶ 오염된 물을 사용 목적에 맞게 정화하는 정수 처리 기술에서 침전 과정은 부유하는 오염 물질을 가라앉혀 물의 탁도를 제거하는 것을 목적으로 한다. 부유물이 물보다 비중이 큰 경우, 다른 물질과의 상호 작용 없이 중력만으로 가라앉힐 수 있는데 이를 '보통 침전 방식'이라고 한다. 하지만 중력만으로 침전시키기 어려운 콜로이드 입자와 같은 물질들은 화학 약품을 이용하여 입자들을 응집시켜 가라앉히는 방식을 사용하는데 이를 '약품 침전 방식'이라고 한다.

❷ 일반적으로 미세한 입자들은 입자 간의 거리가 일정 거리 이하로 좁혀지면 서로를 끌어당기는 ㉠ 반데르발스 힘의 영향을 받아 응집하게 된다. 하지만 물속에서 부유하는 미세한 콜로이드 입자들은 수산화 이온과의 결합 등으로 인해 음(-) 전하를 띠고 있어 서로를 밀어내는 ㉡ 전기적 반발력의 영향을 받기 때문에 일정 거리 이하로 입자들의 거리가 좁혀지지 않는다. 그 결과 콜로이드 입자들은 물속에서 균일하게 분산되어 안정성을 가지고 부유하게 된다. 이런 입자의 안정성은 물의 탁도를 높이는 주요한 원인이 된다.

❸ 약품 침전 방식에서는 응집제를 주입하여 전기적 중화 작용과 가교 작용을 통해 콜로이드 입자의 영향으로 발생한 물의 탁도를 낮추는 과정을 거치게 된다. 이때 사용된 응집제는 보편적으로 알루미늄염과 철염 등의 양이온계 응집제로 이들은 물과 화학 반응을 하면서 단계적으로 다양한 종류의 화합물을 형성하게 된다.

❹ 우선 전기적 중화 작용에서는 탁도가 높은 물에 주입된 응집제가 물과 화학 반응을 거쳐 양(+) 전하의 금속 화합물을 형성하고, 이 화합물이 음(-) 전하를 띤 콜로이드 입자와 결합하면 콜로이드 입자 간 전기적 반발력이 감소하게 된다. 그 결과 콜로이드 입자들이 불안정화되고 물 분자 운동이나 물의 흐름에 의해 움직이다가 반데르발스 힘이 작용할 정도로 가까워지게 되면 서로 응집하여 침전이 가능한 작은 플록을 형성하게 된다. 이러한 전기적 중화 작용은 응집제 주입 후 극히 단시간 안에 이루어지기 때문에 콜로이드 입자와 금속 화합물이 빠르게 결합하여 반응하게 하기 위해 물을 빠르게 젓는 급속 교반을 해야 한다.

❺ 다음으로 가교 작용에서는 전기적 중화 작용에서 형성된 작은 플록을 더 크게 만든다. 침전 속도를 높이기 위해서는 플록의 크기가 더 커져야 하는데, 반데르발스 힘만으로는 플록의 크기를 키우는 데 한계가 있기 때문이다. 응집제의 주입으로 형성된 화합물 중 긴 사슬 형태의 고분자 화합물은 플록과 플록을 연결하는 일종의 가교 역할을 하게 된다. 이런 작용을 통해 연결된 여러 플록들은 하나의 큰 플록이 되어 중력의 영향을 받아 빠르게 침전한다. 이러한 가교 작용 과정에서는 침전에 용이한 큰 플록을 만들기 위해 플록이 다른 플록과 연결될 때 접촉 시간을 늘려 주고, 연

결이 깨지지 않도록 물을 천천히 저어 주어야 한다. 이를 완속 교반이라고 한다.

❻ 한편, 이와 같은 과정을 거쳐 탁도가 낮아진 물에, 전기적 중화 작용과 가교 작용에서 반응하지 못한 응집제가 많이 남아 있게 되면 전기적으로 중화되었던 콜로이드 입자들이 오히려 양(+) 전하를 띠게 된다. 이를 전하 역전 현상이라고 한다. 이렇게 되면 콜로이드 입자들이 재안정화되면서 물의 탁도는 다시 높아진다. 이 상태에서 여분의 응집제는 물과 화학 반응을 통해 최종적으로 침전성 금속 화합물을 형성하게 되고, 이 화합물은 마치 그물망처럼 콜로이드 입자들을 흡착하면서 가라앉는데 이를 체 거름 현상이라고 한다.

가교 작업	긴 사슬 형태의 고분자 화합물로 플록과 플록 연결 → 하나의 큰 플록 형성 → 중력의 영향을 받아 빠르게 침전
체 거름 현상	전하 역전 현상 발생 → 콜로이드 입자의 재안정화로 인한 탁도 상승 → 여분의 응집제가 침전성 금속 화합물 형성 → 화합물이 콜로이드 입자들을 흡착하면서 침전

01

윗글에서 알 수 있는 내용으로 적절하지 않은 것은?

① 급속 교반은 콜로이드 입자와 금속 화합물의 결합을 촉진한다.
② 약품 침전 방식은 콜로이드 입자의 응집을 위해 화학 약품을 이용한다.
③ 부유물의 비중이 물보다 큰 경우 중력만으로 부유물을 침전시킬 수 있다.
④ 물을 빠르게 저어 플록끼리 접촉할 시간을 늘리면 체 거름 현상이 나타난다.
⑤ 양이온계 응집제는 물과 화학 반응하여 다양한 종류의 화합물을 형성한다.

02

㉠, ㉡에 대한 이해로 가장 적절한 것은?

① ㉠은 입자가 일정 거리 안에서 서로를 밀어내는 힘이라고 할 수 있다.
② ㉠은 입자가 물속에서 균일하게 분산할 수 있게 해 주는 힘이라고 할 수 있다.
③ ㉡은 입자 간의 거리가 멀어지면 발생하는 힘이라고 할 수 있다.
④ ㉡은 입자가 띠고 있는 전하의 성질로 인해 작용하는 힘이라고 할 수 있다.
⑤ ㉠과 ㉡은 모두 입자가 이온과 결합할 때 형성되는 힘이라고 할 수 있다.

03

핵심 내용을 이해하는 문제이다. <보기>에서 응집제의 투입에 따른 물의 탁도 변화 그래프를 보면, ⓐ와 ⓑ 사이에서는 탁도가 낮아지고 ⓑ와 ⓒ 사이에서는 탁도가 높아졌다가 ⓒ 이후에는 다시 낮아지고 있다. 그래프의 구간 각각에서 일어나는 작용을 파악하고, 그 특징을 알아야 한다. 약품 침전 방식에서 물의 탁도를 낮추는 과정은 전기적 중화 작용, 가교 작용, 체 거름 현상으로 정리할 수 있다.

03

<보기>는 응집제의 투입에 따른 물의 탁도 변화를 설명하기 위한 그래프이다. 윗글을 읽은 학생들이 <보기>에 대해 보인 반응으로 적절하지 <u>않은</u> 것은?

보기

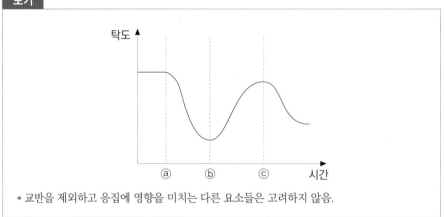

* 교반을 제외하고 응집에 영향을 미치는 다른 요소들은 고려하지 않음.

① ⓐ에서 주입된 응집제는 ⓐ와 ⓑ 사이에서 콜로이드 입자 간의 거리를 좁히는 작용을 하겠군.

② ⓐ와 ⓑ 사이에서 형성된 고분자 화합물은 플록과 플록을 연결하여 침전에 용이한 큰 플록을 만들겠군.

③ ⓐ와 ⓑ 사이에서 탁도가 급속하게 낮아진 것은 가교 작용으로 형성된 플록의 침전 속도가 높아졌기 때문이라고 할 수 있겠군.

④ ⓑ와 ⓒ 사이에서 탁도가 다시 높아진 것은 ⓐ에서 주입된 응집제가 전기적 중화 작용과 가교 작용에서 반응하지 못하고 남아 있는 것이 원인으로 작용했기 때문이겠군.

⑤ ⓒ 이후 탁도가 낮아지는 것은 ⓑ에서 형성된 긴 사슬 형태의 화합물이 콜로이드 입자들과 흡착하여 침전했기 때문이겠군.

04

세부 내용을 이해하는 문제이다. <보기>는 응집제의 주입에 따른 콜로이드 입자의 변화를 정리한 글이다. 지문에서 '안정화/불안정화', '전하 역전/전기적 중화' 등의 핵심어를 찾으면 쉽게 풀 수 있다.

04

<보기>는 윗글을 읽은 학생이 정리한 내용의 일부이다. ㉮~㉰에 들어갈 말로 적절한 것은?

보기

오염된 물에 존재하는 콜로이드 입자는 수산화 이온과의 결합 등의 원인으로 (㉮)된 상태에서 부유한다. 응집제를 주입하면 (㉯)이/가 일어나고 콜로이드 입자는 (㉰)된다. 응집제를 과다하게 주입하면 (㉱)이/가 나타난다.

	㉮	㉯	㉰	㉱
①	안정화	전하 역전	불안정화	전기적 중화
②	불안정화	전기적 중화	안정화	전하 역전
③	안정화	전기적 중화	불안정화	전하 역전
④	불안정화	전하 역전	안정화	전기적 중화
⑤	안정화	전기적 중화	불안정화	전기적 중화

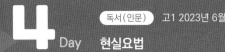

※ 다음 글을 읽고 물음에 답하시오.

❶ 상담 이론이자 상담 기법인 '현실요법'에서는 인간의 다섯 가지 기본 욕구를 제시하고 있다. 이 이론에서는 개인의 모든 행동은 기본 욕구를 충족시키기 위해서 그 자신이 선택하는 것이라 보았다. 만약 이러한 선택으로 문제가 발생한다면 다섯 가지 기본 욕구를 실현 가능한 수준으로 타협하고 조절해 새로운 선택을 할 필요가 있다고 ⓐ 제안했다.

❷ 다섯 가지 기본 욕구 중 첫째는 '생존의 욕구'로, 자신의 삶을 유지하려는 생물학적인 속성이다. 사회적 규칙이나 상식을 지키려는 욕구이며, 생존에 필요한 것을 아끼고 모으려는 욕구이기도 하다. 이 욕구가 강한 사람은 건강과 안전을 중시하는 편이다. 둘째는 '사랑의 욕구'로, 사랑하고 나누며 함께하고자 하는 욕구이다. 이 욕구가 강한 사람은 타인을 잘 돕고, 사랑을 주는 만큼 받는 것도 중요하게 여기기에 인간관계에서 힘들어하기도 한다. 셋째는 '힘의 욕구'로, 경쟁하여 성취하고 인정받고 싶어 하는 욕구이다. 이 욕구가 강한 사람은 직장에서의 성공과 명예를 중시하고 높은 사회적 지위에 ⓑ 도달하기 위해 노력한다. 또한 자기가 옳게 여기는 것에 대한 의지가 있어 자기주장이 강하며 타인에게 지시하는 일에 능하다. 넷째는 '자유의 욕구'로, 무언가에 얽매이지 않고 벗어나고 싶어 하는 욕구이다. 이 욕구가 강한 사람은 상대방을 구속하는 것, 자신을 구속시키는 것을 싫어한다. 그래서 상대방에게 대체로 관대하고, 혼자 하는 것을 좋아하며, 사람들과 적정한 거리를 유지하는 것을 편하게 여긴다. 다섯째는 '즐거움의 욕구'로, 새로운 것을 배우고 놀이를 통해 즐기고 싶어 하는 욕구이다. 이 욕구가 강한 사람은 취미 생활을 즐기며, 잘 웃고 긍정적 태도를 취한다. 또한 호기심이 많기에 배우는 것을 좋아한다.

❸ 현실요법에서는 이 다섯 가지 욕구들의 강도가 개인마다 달라 행동 양상이 다양하게 나타나고, 여러 가지 갈등을 겪을 수도 있다고 보았다. 현실요법은 우선 내담자*가 자신의 욕구를 들여다볼 수 있도록 한 다음, 약한 욕구를 북돋아 주거나 강한 욕구들 사이에서 타협과 조절을 하여 새로운 선택을 하도록 이끄는 단계를 밟는다. 예를 들어 사랑의 욕구가 강하고 힘의 욕구가 약한 사람이 타인의 부탁에 불편함을 느끼면서도 거절하지 못해 괴로워한다고 가정해 보자. 이 경우 현실요법에서는 ㉠힘의 욕구를 북돋아 자기주장을 표현할 수 있도록 도울 수 있다. 또 자유의 욕구와 힘의 욕구 모두가 강한 사람은 자신이 ⓒ 선호하는 것을 우선시하고 이것이 방해받으면 불편하며 주변 사람들과 갈등을 일으킬 수 있다. 이 경우 힘의 욕구를 조절하도록 이끌 수 있는데, 타인과의 사소한 의견 충돌 상황에서 자기주장을 강조하기보다는 타인의 마음을 헤아리고 그 의견을 ⓓ 겸허하게 수용하는 연습을 하게 할 수 있다.

🔊 **핵심정리**

문단 중심 내용

❶ 인간의 다섯 가지 기본 욕구를 제시하는 현실요법
❷ 다섯 가지 기본 욕구의 개념과 특징
❸ 현실요법의 적용 사례
❹ 심리 상담에서 활용되는 현실요법

다섯 가지 기본 욕구의 개념

생존의 욕구	사회적 규칙이나 상식을 지키고, 생존에 필요한 것을 아끼고 모으려는 욕구
사랑의 욕구	사랑하고 나누며 함께하고자 하는 욕구
힘의 욕구	경쟁하여 성취하고 인정받고 싶어 하는 욕구
자유의 욕구	무언가에 얽매이지 않고 벗어나고 싶어 하는 욕구
즐거움의 욕구	새로운 것을 배우고 놀이를 통해 즐기고 싶어 하는 욕구

해당 욕구가 강한 사람의 특징

생존의 욕구	건강과 안전을 중시함.
사랑의 욕구	• 타인을 잘 도움. • 인간관계에서 힘들어하기도 함.
힘의 욕구	• 직장에서의 성공과 명예를 중시함. • 높은 사회적 지위에 도달하기 위해 노력함. • 자기주장이 강하며 타인에게 지시하는 일에 능함.
자유의 욕구	• 상대방을 구속하는 것, 자신을 구속시키는 것을 싫어함. • 상대방에게 대체로 관대함. • 혼자 하는 것을 좋아함. • 사람들과 적정한 거리를 유지하는 것을 편하게 여김.
즐거움의 욕구	• 취미 생활을 즐김. • 잘 웃고 긍정적 태도를 취함. • 배우는 것을 좋아함.

WEEK 4

현실요법의 적용 사례

사랑의 욕구 ↑, 힘의 욕구 ↓
타인의 부탁에 불편함을 느끼면서도 거절하지 못함.

↓

힘의 욕구를 북돋아 자기주장을 표현할 수 있도록 도움.

자유의 욕구, 힘의 욕구 ↑
자신이 선호하는 것을 우선시하고 이것이 방해받으면 불편해함.

↓

힘의 욕구를 조절해 타인의 마음을 헤아리고 그 의견을 수용하는 연습을 하게 함.

④ 현실요법은 타인의 욕구 충족을 방해하지 않으면서 효과적인 선택을 통해 자신의 욕구를 충족시키려 한다. 이는 내담자가 외부 요인에 의해 통제되는 존재가 아니라 스스로 자신의 욕구를 조절할 수 있는 주체라고 보는 관점을 기반으로 한다. 현재 현실요법은 상담 분야에서 호응을 얻어 심리 상담에 널리 ⓔ 활용되고 있다.

* 내담자: 상담실 따위에 자발적으로 찾아와서 이야기하는 사람.

■ 문제풀이 맥 ■

01

내용 전개 방식을 파악하는 문제이다. 'A를 ~ 하고 B를 ~하고 있다.' 형식의 선택지에서는 A와 B 모두를 지문에서 찾을 수 있는지 파악해야 한다. 예를 들어, '특정 이론에 대한 평가를 제시하고 한계를 극복하기 위한 대안을 소개하고 있다.'라는 선택지가 있다면, '이론에 대한 평가'와 '한계를 극복하기 위한 대안'을 모두 지문에서 찾을 수 있는지 파악해야 한다.

02

세부 정보를 파악하는 문제이다. 지문은 현실요법과 현실요법에서 제시하는 욕구에 대한 것으로, 선택지의 내용을 하나하나 따져 가며 지문의 내용과 일치하는지 파악해야 한다.

03

사례와 연결지어 이해하는 문제이다. ㉠의 구체적인 방법으로는 사랑의 욕구가 강하고 힘의 욕구가 약한 사람의 힘의 욕구를 북돋아 자기주장을 표현할 수 있도록 도울 방법이 제시되어야 한다. 이러한 사람은 타인의 부탁에 불편함을 느끼면서도 거절하지 못해 괴로워한다고 하였으므로, 이 상황에 적절한 해결 방법을 제시하면 된다.

01

윗글에 대한 설명으로 가장 적절한 것은?

① 이론의 주요 개념을 밝히고 그 이론의 구체적 적용 사례를 들고 있다.
② 이론을 소개하고 장점을 밝힌 후 그 이론이 지닌 한계를 덧붙이고 있다.
③ 이론이 등장하게 된 사회적 배경과 이론이 발전하는 과정을 드러내고 있다.
④ 하나의 이론과 다른 관점의 이론을 대조하여 둘의 차이점을 부각하고 있다.
⑤ 이론의 주요 개념을 여러 유형으로 나눈 다음 추가할 새로운 유형을 소개하고 있다.

02

윗글의 내용과 일치하지 않는 것은?

① 약한 욕구를 강한 욕구로 대체해야 갈등에서 벗어날 수 있다.
② 개인이 지닌 욕구들의 강도에 따라 다양한 행동 양상이 나타난다.
③ 현실요법에서는 내담자는 외부 요인에 의해 통제되는 존재가 아니라고 본다.
④ 현실요법에 따르면 인간은 기본 욕구를 충족시키기 위해 스스로 행동을 선택한다.
⑤ 현실요법은 기본 욕구들을 실현 가능한 수준으로 타협하는 것이 가능하다고 본다.

03

㉠의 구체적인 방법으로 가장 적절한 것은?

① 자신과 다른 의견을 경청하는 연습을 하도록 이끈다.
② 부탁을 거절하거나 자신의 불편함을 표출하도록 이끈다.
③ 혼자 어디론가 떠나거나 혼자만의 시간을 갖도록 권한다.
④ 타인과 약속을 잘 지킬 수 있는 원칙을 만들도록 권한다.
⑤ 사람들과 어울려 새로운 취미 생활을 즐길 수 있도록 권한다.

04

윗글을 바탕으로 <보기>를 이해한 내용으로 적절하지 <u>않은</u> 것은?

보기

A, B 학생의 욕구 강도 프로파일

(5점: 매우 강하다, 4점: 강하다, 3점: 보통이다, 2점: 약하다, 1점: 매우 약하다)

다섯 가지 기본 욕구 측정 항목		욕구 강도	
		A	B
(가)	• 남의 지시와 잔소리를 싫어한다. • 자신의 방식대로 살고 싶다. ⋮	5	5
(나)	• 다른 사람의 잘못을 잘 짚어 준다. • 내 분야에서 최고가 되고 싶다. ⋮	4	1
(다)	• 친구를 위한 일에 기꺼이 시간을 낸다. • 친절을 베푸는 것을 좋아한다. ⋮	5	1
(라)	• 큰 소리로 웃는 것을 좋아한다. • 여가 활동으로 알찬 휴일을 보낸다. ⋮	1	3
(마)	• 균형 잡힌 식생활을 하려고 노력한다. • 저축을 중요하게 생각한다. ⋮	2	5

① A는 '즐거움의 욕구'보다 '힘의 욕구'가 더 강하다고 할 수 있겠군.

② B는 '힘의 욕구'가 '생존의 욕구'보다 더 약하다고 할 수 있겠군.

③ A는 B보다 '힘의 욕구'가 더 약하다고 할 수 있겠군.

④ A와 B는 모두 '자유의 욕구'가 매우 강하다고 할 수 있겠군.

⑤ A는 '사랑의 욕구'가 '즐거움의 욕구'보다 강하지만, B는 '즐거움의 욕구'가 '사랑의 욕구'보다 강하다고 할 수 있겠군.

구체적 사례에 적용하는 문제이다. <보기>의 A 학생은 (가)와 (다) 욕구가 높고 (라) 욕구가 낮은 반면, B 학생은 (가)와 (마) 욕구가 높고 (나)와 (다) 욕구가 낮다. 측정 항목을 통해 (가)~(마)가 현실요법에서 제시하는 다섯 가지 기본 욕구 중 어느 것에 해당하는지 파악하고 A, B 학생의 욕구 강도를 비교하면 된다.

05

ⓐ~ⓔ의 사전적 의미로 적절하지 <u>않은</u> 것은?

① ⓐ: 안이나 의견으로 내놓음.

② ⓑ: 사람이나 동식물 따위가 자라서 점점 커짐.

③ ⓒ: 여럿 가운데서 특별히 가려서 좋아함.

④ ⓓ: 스스로 자신을 낮추고 비우는 태도가 있음.

⑤ ⓔ: 충분히 잘 이용함.

단어의 사전적 의미를 파악하는 문제이다. 선택지에 제시된 단어의 의미를 지문에 넣어 읽어 보았을 때 문맥이나 의미가 변하지 않는지 확인하여 풀 수 있다.

5 Day

문학(현대시) 고1 2023년 9월

천수답 _ 박목월 / 민들레꽃 _ 이형기

시작시간 시 분 초 / 종료시간 시 분 초

온라인 문제풀이

정답 및 해설 | 50

핵심정리

가 박목월, 〈천수답〉

갈래

자유시, 서정시

성격

권고적, 토속적

제재

천수답

주제

바람직한 삶의 자세에 대한 성찰

특징

① 사투리를 활용하여 향토적 분위기를 조성함.
② 동일한 시어를 반복하여 시적 의미를 강조함.
③ 대화를 통해 시상을 전개하며 삶에 대한 달관적 태도를 드러냄.

해제

이 작품은 인간의 유한성에 대한 인식을 바탕으로, 열악한 농토를 하늘이 내린 축복의 땅이라 여기며 달관의 자세로 살아가려는 소신과 그에 대한 지지가 드러난다.

구성

1연	뚝심 있고 부지런하게 살아가는 삶
2연	소신 있게 살아가는 삶에 대한 지지
3연	인간의 유한성에 대한 인식을 바탕으로 욕심 없이 제 길 따라 살아가는 삶
4연	주어진 대로 열심히 살아가려는 태도에 대한 지지

작품의 구조

1연, 3연	'어메야, ~' → 삶에 대한 달관의 태도
2연, 4연	'내 새끼야, ~' → 소신 있게 살아가는 자식에 대한 지지

↓

어머니와 자식의 대화를 통한 시상 전개

※ 다음 글을 읽고 물음에 답하시오.

가

어메야,
복(福)이 따로 있나.
뚝심 세고
부지런하면 사는거지,
하늘이 물을 대는 **천수답(天水畓)***
그 논의 벼이삭.

니 말이 정말이데,
엄첩구나*
내 새끼야,
팔자가 따로 있나
본심 가지고
부지런하면 사는거지.

어메야,
누군 한 평생
만년을 사나.
허둥거리지 않고
제 길로 가면 그만이지.

오냐,
내 새끼야,
니 말이 엄첩구나.
잘 살고 못 살고가 어딨노.
제 길 가면 그만이지.
수런거리는 감잎 사이로
별떨기 빛나는 밤하늘.
그 하늘의 깊이.

– 박목월, 〈천수답(天水畓)〉 –

* 천수답: 빗물에 의하여서만 벼를 심어 재배할 수 있는 논.
* 엄첩구나: '대견하구나'의 경상도 방언.

나

쬐그만 것이
노랗게 노랗게   ┐
                                  ├ [A]
전력을 다해 샛노랗게 피어 있다   ┘

아무 곳도 넘보지 않는다   ┐
다만 혼자   │
                                  ├ [B]
주어진 한계 그 안에서 아슬아슬   │
한치의 틈도 없이 끝까지   ┘

바위 새를 비집거나 잡초 속이거나   ┐
씨 뿌려진 그 자리가 바로 내 자리   ├ [C]
터를 잡고   ┘

물을 길어 올리는 실뿌리   ┐
어둠을 힘껏 밀어내는 떡잎   │
                                  ├ [D]
그리고 그것들이 한데 어울려   │
열심히 열심히 한 댓새   ┘

세상에 그밖에는 할 일이 없어서   ┐
아주 노랗게 노랗게만 피는 꽃   ├ [E]
피어선 질 수밖에 없는 꽃   ┘

쬐그만 것이지만 **그 크기**는
어떤 자로서도 잴 수 없다
아 민들레!
그래봤자
혼자 가는 자의 **헛된 꿈**
하지만 헛되어도 좋은 꿈 아니냐
한 **댓새를 짐짓 영원인 양**하고
보라 저기 민들레는 피어 있다

- 이형기, 〈민들레꽃〉 -

WEEK 4

01

01

작품 간의 공통점을 파악하는 문제이다. 이 문제에서는 표현상의 특징을 중심으로 두 작품의 공통점을 찾아낼 것을 요구하고 있다. 따라서 선택지에 제시되어 있는 표현법이 (가)와 (나)에 모두 나타나는지를 찾으면 된다.

(가)와 (나)의 공통점으로 가장 적절한 것은?

① 동일한 시어를 반복하여 시적 의미를 강조하고 있다.
② 공감각적 이미지를 통해 대상의 속성을 나타내고 있다.
③ 명령형 어조를 활용하여 화자의 정서를 부각하고 있다.
④ 음성 상징어를 활용하여 대상의 상황을 드러내고 있다.
⑤ 수미상관의 방식을 통해 구조적 안정감을 부여하고 있다.

02

작품 이해의 적절성을 파악하는 문제이다. (나)에 대한 이해를 묻고 있으므로 중심 소재의 상황과, 이에 대한 화자의 태도, 정서 등을 중점적으로 이해해야 한다. (나)의 중심 소재는 민들레꽃이고, 화자는 민들레꽃의 강인한 생명력과 태도를 예찬하고 있다. 이에 따라 작품을 이해하고, 구절의 의미를 되새기면서 문제를 해결해야 한다.

[A]~[E]에 대한 이해로 적절하지 않은 것은?

① [A]에는 작지만 온 힘을 다해 선명한 빛깔로 피어 있는 민들레의 모습이 나타나 있다.
② [B]에는 다른 공간은 욕심내지 않고 주어진 한계 안에서 홀로 애쓰는 민들레의 모습이 나타나 있다.
③ [C]에는 씨가 뿌려진 비좁은 곳을 자신의 자리로 받아들이고 터를 잡는 민들레의 모습이 나타나 있다.
④ [D]에는 강한 의지와 생명력으로 꽃을 피우기 위해 노력하는 민들레의 모습이 나타나 있다.
⑤ [E]에는 꽃을 피웠지만 세상에서 자신이 할 일을 찾기 위해 결국 질 수밖에 없는 민들레의 모습이 나타나 있다.

03

외적 준거를 활용하여 작품을 감상하는 문제이다. 외적 준거로 제시된 <보기>에서는 (가)와 (나)에서, 삶을 대하는 가치 있는 태도가 각각 어떻게 드러나는지를 설명하고 있다. 따라서 선택지에 제시된 작품의 내용이 이를 잘 드러내는지 분석해야 한다.

<보기>를 바탕으로 (가), (나)를 감상한 내용으로 적절하지 않은 것은?

보기

시에는 삶을 대하는 가치 있는 태도가 담겨 있다. (가)에는 인간의 유한성에 대한 인식을 바탕으로, 열악한 농토를 하늘이 내린 축복의 땅이라 여기며 달관의 자세로 살아가려는 소신과 그에 대한 지지가 드러나 있다. (나)에는 민들레를 소멸될 수밖에 없는 운명에 좌절하지 않고 허무에 맞서는 존재로 바라보는 시선과 민들레의 내적 가치에 대한 긍정적 인식이 드러나 있다.

① (가)에서 '천수답'을 일구는 삶을 '제 길'이라고 여기는 것은 달관의 자세로 살아가려는 소신을 드러낸 것이겠군.
② (가)에서 '니 말이 정말이데', '니 말이 엄첩구나'라고 하는 것은 '어메'가 '내 새끼'에게 보내는 지지를 드러낸 것이겠군.
③ (가)에서 '누군 한 평생 / 만년을 사'냐고 말하는 것은 인간이 유한한 존재라는 인식을 드러낸 것이겠군.
④ (나)에서 '그 크기는 / 어떤 자로서도 잴 수 없다'고 하는 것은 민들레의 내적 가치에 대한 긍정적 인식을 드러낸 것이겠군.
⑤ (나)에서 '댓새를 짐짓 영원인 양하'는 모습을 '헛된 꿈'이라고 하는 것은 민들레를 소멸될 수밖에 없는 운명에 맞서는 존재로 바라보는 시선을 드러낸 것이겠군.

b **Day**　문학(고전소설)　고2 2023년 3월

이생규장전_김시습

※ 다음 글을 읽고 물음에 답하시오.

어느 날 이생이 최씨에게 말했다.

"**옛 성인의 말씀**에 '어버이가 계시면 나가 놀더라도 반드시 가는 곳을 고해야 한다.'라고 했소. 그런데 지금 나는 부모님께 아침저녁 문안 인사를 드리지 못한 채 벌써 사흘이나 보냈구려. 분명 부모님께서는 문간에 기대어 나를 기다리실 것이니 이 어찌 **자식된 도리**라 하겠소."

최씨는 서운해하면서도 고개를 끄덕였다. 그러고는 이생이 **담을 넘어 돌아가**게 해 주었다.

이생은 그 뒤부터 ㉠ 밤마다 최씨를 찾아가지 않는 날이 없었다. 어느 날 저녁에 이생의 아버지가 아들에게 물었다.

"네가 아침에 집을 나갔다가 저녁에 돌아오는 것은 옛 성인이 남기신 인의의 가르침을 배우려는 것이다. 그런데 요즘은 황혼녘에 나갔다가 ㉡ 새벽에야 돌아오니 이게 어찌 된 일이냐? 분명 **경박한 놈들의 행실**을 배워 남의 집 담장을 넘어가서 누구네 집 규수와 정을 통하고 다니는 것일 테지. 이 일이 탄로 나면 **남들**은 모두 내가 자식을 엄하게 가르치지 못한 탓이라고 **책망**할 것이다. 또 만일 그 규수가 지체 높은 집안의 딸이라면 필시 네 미친 짓 때문에 가문을 더럽히고 남의 집에 누를 끼치게 될 것이야. 이 일은 작은 일이 아니로다. 너는 ㉢ 지금 당장 영남으로 가서 종들을 거느리고 농사나 감독하여라. 그리고 **다시 돌아오지 말**아라."

이생은 그 이튿날 울주로 보내졌다.

최씨는 ㉣ 매일 저녁 화원에서 이생을 기다렸다. 그러나 ㉤ 몇 달이 지나도록 그는 돌아오지 않았다. 최씨는 이생이 병에 걸렸나 보다고 생각하여 향아를 시켜 이생의 이웃들에게 몰래 물어보게 하였다. 이웃집 사람은 이렇게 말하였다.

"이 도령이 그 부친에게 죄를 지어 영남으로 내려간 지 이미 여러 달이 되었다오."

최씨는 그 말을 전해 듣고 병이 나서 자리에 눕게 되었다. 몸만 이리 뒤척 저리 뒤척 할 뿐 일어나지도 못하고, 물조차도 삼키기 어려운 지경에 이르렀다. 말도 두서가 없어지고, 얼굴도 초췌해졌다.

최씨의 부모가 이상히 여겨 병의 증상을 물어보아도 최씨는 입을 다물고 **아무 말**도 하지 않았다. 그러던 중 최씨의 부모가 딸의 글 상자를 들추어 보다가 전에 이생이 최씨에게 화답한 시를 발견하게 되었다. 그들은 그제야 깜짝 놀라며 말하였다.

"하마터면 우리 딸을 잃을 뻔했구나."

그러고는 딸에게 물었다.

"이생이 누구냐?"

핵심정리

갈래

한문 소설, 전기 소설

배경

• 시간적 배경: 고려 공민왕 시기
• 공간적 배경: 송도(개성)

시점

전지적 작가 시점

제재

젊은 남녀의 사랑 이야기

주제

죽음을 초월한 남녀 간의 사랑

특징

① 만남과 이별을 반복하는 구조로 이루어짐.
② 자유연애를 중시하는 진보적 애정관이 반영됨.

해제

'이생규장전'은 '이생이 담장 안을 엿보는 이야기'라는 의미로, 이생과 최씨의 사랑 이야기는 이생이 최씨 집의 담장 안을 엿보면서 시작된다. 이들의 만남과 이별은 구조적으로 변주되는데, 그중 두 번의 만남과 이별은 현실 세계에서 이루어지고 마지막 만남과 이별은 초현실 세계에서 이루어진다. 현실 세계와 초현실 세계를 넘나드는 만남과 이별 구조는 이생과 최씨의 지극한 사랑과 절의라는 주제를 형상화한다.

등장인물

이생	최씨와의 만남을 지속하면서도 자식으로서의 도리를 중요시함. 최씨와의 관계를 알게 된 아버지에 의해 울주로 보내짐.
최씨	이생과 이별한 뒤 앓아 누울 정도로 이생에 대한 지극한 사랑을 드러냄. 자유연애를 추구하는 진보적인 연애관을 지님.
이생의 아버지	이생과 최씨의 관계를 눈치채고 이생을 울주로 보냄. 자식 교육, 가문의 명예 등을 중시하는 유교적 가치관을 지님.
최씨의 아버지	최씨의 말을 듣고 이생과 최씨의 관계를 인정하며, 이생과 최씨의 혼사에 적극적으로 가담함.

WEEK 4

송도에 사는 이생은 어느 날 선죽리 최씨 집 나무 밑에서 쉬다가 우연히 담 안을 엿본다. 그러다 시를 읊는 아름다운 최씨를 보게 되고, 최씨 또한 이생에게 관심을 갖게 된다. 편지를 통해 서로의 마음을 확인한 둘은 최씨의 별당에서 며칠을 함께 보낸다. 그 이후에도 매일 밤 최씨의 집을 다니던 이생은 아버지의 꾸짖음을 듣고, 지방으로 쫓겨 간다. 최씨는 이 사실을 알고 병을 얻는다. 최씨의 부모는 딸의 병이 이생 때문임을 알게 되는데 간곡한 딸의 청에 따라 두 사람을 부부로 맺어 주기 위해 노력하고, 결국 이생과 최씨는 혼례를 올린다. 그러나 홍건적의 난으로 인해 양가 부모뿐만 아니라 최씨까지 목숨을 잃게 되고, 혼자 남은 이생만이 슬픔에 잠긴다. 그때, 죽은 최씨가 이생의 앞에 나타나고, 최씨의 자초지종을 들은 이생은 함께 부모의 유해를 수습한 뒤 수년간 행복하게 지낸다. 어느 날, 최씨는 이생에게 이승의 인연이 끝났다며 저승으로 다시 돌아가고 이생은 최씨의 유해를 거두어 수습한 후 최씨에 대한 그리움으로 인해 병을 얻어 죽는다.

이생과 최씨의 시련

시련 ①	이생의 아버지로 인해 이생과 최씨가 이별하게 됨.
해소 ①	최씨가 자신의 부모를 설득하여 이생의 집으로 중매쟁이를 보냄.
시련 ②	문벌의 차이를 이유로 이생의 아버지가 최씨의 아버지가 제안한 청혼을 거절함.
해소 ②	최씨 아버지가 혼인에 관한 금전적 부담을 덜어주겠다는 제안을 통해 이생의 아버지를 설득함.

혼사 장애 구조

고전소설 작품에는 남녀 주인공이 결연하는 과정에서 문제 상황이나 갈등이 발생하는 경우가 있다. 이러한 작품들은 주로 '혼사 장애 발생-이별 및 시련-문제 해결과 재결합'의 구조를 보인다. 혼사 장애를 유발하는 요인은 간신의 방해, 신분의 차이, 제3자의 개입 등 다양하다.

이생규장전	이생과 최씨의 만남을 눈치챈 이생 아버지의 반대로 인해 이생이 울주로 떠남.

제3자의 개입으로 인해 혼사 장애가 발생함.

일이 이렇게 되자 최씨도 더 이상 숨길 수가 없었다. 그녀는 목구멍에서 겨우 나오는 작은 목소리로 부모님께 사실을 아뢰었다.

"아버님, 어머님. 길러 주신 은혜가 깊으니 감히 숨기질 못 하겠습니다. 혼자 가만히 생각해 보니 남녀가 서로 사랑을 느끼는 것은 **인간의 정리로서 지극히 중요한 일**이옵니다. 그러므로 매실이 떨어지는 것을 보고 **혼기를 놓치지 말라**고 《시경》의 〈주남〉편에서 노래하였고, 여자가 정조를 지키지 못하면 흉하다는 말을 《주역》에서 경계하였습니다. 저는 버들처럼 가녀린 몸으로 뽕나무 잎이 시들기 전에 시집가야 한다는 말을 유념치 못하고 길가 이슬에 옷을 적셔 주위 사람들의 비웃음을 받게 되었습니다. 덩굴이 다른 나무에 의지해서 살듯 벌써 위당 처녀의 행실을 하고 말았으니 죄가 이미 넘쳐 가문에 누를 끼치게 되었습니다. 그러나 저 신의 없는 도련님이 한 번 가씨 집안의 향을 훔친 뒤로 원망이 천 갈래로 생겨났습니다. 여리디여린 몸으로 서러운 고독을 견디다 보니 그리운 정은 나날이 깊어 가고 큰 병은 나날이 더해 가서 거의 죽을 지경에 이르렀습니다. 장차 한 맺힌 귀신이 될 듯합니다. 부모님께서 저의 **소원**을 들어주신다면 제 남은 목숨을 보존하게 될 것이고, 만약 간곡한 청을 거절하신다면 그저 **죽음만이 있을 뿐**입니다. 이생과 저승에서 함께 노닐지언정 맹세코 **다른 가문으로 시집가**지는 않겠습니다."

이에 최씨의 부모도 그녀의 뜻을 알게 되었으므로 다시 병의 증세를 묻지 않았다. 그저 한편으로는 경계하고 한편으로는 달래 가면서 딸의 마음을 누그러뜨리려고 노력하였다. 그러고는 중매의 예를 갖추어 이생의 집에 혼인 의사를 물었다.

이생의 아버지는 최씨 가문의 문벌이 어떤지를 물은 후 말하였다.

[A] "우리 집 아이가 비록 나이가 어려 잠시 바람이 나긴 했지만 학문에 정통하고 풍모도 남부끄럽지 않으니 바라는 바는 앞으로 장원급제하여 훗날 세상에 이름을 떨치는 것이오. 서둘러 혼처를 구하고 싶지 않소."

중매쟁이가 돌아와 최씨 부친에게 이 말을 아뢰니 최씨 집안에서 다시 이씨 집안에 이러한 말을 전했다.

[B] "한 시대의 벗들이 모두 그 댁 아드님의 재주가 뛰어나다고 칭찬들을 하더이다. 지금은 웅크리고 있지만 어찌 끝내 연못 속에만 머물러 있겠습니까? 속히 좋은 날을 정해 두 가문의 즐거움을 합하는 것이 좋을 듯합니다."

중매쟁이가 또 가서 그 말을 이생의 부친에게 고하니 그 부친이 말하였다.

"나 역시 젊어서부터 책을 잡고 경전을 공부했지만 늙도록 성공하지 못했소. 노비들은 도망가 흩어지고, 친척들의 도움도 적어 생활이 어렵고 살림도 궁색하다오. 그러니 문벌 좋고 번성한 집에서 어찌 한갓 한미한 선비를 사위로 삼으려 하신단 말이오? 이는 반드시 일 만들기 좋아하는 사람들이 우리 집안을 과도하게 칭찬해서 귀댁을 속인 것일 겁니다."

중매쟁이가 다시 최씨 가문에 고하자 최씨 부친이 말하였다.

"납채의 예와 의복에 관한 일은 제가 모두 알아서 하겠습니다. 좋은 날을 가려서 화촉을 밝힐 날짜만 정해 주시면 좋겠습니다."

중매쟁이가 또 돌아가서 고하였다.

이씨 집안에서는 일이 여기에 이르자 마음을 돌려 곧 이생을 불러다 그의 의사를 물었다. 이생은 기쁨을 이기지 못하였다.

- 김시습, 〈이생규장전〉 -

작가의 애정관

이생과 최씨의 만남

부모에 의해 만남이 이루어지는 엄격한 유교 사회에서 자신들의 감정을 중시하여 사랑을 나눔.

↓

작가의 진보적 애정관이 반영됨.

01

윗글의 내용에 대한 이해로 적절하지 않은 것은?

① 이생은 집안에서 최씨와의 혼인 의사를 묻자 기뻐한다.
② 향아는 이생이 영남으로 떠났다는 사실을 최씨에게 알린다.
③ 이생 부친은 자신의 가문에 비해 최씨 가문이 한미하다고 인식한다.
④ 최씨는 이생과의 만남을 부모에게 숨기다가 끝내 사실대로 고백한다.
⑤ 최씨 부친은 최씨의 청을 들어주기 위해 중매쟁이를 이생 집에 보낸다.

02

㉠~㉤에 대한 이해로 적절하지 않은 것은?

① ㉠은 이생과 최씨의 만남이 반복됨을 드러내는 한편, 이생이 집에서 쫓겨나는 사건에 개연성을 부여한다.
② ㉡은 이생이 집에 돌아오는 시점을 특정하면서, 이생이 부친의 뜻과는 다르게 행동하고 있음을 드러낸다.
③ ㉢은 이생 부친의 단호함을 함축하는 한편, 이생과 최씨가 새로운 국면을 맞이하게 될 것을 암시한다.
④ ㉣은 최씨가 초췌해지는 과정을 요약적으로 드러내면서, 최씨의 심경에 변화가 일어났음을 암시한다.
⑤ ㉤은 이생과 최씨의 이별이 오랫동안 지속되었음을 드러내면서, 최씨가 느끼는 그리움의 깊이를 함축한다.

■ 문제풀이 맥 ■

01

글의 세부 내용을 이해하는 문제이다. 인물의 행동을 중심으로 작품의 내용을 파악하는 것이 중요하다. 선택지의 설명과 인물의 행동을 대응하여 적절한지 파악해야 한다.

02

시간 표지의 서사적 기능을 파악하는 문제이다. 시간 표지는 사건을 전개하거나 장면을 전환하는 데에 사용되며, 내용에 개연성을 부여하고 장면과 관련된 정보를 제시하기도 하므로 시간 표지가 삽입된 전후 내용을 명확하게 파악해야 한다.

시간의 흐름에 따른 사건 전개

매일 밤마다 이생과 최씨의 만남이 이루어짐.
↓
새벽에 들어오는 이생을 이상하게 생각한 아버지가 이생과 최씨의 관계를 알게 됨.
↓
이생의 아버지는 이생과 최씨와의 관계를 반대하며, 이생에게 울주로 갈 것을 명령함.
↓
최씨가 이생을 매일 저녁마다 기다림.
↓
몇 달이 지나도 돌아오지 않자, 향아에게서 이생의 소식을 물어보게 하고, 이생이 떠난 것을 알게 됨.

03

대화에 드러난 특징을 비교하는 문제이다. 이러한 유형의 문제를 해결하기 위해서는 설정된 부분에서 인물이 어떠한 말하기 방식을 취하고 있는지를 파악한 뒤 선택지의 설명이 적절한지 확인해야 한다.

[A]와 [B]의 말하기 방식

[A]	분명한 이유(이생의 긍정적 미래)를 근거로 최씨 아버지의 혼사 제안을 거절함.
[B]	이생의 재주를 추켜세우며 자신이 원하는 바(최씨와 이생의 혼사)를 전달함.

03

[A]와 [B]에 대한 설명으로 가장 적절한 것은?

① [A]와 [B]는 모두 이생이 겪은 구체적인 사건을 언급하며 상대를 회유하고 있다.

② [A]와 [B]는 모두 이생의 앞날에 대한 긍정적 기대를 드러내며 자신의 의중을 전달하고 있다.

③ [A]는 자신에게 시간이 더 필요하다며, [B]는 서두를 것을 요청하며 상대의 태도 변화를 촉구하고 있다.

④ [A]는 자신이 입게 될 손해를 우려하며, [B]는 이생이 얻게 될 이익을 강조하며 자신의 입장을 고수하고 있다.

⑤ [A]는 이생에 대한 긍정적 평판을 내세우며, [B]는 상대에 대한 신뢰를 드러내며 제안에 응할 것을 요청하고 있다.

04

외적 준거에 따라 작품을 감상하는 문제이다. <보기>에서는 작품의 주인공들이 담장으로 비유되는 사회적 규범 등의 제약을 해결하기 위해 강력한 의지를 드러내고 있음을 설명하고 있다. 따라서 주인공인 이생과 최씨의 만남을 방해하는 규범적 질서를 파악하고, 이에 대해 주인공과 주변 인물이 어떻게 반응하는지 이해하고 있어야 한다.

04

<보기>를 바탕으로 윗글을 감상한 내용으로 적절하지 않은 것은?

> **보기**
>
> 이 작품에서 사랑을 이루기 위해 물리적 경계인 담장을 넘어선 주인공들은 규범적 질서가 구축한 또 다른 담장의 존재를 의식하게 된다. 이들의 사랑은 이 담장의 외부에 위치하여, 주변 인물이나 옛말 등으로 구현된 규범적 질서로부터 옹호받지 못하는 취약함을 드러낸다. 이들은 담장의 제약에 일차적으로 순응하지만, 최씨는 자신들을 막아선 담장의 내부로 들어가겠다는 강력한 의지를 드러냄으로써 상황을 타개한다.

① 이생이 '옛 성인의 말씀'과 '자식된 도리'를 언급하며 다시 '담을 넘어 돌아가'는 것은, 최씨와의 사랑이 규범적 질서의 옹호를 받지 못한다는 점을 의식했기 때문이겠군.

② 아들의 행동을 '경박한 놈들의 행실'로 간주하고 이로 인한 '남들'의 '책망'을 걱정하는 이생 부친은, 규범적 질서가 구현된 주변 인물이라고 할 수 있겠군.

③ '다시 돌아오지 말'라는 부친의 지시에 저항하지 못하는 이생의 모습과 병의 증상을 묻는 부모에게 '아무 말'도 하지 못하는 최씨의 모습은, 규범적 질서의 제약을 넘어서지 못한 사랑의 취약함을 드러내는 것이겠군.

④ 최씨가 남녀의 사랑을 '인간의 정리로서 지극히 중요한 일'로 규정하며 '혼기'와 관련된 옛말을 언급한 것은, 규범적 질서가 구축한 담장의 외부에서 자신의 사랑을 유지할 수 있다는 가능성을 간파했기 때문이겠군.

⑤ 최씨가 '소원'이 이루어지지 못하면 '죽음만이 있을 뿐'이라며 '다른 가문으로 시집가'는 것을 거부하는 것은, 둘의 사랑을 규범적 질서가 용인하는 범위 내로 진입시키겠다는 강력한 의지의 표현으로 볼 수 있겠군.

스스로 점검하기

6일간 학습

Day	공부 시작 시간	공부 종료 시간	틀린 문항 수	틀린 유형
Day 1	시 분 초	시 분 초		
Day 2	시 분 초	시 분 초		
Day 3	시 분 초	시 분 초		
Day 4	시 분 초	시 분 초		
Day 5	시 분 초	시 분 초		
Day 6	시 분 초	시 분 초		

1 일별로 계획에 맞춰 공부하기

하루에 기출 하나씩 매일 꾸준히 공부하는 것이 최선의 방법이다.

2 시작 시간과 종료 시간 체크하기

스스로 시간 제한을 두고 문제를 푸는 것이 실전 대비에 효과적이다.

3 틀린 문항과 유형 분석하기

틀린 문제는 또 틀릴 수 있다. 특정 문항과 유형에서 많이 틀렸다면, 그 이유를 분석해야 한다.

4 보충 학습하기

스스로 점검하기를 통해 자신의 취약한 유형을 확인하고, SLS를 통해 부족한 부분을 보충 학습한다.

번호		Day 1						Day 2						Day 3				
	1	2	3	4	5	6	1	2	3	4	5	6	1	2	3	4	5	6
정답률	82%	56%	76%				82%	79%	80%	91%	87%		85%	86%	57%	79%		
채점																		

번호		Day 4						Day 5						Day 6				
	1	2	3	4	5	6	1	2	3	4	5	6	1	2	3	4	5	6
정답률	84%	84%	89%	86%	91%		59%	86%	54%				69%	78%	41%	60%		
채점																		

나의 예상 등급은?

등급

1등급
22~24개

2등급
20~21개

3등급
18~19개

결과	틀린 문항에는 ✕ 표시, 찍어서 막혔거나 헷갈렸던 문항에는 △ 표시, 맞춘 문항에는 ○ 표시 채점 결과 : 맞은 문항 수 24개중 ☐ 개

5

WEEK

핵심정리

가

갈래
회의

제재
반려 식물 키우기 캠페인

안건
반려 식물 키우기 캠페인의 내용 협의

회의 중심 내용

부원 1	반려 식물 모종을 나누어 주어 학생들이 직접 식물을 키우도록 해야 함. → 생태 교육 예산을 사용하여 모종을 준비할 수 있음.
동아리 회장	모종을 나누어 주는 것뿐 아니라 반려 식물과 관련된 정보를 제공해야 함. → 안내문을 만들어 모종과 함께 나누어 주는 것이 좋음.
부원 2	모종 나누기 행사 전 안내문을 학교 게시판에 게시하면 캠페인의 홍보 효과를 얻을 수 있음.

↓ 취합

학생들에게 모종을 제공

생태 교육 예산을 사용하여 300개 정도의 모종을 학생들에게 제공하기로 함.

반려 식물과 관련된 정보를 제공

• 반려 식물에 대한 정보를 담은 안내문을 학교 게시판에 게재하기로 함.
• 안내문에 들어가지 못하는 내용은 QR 코드를 사용하여 따로 볼 수 있게 함.
• '식집사'라는 용어를 사용하여 학생들의 흥미를 끌고자 함.

※ (가)는 생태 환경 동아리의 회의이고, (나)는 이를 바탕으로 작성한 안내문의 초고이다. 물음에 답하시오.

가

동아리 회장: 지난 회의에서 우리 학교 학생들을 대상으로 반려 식물 키우기 캠페인을 하기로 결정했는데요, 오늘은 캠페인을 어떻게, 어떤 내용으로 진행할지에 대해 협의해 보겠습니다. 좋은 의견이 있으면 말씀해 주시기 바랍니다.

부원 1: 이번 캠페인을 통해 많은 학생들이 반려 식물을 키워 보는 경험을 하는 것이 가장 중요하다고 생각합니다. 그렇게 하려면 학생들에게 반려 식물 모종을 나누어 주고 직접 키워 보도록 해야 할 것 같습니다.

부원 2: 저도 같은 생각입니다. 다만 우리 학교 학생들에게 나누어 줄 모종을 충분히 준비할 수 있을까요?

부원 1: 예전에 동아리 담당 선생님께서 학교에 생태 교육 예산이 있다고 말씀하신 것을 들은 적이 있는데, 혹시 그 예산으로 반려 식물 모종을 준비할 수 있지 않을까요?

동아리 회장: 저도 그 이야기를 들어서 여쭈어보았더니 선생님께서 그 예산으로 300개 정도의 모종을 준비해 주실 수 있다고 말씀하셨고, 학생들이 키우기 좋은 반려 식물 세 가지도 추천해 주셨습니다.

부원 1: 반가운 소식이네요. 그런데 모종의 수가 우리 학교 학생 수의 절반밖에 되지 않아 걱정입니다.

부원 2: 그래도 300명이나 되는 학생들이 반려 식물을 키우는 경험을 할 수 있고 반려 식물 키우기를 원치 않는 학생들도 있을 테니, 모종 300개로도 캠페인을 진행하는 데 무리가 없을 것 같습니다.   [A]

부원 1: 말씀을 들어 보니 모종 수는 문제가 되지 않겠네요.

동아리 회장: 그런데 캠페인이 모종 나누어 주기만으로 끝나면 안 될 것 같습니다. 나누어 줄 식물의 이름, 특징, 키우는 방법에 대한 정보도 함께 제공해야 하지 않을까요?

부원 1: 좋은 의견이네요.

부원 2: 저도 같은 생각입니다. 정보를 제공하면 반려 식물을 더 잘 키우는 데 도움이 될 수 있을 것입니다.

동아리 회장: 반려 식물 모종 나누기와 함께 반려 식물과 관련한 정보를 제공해 주자는 의견에 모두 공감하는 것 같은데요, 반려 식물에 대한 정보를 담은 안내문을 만들어 모종과 함께 나누어 주면 어떨까요?

부원 2: 좋은 생각입니다. 모종 나누기 행사 전에 안내문을 학교 게시판에 게시하면 캠페인의 홍보 효과도 얻을 수 있을 것 같아요.

동아리 회장: 그렇네요. 그럼 안내문에는 어떤 내용을 어떤 순서로 제시할지 한 분 씩 의견을 말씀해 주시기 바랍니다.

부원 1: 먼저 반려 식물은 무엇인지, 반려 식물을 키우면 어떤 효과가 있는지 밝히 면 좋겠어요. 그러면 학생들이 캠페인에 더 많은 관심을 가질 것 같습니다.

부원 2: 그다음에 모종 나누기 행사를 안내하고, 반려 식물의 이름, 특징, 키우는 방 법 등을 제시했으면 합니다.

부원 1: 하지만 안내문의 제한된 공간에 반려 식물을 키우는 방법까지 제시하는 것은 어렵지 않을까요? 나누어 주려는 반려 식물이 세 가지나 되는데, 이 세 가 [B] 지 식물을 키우는 방법을 모두 안내하는 것은 무리일 것 같습니다.

동아리 회장: 음, 각각의 반려 식물을 키우는 방법을 안내하는 홈페이지를 QR 코드 로 연결해 두면 어떨까요?

부원 1: 그러면 학생들이 스마트 기기를 이용해 반려 식물을 키우는 방법을 확인할 수 있어 매우 유용하겠네요.

부원 2: 그리고 반려 식물을 키우며 수시로 생기는 궁금증을 해결할 수 있게 우리 동아리 블로그를 안내해도 좋겠어요.

부원 1: 좋은 의견입니다. 고양이를 애지중지 키우는 사람을 뜻하는 '냥집사'처럼, 식물을 키우며 기쁨을 찾는 사람들이라는 의미로 '식집사'라는 용어를 쓰면 학생 들이 더 흥미를 느낄 수 있지 않을까요?

동아리 회장: 재미있겠는데요. 그럼 지금까지의 회의 내용을 바탕으로 안내문을 작 성해 보도록 합시다.

나

식집사		
의미	고양이를 시중들듯이 살뜰히 돌보며 기르는 사람을 비유적으로 이르는 말인 '냥집사'를 식물에 대입함.	
효과	• 인터넷 신조어와 관련된 표현으로 전자기기를 자주 활용하는 청소년들의 이목을 끌고 친근감을 느끼게 함. • '냥집사'의 의미를 아는 사람들에게 식물 키우기를 짧고 간결하게 이해시킴.	

나

갈래

안내문

제재

반려 식물 키우기

주제

반려 식물 키우기와 관련된 정보와 행사 개최 예고

안내문의 내용

안내문에 있는 정보	반려 식물의 정의, 반려 식물 키우기의 효과, 행사 안내, 모종으로 주는 식물의 이름과 특징
안내문에 없는 정보	• 각 모종의 반려 식물을 키우는 방법 → QR 코드 제공 • 반려 식물에 대한 궁금증 → 블로그 주소 제공

WEEK 5

반려 식물을 키우는 '식집사'가 되어 보세요!

▸ 반려 식물이란?
생활공간에서 정서적으로 교감하는 식물을 일컫는 말이에요.

▸ 반려 식물을 키우면?
생명을 키우는 성취감, 정서 안정, 공기 정화의 효과가 있어요.

▸ 반려 식물 모종 나누기 행사를 한다고요?
☞ 〈3월 23일 하교 시간, 본관 앞〉에서,
원하는 모종을 하나씩 나누어 드려요. (300개 한정)

〈유칼립투스〉	〈아이비〉	〈칼라데아〉

은은한 향기가 주는 마음의 평화	물만 주면 잘 자라는 공기 청정기	풍성한 잎이 전하는 싱그러운 생명감

▶ 반려 식물은 어떻게 키우나요?

반려 식물을 키우는 방법을 QR 코드로 확인하세요.

<유칼립투스>   <아이비>   <칼라데아>

▶ 반려 식물을 키우면서 궁금증이 생기면?

우리 동아리 블로그(blog.com/eco△△△)를 찾아 주세요.

생태 환경 동아리 '푸른누리'

■ 문제풀이 맥 ■

01

말하기 방식을 파악하는 문제이다. 동아리 회장은 회의에서 사회자와 같은 역할을 하고 있다. 따라서 어떠한 의도를 가지고 발언을 하고 있는지 유의하며 읽어야 한다.

01

(가)의 '동아리 회장'의 말하기 방식으로 적절하지 않은 것은?

① 지난 회의 내용을 환기하며 협의할 내용을 밝히고 있다.
② 의문의 형식을 활용하여 자신의 견해를 제안하고 있다.
③ 서로 공감한 내용을 바탕으로 새로운 의견을 제시하고 있다.
④ 논의된 내용을 구체화할 수 있는 발언을 유도하고 있다.
⑤ 회의 내용을 전체적으로 요약하며 회의를 마무리하고 있다.

02

발화의 양상을 파악하는 문제이다. 두 발화의 의도와 목적을 정확히 파악하기 위해서는 해당 발화 전의 맥락을 이해하고 있어야 한다.

발화의 내용

[A]	모종 300개로도 캠페인을 진행하는 데 무리가 없다.
[B]	안내문에서 식물 키우는 방법을 전부 소개할 수는 없다.

02

[A], [B]에 대한 설명으로 가장 적절한 것은?

① [A]는 미래의 상황을 예측하는, [B]는 과거의 상황을 환기하는 발화이다.
② [A]는 상대의 의견을 보완하는, [B]는 상대의 의견을 뒷받침하는 발화이다.
③ [A]는 상대의 우려를 해소하는, [B]는 상대의 견해에 우려를 드러내는 발화이다.
④ [A]는 문제 해결의 방법을 요구하는, [B]는 문제 해결의 결과에 주목하는 발화이다.
⑤ [A]는 상대와 자신의 견해 차이를 확인하는, [B]는 상대와 자신의 공통된 견해를 확인하는 발화이다.

03

(가)의 내용이 (나)에 반영된 양상으로 적절하지 <u>않은</u> 것은?

① (가)에서 반려 식물 모종 나누기 행사를 안내하자는 의견에 따라, (나)에서 행사의 일시와 장소를 밝히고 있다.

② (가)에서 반려 식물과 관련한 정보를 제공하자는 의견에 따라, (나)에서 반려 식물의 이름, 특징 등을 제시하고 있다.

③ (가)에서 학생들이 캠페인에 적극적으로 동참하도록 촉구하자는 의견에 따라, (나)에서 캠페인의 취지를 설명하고 있다.

④ (가)에서 반려 식물을 키우며 생기는 궁금증을 해결하게 돕자는 의견에 따라, (나)에서 동아리 블로그를 소개하고 있다.

⑤ (가)에서 학생들이 흥미를 느낄 수 있도록 '식집사'라는 용어를 쓰자는 의견에 따라, (나)의 제목에서 해당 용어를 사용하고 있다.

03

작문 계획의 반영 여부를 파악하는 문제이다. 이 문제는 (가)를 바탕으로 (나)를 작성한 것이므로, (가)에서 제시된 의견들을 표시하며 읽는 것이 좋다. 그 후 표시된 내용이 (나)에 적절히 반영되었는지를 확인해야 한다.

04

(나)의 성격을 고려할 때, <보기>의 자료를 활용하여 (나)를 보완하는 방안으로 가장 적절한 것은?

> **보기**
>
> [신문 자료]
>   최근 반려 동물과 식물에 대한 관심이 커지면서 이와 관련한 문제점이 나타나고 있다. 반려 동물의 경우 이미 동물 학대, 동물 유기 등이 사회적 문제로 부각되고 있으며, 최근에는 반려 식물과 관련한 문제도 증가하고 있다. 반려 식물은 반려 동물에 비해 존재감이 미약해 관리를 소홀히 하여 생명을 잃는 경우가 많고, 버려지는 사례도 점점 늘고 있다.

① 반려 식물을 키우기 쉬운 이유를 밝히며 지속적인 관심과 노력이 필요하다는 점을 강조해야겠어.

② 반려 식물에 대한 관심이 부족한 점을 지적하며 반려 식물을 구입할 수 있는 방법에 대한 내용을 추가해야겠어.

③ 반려 식물의 유기를 금지하는 규정이 마련되어 있지 않은 점을 강조하며 이를 제정해야 한다는 내용을 추가해야겠어.

④ 반려 동물과 구별되는 반려 식물의 장점을 언급하며 반려 식물을 키우는 사람이 많아지고 있다는 점을 강조해야겠어.

⑤ 반려 식물이 생명을 지닌 존재임을 언급하며 정성을 기울여 반려 식물을 키워 줄 것을 권유하는 문구를 추가해야겠어.

04

자료 활용 방안의 적절성을 파악하는 문제이다. <보기>의 자료로 안내문을 보완하기 위해서는 자료에 어떤 정보가 담겨 있는지 파악하고 안내문을 쓴 의도, 목적과 관련성이 높은 방향으로 연결해야 한다. 선택지에 제시된 설명이 적절하더라도 <보기>에 없는 정보는 안내문에 반영될 수 없음을 인식해야 한다.

신문 자료 속 정보

정보	반려 동물에 비해 존재감이 미약한 반려 식물의 관리 소홀과 유기 문제

핵심정리

서술어의 자릿수

개념	서술어가 필수적으로 요구하는 문장 성분의 개수	
구분	한 자리 서술어	서술어가 주어만 필요로 하는 경우 예 하늘이 높다. 　　주어　서술어
	두 자리 서술어	서술어가 주어 외에 한 개의 문장 성분을 더 필요로 하는 경우 예 나는 기회를 얻었다. 　주어　목적어　서술어
	세 자리 서술어	서술어가 주어 외에 두 개의 문장 성분을 더 필요로 하는 경우 예 친구가 나에게 　주어　필수적 부사어 선물을 주었다. 목적어　서술어
주의 사항	한 단어가 여러 가지 뜻을 지니는 다의어일 경우 의미에 따라 필수적 문장 성분이 달라지기도 한다. 예 자동차가 멈추다. → 한 자리 서술어 아버지가 자동차를 멈추다. → 두 자리 서술어	

선택 자질과 선택 제약

선택 자질	문장에서 서술어로 쓰이는 용언이 특정 체언하고만 어울리는 특성
선택 제약	용언이 선택 자질에 의해 특정 단어를 선택하여 결합하는 현상

문제풀이 맥

01

서술어의 자릿수를 파악하는 문제이다. 서술어의 자릿수는 서술어가 필요로 하는 필수적인 문장 성분의 개수를 의미한다. 이때 서술어의 의미를 고려하여 반드시 필요한 문장 성분을 모두 파악하는 것이 중요하다.

※ [01~02] 다음 글을 읽고 물음에 답하시오.

　문장이 문법적으로 올바른지를 판단할 때 확인해야 할 기준은 여러 가지가 있다. 그중 서술어의 특성을 고려하는 기준으로는 서술어의 자릿수와 서술어로 쓰인 단어가 가지는 선택 자질 등을 들 수 있다.

　우선 서술어의 자릿수란 문장에서 서술어가 필수적으로 요구하는 문장 성분의 개수를 의미한다. ㉠ 서술어가 필수적으로 요구하는 문장 성분이 갖추어지지 않은 문장은 문법적으로 올바르지 않은 문장이 된다. 서술어가 주어만을 필요로 하면 '한 자리 서술어', 주어 외에 한 개의 문장 성분을 더 필요로 하면 '두 자리 서술어', 주어 외에 두 개의 문장 성분을 더 필요로 하면 '세 자리 서술어'로 분류한다.

　그런데 서술어로 사용되는 용언이 다의어일 때는 각각의 의미에 따라 서술어의 자릿수가 달라지는 경우가 있다. 예를 들어 동사 '멈추다'는 '사물의 움직임이나 동작이 그치다.'의 의미로 사용될 때는 '자동차가 멈추다.'에서와 같이 한 자리 서술어이고, '사물의 움직임이나 동작을 그치게 하다.'의 의미로 사용될 때는 '아버지가 자동차를 멈추다.'에서와 같이 두 자리 서술어이다.

　다음으로, 문장에서 서술어로 쓰이는 용언은 경우에 따라 특정 체언하고만 어울리는 특성을 갖는데 이를 '선택 자질'이라고 한다. 그리고 용언이 선택 자질에 의해 특정 단어를 선택하여 결합하는 현상을 '선택 제약'이라고 한다. 예를 들어 '먹다'가 '음식 따위를 입을 통하여 배 속에 들여 보내다.'라는 의미로 쓰인 경우, 주어와 목적어 자리에 올 수 있는 체언은 한정된다. 즉 주어로는 입과 배라는 신체 기관을 지닌 생물만을, 목적어로는 음식만을 선택하여 결합해야 서술어의 의미가 온전하게 표현된다. 그렇기 때문에 '아이가 밥을 먹다.'는 문법적으로 올바른 문장이지만 '바위가 밥을 먹다.'와 '아이가 바위를 먹다.'는 서술어의 선택 제약을 어겨 문법적으로 올바르지 않은 문장이 된다.

01

㉠에 해당하는 예로 적절한 것은?

① 동생이 내 손을 꼭 잡았다.

② 선생님께서 제자로 삼으셨다.

③ 이 책의 내용은 생각보다 쉽다.

④ 나는 밤새 보고서를 겨우 만들었다.

⑤ 그는 자신의 친구에게 나를 소개했다.

02

윗글을 바탕으로 <보기>의 탐구 과제를 수행했을 때, [A]에 들어갈 내용으로 적절하지 <u>않은</u> 것은?

보기

[탐구 과제]

　다음 [탐구 자료]에 나타난 서술어의 특징에 대해 알아보자.

[탐구 자료]

살다[1] 「동사」

「1」　생명을 지니고 있다.

　　　예 그 사람들은 백 살까지 ⓐ 살았다.

「2」　【…에/에서】어느 곳에 거주하거나 거처하다.

　　　예 그는 하루 종일 연구실에서 ⓑ 산다.

「3」　【…을】어떤 직분이나 신분의 생활을 하다.

　　　예 그는 조선 시대에 오랫동안 벼슬을 ⓒ 살았다.

「4」　【…과)】('과'가 나타나지 않을 때는 여럿임을 뜻하는 말이 주어로 온다) 어떤 사람과 결혼하여 함께 생활하다.

　　　예 그녀는 사랑하는 남편과 잘 ⓓ 산다.

　　　　그 부부는 오순도순 잘 ⓔ 산다.

[탐구 결과]

[A]

① ⓐ는 「1」의 의미를 고려할 때, 주어에 '생명을 지닌 존재'만을 선택하여 결합해야 서술어의 의미가 온전하게 표현되겠군.

② ⓑ와 ⓒ는 필수적으로 요구하는 문장 성분의 종류는 다르지만 개수는 동일하겠군.

③ ⓑ와 ⓓ는 각각 「2」와 「4」의 의미를 고려할 때, 필수적으로 요구되는 부사어 자리에 올 수 있는 체언은 한정되겠군.

④ ⓒ는 「3」의 의미를 고려할 때, 목적어와 부사어 자리에 어떤 직분이나 신분을 의미하는 체언하고만 어울리는 선택 자질을 갖겠군.

⑤ ⓔ는 「4」의 의미를 고려할 때, 서술어의 자릿수가 ⓐ와 같겠군.

02

서술어의 선택 제약을 파악하는 문제이다. 선택 제약은 서술어가 특정한 체언을 요구하는 특성을 의미한다. 예를 들어, '눈꺼풀을 내려 눈동자를 덮다.'의 의미를 갖는 '감다'는 신체 기관인 '눈'과 함께 사용될 때 온전한 표현이 된다.

예 나는 <u>눈</u>을 감았다. → 올바른 문장

　　나는 <u>입</u>을 감았다. → 올바르지 않은 문장

<보기>의 [탐구 자료]의 사전을 활용하면 서술어로 쓰이는 용언이 요구하는 체언을 파악할 수 있고, 서술어가 요구하는 서술어의 자릿수를 알 수 있다. 사전에서 '주다'를 보면 【…에/에게 …을】이라 되어 있는데, 이는 '주다'가 부사와 목적어를 필요로 하는 세 자리 서술어라는 것을 나타낸다.

03

관형사의 특징을 파악하는 문제이다. 관형사는 체언 앞에 쓰여서 체언을 꾸며 주는 역할을 하는데, 기능에 따라 세 가지로 분류할 수 있다. 관형사는 조사와 결합하지 않으며 형태가 변하지 않는 불변어이다.

관형사의 종류

성상 관형사	뒤에 오는 체언의 성질이나 상태를 분명하게 해 주는 관형사 예 새, 헌, 옛
지시 관형사	구체적인 대상을 지시해 주는 관형사 예 이, 그, 저, 어느
수 관형사	수량을 나타내는 관형사 예 한, 두, 세, 네

03

<보기>는 문법 수업의 일부이다. 선생님의 설명에 따라 밑줄 친 단어를 이해한 내용으로 적절하지 않은 것은?

보기

선생님: 관형사는 체언을 꾸며 주는 품사로 뒤에 오는 체언의 성질이나 상태를 분명하게 해 주는 성상 관형사, 구체적인 대상을 지시해 주는 지시 관형사, 수량을 나타내는 수 관형사로 구분할 수 있습니다. 이러한 관형사는 형태가 변하지 않고 어떤 조사와도 결합하지 않는 특징이 있습니다.

ㄱ. 이 상점, 두 곳에서는 헌 물건을 판다.
ㄴ. 우리 다섯이 새로 산 구슬을 나눠 가지자.
ㄷ. 나는 오늘 어머니께 드릴 새 옷 한 벌을 샀다.

① ㄱ에서 '이'는 '상점'을 꾸며 주는 지시 관형사이다.
② ㄱ에서 '헌'은 체언인 '물건'의 상태를 드러내 준다.
③ ㄴ의 '다섯'은 조사와 결합하는 것을 보니 관형사가 아니다.
④ ㄱ의 '두'와 ㄷ의 '한'은 수량을 나타내는 수 관형사이다.
⑤ ㄴ의 '새로'와 ㄷ의 '새'는 형태가 변하지 않는 성상 관형사이다.

04

음운의 변동을 이해하는 문제이다. 음운은 놓이는 환경에 따라 발음이 달라지는 경우가 있다. 이와 같이 어떤 음운이 어느 자리에 놓이느냐에 따라 다른 음운으로 바뀌어 소리 나는 현상을 음운의 변동이라 한다. 음운의 변동은 결과에 따라 한 음운이 다른 음운으로 바뀌는 교체, 원래 있던 음운이 없어지는 탈락, 없던 음운이 추가되는 첨가, 두 개의 음운이 합쳐져서 하나가 되는 축약으로 분류할 수 있다.

04

다음은 음운 변동에 대해 학습하기 위한 활동지이다. 활동의 결과로 적절한 것은?

학습 활동지

1. 학습 자료
   ㄱ. 목화솜[모콰솜]   ㄴ. 흙덩이[흑떵이]   ㄷ. 새벽이슬[새병니슬]

2. 학습 활동
   ㄱ~ㄷ에 대한 질문에 대해 '예'는 'O', '아니요'는 'X'로 표시하시오.

질문	답변			
	ㄱ	ㄴ	ㄷ	
두 개의 음운 중 하나의 음운이 없어지는 현상이 일어났는가?	X	O	O	⋯⋯ ⓐ
기존에 있던 음운이 다른 음운으로 바뀌는 현상이 일어났는가?	X	O	X	⋯⋯ ⓑ
두 개의 음운이 하나의 음운으로 합쳐지는 현상이 일어났는가?	O	X	X	⋯⋯ ⓒ
원래 없던 음운이 새로 더해지는 현상이 일어났는가?	O	X	O	⋯⋯ ⓓ
음운 변동이 총 2번 일어났는가?	O	X	O	⋯⋯ ⓔ

① ⓐ   ② ⓑ   ③ ⓒ   ④ ⓓ   ⑤ ⓔ

05

<보기 1>을 참고하여 <보기 2>를 탐구한 내용으로 적절하지 <u>않은</u> 것은?

보기 1

중세 국어에서는 시제를 표현하기 위해 다음과 같이 선어말 어미를 사용하였다. 과거 시제를 표현할 때는 동사와 형용사 모두 '-더-'를 사용하였고, 동사의 경우에는 아무런 선어말 어미를 쓰지 않기도 했다. 현재 시제를 표현할 때는 동사의 경우 '-ᄂ-'를 사용하였고, 형용사의 경우 선어말 어미를 쓰지 않았다. 미래 시제를 표현할 때는 동사와 형용사 모두 '-리-'를 사용하였다.

보기 2

㉠ 分明(분명)히 너ᄃ려 닐오리라 [분명하게 너한테 말하겠다.]

㉡ 네 이제 ᄯ 묻ᄂ다 [네가 이제 또 묻는다.]

㉢ 나리 ᄒ마 西(서)의 가니 어엿브다 [날이 벌써 서쪽으로 저무니 불쌍하다.]

㉣ ᄆᆞ올 사ᄅᆞᆷ이 우디 아니리 업더라 [마을 사람들이 울지 않는 이가 없었다.]

㉤ 네 겨집 그려 가던다 [네가 아내를 그리워해서 갔느냐?]

① ㉠을 보니 동사의 경우 '-리-'를 사용하여 미래 시제를 표현했음을 확인할 수 있군.

② ㉡을 보니 동사의 경우 '-ᄂ-'를 사용하여 현재 시제를 표현했음을 확인할 수 있군.

③ ㉢을 보니 형용사의 경우 아무런 선어말 어미도 사용하지 않는 방식으로 현재 시제를 표현했음을 확인할 수 있군.

④ ㉣을 보니 형용사의 경우 '-더-'를 사용하여 과거 시제를 표현했음을 확인할 수 있군.

⑤ ㉤을 보니 동사의 경우 아무런 선어말 어미도 사용하지 않는 방식으로 과거 시제를 표현했음을 확인할 수 있군.

05

중세 국어의 특징을 이해하는 문제이다. 중세 국어에서는 시제를 표현하기 위해 현대와는 다른 선어말 어미를 사용하였다. 따라서 각 문장에서 시제를 나타내기 위해 어떤 선어말 어미를 사용하고 있는지를 파악해야 한다.

과거 시제	동사	• 어간+선어말 어미 '-더-' • 선어말 어미 결합 ✕
	형용사	어간+선어말 어미 '-더-'
현재 시제	동사	어간+선어말 어미 '-ᄂ-'
	형용사	선어말 어미 결합 ✕
미래 시제	동사	어간+선어말 어미 '-리-'
	형용사	어간+선어말 어미 '-리-'

핵심정리

문단 중심 내용

❶ 자유 소용돌이의 개념과 예시
❷ 강제 소용돌이의 개념과 예시
❸ 자유 소용돌이와 강제 소용돌이가 합쳐진 랭킨의 조합 소용돌이
❹ 자유 소용돌이와 강제 소용돌이의 원리를 활용한 분체 분리기

자유 소용돌이

개념	소용돌이 중심과 가장 가까운 부분에서 최대 원주속도가 나오고, 중심에서 멀어져 반지름이 커짐에 따라 원주속도가 감소하는 소용돌이
예시	욕조 배수구를 빠져나가는 물의 소용돌이

강제 소용돌이

개념	회전 중심의 원주속도가 0이 되고 중심에서 멀어질수록 반지름에 비례하여 원주속도가 증가하는 소용돌이
예시	컵 속의 물을 휘젓거나 컵과 물을 함께 회전시킬 때의 소용돌이

랭킨의 조합 소용돌이

개념	전체를 강제로 회전시킨 힘을 제거했을 때 바깥쪽에서는 원주속도가 서서히 떨어지고, 중심에서는 원주속도가 유지되는 상태의 소용돌이
예시	태풍의 소용돌이

분체 분리기

혼합물을 함유한 공기를 원통부 가장자리를 따라 소용돌이를 만들어 시계 방향으로 흘려보냄.

↓

혼합물이 원통부와 원추부 벽면에 충돌하여 떨어져 바닥에 쌓임.

↓

유입된 공기가 아래쪽 원추부로 향할수록 자유 소용돌이를 만듦.

※ 다음 글을 읽고 물음에 답하시오.

❶ 물이 담긴 욕조의 마개를 빼면 물이 배수구 주변에서 회전하며 소용돌이를 일으킨다. 배수구에서 멀리 떨어져 있으면 빨려 들어가는 속도의 크기가 0에 가깝고, 배수구 중앙에 가까울수록 속도가 빨라진다. 원운동을 하는 물체의 이동 거리, 즉 호의 길이가 시간에 따라 변하는 비율을 원주속도라고 한다. 욕조의 소용돌이 중심과 가장 가까운 부분에서 최대 원주속도가 나오고, 소용돌이 중심에서 멀어져 반지름이 커짐에 따라 원주속도가 감소한다. 이 소용돌이를 '자유 소용돌이'라 하는데, 배수구로 들어간 물은 물체의 자유낙하처럼 중력의 영향 아래 물 자체의 에너지로 운동을 유지한다.

❷ 이와 달리 컵 속의 물을 숟가락으로 강하게 휘젓거나 컵의 중심선을 회전축으로 하여 컵과 물을 함께 회전시키는 상황을 생각해 보자. 이때 원심력 등이 작용해 중심의 물 입자들이 컵 가장자리로 쏠려 컵 중앙에 있는 물의 압력이 낮아지면서 ㉠ 가운데가 오목한 소용돌이가 만들어진다. 회전이 충분히 안정되면 물 전체의 회전 속도, 즉 회전하는 물체의 단위 시간당 각도 변화 비율인 ㉡ 각속도가 똑같아져 마치 팽이가 돌듯이 물 전체가 고체처럼 회전한다. 이때 물은 팽이의 회전과 같이 회전 중심은 원주속도가 0이 되고 중심에서 멀어질수록 반지름에 비례하여 원주속도가 증가하는 분포를 보인다. 이 소용돌이를 '강제 소용돌이'라 하는데, 용기 안의 물이 회전 운동을 유지하려면 에너지를 외부에서 인위적으로 제공해야 한다.

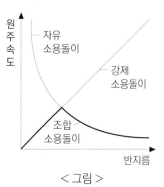

< 그림 >

❸ 숟가락으로 컵 안에 강제 소용돌이를 만든 후 숟가락을 빼고 일정한 시간 동안 관찰하면 가운데에는 강제 소용돌이, 주변에는 자유 소용돌이가 발생한다. <그림>에서 보는 것처럼 이를 '랭킨의 조합 소용돌이'라고 한다. 이는 전체를 강제로 회전시킨 힘을 제거했을 때 바깥쪽에서는 원주속도가 서서히 떨어지고, 중심에서는 원주속도가 유지되는 상태의 소용돌이이다. 조합 소용돌이에서는 소용돌이 중심에서 원주속도가 최소가 되고, 강제 소용돌이에서 자유 소용돌이로 전환되는 점에서 원주속도가 최대가 된다. 조합 소용돌이의 예로 ㉢ 태풍의 소용돌이를 들 수 있다.

❹ 이러한 원리를 적용한 분체 분리기는 기체나 액체의 흐름으로 분진 등 혼합물을 분리하는 장치이다. 혼합물에 작용하는 원심력도 이용하기 때문에 원심 분리기, 공기의 흐름이 기상 현상의 사이클론과 비슷해서 사이클론 분리기라고도 한다. 그 예로 쓰레기용 필터가 없는 가정용, 산업용 ㉣ 사이클론식 청소기를 들 수 있다. 원통 아래에 원추 모양의 통을 붙이고 원추 아래에 혼합물 상자를 두는데, 내부 중앙에는

별도의 작은 원통인 내통이 있다. 혼합물을 함유한 공기를 원통부 가장자리를 따라 소용돌이를 만들어 시계 방향으로 흘려보내면, 혼합물은 원통부와 원추부 벽면에 충돌하여 떨어져 바닥에 쌓인다. 유입된 공기는 아래쪽 원추부로 향할수록 원주속도를 증가시키는 자유 소용돌이를 만들고, 원추부 아래쪽에서는 강해진 자유 소용돌이가 돌면서 강제 소용돌이를 만들어 낸다. 강제 소용돌이는 용기 중앙의 내통에서 혼합물이 없는 공기로 흐르게 되어 반시계 방향으로 돌며 배기된다.

↓

원추부 아래쪽에서 강해진 자유 소용돌이가 강제 소용돌이를 만듦.

↓

강제 소용돌이가 용기 중앙의 내통에서 혼합물이 없는 공기로 흐름.

↓

반시계 방향으로 돌며 배기됨.

01

윗글의 내용과 일치하지 <u>않는</u> 것은?

① 자연에서 발생하는 소용돌이는 모두 자유 소용돌이이다.
② 배수구에서 멀어지면 원운동을 하는 물의 속도는 느려진다.
③ 강제 소용돌이는 고체처럼 회전하고 회전 중심의 속도는 0이다.
④ 분체 분리기는 자유 소용돌이로 강제 소용돌이를 만들어 낼 수 있는 기계 장치이다.
⑤ 용기 안의 강제 소용돌이는 외부에서 가해지는 힘이 있어야 운동을 유지할 수 있다.

■ 문제풀이 맥 ■

01
핵심 정보를 파악하는 문제이다. 자유 소용돌이, 강제 소용돌이, 분체 분리기의 특징을 파악해야 한다. 자유 소용돌이와 강제 소용돌이의 양상과, 분체 분리기의 원리를 이해하면 보다 쉽게 풀 수 있다.

02

㉠에 대한 설명으로 적절한 것은?

① 물이 회전할 때 원심력과 압력은 서로 관련이 없다.
② 컵 중앙 부분으로 갈수록 물 입자의 양이 많아진다.
③ 컵 반지름이 클수록 물을 회전시키는 에너지 크기는 작아진다.
④ 컵 속에서 회전하는 물의 압력이 커진 부분은 수면이 높아진다.
⑤ 외부 에너지를 더 가하더라도 회전 중심의 수면 높이는 변화가 없다.

02
세부 내용을 파악하는 문제이다. ㉠은 가운데가 오목한 소용돌이를 가리킨다. 이는 컵 속의 물을 휘젓거나 할 때, 중심의 물 입자들이 컵 가장자리로 쏠려 컵 중앙에 있는 물의 압력이 낮아지면서 생기는 소용돌이이다. ㉠에 대해 설명한 부분을 잘 읽고 물 입자의 양, 컵 반지름, 물의 압력 등의 연관관계를 파악해야 한다.

03

㉡을 통해 알 수 있는 것은?

① 각속도가 시간이 지남에 따라 점점 빨라지겠군.
② 단위 시간당 각도가 변하는 비율이 수시로 달라지겠군.
③ 각속도는 회전 중심에서 가깝든 멀든 상관없이 일정하겠군.
④ 강제 소용돌이의 수면 어느 지점에서나 원주속도는 항상 같겠군.
⑤ 강제 소용돌이는 자유 소용돌이와 같은 원주속도 분포를 보이겠군.

03
세부 내용을 추론하는 문제이다. ㉡은 각속도가 똑같아져 마치 팽이가 돌듯이 물 전체가 고체처럼 회전하는 상황을 가리킨다. 이때의 각속도와 원주속도에 관한 내용이 해당 문단에 나와 있으므로 이를 통해 추론할 수 있는 선택지를 찾아야 한다.

WEEK 5

04

세부 정보를 추론하는 문제이다. ⓒ은 태풍의 소용돌이로, 복합 소용돌이의 예시로 제시되었다. <보기>의 ⓐ에는 소용돌이의 종류, ⓑ에는 바람의 세기가 들어가야 하고, ⓒ에는 조합 소용돌이의 반지름과 원주속도를 나타낸 <그림>을 해석한 내용이 들어가야 한다. 3문단을 통해 어렵지 않게 답을 찾을 수 있다.

04

윗글을 바탕으로 ⓒ을 이해할 때, <보기>의 ⓐ~ⓒ에 들어갈 말로 적절한 것은?

> **보기**
>
> 태풍 중심 부분은 '태풍의 눈'이라 하고 (ⓐ)의 중심에 해당한다. 강제 소용돌이와 자유 소용돌이의 경계층에 해당하는 부분은 '태풍의 벽'이라고 하여 바람이 (ⓑ). 이는 윗글 <그림>의 (ⓒ)에 해당한다.

	ⓐ	ⓑ	ⓒ
①	자유 소용돌이	강하다	자유 소용돌이와 강제 소용돌이의 교차점
②	자유 소용돌이	약하다	반지름이 가장 큰 자유 소용돌이의 지점
③	강제 소용돌이	강하다	반지름이 가장 작은 자유 소용돌이의 지점
④	강제 소용돌이	약하다	반지름이 가장 큰 강제 소용돌이의 지점
⑤	강제 소용돌이	강하다	자유 소용돌이와 강제 소용돌이의 교차점

05

구체적 사례에 적용하는 문제이다. <보기>는 사이클론식 청소기의 구조를 그림으로 나타낸 것이다. 사이클론식 청소기는 복합 소용돌이의 원리를 이용하여 혼합물을 분리하는 장치이다. 4문단을 읽고 사이클론식 청소기의 원통부, 원추부, 혼합물 상자, 내통에서 각각 어떠한 일이 일어나는지를 파악해야 한다.

05

<보기>는 ⓔ의 구조를 그림으로 나타낸 것이다. 윗글을 읽은 학생의 반응으로 적절하지 않은 것은?

> **보기**

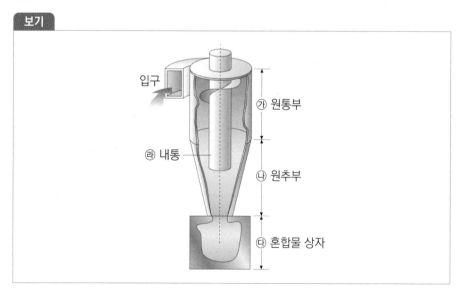

① ㉮에서는 소용돌이가 시계 방향으로 돌아 혼합물에 원심력이 작용하겠군.

② ㉮보다 ㉯에서 소용돌이의 원주속도가 상대적으로 빠르겠군.

③ ㉰에 모인 쓰레기나 혼합물이 ㉱ 내부에서 도는 소용돌이를 통해 외부로 배출되겠군.

④ ㉱의 반지름이 커지면 ㉯에서 반시계 방향으로 도는 소용돌이의 원주속도는 빨라지겠군.

⑤ 산업용으로 돌조각을 분리한다면 ㉮와 ㉯에 충격이나 마모에 강한 소재를 써야겠군.

4 Day

독서(사회) 고1 2023년 9월

민법총칙

시작시간 시 분 초 / 종료시간 시 분 초

온라인 문제풀이

정답 및 해설 | 62

※ 다음 글을 읽고 물음에 답하시오.

❶ 매매 계약, 유언 등과 같은 법률행위가 법률효과를 발생시키려면 성립요건과 효력요건을 갖추어야 한다. 성립요건은 법률행위가 성립되기 위한 요건으로, 성립요건을 갖추지 못한 경우 법률행위가 불성립했다고 한다. 효력요건은 이미 성립한 법률행위가 효력을 발생하는 데 필요한 요건으로, 이를 갖추어 효력을 발생시켰을 때 법률행위가 유효하다고 한다.

❷ 그런데 법률행위는 성립하였지만, 효력요건이 불충분하여 그 법률행위가 성립한 당시부터 법률상 당연히 그 효력이 발생하지 않는 경우 그 법률행위는 무효가 된다. ㉠ 법률행위의 무효는 무효 사유가 존재한다면 특정인의 무효 주장이 없이도 그 법률행위가 처음부터 효력이 없는 것이 되며, 기간이 경과해도 무효라는 사실은 변하지 않는다.

❸ 한편 ㉡ 법률행위의 취소는 법률행위로서 일단 효력이 발생하였다가 어떤 사유가 있어 그 법률행위가 성립한 당시로 소급하여 효력을 잃게 되는 경우를 말한다. 법률행위의 취소가 확정되면 법률상의 효력이 무효와 같아지지만, 취소 사유가 존재하더라도 취소권을 가진 특정인이 취소를 주장할 때만 그 법률행위의 효력이 없어질 수 있다는 점에서 무효와 차이가 있다. 또한 취소권은 일정한 기간이 경과하면 소멸되고, 취소권이 소멸된 법률행위는 결국 유효한 것으로 확정된다.

❹ 무효인 법률행위에서는 아무런 효력도 생기지 않으며, 법적으로는 아무것도 없는 것이라 보기 때문에 소급하여 유효로 할 수 있는 대상이 없는 상태라 할 수 있다. 그래서 무효인 법률행위, 즉 무효행위는 다른 법률행위로 전환을 하기도 하고, 추인함으로써 그때부터 새로운 법률행위가 되게 만들기도 한다. 무효는 이미 성립된 법률행위를 전제로 하기 때문에 이러한 전환이나 추인이 가능한 것이며, 만약 법률행위가 불성립했다면 전환이나 추인은 할 수 없다. 무효행위를 전환한다는 것은 무효인 법률행위가 다른 법률행위로서의 효력요건은 갖추고 있을 때, 그 법률행위로서의 효력을 인정하는 것을 말한다. 이때 전환을 위해서는 당사자가 무효임을 알았더라면, 그 법률행위가 아니라 처음부터 다른 법률행위를 했을 것이라고 인정되어야 한다. 무효행위의 전환의 예로는, 징계해고로서 효력요건을 갖추지 못해 무효가 된 법률행위가 징계휴직으로서의 효력요건은 갖추고 있을 때 징계휴직으로 전환하여 법률행위가 유효가 되는 경우를 들 수 있다.

❺ 무효행위를 추인한다는 것은 무효가 된 법률행위가 갖추지 못했던 효력요건을 추후에 보충하여 새로운 법률행위로서의 효력을 인정하는 것을 말한다. ㉢ 무효행위를 추인하면 그 무효행위가 처음 성립한 때로 소급하여 유효한 것이 되는 것이 아니라 추인한 때부터 새로운 법률행위를 한 것으로 본다. 민법은 원칙적으로 무효행

핵심정리

문단 중심 내용

❶ 법률효과를 발생시키는 법률행위의 조건
❷ 법률행위의 무효
❸ 법률행위의 취소
❹ 무효행위의 전환
❺ 무효행위의 추인
❻ 법률행위의 무효에 따른 부당이득 반환 청구권

성립요건과 효력요건

성립 요건	법률행위가 성립되기 위한 요건 – 갖추지 못한 경우 법률효과가 불성립했다고 함.
효력 요건	이미 성립한 법률행위가 효력을 발생하는 데 필요한 요건 – 갖추어 효력을 발생시켰을 때 법률행위가 유효하다고 함.

법률행위의 무효

의미	법률행위는 성립하였지만, 효력요건이 불충분하여 그 법률행위가 성립한 당시부터 법률상 당연히 그 효력이 발생하지 않는 경우
특징	• 무효 사유가 존재한다면 특정인의 무효 주장이 없이도 그 법률행위가 처음부터 효력이 없는 것이 됨. • 기간이 경과해도 무효라는 사실은 변하지 않음.

법률행위의 취소

의미	법률행위로서 일단 효력이 발생하였다가 어떤 사유가 있어 그 법률행위가 성립한 당시로 소급하여 효력을 잃게 되는 경우
특징	• 취소권을 가진 특정인이 취소를 주장할 때만 그 법률행위의 효력이 없어질 수 있음. • 일정한 기간이 지나 취소권이 소멸된 법률행위는 유효한 것으로 확정됨.

WEEK 5

전환	무효인 법률행위가 다른 법률행위로서의 효력요건은 갖추고 있을 때, 그 법률행위로서의 효력을 인정하는 것
추인	무효가 된 법률행위가 갖추지 못했던 효력요건을 추후에 보충하여 새로운 법률행위로서의 효력을 인정하는 것

위의 추인을 인정하지 않지만, 무효 원인이 소멸한 상태이고 당사자가 기존 법률행위가 무효임을 알고 추인한 경우에 한해서는 추인을 인정하고 있다.

❻ 법률행위가 무효가 되면 그 법률행위에 따른 법률효과도 생기지 않으므로 무효행위를 근거로 하는 청구권도 부인된다. 따라서 해당 법률행위에 따라 채무가 있는 경우 상대방이 청구권을 행사할 수 없으므로 채무를 이행할 필요가 없다. 만약 이미 채무가 이행된 경우라면 수령자는 해당 이득을 반환해야 하는 부당이득 반환의무를 진다. 무효는 시간이 흘러도 그대로 유지되지만, 부당이득의 반환청구권은 소멸시효가 있으므로 영구적으로 주장할 수 있는 것은 아니다.

■ 문제풀이 맥 ■

01

글의 세부 내용을 파악하는 문제이다. 법률행위의 성립요건과 효력요건, 무효행위의 전환과 추인을 파악하고 있어야 한다. 특히, 어떠한 상황에서 법률행위가 무효가 되는지와, 무효행위를 전환 또는 추인했을 때의 결과에 대해서도 알고 있어야 한다.

01

윗글의 내용과 일치하지 않는 것은?

① 법률행위가 불성립한 경우에도 법률행위의 전환이나 추인을 할 수 있다.
② 성립요건과 효력요건을 모두 갖추어야 법률행위는 법률효과를 발생시킬 수 있다.
③ 법률행위가 효력을 발생시켰더라도 어떤 사유가 있어 그 효력을 잃게 되기도 한다.
④ 법률행위가 무효가 되면 해당 법률행위에 따른 채무가 발생한 경우라도 그 채무를 이행할 필요가 없다.
⑤ 법률행위가 무효라는 사실이 그대로 유지되더라도 부당이득의 반환청구권을 영구적으로 주장할 수 있는 것은 아니다.

02

글의 세부 내용을 파악하는 문제이다. ㉠은 법률행위의 무효, ㉡은 법률행위의 취소이다. 법률행위의 무효와 취소의 특징을 파악하고, 공통점과 차이점을 비교해야 한다. 2~3문단에서 법률행위의 무효와 취소의 의미를 설명하고, 각각의 특징을 설명하고 있다.

02

㉠, ㉡에 대한 이해로 적절하지 않은 것은?

① ㉠은 효력요건이 불충분하여 법률상 당연히 효력이 발생하지 않는 경우이다.
② ㉡은 취소 사유가 존재하더라도 법률행위의 효력이 발생하는 경우가 있다.
③ ㉠과 ㉡은 모두 법률행위가 성립한 것을 전제로 한다.
④ ㉡은 ㉠과 달리 법률행위의 효력 유무에 변화를 줄 수 있는 기한이 존재한다.
⑤ ㉡은 ㉠과 달리 특정인의 주장이 없어도 법률행위의 효력이 없어질 수 있다.

03

윗글을 바탕으로 <보기>의 ⓐ와 ⓑ에 대해 이해한 내용으로 가장 적절한 것은?

> **보기**
>
> 갑은 자신의 유언을 법적으로 인정받고자 ⓐ '비밀증서에 의한 유언'의 형태로 유언증서를 남겼다. 하지만 갑의 사망 후 이 유언증서는 봉인상의 확정일자를 받아야 한다는 조건을 충족하지 않아 무효임이 밝혀졌다. 이에 대해 법원에서는 해당 유언증서가 다른 형태의 유언증서인 ⓑ '자필서명에 의한 유언'의 조건은 모두 충족하고 있으며 갑이 자신의 유언증서가 무효임을 알았다면 이러한 형태의 유언증서를 남겼을 것이라 보아, '자필서명에 의한 유언'으로서는 유효하다고 판단했다.

① ⓐ가 무효가 되면서 ⓑ의 성립요건도 불충분하게 된 것이군.

② ⓐ는 효력요건을 갖추지 못했지만 ⓑ는 효력요건을 갖추고 있군.

③ ⓐ의 부족한 효력요건이 추후에 보충되어 ⓑ가 유효하게 된 것이군.

④ ⓐ는 ⓑ로 바뀌면서 무효 원인이 소멸되어 다시 효력을 가지게 되는군.

⑤ ⓐ의 효력이 발생하려면 ⓑ가 무효임을 당사자가 알았다는 조건이 충족되어야 하는군.

03

구체적 사례에 적용하는 문제이다. <보기>에서 ⓐ는 특정 조건을 충족하지 못하여 무효인 법률행위가 되었고, ⓑ는 조건을 모두 충족하여 유효한 법률행위로 판단되었다. 이때, 법률행위를 유효한 것으로 만드는 조건이 무엇인지 지문에서 찾아야 한다.

04

㉮의 이유를 추론한 내용으로 가장 적절한 것은?

① 법률행위를 추인할 때 추인의 조건을 갖춘 상태라면 이를 소급하여 유효한 것으로 만들 수도 있기 때문이다.

② 추인으로 인해 무효행위의 유효요건이 보충되면서 새로운 법률행위로서 효력을 발생시킬 필요가 없어졌기 때문이다.

③ 무효인 법률행위는 법적으로 아무것도 없는 것이어서 소급해서 추인할 수 있는 대상 자체가 없는 상태이기 때문이다.

④ 무효인 법률행위가 성립한 때를 정확하게 증명할 수 없다면 추인을 통해 유효하게 된 시점도 특정할 수 없기 때문이다.

⑤ 무효인 법률행위는 원칙적으로 추인할 수 없도록 법률상으로 정해 놓은 것이어서 추인을 통해 유효한 것이 될 수는 없기 때문이다.

04

글의 내용을 추론하는 문제이다. ㉮는 무효행위를 추인하면 추인한 때부터 새로운 법률행위를 한 것으로 본다는 내용이다. 무효행위를 추인하더라도 그 무효행위가 처음 성립한 때로 소급하여 유효한 것이 되는 것이 아니라고 하였으므로, 지문에서 그 이유를 추론해 내야 한다.

핵심정리

가 구강, 〈북새곡〉

갈래
기행가사

성격
사실적, 비판적

제재
학정에 시달리는 북관의 백성들

주제
고통받는 백성들에 대한 안타까움과 부조리한 현실 비판

특징
① 화자와 백성의 대화를 통해 내용이 전개됨.
② 백성들의 궁핍한 삶의 모습이 사실적으로 드러남.
③ 과거와 현재를 대비하여 부정적인 현재 상황을 부각함.

해제
이 작품은 구강이 암행어사의 임무를 띠고 추운 겨울에 북관, 즉 함경도를 지나며 경험한 일을 기록한 장편 가사이다. 암행어사가 쓴 유일한 국문 시가 작품으로, 백성들의 삶의 현실, 관리들의 실정, 북관의 풍경과 그에 대한 감상이 드러나 있으며, 작품의 끝부분에는 어사로서 살았던 삶에 대한 회고의 심정이 서술되어 있다.

구성

1~3행	고통스럽게 살아가는 백성들에 대한 연민과 안타까움
4~8행	화자의 물음 – 자신과 함께 고향에 돌아가면 안접하게 해주겠다고 제안함.
9~17행	백성의 대답 – 흉년과 무리한 세금을 견디지 못해 고을 떠나게 된 백성들의 사연
18~24행	화자의 시선 – 비참한 현실에 대한 안타까움과 분노
25~28행	백성의 삶을 낫게 하기 위한 구체적 방안

※ 다음 글을 읽고 물음에 답하시오.

가

헌 누더기 입은 무리가 남자인지 여자인지
어린 자식 등에 업고 자란 자식 손에 끌고
울면서 눈물 씻고 엎어지며 오는 모양
차마 보지 못할너라 나직이 묻는 말씀
어디로서 좇아오며 어디로 가려는고
주려들 가는 사람인가 가게 되면 얻어 먹나
아무 데도 한가지라 날 따라 도로 가면
자네 원님 가서 보고 **안접(安接)*하게 하여줌세**
겨우겨우 대답하되 우리 곳은 당진(唐津)이라
여러 해 흉년들어 살길이 없는 중에
도망한 자 신구환(新舊還)*을 있는 자에 물리니
제 것도 못 바치며 남의 곡식 어찌할꼬
못 바치면 매 맞으니 매 맞고 더욱 살까
정처 없이 가게 되면 죽을 줄 알건마는
아니 가고 어찌하리 굶고 맞고 죽을 지경
차라리 구렁*에나 염려 없이 묻치이면
도리어 편할지라 이런 고로 가노메라
급히 급히 넘어가자 이 백성들 살려보세
둘째 령(嶺)을 올라서서 고을 지경 바라보니
열 집에 일곱 집은 휑그러니 비었더라
읍중(邑中)으로 들어가니 남은 집의 ㉠ 곡성(哭聲)이라
전년의 이천여 호 금년의 칠백 호라
미혹한 유부사(柳府使)*와 답답한 이도호(李都護)*는
국곡(國穀)도 중커니와 인명인들 아니 볼까
백성 없는 곡식 바다 그 무엇에 쓰려하노
출도한 후 전령하여 니징(里徵)* 족징(族徵)* 없이 하고
허두(虛頭)잡이 호역들을 태반이나 덜어 주고
신구환 칠만 석은 탕감하자 아뢰겠네

– 구강, 〈북새곡(北塞曲)〉 –

* 안접: 편안히 마음을 먹고 머물러 삶.
* 신구환: 올해 세금과 지난해 세금.
* 구렁: 무덤.
* 부사, 도호: 조선시대 관직의 이름.
* 니징, 족징: 세금을 내지 못하는 사람이 있을 때 다른 사람이나 일가족에게 대신 물리던 일.

나

십 년 종사(從仕) 후에 고향으로 도라오니
산천의구(山川依舊)ᄒᆞ되 인사(人事)ᄂᆞᆫ 달나셰라
아마다 세간존몰(世間存沒)*을 못내 슬허 ᄒᆞ노라

<1수>

강산아 나 왓노라 백구(白鷗)야 반갑고야
청풍명월(淸風明月)도 기ᄃᆞ러 줄 알건마ᄂᆞᆫ
성은(聖恩)이 ᄒᆞ 지중(至重)ᄒᆞ시니 자연지체(自然遲滯)*ᄒᆞ여라

<2수>

산화(山花)ᄂᆞᆫ ᄃᆞᆯ의 피고 물시ᄂᆞᆫ 산의 운다
일신이 한가ᄒᆞ야 산수간(山水間)의 누어시니
세상의 어즈러온 긔별을 나ᄂᆞᆫ 몰라 ᄒᆞ로라

<4수>

거믄고 빗기 들고 산수(山水)을 희롱ᄒᆞ니
청풍(淸風)은 건듯 불고 명월(明月)도 도라 온다
ᄒᆞ물며 유신(有信)ᄒᆞᆫ ᄆᆞᆯ여기*ᄂᆞᆫ 오명가명 ᄒᆞᄂᆞ니

<5수>

산수(山水)의 병(病)이 되고 금가(琴歌)*의 벽(癖)이 이셔
산수(山水) 죠흔 곳의 ㉠ 금가(琴歌)로 노니노라
두어라 초로인생(草露人生)*이 아이 놀고 어이 ᄒᆞ랴

<8수>

- 신교, 〈귀산음(歸山吟)〉 -

* 세간존몰: 세상의 존속과 멸망.
* 자연지체: 저절로 늦어 머뭇거림.
* ᄆᆞᆯ여기: 갈매기.
* 금가: 거문고에 맞추어 부르는 노래.
* 초로인생: 풀 끝에 달린 이슬처럼 덧없는 인생.

화자의 상황과 태도

상황	누더기 입은 무리를 통해 비참한 백성들의 실상을 목격함.
태도	안타까운 현실에 대한 분노와 위정자로서의 책임감을 느낌.

나 신교, 〈귀산음〉

갈래
연시조

성격
풍류적, 낭만적, 유교적

제재
고향에 돌아온 감회

주제
귀향 후 자연속에서의 유희

특징
① 자연물을 의인화하여 자연 친화적 태도를 나타냄.
② 설의법을 통해 화자가 지향하는 삶의 가치를 드러냄.
③ 속세와 자연의 삶을 대조하여 자연에서의 삶을 예찬함.

해제
이 작품은 작가 신교가 벼슬살이를 마치고 고향으로 돌아와 고향의 산천을 바라보며 느낀 감상을 서술한 8수의 연시조이다. 10년의 벼슬살이를 끝내고 돌아온 고향 산천에서의 유유자적한 삶을 통해 속세를 멀리하고, 금서를 가까이 하며 지내는 사대부의 여유가 잘 드러나 있다.

구성

1수	달라진 고향의 모습에 대한 슬픔
2수	자연에 돌아온 반가움
4수	속세를 떠나 자연에서 느끼는 한가로움
5수	아름다운 자연에서의 즐거움
8수	자연 속에서 거문고를 연주하며 느끼는 유희

갈래

경수필

성격

회고적, 성찰적

제재

과거 엿장수에 대한 추억

주제

사라져버린 엿장수에 대한 안타까움

특징

① 열거법을 통해 아이들의 간절한 심정을 효과적으로 드러냄.

② 과거와 현재를 대비하여 사라져버린 것에 대한 안타까움을 드러냄.

③ 질문의 형식으로 글을 마무리하여 독자들이 대상을 생각하도록 유도함.

해제

이 작품은 글쓴이가 어린 시절에 엿장수와 관련해서 겪었던 다양한 경험을 바탕으로, 그때를 추억하고 그리워하는 마음에서 쓴 수필이다. 엿장수에 대한 동네 아이들의 기다림과 반가움을 생동감 있게 묘사하고 있으며, 과거와 현재의 대비를 통해 지금은 사라져 버린 엿장수에 대한 향수와 반성을 불러일으키고 있다.

구성

처음	과거 엿장수가 오기만을 기다리던 동네 아이들의 모습
중간	엿과 바꿔먹기 위해 다양한 물건들을 들고 달려가던 아이들
끝	사라져버린 엿장수에 대한 아쉬움과 그리움, 엿장수의 가치

엿장수에 대한 평가

• 외국 자본에 기대지 않고 순수하게 민족 자본으로 성장했던 마지막 기업

• 이 땅에서 쓰레기 분리수거를 제일 먼저 실천했던 선각자들

↓

엿장수, 넝마주이, 고물상이라는 이름 앞에 좀 더 겸손하고, 그들의 가치를 존중해야 함.

다

기다리는 엿장수는 오지 않았다. 벌써 보름째 나타나지 않는 엿장수의 리어카를 기다리느라 조바심이 난 아이들은 오리처럼 목이 길어졌다. 마당에서 자치기를 하다가도 담 너머로 슬쩍슬쩍 눈을 돌렸고, 꼴을 베다가도 동구 밖을 자주 힐끔거렸다. 여름날, 대청마루에서 낮잠을 자고 있노라면 꿈속에서도 엿장수의 가위 소리가 귓전을 울리곤 했다.

엿장수의 그 넓적한 가위는 엿을 알맞게 나누는 도구인 동시에 그 소리로 엿장수 자신의 존재를 알리는 훌륭한 홍보 수단이었다. 노련한 엿장수일수록 엿가위에 신명 난 장단을 넣어 아이들의 귀를 길쭉하게 만들었다.

고요한 마을에 엿장수의 ⓒ 가위 소리가 멀리서 찰칵거리기 시작하면 아이들은 너나 할 것 없이 가위 소리가 나는 쪽을 향해 뛰었다. 한쪽 발에만 신을 꿰어 신고 뛰어가는 아이도 있었다. 신발을 손에 들고 뛰는 아이도 있었다. 아예 맨발로 뛰는 아이도 있었다. 바지가 흘러내리는 줄도 모르고, 가랑이가 찢어지는 줄도 모르고 아이들은 뛰었다.

엿으로 바꿔 먹을 만한 물건이 없나, 하고 아이들은 이미 마루 밑이며 헛간을 수도 없이 뒤진 터였다. 아이들은 고철이나 함석 조각을 챙겨 들고 달렸다. 칠성사이다를 마시고 남은 빈 병을 쥐고 달렸다. 뒤축이 닳아 구멍이 난 흰 고무신을 품고 달렸다. 1원짜리 동전 하나를 달랑 손에 움켜쥐고 달렸다. 어른들의 서릿발 같은 꾸중을 각오하고 멀쩡한 양은 냄비나 숟가락을 들고 달리는 용감한 아이도 있었다.

(중략)

하지만 이제 우리나라 어디를 가더라도 그 옛날의 엿장수는 없다. 엿장수의 가위 소리도 없고, 그 소리에 넋을 놓고 뛰어가던 아이들도 없다. 이어폰만 귀에 꽂으면 엿장수의 단조로운 가위 소리보다 더 빠르고 변화가 심한 매력적인 음악을 들을 수 있고, 엿가락보다 더 달콤한 군것질거리가 지천에 널려 있다.

누군가 우스개처럼 말했던 게 생각난다. 엿장수는 외국 자본에 기대지 않고 순수하게 민족 자본으로 성장했던 마지막 기업이었다고. 그렇지 않더라도 엿장수, 넝마주이, 고물상이라는 이름들 앞에 우리는 좀 더 겸손해져야 하지 않을까. 그들은 이 땅에서 쓰레기 분리수거를 제일 먼저 실천했던 선각자들이라고 말이다. 그들이 아니었다면 삼천리 금수강산은 삼천리 유리 파편 강산이 되었을지도 모르는 일이다. 안 그런가?

– 안도현, 〈엿장수 생각〉 –

01

(가)와 (나)의 표현상 특징에 대한 설명으로 가장 적절한 것은?

① (가)는 (나)와 달리 문답 구조를 통해 시상을 전개하고 있다.

② (가)는 (나)와 달리 공간을 대비하여 지향하는 가치를 드러내고 있다.

③ (나)는 (가)와 달리 유사한 통사 구조를 반복하여 운율을 형성하고 있다.

④ (나)는 (가)와 달리 구체적인 수치를 활용하여 상황의 변화를 드러내고 있다.

⑤ (가)와 (나)는 모두 계절감이 드러나는 시어를 사용하여 시간의 경과를 보여 주고 있다.

01

표현상의 특징을 이해하는 문제이다. 표현법에 대한 개념이 먼저 정립되어 있어야 한다. 이를 바탕으로 선택지에 제시된 표현법이 (가)와 (나)에 나타났는지를 찾아야 한다. 따라서 '문답 구조', '공간의 대비', '유사한 통사 구조' 등의 개념을 이해하고, 해당 표현 방식이 각 작품에 나타나는지를 확인해야 한다.

02

<보기>를 바탕으로 (가)를 감상한 내용으로 적절하지 <u>않은</u> 것은?

> **보기**
>
> (가)는 구강이 암행어사로 겨울에 북관을 지나면서 경험한 일을 바탕으로 쓴 가사이다. 어사로서 임무를 수행하며 백성들의 피폐한 삶과 지방 관리들의 폭정을 대면하고 이를 해결하기 위해 노력하는 과정에서의 감상이 드러나 있다. 이는 위정자로서의 책임감과 함께 인간에 대한 구강의 연민의 정이 표출된 것이다.

① '차마 보지 못할너라'에서 어려운 상황에 처한 백성들에게 연민의 정을 느끼는 작자의 모습을 발견할 수 있어.

② '안접하게 하여줌세'에서 고향으로 돌아가려는 백성들을 도우려는 위정자로서의 책임감을 느낄 수 있어.

③ '도망한 자 신구환을 있는 자에 물리니'에서 불합리하게 부과된 세금으로 고통받는 백성들의 현실을 짐작할 수 있어.

④ '급히 급히 넘어가자 이 백성들 살려보세'에서 암행어사로서 임무에 최선을 다하려는 마음가짐을 엿볼 수 있어.

⑤ '백성 없는 곡식 바다 그 무엇에 쓰려하노'에서 백성들을 수탈하는 지방 관리들에 대한 부정적 인식을 확인할 수 있어.

02

외적 준거에 따라 작품을 감상하는 문제이다. <보기>에 따르면 (가)는 글쓴이가 백성들의 피폐한 삶과 지방 관리들의 폭정을 대면하고, 이를 해결하려는 과정을 드러내고 있다. 따라서 이러한 관점을 바탕으로 각 구절의 의미를 파악해야 한다.

03

작품의 내용을 이해하는 문제이다. 작품의 주제를 바탕으로 각 수마다 자연에 대한 화자의 감상과 심리가 어떻게 변화하는지 파악해야 한다.

03

(나)에 대한 설명으로 적절하지 않은 것은?

① <1수> : 돌아온 고향에서 변해 버린 인사(人事)에 대한 슬픔을 나타내고 있다.
② <2수> : 강산을 즐기느라 임금에게 가지 못하는 상황에 대한 미안함을 드러내고 있다.
③ <4수> : 세속의 어지러운 소식을 모른 체하며 살고 싶은 심정을 표현하고 있다.
④ <5수> : 자연과 어우러지는 모습을 통해 자연에 대한 친근감을 드러내고 있다.
⑤ <8수> : 인생이 덧없다고 느끼기에 산수(山水)와 노래를 즐기며 살기를 희망하고 있다.

04

외적 준거에 따라 작품을 감상하는 문제이다. <보기>에서 작품의 내용과 구성을 설명하고 있으므로 내재적 관점에 따라 작품을 이해하는 것이 중요하다.

외재적 관점	작품 외부에 있는 요소를 통해 작품을 감상하는 방법 예 시대적 배경, 작가의 의도, 작품이 독자에게 미칠 영향 등
내재적 관점	작품 자체에만 주목하여 작품을 감상하는 방법 예 언어적 특징, 표현법, 등장인물 간 갈등 등

04

<보기>를 바탕으로 (다)를 이해한 내용으로 적절하지 않은 것은?

> **보기**
>
> (다)에서 글쓴이는 '엿장수'에 대한 생각과 느낌을 드러내고 있다. 엿장수를 기다리던 모습, 엿장수가 마을에 나타났을 때의 반응, 엿으로 바꿔 먹었던 다양한 물건 등 엿장수와 관련된 추억을 언급하고, 이제는 사라져 버린 대상에 대한 안타까움과 그 가치에 대해 이야기하고 있다.

① 아이들이 엿장수를 기다리던 모습을 묘사하면서 그들의 애타는 심정을 효과적으로 드러내고 있다.
② 엿장수를 향해 정신없이 뛰어가던 아이들의 모습을 생동감 있게 그려내고 있다.
③ 아이들이 엿으로 바꿔 먹기 위해 들고 갔던 다양한 물건을 언급하고 있다.
④ 엿장수가 사라진 이후 변화를 받아들이지 못하는 기존 세대에 대한 안타까운 심정을 토로하고 있다.
⑤ 엿장수가 했던 일에 가치를 부여하여 그 의미를 독자들이 생각해 보도록 하고 있다.

05

소재의 기능을 파악하는 문제이다. 소재란 작품 속에서 인물의 심리나 사건을 전개하기 위해 사용하는 매개를 뜻한다. 따라서 작품의 전체적인 내용을 이해한 뒤, 각 소재가 인물과 내용 전개, 작품의 분위기에 어떠한 영향을 미치는지를 파악해야 한다. 특히 ㉠~㉢ 모두 청각적 이미지와 관련된 소재이므로 이를 유의해야 한다.

소재의 의미

㉠ 곡성	백성의 비참한 현실 강조
㉡ 금가	자연 속에서 거문고를 연주하며 느끼는 풍류 표현
㉢ 가위 소리	엿장수가 등장함을 의미

05

㉠~㉢에 대한 설명으로 가장 적절한 것은?

① ㉠은 현재 상황에 대한 슬픔을 드러내는 화자의 소리이고, ㉡은 현재 상황에 대한 만족감을 드러내는 화자의 소리이다.
② ㉠은 현실에 대한 울분을 드러내는 백성들의 소리이고, ㉢은 현실에 대한 불만을 드러내는 엿장수의 소리이다.
③ ㉡은 주변 경관을 감상하며 즐기는 소리이고, ㉢은 주변의 분위기를 분주하게 변화시키는 소리이다.
④ ㉠과 ㉡은 모두 화자의 과거 경험을 떠올리게 하는 소리이다.
⑤ ㉡과 ㉢은 모두 긍정적인 상황에서 부정적인 상황으로의 반전을 유발하는 소리이다.

※ 다음 글을 읽고 물음에 답하시오.

[앞부분의 줄거리] 국민학교 2학년생인 '나'는 걸구대(궐기대회)가 열릴 때마다 멧돼지를 서너 마리씩 미국 대통령이나 유엔 사무총장과 같은 외국 귀인들에게 보낸다는 것을 알고 의아해 한다.

어린 소견에 도무지 알다가도 모를 노릇이었다. 그런 식으로 마구 보내 주다가는 오래지 않아 나라 안의 멧돼지는 깡그리 씨가 마를 판이었다. 그렇잖아도 가뜩이나 육고기가 부족한 가난뱅이 나라에서 서양 부자 나라의 지체 높은 양반들한테 뭣 때문에 툭하면 그 귀한 멧돼지들을 보낸단 말인가. 또 보낸다면 그 멀고 먼 나라까지 무슨 수로, 그리고 어떤 모양으로 그 짐승들을 보낸단 말인가.

멧돼지 보내기가 몇 번이나 되풀이된 다음, 마지막 순서로 혈서 쓰기가 시작되었다. 검정색 학생복 차림의 피 끓는 청년 학도들이 차례차례 연단에 올라 손가락을 깨물어 하얀 천 위에다 붉게 혈서를 쓰고 있었다. 그쯤에서 진력이 날 대로 나버린 급우 녀석들이 나를 향해 자꾸만 눈짓을 보내왔다. 엎어지면 코 닿을 자리에 집이 있는 내가 몇몇 친한 녀석들을 데리고 몰래 광장을 빠져나와 걸구대가 끝날 때까지 우리 식당에서 즐거운 시간을 함께 보낸 적이 종종 있었던 까닭이었다. 녀석들과 함께 걸구대에서 막 도망쳐 나오려는 순간이었다. 바로 그때 새롭게 연단에 오른 청년의 모습이 내 발목을 꽉 붙잡았다. 그보다 앞서 혈서를 쓴 학생들과 달리 그는 학생복 차림이 아니었다. 검정물로 염색한 군복을 걸친 그 헙수룩한 모습이 먼빛으로 봐도 어쩐지 많이 눈에 익어 보였다. 잠시 후에 열 손가락을 모조리 깨물어 혈서를 쓴, 참으로 보기 드문 열혈 애국 청년이 등장했음을 걸구대 사회자가 확성기를 통해 널리 알렸다. 곧이어 '북진통일'이라고 대문짝만 하게 적힌 혈서가 청중에게 공개되었다. 치솟는 박수갈채로 역전 광장이 갑자기 떠나갈 듯 요란해졌다. 설마 그럴 리가 있겠느냐고, 혹시 내가 잘못 봤을지도 모른다고 생각하면서 나는 고개를 저었다. 나는 몇몇 급우들과 함께 슬며시 광장을 벗어나고 말았다.

내가 결코 잘못 본 게 아니라는 사실이 이윽고 밝혀졌다. 창권이 형은 열 손가락에 빨갛게 핏물이 밴 붕대를 친친 감은 채 식당에 돌아옴으로써 어머니와 나를 기절초풍케 만들었다. 너무도 어처구니가 없는 나머지 어머니는 형이 돌아오면 퍼부으려고 잔뜩 별러서 장만했던 욕바가지를 꺼내들 엄두조차 못 낼 정도였다. 아프지 않더냐는 내 걱정에 형은 마치 남의 살점 얘기하듯 심상하게 대꾸했다.

"괭기찮어. 어째피 남어도는 피니깨."

그 혈서 사건 이후부터 창권이 형은 자기 몸 안에 들끓는 더운 피를 덜어내기 위해 이따금 주먹으로 자신의 코쫑배기를 후려쳐 일부러 코피를 쏟아 내야 하는 수고를 더 이상 할 필요가 없게 되었다. 그리고 어머니 말마따나 형은 정말 우리 식당에서 국민학교 2학년인 '나'(하인철)는 광장에서 열린 대규모 궐기대회에 참여하여 식을 관람하는 도중 미국 대통령이나 유엔 사무총장과 같은 외국 귀인들에게 멧돼지를 보낸다는 것을 듣고 의아해한다. 그 후 이어진 순서인 혈서 쓰기를 보던 '나'는 친구의 눈짓을 알아채고 광장을 빠져나오려던 도중, 사촌인 창권이 형이 혈서 쓰기에 참여하여 많은 관중들의 호응을 얻는 광경을 목격한다. 그 뒤 창권이 형은 궐기대회가 열릴 때마다 참가하여 혈서를 쓴다. 사람들에게 알려진 창권이 형은 고위 인사들로부터 교복을 입고 학생인 척할 것을 지시받고, 다음번 궐기대회부터는 맥아더 장군에게 보내는 멧세지를 낭독하기로 한다. '나'는 고등학교는커녕 초등학교 졸업이 전부인 창권이 형이 '멧돼지'를 '멧세지'로 잘못 발음한 줄 알고 창권이 형과 설전을 벌인다. 창권이 형은 그 후에도 여러 궐기대회에 참여하여 대중들에게 호응을 얻었으나, 군산에서 벌어진 시위에서 셰퍼드에게 공격받아 중상을 입는다. 궐기대회에 참여하지 못해 집에만 있던 창권이 형은 '나'의 어머니의 홀대를 이기지 못하고 다시 고향으로 돌아가려 한다. 떠나기 전날 밤 창권이 형은 '나'에게 자신이 아끼던 회중시계를 만져보게 하고, '나'는 형의 호의에 대한 보답으로 '멧돼지'가 아닌 '멧세지'가 맞는 말이었다고 말한다.

| 교표 | 높은 사람들이 창권이 형에게 고등과 학생 흉내를 내게 하며 교복과 함께 건넨 것. |

↓

| 대중을 기만하는 권력층을 상징함. |

| 회중시계 | • 창권이 형이 애지중지하는 물건으로, 피난민의 시체에서 훔쳐옴.
• 창권이 형의 금빛 찬란하던 한때를 증언하는 듯함. |

↓

| 권력을 중시하는 창권이 형의 속물성을 의미함. |

| 북진통일, 맥아더 원수, 적성중립국 감시위원 | 6·25 전쟁과 관련된 소재 |

↓

| 시대적 배경을 유추할 수 있음과 동시에, 권력층의 민족 간 이념 대립을 심화하는 소재임. |

아무짝에도 쓸모없는 인간으로 완전히 바뀌어 버렸다. 역전 광장에서는 사흘이 멀다 하고 크고 작은 궐기대가 잇달아 벌어졌다. 덕분에 형의 상처 난 **손가락들은 좀체 아물 새가 없**었다. 궐기대 때마다 단골로 혈서를 쓰는 열혈 애국 청년 노릇에 워낙 바쁘다 보니 식당 안에 진드근히 붙어 있을 겨를도 없었다. 어머니는 결국 역마살이 뻗쳐 하고많은 날들을 밖으로만 나대는 형의 발을 묶어 식당 안에 주저앉히려는 노력을 포기할 지경에 이르렀다. 형은 어느덧 장국밥을 전문으로 하는 식당의 허드재비 심부름꾼에서 당당한 손님으로 격이 달라져 있었다.

중요한 일로 높은 사람들을 만나러 간다며 아침 일찍 집을 나선 창권이 형이 해 질 녘에 다다가* 고등학생으로 변해 돌아왔다. 그동안 형의 변모는 너무나 급격해서 그러잖아도 눈알이 팽팽 돌 지경이었는데, 방금 새로 사 입은 빳빳한 학생복에 어엿이 어느 학교의 교표까지 붙인 학생모 차림은 상상을 뛰어넘는 것이라서 어머니와 나는 다시 한번 할 말을 잃고 말았다.

"일트레면은 가짜배기 나이롱 고등과 학생인 심이지."

언제 학교에 들어갔었느냐는 내 물음에 형은 천연덕스레 대꾸하고 나서 한바탕 히히거렸다. 가짜 대학생 이야기는 더러 들어봤어도 가짜 고등학생은 형이 처음이었다.

"핵교도 안 댕기는 반거충이 청년이 단골 혈서가란 속내가 알려지는 날이면 넘들 보기에도 모냥이 숭칙허다고, 날더러 당분간 **고등과 학생 숭내를 내고 댕기**란다."

형은 모자에 붙은 교표에 호호 입김을 불어 소맷부리로 정성스레 광을 내기 시작했다. 안 그래도 새것임을 만천하에 광고하듯 ㉠ 너무 번뜩여서 오히려 탈인 그 금빛의 교표를 형은 내친김에 아예 순금제로 바꿔 놓을 작정인 듯 시간 가는 줄 모르고 일삼아 닦고 또 닦아 댔다. 나는 국민학교 졸업이 학력의 전부인 형을 한동안 물끄러미 바라보았다. 가정 형편이 어려워 어릴 때부터 남의집살이로 잔뼈를 굵혀 나온 형은 자신을 진짜배기 고등학생으로 착각하고 있는 기색이었다.

"요담번 궐기대회 때부텀 나가 맥아더 원수에게 보내는 멧세지 낭독까장 맡어서 허기로 결정이 나뿌렀다."

형은 교표 닦기를 끝마친 후 호주머니에서 피난민 시체로부터 선사 받은 금장의 회중시계를 꺼내어 더욱더 공력을 들여 삐까번쩍 광을 내기 시작했다. 정말 갈수록 태산이었다. 형은 궐기대에서 자신이 맡은 역할이 단골 혈서가 노릇 말고 다른 중요한 것이 더 있음을 자랑스레 밝히는 중이었다. 나는 멧돼지를 멧세지라 잘못 발음한 형의 실수를 부득이 지적하지 않을 수 없었다. 하지만 무식한 가짜 고등학생은, 멧돼지가 아니라고, 꼬부랑말로 **멧세지**가 맞다고 턱도 없는 우김질을 끝까지 계속했다.

(중략)

창권이 형의 마지막 활약상은 그리 오래 지속되지 못했다. 그날도 형은 군산으로 원정을 떠나 적성중립국 감시위원들의 추방을 요구하는 **시위대의 선두에 섰**다. 시위 분위기가 무르익자 형은 그만 흥분을 가누지 못하고 미군 부대 철조망을 타넘는 만용을 부렸다. 바로 그때 경비병들이 송아지만 한 셰퍼드들을 풀어놓았다. 형은 셰퍼드들의 집중 공격을 받아 엉덩이 살점이 뭉텅 뜯겨 나가고 왼쪽 발뒤꿈치의 인대가 끊어지는 **중상을 입**었다. 형이 병원에서 퇴원할 때는 이미 한쪽 다리를 저는 불구의 몸으로 변해 있었다.

퇴원한 뒤에도 창권이 형은 한동안 우리 집에 계속 머물렀다. 형의 그 가짜배기 애국 학도 행각을 애초부터 꼴같잖게 여기던 어머니는 쩔쑥쩔쑥 기우뚱거리는 걸음걸이로 하릴없이 식당 안팎을 서성이는 먼촌붙이 조카를 눈엣가시로 알고 노골적으로 박대했다. 우리 식당에 빌붙어 눈칫밥이나 축내며 지내던 어느 날, 형은 마침내 시골집으로 돌아갈 결심을 굳혔다.

떠나기 전날 밤, 창권이 형은 보퉁이를 다 꾸린 다음 크게 선심이라도 쓰는 척하면서 내게 금장 회중시계를 만져 볼 기회를 딱 한 차례 허락했다. 행여 닳기라도 할까 봐 오래 구경시키는 것마저도 꺼려 하던 그 귀물 단지를 형이 내 손에 통째로 맡긴 것은 그때가 처음이자 마지막이었다. 피난민 시체로부터 받은 선물이라고 주장하던 그 **회중시계**가 내 작은 손바닥 위에 제법 묵직한 중량감으로 올라앉아 있었다. 등잔불 그늘 안에서도 말갛고 은은한 광휘를 발산하는 금시계를 일삼아 들여다보고 있자니 마치 형의 금빛 찬란하던 한때를 그것이 째깍째깍 증언하는 듯한 느낌이 언뜻 들었다. 전쟁 기간을 통틀어 형의 수중에 남겨진 **유일한 전리품**이었다.

"형이 옳았어."

회중시계를 되돌려 주면서 형의 호의에 대한 답례 삼아 뭔가 형에게 위로가 될 적당한 말을 찾느라 나는 복잡한 머릿속을 한참이나 뒨장질하지 않으면 안 되었다.

"멧돼지가 아니었어. 멧세지가 맞는 말이여."

내 말에 아무런 대꾸 없이 형은 그저 보일락말락 미소만 시부저기 흘리고 있을 따름이었다.

－ 윤흥길, 〈아이젠하워에게 보내는 멧돼지〉 －

* 다따가: 난데없이 갑자기.

인물의 행동 변화

창권이 형

혈서 쓰기 참여 후

- 여러 궐기대회에 참여하여 혈서를 쓰고 사람들의 환호를 받음.
- 초등학교 졸업이 전부이지만 고등과 학생을 흉내내고 다님.
- 맥아더 원수에게 보내는 메시지 낭독을 맡게 됨.

부상을 입은 후

- 궐기대회에 참여하지 못하게 되자, 하릴없이 식당 안팎을 서성임.
- '나'의 어머니의 눈치에 다시 시골로 돌아가게 됨.

↓

대중을 기만하는 권력층에 편승하고자 하지만, 쓸모가 없어지자 권력층으로부터 버림받음.

언어유희

- 미국 대통령이나 유엔 사무총장과 같은 외국 귀인들에게 보내는 '멧세지'를 '멧돼지'로 잘못 알아들음.
- 창권이 형이 올바르게 말하였음에도 창권이 형이 틀렸다고 생각함.

↓

언어유희를 통해 웃음을 유발하고 궐기대회를 희화화함.

6·25전쟁과 궐기대회

6·25전쟁 발발 이후 북한의 공산주의와 남한의 민주주의 이념이 대립되자, 정부는 반공을 가장 중요한 국가 이념으로 주창하여, 국민들에게 반공을 가르치고 반공 궐기대회를 개최하여 남북 간 이념 대립을 심화시켰음.

01

서술상의 특징을 이해하는 문제이다. 일반적으로 소설의 서술 특징은 시점과 사건이 전개되는 방식을 통해 확인할 수 있다. 특히 이 문제는 시점에 초점을 두고 있으므로, 작품이 1인칭 관찰자 시점으로 쓰였다는 사실을 바탕으로 선택지를 이해해야 한다.

	주관적 태도	객관적 태도
이야기 내부	1인칭 주인공 시점	1인칭 관찰자 시점
이야기 외부	3인칭 관찰자 시점	전지적 작가 시점

01

윗글에 대한 설명으로 가장 적절한 것은?

① 이야기 내부 인물이 중심인물의 행동과 그에 대한 자신의 생각을 서술하고 있다.

② 이야기 내부 인물이 인물과 인물 사이의 갈등을 해소하는 과정을 보여 주고 있다.

③ 이야기 내부 인물이 과거와 현재를 반복적으로 교차하며 자신의 경험을 전달하고 있다.

④ 이야기 외부 서술자가 특정 소재와 관련된 인물의 내면 심리를 묘사하고 있다.

⑤ 이야기 외부 서술자가 서로 다른 공간에서 동시에 일어나는 사건들을 나열하고 있다.

02

작품의 세부 내용을 이해하는 문제이다. 작품에 대한 전반적인 이해를 바탕으로 선택지에 제시된 내용이 작품과 일치하는지 파악해야 한다. 특히 인물을 중심으로 사건의 내용을 묻고 있으므로, 작품에 나타난 인물과 사건을 적절하게 이해하는 것이 중요하다.

'나'는 궐기대회에서 창권이 형이 혈서를 쓰는 모습을 목격함.

혈서를 써서 많은 사람들의 환호를 받게 된 창권이 형은 그 뒤로 여러 궐기대회에 참여하여 혈서를 쓰고 다님.

높은 사람들이 창권이 형에게 고등학생 흉내를 내고 다닐 것을 지시함.

시위에 참여하였다 부상을 입게 되자, 창권이 형은 '나'의 어머니의 눈총을 못 이기고 시골로 돌아가고자 함.

창권이 형은 '나'에게 자신이 아끼던 회중시계를 만져보게 하고, '나'는 그에 대한 보답으로 창권이 형을 위로함.

02

윗글을 읽고 알 수 있는 내용이 아닌 것은?

① '나'는 궐기대회가 끝나기 전 친구들과 도중에 나온 적이 있었다.

② '나'는 창권이 형이 궐기대회에서 혈서를 쓴 사실을 어머니를 통해 전해 들었다.

③ 창권이 형은 열혈 애국 청년 노릇으로 바빠지게 되자 식당 심부름꾼으로 일할 겨를이 없었다.

④ 창권이 형은 퇴원 후 어머니에게 노골적인 박대를 받던 끝에 고향으로 돌아갈 결심을 했다.

⑤ 어머니는 창권이 형이 궐기대회에서 박수갈채를 받으며 애국학도로 행세하는 것을 못마땅하게 여겼다.

03

⊙에 대한 이해로 가장 적절한 것은?

① 빛나는 교표로는 오히려 창권이 형의 능청스러운 성격을 은폐하기 어려움을 의미한다.

② 교표가 빛이 날수록 오히려 창권이 형이 자신의 행동을 부끄럽게 생각할 수 있음을 의미한다.

③ 번뜩이는 교표로 인해 궐기대회에서 창권이 형이 맡는 역할이 오히려 축소될 수 있음을 의미한다.

④ 교표를 정성스럽게 닦는 행위 때문에 오히려 창권이 형이 불안감을 더 크게 느끼게 됨을 의미한다.

⑤ 지나치게 새것으로 보이는 교표 때문에 오히려 창권이 형의 학력 위조가 쉽게 탄로 날 수 있음을 의미한다.

03

상징적 소재의 의미를 이해하는 문제이다. 작품에 대한 전체적인 이해를 바탕으로 소재와 행위의 의미를 파악하는 것이 중요하다. ⊙은 '너무 번뜩여서 오히려 탈인 그 금빛의 교표'로, 이때 '교표'는 창권이 형이 높은 사람들에게로부터 고등학생을 흉내낼 것을 지시받으며 건네받은 것이다.

04

<보기>를 바탕으로 윗글을 감상한 내용으로 적절하지 <u>않은</u> 것은?

> **보기**
>
> 이 작품은 6·25 전쟁으로 인해 혼란해진 사회를 배경으로 한다. 창권이 형은 궐기대회에서 애국 학도로 활약하게 되는 과정에서 권력층에 편승하는 모습을 보인다. 정치적 목적을 위해 대중을 기만하는 권력층에 이용당하다 결국 몰락하게 되는 창권이 형을 통해 어리석은 인물이 가진 욕망의 허망함을 풍자하고 있다. 그리고 궐기대회에서 벌어지는 일을 제대로 이해하지 못하는 어린 '나'를 통해 궐기대회가 희화화된다.

① '멧세지'를 보내는 것을 '멧돼지 보내기'로 오해한 '나'를 통해 궐기대회가 희화화되는군.

② '좀체 아물 새가 없'는 '손가락들'은 표면적으로는 애국심의 증거이지만 이면적으로는 창권이 형이 권력층에 이용당하는 인물임을 엿볼 수 있게 하는군.

③ '고등과 학생 숭내를 내고 댕기'라고 지시하는 것에서 자신들의 목적을 위해 대중을 속이는 권력층의 부정적 면모가 드러나는군.

④ '시위대의 선두에 섰'다가 '중상을 입'은 비극을 통해 권력층에 편승하려는 창권이 형의 부질없는 욕망이 풍자되고 있군.

⑤ '유일한 전리품'이었던 '회중시계'는 전쟁 시기에 애국 학도로서의 신념을 지키시 못한 창권이 형의 고뇌를 상징하는군.

04

외적 준거를 바탕으로 작품을 감상하는 문제이다. <보기>에서는 6·25 전쟁이라는 시대적 배경을 중심으로 인물을 설명하며, 작품 속에서 서술자가 어떠한 기능을 하는지 제시하고 있다. 따라서 작품의 사건과 인물의 행동, 의도 등을 <보기>의 내용과 연결지어 분석해야 한다.

스스로 점검하기

6일간 학습

Day	공부 시작 시간	공부 종료 시간	틀린 문항 수	틀린 유형
Day 1	시 분 초	시 분 초		
Day 2	시 분 초	시 분 초		
Day 3	시 분 초	시 분 초		
Day 4	시 분 초	시 분 초		
Day 5	시 분 초	시 분 초		
Day 6	시 분 초	시 분 초		

1 일별로 계획에 맞춰 공부하기

하루에 기출 하나씩 매일 꾸준히 공부하는 것이 최선의 방법이다.

2 시작 시간과 종료 시간 체크하기

스스로 시간 제한을 두고 문제를 푸는 것이 실전 대비에 효과적이다.

3 틀린 문항과 유형 분석하기

틀린 문제는 또 틀릴 수 있다. 특정 문항과 유형에서 많이 틀렸다면, 그 이유를 분석해야 한다.

4 보충 학습하기

스스로 점검하기를 통해 자신의 취약한 유형을 확인하고, SLS를 통해 부족한 부분을 보충 학습한다.

번호	Day 1						Day 2						Day 3					
	1	2	3	4	5	6	1	2	3	4	5	6	1	2	3	4	5	6
정답률	87%	91%	83%	89%			85%	30%	74%	74%	68%		68%	60%	61%	73%	47%	
채점																		

번호	Day 4						Day 5						Day 6					
	1	2	3	4	5	6	1	2	3	4	5	6	1	2	3	4	5	6
정답률	74%	75%	59%	39%			40%	64%	75%	89%	82%		79%	82%	62%	60%		
채점																		

결과	틀린 문항에는 ✕ 표시, 찍어서 막혔거나 헷갈렸던 문항에는 △표시, 맞춘 문항에는 ○표시 채점 결과 : 맞은 문항 수 27개중 ☐ 개

나의 예상 등급은?

등급

1등급 24~27개

2등급 22~23개

3등급 19~21개

1 Day

화법과 작문　고2 2023년 6월

작문

핵심정리

갈래

설명문

제재

가치 소비

주제

바람직한 소비 생활을 위한 가치 소비 소개

문단 중심 내용

❶ 주제 선정 동기 및 작문 주제 소개
❷ 가치 소비의 개념과 가치 소비의 두 가지 형태
❸ 미닝 아웃의 개념과 미닝 아웃의 예시
❹ 가치 소비의 의의

가치 소비

개념	소비자가 본인의 가치 판단을 우선시하여 소비하는 방식
가치 소비의 형태	• 타인이 부러워할 만한 고가의 제품을 구매함으로써 개인적인 만족감을 얻는 소비 • 사회적·윤리적 의미를 실현하고자 하는 소비

미닝 아웃

이름의 뜻	'신념'을 뜻하는 '미닝(meaning)'과 '벽장 속에서 나오다'라는 뜻을 지닌 '커밍 아웃(coming out)'을 결합
개념	소비 행위 등을 통해 개인의 사회적 신념이나 가치관을 표출하는 것
예시	• 자신이 지향하는 가치를 실현할 수 있는 소비를 한 후 이를 누리소통망(SNS)에 게시함으로서 자신이 어떤 신념을 지니고 있는지를 드러내는 것 • 선행을 실천한 가게의 제품 구매를 유도하는 것 • 부도덕한 기업의 제품에 대한 불매 의사를 표현하는 것

※ 다음은 작문 상황과 이를 바탕으로 작성한 학생의 초고이다. 물음에 답하시오.

가 **작문 상황**

◦ **목적** : 바람직한 소비 생활을 위한 가치 소비 소개

◦ **예상 독자** : 우리 학교 학생들

나 **학생의 초고**

❶ 최근 '가치 소비'가 사회적으로 관심을 받고 있다. 가치 소비에 대한 우리 학교 학생들의 설문 조사 결과를 살펴보면, 가치 소비라는 말을 들어본 학생이 증가하고 있음을 알 수 있다. 그러나 가치 소비가 무엇인지 제대로 아는 학생은 많지 않다. 이에 가치 소비의 개념과 실천 사례, 그 의의에 대해 소개하고자 한다.

❷ 가치 소비란 소비자가 본인의 가치 판단을 우선시하여 소비하는 방식을 말한다. 소비자 본인이 가치를 부여하는 제품에 대해서는 비용이 더 들더라도 과감하게 소비하되, 그렇지 않은 제품에 대해서는 저렴하거나 실속 있는 것을 선호하는 것이다. 가치 소비에는 타인이 부러워할 만한 고가의 제품을 구매함으로써 개인적인 만족감을 얻는 소비도 있지만, 다소 비싸더라도 사회적·윤리적 의미를 실현하고자 하는 소비도 있다. 소비가 기부로 연결되는 제품이나 동물 실험을 거치지 않은 제품을 구매하는 것이 후자에 해당한다. 이처럼 사회적·윤리적 의미를 추구하는 가치 소비는 사회적으로 긍정적인 영향을 끼칠 수 있다는 점에서 주목받고 있다.

❸ 가치 소비를 적극적으로 표현하는 방법으로 '미닝 아웃(meaning out)'이 있다. 미닝 아웃은 '신념'을 뜻하는 '미닝(meaning)'과 '벽장 속에서 나오다'라는 뜻을 지닌 '커밍 아웃(coming out)'을 결합한 단어로, 소비 행위 등을 통해 개인의 사회적 신념이나 가치관을 표출하는 것을 말한다. 자신이 지향하는 가치를 실현할 수 있는 소비를 한 후 이를 누리소통망(SNS)에 게시함으로써 자신이 어떤 신념을 지니고 있는지를 드러내는 것이 미닝 아웃의 하나이다. 또한 선행을 실천한 가게의 제품 구매를 유도하거나 부도덕한 기업의 제품에 대한 불매 의사를 표현함으로써, 많은 사람의 동참에 영향을 주는 형태도 있다.

❹ 사회적·윤리적 가치를 구매 기준으로 삼는 소비자의 움직임에 발맞추어 기업에서도 사회적 책임이나 윤리적 가치를 추구하는 행보를 보이고 있다. 따라서 소비자의 바람직한 가치 소비가 장기적으로 계속된다면 사회에 선한 영향력을 미칠 것이라 생각한다. [A]

01

초고를 쓰기 위해 떠올린 생각 중 (나)에 반영되지 않은 것은?

① 특정 용어를 분석하여 독자가 그 의미를 쉽게 받아들이도록 해야겠어.

② 가치 소비를 접한 경험을 언급하여 독자가 가치 소비에 흥미를 느끼도록 해야겠어.

③ 미닝 아웃의 여러 형태를 제시하여 독자가 글을 이해하는 데 도움이 되도록 해야겠어.

④ 가치 소비에 대해 다룰 내용을 제시하여 독자가 뒤에 이어질 내용을 추측하도록 해야겠어.

⑤ 가치 소비의 의의를 언급하여 독자가 가치 소비에 지속적으로 관심을 가지도록 해야겠어.

01

글쓰기 계획을 파악하는 문제이다. 글쓰기 계획을 파악하는 문제는 내용 일치 문제와 같이 지문과 선택지를 비교해야 한다. 적절하지 않은 선택지를 고르는 유형에서는 선택지에 제시된 계획 중에 지문에 반영된 계획을 소거해 가며 풀면 문제 푸는 시간을 줄일 수 있다.

02

<조건>에 따라 [A]에 들어갈 내용으로 가장 적절한 것은?

조건

∘ 글의 흐름을 고려할 것.
∘ 설의법과 비유법을 모두 사용할 것.

① 시냇물이 모여 강물이 되듯이 내가 실천한 올바른 가치 소비가 사회의 큰 흐름을 만들 수 있지 않을까?

② 당신의 소비가 나를 위한 사치인지 남을 위한 가치인지 생각하며 현명하게 소비해야 하지 않겠는가?

③ 물방울이 바위를 뚫듯이 소비자들의 착한 가치 소비가 계속되면 더 나은 사회를 만들 수 있을 것이다.

④ 내가 소비한 물건을 마음의 거울에 비춰보면 내가 어디에 가치를 두는지 알 수 있지 않을까?

⑤ 나의 소비가 부메랑처럼 돌아올 것을 생각하며, 우리 함께 바람직한 가치 소비를 하자.

02

조건에 맞게 표현하는 문제이다. 제시된 조건이 무엇인지를 파악하는 것이 가장 중요하며, 조건이 두 가지 이상일 때는 모든 조건이 부합하는지도 확인해야 한다. 이 문제에서는 글의 흐름에 어울리며, 설의법과 비유법을 모두 사용할 것을 조건으로 언급하고 있다.

설의법	쉽게 판단할 수 있는 사실을 의문의 형식으로 표현하여 상대편이 스스로 판단하게 하는 수사법 예 외로운 이내 몸은 누구와 함께 돌아갈꼬
비유법	표현하고자 하는 대상을 다른 대상에 비유하여 표현하는 수사법 예 시간이 물 흐르듯이 간다.

자료 활용의 적절성을 파악하는 문제이다. 제
시된 자료를 해석하여 지문에서 활용하기에
적절한지를 확인해야 한다.

자료 1	우리 학교 학생들을 대상으로 가치 소비의 인지도에 대한 설문 조사 자료이다.
자료 2	소비자의 환경보호를 실천하는 기업 제품 구매 증가에 따라 환경보호 실천을 위해 노력하는 기업이 증가하고 있음을 설명하는 신문 기사이다.
자료 3	미닝 아웃의 긍정적인 영향과 부작용을 소개하는 전문가의 인터뷰이다.

03

<보기>를 활용하여 (나)를 보완하고자 한다. 자료 활용 방안으로 적절하지 않은 것은?

> **보기**
>
> [자료 1] 우리 학교 학생들의 설문 조사 결과
>
>
>
> 가치 소비에 대해 얼마나 알고 있나요?
>
> 2020년 9.3 14.2 76.5
> 2022년 21.5 46.7 31.8
> (단위: %)
>
> ■ 들어본 적 있고 잘 알고 있음
> ▨ 들어본 적 있지만 잘 모름
> □ 들어본 적 없음
>
> [자료 2] 신문 기사
>
> 다른 제품에 비해 비싸더라도 환경보호를 실천하는 기업의 제품에 지갑을 여는 소비자가 늘고 있다. 이에 따라 제품의 생산 과정에서 폐기물을 줄이거나 포장재를 최소화하려고 노력하는 기업 역시 증가하고 있다. 건강한 지구를 미래 세대에게 물려주자는 소비자가 많아질수록 우리의 환경은 더욱 좋아질 것이다.
>
> [자료 3] 전문가 인터뷰
>
> "미닝 아웃으로 판매자에 대한 잘못된 정보가 전파되거나 불매 운동이 권유가 아닌 강요로 변질된다면, 타인의 권리를 침해할 수 있습니다. 그럼에도 불구하고 미닝 아웃은 윤리적 소비와 연결되어 사회, 환경 등에 긍정적인 영향을 끼칠 수 있기 때문에 우리가 지향해야 할 소비 현상이라 할 수 있습니다."

① [자료 1]을 활용하여, 가치 소비에 대한 우리 학교 학생들의 인지도를 구체적 수치로 제시해야겠군.
② [자료 2]를 활용하여, 가치 소비를 지향하는 사람들을 고려하여 기업이 실천하고 있는 사례를 보충해야겠군.
③ [자료 3]을 활용하여, 미닝 아웃으로 불매 의사를 표현할 때 발생할 수 있는 부작용도 다루어야겠군.
④ [자료 1]과 [자료 2]를 활용하여, 가치 소비에 대한 관심이 높아지는 현상을 소비자와 기업의 상호 의존적인 관계로 설명해야겠군.
⑤ [자료 2]와 [자료 3]을 활용하여, 가치 소비가 바람직하게 전개되었을 때 얻을 수 있는 효과를 언급해야겠군.

※ [01~02] 다음 글을 읽고 물음에 답하시오.

관형어와 부사어는 다른 말을 수식하는 문장 성분이다. 관형어는 체언을 수식하고 부사어는 주로 용언을 수식한다. 관형어나 부사어가 실현되는 방법은 주로 다음과 같다.

(가) 저 바다로 어서 떠나자.
(나) 찬 공기가 따뜻하게 변했다.
(다) 민지의 동생이 학교에 갔다.

(가)의 '저'와 '어서'처럼 관형사와 부사가 그 자체로 각각 관형어와 부사어로 쓰일 수 있다. 또한 (나)의 '찬'과 '따뜻하게'처럼 용언의 어간에 전성 어미가 결합하거나, (다)의 '민지의'와 '학교에'처럼 체언에 격 조사가 결합하여 쓰일 수도 있다.

관형어와 부사어는 문장에서 필수적인 성분이 아니므로 일반적으로 생략이 가능하다. 다만, ㉠ 의존 명사를 수식하는 관형어나 ㉡ 서술어가 필수적으로 요구하는 부사어는 생략할 수 없다. 또한 관형어와 부사어는 각각 여러 개를 겹쳐서 사용할 수 있다.

중세 국어의 관형어와 부사어도 현대 국어와 전반적으로 유사한 양상을 보였으나 격 조사가 쓰일 때 차이를 보였다. 관형격 조사의 경우, 사람이나 동물과 같은 유정 체언 중 높임의 대상이 아닌 것과 결합할 때는 '이/의'가 쓰였다. 그리고 무정 체언이나 높임의 대상이 되는 유정 체언과 결합할 때는 'ㅅ'이 쓰였다. 부사격 조사의 경우, 결합하는 체언의 끝음절 모음이 양성 모음이면 '애', 음성 모음이면 '에', 'ㅣ'나 반모음 'ㅣ'이면 '예'가 쓰였는데 특정 체언 뒤에서는 '이/의'가 쓰이기도 했다.

🐸 핵심정리

관형어와 부사어

	관형어	부사어
역할	체언을 수식	주로 용언을 수식
실현 방법	① 관형사와 부사가 그 자체로 실현 ② 용언의 어간에 전성 어미가 결합 ③ 체언에 격조사가 결합	
특징	① 일반적으로 생략이 가능 (단, 의존 명사를 수식하는 관형어나 필수적 부사어는 생략할 수 없음.) ② 여러 개를 겹쳐서 사용할 수 있음.	

중세 국어의 관형격 조사와 부사격 조사

관형격 조사	• 유정 체언이면서 높임이 아닌 것과 결합 → 이/의 • 무정 체언이거나 높임의 대상이 되는 유정 체언과 결합 → ㅅ
부사격 조사	• 양성 모음 뒤 → 애 • 음성 모음 뒤 → 에 • 'ㅣ'나 반모음 'ㅣ' 뒤 → 예 • 특정 체언 뒤 → 이/의

01

중세 국어의 특징을 이해하는 문제이다. 중세 국어는 현대 국어와 전반적으로 유사한 경향을 보이지만, 격 조사가 쓰일 때 차이를 보인다. 관형격 조사의 경우 앞말의 의미와 격 조사가 놓이는 음운 환경에 따라 '이/의'나 'ㅅ'을 사용하고, 부사격 조사의 경우 음운 환경에 따라 '애', '에', '예', '이/의'를 사용하였다.

01

윗글을 바탕으로 <보기>의 중세 국어 자료를 이해한 내용으로 적절하지 <u>않은</u> 것은?

보기

∘ 불휘 **기픈** 남군 **ㅂㄹ매 아니** 뮐씨
　(뿌리가 깊은 나무는 바람에 아니 흔들리므로)

　　　　　　　　　　　　　　　　　- 〈용비어천가〉 -

∘ 員(원)**의 지븨** 가샤 避仇(피구)홇 소니 마리
　(원의 집에 가셔서 피구할 손의 말이)

　　　　　　　　　　　　　　　　　- 〈용비어천가〉 -

∘ 뎌 **부텻** 行(행)과 願(원)과 工巧(공교)ᄒ신 方便(방편)은
　(저 부처의 행과 원과 공교하신 방편은)

　　　　　　　　　　　　　　　　　- 〈석보상절〉 -

① '기픈'을 보니 현대 국어와 마찬가지로 용언 어간에 전성 어미가 결합한 형태의 관형어가 사용되었음을 알 수 있군.

② 'ㅂㄹ매'를 보니 현대 국어와 달리 끝음절 모음이 양성 모음인 체언과 결합할 때는 부사격 조사 '애'가 사용되었음을 알 수 있군.

③ '아니'를 보니 현대 국어와 마찬가지로 부사 자체가 부사어로 사용되었음을 알 수 있군.

④ '員(원)의 지븨'를 보니 현대 국어와 마찬가지로 관형어가 여러 개 겹쳐서 사용되었음을 알 수 있군.

⑤ '부텻'을 보니 현대 국어와 달리 높임의 대상이 되는 유정 체언과 결합할 때는 관형격 조사 'ㅅ'이 사용되었음을 알 수 있군.

02

관형어와 부사어를 이해하는 문제이다. 관형어는 체언을 수식하고 부사어는 주로 용언을 수식한다. 관형어와 부사어는 일반적으로 생략이 가능하지만 ⊙과 ⓒ의 경우는 생략이 불가능하다. 따라서 각각의 문장 속 관형어와 부사어가 어떤 의존 명사와 어떤 서술어를 수식하는지 관계를 파악하는 것이 중요하다.

의존 명사	명사이지만 홀로 쓰이지 못하고 반드시 관형어의 수식을 받아야만 문장에 쓰일 수 있는 명사
필수 부사어	문장 구성에 꼭 있어야 하는 부사어

02

밑줄 친 부분이 ⊙, ⓒ에 해당하는 예로 적절한 것은?

① ⊙: <u>작은</u> 것이 아름답다.
　ⓒ: 내가 <u>회장으로</u> 그 회의를 주재하였다.

② ⊙: <u>그</u> 집은 주변 풍경과 잘 어울린다.
　ⓒ: 이 그림은 가짜인데도 <u>진짜와</u> 똑같다.

③ ⊙: 친구에게 책을 <u>한</u> 권 선물 받았다.
　ⓒ: 강아지들이 <u>마당에서</u> 뛰논다.

④ ⊙: 자라나는 어린이들은 <u>나라의</u> 보배이다.
　ⓒ: 이삿짐을 <u>바닥에</u> 가지런히 놓았다.

⑤ ⊙: 그는 <u>노력한</u> 만큼 좋은 결과를 얻었다.
　ⓒ: 나는 꽃꽂이를 <u>취미로</u> 삼았다.

03

다음은 문법 학습지의 일부이다. ⓐ~ⓒ에 들어갈 내용으로 적절한 것은?

- **구개음화**: 받침의 'ㄷ', 'ㅌ'이 'ㅣ'나 반모음 'ㅣ'로 시작하는 형식 형태소와 만나 [ㅈ], [ㅊ]으로 발음되는 현상

1. '끝인사'의 표준 발음이 [끄딘사]인 이유를 알아보자.
   '끝인사'에서 '끝'의 받침 'ㅌ' 뒤에 'ㅣ'로 시작하는 (ⓐ)가 오기 때문에 [끄딘사]로 발음된다.

2. '곧이'와 '곧이어'의 표준 발음은 무엇인지 알아보자.
   '곧이'의 '-이'는 부사를 만들어 주는 접사이다. 따라서 '곧이'의 표준 발음은 (ⓑ)이다. '곧이어'의 '이어'는 '앞의 말이나 행동 따위에 잇대어'라는 뜻을 지닌 부사이다. 따라서 '곧이어'의 표준 발음은 (ⓒ)이다.

	ⓐ	ⓑ	ⓒ
①	실질 형태소	[고지]	[고지어]
②	실질 형태소	[고디]	[고지어]
③	실질 형태소	[고지]	[고디어]
④	형식 형태소	[고디]	[고지어]
⑤	형식 형태소	[고지]	[고디어]

03

구개음화 현상을 파악하는 문제이다. 구개음화는 형식 형태소와 만나 일어나는 발음 현상이 핵심이므로 실질 형태소와 형식 형태소의 개념을 명확히 알아야 한다.

실질 형태소	구체적인 대상이나 동작, 상태를 표시하는 형태소 예 '철수가 책을 읽었다.' → '철수', '책', '읽-'
형식 형태소	실질 형태소에 붙어 주로 말과 말 사이의 관계를 표시하는 형태소 예 '철수가 책을 읽었다.' → '가', '을', '-었-', '-다'

피동 표현을 파악하는 문제이다. 피동 표현은 피동 접사를 사용하는 단형 피동과 '-아/-어지다' 등에 의한 장형 피동으로 구분할 수 있다. 이때 단형 피동과 장형 피동을 같이 쓰는 이중 피동 표현은 잘못된 표현이므로 주의가 필요하다.

04

다음은 문법 수업의 내용을 정리한 학생의 노트이다. 이를 바탕으로 <보기>의 ㉠~㉤을 이해한 내용으로 적절하지 않은 것은?

1. 피동의 개념
   주어가 다른 주체에 의해 어떤 동작을 당하거나 영향을 받는 것

2. 피동 표현의 실현
   ◦ '-이-, -히-, -리-, -기-'와 같은 피동 접사에 의해 단형 피동으로 실현되거나 '-아/-어지다' 등에 의해 장형 피동으로 실현됨.
   ◦ 피동 접사와 '-아/-어지다'를 같이 쓰는 이중 피동 표현은 잘못된 표현임.

보기

◦ 그녀의 손등이 고양이에게 ㉠ 긁혔다.
◦ 형이 동생에게 아끼던 인형을 ㉡ 빼앗겼다.
◦ 비가 내려서 운동장에 천막이 ㉢ 세워졌다.
◦ 도화지의 질이 좋아서 그림이 잘 ㉣ 그려졌다.
◦ 커다란 빵이 순식간에 여러 조각으로 ㉤ 나뉘었다.

① ㉠은 '긁-'에 접사 '-히-'가 결합하여 피동의 의미를 나타내는군.
② ㉡은 주어인 '형'이 '동생'에 의해 행위를 당하는 것을 표현하고 있군.
③ ㉢은 '세우-'에 '-어지다'가 결합하여 장형 피동으로 실현되었군.
④ ㉣은 접사 '-리-'와 함께 '-어지다'가 결합한 이중 피동 표현이군.
⑤ ㉤은 '나누-'에 접사 '-이-'가 결합하여 줄어든 형태가 나타난 피동 표현이군.

05

<보기>는 '사전 활용하기' 학습 활동을 위한 자료이다. 이에 대해 탐구한 내용으로 적절하지 않은 것은?

보기

쓰다³ 동

① 【…에 …을】 어떤 일을 하는 데에 재료나 도구, 수단을 이용하다.

¶ 수염을 깎는 데 전기면도기를 쓴다.

② 【…에/에게 …을】

「1」 다른 사람에게 베풀거나 내다.

¶ 그는 취직 기념으로 친구들에게 한턱을 썼다.

「2」 어떤 일에 마음이나 관심을 기울이다.

¶ 선생님, 일부러 제게 마음을 쓰지 않으셔도 됩니다.

쓰다⁶ 형

① 혀로 느끼는 맛이 한약이나 소태, 씀바귀의 맛과 같다.

¶ 나물이 쓰다.

② 【…이】 몸이 좋지 않아서 입맛이 없다.

¶ 며칠을 앓았더니 입맛이 써서 맛있는 게 없다.

---

① '쓰다³ ② 「1」'의 용례로 '그는 들려오는 소문에 신경을 썼다.'를 추가할 수 있군.

② '쓰다³ ①'과 '쓰다³ ②'는 모두 문형 정보와 용례로 보아 목적어와 어울려 써야 함을 알 수 있군.

③ '쓰다³'과 '쓰다⁶'은 별개의 표제어로 기술되어 있으므로 동음이의 관계임을 알 수 있군.

④ '쓰다³'과 '쓰다⁶'은 각각 하나의 표제어 아래 여러 뜻을 지니고 있으므로 다의어라고 볼 수 있군.

⑤ '쓰다⁶'은 '쓰다³'과 달리 성질이나 상태를 나타내는 말임을 알 수 있군.

05

사전을 활용하는 문제이다. 다의어란 하나의 단어가 여러 가지 의미를 가지고 있을 때 그 단어를 지칭하는 용어이고 동음이의어는 서로 다른 두 개 이상의 단어가 소리만 같은 경우이다. 사전에서 다의어는 한 표제어에 여러 뜻을 구분하여, 동음이의어는 단어에 따라 어깨번호를 달리하여 제시한다.

WEEK 6

3 Day

독서(인문)   고1 2022년 11월

관자 / 율곡의 군주론

핵심정리

가

문단 중심 내용

❶ 군주를 도와 제나라를 부강한 국가로 성장시킨 관중
❷ 관중이 강조한 법의 필요성
❸ 관중이 규정한 군주의 태도
❹ 군주의 통치술에 대한 관중의 사상이 가지는 의의

관중이 강조한 법의 필요성

군주
법을 만들 수 있는 자격을 천부적으로 지닌 사람

\+

이익을 추구하는 백성의 본성 고려

↓

백성의 삶이 윤택해질 수 있는 법 제정 (부강한 나라의 실현을 위한 실리적 관점)

관중이 규정한 군주의 태도

패	군주가 자신에 대해서는 존귀하게 여기지 않는 것 → 법의 적용에서 예외가 되지 않음.
권세	패를 실천함으로써 백성에게 권세를 인정받음. → 군주가 법을 존중하면 백성이 군주를 존중함.
군주의 태도	• 능력 있는 신하를 공정하게 등용해야 함. • 자신의 권세를 신하에게 위임하지 말아야 함. • 백성의 경제적 안정을 위한 정책을 시행해야 함.

➜ 백성들의 경제적 안정을 기반으로 부강한 나라를 이루기 위해 법을 통한 통치를 도모함.

※ 다음 글을 읽고 물음에 답하시오.

가

❶ 관중은 춘추 시대 제(齊)나라의 재상으로 군주인 환공을 도와 약소국이던 제나라를 부강한 국가로 성장시켰다. 관중이 생각한 이상적인 국가의 모습과 국가를 통치하는 방법은 《관자》를 통해 살펴볼 수 있다. 그는 자신이 살던 현실의 문제에 실리적으로 ⓐ 대처하고 정치적인 분열을 적극적으로 막아 나라의 부강과 백성의 평안을 이루고자 하였다.

❷ 관중은 백성이 국가 경제의 근본이라는 경제적 관점을 바탕으로 법의 필요성을 강조하였다. 그에 따르면, 군주는 법을 만들 수 있는 자격을 천부적으로 지닌 사람이다. 하지만 군주가 마음대로 법을 만들면 백성의 삶이 ⓑ 피폐해질 수 있으므로 군주는 이익을 추구하는 백성의 본성을 고려해 백성의 삶이 윤택해질 수 있는 법을 만들어야 한다고 보았다. 이때 관중이 강조한 백성의 윤택한 삶은 도덕적 교화와 같은 목적을 위한 것이 아닌, 부강한 나라의 실현을 위한 것이라는 실리적 관점에서 이해할 수 있다.

❸ 또한 관중은 군주가 자신에 대해서는 존귀하게 여기지 않는 것을 '패(覇)'라고 ⓒ 규정하였는데, 이를 바탕으로 군주도 법의 적용에서 예외가 되지 않아야 한다고 주장하였다. 그에 따르면 군주는 '권세'를 지녀야 국가를 다스릴 수 있는데, 이때 군주가 패를 실천해야 백성이 권세를 인정하게 된다. ㉠ 결국 군주가 법을 존중하는 것은 백성이 군주를 존중하는 것으로 이어지게 되는 것이다.

❹ 관중은 권세를 가진 군주는 부강한 나라를 이루는 통치, 즉 '패업(覇業)'을 위한 통치를 펼쳐야 한다고 주장하고, 법을 통한 통치의 중요성을 강조하였다. 이때 군주는 능력 있는 신하를 공정하게 등용하되 신하들이 군주의 권세를 넘보거나 법질서를 혼란스럽게 하지 못하도록 자신의 권세를 신하에게 위임하지 말아야 하며 백성의 경제적 안정을 위한 정책들을 시행해야 한다고 보았다. 이러한 관중의 사상은 백성들의 경제적 안정을 기반으로 부강한 나라를 이루기 위해 법을 통한 통치를 도모한 것으로 평가할 수 있다.

나

❶ 율곡은 유학적 사상을 기반으로, 자신이 생각하는 군주상을 제시하였다. 그는 《성학집요》에서 개인의 수양을 통해 앎을 늘리고 인격을 완성하는 것을 군주의 자격으로 보았다. 율곡은 군주가 인격을 완성하고 아는 것을 실천하면 백성의 선한 본성을 회복하는 도덕적 교화가 가능해진다고 본 것이다. 율곡은 자신이 이상적으로 생각하는 왕도정치가 실현되기 위해서는 군주가 신하를 통해 백성을 다스려야 한다고 생각했는데, 만약 군주가 포악한 정치를 펼쳐 신하들의 지지를 얻지 못하거나 민심을 잃으면 교체될 수 있다고 여겼다.

[A]
❷ 율곡은 군주의 통치에 따라 태평한 시대인 치세와 혼란스러운 시대인 난세가 구분된다고 보고, 이를 중심으로 군주의 유형과 통치 방법을 나누어 설명했다. 치세를 만드는 군주는 재능과 지식이 출중해 신하를 능력에 맞게 발탁하여 일을 분배할 줄 알거나, 재능과 지식은 ⓓ 부족하지만 현명한 신하를 분별하여 그에게 나라의 일을 맡길 줄 안다. 이들의 통치 방법은 '왕도(王道)'와 '패도(覇道)'로 나뉜다. 왕도는 군주의 인격 완성을 통해 백성의 도덕적 교화까지 이루어 내는 것이고, 패도는 군주의 인격이 완성되지 않아 백성의 도덕적 교화까지는 이루어지지 않았지만 백성의 경제적 안정은 이루어 내는 것이다.

❸ 난세를 만드는 군주는 자신의 총명만을 믿고 신하를 불신하거나, 간신의 말을 믿고 의지하여 눈과 귀가 가려진 군주이다. 이들은 백성을 괴롭히고 충언을 받아들이지 않아 스스로 멸망에 이르는 폭군, 간사한 자를 분별하지 못하고 총명함이 없으며 무능력한 혼군, 나약하여 자신의 뜻을 세우지 못하고 우유부단한 용군으로 분류된다. 이들의 통치 방법은 포악한 정치를 의미하는 '무도(無道)'이므로 율곡의 관점에서 무도를 행하는 군주는 교체되어야 할 존재이다.

❹ 율곡은 백성의 도덕적 교화를 이루는 왕도정치를 위해서는 백성들의 삶이 경제적으로 편안한 것이 전제되어야 한다고 보았다. 이는 군주의 존재 근거가 백성이라고 보는 민본관에 의한 것으로, 조세 부담을 줄이는 등 백성의 경제적 기반을 유지할 수 있는 정책을 펼쳐야 함을 ⓔ 역설한 것이다. 이처럼 율곡의 사상은 왕도정치를 실현하는 과정에서 백성의 현실적 삶에 주목하려는 시도로 볼 수 있다.

나

문단 중심 내용

❶ 율곡이 제시한 군주상
❷ 율곡이 설명한 군주의 유형 ① – 치세를 만드는 군주
❸ 율곡이 설명한 군주의 유형 ② – 난세를 만드는 군주
❹ 군주의 통치술에 대한 율곡의 사상이 가지는 의의

치세를 만드는 군주

특징	• 신하를 능력에 맞게 발탁하여 일을 분배할 줄 앎. • 현명한 신하를 분별하여 나라의 일을 맡길 줄 앎.
통치 방법	• 왕도: 군주의 인격 완성을 통해 백성의 도덕적 교화까지 이룸. • 패도: 도덕적 교화까지는 이루어지지 않았지만 백성의 경제적 안정은 이루어 냄.

➡ 왕도정치를 위해서는 백성의 경제적 편안함이 전제되어야 한다고 봄.

난세를 만드는 군주

특징	• 자신의 총명만을 믿고 신하를 불신함. • 간신의 말을 믿고 의지하여 눈과 귀가 가려짐.
종류	• 폭군: 백성을 괴롭히고 충언을 받아들이지 않음. • 혼군: 간사한 자를 분별하지 못하고 총명함이 없으며 무능력함. • 용군: 나약하여 자신의 뜻을 세우지 못하고 우유부단함.
통치 방법	무도: 포악한 정치

WEEK 6

01

01

(가), (나)에 대한 설명으로 가장 적절한 것은?

① (가)와 (나)는 모두 특정한 사상가가 주장하는 군주의 통치술의 변화 과정을 소개하고 있다.

② (가)와 (나)는 모두 특정한 사상가가 주장하는 군주의 통치술에 담긴 내용을 중심으로 그 의의를 밝히고 있다.

③ (가)와 달리 (나)는 특정한 사상가가 주장하는 군주의 통치술이 갖는 한계를 드러내고 새로운 통치술을 제안하고 있다.

④ (나)와 달리 (가)는 특정한 사상가가 주장하는 군주의 통치술을 군주의 유형에 따라 범주화하여 제시하고 있다.

⑤ (나)와 달리 (가)는 특정한 사상가가 주장하는 군주의 통치술에 대한 상반된 입장을 제시하고 장단점을 비교하고 있다.

02

02

㉠의 이유로 가장 적절한 것은?

① 군주가 마음대로 법을 만들 수 있는 패를 실천할 수 있기 때문이다.

② 군주가 법을 존중하면 법을 제정할 수 있는 기회를 얻을 수 있기 때문이다.

③ 군주가 법의 필요성을 인식해야 백성을 국가의 근본으로 여기게 되기 때문이다.

④ 군주가 자신에게도 법 적용에 예외를 두지 않음으로써 권세를 인정받게 되기 때문이다.

⑤ 군주가 백성의 본성을 고려하지 않고 나라의 부강을 우선시하는 법을 만들어야 하기 때문이다.

03

03

(가)의 관점에서 [A]를 판단한 것으로 가장 적절한 것은?

① [A]에서 눈과 귀가 가려진 군주는, 정치적 분열을 막아 백성을 평안하게 하므로 패업을 이룰 수 있는 존재로 볼 수 있다.

② [A]에서 군주가 충언을 받아들이지 않는 것은, 법을 만들 수 있는 자격을 천부적으로 지닌 것이므로 패업으로 볼 수 있다.

③ [A]에서 군주가 자신의 총명을 믿고 신하를 불신하는 것은, 백성의 삶을 윤택하게 하려는 것이므로 패업으로 볼 수 있다.

④ [A]에서 군주가 자신의 뜻을 세우지 못하는 것은, 자신을 존귀하게 여기지 않은 것이므로 패업을 위한 통치의 방법으로 볼 수 있다.

⑤ [A]에서 군주가 신하를 능력에 맞게 발탁하여 일을 분배한 것은, 능력에 따라 신하를 공정하게 등용한 것이므로 패업을 위한 통치의 방법으로 볼 수 있다.

04

(나)에서 알 수 있는 '율곡'의 견해로 적절하지 않은 것은?

① 군주는 앎을 늘리는 것뿐 아니라 앎을 실천하는 것도 중요하다.
② 군주는 포악한 정치를 펼쳐 신하들에게 지지를 얻지 못하면 교체될 수 있다.
③ 군주는 왕도정치를 실현하기 위해 자신의 존재 근거를 백성으로 보아야 한다.
④ 백성의 도덕적 교화가 이루어져야 백성의 삶이 경제적으로 편안해질 수 있다.
⑤ 백성의 조세 부담을 줄이는 것은 백성의 경제적 기반을 유지할 수 있는 방법 중 하나이다.

05

<보기>는 동서양 사상가들의 견해이다. <보기>와 (가), (나)를 읽은 학생이 보인 반응으로 적절하지 않은 것은?

보기

㉮ 군주는 권력을 얻기 전까지는 수단과 방법을 가리지 않는 것이 오히려 백성을 위한 것입니다. 하지만 권력을 얻은 후에는 법을 통해 통치함으로써 자신의 권력을 유지할 수 있습니다.
㉯ 군주에 따라 치세와 난세가 되는 것을 지양하기 위해 법을 제정하고 기준을 세우는 것이 필요합니다. 그리고 법을 통해 통치할 수 있는 권한은 군주만이 갖고 있어야 권력을 유지할 수 있습니다.
㉰ 군주는 타락한 현실에 의해 잃어버린 인간의 선한 본성인 도덕성을 회복시켜야 합니다. 이때 군주는 도덕성의 회복을 목적으로 백성의 기본적인 경제적 욕구를 충족시키고 인간다운 교육을 실시해야 합니다.

① 관중과 ㉮는 모두 법을 통한 통치의 중요성을 인식했다고 볼 수 있겠군.
② 관중과 ㉯는 모두 국가를 다스릴 수 있는 권한이 오로지 군주에게 있어야 함을 강조했다고 볼 수 있겠군.
③ 관중은 ㉰와 달리 백성의 경제적 안정의 목적이 도덕성 회복이 아니라고 보았군.
④ 율곡은 ㉯와 달리 군주의 인격 완성 여부에 따라 치세와 난세가 구분된다고 보았군.
⑤ 율곡과 ㉰는 모두 백성의 본성을 선한 것으로 인식했다고 볼 수 있군.

06

ⓐ~ⓔ의 사전적 의미로 적절하지 않은 것은?

① ⓐ: 어떤 정세나 사건에 대하여 알맞은 조치를 취함.
② ⓑ: 지치고 쇠약해짐.
③ ⓒ: 바로잡아 고침.
④ ⓓ: 필요한 양이나 기준에 미치지 못해 충분하지 아니함.
⑤ ⓔ: 자신의 뜻을 힘주어 말함.

4

사실정보를 파악하는 문제이다. (나)에서 설명하는, 율곡이 주장하는 군주의 통치술을 이해해야 한다. 율곡이 생각하는 군주의 자격과 역할, 율곡이 이상적으로 생각하는 정치를 실현하는 방법 등을 파악해야 한다.

5

다른 관점과 비교하여 적용하는 문제이다. <보기>의 ㉮는 군주는 수단과 방법을 가리지 않고 권력을 얻어야 하며, 권력을 얻은 후에는 법을 통해 통치해야 한다고 하였다. ㉯는 법을 제정하고 기준을 세워야 하는데, 이때 법을 통해 통치할 수 있는 권한은 군주만이 갖고 있어야 한다고 하였다. ㉰는 군주는 인간의 도덕성 회복을 목적으로 백성의 기본적인 경제적 욕구를 충족시키고 인간다운 교육을 실시해야 한다고 하였다. '법'과 '도덕성'에 중점을 두어 읽고, 이를 (가)의 관중과 (나)의 율곡의 관점과 비교하여 적용해야 한다.

6

어휘의 사전적 의미를 파악하는 문제이다. 해당 어휘가 사용된 맥락을 파악하고, 선택지에 제시된 의미를 넣어 보았을 때 어색한 부분이 없는지 확인해야 한다.

4Day 　독서(사회)　고1 2023년 6월

공공 선택 이론

 핵심정리

문단 중심 내용

❶ 공공 선택 이론의 개념
❷ 단순 과반수제의 개념과 장·단점
❸ 최적 다수결제의 개념과 장·단점
❹ 점수 투표제의 개념과 장·단점
❺ 보르다 투표제의 개념과 장점

단순 과반수제

개념	투표자의 과반수가 지지하는 안건이 채택되는 다수결 제도
장점	효율적으로 의사 결정이 이루어짐.
단점	• 사회 전체의 후생이 감소할 수 있음. • 투표의 역설 현상이 나타날 수 있음.

최적 다수결제

개념	투표에 따르는 총비용이 최소화되는 지점을 산정한 후, 안건의 찬성자 수가 그 이상이 될 때 안건이 통과되는 제도
장점	의사 결정 과정을 이론적으로 명쾌하게 설명할 수 있음.
단점	최적 다수결의 기준을 정하는 데 시간을 지나치게 소비하게 됨.

점수 투표제

개념	각 투표자에게 일정한 점수를 주고 각 투표자가 자신의 선호에 따라 각 대안에 대하여 주어진 점수를 배분하여 투표하는 제도
장점	• 투표자의 선호 강도가 잘 반영됨. • 소수의 의견도 투표 결과에 잘 반영됨. • 투표의 역설이 나타나지 않음.
단점	전략적 행동에 취약하여 투표 결과가 불규칙하게 바뀔 수 있음.

※ 다음 글을 읽고 물음에 답하시오.

❶ 어떤 안건을 대하는 집단 구성원들의 생각은 각기 다르므로, 상이한 생각들을 집단적 합의에 이르게 하는 의사 결정 과정이 필요하다. 공공 선택 이론은 이처럼 집단을 구성하는 개인의 의사가 집단의 의사로 통합되는 과정을 다룬다. 직접 민주주의하에서의 의사 결정 방법으로 단순 과반수제, 최적 다수결제, 점수 투표제, 보르다(Borda) 투표제 등이 있다.

❷ ㉠ 단순 과반수제는 투표자의 과반수가 지지하는 안건이 채택되는 다수결 제도이다. 효율적으로 의사 결정이 이루어져 많이 사용되고 있으나, 각 투표자는 찬반 여부를 표시할 뿐 투표 결과에는 선호 강도가 드러나지 않아 안건 채택 시 사회 전체의 후생*이 감소할 가능성이 있다. 이는 다수의 횡포에 의해 소수의 이익이 침해되는 상황이 발생할 수 있음을 의미한다. 또한 어떤 대안들을 먼저 비교하는가에 따라 그 결과가 달라지는 ⓐ '투표의 역설' 현상이 나타날 수 있다. 예를 들어, 갑, 을, 병 세 사람이 사는 마을에 정부에서 병원, 학교, 경찰서 중 하나를 지어 줄 테니 투표를 통해 선택하라고 제안하였고, 이때 세 사람의 선호 순위가 다음 <표>와 같다고 하자. 세 가지 대안을 동시에 투표에 부치면

선호 순위 투표자	1순위	2순위	3순위
갑	병원	학교	경찰서
을	학교	경찰서	병원
병	경찰서	병원	학교

<표>

하나의 대안으로 결정되지 않는다. 그래서 먼저 병원, 학교, 경찰서 중 두 대안을 선정하여 다수결로 결정한 후 남은 한 가지 대안과 다수결로 승자를 결정하면 최종적으로 하나의 대안이 결정된다. 즉, 비교하는 대안의 순서에 따라 <표>의 투표 결과는 달라지게 된다.

[A]

❸ 최적 다수결제는 투표에 따르는 총비용이 최소화되는 지점을 산정한 후, 안건의 찬성자 수가 그 이상이 될 때 안건이 통과되는 제도이다. 이때의 총비용은 의사 결정 비용과 외부 비용의 합으로 결정된다. 의사 결정 비용은 투표자들의 동의를 구하는 데 드는 시간과 노력에 따른 비용을 의미하며, 찬성표의 비율이 높을수록 증가한다. 외부 비용은 어떤 안건이 통과됨에 따라 그 안건에 반대하였던 사람들이 느끼는 부담을 의미하며, 찬성표의 비율이 높아질수록 낮아지며 모든 사람이 찬성할 경우에는 0이 된다. 안건 통과에 필요한 투표자 수가 증가할수록 의사 결정 비용이 증가하므로 의사 결정 비용 곡선은 우상향한다. 이와 달리 외부 비용은 감소하므로 외부 비용 곡선은 우하향하며, 두 곡선을 합한 총비용 곡선은 U자 형태로 나타난다. 이때 총비용이 최소화되는 곳이 최적 다수결제에서의 안건 통과의 기준이 되는 최적 다수 지점이 된다. 이 제도는 의사 결정 과정을

이론적으로 명쾌하게 설명할 수 있지만, 최적 다수결의 기준을 정하는 데 시간을 지나치게 소비하게 된다는 단점이 있다.

❹ ⓛ 점수 투표제는 각 투표자에게 일정한 점수를 주고 각 투표자가 자신의 선호에 따라 각 대안에 대하여 주어진 점수를 배분하여 투표하는 제도로, 합산하여 가장 많은 점수를 얻은 대안이 선택된다. 투표자의 선호 강도에 따라 점수를 배분하므로 투표자의 선호 강도가 잘 반영된다. 소수의 의견도 투표 결과에 잘 반영되며, 투표의 역설이 나타나지 않는다는 장점이 있다. 하지만 전략적 행동에 취약하여 투표 결과가 불규칙하게 바뀔 수 있다는 단점이 있다. 전략적 행위란 어떤 투표자가 다른 투표자의 투표 성향을 예측하고 자신의 행동을 이에 맞춰 변화시킴으로써 자기가 원하는 것을 얻으려 하는 태도를 뜻한다. 이 행위는 어떤 투표 제도에서든 나타날 수 있으나, 점수 투표제에서 나타날 가능성이 높다.

❺ ⓒ 보르다 투표제는 n개의 대안이 있을 때 가장 선호하는 대안부터 순서대로 n, (n-1), …, 1점을 주고, 합산하여 가장 높은 점수를 받은 대안을 선택하는 투표 방식으로, 점수 투표제와 달리 오로지 순서에 의해서만 선호 강도를 표시한다. 이 제도 하에서는 일부에게 선호도가 아주 높은 대안보다는 투표자 모두에게 어느 정도 차선이 될 수 있는 ⓑ 중도의 대안이 채택될 가능성이 높으며, 점수 투표제와 마찬가지로 투표의 역설이 발생하지 않는다.

* 후생: 사회 구성원들의 복지 수준.

보르다 투표제

개념	n개의 대안이 있을 때 가장 선호하는 대안부터 순서대로 n, (n-1), …, 1점을 주고, 합산하여 가장 높은 점수를 받은 대안을 선택하는 투표 방식
장점	• 투표자 모두에게 어느 정도 차선이 될 수 있는 중도의 대안이 채택될 가능성이 높음. • 투표의 역설이 발생하지 않음.

01

윗글에 대한 이해로 적절하지 않은 것은?

① 어떤 투표제에서든 투표자의 전략적 행위가 나타날 수 있다.
② 보르다 투표제에서는 가장 선호하지 않는 대안에 0점을 부여한다.
③ 단순 과반수제에서는 채택된 대안으로 인해 사회의 후생이 감소되기도 한다.
④ 점수 투표제는 최적 다수결제와 달리 대안에 대한 선호 강도를 표시할 수 있다.
⑤ 최적 다수결제는 단순 과반수제와 달리 안건 통과의 기준이 안건에 따라 달라질 수 있다.

■ 문제풀이 맥 ■

01

세부 정보를 이해하는 문제이다. 단순 과반수제, 최적 다수결제, 점수 투표제, 보르다 투표제의 개념과 장단점을 파악하고 비교할 수 있어야 한다.

02

자료를 활용하여 이해하는 문제이다. ⓐ는 투표의 역설로, 어떤 대안들을 먼저 비교하는가에 따라 그 결과가 달라지는 것을 의미한다. <표>에서는 병원, 학교, 경찰서의 세 가지 대안이 제시되었으므로, 이에 따른 갑, 을, 병의 선호 순위를 확인하고 비교하는 대안의 순서에 따라 결과가 어떻게 달라지는지 이해해야 한다. 즉, 비교의 각 단계에서 결과가 어떻게 나올지 파악해야 한다.

02

ⓐ와 관련하여 <표>를 이해한 것으로 적절하지 <u>않은</u> 것은?

① '병원'과 '학교'를 먼저 비교할 경우, '병원'과 '경찰서'의 다수결 승자가 최종의 대안으로 결정된다.

② '학교'와 '경찰서'를 먼저 비교할 경우, '갑'과 '을'이 '학교'에 투표하여 최종적으로 '학교'가 결정된다.

③ '병원'과 '학교'를 먼저 비교하는지, '학교'와 '경찰서'를 먼저 비교하는지에 따라 투표의 결과가 달라진다.

④ '병원', '학교', '경찰서'를 동시에 투표에 부치면, 모두 한 표씩 얻어 어떤 대안도 과반수가 되지 않는다.

⑤ 대안에 대한 '갑', '을', '병' 세 사람의 선호 순위는 바뀌지 않아도, 투표의 결과가 바뀌는 현상이 나타난다.

03

세부 정보를 추론하는 문제이다. ⓑ는 보르다 투표제에서는 중도의 대안이 채택될 가능성이 높다는 것을 가리킨다. 보르다 투표제는 가장 선호하는 대안부터 순서대로 점수를 매겨 선호 강도를 표시하는 방식이므로, 이를 바탕으로 인과 관계를 따져 보아야 한다.

03

ⓑ의 이유로 가장 적절한 것은?

① 주어진 점수를 투표자가 임의대로 배분할 수 있기 때문이다.

② 투표자는 중도의 대안에 관해서만 자신의 의사를 표현할 수 있기 때문이다.

③ 점수 투표제와 달리 투표자의 전략적 행동을 유발하여 투표 결과를 조작할 수 있기 때문이다.

④ 일부에게만 선호도가 높은 대안이 다수에게 선호도가 매우 낮으면 점수 합산 면에서 불리하기 때문이다.

⑤ 순서로만 선호 강도를 표시할 경우, 모든 투표자에게 선호도가 가장 높은 대안이라도 최종 승자가 아닐 수 있기 때문이다.

04

<보기>가 [A]의 각 비용들에 대한 그래프라고 할 때, 이에 대한 이해로 적절하지 <u>않은</u> 것은?

보기

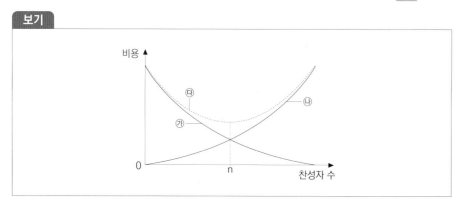

① ㉮는 외부 비용으로, 반대하는 투표자 수가 많아질수록 그 값이 커진다.
② ㉯는 의사 결정 비용으로, 투표 참가자들을 설득하는 데 드는 시간과 노력이 적을수록 그 값이 작아진다.
③ ㉰는 총비용으로, ㉮와 ㉯를 합한 값이 최소가 되는 지점 n이 최적 다수 지점이 된다.
④ 투표에 참가하는 모든 사람이 찬성하면 ㉮의 값은 0이 된다.
⑤ 안건 통과에 필요한 투표자가 많아지게 되면 ㉯는 이동하지만 ㉮는 이동하지 않는다.

4

구체적 상황에 적용하는 문제이다. <보기>는 최적 다수결제의 비용을 나타낸 그래프이다. ㉮, ㉯, ㉰가 총비용, 의사 결정 비용, 외부 비용 중 어떤 것에 해당하는지 먼저 파악하고, 그 비용이 커지거나 작아지는 조건을 이해해야 한다. [A]에서 곡선의 모양을 설명하고 있으므로 이를 통해 그래프를 해석할 수 있다.

05

대안 Ⅰ~Ⅲ에 대한 투표자 A~E의 선호 강도가 <보기>와 같다고 할 때, ㉠~㉢을 통해 채택될 대안으로 적절한 것은?

보기

대안 \ 투표자	A	B	C	D	E
Ⅰ	3	1	1	3	1
Ⅱ	1	7	6	2	5
Ⅲ	6	2	3	5	4

(단, 표 안의 수치가 높을수록 더 많이 선호함을 나타내며, 투표에 미치는 외부적인 요인과 투표자들의 전략적 행동은 없다고 가정한다.)

	㉠	㉡	㉢			㉠	㉡	㉢			㉠	㉡	㉢
①	Ⅰ	Ⅲ	Ⅱ		②	Ⅱ	Ⅱ	Ⅱ		③	Ⅱ	Ⅱ	Ⅲ
④	Ⅲ	Ⅰ	Ⅲ		⑤	Ⅲ	Ⅱ	Ⅱ					

5

구체적 사례에 적용하는 문제이다. ㉠은 투표자의 과반수가 지지하는 안건이 채택되는 단순 과반수제, ㉡은 투표자가 배분한 점수를 합산하여 가장 많은 점수를 얻은 대안이 선택되는 점수 투표제, ㉢은 점수를 통해 선호 순서를 나타내어 가장 높은 점수를 받은 대안을 선택하는 보르다 투표제이다. 각 투표제에서 대안을 선택하는 방식을 이해하고, <보기>의 표에 적용하여 어떤 대안이 선택될지 파악해야 한다.

5 Day

문학(현대시) 고1 2022년 9월

광야_이육사 / 울타리 밖_이용래

핵심정리

가 이육사, 〈광야〉

갈래

자유시, 서정시

성격

의지적, 저항적, 상징적

제재

광야

주제

조국 광복과 민족의 이상 실현에 대한 의지와 염원

특징

① 독백적 어조로 내면의 신념을 드러냄.
② 광활한 공간과 유구한 시간을 조화시켜 시상을 전개함.
③ '눈'과 '매화'의 대조를 통해 현실 극복 의지를 표현함.

해제

이 작품은 시인이자 독립운동가였던 이육사가 자신의 역사관과 신념을 드러낸 저항시이다. 시적 화자는 광야의 아득한 과거에서 현재, 미래에 이르는 모습을 그리고, 우리 민족의 암울한 현실을 극복할 수 있는 희망과 의지를 노래하고 있다.

나 박용래, 〈울타리 밖〉

갈래

자유시, 서정시

성격

서정적, 향토적, 자연 친화적

제재

울타리 밖에도 화초를 심는 마을

주제

자연과 인간이 어우러진 아름다운 세계에 대한 소망

특징

① 시각적 이미지를 활용하여 풍경을 묘사함.
② 동일한 연결 어미를 반복하여 다양한 소재의 공통적 속성을 부각함.
③ 하나의 시어로 독립적인 연을 구성하여 주제 의식을 함축적으로 드러냄.

※ 다음 글을 읽고 물음에 답하시오.

가

까마득한 날에
하늘이 처음 열리고   [A]
어데 닭 우는 소리 들렸으랴

모든 산맥들이
바다를 연모해 휘달릴 때도   [B]
차마 이곳을 범하던 못하였으리라

끊임없는 광음*을
부지런한 계절이 피어선 지고   [C]
큰 강물이 비로소 길을 열었다

지금 눈 나리고
매화 향기 홀로 아득하니
내 여기 **가난한 노래의 씨**를 뿌려라

다시 천고의 뒤에
백마 타고 오는 ㉠ 초인이 있어
이 광야에서 목 놓아 부르게 하리라

- 이육사, 〈광야〉 -

* 광음: 햇빛과 그늘. 즉 낮과 밤이라는 뜻으로, 시간이나 세월을 이르는 말.

나

머리가 마늘쪽같이 생긴 고향의 **소녀**와
한여름을 알몸으로 사는 고향의 **소년**과   [D]
같이 낯이 설어도 사랑스러운 **들길**이 있다

그 길에 아지랑이가 피듯 태양이 타듯
제비가 날듯 길을 따라 물이 흐르듯 그렇게
그렇게   [E]

천연(天然)히*

울타리 밖에도 ⓛ 화초를 심는 마을이 있다

오래오래 **잔광**이 부신 마을이 있다

밤이면 더 많이 **별**이 뜨는 **마을**이 **있다**

- 박용래, 〈울타리 밖〉 -

* 천연히: 생긴 그대로 조금도 꾸밈이 없이.

01

[A]~[E]에 대한 설명으로 적절하지 <u>않은</u> 것은?

① [A]: 설의적 표현을 활용하여 원시성을 지닌 태초 광야의 모습을 강조하고 있다.

② [B]: 인격화된 대상의 행위를 추측하여 광야의 신성성을 부각하고 있다.

③ [C]: 추상적 대상을 구체화하여 광야가 끊임없이 생성되고 소멸되는 순환성을 나타내고 있다.

④ [D]: 시각적 심상을 활용하여 고향의 모습을 선명하게 표현하고 있다.

⑤ [E]: 비유적인 표현을 활용하여 인위적이지 않은 마을의 모습을 드러내고 있다.

02

㉠과 ㉡에 대한 이해로 가장 적절한 것은?

① ㉠은 화자를 각성하게 하는 존재이며, ㉡은 화자를 성찰하게 하는 대상이다.

② ㉠은 공간의 황폐함을 심화하는 존재이며, ㉡은 공간에 생명력을 부여하는 대상이다.

③ ㉠은 공간의 변화를 가져오는 존재이며, ㉡은 공동체의 인식전환을 일으키는 대상이다.

④ ㉠은 화자가 위화감을 느끼게 하는 존재이며, ㉡은 화자가 애상감을 느끼게 하는 대상이다.

⑤ ㉠은 화자가 지향하는 이상을 실현하는 존재이며, ㉡은 화자가 지향하는 공동체의 모습을 드러내는 대상이다.

03

<보기>를 바탕으로 (가), (나)를 감상한 내용으로 적절하지 <u>않은</u> 것은?

> **보기**
>
> 시에서의 시간 양상은 화자의 지향성을 내포하고 있다. 화자가 미래 지향성을 보
> 이는 경우, 시에서의 시간은 현재에서 미래로 나아가는 순방향의 흐름을 보인다.
> 이때 화자는 현재의 결핍을 인식하고 과거로의 회귀 대신 발전된 미래에 대한 신
> 뢰를 바탕으로 부정적인 현재 상황을 적극적으로 극복하려 한다. 화자가 과거 상
> 황을 긍정적으로 인식하는 과거 지향성을 보이는 경우, 화자는 미래에 대한 신뢰
> 없이 과거의 공간을 훼손되지 않은 원형으로 여기는 모습을 보인다. 이때 화자의
> 과거 회상이 현재 시제로 표현되기도 하는데, 이는 과거 공간이 존속하기를 소망
> 하는 화자의 심리가 반영된 것으로 볼 수 있다.

① (가)의 화자는 '큰 강물이 비로소 길을' 연 것을 통해 발전된 미래를 향한 희망을 확인
하여 극복의 자세를 드러낸 것이겠군.

② (가)의 화자가 '가난한 노래의 씨'를 뿌리고자 하는 것은 현재의 결핍을 인식하고 있
기 때문이겠군.

③ (나)의 '소녀', '소년', '들길'이 존재하는 고향의 모습을 통해 화자가 고향을 훼손되지
않은 원형으로 여기고 있음을 알 수 있겠군.

④ (나)의 '잔광'이 부시고 '별'이 뜨는 마을의 모습을 통해 화자가 마을을 긍정적으로 인
식하고 있음을 알 수 있겠군.

⑤ (나)의 '마을'을 '있다'로 표현하는 것은 마을의 모습이 존속하기를 소망하는 화자의
심리를 드러낸 것이겠군.

※ 다음 글을 읽고 물음에 답하시오.

[앞부분의 줄거리] 전생에 부부였던 남해 용왕의 딸과 동해 용왕의 아들은 각각 금방울과 해룡으로 환생한다. 해룡은 피란 도중에 부모와 헤어져 장삼과 변 씨의 집에서 자라게 된다.

어느 추운 겨울날, 눈보라가 내리치는 밤에 변 씨는 소룡과 함께 따뜻한 방에서 자고 해룡에게는 방아질을 시켰다. 해룡은 어쩔 수 없이 밤새도록 방아를 찧었는데, 얇은 홑옷만 입은 아이가 어찌 추위를 견딜 수 있겠는가? 추위를 이기지 못해 잠깐 쉬려고 제 방에 들어가니, 눈보라가 방 안에까지 들이치고 덮을 것이 하나도 없었다. 해룡이 몸을 잔뜩 웅크리고 엎드려 있는데, 갑자기 방 안이 대낮처럼 밝아지고 여름처럼 더워져 온몸에 땀이 났다. 놀라고 또 이상해 바로 일어나 밖을 자세히 살펴보니, 아직 날이 밝지 않았는데 하얀 눈이 뜰에 가득했다. 방앗간에 나가 보니 밤에 못다 찧은 것이 다 찧어져 그릇에 담겨 있었다. 해룡이 더욱 놀라고 괴이하게 여겨 방으로 돌아오니 방 안은 여전히 밝고 더웠다.

아무리 생각해도 이상해 방 안을 두루 살펴보니, 침상 위에 예전에 없었던 북만 한 방울 같은 것이 놓여 있었다. 해룡이 잡으려 했으나, 방울이 이리 미끈 달아나고 저리 미끈 달아나며 요리 구르고 저리 굴러 잡히지 않았다. 더욱 놀라고 신통해서 자세히 보니, 금빛이 방 안에 가득하고, 방울이 움직일 때마다 향취가 가득히 퍼져 코를 찔렀다. 이에 해룡은 생각했다.

'이것은 반드시 무슨 까닭이 있어서 일어난 일일 테니, 좀 더 두고 지켜봐야겠다.'

해룡은 마음속으로 기뻐하며 자리에 누웠다. 그동안 굶주림과 추위에 시달린 몸이 따뜻해지니, 마음이 절로 놓여 아침 늦도록 곤히 잠을 잤다. 이때 변 씨 모자는 추위 잠을 자지 못하고 떨며 앉아 있다가 날이 밝자마자 밖으로 나와보니, 눈이 쌓여 온 집 안을 뒤덮었고 찬바람이 얼굴을 깎듯이 세차게 불어 몸을 움직이는 것마저 어려웠다. 이에 변 씨는 생각했다.

'해룡이 틀림없이 얼어 죽었겠구나.'

해룡을 불러도 대답이 없자, 해룡이 얼어 죽었으리라 생각하고 눈을 헤치고 나와 문틈으로 방 안을 엿보았다. 그랬더니 해룡이 벌거벗은 채 깊이 잠들어 있는데 놀라서 깨우려다가 자세히 살펴보니 하얀 눈이 온 세상 가득 쌓여 있는데, 오직 해룡이 자고 있는 사랑채 위에는 눈이 한 점도 없고 더운 기운이 연기처럼 일어나고 있었다. 이것이 어찌 된 일인지 알 수가 없었다.

변 씨가 놀라 소룡에게 이런 상황을 이야기했다.

"매우 이상한 일이니, 해룡의 거동을 두고 보자꾸나."

문득 해룡이 놀라 잠에서 깨어 내당으로 들어가 변 씨에게 문안을 올린 뒤 비를 잡

핵심정리

갈래

영웅 소설, 전기 소설

배경

중국 명나라

시점

전지적 작가 시점

제재

금방울과 해룡의 활약상

주제

고난을 극복하고 사랑을 이루는 금방울의 삶

특징

① 비현실적 상황을 삽입하여 전기성을 높임.
② 여성 영웅을 등장시켜 여성의 활약을 그림
③ 다양한 설화(난생 설화, 지하국 대적 퇴치 설화, 변신 모티프)가 융합되어 있음.

해제

전생에 남해 용왕의 딸이었던 금방울의 신이한 능력을 바탕으로 한 활약상을 보여 주는 작자 미상의 고전소설이다. 이 작품은 금방울이 자신의 능력을 바탕으로 해룡의 위기 극복과 입신양명을 돕고, 서사 진행에 있어 주도적인 역할을 하며 마지막에는 여성의 몸으로 변하기 때문에 여성 영웅 소설로 평가받는다.

등장인물

금방울	남해 용왕의 딸로, 과부인 막씨에게서 태어나 신이한 재주를 지님. 해룡이 위기를 겪을 때마다 자신의 재주로 위기에서 구출함.
해룡	동해 용왕의 아들로, 장원 부부와 헤어져 장삼의 밑에서 자라남. 장삼의 부인 변씨의 학대를 받음.
변 씨	장삼의 아내로, 해룡을 박대함. 장삼이 죽자 해룡을 죽일 계교를 꾸며 구호동으로 보냄.

WEEK 6

전체 줄거리

동해 용왕의 아들과 남해 용왕의 딸은 본래 부부였으나, 요괴의 침입을 받아 죽게 되어 인간 세상에 장원의 아들 해룡과 막씨의 딸 금방울로 태어난다. 해룡은 전쟁 중 장원과 헤어져 장삼의 밑에서 살아가지만 장삼의 부인 변씨의 학대를 받고, 금방울은 신이한 재주로 막씨를 도우며 살아간다. 해룡은 장삼이 죽고 난 뒤 변씨의 계교로 집을 나와 구호동으로 들어가게 된다. 이때 호랑이에 의해 해룡이 죽을 위기에 처하자 금방울이 해룡을 구한다. 그 후 해룡은 요괴에게 납치된 공주를 구하러 가는 과정에서 위험에 처하게 되고, 금방울이 해룡을 대신하여 요괴에게 먹힌다. 해룡은 요괴의 배를 갈라 금방울과 공주를 구한다. 공주와 결혼하고 대장군이 된 해룡은 북방으로 가 크게 이기고 돌아와 좌승상이 된다. 때가 되어 금방울이 허물을 벗고 아름다운 처녀가 되자, 이를 알게 된 황제는 금방울을 황후의 양녀로 삼아서 서울로 데려오고 날을 잡아서 해룡과 결혼시킨다. 해룡은 두 부인을 거느리고 부귀공명으로 일생을 누리다가 두 부인과 함께 승천한다.

해룡의 위기

위기 ①	변 씨의 박대로 방아질을 하며, 집에서 얼어 죽게 될 처지에 놓임.

↓

극복 ①	금방울이 방안을 따뜻하게 하고, 방아질을 대신 해 놓음.

↓

위기 ②	변 씨의 음모로 구호동에 간 해룡이 두 호랑이에게 잡아먹힐 위기에 처함.

↓

극복 ②	금방울이 나타나 두 호랑이를 모두 죽임.

↓

해룡이 겪는 위기는 모두 조력자 금방울에 의해 해소됨을 알 수 있음.

영웅의 일대기 구조

금방울	
고귀한 혈통	남해 용왕의 딸로 태어남.
비정상적 출생	방울의 모습으로 태어남
신이한 재주	신이한 능력으로 해룡을 도움.

고 눈을 쓸려 하는데, 갑자기 한 줄기 광풍이 일어나며 반 시간도 채 안 되어 눈을 다 쓸어버리고는 그쳤다. 해룡은 이미 짐작하고 있었으나, 변 씨는 그 까닭을 전혀 알지 못해 더욱 신통히 여기며 마음속으로 생각했다.

'분명 해룡이 요술을 부려 사람을 속인 것이로다. 만약 해룡을 집에 오래 두었다가는 큰 화를 당하리라.'

변 씨는 어떻게든 해룡을 죽여 없앨 생각으로 이리저리 궁리하다가, 한 가지 계교를 생각해 내고는 해룡을 불러 말했다.

[A]
> "가군*이 돌아가신 뒤 우리 가산이 점점 줄어들게 된 것은 너 또한 잘 알 것이다. 구호동에 우리 집 논밭이 있는데, 근래에는 호환이 자주 일어나 사람을 다치게 해 농사를 짓지 못하고 묵혀둔 지 벌써 수십여 년이 되었구나. 이제 그 땅을 다 일구어 너를 장가보내고 우리도 네 덕에 잘살게 된다면, 어찌 기쁘지 않겠느냐? 다만 너를 그 위험한 곳에 보내면, 혹시 후회할 일이 생길까 걱정이구나."

해룡이 기꺼이 허락하고 농기구를 챙겨 구호동으로 가려 하니, 변 씨가 짐짓 말리는 체했다. 이에 해룡이 웃으며 말했다.

"사람의 목숨은 하늘에 달려 있으니, 어찌 짐승에게 해를 당하겠나이까?"

해룡이 가벼운 발걸음으로 집을 나서자, 변 씨가 문밖에까지 나와 당부하며 말했다.

"쉬이 잘 다녀오너라."

해룡이 공손하게 대답하고 구호동으로 들어가 보니, 사면이 절벽으로 둘러싸여 있고 그 사이에 작은 들판이 하나 있는데, 초목이 아주 무성했다. 해룡이 등나무 넝쿨을 붙들고 들어가니, 오직 호랑이와 표범, 승냥이와 이리의 자취뿐이요, 인적은 아예 없었다. 해룡은 조금도 두려워하지 않고 옷을 벗은 뒤 잠깐 쉬었다. 해가 서산으로 넘어가려 할 무렵 자리에서 일어나 밭을 두어 이랑 갈고 있는데, 갑자기 바람이 거세게 불고 모래가 날리면서 산꼭대기에서 이마가 흰 칡범이 주홍색 입을 벌리고 달려들었다. 해룡이 정신을 바짝 차리고 손으로 호랑이를 내리치려 할 때, 또 서쪽에서 큰 호랑이가 벽력같은 소리를 지르며 달려들어 해룡이 매우 위급한 상황에 처하게 되었다. 그 순간 갑자기 등 뒤에서 금방울이 달려와 두 호랑이를 한 번씩 들이받았다. 호랑이들이 소리를 지르며 달려들었으나, 금방울이 나는 듯이 뛰어서 연달아 호랑이를 들이받으니 두 호랑이가 동시에 거꾸러졌다.

해룡이 달려들어 호랑이 두 마리를 다 죽이고 돌아보니, 금방울이 번개같이 굴러다니며 한 시간도 채 안 되어 그 넓은 밭을 다 갈아 버렸다. 해룡은 기특하게 여기며 금방울에게 거듭거듭 사례했다. 해룡이 죽은 호랑이를 끌고 산을 내려오면서 돌아보니, 금방울은 어디로 갔는지 사라지고 없었다.

한편, 변 씨는 해룡을 구호동 사지에 보내고 생각했다.

'해룡은 반드시 호랑이에게 물려 죽었을 것이다.'

변 씨가 집 안팎을 들락날락하며 매우 기뻐하고 있는데, 문득 밖에서 사람들이 요란하게 떠드는 소리가 들려와 급히 나아가 보니, 해룡이 큰 호랑이 두 마리를 끌고 왔다. 변 씨는 크게 놀랐지만 무사히 잘 다녀온 것을 칭찬했다. 또한 큰 호랑이를 잡은 것을 기뻐하는 체하며 해룡에게 말했다.

"일찍 들어가 쉬어라."

해룡이 변 씨의 칭찬에 감사드리고 제 방으로 들어가 보니, 방울이 먼저 와 있었다.

– 작자 미상, 〈금방울전〉 –

* 가군: 남에게 자기 남편을 이르는 말.

해룡	
고귀한 혈통	동해 용왕의 아들로 태어남.
조력자의 등장	• 피란길에 부모와 헤어지지만, 장삼의 밑에서 자라게 됨. • 해룡이 시련을 겪을 때마다 금방울이 나타나 시련을 극복하도록 도와줌.
고난	변씨의 학대와 계교로 죽을 위기에 처함.

01

윗글의 내용에 대한 이해로 적절하지 않은 것은?

① 변 씨는 소룡에게 잠자는 해룡을 깨우라고 지시했다.
② 변 씨는 해룡을 도운 것이 금방울이라는 것을 몰랐다.
③ 해룡은 밤에 방아질을 하다가 추워 방 안으로 들어갔다.
④ 해룡은 방 안에서 움직이는 금방울을 보고 신통해 했다.
⑤ 금방울은 구호동에서 사라진 후 해룡보다 먼저 방에 도착했다.

▆ 문제풀이 맥 ▆

01

작품의 세부 내용을 파악하는 문제이다. 인물의 행동을 중심으로 작품의 내용을 파악하는 것이 중요하다. 선택지의 설명과 인물의 행동을 대응하여 적절한지 파악해야 한다.

> 추운 밤 변 씨가 해룡에게 방아질을 시키고, 추운 방에서 자도록 함.

↓

> 금방울의 신이한 재주로 해룡의 방이 따뜻해짐.

↓

> 변 씨는 해룡을 호랑이에게 물려 죽이기 위해 감언이설로 해룡을 구호동으로 보냄.

↓

> 해룡이 호랑이에게 죽을 위기에 처하자, 금방울이 또다시 해룡을 구출함.

↓

> 해룡이 죽은 호랑이를 끌고 변 씨의 집에 가자 해룡이 죽은 줄로 기대했던 변 씨가 깜짝 놀람.

WEEK 6

02

인물의 말하기 방식을 파악하는 문제이다. 이러한 유형의 문제는 인물의 발화에 나타난 세부적인 내용을 묻는 것이 아닌, 발화 자체의 목적이나 표현 방법 등을 확인한다. 따라서 해당 발화가 일어난 사건의 내용, 흐름, 발화한 인물 등을 복합적으로 파악해야 한다. [A]는 변 씨의 발화로, 해룡이 구호동으로 갈 것을 설득하고 있다.

02

[A]에 대한 설명으로 가장 적절한 것은?

① 지난 일의 책임을 상대방에게 전가하며 태도 변화를 촉구하고 있다.

② 상대방으로 인한 자신의 손해를 언급하며 요청 사항을 전달하고 있다.

③ 상대방의 역할에 대해 의문을 제기하며 자신의 입장을 수정하고 있다.

④ 자신이 제안한 바가 서로에게 이익이 됨을 근거로 상대방을 설득하고 있다.

⑤ 상대방이 취하려는 행위를 만류하기 위해 상대방과 자신의 관계를 언급하고 있다.

03

외적 준거를 바탕으로 작품을 감상하는 문제이다. <보기>에서는 해룡의 위기와 극복 과정을 중점으로 사건 전개 과정을 도식화하고 있다. 따라서 각 과정에 포함된 인물의 행동을 명확하게 파악하고 있어야 한다. 윗글에서 해룡은 두 번의 위기와 극복 과정을 겪는데, 첫 번째 위기와 두 번째 위기 모두 변씨에 의해 계획된 것이며, 두 번의 위기 모두 금방울에 의해 극복된다는 특징을 지닌다.

03

<보기>는 윗글의 서사 구조를 도식화한 것이다. ㄱ~ㄹ에 대한 설명으로 적절하지 <u>않은</u> 것은?

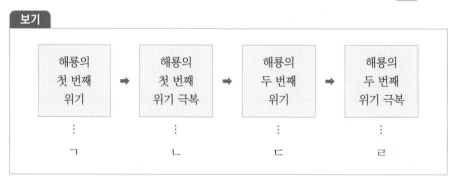

① ㄱ은 집에서 얼어 죽게 될, ㄷ은 구호동에서 짐승에게 해를 입게 될 상황이다.

② ㄱ과 ㄷ은 모두 해룡에게 수행하기 어려운 과제가 주어지는 상황이다.

③ ㄴ은 장차 해룡에게 화를 입을 것을 염려한 변 씨가 ㄷ을 계획하는 계기가 된다.

④ ㄴ과 ㄹ은 신이한 능력을 지닌 금방울에 의해 주도적으로 진행된다.

⑤ ㄱ~ㄹ의 과정에서 해룡은 겉과 속이 다르게 자신을 대하는 변 씨의 이중성을 눈치채고 반발하게 된다.

스스로 점검하기

6일간 학습

Day	공부 시작 시간	공부 종료 시간	틀린 문항 수	틀린 유형
Day 1	시 분 초	시 분 초		
Day 2	시 분 초	시 분 초		
Day 3	시 분 초	시 분 초		
Day 4	시 분 초	시 분 초		
Day 5	시 분 초	시 분 초		
Day 6	시 분 초	시 분 초		

1 일별로 계획에 맞춰 공부하기

하루에 기출 하나씩 매일 꾸준히 공부하는 것이 최선의 방법이다.

2 시작 시간과 종료 시간 체크하기

스스로 시간 제한을 두고 문제를 푸는 것이 실전 대비에 효과적이다.

3 틀린 문항과 유형 분석하기

틀린 문제는 또 틀릴 수 있다. 특정 문항과 유형에서 많이 틀렸다면, 그 이유를 분석해야 한다.

4 보충 학습하기

스스로 점검하기를 통해 자신의 취약한 유형을 확인하고, SLS를 통해 부족한 부분을 보충 학습한다.

	Day 1						Day 2						Day 3					
번호	1	2	3	4	5	6	1	2	3	4	5	6	1	2	3	4	5	6
정답률	89%	83%	43%				67%	70%	70%	76%	85%		88%	87%	73%	75%	49%	74%
채점																		

	Day 4						Day 5						Day 6					
번호	1	2	3	4	5	6	1	2	3	4	5	6	1	2	3	4	5	6
정답률	77%	48%	54%	61%	57%		61%	70%	35%				77%	71%	76%			
채점																		

결과	틀린 문항에는 ✕표시, 찍어서 막혔거나 헷갈렸던 문항에는 △표시, 맞춘 문항에는 ○표시 채점 결과 : 맞은 문항 수 25개중 ☐ 개

나의 예상 등급은?

등급

1등급 22~25개

2등급 20~21개

3등급 18~19개

핵심정리

갈래
발표

제재
우리나라의 전통 매듭

화제
생활 속 전통문화

문단 중심 내용

❶ 발표 주제 선정 동기
❷ 우리나라에서 사용했던 매듭의 용도와 시기
❸ 우리나라의 전통 매듭 ① – 연봉매듭
❹ 우리나라의 전통 매듭 ② – 가지방석매듭
❺ 매듭에 관심을 가질 것을 권유

우리나라 전통 매듭

연봉매듭	이름의 유래	매듭의 생김새가 연봉(연꽃 봉오리)를 닮음.
	상징적 의미	자손의 번창과 풍년을 기원
	사용 목적	단추와 같은 실용적인 목적으로 사용 → 단추매듭이라고도 함.
가지 방석 매듭	이름의 유래	열매가 잘 맺히는 가지를 연상시킴.
	상징적 의미	좋은 일을 줄줄이 이어 감.
	사용 목적	주머니나 선추를 장식

※ 다음은 학생의 발표이다. 물음에 답하시오.

❶ 안녕하세요? '생활 속 전통문화'에 대한 발표를 맡은 ○○○입니다. 저는 지난주에 매듭 팔찌를 만들며 우리 전통 매듭이 참 아름답다고 생각하여 전통 매듭에 대해 조사해 보았습니다. 그래서 오늘은 제가 △△전통문화 연구소 누리집의 자료를 통해 알게 된 내용을 여러분과 나누고 싶어서 발표를 준비했습니다.

❷ 우리나라에서는 옛날부터 매듭을 생활 속에서 장식의 용도로 많이 사용했습니다. 고구려 벽화의 초상화 속 실내 장식에서도, 조선 시대 여성들이 사용하던 노리개의 장식에서도 매듭을 발견할 수 있습니다.

❸ 그렇다면 우리나라의 전통 매듭에는 어떤 것들이 있을까요? (자료 1을 제시하며) 먼저 이 자료를 보시죠. 옷을 여미는 부분에 매듭이 보이시나요? 이것이 연봉매듭입니다. 연봉은 연꽃 봉오리라는 뜻으로, 자료의 아래에 있는 그림처럼 매듭의 생김새가 연봉을 닮았다고 해서 붙은 이름이에요. 연꽃은 번영의 상징으로 여겨져 온 만큼, 연봉매듭에는 자손의 번창과 풍년을 기원하는 의미가 담겨 있습니다. 매듭은 보통 장식을 위해 사용되었는데 이 매듭은 단추와 같은 역할을 하여 실용적인 목적으로 사용되었기에 단추매듭이라 부르기도 합니다.

❹ 다음으로는 가지방석매듭을 소개하겠습니다. 이 매듭은 주머니나 선추를 장식하기 위한 목적으로 많이 사용되었는데요, (자료 2를 제시하며) 선추는 이렇게 부채의 고리나 자루에 매다는 장식품을 이르는 말입니다. 잠시 자료의 왼쪽 아래에 있는 매듭을 보시죠. 이 매듭의 이름은 생쪽매듭이에요. 작은 원이 세 개 있는 모양이 생강과 비슷해서 붙은 이름입니다. 생쪽매듭은 많은 매듭법의 기본이 되는데요, 가지방석매듭도 이 생쪽매듭을 중심으로 하여 원 모양으로 줄줄이 이어 나가 방석 모양처럼 크게 엮어 만든 매듭입니다. 그래서 이 매듭에는 좋은 일을 줄줄이 이어 간다는 의미가 있고, 그것이 열매가 잘 맺히는 가지를 연상시킨다고 해서 가지방석매듭이라는 이름이 붙게 되었습니다.

❺ 지금까지 우리나라의 전통 매듭에 대해 알아보았습니다. 조사를 하며 주변을 살펴보니 팔찌뿐 아니라 다양한 장신구에도 전통 매듭이 활용된 것을 발견할 수 있었습니다. 여러분도 전통 매듭의 의미를 떠올리며, 우리 주변의 전통 매듭에 관심을 가져 보면 어떨까요? 이상으로 발표를 마치겠습니다.

01

위 발표자의 말하기 방식으로 적절하지 <u>않은</u> 것은?

① 자신의 경험을 언급하며 화제를 선정한 이유를 밝히고 있다.

② 청중에게 질문을 하여 발표 내용에 대한 관심을 유도하고 있다.

③ 참고한 자료의 출처를 밝혀 발표 내용의 신뢰성을 높이고 있다.

④ 발표 중간중간에 단어의 뜻을 설명하여 청중의 이해를 돕고 있다.

⑤ 발표 내용에 대한 청중의 이해도를 점검하며 발표를 마무리하고 있다.

01

발표자의 말하기 방식을 파악하는 문제이다. 이러한 문제는 발표자가 발표 내용을 전달하기 위해 어떠한 방법을 썼는지를 파악하는 것이 중요하다. 선택지에 제시된 '자신의 경험', '청중에게 질문', '자료의 출처', '단어의 뜻을 설명', '청중의 이해도를 점검' 등이 발표에 나타나 있는지 파악하고 어떠한 방식으로 발표를 마무리하고 있는지 확인해야 한다. 특히 청중에게 질문을 던지는 방식은 청중의 주의를 환기시키거나 관심을 집중시키기도 하고, 배경지식을 확인하기도 하는 등 다양한 기능을 하기 때문에 해당 발표에서 어떤 효과를 나타내는지 정확하게 파악해야 한다.

02

다음은 발표자가 제시한 자료이다. 발표자의 자료 활용에 대한 설명으로 적절하지 <u>않은</u> 것은?

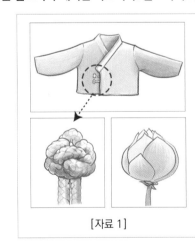
[자료 1]

[자료 2]

① 연봉매듭이라는 명칭이 붙은 이유를 설명하기 위해 [자료 1]을 활용하였다.

② 연봉매듭이 단추의 용도로 사용되었다는 것을 설명하기 위해 [자료 1]을 활용하였다.

③ 가지방석매듭이 생쪽매듭을 기본으로 한다는 것을 설명하기 위해 [자료 2]를 활용하였다.

④ 가지방석매듭이 실용적인 목적으로 사용되었다는 것을 보여 주기 위해 [자료 2]를 활용하였다.

⑤ 좋은 일을 줄줄이 이어 간다는 의미가 담긴 가지방석매듭의 모양을 보여 주기 위해 [자료 2]를 활용하였다.

02

발표 자료를 활용하는 문제이다. [자료 1]은 연봉매듭을 설명할 때, [자료 2]는 가지방석매듭을 설명할 때 사용한 자료이다. 자료를 제시하는 부분의 앞뒤 맥락을 고려하여 해당 자료가 어떠한 정보를 전달하기 위해 사용되었는지를 추론해야 한다.

WEEK 7

반응 분석의 적절성을 파악하는 문제이다. 청
중인 학생들이 어떠한 반응을 보이고 있는지
를 파악해야 한다. 학생 1은 발표와 관련하여
추가적인 활동을 계획하고 있고, 학생 2는 발
표를 들은 후의 생각을 언급하고 있다. 학생 3
은 발표와 관련된 경험을 떠올리며 제시되지
않은 정보에 대해 궁금증을 드러내고 있다.

03

<보기>는 위 발표를 들은 학생들의 반응이다. 학생들의 반응을 이해한 내용으로 가장 적절한 것은?

> **보기**
>
> 학생 1: 매듭을 단추의 용도로 사용한 것에서 조상들의 지혜를 느꼈어. 나도 매듭
> 이 일상생활에서 응용된 다른 사례를 찾아봐야겠어.
> 학생 2: 나는 그동안 무언가를 묶거나 고정하는 데에만 매듭을 사용했는데, 다양한
> 물건을 아름답게 장식하는 용도로도 쓸 수 있다는 것을 알게 되었어.
> 학생 3: 얼마 전 전통 매듭 전시회를 다녀왔었어. 그때 본 노리개에 둥근 모양의 매
> 듭이 달려 있었는데, 가지방석매듭과는 다른 모양이었어. 무슨 매듭이었는지 궁
> 금해.

① '학생 1'은 발표 내용에 제시된 정보를 사실과 의견으로 구분하고 있다.

② '학생 2'는 자료의 정확성을 판단하며 발표 내용을 비판적으로 수용하고 있다.

③ '학생 3'은 발표에서 누락된 부분이 있다는 점을 지적하고 있다.

④ '학생 1'과 '학생 2'는 모두 발표에서 직접적으로 언급하지 않은 내용을 추론하고 있다.

⑤ '학생 2'와 '학생 3'은 모두 발표 내용과 관련 있는 자신의 경험을 떠올리고 있다.

2 Day
언어   고1 2021년 11월
언어

※ [01~02] 다음 글을 읽고 물음에 답하시오.

사이시옷이란 두 단어 또는 형태소가 결합하여 만들어진 합성어의 두 요소 사이에 표기하는 'ㅅ'을 말한다. '한글 맞춤법'에 따르면 다음과 같은 조건들이 만족되어야 사이시옷을 표기할 수 있다.

우선, 두 단어가 결합하는 형태가 고유어와 고유어의 결합, 고유어와 한자어의 결합, 한자어와 고유어의 결합으로 이루어진 합성어인 경우 사이시옷을 표기할 수 있다. 단일어이거나 접사가 결합하여 만들어진 단어인 파생어에는 사이시옷이 표기되지 않고, 외래어가 포함된 합성어나 한자어만으로 구성된 합성어의 경우에도 사이시옷은 표기되지 않는다. 단, '곳간(庫間), 셋방(貰房), 숫자(數字), 찻간(車間), 툇간(退間), 횟수(回數)'라는 한자어는 예외적으로 사이시옷을 표기한다.

다음으로 이러한 합성어의 앞말이 모음으로 끝나고 두 단어가 결합하여 발생하는 음운론적 현상이 다음 중 하나에 해당하여야 한다. 첫째, 뒷말의 첫소리가 된소리로 바뀌는 경우, 둘째, 뒷말의 첫소리 'ㄴ, ㅁ' 앞에서 'ㄴ' 소리가 덧나는 경우, 셋째, 뒷말의 첫소리 모음 앞에서 'ㄴㄴ' 소리가 덧나는 경우에 사이시옷을 표기할 수 있다.

핵심정리

사이시옷의 표기 조건

① 단어의 결합 형태
- 고유어+고유어
- 고유어+한자어
- 한자어+고유어
※ 한자어+한자어 예외
  - 곳간(庫間), 셋방(貰房), 숫자(數字), 찻간(車間), 툇간(退間), 횟수(回數)
② 앞말이 모음으로 끝남.
③ 결합하여 발생하는 음운 현상이 다음 중 하나일 것
- 뒷말의 첫소리가 된소리로 바뀌는 경우
  예 차+집 → 찻집[차찝/찯찝]
- 뒷말의 첫소리 'ㄴ, ㅁ' 앞에서 'ㄴ' 소리가 덧나는 경우
  예 아래+니 → 아랫니[아랜니]
- 뒷말의 첫소리 모음 앞에서 'ㄴㄴ' 소리가 덧나는 경우
  예 나무+잎 → 나뭇잎[나문닙]

01

윗글을 바탕으로 사이시옷 표기에 대해 이해한 내용으로 적절하지 않은 것은?

① '아래옷'과 달리 '아랫마을'은 앞말의 끝소리에 'ㄴ' 소리가 덧나기 때문에 사이시옷이 표기된 것이겠군.
② '고깃국'과 달리 '해장국'은 앞말이 모음으로 끝나지 않았기 때문에 사이시옷이 표기되지 않은 것이겠군.
③ '코마개'와 달리 '콧날'은 뒷말의 첫소리 모음 앞에서 'ㄴㄴ' 소리가 덧나기 때문에 사이시옷이 표기된 것이겠군.
④ '우윳빛'과 달리 '오렌지빛'은 합성어를 구성하는 단어의 결합 형태를 고려하여 사이시옷을 표기하지 않은 것이겠군.
⑤ '모래땅'과 달리 '모랫길'은 두 단어가 결합할 때 뒷말의 첫소리가 된소리로 바뀌었기에 사이시옷이 표기된 것이겠군.

문제풀이 맥

01
사이시옷의 표기를 이해하는 문제이다. 사이시옷은 고유어와 고유어, 고유어와 한자어, 한자어와 고유어가 결합한 합성어에서, 앞말이 모음으로 끝나고 뒷말의 첫소리가 된소리로 바뀌거나 뒷말의 첫소리 'ㄴ, ㅁ' 앞에서 'ㄴ' 소리가 덧나거나 뒷말의 첫소리 모음 앞에서 'ㄴㄴ' 소리가 덧날 때 표기할 수 있다.

WEEK 7

사이시옷의 표기를 적용하는 문제이다. 사이 시옷은 고유어와 고유어, 고유어와 한자어, 한 자어와 고유어가 결합한 합성어에서만 표기할 수 있다는 점을 주의해야 한다.

02

<보기>는 윗글을 이해하기 위한 탐구 학습지의 일부이다. ㉠~㉢에 들어갈 말로 적절한 것은?

[탐구 과제]

[탐구 자료]를 활용하여 제시된 단어들의 올바른 표기를 쓰고, 그 이유를 설명해 보자.

· 해 + 살 → (   )   · 해 + 님 → (   )

[탐구 자료]

살²「명사」

(일부 명사 뒤에 붙어) 해, 볕, 불 또는 흐르는 물 따위의 내비치는 기운.

살-⁶「접사」

온전하지 못함의 뜻을 더하는 접두사.

-님⁴「접사」

(사람이 아닌 일부 명사 뒤에 붙어) '그 대상을 인격화하여 높임'의 뜻을 더하는 접 미사.

님⁵「명사」

(일부 속담에 쓰여) '임'을 이르는 말.

[탐구 결과]

'해'와 '살'이 결합한 단어의 표기는 (㉠)이고, '해'와 '님'이 결합한 단어의 표 기는 (㉡)입니다. 사이시옷은 합성어의 두 요소 사이에 표기하는 것이기 때문 에 (㉢)가 결합한 경우 사이시옷을 적지 않습니다.

	㉠	㉡	㉢		㉠	㉡	㉢
①	햇살	해님	접사	②	햇살	해님	명사
③	햇살	햇님	접사	④	해살	해님	명사
⑤	해살	햇님	명사

03

<보기>는 수업의 일부이다. 선생님의 질문에 대한 답으로 적절한 것은?

보기

선생님 : 음운 변동 중 교체가 일어날 때 앞 음절의 종성과 뒤 음절의 초성 자리에 놓인 두 음운이 만나서 그중 하나가 바뀌는 경우가 있습니다. ㉠은 뒤 음절의 초성 자리에 놓인 음운이 바뀌는 경우이고, ㉡은 앞 음절의 종성 자리에 놓인 음운이 바뀌는 경우를 나타냅니다.

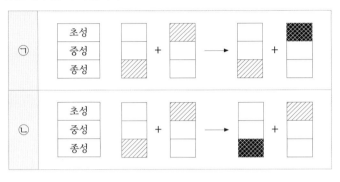

그럼, 표준 발음에 따라 다음 단어들을 ㉠과 ㉡으로 나눠 볼까요?

먹물, 중력, 집념, 칼날, 톱밥

	㉠	㉡
①	먹물, 칼날	중력, 집념, 톱밥
②	중력, 집념	먹물, 칼날, 톱밥
③	먹물, 집념, 톱밥	중력, 칼날
④	먹물, 중력, 집념	칼날, 톱밥
⑤	중력, 칼날, 톱밥	먹물, 집념

03

교체 현상을 분류하는 문제이다. 한 음운이 다른 음운과 결합할 때 환경에 따라 발음이 달라지는 경우가 있는데, 이러한 현상을 음운의 변동이라 한다. 음운 변동의 유형 중 교체는 한 음운이 다른 음운으로 바뀌는 현상이다. 이때 두 음운이 만났을 때 뒤 음절의 첫소리가 바뀌는 것을 순행 동화, 앞 음절의 끝소리가 바뀌는 것을 역행 동화라고 한다.

순행 동화	종로[종노], 남루[남누]
역행 동화	산림[살림], 국물[궁물]

높임법의 특성을 적용하는 문제이다. 한국어에서는 말을 할 때 화자와 청자와 말하는 대상의 관계에 따라 높임 관계를 달리 표현한다. 주체 높임법은 문장의 주어를 높이는 것이다. 주체 높임은 문장의 주체를 직접 높이는 직접 높임과 특수 어휘를 사용하여 주체를 높이는 간접 높임으로 나누어 살펴볼 수 있다. 객체 높임법은 문장의 목적어나 부사어가 지시하는 대상을 높이는 것이다. 현대 국어에서는 '드리다', '여쭙다', '뵙다', '모시다'와 같은 특수 어휘를 사용한다. 상대 높임법은 화자가 청자를 높이거나 낮추어 표현하는 것이다. 주로 종결 어미를 사용하는 것이 특징이다.

04

<보기 1>을 바탕으로 <보기 2>에 대해 설명한 내용으로 적절하지 <u>않은</u> 것은?

보기 1

주체 높임법은 문장의 주어인 서술의 주체에 대하여 높임의 태도를 나타내는 방법이다. 객체 높임법은 문장의 목적어나 부사어가 지시하는 대상, 곧 서술의 객체에 대하여 높임의 태도를 나타내는 방법이다. 주체 높임과 객체 높임의 대상은 문장에서 표면적으로 드러나기도 하고 생략되기도 한다. 한편, 상대 높임법은 화자가 청자인 상대방에 대하여 높이거나 낮추는 태도를 나타내는 방법이다. 한 문장 안에서도 다양한 높임법이 쓰일 수 있다.

보기 2

〈아들과 아버지의 통화〉

아들: ⓐ 아버지, 집에 언제 도착하시나요?

아버지: 무슨 일 있니?

아들: ⓑ 할머니께서 아버지께 전화해 보라고 하셨어요. ⓒ 아버지께 드릴 말씀도 있어서요.

아버지: 그래, 거의 다 왔으니 집에 가서 얘기하자. 그런데 할머니 아직 안 주무시니?

아들: ⓓ 아직 안 주무셔요. ⓔ 방금 어머니께서 할머니 모시고 나가셨어요.

① ⓐ는 주체 높임과 상대 높임의 대상이 같다.

② ⓑ는 객체 높임과 상대 높임의 대상이 다르다.

③ ⓒ는 객체 높임과 상대 높임의 대상이 같다.

④ ⓓ는 주체 높임과 상대 높임의 대상이 다르다.

⑤ ⓔ는 주체 높임, 객체 높임, 상대 높임의 대상이 모두 다르다.

05

<보기>에 대한 이해로 적절하지 <u>않은</u> 것은?

보기

ㄱ. **羅睺羅(라후라)ㅣ** 得道(득도)ᄒ야 도라가샤 **어미를** 濟渡(제도)ᄒ야
 (라후라가 득도하여 돌아가서 어미를 제도하여)

ㄴ. **瞿曇(구담)이** 오술 니브샤 **深山(심산)애** 드러 **果實(과실)와** 믈와 좌시고
 (구담의 옷을 입으시어 깊은 산에 들어 과일과 물을 자시고)

ㄷ. **南堀(남굴)ㅅ** 仙人(선인)이 ᄒᆞᆫ **ᄯᆞᄅᆞᆯ** 길어 내니 …… **時節(시절)에** 자최마다 蓮花
 (연화)ㅣ 나ᄂᆞ니이다
 (남굴의 선인이 한 딸을 길러 내니 …… 시절에 자취마다 연꽃이 납니다.)

ㄹ. 네가짓 受苦(수고)ᄂᆞᆫ 生(생)과 老(로)와 **病(병)과** 死(사)왜라
 (네 가지 괴로움은 태어남과 늙음과 병듦과 죽음이다.)

① ㄱ의 '羅睺羅(라후라)ㅣ'와 ㄷ의 '仙人(선인)이'에는 주어의 자격을 부여해 주는 조사의 형태가 서로 다르게 사용되었군.

② ㄱ의 '어미를'과 ㄷ의 'ᄯᆞᄅᆞᆯ'에는 목적어의 자격을 부여해 주는 조사의 형태가 서로 동일하게 사용되었군.

③ ㄴ의 '瞿曇(구담)이'와 ㄷ의 '南堀(남굴)ㅅ'에는 모두 관형어의 자격을 부여해 주는 조사가 사용되었군.

④ ㄴ의 '深山(심산)애'와 ㄷ의 '時節(시절)에'에는 모두 부사어의 자격을 부여해 주는 조사가 사용되었군.

⑤ ㄴ의 '果實(과실)와'와 ㄹ의 '病(병)과'에는 모두 단어와 단어를 이어주는 조사가 사용되었군.

05

중세 국어의 특징을 이해하는 문제이다. 중세 국어에서의 조사의 쓰임은 특정한 조사가 쓰이는 조건을 잘 파악해야 한다. 또한 현대 국어에서 무엇으로 대체되었는지를 판단해야 한다.

주격 조사	이, ㅣ, ∅
목적격 조사	울/을, 롤/를/ㄹ
관형격 조사	이/의, ㅅ
부사격 조사	애/애/예
서술격 조사	이라, ∅라, ㅣ라

3 Day

 독서(사회) 고2 2022년 11월

미시경제학

핵심정리

문단 중심 내용

❶ 립시와 랭카스터가 제시한 차선의 이론
❷ 차선의 이론에 따른 견해
❸ 공평성과 사회무차별곡선
❹ 사회무차별곡선의 모양에 반영된 공평성에 대한 가치판단
❺ 사회후생수준까지 고려했을 때의 차선의 선택

차선의 이론

제안자	립시, 랭카스터
견해	최적의 결과를 얻기 위한 여러 조건 중 한 가지 이상의 조건이 충족되지 못하는 상황이라면 나머지 조건들이 모두 충족되더라도 그 결과는 차선이 아닐 수 있음.

사회무차별곡선

내용	• 개별 경제 주체가 경제 활동을 통해 얻은 주관적 만족감인 효용수준을 종합한 사회후생수준 • 그 사회가 개인의 효용수준에 대한 평가를 통해 공평성에 대해 하고 있는 가치판단
해석	• 곡선 위의 모든 점은 동일한 사회후생수준을 나타냄. • 곡선이 원점에서 멀리 위치할수록 사회후생수준이 높음.
모양	원점에 대해 볼록한 곡선으로, 우하향할수록 기울기가 완만해짐.

<그림>의 해석

CD	생산가능곡선
SIC	사회무차별곡선
E, H, K	생산의 효율성을 충족함.
I	생산은 가능하나 비효율적임.

※ 다음 글을 읽고 물음에 답하시오.

❶ 경제학에서는 개별 경제 주체들이 주어진 조건하에서 자신이 ⓐ 조절할 수 있는 변수들을 적절히 선택하여 최적의 결과를 추구한다고 본다. 그런데 최적의 결과를 얻기 어려운 상황에 놓인다면 경제 주체들은 일반적으로 효율성을 ⓑ 고려하여 차선의 선택을 고민하게 된다. 하지만 립시와 랭카스터는 차선의 의미에 대해 새로운 관점을 보여 주는 '차선의 이론'을 제시했다.

❷ 차선의 이론에서는 최적의 결과를 얻기 위한 여러 조건 중 한 가지 이상의 조건이 ⓒ 충족되지 못하는 상황이라면 나머지 조건들이 모두 충족되더라도 그 결과는 차선이 아닐 수 있다고 본다. 예를 들어 ㉠ 효율성을 달성하기 위한 10개의 조건 중 9개의 조건이 충족되는 것이 8개의 조건이 충족되는 것보다 반드시 더 낫다고 볼 수는 없다는 의미이다.

❸ 여기서 왜 효율성을 달성하기 위한 10개의 조건 중 9개의 조건이 충족되는 것이 차선이 아닌지를 ⓓ 입증하기 위해서는 공평성을 함께 고려해야 한다. 한 사회가 어떤 것을 공평하다고 여기는지는 사회무차별곡선을 통해 확인할 수 있다. 사회무차별곡선은 개별 경제 주체가 경제 활동을 통해 얻은 주관적 만족감인 효용수준을 종합한 사회후생수준을 보여 준다. 사회무차별곡선의 모양을 보면 그 사회가 개인의 효용수준에 대한 평가를 통해 공평성에 대해 어떠한 가치판단을 하고 있는지 확인할 수 있다.

❹ 사회무차별곡선 위의 모든 점은 동일한 사회후생수준을 나타내는데, 이 곡선이 원점에서 멀리 위치할수록 사회후생수준이 높다는 것을 나타낸다. 일반적으로 사회무차별곡선의 모양은 원점에 대해 볼록한 곡선으로, 우하향할수록 기울기가 완만해진다. 이는 높은 효용수준을 누리는 사람의 효용에는 상대적으로 낮은 가중치를 ⓔ 적용하고, 낮은 효용수준밖에 누리지 못하는 사람들의 효용에는 높은 가중치를 적용해 사회후생을 계산하는 것이 공평하다는 가치판단이 반영된 결과이다.

❺ <그림>은 사회에서 경제적 자원을 모두 활용하여 쌀과 옷 두 가지 상품만 생산한다는 가정하에 생산가능곡선 CD와 사회무차별곡선(SIC)을 통해 차선의 이론의 예를 보여 준다. <그림>의 생산가능곡선 CD는 원점에 대해 오목한 모양으로 이 곡선 위의 점들은 생산의 효율성을 충족한다는 것을 의미하며, 곡선의 바깥쪽은

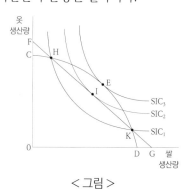

<그림>

생산이 불가능함을, 곡선의 안쪽은 생산은 가능하나 비효율적임을 나타낸다. 이때 생산가능곡선과 사회무차별곡선이 접하는 E 지점이 최적인데, 만약 선분 FG와 같

은 어떤 제약이 가해져 이 선분의 바깥쪽에 있는 지점은 선택할 수 없게 되어 최적의 결과를 얻기 어려운 상황이라고 가정해 보자. 이때 H 지점은 제약하에서도 생산가능곡선 CD 위에 위치하기에 생산의 효율성이나마 충족하고 있으므로 차선의 선택이라고 생각하기 쉽지만 사회후생수준을 고려하면 그렇지 않다. 왜냐하면 SIC_1과 SIC_2의 원점에서의 위치를 고려했을 때 SIC_1 위에 있는 H 지점보다 SIC_2 위에 있는 I 지점의 사회후생수준이 더 높기 때문이다. 따라서 제약하에서 사회후생수준을 고려하면 I 지점이 차선의 선택이 된다.

제약이 없을 때	
E	생산가능곡선과 사회무차별곡선이 접하는 지점 → 최적의 선택
H, K	생산가능곡선 위의 점 → 생산의 효율성 충족
I	생산가능곡선 안쪽의 점 → 생산은 가능하나 비효율적

제약 FG가 있을 때	
H	사회후생수준을 고려하지 않았을 때의 차선의 선택
I	사회후생수준을 고려했을 때의 차선의 선택

↓

SIC_1과 SIC_2의 원점에서의 위치를 고려해야 함.

01

윗글을 읽고 답을 찾을 수 <u>없는</u> 질문은?

① 차선의 이론이 갖는 의미는 무엇인가?
② 생산가능곡선 위의 점들이 의미하는 것은 무엇인가?
③ 립시와 랭카스터가 입증한 차선의 이론의 한계는 무엇인가?
④ 경제 주체들이 차선의 선택을 고민하게 되는 이유는 무엇인가?
⑤ 사회무차별곡선의 모양이 우하향할수록 기울기가 완만해지는 이유는 무엇인가?

■ 문제풀이 맥 ■

01

세부 내용을 이해하는 문제이다. '~는 무엇인가?' 형식의 선택지로 구성되어 있으므로 ~ 부분에 들어가는 내용이 지문에 등장하는지 찾아야 한다. 지문에 직접적으로 답이 나온 것이 아니라, 추론을 통해 알 수 있는 내용이 선택지에 제시될 수도 있으므로 주의해야 한다.

02

사회무차별곡선에 대한 이해로 적절하지 <u>않은</u> 것은?

① 사회무차별곡선 위의 모든 점은 동일한 사회후생수준을 나타낸다.
② 사회무차별곡선은 일반적으로 원점에 대해 볼록한 곡선 모양이다.
③ 사회무차별곡선을 통해 공평성에 대한 사회의 가치판단을 확인할 수 있다.
④ 사회무차별곡선은 개별 경제 주체의 효용수준을 종합한 사회후생수준을 보여 준다.
⑤ 사회무차별곡선에는 높은 효용수준을 누리는 사람들의 주관적 만족감이 반영되어 있지 않다.

02

세부 내용을 이해하는 문제이다. 3~4문단에서 사회무차별곡선의 특징과 모양, 사회무차별곡선을 통해 알 수 있는 내용 등을 파악하고 선택지와 일치하지 않는 것이 있는지 찾아야 한다.

WEEK 7

03

핵심 내용을 이해하는 문제이다. ㉠은 차선의 이론에서, 효율성을 달성하기 위한 10개의 조건 중 9개의 조건이 충족되는 것이 8개의 조건이 충족되는 것보다 반드시 더 낫다고 볼 수는 없음을 의미한다. 지문에서는 이를 설명하기 위해 사회무차별곡선을 제시하므로, 사회무차별곡선을 통해 ㉠의 이유를 이해해야 한다.

03

차선의 이론을 통해 ㉠의 이유를 설명한 것으로 가장 적절한 것은?

① 효율성과 다른 기준도 함께 고려할 필요가 있기 때문이다.

② 경제 주체들이 스스로 자신의 효용수준에 대해 평가하기 때문이다.

③ 효율성을 달성하기 위한 조건들의 중요도가 서로 다르기 때문이다.

④ 낮은 효용수준을 누리는 사람의 효용에는 가중치를 적용할 수 없기 때문이다.

⑤ 효율성을 달성하기 위한 모든 조건이 충족되지 않는다면 개별 주체의 효용수준에 영향을 미치지 못하기 때문이다.

04

세부 내용을 추론하는 문제이다. <그림>은 생산가능곡선과 사회무차별곡선을 통해 차선의 이론의 예를 보여 주는 그래프이다. 사회무차별곡선의 모양이 나타내는 의미를 해석하고, H와 I의 위치를 통해 알 수 있는 내용을 파악해야 한다. 지문에서 설명한 사회무차별곡선의 특징을 이해한 뒤 <그림>에 적용하여 추론하면 된다.

04

다음은 윗글을 읽고 <그림>에 대해 경제 동아리 학생들이 나눈 대화이다. 적절하지 <u>않은</u> 것은?

> 동아리 회장: 오늘 살펴본 경제 자료 속 그래프에 대해 더 하고 싶은 얘기가 있으면 해 보자.
>
> 부원 1: 나는 H가 생산가능곡선 위에 있기 때문에 그렇지 않은 I보다 생산의 효율성이 높다고 생각해.
>
> 부원 2: 선분 FG와 같은 제약이 있는 상황에서 H가 아닌 I가 차선으로 선택되었다면 그 이유는 사회후생수준을 고려했기 때문이라고 생각해.
>
> 부원 3: I의 위치를 고려하면 생산이 가능하지 않아 비효율적인 지점이라고 생각해.
>
> 부원 4: 선분 FG와 같은 제약이 있는 상황에서 생산가능곡선을 고려하면 K도 H와 마찬가지로 생산의 효율성을 충족하는 지점이라고 생각해.
>
> 부원 5: SIC_3은 SIC_1과 SIC_2보다 사회후생수준이 높다고 생각해.

① 부원 1의 생각　　　② 부원 2의 생각　　　③ 부원 3의 생각
④ 부원 4의 생각　　　⑤ 부원 5의 생각

05

어휘의 사전적 의미를 파악하는 문제이다. 선택지의 주어진 의미를 지문상의 어휘의 위치에 넣어 보고, 뜻이 적절히 들어맞는지 판단하면 된다.

05

ⓐ~ⓔ의 사전적 의미로 적절하지 <u>않은</u> 것은?

① ⓐ: 균형이 맞게 바로 잡음.

② ⓑ: 생각하고 헤아려 봄.

③ ⓒ: 일정한 분량을 채워 모자람이 없게 함.

④ ⓓ: 어떤 증거 따위를 내세워 증명함.

⑤ ⓔ: 일정한 조건이나 환경 따위에 맞추어 응하거나 알맞게 됨.

※ 다음 글을 읽고 물음에 답하시오.

❶ 맑고 화창한 날 밖에서 스마트폰 화면이 잘 보이지 않았던 경험이 한 번쯤은 있을 것이다. 이는 화면에 반사된 햇빛이 화면에서 나오는 빛과 많이 ⓐ 혼재될수록 야외 시인성이 저하되기 때문이다. 야외 시인성이란, 빛이 밝은 야외에서 대상을 명확하게 인식할 수 있는 성질을 의미한다. 그렇다면 스마트폰에는 야외 시인성 개선을 위해 어떠한 기술이 적용되어 있을까?

❷ ㉠ 스마트폰 화면의 명암비가 높으면 우리는 화면에 표현된 이미지를 선명하다고 인식한다. 명암비는 가장 밝은 색과 가장 어두운 색을 화면이 얼마나 잘 표현하는지를 나타내는 수치로, 흰색을 표현할 때의 휘도를 검은색을 표현할 때의 휘도로 나눈 값이다. 여기서 휘도는 화면에서 나오는 빛이 사람의 눈에 얼마나 들어오는지를 나타내는 양이다. 가령, 흰색을 표현할 때의 휘도가 $2,000cd/m^2$이고 검은색을 표현할 때의 휘도가 $2cd/m^2$인 스마트폰의 명암비는 1,000이다.

❸ 명암비는 휘도를 측정하는 환경에 따라 암실 명암비와 명실 명암비로 구분된다. 암실 명암비는 햇빛과 같은 외부광 없이 오로지 화면에서 나오는 빛만을 인식할 수 있는 조건에서의 명암비를, 명실 명암비는 외부광이 ⓑ 존재하는 조건에서의 명암비를 의미한다. 스마트폰의 야외 시인성을 높이기 위해서는 명실 명암비를 높여야 한다. 이를 위해 화면에서 흰색을 표현할 때의 휘도를 높이는 방법과 검은색을 표현할 때의 휘도를 낮추는 방법을 사용할 수 있다.

❹ 그런데 스마트폰에 흔히 사용되는 OLED는 흰색을 표현할 때의 휘도를 높이는데 한계가 있다. OLED는 화면의 내부에 있는 기판*에서 빛을 내는 소자로, 빨간색, 초록색, 파란색 빛을 조합하여 다양한 색을 ⓒ 구현한다. 이렇게 OLED가 색을 표현할 때, 출력되는 빛의 세기를 높이면 해당 색의 휘도가 높아진다. 그러나 강한 세기의 빛을 출력할수록 OLED의 수명이 ⓓ 단축되는 문제가 있다. 이러한 이유로 OLED 스마트폰에는 편광판과 위상지연필름을 활용하여, 외부광의 반사로 높아진, 검은색을 표현할 때의 휘도를 낮추는 기술이 적용되고 있다.

❺ <그림>은 OLED 스마트폰에 적용된 편광판의 원리를 나타낸 것이다. 일반적으로 빛은 진행하는 방향에 수직인 모든 방향으로 진동하며 나아간다. 빛이 편광판을 통과하면 그중 편광판의 투과축과 평행한 방향으로 진동하며 나아가는 선형 편광만 남고, 투과축의 수직 방향으로 진동하는 빛은 차단된다. 이러한 과정에서 편광판을 통과한 빛의 세기는 감소하게 된다.

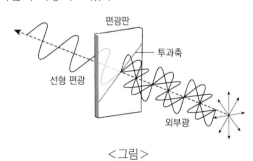

<그림>

🔊 핵심정리

문단 중심 내용

❶ 맑은 날 스마트폰 화면이 보이지 않는 이유
❷ 명암비의 개념과 계산법
❸ 스마트폰의 야외 시인성을 높이는 방법
❹ OLED의 흰색 표현의 한계와 해결법
❺ OLED 스마트폰에 적용된 편광판의 원리
❻ OLED 스마트폰의 야외 시인성을 높이는 기술
❼ OLED 스마트폰의 야외 시인성을 높이는 기술의 한계

명암비

개념	가장 밝은 색과 가장 어두운 색을 화면이 얼마나 잘 표현하는지를 나타내는 수치
계산법	흰색을 표현할 때의 휘도를 검은색을 표현할 때의 휘도로 나눈 값
암실 명암비	외부광 없이 오로지 화면에서 나오는 빛만을 인식할 수 있는 조건에서의 명암비
명실 명암비	외부광이 존재하는 조건에서의 명암비

OLED

개념	화면의 내부에 있는 기판에서 빛을 내는 소자
기능	빨간색, 초록색, 파란색 빛을 조합하여 다양한 색을 구현함. → 출력되는 빛의 세기를 높이면 해당 색의 휘도가 높아짐.
한계	강한 세기의 빛을 출력할수록 수명이 단축됨.
해결법	편광판과 위상지연필름을 활용함.

OLED 스마트폰에 적용된 편광판의 원리

빛이 편광판을 통과함.

↓

편광판의 투과축과 평행한 방향으로 진동하며 나아가는 선형 편광만 남음.

↓

편광판을 통과한 빛의 세기가 감소함.

WEEK 7

화면 안으로 들어오는 외부광이 편광판을 거치며 일부가 차단되고 선형 편광만 남음.
↓
선형 편광이 위상지연필름을 지나면서 원형 편광으로 바뀜.
↓
원형 편광이 화면의 내부 기판에 반사됨.
↓
원형 편광이 다시 위상지연필름을 통과하며 선형 편광으로 바뀜.
↓
선형 편광이 편광판에 가로막힘.
↓
기판에 반사된 외부광이 화면 밖으로 빠져나가지 못함.

[A]

❻ 이러한 원리를 이용해 OLED 스마트폰에서 야외 시인성을 높이는 기술을 설명하면 다음과 같다. 먼저 스마트폰 화면 안으로 들어오는 외부광은 편광판을 거치면서 일부가 차단되고 투과축과 평행한 방향으로 진동하는 선형 편광만 남게 된다. 그런 다음 이 선형 편광은 위상지연필름을 지나면서 회전하며 나아가는 빛인 원형 편광으로 편광의 형태가 바뀐다. 이 원형 편광은 스마트폰 화면의 내부 기판에 반사된 뒤, 다시 위상지연필름을 통과하며 선형 편광으로 바뀐다. 그런데 이 선형 편광의 진동 방향은 외부광이 처음 편광판을 통과했을 때 남은 선형 편광의 진동 방향과 수직을 이루게 되어 편광판에 가로막히게 된다. 그 결과 기판에 반사된 외부광은 화면 밖으로 빠져나가지 못하게 된다.

❼ 이와 같은 기술은 OLED 스마트폰의 야외 시인성을 높이는 데에는 매우 효과적이지만, 편광판을 사용할 수밖에 없기 때문에 스마트폰 화면이 일정 수준의 명암비를 유지하기 위해서는 ⓒ OLED가 내는 빛의 세기를 높게 유지해야 한다는 단점이 존재한다. 그리고 외부광이 화면의 외부 표면에 반사되어 나타나는 야외 시인성의 저하도 ⓔ 방지하지 못한다. 최근에는 이러한 문제점들을 개선하기 위한 연구가 다양한 분야에서 이루어지고 있다.

* 기판: 전기 회로가 편성되어 있는 판.

▇ 문제풀이 맥 ▇

01

글의 내용을 사실적으로 이해하는 문제이다. 적절하지 않다는 것을 쉽게 파악할 수 있는 선택지도 있지만, 지문의 내용에서 한 걸음 더 나아가 이해해야 하는 선택지도 있다. 따라서 선택지에서 핵심어를 찾고 해당 부분의 지문을 꼼꼼히 읽어야 한다.

01

윗글에서 알 수 있는 내용으로 가장 적절한 것은?

① 햇빛은 진행하는 방향에 수직인 모든 방향으로 진동한다.
② OLED는 네 가지의 색을 조합하여 다양한 색을 구현한다.
③ 사람의 눈에 들어오는 빛의 양이 많으면 휘도는 낮아진다.
④ 야외 시인성은 사물 간의 크기 차이를 비교하는 기준이다.
⑤ OLED는 화면의 외부 표면에 반사되는 외부광을 차단한다.

02

글의 세부적인 내용을 이해하는 문제이다. ㉠은 스마트폰 화면의 명암비를 가리킨다. 2문단에서 명암비의 개념과 계산법을 설명하고, 3문단에서 명암비의 종류와 야외 시인성과의 관계를 설명하고 있으므로 이를 통해 문제를 풀 수 있다.

02

㉠에 대한 설명으로 적절하지 않은 것은?

① 명실 명암비를 높이면 야외 시인성이 높아지게 된다.
② 흰색을 표현할 때의 휘도가 낮아질수록 암실 명암비가 높아진다.
③ 휘도를 측정하는 환경에 따라 명실 명암비와 암실 명암비로 나뉜다.
④ 흰색을 표현할 때의 휘도를 검은색을 표현할 때의 휘도로 나눈 값이다.
⑤ 화면에 반사된 외부광이 눈에 많이 들어올수록 명실 명암비가 낮아진다.

03

ⓛ의 이유를 추론한 것으로 가장 적절한 것은?

① OLED가 내는 빛의 휘도를 조절할 수 없기 때문이다.
② OLED가 내는 빛이 강할수록 수명이 길어지기 때문이다.
③ OLED가 내는 빛 중 일부가 편광판에서 차단되기 때문이다.
④ OLED가 내는 빛이 약하면 명암비 계산이 어렵기 때문이다.
⑤ OLED가 내는 빛의 세기를 높이는 데 한계가 있기 때문이다.

04

<보기>는 [A]의 과정을 나타낸 그림이다. 윗글을 바탕으로 <보기>를 이해한 내용으로 적절하지 않은 것은?

보기

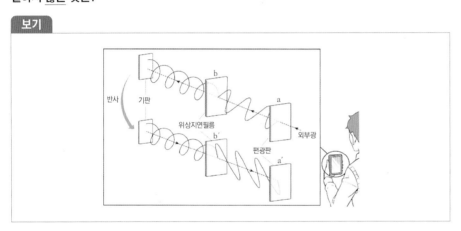

① 외부광은 a를 거치면서 투과축과 평행한 방향으로 진동하는 빛만 남게 된다.
② a를 거쳐 b로 나아가는 빛은 진행 방향에 수직인 방향으로 진동한다.
③ b를 거친 빛은 기판에 의해 a를 거쳐 b로 나아가는 빛과 같은 형태의 편광으로 바뀌게 된다.
④ b′를 거친 빛의 진동 방향은 a를 거쳐 b로 나아가는 빛의 진동 방향과 수직을 이룬다.
⑤ b′를 거친 빛은 진동 방향이 a′의 투과축과 수직을 이루므로 화면 밖으로 빠져나가지 못하게 된다.

05

문맥상 ⓐ~ⓔ와 바꾸어 쓰기에 적절하지 않은 것은?

① ⓐ: 뒤섞일수록　　② ⓑ: 있는　　③ ⓒ: 고른다
④ ⓓ: 줄어드는　　⑤ ⓔ: 막지

핵심정리

가 권섭, 〈십육영〉

갈래
연시조

성격
예찬적, 대조적

제재
자연물

주제
자연물에서 발견한 삶의 이치

특징
① 특정 소재의 속성을 통해 주제 의식을 부각함.
② 자연을 통해 현실에 대한 작가의 가치관을 드러냄.
③ 각 수마다 다양한 소재를 활용하여 시상을 전개함.

해제
이 작품은 총 16수로 이루어진 연시조로 소나무, 국화, 매화, 대나무, 산, 시내, 강, 바다, 신선, 용, 호랑이, 학, 사람, 잉어, 말, 매 등의 다양한 소재를 활용하여 시상을 전개하고 있다. <제1수>부터 <제4수>까지는 자연물을 대상으로 창작되었는데, 이는 자연을 풍류의 대상으로만 여기지 않고 현실에 대한 가치관을 드러내는 대상으로 삼는 양상을 보여주고 있다. <제1수>의 '독야청청하는 소나무'는 홀로 절개를 지키지만 '주변의 다른 나무'들은 절개를 꺾는 등 대상의 속성을 드러내는 대조의 방식을 통해 주제 의식을 부각하고 있다.

구성

제1수	소나무의 독야청청한 절개 예찬
제11수	황홀한 기세를 지닌 호랑이의 위엄 예찬
제15수	오리마와 적표마의 뛰어남 예찬

※ 다음 글을 읽고 물음에 답하시오.

가

구렁에 서 있는 나무 우뚝하기도 하구나
풍상(風霜)을 실컷 겪고 **독야청청(獨也靑靑)**하구나
져근덧 **베지** 말고 두면 **동량재(棟梁材)**** 되겠구나

<제1수(소나무[松])>

꼬리치고 휘파람 불며 기염(氣焰)*도 **황홀**하구나
이 뫼에 들어온 지 몇 해나 되었나니
진실로 네 잠깐 떠나면 **호리종횡(狐狸縱橫)***하겠구나

<제11수(호랑이[虎])>

㉠ 오리마 적표마*들이 관단 노태*와 같겠느냐
바람에 슬피 울며 네 굽을 허위치니
아무리 **천리지(千里志)*** 있은들 알 이 없어 서러워라

<제15수(말[馬])>

- 권섭, 〈십육영(十六詠)〉-

* 동량재: 기둥과 들보로 쓸 만한 재목. 한 집안이나 나라를 떠받치는 중대한 일을 맡을 만한 인재를 이르기도 함.
* 기염: 불꽃처럼 대단한 기세.
* 호리종횡: 여우와 살쾡이가 이리저리 날뜀. 여우와 살쾡이는 도량이 좁고 간사한 사람을 비유적으로 이르는 말이기도 함.
* 오리마 적표마: 오리마는 온몸의 털이 검은 말, 적표마는 붉은색을 가진 명마.
* 관단 노태: 관단과 노태로 모두 걸음이 느린 말을 의미함.
* 천리지: 천리를 달리고자 하는 뜻.

나

북방 이십여 주에 경성이 문호인데
군사 백성 다스리기를 나에게 맡기시니
망극한 임금의 은혜 갚을 길이 어렵구나
㉡ 서생의 일은 글쓰기인가 여겼더니
늙은이의 변방 부임 진실로 뜻밖이로다
임금께 절하고 칼을 짚고 돌아서니
만 리 밖 국경에 내 한 몸 다 잊었다

흥인문 내달아 녹양평에 말 갈아타고

은하수 옛길을 다시 지나간단 말이냐

회양 옛 사실* 소문만 들었더니

대궐을 홀로 떠나는 적객*은 무슨 죄인가 ⌐

높고 험한 철령을 험하단 말 전혀 마오   [A]

세상살이에 비하면 평지인가 여기노라 ⌐

눈물을 거두고 두어 걸음 돌아서니

서울이 어디요 대궐이 가렸도다

안변 북쪽은 저쯤에 오랑캐 땅인데

오랑캐를 정벌하여 천 리 밖 몰아내니

윤관 김종서의 큰 공적 초목이 다 알도다

용흥강 건너와 정평부 잠깐 지나

만세교 앞에 두고 낙민루에 올라앉아

옥저*의 산하 하나하나 돌아보니

천년의 풍패*에 상서로운 기운 어제인 듯하구나

함관령 저문 날에 말은 어찌 병들었는가

ⓒ 모래바람 자욱한데 갈 길이 멀었구나

홍원 옛 고을의 천관도를 바라보고

대문령 넘어서 청해진에 들어오니

함경도의 요해지요 남북의 요충지라

충신과 정예 병사 무기를 늘어놓고

강한 활과 쇠뇌로 요충지를 지키는 듯

태평세월 백 년 동안 전쟁을 잊으니

철통같은 방어를 일러 무엇하리오

- 조우인, 〈출새곡(出塞曲)〉 -

* 회양 옛 사실: 중국 한나라 무제(武帝) 때 급장유(汲長孺)가 회양 태수로 선정을 베풀었던 일.
* 적객: 귀양살이를 하는 사람. 여기서는 임금 곁을 떠나 경성 판관으로 부임하는 자신의 신세를 말함.
* 옥저: 함경도 함흥 일대에 위치했던 고대 국가.
* 풍패: 천 년 전 한나라를 건국한 유방의 고향에 빗대어 조선을 건국한 이성계의 고향인 함흥을 가리킴.

다

　태안사 가는 길에 물이, 보성강 물이 있습니다. 그 물길이 끝나는 지점이 태안사 들어가는 입구지요. 아닙니다, 물길은 끝나지 않고 다만 태안사 들어가는 입구가 그 물길의 중간에나 있을 따름이지요. ⓔ 물길이 끝났다고 슬퍼할 필요는 없습니다, 곧이어 숲이, 숲길이 시작될 테니까요.

나 조우인, 〈출새곡〉

갈래

기행가사

성격

서사적, 묘사적

제재

함경도 경성까지의 기행 과정

주제

변방으로의 부임 과정과 임지 생활에서 느낀 소회

특징

① 구체적인 지명을 언급하여 이동 경로를 드러냄.
② 설의법과 영탄법을 활용하여 화자의 정서를 표현함.
③ 4음보의 규칙적인 리듬을 바탕으로 산문적 내용(여정-견문-감상)을 전개함.

해제

이 작품은 광해군 때의 문인 조우인이 지은 기행 가사로, 작가가 함경도의 경성 판관으로 부임하는 과정과 부임지에서의 생활과 소회 등을 기록한 것이다. 작품의 창작 과정에 대한 기록에 따르면, 정철의 가사를 전범으로 하여 지어진 것으로 보이며, 변방 생활에서의 애환이 상당 부분을 차지하고 있다.

구성

서사 (1~5행)	부임지인 경성으로 떠나는 심정
본사 1 (6~31행)	한양에서 청해진까지의 이동 과정
본사 2	경성에서의 생활과 감회
결사	인생에 대한 회고와 어부와의 대화

다 공선옥, 〈태안사 가는 길에서〉

갈래

경수필

성격

경험적, 사실적, 사색적

제재

태안사로 가는 여정

[B] 여름 숲도 좋지만 겨울 숲은 또 나름대로 외로워서 좋습니다. 높아서 좋습니다. 야위어서 좋습니다. 여름 숲의 무성함, 풍성함, 윤택함에 한동안 외로움을 잊고 살았습니다. 외롭지 않을 때는 외롭지 않아서 좋았고 외로울 때는 또 외로워서 좋았습니다. 올해는 유난히 눈이 안 내리는 겨울입니다. 높고 푸른 하늘이 외로운 나무 끝에 펼쳐져 있습니다.

(중략)

거기에서 그 노인을 보았습니다. 노인은 절 부엌에서 나오는 음식을 고양이에게 먹이고 있었습니다. 내가 빙긋 웃자 노인의 얼굴이 한순간 붉어졌습니다. 노인은 소년의 얼굴을 가졌더군요. 아닙니다. 아기의 얼굴이었습니다. 절 사람들이 다 싫어하는 도둑고양이를 아기 얼굴을 가진 태안사 불목하니* 그 노인이 혼자 숨어서 돌보고 있었습니다. 사람들이 많이 모여 있으면 다람쥐처럼 어딘가로 숨어 버리는 그를 보러 나는 태안사에 가곤 합니다. 고양이, 해탈이는 잘 크고 있는지도 궁금하고요. 절 사람들은 노인을 이 처사라고 불렀습니다. 내가 그를 보면 바짝 반가워하는데도 그는 반가운 내색을 할 줄 모릅니다. 내가 그와 헤어지는 게 못내 섭섭해 작별 인사가 길어지는데도 그는 그저 가라고 손짓 한번 해 주고 그만입니다. 그것이 처음에는 굉장히 서운했는데 이제 그조차 익숙해졌습니다.

태안사 가는 길은 참 좋습니다. 물이 있고 곧이어 숲이 있고 해탈이가 있고 다람쥐보다 더 빠르게 달릴 줄 아는 그가 있기 때문입니다. 나는 그와 어떤 특별한 말을 주고받은 적도 없습니다. 그래도 그는 나에게 커다란 위로가 됩니다. 그는 내 속의 부처가 되었습니다. 그는 아마 그것도 모를 테지요. 자신이 누군가의 마음속에 들어가 커다란 위로가 되고 부처가 되었다는 사실을. 나는 또한 누군가의 가슴속에 들어가 위로가 되고 부처가 될 수는 없을까요. 좀 더 가난해지고 좀 더 외로워지면 그럴 수 있을는지요. 하기사 태안사의 그는 가난과 외로움조차도 스스로 느끼지 않는 그저 '그'일 따름이었습니다. ⓤ 가난과 외로움조차도 때로는 거추장스런 장신구일 수도 있겠습니다.

– 공선옥, 〈태안사 가는 길에서〉 –

* **불목하니**: 절에서 밥을 짓고 물을 긷는 일을 맡아서 하는 사람.

01

(가)~(다)에 대한 설명으로 가장 적절한 것은?

① (가)와 (나)는 모두 영탄적 어조를 통해 화자의 정서를 강조하고 있다.

② (가)와 (다)는 모두 시간적 표현을 활용하여 대상에 대한 인식 변화를 제시하고 있다.

③ (나)와 (다)는 모두 계절적 배경을 제시하여 분위기를 환기하고 있다.

④ (가)~(다)는 모두 불가능한 상황을 설정하여 주제 의식을 드러내고 있다.

⑤ (가)~(다)는 모두 반어적 표현을 사용하여 대상이 지닌 의미를 부각하고 있다.

01

표현상의 특징을 파악하는 문제이다. 표현법에 대한 개념이 먼저 정립되어 있어야 한다. 이를 바탕으로 선택지에 제시된 표현법이 (가)~(다)에 나타났는지를 찾아야 한다. 따라서 '영탄적 어조', '시간적 표현', '반어적 표현' 등의 개념을 이해하고, 해당 표현 방식이 각 작품에 나타나는지를 확인해야 한다.

02

[A]와 [B]에 대한 설명으로 가장 적절한 것은?

① [A]와 [B]에는 모두 자연의 섭리에 담긴 가치가 나타난다.

② [A]와 [B]에는 모두 변화하는 자연에서 얻는 즐거움이 나타난다.

③ [A]에는 이상적 세계를 동경하는 삶이, [B]에는 자연에 동화되는 삶이 나타난다.

④ [A]에는 자연을 보며 떠올린 삶의 고단함이, [B]에는 자연에서 느끼는 만족감이 나타난다.

⑤ [A]에는 자연물에서 연상된 대상에 대한 경외감이, [B]에는 자연을 거닐며 느끼는 쓸쓸함이 나타난다.

02

작품 간의 공통점과 차이점을 파악하는 문제이다. 선택지는 [A], [B]에 드러난 내용을 중심으로 묻고 있으므로 (나)의 경우 화자의 상황과 태도를, (다)의 경우 글쓴이의 인식을 명확하게 파악해야 한다. 특히 선택지에서 제시한 내용이 [A], [B]에 모두 적절한지 파악해야 하므로 그 특징을 인지하고 있어야 한다.

03

<보기>를 참고하여 (가)를 감상한 내용으로 적절하지 않은 것은?

> **보기**
>
> 권섭의 〈십육영(十六詠)〉은 열여섯 개의 중심 소재를 통해 현실에 대한 인식을 드러낸 작품이다. (가)의 각 수의 초장과 중장에는 소재로 쓰인 대상의 특성이나 상징적 의미가 강조되어 있고, 종장에는 부조리한 현실에 대한 부정적인 시각이 표출되어 있다.

① <제1수>에서 '풍상'을 이겨낸 소나무를 '독야청청'한 모습으로 그리며 소나무의 지조 있는 모습을 드러내고 있군.

② <제1수>에서 '베지' 않으면 '동량재'가 될 수 있다고 한 것은 인재가 되기 위해서 시련을 겪어야만 하는 현실에 대한 한탄을 드러낸 것이군.

③ <제11수>에서 호랑이의 기세를 '황홀'하다고 표현하며 호랑이의 위엄 있는 모습을 그리고 있군.

④ <제11수>에서 호랑이가 사라지면 '호리종횡'할 것이라고 한 것은 소인배들이 힘을 얻게 될 수도 있는 현실에 대한 우려를 표현한 것이군.

⑤ <제15수>에서 '천리지'를 알아주는 이가 없다고 한 것은 인재가 뜻을 펼칠 수 없는 안타까운 현실을 드러낸 것이군.

03

외적 준거를 활용하여 작품을 감상하는 문제이다. <보기>에서는 (가)는 중심 소재를 통해 현실에 대한 인식을 드러냈다고 하였으므로 작품의 주제를 바탕으로 각 수에서 화자가 드러내고자 하는 바를 이해해야 한다.

• 각 수의 중심 소재

제1수	독야청청한 소나무
제11수	황홀한 기세의 호랑이
제15수	오리마 적표마의 뛰어남

04

외적 준거를 활용하여 작품을 감상하는 문제이다. <보기>에서는 이러한 유형의 문제를 작가의 삶을 연관지어 작품을 이해하는 외재적 관점에 따라 (나), (다)를 이해할 것을 요구하고 있으므로 각 작품의 구절에 담긴 의미를 <보기>의 내용과 관련지어 적절하게 이해해야 한다.

04

<보기>를 바탕으로 (나), (다)를 이해한 내용으로 적절하지 않은 것은?

보기

문학 작품에는 여정 가운데 만나게 되는 상황과 그에 따른 감회, 그 여정이 자신의 삶에 끼친 영향 등이 드러나기도 한다. (나)에는 화자가 부임지인 경성으로 가는 도중에 보게 된 변방의 경치와 회포 등이 드러나며, (다)에는 글쓴이가 태안사를 다녀온 경험과 이를 통해 얻은 깨달음이 드러난다.

① (나): 화자는 경성으로 떠나면서 관원의 임무를 맡게 된 것을 임금의 은혜로 여기고 있군.
② (나): 화자는 낙민루에 올라 산하를 둘러보며 자연에서 느껴지는 기운에 감탄하고 있군.
③ (나): 화자는 청해진에서 전쟁이 없어 오랑캐를 방어하는 일을 잊고 있는 병사들의 모습을 비판하고 있군.
④ (다): 글쓴이는 태안사에서 고양이에게 먹이를 주는 노인의 모습을 따뜻한 시선으로 바라보고 있군.
⑤ (다): 글쓴이는 태안사에서 만난 노인처럼 자신도 다른 사람들에게 위로가 되는 존재가 되고 싶어 하고 있군.

05

구절의 의미를 파악하는 문제이다. 작품의 주제를 중심으로 ㉠~㉤의 내용을 이해해야 하므로 작품 속 화자 또는 글쓴이의 상황과 태도를 먼저 이해하는 것이 중요하다. 이를 바탕으로 각 구절의 의미를 파악해야 한다.

05

㉠~㉤에 대한 설명으로 적절하지 않은 것은?

① ㉠: 오리마와 적표마가 뛰어난 능력을 지닌 존재라는 화자의 인식을 드러내고 있다.
② ㉡: 화자가 자신이 변방의 임무를 맡을 것이라고 예상하지 못했음을 드러내고 있다.
③ ㉢: 모래바람으로 인해 부임지로 가는 길이 험난할 것이라는 걱정을 드러내고 있다.
④ ㉣: 물길이 끝나더라도 숲길이 시작된다는 것을 긍정적으로 여기고 있음을 드러내고 있다.
⑤ ㉤: 가난과 외로움을 느끼며 살아가야 했던 노인의 삶에 대한 연민을 드러내고 있다.

시작시간 시 분 초 / 종료시간 시 분 초

※ 다음 글을 읽고 물음에 답하시오.

'부산 부두에 발을 올려 딛는 때부터 내 고향이다. 내 고향은 나에겐 편안히 쉴 자리를 줄 리가 없다. 그것을 바라고 **그것을 꾀할 나도 아니**다. 그곳에는 여러 동무들이 있을 것이다. 어서 신들메를 끄르지 말고 그대로 뛰어나오시오. 당신만은 온몸을 사리고 저편에 붙지 말고 용감하게 우리 속에 와 끼어 주시오. 이렇게 부르짖는 힘차고 씩씩한 친구들이 나를 맞아 줄 것이다. **오, 어서 달려가다오!**'

윤건은 차 속이 좁고 갑갑한 듯이 땀에 절은 학생복 저고리는 벗어 걸어 놓고 셔츠 바람으로 몇 번이나 승강대에 나와서 날아가는 이국의 밤경치를 내다보곤 하였다.

그 이튿날 아침, 차가 고베 플랫폼에서 쉬게 되었음에 윤건은 도시락을 사러 나왔다가 어떤 낯익은 조선 청년을 만나게 되었다. 그 청년도 윤건을 얼른 알아보고 마주 와서 손을 잡았다.

"귀국하시는 길입니까?"

"네."

"저도 이 찻간에 탔습니다."

그 청년은 윤건이 도시락 사려는 것을 보고 말렸다. 윤건은 그에게 끌려 식당차로 올라갔다. 윤건은 그 청년의 성명을 기억하지는 못하였으나 그가 W 대학 학생이었던 것과 그가 고학은 하나 자기와 같이 험한 일을 하지 않고도 어떻게 좋은 하숙에 있으며, 학비를 넉넉하게 쓰던 사람이란 것으로 그의 낯을 익혀 둔 기억만은 있었다.

"이번이 졸업이시던가요?"

그 남색 신사복을 새로 지어 입은 청년이 보이에게 조반을 시키고 윤건에게 물었다.

"네, 졸업하고 나갑니다."

"저도 이번에 아주 나가는 길이지요. 동경 길을 다시 못 다닐 것을 생각하면 퍽 섭섭해요. 돈만 모으면 얼마든지 또 올 수야 있겠지만…… 실례지만 어데 취직되셨습니까?"

"아직 못 했습니다."

"그럼, 매우 걱정되시겠군요. 놀지들은 말아야 할 터인데…… 어떤 방면을 희망하십니까?"

윤건은 얼른 대답이 나오지 않았다. 그 청년의 말이 몇 마디 내려가지 않아서 윤건의 비위를 건드려 놓았다. 돈만 모으면 또 동경 길을 다닐 수 있다느니, 놀지들은 말아야 한다느니, 어떤 방면을 희망하느냐는 등 몹시 윤건의 귀에 거슬리는 말들이었기 때문이다. 꽤 달랑거리는 친구로구나, 하고 대뜸 멸시를 느꼈으나 윤건은 곧 그것을 후회하였다.

핵심정리

갈래

단편 소설

배경

- 시간적 배경 – 일제 강점기
- 공간적 배경 – 일본에서 조선으로 가는 기차 안

시점

전지적 작가 시점

제재

유학 후 귀국길에 오른 지식인

주제

식민 치하 지식인의 무력함과 황폐한 의식 고발

특징

① 식민지 지식인의 암울한 심리를 구체적으로 드러냄.
② 인물들의 대화를 통해 식민지 조선의 비참한 현실을 고발함.
③ 형사에게 검문당하는 윤건의 모습을 통해 식민지 조선인의 비애를 우회적으로 나타냄.

해제

이 작품은 한 귀국 졸업생의 일화를 통해 식민지 지식인의 불안과 좌절 의식을 드러내고 있다. 윤건은 동경 유학 후 금의환향하고자 하지만, 돌아온 조선에서 당장 취직자리마저 구할 데가 없는 처지에 빠진다. 이는 당대 사회의 제도적 모순과 침체된 경제 현실을 비판적으로 반영한 것으로, '고향'이란 식민지 체험으로 인해 겪을 수밖에 없는 뿌리뽑힌 삶과 비애의 현장으로 묘사된다. 따라서 은행원과 박철 등을 구타하는 윤건의 의식은 그것이 단순히 개인의 암담한 현실과 비애만을 나타내는 것이 아니라, 그 모순을 깨닫지 못하는 데 대한 항거와 비판적 자세의 결과로 이해할 수 있다. 이태준은 사회적 문제들에 대한 분석을 정제된 언어로 묘사해 냄으로써 의식 과잉적이고 내용 위주의 거친 언어를 구사하던 당대 프로 소설의 문제점을 극복하고 보다 진전된 형식과 언어의 차원을 마련했다는 평가를 받는다.

WEEK 7

윤건	훌륭한 성적으로 일본의 한 대학을 졸업한 뒤 육 년 만에 고향인 조선으로 향함. 조국에 대한 기대감과 이상을 가지고 귀국길에 오르지만 식민지 조선의 현실을 겪은 뒤 그 기대가 점차 사라짐.
청년	윤건과 같은 유학생 출신으로, 졸업 후 귀국하던 중 윤건을 만남. 유력자를 만나 은행에 취업하였으나 조선의 대의를 위한다는 말로 포장하는 속물적인 면모를 지님.

전체 줄거리

강원도 철원에서 태어났으나, 러시아 해수애(블라디보스토크)에서 이 년 만에 아버지를 잃고 함경북도 배기미에서 사 년 만에 어머니를 잃게 된 윤건은 혈혈단신으로 원산과 평양, 경성을 전전하다 동경에서 대학을 졸업한 뒤 조선으로 돌아가는 배에 오른다. 금의환향을 꿈꾸며 배에 탄 윤건은 한 조선 청년을 만나고, 취직 여부를 물으며 본인은 유력자를 졸라 ○○은행 본점에 취직했다는 청년의 말을 듣고 경멸감을 느낀다. 이후 조선으로 돌아가는 노동자들의 추레한 행색을 보며 고향에 대한 기대감은 점차 사그라든다. 배에서 형사에게 검문을 당해 진땀을 뺀 윤건은 조선인의 비참한 현실을 느끼면서, 그들과의 대화를 통해 돌아갈 고향이 있는 노동자들을 내심 부러워한다. 경성에 도착해 종로의 한 여관에 거처를 정한 윤건은 신문사에 취직을 해보려 하지만 번번이 거절당하고, 시내를 배회하다 달리 갈 곳이 없어 모교인 W 고등 보통 학교를 찾아가지만, 교장만이 체면으로 겨우 맞이할 뿐 다른 교원들은 반기지 않는다. 학교 다닐 때 같이 휴학 운동을 하고 일제에 투쟁했던 친구 창식을 찾아보지만, 그는 사회 운동 혐의로 감옥에 들어간 상태였고, 투쟁 당시 학교 측의 스파이 노릇을 했던 동창생은 모교의 교사로 취직해 번듯하게 살아간다는 말을 전해 들은 윤건은 자신이 꿈꾸던 조선과 현실의 조선이 다르다는 것을 점차 깨닫는다. 여관으로 다시 돌아온 윤건은 숙박료를 내지 못해 쫓겨나 거리를 전전하게 된다. 이후 저명한 사회 운동 이론가인 박철을 만난 윤건은 그와 언쟁하다가 분을 참지 못해 밤을 갈겨 버리고, 거리에서 ○○은행에 취직한 청년을 다시 만난다. 그는 윤건을 데리고 한 술집으로 향하는데, 그곳이 학연, 지연 경합의 현장이자 사교 모임이라는 것을 알게 된 윤건은 자신에게 말을 건네는 은행원을 폭행한다. 결국 그리던 고향에 육 년 만에 돌아온 윤건은 철창 신세를 지게 된다.

'길동무다! 단순하게 한차를 타고 **한 조선으로 간다는 것**보다도 더 큰 운명에 있어서 길동무가 아니냐?'

윤건은 곧 안색을 고치고 그에게 대답하였다.

"글쎄, 걱정이올시다. 아직 어떤 방면으로 나갈는지 생각 중이올시다. 노형은 어데 작정되셨습니까?"

"네. 뭐 신통한 곳은 아니에요. 그래두 여간 힘들지 않은 곳이에요. 더구나 조선 사람은 좀처럼 가 볼 생각도 못 먹는 곳인데 어떻게 **유력자 하나를 만나서 한 1년 졸랐더니 다행히 됐**습니다."

"어딘데요?"

"○○은행 본점이오."

"㉠ 좋은 데 취직하셨습니다."

윤건은 속으로 아니나 다르랴, 하면서도 상대자가 상대자인만치 마음에 없는 좋은 대답을 해 주었다.

"뭘요…… 하기는 큰일을 못 할 바에야 내 한 사람이 헐벗지 않도록 하는 것도 작게 보아 **조선 사람 하나가 헐벗지 않는 것**이 되니까요……."

"㉡ 좋은 해석이십니다."

윤건은 또 꿀꺽 참고 마음에 없는 거짓 대답을 해 주었다.

[중간 부분의 줄거리] 청년과 헤어진 윤건은 부산행 밤배를 타러 가면서 석탄 연기에 그을린 조선 옷을 입은 사람들을 보게 된다.

'저 옷이 찬란한 문화를 가진 역사 있는 민족의 의복이라 할 수 있을까? 그러나 내 일부터 조선 땅에서 보는 저 옷은 여기서 보는 것처럼 저렇게 보기 싫지는 않겠지…….'

윤건은 여러 사람의 행렬에 끼어서 배를 탔다. 여러 사람이 뛰는 바람에 윤건도 손가방을 들고 삼등실 있는 편으로 뛰어갈 때 누가 조선말로 '여보시오?'하고 부르는 이가 있었다. 양복은 입었으나 조선말을 한 것은 물론 얼굴 생김이 어디에다 갖다 놓아도 일견에 조선 사람의 모습이었다. 윤건은 반가워하였다.

"저 부르셨습니까?"

그러나 그 신사는 의외에도 불손스러웠다.

"거기 좀 섰어."

윤건은 그때 그가 무엇하는 사람인지를 알아챘다. 심히 불쾌스러웠다. 윤건은 그 형사에게 행선지가 불분명한 점으로 유다른 조사를 받았다. 갑판 위에서 손가방을 열어젖히고 책갈피마다 열어 보인 뒤에 선실로 들어간즉 윤건을 위해서 남겨 놓은 자리는 없었다. 아무 데나 남의 발치가리에 쑤시고 누웠다. 옆에는 오사카에서 돌아온다는 조선 노동자들이 자리잡고 있었다. 그들 가운데에선 이런 말이 나왔다.

"인전 다 왔소, 이 배만 타면 조선 땅에 온 것이나 다름없소……."

윤건도 과연 그렇다 하였다. 이 배만 타면 조선이란 그립던 땅을 밟은 것이나 다름없는 반가움도 앞서거니와, 그와 반면에는 선실에 들어서기도 전부터 조선다운 울분과 불안이 앞을 막는 것도 벌써 조선 땅의 분위기라 하였다.

"돈을 많이 벌어 가지고 오시오?"

윤건은 울분한 심사를 가라앉혀 가지고 배가 떠난 지 한참 만에 옆에 누운 조선 노동자에게 말을 건넸다.

"돈이 뭐요, 벌이가 좋으면 나가겠소?"

"조선보다야 돈이 흔하지 않소?"

"그 사람네 흔한 거 상관있나요."

"그래, 노형은 무슨 일을 하셨소?"

"길에 산스이 했지요. 일본 와서 큰길에 물만 몇 달 동안 뿌려 주고 가오."

"첨에는 조선 사람도 1원 20전씩은 주었다는데 내가 갔을 때는 80전 줍디다. 그것도 요즘은 50전씩 주니 무얼 모아 보는 수가 있어야지요."

"고향은 어데시오?"

"대구 지나 김천이올시다. 우리 다 **한 고향 사람들**이지요."

"그럼, 고향에 가시면 농사하십니까?"

"농사니 농토가 있어야죠. 우리 제각기 저 한 몸만 같으면 조밥보다는 나으니 일본서 뒹굴겠지만 돈들도 못 벌 바에야 첫째 **처자식이 그리워 허턱대구** 나오지요."

윤건은 더 묻지 않았다. 배는 쿵쿵거리며 엔진 소리가 높아갔다.

– 이태준, 〈고향〉 –

소재의 의미

옷	
학생복 저고리	석탄 연기에 그을린 조선옷
윤건이 일본에서 유학한 지식인임을 상징	식민지 조선인들의 초라한 처지 상징

장소 이동에 따른 인물의 인식

기차 안
청년
유력자에게 졸라 취업 자리를 마련한 자신의 행위를 조국을 위한 것으로 포장함. → 식민지 지식인의 속물적 면모 인식

배 안	
조선 형사	조선 노동자
행선지가 불분명한 점으로 유다른 조사를 받음. → 식민지 조선인으로서의 불공평한 대우 인식	갈수록 조선인의 경제적 벌이가 줄어드는 현실 토로 → 조선인들의 비참한 경제적 상황 인식

01

01

서술상의 특징을 파악하는 문제이다. 작품 속 서술 표현의 특징을 찾아내는 것이 중요하다. 특히 이 작품은 전지적 작가 시점으로, 이야기 외부의 서술자가 인물의 내면을 서술하고 있는 것이 특징이다.

윗글의 서술상 특징으로 가장 적절한 것은?

① 외부 이야기의 서술자가 자신이 겪은 내부 이야기의 의미를 밝히고 있다.

② 서술자가 여러 인물의 내면을 서술하여 인물의 다양한 특성을 드러내고 있다.

③ 서술자가 공간의 이동에 따라 바뀌면서 인물 간의 갈등을 다각적으로 드러내고 있다.

④ 이야기 외부의 서술자가 특정 인물의 관점에서 사건과 인물의 심리를 서술하고 있다.

⑤ 이야기 내부의 서술자가 고백적 진술을 통해 자신이 처한 심리적 상황을 제시하고 있다.

02

작품의 세부 내용을 이해하는 문제이다. 선택지가 작품의 중심인물인 '윤건'의 행동을 중심으로 구성되어 있으므로 이를 중심으로 사건을 이해해야 한다. 이때 인물이 만난 다양한 인물들의 부차적 특징을 기억하는 것이 중요하다.

02

'윤건'에 대한 설명으로 가장 적절한 것은?

① 조선의 친구들이 자신을 반겨 줄 것을 기대하고 있다.

② 오사카로 돌아가는 배에서 노동자와 이야기를 나눈다.

③ 고베 플랫폼에서 도시락을 사려는 조선 청년을 만류한다.

④ 여비가 부족하여 돈을 빌리기 위해 조선 청년을 찾아간다.

⑤ 행선지가 불분명하다는 이유로 일본인으로 보이는 형사에게 조사받는다.

03

맥락을 고려하여 ㉠과 ㉡을 이해한 내용으로 가장 적절한 것은?

① ㉠은 상대의 성취를 축하하는 말이고, ㉡은 상대의 의견에 동조하는 말이다.

② ㉠은 상대의 우월함을 인정하는 말이고, ㉡은 자신의 열등감을 감추기 위해 한 말이다.

③ ㉠은 상대의 의심을 피하기 위해 한 말이고, ㉡은 상대의 관심을 끌기 위해 한 말이다.

④ ㉠과 ㉡은 모두 상대에 대한 진심을 드러내지 않은 말이다.

⑤ ㉠과 ㉡은 모두 상대의 태도를 변화시키고자 하는 의도로 한 말이다.

03

인물의 심리 및 태도를 파악하는 문제이다. 작품에 대한 전체적인 이해를 바탕으로 인물의 발화의 의도를 파악하는 것이 중요하다. ㉠과 ㉡ 모두 청년의 말에 대한 '윤건'의 호응으로, 표면적으로는 상대를 치켜세우고 있다. 그러나 맥락에 따라 다양한 해석이 가능한 말이므로, 청년에 대한 윤건의 인식을 중점으로 의미를 해석해야 한다.

04

<보기>를 바탕으로 윗글을 감상한 내용으로 적절하지 <u>않은</u> 것은?

> **보기**
>
> 1931년에 발표된 〈고향〉은 '귀향' 모티프를 활용해 고향 사람들과 고국산천이라는 물리적 실체로서의 고향과 민족 공동체라는 정신적 의미의 고향을 형상화하였다. 이를 위해 작가는 귀향의 동기가 대립되는 '지식인'과 물리적 실체로서의 고향을 그리워하는 '노동자'를 등장시킨다. 또한 작가는 '지식인'을 '지사형'과 '속물형'으로 나누고 '지사형'은 개인의 안위보다는 조국을 우선시하는 인물로, '속물형'은 개인적 실리를 좇는 자신의 행위를 조국을 위한 것으로 포장하는 세속적 인물로 그리고 있다.

① '그것을 꾀할 나도 아니'라며 '오, 어서 달려가다오!'라고 하는 데에서, 지사형 인물의 면모를 확인할 수 있겠군.

② '한 조선으로 간다는 것', '한 고향 사람들'이라고 하는 데에서, 민족 공동체라는 정신적 의미의 고향을 확인할 수 있겠군.

③ '유력자 하나를 만나서 한 1년 졸랐더니 다행히 됐'다는 데에서, 속물형 인물의 귀향 동기를 확인할 수 있겠군.

④ '조선 사람 하나가 헐벗지 않는 것'이라고 하는 데에서, 자신의 행위를 조국을 위한 것으로 포장하는 속물형 인물의 면모를 확인할 수 있겠군.

⑤ '처자식이 그리워 허턱대구' 나온다고 하는 데에서, 물리적 실체로서의 고향을 그리워하는 노동자의 모습을 확인할 수 있겠군.

04

외적 준거에 따라 작품을 감상하는 문제이다. 작품에 대한 전체적인 이해를 바탕으로 <보기>와 작품 내용을 적절하게 연관 지어야 한다. <보기>에 따르면 윗글은 '지식인'과 '노동자'라는 두 인물상을 등장시키면서, '지식인'을 대조적인 두 부류로 나누어 그리고 있다. 이를 고려하여 윗글의 등장인물을 파악한 뒤 인물의 대사를 적절하게 이해해야 한다.

WEEK 7

스스로 점검하기

6일간 학습

Day	공부 시작 시간	공부 종료 시간	틀린 문항 수	틀린 유형
Day 1	시 분 초	시 분 초		
Day 2	시 분 초	시 분 초		
Day 3	시 분 초	시 분 초		
Day 4	시 분 초	시 분 초		
Day 5	시 분 초	시 분 초		
Day 6	시 분 초	시 분 초		

1 일별로 계획에 맞춰 공부하기

하루에 기출 하나씩 매일 꾸준히 공부하는 것이 최선의 방법이다.

2 시작 시간과 종료 시간 체크하기

스스로 시간 제한을 두고 문제를 푸는 것이 실전 대비에 효과적이다.

3 틀린 문항과 유형 분석하기

틀린 문제는 또 틀릴 수 있다. 특정 문항과 유형에서 많이 틀렸다면, 그 이유를 분석해야 한다.

4 보충 학습하기

스스로 점검하기를 통해 자신의 취약한 유형을 확인하고, SLS를 통해 부족한 부분을 보충 학습한다.

번호	Day 1						Day 2						Day 3					
	1	2	3	4	5	6	1	2	3	4	5	6	1	2	3	4	5	6
정답률	78%	93%	92%				34%	73%	82%	53%	29%		80%	79%	51%	62%	64%	
채점																		

번호	Day 4						Day 5						Day 6					
	1	2	3	4	5	6	1	2	3	4	5	6	1	2	3	4	5	6
정답률	57%	66%	68%	47%	89%		69%	77%	73%	47%	83%		76%	74%	91%	20%		
채점																		

결과	틀린 문항에는 × 표시, 찍어서 막혔거나 헷갈렸던 문항에는 △ 표시, 맞춘 문항에는 ○ 표시
	채점 결과 : 맞은 문항 수 27개 중 [ ]개

나의 예상 등급은?

등급

1등급
24~27개

2등급
22~23개

3등급
19~21개

8

WEEK

핵심정리

가

갈래

토의

제재

동아리의 학교 축제 행사

안건

동아리의 학교 축제 행사 진행

토의 중심 내용

학생 2	학급 단합을 위해 학급 대항 축구 대회를 제안함. → 경쟁을 유발하고, 참여할 수 있는 인원이 제한됨.
학생 3 ①	경쟁 없이 많은 인원이 참여할 수 있는 마라톤을 제안함. → 체력적으로 부담스럽고 순위가 있다는 점에서 경쟁을 유발함.
학생 3 ②	운동 효과가 있으며 많은 친구가 참가할 수 있는 플로깅을 제안함. → 쓰레기가 줄어들면 지역 사회에 도움이 되며 운동은 물론 환경에 관심 있는 친구들도 많이 참여할 수 있음.

↓ 결정

플로깅 행사 진행

• 학교 근처 지저분해지기 쉬운 장소 중심으로 각자 체력에 맞게 코스를 선택할 수 있도록 다양한 코스가 필요함.
• 인터넷 사이트를 이용하여 일주일 간 참가 신청을 받음.

플로깅

개념	달리면서 쓰레기를 줍는 활동
장점	• 정해진 코스를 달리면서 쓰레기를 줍다 보니 운동 효과가 큼. • 마을 쓰레기가 줄어들어 지역 사회에도 도움이 됨.

※ (가)는 동아리원들 간의 토의이고, (나)는 토의에 참여한 학생이 작성한 안내문이다. 물음에 답하시오.

가

학생 1: 우리 동아리가 학교 축제 마지막 날 오후에 행사를 진행하게 됐잖아. 그래서 오늘은 그 행사를 어떻게 진행할지 토의하려고 해. 자유롭게 의견을 말해 줘.

학생 2: 지난번에 우리 동아리원끼리 피구 시합했었잖아. 그때 친하지 않았던 동아리 친구들이랑 친해져서 좋았어. 그거랑 비슷하게 이번 축제에서는 학급 대항 축구 대회를 열면 학급 단합도 되고 좋지 않을까?

학생 3: 그래도 그건 학급 간에 경쟁을 유발하기도 하고, 참여할 수 있는 인원이 제한적이잖아. 이번에는 많은 친구들이 제한 없이 참여할 수 있는 활동이 좋을 것 같아. 예전에 우리 동아리에서 운영했다던 마라톤 행사는 어때? [A]

학생 2: 나도 많은 학생들이 참여할 수 있는 활동이면 좋겠는데, 마라톤은 체력적으로 너무 부담스러워. 나 같은 생각을 하는 학생들은 참여를 꺼리지 않을까? 게다가 기록에 따라 순위가 결정되니까 그것도 경쟁을 유발할 것 같아.

학생 3: 음……. 그럼, 플로깅 행사는 어때? 얼마 전에 기사에서 봤는데 운동 효과가 있으면서도 많은 친구들이 참여할 수 있을 것 같아.

학생 1: 플로깅이 뭐야? 처음 들어 보는 말이라 낯설어.

학생 3: 쉽게 말하자면 달리면서 쓰레기를 줍는 활동이야. 정해진 코스를 달리면서 쓰레기도 줍다 보니 운동 효과가 크다고 하더라고.

학생 2: 그거 좋겠다. 플로깅 행사를 통해 마을 쓰레기가 줄어들면 우리 지역 사회에도 도움이 될 거야. 그리고 운동뿐만 아니라 환경 문제에 관심 있는 친구들도 많이 참여하지 않을까?

학생 1: 그럼 다들 플로깅 행사를 진행하는 데 동의하니까 이제 코스에 대해 이야기해 보자.

학생 3: 학교 근처에 ○○천 둘레길이 있으니까 거기를 코스로 하면 좋겠어.

학생 2: 그런데 참여 인원이 많아지면 코스가 하나로는 부족해. 많은 인원이 달리다 보면 안전 관리가 어려울 거야.

학생 1: 네 말이 맞겠다. 주민들도 불편함을 겪을 거야.

학생 3: 그럼 학교 근처에서 지저분해지기 쉬운 장소를 중심으로 코스를 짜 보자.

학생 2: 좋은 생각이야. 친구들이 자기 체력에 맞게 코스를 선택할 수 있도록 다양한 코스를 짜서 홍보하면 학생들이 더 많이 참여할 것 같아.

학생 1: 네 말은 친구들이 각자 체력에 맞게 코스를 선택할 수 있도록 다양한 코스를 짜면 학생들의 참여도가 더 높아질 거라는 거지? 내가 우선 코스를 짜 볼게.

학생 2: 응, 고마워. 참가 신청은 학생들이 쉽게 할 수 있도록 인터넷 사이트를 이용해서 받자. 신청 기간은 일주일이면 넉넉하겠지?

학생 1: 좋아. 그럼 내가 오늘 토의한 내용을 바탕으로 안내문을 써서 공유할게.

나

플로깅 행사 개최 안내

안녕하세요. ○○고등학교 학생 여러분. 운동 동아리 '건강 더하기'에서 여러분을 위해 축제 마지막 날에 우리 학교 학생 누구나 참여할 수 있는 플로깅 행사를 개최하고자 합니다.

'플로깅'은 이삭줍기를 의미하는 스웨덴어 '플로카 업(plocka upp)'과 영어 '조깅(jogging)'이 합쳐진 말로 환경을 지키자는 움직임에서 시작되었습니다. 달리면서 쓰레기를 줍는 활동으로 건강과 환경을 모두 지키는 일석이조의 효과가 있습니다.

플로깅 행사는 자신의 체력에 맞게 선택할 수 있도록 난이도에 따라 학교 주변을 중심으로 세 가지 코스로 운영될 예정입니다. 이번 행사에 참여하면 건강을 지키면서 지역 사회의 환경도 깨끗하게 만들 수 있습니다.

(㉠   )

∘ 일시 : 2022년 12월 ××일(금) 15 : 00 ~ 17 : 00

∘ 대상 : 우리 학교 학생 누구나

∘ 코스

코스명	코스	거리	난이도
1코스	학교 운동장 - ○○천 - 영화관(반환 지점)	약 2km	하
2코스	학교 운동장 - 슈퍼마켓 - 공원(반환 지점)	약 3km	중
3코스	학교 운동장 - 도서관 - 전망대(반환 지점)	약 3.5km	상

∘ 신청 기간 : 2022년 11월 ××일 ~ 11월 ××일 / 7일간

∘ 신청 방법 : 참여 링크 https://www.□□.com에서 신청

나

갈래

안내문

제재

동아리가 주최하는 학교 축제 플로깅 행사

주제

동아리가 주최하는 학교 축제 플로깅 행사 참여 안내와 독려

안내문의 내용

- 플로깅의 어원과 개념, 기대 효과를 언급
- 행사 정보를 항목별로 나누어 전달
  → 일시, 대상, 코스, 신청 기간, 신청 방법

WEEK 8

01

사회자의 역할을 이해하는 문제이다. '학생 1'은 토의에서 사회자의 역할을 하고 있다. 사회자는 토의가 원활하게 이어지도록 여러 노력을 기울이는데, 토의를 시작하고 끝내며, 참여자의 발언을 경청, 확인하고, 토의의 흐름을 관리한다. 따라서 '학생 1'의 발언이 토의 전개에서 어떤 역할을 하는지 정확히 파악하는 것이 중요하다.

01

'학생 1'의 말하기 방식에 대한 설명으로 적절하지 <u>않은</u> 것은?

① 토의의 배경을 언급하며 토의 주제를 제시하고 있다.

② 토의 참여자의 반응을 확인하고 논의를 이어가고 있다.

③ 토의 참여자의 발언에 동의하며 자신의 의견을 덧붙이고 있다.

④ 토의 흐름에 따라 다음에 발언할 토의 참여자를 지정하고 있다.

⑤ 토의 참여자의 발언을 재진술하며 상대의 의견을 확인하고 있다.

02

말하기 방식을 파악하는 문제이다. 토의의 참여자는 더 나은 결론을 이끌어내기 위해 의견을 제시할 수 있음은 물론이고 남의 의견에 반박하거나 부족한 점을 지적할 수 있다. 어떤 의도로 발언했는지 파악하면 각 참여자의 말하기 방식을 이해할 수 있다.

02

[A]에 대한 설명으로 가장 적절한 것은?

① '학생 2'는 상대방의 의견을 일부 인정하며 자신의 의견을 수정하고 있다.

② '학생 2'는 상대방과 공유하는 경험을 활용하여 자신의 의견을 제시하고 있다.

③ '학생 2'는 자신의 의견을 여러 개 제시한 후 상대방에게 선택을 요구하고 있다.

④ '학생 3'은 상대방이 제시한 방안의 장점을 언급하고 있다.

⑤ '학생 3'은 자신의 의문을 해소하기 위해서 상대방에게 보충 설명을 요청하고 있다.

03

'학생 1'이 (가)의 토의 내용을 바탕으로 (나)를 작성할 때, (나)에 반영된 내용으로 적절하지 않은 것은?

① (가)에서 용어가 낯설다는 의견에 따라 학생들이 이해하기 쉽도록 용어를 풀어서 설명해야겠어.

② (가)에서 학생들이 쉽게 신청할 수 있도록 인터넷 사이트를 이용하자는 의견에 따라 참여 링크를 제시해야겠어.

③ (가)에서 체력에 맞게 코스를 선택할 수 있도록 하자는 의견에 따라 행사 코스의 거리와 난이도를 제시해야겠어.

④ (가)에서 참여에 제한이 없는 활동이면 좋겠다는 의견에 따라 우리 학교 학생 누구나 참여할 수 있음을 밝혀야겠어.

⑤ (가)에서 이번 행사가 지역 사회에 도움이 될 수 있다는 의견에 따라 지역 사회 주민과 연계하여 진행됨을 밝혀야겠어.

글쓰기 계획을 파악하는 문제이다. 토의 내용을 바탕으로 글을 작성하는 것이므로, 토의에서 지적되거나 옹호된 사항이 (나)에 어떻게 반영되었는지를 추론해야 한다.

04

<조건>에 따라 (나)의 ㉠에 추가할 내용으로 가장 적절한 것은?

조건

° 건강과 환경 측면에서의 기대 효과를 고려하여 작성할 것.

° 비유적 표현을 활용할 것.

① 열심히 공부하느라 몸을 돌볼 시간이 없으셨나요? 바쁜 일상 속에서 플로깅에 참여하여 건강을 지켜 보세요.

② 달리며 쓰레기를 줍는 단순한 행동을 통해 지구가 깨끗해질 수 있어요. 플로깅 행사에 적극적인 참여 기대합니다.

③ 플로깅 행사 참여, 아직도 망설이시나요? 여러분의 건강도 지키고 지역 환경도 살리는 보석 같은 시간을 만들어 보세요.

④ 기후 위기를 막는 도전, 함께 시작해 봅시다. 오늘 우리가 투자한 하루가 유리같이 깨끗한 지역 사회를 만들 수 있습니다.

⑤ 플로깅은 지구력 향상에 도움이 된다고 합니다. 원하는 코스를 선택하여 플로깅 행사에 참여하면 여러분의 건강을 지킬 수 있습니다.

조건에 맞는 글쓰기 문제이다. 이러한 유형의 문제는 형식상의 조건과 내용상의 조건이 함께 제시되는 경우가 많다. 이 문제에서는 형식상으로 비유적 표현이 나타나야 하고, 내용상으로는 건강과 환경 측면의 기대 효과를 언급해야 한다.

WEEK 8

2 Day 언어

언어 고2 2022년 9월

핵심정리

능동문과 피동문의 차이

능동	주어가 스스로 동작이나 행위를 하는 것
피동	주어가 다른 대상에 의해 동작이나 행위를 당하는 것
능동문 ↓ 피동문	[능동문] 벌레가 동생을 물었다. [피동문] 동생이 벌레에게 물렸다.

피동의 종류

피동사 피동 (파생적 피동)	동사 어근+피동 접미사 '-이-, -히-, -리-, -기-'
'-아/-어지다' 피동 (통사적 피동)	동사 어간+'-아/-어지다'

피동사로 파생될 수 없는 경우

• 어간이 'ㅣ' 모음으로 끝나는 동사
→ 피동 접미사의 결합이 불가
예 던지다, 지키다, 때리다, 만지다
• 대칭되는 대상이 필요한 동사
예 만나다, 싸우다, 닮다
• 주체의 지각과 관련된 동사
예 알다, 배우다, 바라다, 느끼다

15세기 국어에서의 피동 표현

파생적 피동	• 능동사 어근+피동 접미사 '-이-, -히-, -기-' • 어간 말음 'ㄹ'+피동 접미사 '-이-' → 분철하여 표기
통사적 피동	동사 어간+'-아/-어디다'

※ [01~02] 다음 글을 읽고 물음에 답하시오.

주어가 스스로 동작이나 행위를 하는 것을 능동이라 하고, 주어가 다른 대상에 의해 동작이나 행위를 당하게 되는 것을 피동이라 한다. 능동문이 피동문으로 바뀔 때 능동문의 주어는 피동문의 부사어가 되고, 능동문의 목적어는 피동문의 주어가 된다.

피동은 크게 피동사 피동과 '-아/-어지다' 피동으로 나뉜다. 피동사 피동은 파생어인 피동사에 의한다고 하여 파생적 피동이라고 부르기도 하는데, 피동사는 능동사 어간을 어근으로 하여 피동 접미사 '-이-, -히-, -리-, -기-'가 붙어 만들어진다. 이때 '(건반을) 누르다'가 '눌리다'로 바뀌는 것처럼 동사의 불규칙 활용 형태로 나타나는 경우도 있다.

그러나 모든 능동사가 피동사로 파생될 수 있는 것은 아니다. '던지다, 지키다'와 같이 어간이 'ㅣ' 모음으로 끝나는 동사의 경우에는 피동 접미사가 결합하기 어렵고, '만나다'나 '싸우다'와 같이 대칭되는 대상이 필요한 동사, '알다'나 '배우다'와 같이 주체의 지각과 관련된 동사 등은 피동사로 파생되지 않는다.

'-아/-어지다' 피동은 동사의 어간에 보조적 연결 어미 '-아/-어'에 보조 동사 '지다'가 결합한 '-아/-어지다'가 붙어서 이루어지는데, 이를 통사적 피동이라고도 부른다. 동사에 '-아/-어지다'가 결합되면 피동의 의미를 나타내지만, 형용사에 '-아/-어지다'가 결합되면 동사화되어 상태의 변화를 나타낼 뿐 피동의 의미를 나타내지 않는다.

15세기 국어에서도 피동 표현이 사용되었다. 파생적 피동은 능동사 어간을 어근으로 하여 피동 접미사 '-이-, -히-, -기-'가 붙어 만들어졌는데, 이때 'ㄹ'로 끝나는 어간에 피동 접미사 '-이-'가 결합하면 이어적지 않고 분철하여 표기하였다. 통사적 피동은 보조적 연결 어미 '-아/-어'와 보조 동사 '디다'가 결합한 '-아/-어디다'가 사용되었다. 한편, 15세기 국어에는 피동 접미사와 결합하지 않고도 피동의 의미를 나타내는 동사가 현대 국어보다 많이 존재했다.

01

윗글을 이해한 내용으로 적절하지 않은 것은?

① '(물건이) 실리다'는 피동사 파생이 동사의 불규칙 활용 형태로 나타난 것이다.

② '(소리가) 작아지다'는 용언의 어간에 '-아지다'가 결합하여 피동의 의미를 나타낸다.

③ '(줄이) 꼬이다'는 동사 어간 '꼬-'에 피동 접미사 '-이-'가 결합하여 피동사로 파생되었다.

④ '경찰이 도둑을 잡다.'가 피동문으로 바뀔 때에는 능동문의 목적어가 피동문의 주어로 바뀐다.

⑤ '(아버지와) 닮다'는 대칭되는 대상이 필요한 동사로 피동 접미사와 결합하여 파생되지 않는다.

01

피동 표현을 이해하는 문제이다. 피동은 크게 피동 접미사를 활용한 피동사 피동과 동사의 어간에 '-아/-어지다'가 결합한 '-아/-어지다' 피동으로 구분할 수 있다. 따라서 각각의 피동 표현의 특징과 실현 형태를 파악해야 한다.

02

윗글을 바탕으로 <보기>의 ⓐ~ⓓ를 탐구한 내용으로 적절하지 않은 것은?

보기

- 風輪에 ⓐ 담겨 (담-+-기-+-어)
  [풍륜에 담겨]

- 뫼해 살이 ⓑ 박거늘 (박-+-거늘)
  [산에 화살이 박히거늘]

- 옥문이 절로 ⓒ 열이고 (열-+-이-+-고)
  [옥문이 절로 열리고]

- 드트리 두외이 ⓓ 붓아디거늘 (ᄇᆞᄉ-+-아디-+-거늘)
  [티끌이 되어 부수어지거늘]

① ⓐ는 능동사 어간에 접미사 '-기-'가 결합하여 피동사가 되었군.

② ⓑ는 파생적 피동이 일어난 단어가 아님에도 피동의 의미를 나타내고 있군.

③ ⓒ는 'ㄹ'로 끝나는 어간에 접미사 '-이-'가 결합한 후 분철되어 표기되었군.

④ ⓓ는 동사 어간 'ᄇᆞᄉ-'에 '-아디-'가 붙어 피동의 의미를 나타내고 있군.

⑤ ⓑ와 ⓓ는 모두 피동 접미사를 사용하지 않았으므로 통사적 피동에 해당하는군.

02

중세 국어의 피동 표현을 이해하는 문제이다. 중세 국어와 현대 국어의 피동 표현은 모두 파생적 피동과 통사적 피동으로 구분할 수 있다. 그러나 중세 국어에서는 결합 가능한 피동 접미사가 현대 국어와 다르고, 보조적 연결 어미 '-아/-어'와 결합하는 보조 동사의 형태도 다르다. 따라서 중세 국어와 현대 국어의 피동 표현의 차이를 파악해야 한다.

WEEK 8

03

음운의 변동을 탐구하는 문제이다. 자음군 단순화는 음절말에 두 개의 자음이 놓일 때 둘 중 하나의 자음만 남고 나머지 자음은 탈락하는 음운 현상이다. 이때 <보기>에 따르면, 자음군 단순화는 다른 음운 현상과 함께 적용될 수 있으니 주의해야 한다.

비음화	끝소리가 파열음인 음절('ㅂ, ㄷ, ㄱ') 뒤에 첫소리가 비음인 음절('ㅁ, ㄴ, ㅇ')이 연결될 때, 앞 음절의 파열음이 비음으로 바뀌는 현상
된소리 되기	예사소리 'ㄱ, ㄷ, ㅂ, ㅅ, ㅈ'이 앞에 오는 소리의 영향을 받아 각각 된소리 [ㄲ, ㄸ, ㅃ, ㅆ, ㅉ]으로 바뀌는 현상

04

단어 형성의 원리를 파악하는 문제이다. 합성어는 둘 이상의 실질 형태소가 결합하여 하나의 단어가 된 말을 의미한다. 이때 합성어는 단어의 배열 방식에 따라 통사적 합성어와 비통사적 합성어로 나눌 수 있다.

통사적 합성어

개념	우리말의 일반적인 문장 구성 방식과 일치하는 합성어

유형	• 명사+명사 예 어깨동무
	• 관형사+명사 예 첫사랑
	• 부사+부사 예 이리저리
	• 부사+용언 예 못나다
	• 조사 생략 예 힘들다
	• 용언의 관형사형+명사
	  예 작은아버지
	• 용언+연결 어미+용언
	  예 돌아가다

비통사적 합성어

개념	우리말의 일반적인 문장 구성 방식과 일치하지 않는 합성어
유형	• 용언 어간+용언 어간 예 뛰놀다 • 용언 어간+명사 예 검버섯 • 부사+명사 예 들바람

03

<보기>의 ㉠, ㉡에 해당하는 사례를 바르게 짝지은 것은?

> **보기**
>
> 국어의 음절 종성에서는 자음을 두 개 발음할 수 없다. 따라서 겹받침으로 끝나는 형태소와 다른 형태소가 결합하면 자음군 단순화와 더불어 다른 음운 변동이 함께 적용되는 경우가 많다. 예를 들어 '닭만[당만]'은 ㉠ 자음군 단순화와 비음화가 함께 적용된 경우에 해당하고, '맑지[막찌]'는 ㉡ 자음군 단순화와 된소리되기가 함께 적용된 경우에 해당한다.

	㉠	㉡		㉠	㉡
①	값만[감만]	흙과[흑꽈]	②	잃는[일른]	읊고[읍꼬]
③	덮지[덥찌]	밝혀[발켜]	④	밟는[밤:는]	닦다[닥따]
⑤	젊어[절머]	짧지[짤찌]			

04

<보기 1>의 ㉠에 해당하는 것만을 <보기 2>에서 있는 대로 고른 것은?

> **보기 1**
>
> 합성어는 명사와 명사의 결합, 용언의 관형사형과 명사의 결합, 부사와 용언의 결합처럼 어근과 어근의 연결이 우리말의 어순이나 단어 배열법과 일치하는 ㉠ 통사적 합성어와 용언의 어간과 명사의 결합, 용언의 어간에 용언의 어간이 직접 결합한 것처럼 우리말의 어순이나 단어 배열법과 일치하지 않는 비통사적 합성어로 나눌 수 있다.

> **보기 2**
>
> 덮밥, 돌다리, 하얀색, 높푸르다, 잘생기다

① 돌다리, 높푸르다
② 덮밥, 돌다리, 하얀색
③ 덮밥, 하얀색, 높푸르다
④ 돌다리, 하얀색, 잘생기다
⑤ 돌다리, 하얀색, 높푸르다, 잘생기다

05

<보기>는 '사전 활용하기 학습 자료'의 일부이다. <보기>를 참고할 때, 밑줄 친 부분의 띄어쓰기가 적절하지 <u>않은</u> 것은?

보기

데¹ 「의존 명사」
「1」 '곳'이나 '장소'의 뜻을 나타내는 말.
「2」 '일'이나 '것'의 뜻을 나타내는 말.

-데² 「어미」
('이다'의 어간, 용언의 어간 또는 어미 '-으시-', '-었', '-겠' 뒤에 붙어) 해할 자리에 쓰여, 과거 어느 때에 직접 경험하여 알게 된 사실을 현재의 말하는 장면에 그대로 옮겨 와서 말함을 나타내는 종결 어미.

-는데 「어미」
('있다', '없다', '계시다'의 어간, 동사 어간 또는 어미 '-으시-', '-었-', '-겠-' 뒤에 붙어) 뒤 절에서 어떤 일을 설명하거나 묻거나 시키거나 제안하기 위하여 그 대상과 상관되는 상황을 미리 말할 때에 쓰는 연결 어미.

① 밥은 <u>있는데</u> 반찬이 없소.
② 지금 <u>가는 데</u>가 어디인가요?
③ 그 사람은 말을 아주 <u>잘하데</u>.
④ 그는 <u>의지할 데</u> 없는 사람이다.
⑤ 책을 다 <u>읽는데</u>만 이틀이 걸렸다.

3 Day

독서(사회)　고1 2023년 3월

경기 살리기 대작전

시작시간　시　분　초 / 종료시간　시　분　초

온라인 문제풀이

핵심정리

문단 중심 내용

❶ 경기 침체로 인해 나타나는 현상
❷ 유동성과 화폐의 가치
❸ 금리와 유동성의 관계
❹ 중앙은행의 통화 정책
❺ 통화 정책의 한계

유동성

개념	• 자산 또는 채권을 손실 없이 현금화할 수 있는 정도 • 시중에 유통되는 화폐의 양 (통화량)
예시	• 유동성이 높은 자산: 화폐 • 유동성이 낮은 자산: 부동산
화폐의 가치	통화량이 많음. → 유동성이 넘쳐 남. → 화폐의 가치가 떨어짐.

금리

개념	예금이나 빌려준 돈에 붙는 이자율
기준 금리	• 국가가 정책적인 차원에서 결정하는 금리 • 중앙은행에 의해 결정됨.
시중 금리	• 중앙은행 이외의 시중 은행이 세우는 표준적인 금리 • 가계나 기업의 금융 거래에 영향 미침.

중앙은행의 통화 정책

경기가 침체됨.

↓

중앙은행이 기준 금리를
인하하는 정책을 도입함.

↓

시중 금리가 낮아짐.

↓

유동성이 증가함.

↓

가계의 소비가 늘고 주식이나
부동산에 대한 투자가 확대됨.

↓

※ 다음 글을 읽고 물음에 답하시오.

❶ 경기가 침체되어 가계의 소비가 줄어들면 시중의 제품이 팔리지 않아 기업은 생산 규모를 축소하게 된다. 그 결과 실업률이 증가하고 가계의 수입이 감소하면서 소비는 더욱 위축된다. 이와 같은 악순환으로 경기 침체가 심화되면 국가는 이에서 벗어나기 위해 유동성을 늘리는 통화 정책을 시행한다.

❷ 유동성이란 자산 또는 채권을 손실 없이 현금화할 수 있는 정도로, 현금과 같은 화폐는 유동성이 높은 자산인 반면 토지나 건물과 같은 부동산은 유동성이 낮은 자산이다. 이처럼 유동성은 자산의 성격을 나타내는 용어이지만, 흔히 시중에 유통되는 화폐의 양, 즉 통화량을 나타내는 말로도 사용된다. 가령 시중에 통화량이 지나치게 많을 때 '유동성이 넘쳐 난다'고 표현하고, 반대로 통화량이 줄어들 때 '유동성이 감소한다'고 표현한다. 유동성이 넘쳐 날 경우 시중에 화폐가 흔해지는 상황이므로 화폐의 가치는 떨어지게 된다.

❸ 유동성은 금리와 밀접한 관련이 있기 때문에 국가는 정책적으로 금리를 올리고 내림으로써 유동성을 조절할 수 있다. 이때 금리는 예금이나 빌려준 돈에 붙는 이자율로, 이는 기준 금리와 시중 금리 등으로 구분된다. 기준 금리는 국가가 정책적인 차원에서 결정하는 금리로, 한 나라의 금융 및 통화 정책의 주체인 중앙은행에 의해 결정된다. 반면 시중 금리는 기준 금리의 영향을 받아 중앙은행 이외의 시중 은행이 세우는 표준적인 금리로, 가계나 기업의 금융 거래에 영향을 미친다. 가령 시중 금리가 내려가면 예금을 통한 이자 수익과 대출에 따른 이자 부담이 줄어 가계나 기업에서는 예금을 인출하거나 대출을 받으려는 경향성이 늘어난다. 그 결과 시중의 유동성이 증가하게 된다. 반대로 시중 금리가 올라가면 이자 수익과 대출 이자 부담이 모두 늘어나기 때문에 유동성이 감소하게 된다.

❹ 이와 같은 금리와 유동성의 관계를 고려하여, 중앙은행은 기준 금리를 조절하는 통화 정책을 통해 경기를 안정시키려고 한다. 만일 경기가 침체되면 중앙은행은 기준 금리를 인하하는 정책을 도입하여 시중 금리를 낮추도록 유도한다. 그 결과 유동성이 증가하여 가계의 소비가 늘고 주식이나 부동산에 대한 투자가 확대된다. 또한 기업의 생산과 고용이 늘고 다양한 분야에 대한 투자가 확대되어 물가가 상승하고 경기가 전반적으로 활성화된다. 반대로 경기가 과열되어 자산 가격이나 물가가 지나치게 오르면 중앙은행은 기준 금리를 인상하는 정책을 통해 유동성을 감소시킨다. 그 결과 기준 금리를 인하할 때와 반대의 현상이 나타나 자산 가격이 하락하고 물가가 안정되어 과열된 경기가 진정된다.

❺ 그러나 중앙은행이 경기 활성화를 위해 통화 정책을 시행했음에도 불구하고 애초에 의도한 결과가 나타나지 않기도 한다. 즉, 기준 금리를 인하하여 시중에 유동성을 충분히 공급하더라도, 증가한 유동성이 기대만큼 소비나 투자로 이어지지 않으면 경기가 활성화되지 않는다. 특히 심각한 경기 침체로 인해 경기 회복에 대한 전망이 불투명할 경우, 경제 주체들은 쉽게 소비를 늘리지 못하거나 투자를 결정하지 못해 돈을 손에 쥐고만 있게 된다. 이 경우 충분한 유동성이 경기 회복으로 이어지지 못해 경기 침체가 지속되는데, 마치 유동성이 함정에 빠진 것 같다고 하여 케인스는 이를 유동성 함정이라 불렀다. 그는 이러한 유동성 함정을 통해 통화 정책의 한계를 설명하면서, 정부가 재정 지출을 확대하여 소비와 투자를 유도하는 정책을 시행하는 것이 중요하다고 역설하였다.

기업의 생산과 고용이 늘고
다양한 분야에 대한 투자가 확대됨.
↓
물가가 상승하고 경기가 전반적으로 활성화됨.

유동성 함정

개념	충분한 유동성이 경기 회복으로 이어지지 못해 경기 침체가 계속되는 상황
원인	심각한 경기 침체로 인한 경기 회복의 전망 불투명
해결법	정부의 재정 지출 확대 → 소비와 투자를 유도하는 정책 시행

01

윗글을 통해 알 수 있는 내용이 아닌 것은?

① 중앙은행이 하는 역할
② 유동성이 높은 자산의 예
③ 기준 금리와 시중 금리의 관계
④ 경기 침체로 인해 나타나는 현상
⑤ 유동성에 대한 케인스 주장의 한계

■ 문제풀이 맥 ■

01

개괄적 정보를 파악하는 문제이다. 선택지에 제시된 내용을 지문에서 확인할 수 있는지, 선택지 하나하나를 살펴보며 지문과 대조해야 한다.

02

윗글을 바탕으로 할 때, <보기>의 ㄱ~ㄷ에 들어갈 말로 적절한 것은?

보기

국가의 통화 정책이 정상적으로 작동될 때, 중앙은행이 기준 금리를 (ㄱ) 시중의 유동성이 (ㄴ)하며, 화폐의 가치가 (ㄷ)한다.

	ㄱ	ㄴ	ㄷ		ㄱ	ㄴ	ㄷ
①	내리면	증가	하락	②	내리면	증가	상승
③	내리면	감소	상승	④	올리면	증가	상승
⑤	올리면	감소	하락				

02

글의 세부적인 내용을 이해하는 문제이다. <보기>는 국가의 통화 정책이 정상적으로 작동될 때의 결과를 설명하고 있다. 4문단에서 중앙은행의 통화 정책을 두 가지 경우로 나누어 제시하고 있고, 2문단에서 유동성과 화폐의 가치의 관계를 제시하고 있으므로 해당 부분을 읽고 ㄱ~ㄷ에 들어갈 말을 찾아야 한다. 기준 금리, 시중의 유동성, 화폐의 가치가 서로 영향을 미치게 됨을 이해해야 한다.

WEEK 8

03

글의 세부적인 내용을 이해하는 문제이다. 유동성 함정을 설명하고 있는 5문단을 꼼꼼히 읽어야 한다. 문제에서는 유동성 함정의 개념을 묻고 있으므로, 5문단에서 그 내용을 찾으면 된다.

03

유동성 함정에 대해 이해한 내용으로 가장 적절한 것은?

① 시중에 유동성이 충분히 공급되더라도 경기 침체가 지속되는 상황을 의미한다.

② 시중 금리의 상승으로 유동성이 감소하여 물가가 하락하는 상황을 의미한다.

③ 기업의 생산과 가계의 소비가 줄어들어 유동성이 넘쳐 나는 상황을 의미한다.

④ 경기 과열로 인해 유동성이 높은 자산에 대한 선호가 늘어나는 상황을 의미한다.

⑤ 유동성이 감소하여 경기 회복에 대한 전망이 긍정적으로 바뀌는 상황을 의미한다.

04

구체적인 상황에 적용하여 이해하는 문제이다. <보기>에서 금융 당국은 기준 금리를 인상하는 정책을 시행했다고 하였다. 따라서 금리를 인상했을 때의 투자자, 소비자, 기업인, 공장장, 은행원의 반응을 추론해야 한다. 3~4 문단에서 기준 금리를 조절하는 통화 정책을 시행했을 때 가계와 기업 등에 미치는 영향을 알 수 있다.

04

윗글을 바탕으로 경제 주체들이 <보기>의 신문 기사를 읽고 보일 수 있는 반응으로 적절하지 않은 것은?

보기

금융 당국 '빅스텝' 단행

금융 당국은 오늘 '빅스텝'을 단행하였다. 빅스텝이란 기준 금리를 한 번에 0.5%p 인상하는 것을 의미한다. 이처럼 금리를 큰 폭으로 인상한 것은 과도하게 증가한 유동성으로 인해 물가가 지나치게 상승하고 부동산, 주식 등의 자산 가격이 폭등했기 때문이다.

① 투자자: 부동산의 가격이 하락할 수 있으니, 당분간 부동산 투자를 미루고 시장 상황을 지켜봐야겠군.

② 소비자: 위축된 소비 심리가 회복되어 지금보다 물가가 오를 수 있으니, 자동차 구매 시기를 앞당겨야겠군.

③ 기업인: 대출을 통해 자금을 확보하는 것이 부담스러워질 수 있으니, 공장을 확장하려던 계획을 보류해야겠군.

④ 공장장: 당분간 우리 공장에서 생산한 부품에 대한 수요가 줄 수 있으니, 재고가 늘어날 것에 대비해야겠군.

⑤ 은행원: 시중 은행에 저축하려는 사람들이 늘어날 수 있으니, 다양한 상품을 개발하여 고객을 유치해야겠군.

※ 다음 글을 읽고 물음에 답하시오.

❶ 수학자 힐베르트는 어떤 1차 논리의 논리식이 주어졌을 경우 이 논리식이 타당한지 여부를 결정하는 알고리즘이 존재하느냐 하는 문제를 제기했다. 튜링은 이 문제에 대한 답을 얻는 과정에서 가상의 기계 장치인 '튜링 기계'를 ⓐ 고안하게 된다.

❷ 튜링 기계는 사람이 계산할 때 일어나는 사고 과정을 응용한 가상의 기계로 ㉠ 테이프, ㉡ 헤드, ㉢ 상태 기록기 등의 부품으로 ⓑ 구성된다. 테이프는 좌우 양방향으로 무한히 많은 칸을 갖고 있다고 가정하며, 각 칸은 비어 있거나 한 개의 기호가 기록되어 있다. 헤드는 테이프에 기록된 기호를 읽거나 기호를 기록하는 장치인데, 테이프 위를 좌우로 한 칸씩 움직일 수 있다. 상태 기록기는 튜링 기계의 상태를 나타낸다.

❸ 튜링 기계는 작동규칙이 주어지면 튜링 기계의 상태와 헤드로 판독한 기호에 따라 작동되는데, 작동규칙은 예를 들면 (A, 1, P0, R, B)와 같이 표시할 수 있으며 이와 같은 형식을 '5순서열'이라고 한다. 5순서열의 첫 번째 자리와 다섯 번째 자리에는 A, B, C 등의 임의의 기호가 사용되어 튜링 기계의 상태를 나타낸다. (A, 1, P0, R, B)에서 'A'는 튜링 기계의 현재 상태를, 'B'는 튜링 기계의 다음 상태를 나타낸다. 이렇게 현재 상태를 나타내는 기호와 다음 상태를 나타내는 기호가 다르면 기계는 다음 상태로 바뀌고, 이와 달리 두 기호가 같으면 현재 상태가 유지된다. 5순서열의 두 번째 자리와 세 번째 자리에는 0, 1, □ 등의 기호가 사용되는데, □는 빈칸을 의미한다. (A, 1, P0, R, B)에서 '1'은 헤드가 읽는 기호를 나타내며, 'P0'은 기호를 읽은 칸에 0을 기록하라는 것을 나타낸다. 만약 P□가 사용되면 이는 □를 기록하라는 뜻으로 테이프에 기록된 기호가 있을 경우에는 이를 지우게 된다. 튜링 기계는 헤드가 읽는 기호와 테이프에 기록된 기호가 서로 같으면 주어진 5순서열을 수행하게 되지만, 다르면 주어진 5순서열을 수행하지 않게 된다. 5순서열의 네 번째 자리에는 헤드의 위치 변경을 지시하는 기호로 L, R, N이 사용되는데, L은 헤드를 왼쪽으로 한 칸, R은 헤드를 오른쪽으로 한 칸 이동하는 것을 나타내며, N은 헤드의 위치를 이동하지 않는 것을 나타낸다.

❹ 튜링 기계를 결정하는 5순서열은 여러 개가 모여 5순서열의 모임을 이룰 수도 있는데 이때는 세미콜론(;)을 사용해 나타낼 수 있다. 튜링 기계는 테이프의 시작 모습, 기계의 시작 상태, 그리고 테이프에서 헤드의 시작 위치가 정해지면 주어진 5순서열의 모임 중 수행 가능한 5순서열이 있을 경우, 이에 따라 작동하게 된다. 그러나 수행 가능한 5순서열이 없을 경우에는 작동을 멈추게 된다. <그림>은

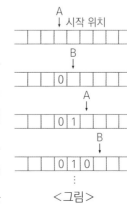

<그림>

핵심정리

문단 중심 내용

❶ 튜링이 튜링 기계를 고안하게 된 배경
❷ 튜링 기계의 구성 요소
❸ 튜링 기계의 작동규칙의 예시
❹ 5순서열의 모임이 작동하는 예시
❺ 튜링 기계의 의의

튜링 기계

개념		사람이 계산할 때 일어나는 사고 과정을 응용한 가상의 기계
구성	테이프	좌우 양방향으로 무한히 많은 칸을 갖고 있다고 가정
	헤드	테이프에 기록된 기호를 읽거나 기호를 기록
	상태 기록기	튜링 기계의 상태 기록

튜링 기계의 작동규칙의 예시

(A, 1, P0, R, B)	
1번째	A: 튜링 기계의 현재 상태
2~3번째	0, 1, □(빈칸) 등의 기호 기록 2번째 1: 헤드가 읽는 기호 3번째 P0: 기호를 읽은 칸에 0을 기록 (만약 P□라면, □ 기록)
4번째	L: 헤드를 왼쪽으로 한 칸 이동 R: 헤드를 오른쪽으로 한 칸 이동 N: 헤드의 위치 이동 없음.
5번째	B: 튜링 기계의 다음 상태

WEEK 8

(A, □, P0, R, B) ; (B, □, P1, R, A)

↓

테이프의 빈칸에 0 기록

↓

오른쪽으로 헤드 한 칸 이동

↓

상태를 B로 변경

↓

테이프의 빈칸에 1 기록

↓

오른쪽으로 헤드 한 칸 이동

↓

상태를 A로 변경

↓

테이프에 0과 1을 무한히 반복하며 기록

테이프의 시작 모습이 모두 빈칸이고, 기계의 시작 상태는 A이며, 헤드의 시작 위치는 화살표의 위치일 때, 5순서열의 모임 (A, □, P0, R, B) ; (B, □, P1, R, A)가 하나의 테이프에서 작동하는 상황을 단계별로 도식화한 것이다. 먼저 튜링 기계의 현재 상태가 A이고 테이프가 빈칸이므로, (A, □, P0, R, B)에 따라 그 칸에 0을 기록하고 오른쪽으로 헤드를 한 칸 이동한 후 상태를 B로 변경한다. 다음으로 튜링 기계의 현재 상태가 B이고 테이프가 빈칸이므로, (B, □, P1, R, A)에 따라 그 칸에 1을 기록하고 오른쪽으로 헤드를 한 칸 이동한 후 상태를 A로 변경한다. 그러면 다시 (A, □, P0, R, B)에 따라 작동하게 되어 결국 튜링 기계는 테이프에 0과 1을 무한히 반복하며 기록하게 된다.

❺ 튜링은 위와 같이 무한히 반복되는 5순서열의 모임뿐만 아니라 사칙연산과 같은 유한한 계산을 수행하는 5순서열의 모임을 제시하며 5순서열을 어떻게 ⓒ 조합하느냐에 따라 다양한 튜링 기계의 알고리즘을 만들 수 있다고 말한다. 나아가 테이프 한 칸에 튜링 기계의 알고리즘 하나하나가 들어가는 '보편 튜링 기계'라는 것을 제시하며, 아무리 복잡한 알고리즘도 간단한 단위로 ⓓ 분해해서 처리할 수 있다고 주장한다. 현대의 컴퓨터 역시, 용량이 크고 속도가 빠를 뿐 결국 복잡한 알고리즘을 아주 간단한 단위로 분해해서 수행하는 것이다. 이런 면에서 튜링 기계는 현대 컴퓨터 발명의 기본적인 착상을 제공하는 데 크게 ⓔ 공헌한 것으로 평가받고 있다.

■ 문제풀이 맥 ■

01

중심 내용을 파악하는 문제이다. 선택지에서 묻는 대상이 무엇인지 파악하고, 해당 내용을 지문에서 찾을 수 있는지 살펴봐야 한다.

01

윗글에서 답을 찾을 수 있는 질문에 해당하지 않는 것은?

① 튜링 기계가 등장하게 된 배경은 무엇인가?

② 튜링 기계의 작동규칙을 표시하는 형식은 무엇인가?

③ 보편 튜링 기계와 현대 컴퓨터의 공통점은 무엇인가?

④ 튜링 기계가 작동되기 위해 필요한 조건들은 무엇인가?

⑤ 보편 튜링 기계가 처리하지 못하는 알고리즘의 종류는 무엇인가?

02

세부 내용을 추론하는 문제이다. ㉠은 테이프, ㉡은 헤드, ㉢은 상태 기록기이고, 선택지는 'A는 B를 의미한다'의 형식으로 짜여져 있다. 테이프, 헤드, 상태 기록기 각각의 특징을 파악하되, 예시를 통해 한 부품에 가해진 작업(A)이 다른 부품에 미치는 영향(B)을 알아야 한다.

02

㉠~㉢을 이해한 내용으로 가장 적절한 것은?

① ㉠의 길이를 무한으로 가정한 것은 튜링 기계가 가상의 장치라는 것을 보여 주는 것이겠군.

② ㉡이 한 번에 판독할 수 있는 기호의 개수는 항상 동일하게 유지되겠군.

③ ㉠의 시작 모습은 ㉡의 위치 변경을 지시하는 기호에 따라 결정되겠군.

④ ㉡의 시작 위치가 정해지는 것은 ㉢이 나타내는 튜링 기계의 상태와 관련이 있겠군.

⑤ ㉢에 임의의 기호가 사용된다는 것은 ㉠에 기록된 기호의 종류가 항상 달라진다는 것을 의미하는 것이겠군.

※ 윗글과 다음을 참고하여 3번과 4번 두 물음에 답하시오.

[1진법의 덧셈을 하는 튜링 기계의 알고리즘]

㉮ (X, 1, P1, R, X) ; ㉯ (X, □, P1, R, Y) ; ㉰ (Y, 1, P1, R, Y) ; ㉱ (Y, □, P□, L, Z) ; ㉲ (Z, 1, P□, N, Z)

[1진법의 덧셈을 하는 튜링 기계의 시작 모습]

　오른쪽은 1진법의 덧셈을 하는 튜링 기계의 시작 모습을 도식화한 것이다. 튜링 기계의 시작 상태는 X이며, 헤드의 시작 위치는 화살표의 위치이다. 테이프에는 1진법에서 2를 의미하는 '11'과 3을 의미하는 '111'이 기록되어 있으며, '11'과 '111'을 구분하기 위해 사이에 빈칸이 하나 삽입되어 있다.

03

윗글을 바탕으로 ㉮~㉲에 대해 이해한 내용으로 적절한 것은?

① ㉮는 튜링 기계의 현재 상태와 다음 상태가 다르게 지정되어 있다.
② ㉰는 튜링 기계의 헤드가 읽는 기호와 기록할 기호가 동일하게 지정되어 있다.
③ ㉮와 ㉯는 튜링 기계의 헤드가 읽는 기호가 동일하게 지정되어 있다.
④ ㉯와 ㉱는 튜링 기계의 헤드가 기록할 기호가 다르게 지정되어 있다.
⑤ ㉰와 ㉱는 튜링 기계의 헤드가 이동할 방향이 동일하게 지정되어 있다.

03

사례에 적용하여 이해하는 문제이다. ㉮~㉲는 5순서열의 모임을 이루고 있다. 3문단에서 튜링 기계의 작동규칙을 해석하는 방법을 제시했으므로 이를 이해하고 있어야 한다. 5순서열에서 각각의 기호가 의미하는 것을 파악하면 된다.

04

윗글과 [1진법의 덧셈을 하는 튜링 기계의 시작 모습]을 바탕으로 Ⓐ~Ⓔ에 대해 이해한 내용으로 적절하지 않은 것은?

① Ⓐ에서 튜링 기계의 상태가 X일 때, ㉮에 따라 헤드는 오른쪽으로 한 칸 이동하고 기계는 상태를 유지하게 되겠군.
② Ⓑ에서 튜링 기계의 상태가 X일 때, ㉯에 따라 헤드는 빈칸에 1을 기록하고 기계는 상태를 바꾸게 되겠군.
③ Ⓒ에서 튜링 기계의 상태가 Y일 때, ㉰에 따라 헤드는 오른쪽으로 한 칸 이동하고 기계는 상태를 유지하게 되겠군.
④ Ⓓ에서 튜링 기계의 상태가 Z일 때, ㉲에 따라 헤드는 테이프에 기록된 1을 지우고 기계는 상태를 바꾸게 되겠군.
⑤ Ⓔ에서 튜링 기계의 상태가 Y일 때, ㉱에 따라 헤드는 왼쪽으로 한 칸 이동하고 기계는 상태를 바꾸게 되겠군.

04

자료를 바탕으로 이해하는 문제이다. Ⓐ~Ⓔ는 테이프의 칸을 가리키고 있고, ㉮~㉲의 5순서열의 모임을 여기에 적용해야 한다. 작동규칙대로 튜링 기계를 작동할 때, X, Y, Z 각각의 상태에서 테이프에 무엇이 기록되고 헤드가 어떻게 이동할지 이해해야 한다.

05

문맥상 ⓐ~ⓔ와 바꾸어 쓰기에 적절하지 않은 것은?

① ⓐ: 생각해 내게
② ⓑ: 이루어진다
③ ⓒ: 짜느냐에
④ ⓓ: 퍼뜨려서
⑤ ⓔ: 이바지한

05

어휘의 의미를 파악하는 문제이다. 선택지에 제시된 단어를 지문에 바꾸어 넣고 맥락상 어울리는지 파악해야 한다.

5 Day

문학(현대시) 고1 2023년 6월

소년 _ 윤동주 / **나무의 꿈** _ 손택수

 핵심정리

가 윤동주, 〈소년〉

갈래
산문시, 서정시

성격
서정적, 애상적

제재
하늘을 바라보며 떠올리는 순이의 얼굴

주제
순이에 대한 사랑과 그리움

특징
① 시어의 연쇄적 반복을 통해 정서를 부각함.
② 계절적 배경을 통해 작품의 분위기를 조성함.

해제
이 작품은 시어의 연쇄적 반복을 통해 정서를 부각하고 운율을 형성하는 산문시로서, 계절과 관련된 감각적 이미지 사용을 통해 '순이'에 대한 '소년'의 순수하고 진실한 그리움을 자연스럽게 드러내고 있는 작품이다.

나 손택수, 〈나무의 꿈〉

갈래
자유시, 서정시

성격
의지적, 희망적

제재
나무의 꿈

주제
꿈과 현재의 중요성

특징
① 대상을 의인화하여 친근감을 부여함.
② 유사한 문장 구조의 반복으로 운율을 형성함.

해제
이 작품에서 화자는 의인화된 '나무'에 애정 어린 시선을 보내며 말을 건네는 방식으로 꿈과 가능성을 이야기하고 있다. 나아가 그 꿈과 가능성이 실현되지 못한 상황에 처하더라도 그 존재 가치가 있음을 따뜻한 어조로 일깨워 주고 있다.

※ 다음 글을 읽고 물음에 답하시오.

가

　여기저기서 단풍잎 같은 슬픈 가을이 뚝뚝 떨어진다. 단풍잎 떨어져 나온 자리마다 봄을 마련해 놓고 나뭇가지 위에 하늘이 펼쳐 있다. 가만히 ㉠하늘을 들여다보려면 눈썹에 **파란 물감이 든다.** 두 손으로 따뜻한 볼을 쓸어보면 손바닥에도 파란 물감이 묻어난다. 다시 손바닥을 들여다본다. 손금에는 **맑은 강물**이 흐르고, 맑은 강물이 흐르고, 강물 속에는 사랑처럼 슬픈 얼굴—아름다운 **순이(順伊)**의 얼굴이 어린다. **소년(少年)**은 황홀히 눈을 감아 본다. 그래도 맑은 강물은 흘러 사랑처럼 슬픈 얼굴—아름다운 순이(順伊)의 얼굴은 어린다.

- 윤동주, 〈소년(少年)〉 -

나

자라면 뭐가 되고 싶니

의자가 되고 싶니

누군가의 **책상**이 되고 싶니

밟으면 삐걱 소리가 나는 계단도 있겠지

그 계단을 따라 올라가는 다락방

별빛이 들고 나는 창문들도 있구나

누군가 그 창문을 통해 바다를

생각할지도 몰라

수평선을 넘어가는 목선을 그리워할지도 몰라

㉡바다를 보는 게 꿈이라면

배가 되고 싶겠구나

어쩌면 그 무엇도 되지 못하고

아궁이 속 **장작**으로 눈을 감을지도 모르지

잊지 마렴 **한 줌 재**가 되었지만

넌 그때도 하늘을 날고 있는 거야

누군가의 **몸을 데워**주고 난 뒤

춤을 추듯 피어오르는 거야

하지만, 지금은

다만 네 잎사귀를 스치고 가는

저 **바람 소리**를 들어보렴

너는 지금 바람을 만나고 있구나

바람의 춤을 따라 흔들리고 있구나

지금이 바로 너로구나

- 손택수, 〈나무의 꿈〉 -

01

(가), (나)의 표현상 특징으로 가장 적절한 것은?

① (가)는 (나)와 달리 반어적 표현을 통해 시적 긴장을 고조시키고 있다.

② (나)는 (가)와 달리 동일한 종결 어미의 반복으로 운율감을 형성하고 있다.

③ (가)와 (나) 모두 대상을 의인화하여 화자의 연민을 드러내고 있다.

④ (가)와 (나) 모두 시어의 연쇄적 활용을 통해 시상을 발전시켜 나가고 있다.

⑤ (가)와 (나) 모두 시선의 이동을 통해 장소가 지닌 의미를 다양하게 제시하고 있다.

01

표현상의 특징을 파악하는 문제이다. (가)와 (나)에 선택지에서 언급한 표현법이 사용되었는지를 확인하고, 그 표현법이 어떤 효과를 미치는지 파악해야 한다. 표현법에 따른 작품 간의 공통점과 차이점을 찾는 것 또한 중요하므로 (가)와 (나)에 쓰인 표현법을 비교해야 한다.

02

㉠, ㉡에 대한 이해로 가장 적절한 것은?

① ㉠은 '소년(少年)'의 정서를 환기하는 기능을 하고 있다.

② ㉠은 '소년(少年)'이 거부하고자 하는 세계를 상징하고 있다.

③ ㉠은 '소년(少年)'이 자신의 한계를 인식하는 계기가 되고 있다.

④ ㉡은 '너'가 처한 긍정적 상황을 드러내는 역할을 한다.

⑤ ㉡은 '너'의 성찰이 이루어진 이후의 모습을 표상하고 있다.

02

시어의 의미를 파악하는 문제이다. 작품의 분위기를 바탕으로 시어의 의미를 이해하면서 어떠한 기능을 하는지 복합적으로 판단해야 한다. ㉠은 화자와 조응을 일으키는 대상으로, 화자가 그리워하는 인물을 떠올리게 하는 계기가 된다. ㉡은 화자가 말을 건네는 대상이 지향하는 것이라 가정하는 요소로 볼 수 있다.

03

<보기>를 참고하여 (가)와 (나)를 감상한 내용으로 적절하지 않은 것은?

> **보기**
>
> (가), (나)는 시간의 흐름 속에서 성장하는 존재의 순수한 정서와 인식에 대해 표현하고 있다. (가)는 소년이 자연물에 동화되는 과정을 감각적으로 드러내면서 과거의 사랑을 그리워하는 소년의 정서를 보여 준다. (나)는 대상이 품을 수 있는 다양한 꿈을 제시하고, 꿈을 이루지 못한 상황에서도 대상이 존재 가치가 있다는 것을 역설적으로 보여 주고 있다. 또 미래보다 현재 상황과 모습에 주목하는 자세를 강조하며 마무리한다.

① (가)의 '파란 물감이 든' '눈썹'은 '소년(少年)'이 자연물에 동화되는 것을 감각적으로 표현하는군.

② (가)의 '맑은 강물'에 어린 얼굴에는 '순이(順伊)'에 대한 '소년(少年)'의 그리움이 투영되어 있군.

③ (나)의 '의자', '책상', '한 줌 재' 등은 대상이 품을 수 있는 다양한 꿈을 보여 주는군.

④ (나)의 '장작'은 꿈을 이루지 못한 상황에서도 '봄을 데워' 줄 수 있다는 존재 가치에 대한 역설적 인식을 보여 주는군.

⑤ (나)의 '바람 소리'는 대상에게 '지금'의 상황과 모습을 주목하게 하는 계기가 될 수 있겠군.

03

외적 준거에 따라 작품을 감상하는 문제이다. <보기>의 내용을 정확하게 파악하고 선택지의 설명에 적절하게 대입할 수 있어야 한다. <보기>에서는 시간의 흐름에 따라 표현되는 작품의 정서를 언급하고 있다. (가)는 과거의 상황을 떠올리고, (나)는 현재 상황에 주목하고 있다. 따라서 이러한 <보기>의 내용을 바탕으로 보기의 시어를 적절하게 이해해야 한다.

b
Day

(문학(고전소설)) 고2 2022년 9월

왕경룡전 _ 작자 미상

※ 다음 글을 읽고 물음에 답하시오.

[앞부분의 줄거리] 왕경룡은 아버지가 상인에게 빌려준 돈을 받아 절강으로 돌아가던 중 서
주에서 기생 옥단을 만나 함께 살게 된다. 기생 어미는 경룡의 재물이 떨어지자 노림에서 죽
이려 하지만 경룡은 겨우 목숨을 부지하고 떠돌게 된다. 이후 어렵게 살아가던 경룡은 옥단을
다시 만나고, 잃었던 재물을 옥단의 기지로 되찾아 절강으로 가려 한다.

옥단이 답하여 말하였다.

"열녀는 두 지아비를 섬기지 않는다 하니 만일 방법이 있사오면 목숨을 보존하려
니와 만일 몸을 더럽히는 지경에 이른다면 죽을 뿐입니다. 어찌 살기를 바라겠습
니까?"

경룡이 마침내 울며 이별하고 절강으로 향하였다.

옥단이 공자를 보내고 **침방**에 돌아와 시비와 함께 약속하고 각각 옷을 찢어 그 입
을 막고 줄을 그 손과 발에 얽매고 침상 아래에 거꾸러졌다.

이튿날 **기생집**의 노복이 경룡의 일행과 말이 없어진 것을 보고 기생 어미에게 고
하니, 기생 어미가 취함을 이기지 못하여 머리를 들고 일어나 옥단의 침소에 가서
보니 옥단과 시비가 모두 침상 아래에 엎어져 죽은 듯 쓰러져 있었다. 기생 어미가
놀라서 구원하니 짐짓 깨어난 체하며 말하였다.

"내가 어제 공자를 보지 아니하려고 했는데, 모친이 지극히 권해서 이렇게 되었으
니 누구를 원망하리요? 공자가 비록 노림에서의 원한을 잊었다 하나 간밤에 취침
할 때에 서로 합방치 아니함을 이상히 여겼더니 밤이 깊음에 가만히 그 종자를 불
러 들어와 그 금은보화를 다 거두어 갔나이다. 우리를 결박하여 죽이려 하다가 공
자가 이를 알고 살렸사오나 첩이 욕봄은 가히 원통치 아니하나 가산을 다 잃었사
오니 어찌 통탄치 아니하리요? 첩이 묶일 때에 그 약속하는 말을 들으니 우리가 추
적할 것을 두려워하여 서주 관청에 머물다가 도망가자 했으니 속히 잡으십시오."

기생 어미가 이웃 사람을 모아서 말을 타고 **서주 관청**에 이르니, 옥단이 갑자기 기
생 어미를 말에서 끌어 내리치고 관청 서리와 이웃 사람에게 고하여 말하였다.

"첩이 본래 양가집 자식으로 부모님을 잃어 의탁할 곳이 없었는데 할미가 나의 자
색을 보고 양녀를 삼아 여러 사람들에게 값을 취하려 하니 어찌 어미와 딸 사이의
의리가 있겠습니까? 전날에 절강 사는 왕경룡이 마침 첩을 보고 흠모하여 수만금
을 들여 저를 아내로 맞아 해로하려 했더니, 저 할미가 음모를 꾸며 노림에서 죽이
려 하였습니다. 공자께서 다행히 벗어나 맨몸으로 환향하다가 첩을 사모하여 다시
재물을 가지고 어제 다시 왔었더니, 저 할미가 또 재물을 뺏으려 하니 공자가 그
기미를 알고 피하였습니다. 그런데 이 할미가 다시 데리고 와서는 재물도 빼앗고
공자를 죽이려 하였기에 첩이 거짓으로 함께 모의를 하는 듯하여 왔으니, 당초 일

의 과정은 이웃 사람이 다 아는 바이니, 어찌 거짓을 아뢸 수 있겠습니까?"

하고 통곡하며 그 기생 어미를 끌고 송사에 나가려 하였다. 이 일은 이웃 사람들이 아는 바여서, 밤사이의 음모를 믿고 모두 옥단이 옳고 기생 어미가 그르다고 하면서,

[A] "왕 공자가 재물을 훔쳐 도망갔다고 거짓말을 하여 우리들에게 쫓아가자 하옵기로 왔사오나 만약 공자를 죽이고 재물을 빼앗으려는 사정을 알았으면 어찌 따라왔겠습니까?"

하였다.

서리들이 또한 노림의 일을 아는지라 모두 다 기생 어미를 꾸짖어 도적이라고 말하고, 옥단에게 권해 송사하게 하였다.

기생 어미가 두려워하거늘, 옥단이 말하였다.

"할미가 비록 지아비를 죽이려는 음모를 꾸몄으나 나를 길러준 은혜가 있으니 일단 관아에 송사하지는 않겠소. 그러면 나를 끝까지 수절하게 하여, 협박하지 아니하겠소?"

하니, 기생 어미가 허락하거늘, 옥단이 서리를 청하여 문서를 쓰고 이웃 사람에게 서명하게 한 후 문서를 가지고 돌아와 **북루**에 올라 시비를 불러 쌀을 빌어 조석으로 바치게 했다.

그 시비 또한 정성으로 쌀을 빌어 낭자를 구원하니 그 시비의 이름은 난영이었다. 또한 자색이 있고 성품이 타인을 더불어 즐기는 것을 좋아하지 않으니, 본래 옥단이 양가집에서 데리고 온 시비였다.

기생 어미가 옥단을 해치고자 하나, 이웃이 알까 염려하였다. 한편 전날 조씨 상인에게 금은을 받은 바가 있었는데, 조씨 상인이 옥단을 어찌할 수 없음을 알고 금은을 돌려받고자 하였다. 기생 어미는 그 재물이 아까워 몰래 약속하여,

"이리이리하시오."

하였다.

몇 개월 뒤에 기생 어미가 옥단을 구박하여 말하였다.

"네가 공자를 위하여 나를 배반하고 비록 내 집에 있으나 이익되는 것이 없으니 북루를 비우고 나가 살아라."

하고, 옥단을 내쫓았다. 이에 앞서 기생 어미가 마을에 있는 장사치 할미에게 많은 재물을 주고 비밀리에 약속을 했다.

옥단이 쫓겨나 시비 하나를 거느리고 돌아갈 곳이 없어 길가에 앉아 통곡하니, 길에서 한 할미가 그 까닭을 묻고 거짓으로 우는 체하며 말하였다.

"제가 매양 낭자가 정조를 지키려 고생스럽게 쌀을 빌어 입에 풀칠하는 것을 불쌍하게 여겼는데 이제 다시 쫓겨나 의탁할 곳이 없으니 누추한 내 집에서 머물도록 하오."

낭자가 다행스럽게 여겨 감사하고 따라가 할미의 집에 거처하였는데, 한 달이 지

나자 할미가 말하였다.

[B] "저는 낭자가 절개 지킴을 어여삐 여겼습니다. 하여 약간의 가산을 팔아 인마를 갖추어 낭자를 데리고 절강으로 가고자 합니다. 절강에 도착하면 낭자께서는 능히 공자로 하여금 후한 값을 치르게 하여 돌려보낼 수 있겠습니까?"

옥단이 그 말을 다행히 여겨 감사하여 말하였다.

"그렇게 해 주신다면 어찌 힘을 다하여 갚지 않겠습니까?"

할미가 허락하고 마부와 말을 내어 행장을 수습하여 날을 받아 길을 떠났다.

여러 날 만에 **서주의 경계**에 이르니 갑자기 사람들이 길을 막고 옥단을 에워싸고 구박하면서 데리고 갔다. 옥단이 할미를 불렀으나 간 곳이 없거늘, 무리에게 말하였다.

"무슨 연유로 너희가 나를 위협하여 데리고 가는 게냐?"

모두가 답하여 말하였다.

"우리는 조씨 상인이 시키는 대로 낭자를 맞이하여 데려가거늘 무슨 위협이 있겠소?"

옥단이 몹시 통곡하며 말하였다.

"내가 두 할미에게 속았구나."

하고, 말에서 떨어지니, 무리들이 부둥켜안아 옥단을 말에다 태웠다.

– 작자 미상, 〈왕경룡전〉 –

01

윗글에 대한 설명으로 적절하지 않은 것은?

① '침방'은 옥단이 경룡의 무리에게 결박당했다고 기생 어미를 속이는 장소이다.

② '기생집'은 기생 어미가 부모를 잃은 옥단을 위해 난영을 시비로 내어 준 공간이다.

③ '서주 관청'은 옥단이 기생 어미의 잘못을 사람들에게 알리기 위해 기생 어미를 유인하여 데리고 간 공간이다.

④ '북루'는 옥단이 경룡에게 절개를 지키겠다고 했던 다짐을 실천하는 공간이다.

⑤ '서주의 경계'는 절강에서 경룡을 만날 수 있다는 옥단의 기대가 깨지는 공간이다.

02

윗글에 대한 이해로 가장 적절한 것은?

① 난영은 이웃 사람과 더불어 사귀기를 좋아했다.

② 서리들은 옥단이 작성한 문서에 증인으로 서명했다.

③ 조씨 상인은 자색이 있는 난영을 얻기 위해 무리를 보냈다.

④ 옥단은 관청에서 돌아온 뒤 난영이 빌어 온 양식으로 어렵게 살아갔다.

⑤ 이웃 사람들은 노림의 일에 대한 사실을 알기 위해 옥단에게 송사를 권유했다.

작품의 세부 내용을 이해하는 문제이다. 인물을 중심으로 사건이 어떻게 전개되는지 파악하는 것이 중요하다. 이를 위해서는 인물의 행동과 대사에 초점을 맞춰 작품을 이해해야 한다.

03

[A], [B]에 대한 설명으로 가장 적절한 것은?

① [A]에서 화자는 자신의 불우한 처지를 언급하며 상대의 감정에 호소하고 있다.

② [B]에서 화자는 감정을 절제하며 상대의 결정에 대해 비판적 태도를 드러내고 있다.

③ [A]와 [B] 모두에서 화자는 상대의 과거 행적을 드러내며 상대의 미래를 예견하고 있다.

④ [A]에서는 [B]에서와 달리, 화자가 고사를 인용하여 상대의 요구를 우회적으로 거절하고 있다.

⑤ [A]에서 화자는 상대에게 자신이 현재 장소로 오게 된 이유를 밝히고 있고, [B]에서 화자는 상대에게 현재 장소를 떠날 것을 제안하고 있다.

인물의 말하기 방식을 파악하는 문제이다. 이러한 유형의 문제를 풀기 위해서는 각 부분에 제시된 대사에서 등장인물이 어떤 말하기 방식을 취하고 있는지를 파악한 뒤, 선택지와 비교하여 옳고 그름을 판단해야 한다.

04

<보기>를 바탕으로 윗글을 감상한 내용으로 적절하지 않은 것은?

> **보기**
>
> 이 작품은 남녀 주인공의 결합을 방해하는 혼사 장애 모티프를 지닌 애정 소설이다. 여자 주인공 옥단은 신분이 기생이지만 유교 사회에서 여성에게 요구되었던 정절을 지키려고 노력한다. 이런 옥단의 노력은 자신의 이익을 취하려 음모를 꾸미는 악인에 의해 방해를 받는다. 이 작품은 선인과 악인의 대립 구도가 드러나며, 악인의 음모로 인해 새로운 사건이 발생하거나 사건이 전환되기도 한다.

① 옥단을 쫓아낸 기생 어미와 쫓겨난 옥단에게 머물 곳을 제공한 장사치 할미가 대립하는 모습에서 선인과 악인의 대립 구도를 확인할 수 있군.

② 기생 어미가 경룡의 재산을 다시 빼앗고 죽이려 한 음모로 인해, 옥단이 기지를 발휘하여 경룡이 자신의 재물을 되찾는 새로운 사건이 발생하는군.

③ 조씨 상인의 재물을 돌려주는 것을 아까워하는 기생 어미의 욕심은, 기생 어미가 조씨 상인의 무리들에게 옥단을 납치하도록 하는 음모를 꾸미는 원인이 되는군.

④ 옥단과 재회한 경룡이 생명의 위협을 느낀 후 해로하기로 한 옥단을 남겨둔 채 절강으로 떠나는 모습에서, 경룡과 옥단의 결합을 방해하는 혼사 장애 모티프를 확인할 수 있군.

⑤ 옥단이 송사하지 않는다는 조건을 내세워 기생 어미에게 자신의 정절을 훼손하지 않겠다는 승낙을 받는 장면에서, 기생이지만 유교적 가치를 지키려 노력하는 모습을 확인할 수 있군.

외적 준거에 따라 작품을 감상하는 문제이다. <보기>에 제시된 설명에 따라 작품을 이해하는 것이 중요하다. <보기>에 따르면, 윗글은 혼사 장애 모티프와 선인과 악인의 대립 구도에 따라 서사 구조가 달라지는 양상을 보인다. 이러한 <보기>의 내용을 바탕으로, 선택지에 제시된 서사 구조와 인물의 행동이 적절하게 대응하였는지 파악하는 것이 중요하다.

혼사 장애 모티프	
혼사 장애 모티프	• 남녀 주인공이 결연하는 과정에서 문제 상황이나 갈등이 발생하여 혼사에 장애를 얻게 되는 서사 구조 • '혼사 장애 발생-이별 및 시련-문제 해결과 재결합'의 구조를 보임. • 간신의 방해, 신분의 차이, 제3자의 개입 등 혼사 장애를 유발하는 요인이 다양함.
〈왕경룡전〉	악인인 기생 어미의 계략에 의해 경룡과 옥단의 혼사가 방해를 받음.

WEEK 8

섹션 SECTION
뽀개기
종합편

스스로 점검하기

Day	공부 시작 시간	공부 종료 시간	틀린 문항 수	틀린 유형
Day 1	시 분 초	시 분 초		
Day 2	시 분 초	시 분 초		
Day 3	시 분 초	시 분 초		
Day 4	시 분 초	시 분 초		
Day 5	시 분 초	시 분 초		
Day 6	시 분 초	시 분 초		

1 일별로 계획에 맞춰 공부하기
하루에 기출 하나씩 매일 꾸준히 공부하는 것이 최선의 방법이다.

2 시작 시간과 종료 시간 체크하기
스스로 시간 제한을 두고 문제를 푸는 것이 실전 대비에 효과적이다.

3 틀린 문항과 유형 분석하기
틀린 문제는 또 틀릴 수 있다. 특정 문항과 유형에서 많이 틀렸다면, 그 이유를 분석해야 한다.

4 보충 학습하기
스스로 점검하기를 통해 자신의 취약한 유형을 확인하고, SLS를 통해 부족한 부분을 보충 학습한다.

번호	Day 1						Day 2						Day 3					
	1	2	3	4	5	6	1	2	3	4	5	6	1	2	3	4	5	6
정답률	94%	83%	91%	92%			44%	66%	65%	56%	68%		78%	69%	88%	64%		
채점																		

번호	Day 4						Day 5						Day 6					
	1	2	3	4	5	6	1	2	3	4	5	6	1	2	3	4	5	6
정답률	84%	45%	57%	51%	92%		39%	66%	52%				47%	36%	64%	48%		
채점																		

결과	틀린 문항에는 ✕표시, 찍어서 막혔거나 헷갈렸던 문항에는 △표시, 맞춘 문항에는 ○표시 채점 결과 : 맞은 문항 수 25개중 [ ]개

나의 예상 등급은?

등급

1등급
22~25개

2등급
20~21개

3등급
18~19개

MEMO

MEMO

섹션뽀개기 종합편
LEVEL 1

펴 낸 이	주민홍
펴 낸 곳	서울특별시 마포구 월드컵북로 396(상암동) 누리꿈스퀘어 비즈니스타워 10층
	㈜NE능률 (우편번호 03925)
펴 낸 날	2023년 12월 15일 초판 제1쇄
전 화	02 2014 7114
팩 스	02 3142 0356
홈 페 이 지	www.neungyule.com
	www.iap2000.com
등 록 번 호	제 1-68호
정 가	13,000원

 고객센터

교재 내용 문의: https://iap2000.com/booksinquiry

제품 구매, 교환, 불량, 반품 문의: 02-2014-7114

☎ 전화문의는 본사 업무시간 중에만 가능합니다.

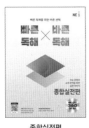

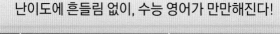

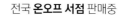

레벨 **1**

내신 & 수능 대비 ✷ 기출+신유형 문제 탑재

섹션 SECTION
벼개기
종합편

정답 및 해설

정답 및 해설

레벨 1

Contents

DAY 1 화법

빠른 정답 체크

01 ②   02 ①   03 ②

❶ 안녕하세요? 여러분, 병풍이 무엇인지 알고 계신가요? (청중의 반응을 살피며) 네, 고개를 끄덕이는 분들이 많으시네요. 「최근 한 휴대폰 제조사에서 여러 번 접을 수 있는 병풍의 특징을 적용한 '병풍폰'을 개발한다는 기사를 보았습니다. 저는 이 기사를 보고 호기심이 생겨 전통 공예품 중 병풍에 대해 조사하여 발표하게 되었습니다.」
(청중과 상호 작용하며 발표의 주제를 드러냄 / 「 」: 발표 주제 선정 배경)

❷ '병풍'은 바람을 막는다는 의미를 지니는데, 바람을 막는 기능 외에 무엇을 가리는 용도로도 사용되는 소품입니다. (㉠ 자료를 제시하며) 병풍은 이렇게 펼치고 접을 수 있는 구조적 특징이 있어 공간을 효율적으로 사용할 수 있도록 하는 장점이 있습니다. 병풍을 펼쳐 공간을 분리하거나, 접어서 공간을 확장하여 사용할 수 있기 때문입니다. 이러한 구조적 특징으로 인해 야외나 다른 공간으로 병풍을 옮겨 사용하기 편리하고, 접었을 때 보관하기에도 용이합니다.
(병풍의 의미 / 병풍의 기능 ① / 병풍의 기능 ② / 병풍의 구조적 특징을 나타내는 자료 / 병풍의 특징 ①-구조적 측면 / 병풍의 구조적 장점 ① / 병풍의 구조적 장점 ② / 병풍의 구조적 장점 ③)

❸ 병풍은 공간을 꾸며 상황에 맞는 분위기를 조성하는 장식적 특징도 있습니다. 이러한 특징은 병풍에 그림을 넣는 데서 두드러지게 나타나는데, 병풍에는 상징적인 의미를 지닌 그림들을 사용하는 경우가 많습니다. 장수를 기원할 때는 십장생을, 선비의 지조를 강조하고자 할 때는 사군자를 그린 그림을 사용하기도 하였습니다. (㉡ 자료를 제시하며) 지금 보시는 이 병풍에는 꽃과 새가 그려져 있는데, 결혼식 때 신랑 신부의 행복과 부귀영화를 기원하는 상징적 의미를 담은 것입니다. 꽃과 새를 화려하게 그려 넣어 장식함으로써 결혼식의 경사스러운 분위기를 조성하는 데 사용합니다.
(병풍의 특징 ②-장식적 측면 / 십장생의 상징적 의미 / 사군자의 상징적 의미 / 꽃과 새가 그려진 병풍을 보여 주는 자료 / 병풍에 그려진 꽃과 새의 상징적 의미 / 병풍에 그려진 꽃과 새의 장식적 기능)

❹ (㉢ 자료를 제시하며) 여러분, 이 병풍에는 어떤 특징이 있을까요? (청중의 대답을 듣고) 네, 맞습니다. 이 병풍은 글자와 그림이 어우러져 있는 '문자도 병풍'입니다. 문자도 병풍은 유교의 주요 덕목을 나타내는 글자를 그린 병풍입니다. 보시는 것처럼 '효'라는 한자와 다양한 소재들이 어우러져 있는데요, 각 소재들은 효자와 관련된 이야기에 등장하는 것들입니다. 이 중에서 가장 크게 보이는 잉어를 예로 들자면, 「추운 겨울에 물고기를 드시고 싶어 하는 부모님을 위해 얼음을 깨고 물고기를 잡은 효자의 설화와 관련이 있습니다.」 이러한 문자도 병풍은 집안을 장식하고 유교적 덕목을 되새기기 위한 용도로 사용되었습니다.
(문자도 병풍을 보여 주는 자료 / 문자도 병풍의 개념 / 제시된 자료에 대한 설명 / 「 」: 병풍에 그려진 잉어의 의미 / 병풍의 특징 ③-유교적 측면)

❺ 병풍은 우리 선조들의 생활 속에서 꾸준하게 사랑받아 온, 실용성과 예술성을 겸비한 생활용품입니다. 「앞으로 여러분께서도 어디선가 병풍을 접했을 때 관심 있게 살펴봐 주시기 바랍니다. 그리고 발표 내용을 떠올리면서 병풍에 담긴 의미를 생각해 보고, 그 아름다움도 느껴 보시면 좋을 것 같습니다.」 이상으로 발표를 마치겠습니다.
(병풍의 의의 / 발표자가 청중에게 당부하는 것 ① / 발표자가 청중에게 당부하는 것 ② / 「 」: 발표자의 당부로 발표를 마무리함)

01

답 | ②

위 발표에 대한 설명으로 적절하지 않은 것은?

정답 선지 분석

② 다른 대상과 대비하여 발표 소재의 장점을 강조하고 있다.

발표 소재인 병풍의 장점으로 공간을 효율적으로 사용할 수 있음을 소개하고 있으나, 다른 대상과 대비하고 있지는 않다.

오답 선지 분석

① 발표 소재를 선정한 계기를 언급하며 발표를 시작하고 있다.

1문단에서 '병풍폰' 개발 기사를 보고 호기심이 생겨 병풍을 발표 소재로 선택했다는 계기를 언급하며 발표를 시작하고 있다.

③ 구체적인 예를 들어 발표 내용에 대한 이해를 돕고 있다.

3문단에서 상징적 의미를 지닌 그림의 예, 4문단에서 문자도 병풍의 소재와 관련된 효자 설화의 예를 제시하여 발표 내용에 대한 이해를 돕고 있다.

④ 질문을 던지는 방식을 활용하여 청중과 상호작용하고 있다.

1문단과 4문단에서 질문을 한 후 그에 대한 청중의 반응을 살피거나 대답을 듣고 반응하는 등, 발표자와 청중의 상호작용이 나타나 있다.

⑤ 발표 소재에 대한 관심을 당부하며 발표를 마무리하고 있다.

마지막 문단에서 '앞으로 여러분께서도 어디선가 병풍을 접했을 때 관심 있게 살펴봐 주시기 바랍니다.'라고 발표 소재에 대한 관심을 당부하며 발표를 마무리하고 있다.

02

답 | ①

다음은 발표를 듣고 학생이 보인 반응이다. 이를 이해한 내용으로 가장 적절한 것은?

얼마 전 카페에서 전체를 접고 펼 수 있는 구조로 된 창문을 보았어. 날씨가 나쁠 때는 펼쳐서 외부와 차단하고, 날씨가 좋을 때는 접어서 공간을 확장하여 사용하고 있었어. 발표 내용을 듣고 그 창문이 공간을 분리하고 확장하는 병풍의 구조적 특징과 유사하다고 생각하게 되었어. 박물관에서나 볼 수 있는 옛날 물건이라고만 생각했던 병풍이 가지는 현대적 가치를 생각해 보는 기회가 되었어.

정답 선지 분석

① 자신의 경험과 관련지어 발표 소재에 대해 새롭게 인식하고 있다.

발표를 듣고 자신이 카페에서 본 창문의 구조와 병풍의 구조를 관련지어 생각함으로써 병풍의 현대적 가치를 새롭게 인식하고 있다.

오답 선지 분석

② 발표 내용이 발표 주제에 부합하는지 객관적으로 분석하고 있다.

발표 내용이 발표 주제에 부합하는지 객관적으로 분석하고 있지 않다.

③ 발표를 듣기 전에 지녔던 의문을 발표 내용을 통해 해소하고 있다.
　발표를 듣기 전 지녔던 의문을 해소하는 내용은 드러나 있지 않다.

④ 발표 내용 중 사실과 의견을 구분하여 선별적으로 수용하고 있다.
　발표 내용 중 사실과 의견을 구분하고 있지 않다.

⑤ 배경지식을 활용하여 발표자의 견해를 비판적으로 평가하고 있다.
　카페의 창문 구조에 대한 내용은 배경지식을 언급한 것이라고 볼 수 있으나, 이를 활용하여
　발표자의 견해를 비판적으로 평가하고 있지는 않다.

03
답 | ②

다음은 발표자가 제시한 자료이다. 발표자의 자료 활용에 대한 이해로 적절하지 않은 것은?

[자료 1]　　　[자료 2]　　　[자료 3]

정답 선지 분석

② ㉠에서 [자료 1]을 활용하여, 실내외 공간에 따라 그림이나 글자를 선택할 수 있는 병풍의 다양성을 설명하였다.
　[자료 1]은 펼치고 접을 수 있는 병풍의 구조적 특징을 보여 주는 자료로, ㉠에서 실내외 공간에 따라 그림이나 글자를 선택할 수 있는 병풍의 다양성을 설명하는 데 활용하는 것은 적절하지 않다.

오답 선지 분석

① ㉠에서 [자료 1]을 활용하여, 펼치고 접을 수 있어 공간 활용의 효율성을 높이는 병풍의 구조적 특징을 설명하였다.
　㉠에서 공간 활용의 효율성을 높이는 병풍의 장점을 설명하기 위해, 펼치고 접을 수 있는 병풍의 구조적 특징을 보여 주는 [자료 1]을 활용하는 것이 적절하다.

③ ㉡에서 [자료 2]를 활용하여, 기원하는 바를 그림에 담아 표현하는 병풍의 상징성을 설명하였다.
　㉡에서 기원하는 바를 그림에 담아 표현하는 병풍의 상징성을 설명하기 위해, 신랑 신부의 행복과 부귀영화를 기원하는 의미의 병풍인 [자료 2]를 활용하는 것이 적절하다.

④ ㉡에서 [자료 2]를 활용하여, 공간을 꾸며 상황에 맞는 분위기를 조성하는 병풍의 장식적 특징을 설명하였다.
　㉡에서 공간을 꾸며 상황에 맞는 분위기를 조성하는 병풍의 장식적 특징을 설명하기 위해, 결혼식 때 경사스러운 분위기를 조성하는 병풍인 [자료 2]를 활용하는 것이 적절하다.

⑤ ㉢에서 [자료 3]을 활용하여, 글자와 그림을 통해 유교적 덕목을 되새길 수 있는 병풍의 용도를 설명하였다.
　㉢에서 글자와 그림을 통해 유교적 덕목을 되새기는 병풍의 용도를 설명하기 위해, 유교의 주요 덕목을 나타내는 글자와 그와 관련된 이야기에 등장하는 소재의 그림이 어우러진 병풍인 [자료 3]을 활용하는 것이 적절하다.

DAY 2　언어

빠른 정답 체크

01 ①　　02 ①　　03 ⑤　　04 ⑤　　05 ③

보조사는 앞말에 붙어 특별한 뜻을 더해 주는 기능을 한다. 격
조사가 문법적 관계를 나타내 주는 것과 달리, 보조사는 앞말에
결합되어 의미를 첨가하는 기능을 한다.

　ㄱ. 소설만 읽지 말고 시도 읽어라.

　ㄴ. 소설만을 읽지 말고 시도 읽어라.

위의 ㄱ에서 '만'은 앞 체언에 '한정'의 의미를 더해 주고 있으
며, '도'는 앞 체언에 '역시, 또한'의 의미를 더해 주고 있다. 한편
ㄴ의 '만을'에서 확인할 수 있듯이, 보조사와 격 조사가 함께 나
타날 수 있다. 이때 문법적 관계는 격 조사가 담당하고 보조사는
앞말에 특정한 의미를 더해 주는 기능을 한다.

보조사의 다른 특징은 결합할 수 있는 앞말이 체언에 국한되지
않고, 부사, 어미 등의 뒤에도 결합할 수 있다는 것이다. 또한 '격
조사+보조사' 혹은 '보조사+보조사'의 형태로도 결합할 수 있
고, 격 조사 자리에 보조사가 나타날 수도 있다.

[A]
　　한편 ⓐ 보조사 중에서 ⓑ 의존 명사 또는 어미와 그 형태가
　동일한 경우가 있어 헷갈릴 수 있다.

　　ㄱ. 나는 나대로 계획이 있다.

　　ㄴ. 네가 아는 대로 말해라.

　　위 ㄱ에서 '대로'는 대명사 '나'에 결합되었기 때문에 보조
　사로, ㄴ에서 '대로'는 관형어의 수식을 받기 때문에 의존 명
　사로 본다.

01
답 | ①

윗글을 참고하여 <보기>의 ㉠~㉢을 이해한 것으로 적절하지 않은 것은?

보기

㉠ 라면마저도 품절됐네.

㉡ 형도 동생만을 믿었다.

㉢ 그는 아침에만 운동했다.

정답 및 해설 | 3

정답 선지 분석

① ㉠: 격 조사 뒤에 '역시, 또한'의 의미를 더해 주는 보조사가 덧붙고 있다.

㉠에서의 '마저'는 '이미 어떤 것이 포함되고 그 위에 더함'의 뜻을 더해 주는 보조사이고, '도'는 '역시, 또한'의 뜻을 더해 주는 보조사로, '마저도'는 '보조사+보조사'로 결합된 형태이다.

오답 선지 분석

② ㉡: 주격 조사 자리에 '도'라는 보조사가 나타나고 있다.

㉡에서의 '도'는 '역시, 또한'의 의미를 더해 주는 보조사로, 주격 조사 자리에 사용되고 있다.

③ ㉡: 보조사 '만'과 격 조사 '을'이 함께 나타나고 있다.

㉡에서는 앞 체언에 '한정'의 의미를 더해 주는 보조사 '만'이 목적격 조사 '을'과 결합하여 나타나고 있다.

④ ㉢: '에'는 체언에 결합하여 문법적 관계를 나타낸다.

㉢에서의 '에'는 체언 '아침'의 뒤에 결합하여 문법적 관계를 나타내는 부사격 조사에 해당한다.

⑤ ㉢: '만'은 보조사가 결합할 수 있는 앞말이 체언에 국한되지 않음을 보여 준다.

㉢에서의 '만'은 '한정'의 의미를 더해 주는 보조사로, 부사격 조사가 결합하여 문장에서 부사어로 사용되고 있는 '아침에' 뒤에 결합하여 나타나고 있다.

02

답 | ①

[A]에서 설명하는 ⓐ, ⓑ의 예에 해당하는 것은?

정답 선지 분석

① ⎡ ⓐ: 이것은 나에게만큼은 소중한 물건이다
  ⎣ ⓑ: 너는 먹을 만큼만 먹어라.

ⓐ의 '만큼'은 체언 뒤에 격 조사가 결합된 '나에게' 뒤에 붙어 '한정'의 의미를 더해 주는 보조사이고, ⓑ의 '만큼'은 '먹을'이라는 관형어의 수식을 받는 의존 명사이다.

오답 선지 분석

② ⎡ ⓐ: 그는 그냥 서 있을 뿐이다.
  ⎣ ⓑ: 날 알아주는 사람은 너뿐이다.

ⓐ는 의존 명사, ⓑ는 보조사이다.

③ ⎡ ⓐ: 그녀는 뛸 듯이 기뻐했다.
  ⎣ ⓑ: 사람마다 생김새가 다르듯이 생각도 다르다.

ⓐ는 의존 명사, ⓑ는 어미이다.

④ ⎡ ⓐ: 나는 사과든지 배든지 아무거나 좋다.
  ⎣ ⓑ: 노래를 부르든지 춤을 추든지 해라.

ⓐ는 보조사, ⓑ는 어미이다.

⑤ ⎡ ⓐ: 불규칙한 식습관은 건강에 좋지 않다.
  ⎣ ⓑ: 친구를 만난 지도 꽤 오래되었다 .

ⓐ는 어미, ⓑ는 의존 명사이다.

03

답 | ⑤

<보기>의 [활동]을 수행한 결과로 적절하지 <u>않은</u> 것은?

보기

[활동] 제시된 단어의 발음을 [자료]와 연결해 보자.

신라, 칼날, 생산량, 물난리, 불놀이

[자료]

㉠ 'ㄹ'의 앞에서 'ㄴ'이 [ㄹ]로 발음되는 경우

㉡ 'ㄹ'의 뒤에서 'ㄴ'이 [ㄹ]로 발음되는 경우

㉢ 'ㄴ'의 뒤에서 'ㄹ'이 [ㄴ]으로 발음되는 경우

정답 선지 분석

⑤ '불놀이'는 ㉡, ㉢에 따라 [불로리]로 발음하는군.

'불놀이'는 ㉡이 적용되어 [불로리]로 발음된다.

오답 선지 분석

① '신라'는 ㉠에 따라 [실라]로 발음하는군.

'신라'는 ㉠이 적용되어 'ㄴ'이 'ㄹ' 앞에서 [ㄹ]로 발음된다.

② '칼날'은 ㉡에 따라 [칼랄]로 발음하는군.

'칼날'은 ㉡이 적용되어 'ㄴ'이 'ㄹ' 뒤에서 [ㄹ]로 발음된다.

③ '생산량'은 ㉢에 따라 [생산냥]으로 발음하는군.

'생산량'은 ㉢이 적용되어 'ㄹ'이 'ㄴ' 뒤에서 [ㄴ]으로 발음된다.

④ '물난리'는 ㉠, ㉡에 따라 [물랄리]로 발음하는군.

'물난리'는 ㉠과 ㉡이 모두 적용되어 'ㄴ'이 'ㄹ'의 앞과 뒤에서 [ㄹ]로 발음된다.

04

답 | ⑤

밑줄 친 ㉠의 예로 적절한 것은?

우리말의 문장 유형은 평서문, 의문문, 명령문, 청유문, 감탄문으로 나뉘는데, 대개 특정한 종결 어미를 통해 실현된다. 그런데 경우에 따라 ㉠ 동일한 형태의 종결 어미가 서로 다른 문장 유형을 실현하기도 한다.

정답 선지 분석

⑤ -어라 ⎡ 늦을 것 같으니까 어서 씻어라.
      ⎣ 그 사람을 몹시도 만나고 싶어라.

종결 어미 '-어라'는 동일한 형태가 다른 문장 유형을 실현한다. '늦을 것 같으니까 어서 씻어라.'는 종결 어미 '-어라'로 인해 명령문이 실현되고, '그 사람을 몹시도 만나고 싶어라.'는 종결 어미 '-어라'로 인해 감탄문이 실현된다.

오답 선지 분석

① -니 ⎡ 너는 무엇을 먹었니?
     ⎣ 아버님은 어디 갔다 오시니?

종결 어미 '-니'로 인해 의문문이 실현된다.

② -ㄹ게 ⎡ 오늘은 내가 먼저 나갈게.
       ⎣ 내가 나중에 다시 전화할게.

종결 어미 '-ㄹ게'로 인해 평서문이 실현된다.

③ -구나 ⎡ 그것 참 그럴듯한 생각이구나.
       ⎣ 올해도 과일이 많이 열리겠구나.

종결 어미 '-구나'로 인해 감탄문이 실현된다.

④ -ㅂ시다 ⎡ 지금부터 함께 청소를 합시다.
        ⎣ 밥을 먹고 공원에 놀러 갑시다.

종결 어미 '-ㅂ시다'로 인해 청유문이 실현된다.

05

답 | ③

`<보기>`는 '사전 활용하기 학습 자료'의 일부이다. 이에 대해 탐구한 내용으로 적절하지 **않은** 것은?

보기

갈다¹ [통] 갈아[가라] 가니[가니]
【…을, …을 …으로】 이미 있는 사물을 다른 것으로 바꾸다.
¶ 컴퓨터의 부속품을 좋은 것으로 갈았다.

갈다² [통] 갈아[가라] 가니[가니]
① 【…을】 날카롭게 날을 세우거나 표면을 매끄럽게 하기 위하여 다른 물건에 대고 문지르다.
¶ 옥돌을 갈아 구슬을 만든다.
② 【…을】 잘게 부수기 위하여 단단한 물건에 대고 문지르거나 단단한 물건 사이에 넣어 으깨다.
¶ 무를 강판에 갈아 즙을 낸다.

갈다³ [통] 갈아[가라] 가니[가니]
① 【…을】 쟁기나 트랙터 따위의 농기구나 농기계로 땅을 파서 뒤집다.
¶ 논을 갈다.
② 【…을】 주로 밭작물의 씨앗을 심어 가꾸다.
¶ 밭에 보리를 갈다.

정답 선지 분석

③ '갈다²-②'의 용례로 '무딘 칼을 날카롭게 갈다.'를 추가할 수 있겠군.
'무딘 칼을 날카롭게 갈다.'는 '갈다²-①'의 용례에 해당한다.

오답 선지 분석

① '갈다¹', '갈다²', '갈다³'은 동음이의어이군.
'갈다¹', '갈다²', '갈다³'은 서로 글자의 음이 같으나 뜻이 다르므로 동음이의어이다.

② '갈다³'은 여러 가지 뜻을 가지므로 다의어이군.
'갈다³'은 의미 ①과 ②를 가진 다의어이다.

④ '갈다¹'은 '갈다²', '갈다³'과 달리 부사어를 요구할 수도 있는 동사로군.
'갈다'은 '…을 …으로'라는 문형 정보를 통해 부사어를 요구할 수도 있음을 확인할 수 있다.

⑤ '갈다¹', '갈다²', '갈다³'은 '갈-'에 '-니'가 결합할 때 표기와 발음이 같군.
'갈다¹', '갈다²', '갈다³'은 '가니[가니]'라는 활용 정보를 통해 '갈-'에 '-니'가 결합할 때 표기와 발음이 같음을 확인할 수 있다.

DAY 3 mRNA 혁명, 세계를 구한 백신

빠른 정답 체크

1 ② **2** ① **3** ⑤ **4** ② **5** ⑤

❶ 「세포핵 속 DNA에 저장된 생물체의 유전 정보는 mRNA로 전사되어 세포질로 내보내진 후 리보솜을 통해 단백질로 합성된다.」
「」: 유전 정보가 단백질로 합성되는 과정
바이러스는 단백질로 둘러싸인 DNA나 RNA를 유전 물질로 갖
바이러스의 개념
는 기생체로, 「생물체에 침입하여 자신의 유전 물질을 mRNA로
「」: 바이러스 단백질이 증폭되는 과정
바꾼 뒤 숙주 세포가 스스로 바이러스 단백질을 합성하게 한다.」
이에 대항해 「생물체는 바이러스 단백질을 항원으로 인식하고 항
「」: 바이러스에 대한 생물체의 대항
체를 만들어 대항하거나 기억 세포를 생성해 같은 바이러스가 침
입할 경우를 대비한다.」 따라서 바이러스를 인공적으로 흉내 낸
백신의 개념
물질인 백신을 접종하여 면역 반응을 일으키면 바이러스 감염에
생물체가 기억 세포를 생성할 수 있기 때문
미리 대비할 수 있다.

❷ mRNA 백신은 「바이러스 단백질의 유전 정보를 암호화한
「」: mRNA 백신의 개념
ⓐ mRNA를 접종하는 것으로, 주입된 mRNA를 통해 바이러스
mRNA 백신의 작용 방법
단백질을 합성하여 면역 반응을 유도한다. 바이러스를 배양하여
접종하는 기존의 백신과 달리 mRNA 백신은 「바이러스가 아니기
「」: mRNA 백신의 장점
때문에 인체가 바이러스에 감염될 위험이 없으며 체내 효소에 의
해 쉽게 분해된다.」 반면 이처럼 「체내에서 불안정할 뿐 아니라 분
「」: mRNA 백신의 한계
자의 크기가 크고 음전하를 띠고 있어 세포에 거의 흡수되지 않
는 문제가 있다.」 따라서 mRNA를 보호하여 세포 내로 진입시키
mRNA 백신의 한계를 해결하는 방법
기 위해 지질 나노 입자를 이용한다.

❸ 지질 분자는 지방산으로 이루어져 있기 때문에 물 분자와 섞
지질 분자의 특징
이지 않는 소수성을 갖는다. 물은 분자 내 전하가 양극으로 분리
친수성 물질의 개념
된 상태인 극성을 띠거나 분자가 전하를 띠는 물질, 즉 친수성 물
질과만 섞이고 소수성 물질은 소수성 물질과만 섞이기 때문이다.
한편 ㉠ 생물체의 세포막은 인지질로 구성되는데, 인지질은 「지방
「」: 인지질의 구성
산으로 이루어진 소수성 꼬리와 음전하를 띤 ⓑ 인산기 머리를
갖고 있다.」 따라서 인지질은 친수성 용매나 소수성 용매 모두와
인지질의 특징
섞이는 양친매성 물질이다. 이에 따라 「인지질의 친수성 머리는
「」: 세포막의 구성 상태
세포 외부나 세포질의 수용액에 접하고 소수성 꼬리는 소수성 분
자 간의 인력으로 인해 서로 몰려 있는 상태로 세포막이 구성된
다. 세포막의 이러한 특징으로 인해 친수성 물질이 세포막을 투
세포막을 구성하는 것은 소수성 꼬리이기 때문
과하는 것이 차단된다.

❹ 양이온성 지질을 지질 나노 입자로 사용하면 mRNA와 세포
막 사이에 전기적 반발력이 발생하는 것을 막을 수 있다. 음전하
양이온성 지질을 지질 나노 입자로 사용할 때의 효과
를 띤 mRNA가 양이온성 지질로 둘러싸이면 음전하를 띤 세포
막의 인산기 머리와 서로 반발하지 않기 때문이다. 그런데 양이
온성 지질은 실험실 환경에서는 mRNA를 세포 내로 진입시키는
데 도움이 되지만 「체내에서는 양이온성 지질에 ⓒ 혈장 단백질이
「」: 양이온성 지질을 지질 나노 입자로 사용할 수 없는 이유
흡착되어 mRNA의 세포막 투과가 제한된다.」

❺ 따라서 용액의 pH*에 따라 양이온성이 달라지는 ⓓ 이온화
이온화 지질의 특징
지질을 지질 나노 입자의 재료로 사용한다. 「pH가 낮은 용액에서
「」: 용액의 pH에 따른 이온화 지질의 양이온성 변화
는 수소 이온 농도가 높으므로 이온화 지질이 양이온화된다. 반
면 pH가 높은 용액에서는 수소 이온을 적게 받아들여 이온화 지

질이 전기적으로 중성이 되므로 이온화 지질에 혈장 단백질이 흡착되지 않는다., 즉「낮은 pH에서 mRNA와 이온화 지질을 결합시<u>중성의 mRNA-지질 나노 입자 복합체를 만드는 방법</u>킨 뒤 pH를 높이면 중성의 'mRNA-지질 나노 입자 복합체'를 만들 수 있고, 이 복합체는 세포막의 수용체에 결합하여 내포 작용에 의해 세포 내부로 진입할 수 있다. 내포 작용이란 일종의 생화학적 싱크홀 현상으로, 세포막의 일부가 수용체에 결합한 외부<u>내포 작용의 개념</u>물질과 함께 세포질로 함입되는 현상이다. 내포 작용이 일어나면 세포질 안에 엔도솜 구조체가 형성된다. 세포질에서 엔도솜 내부는 산성화되는데, 이에 따라 ⓛ <u>세포막에서 유래한 엔도솜 막이</u><u>세포질에서 엔도솜 내부가 산성화되었기 때문</u>불안정해져 mRNA가 세포질로 방출된다. 그리고 방출된 mRNA가 리보솜과 결합하여 바이러스 단백질을 합성하고 기억 세포를 생성함으로써 인체가 바이러스 감염에 대비할 수 있게 된다.」「」: mRNA-지질 나노 입자 복합체의 활용 과정

* pH: 수용액의 수소 이온 농도를 나타내는 지표. 중성 수용액의 pH는 7이며, 산성 용액에서는 7보다 낮다.

01

답 | ②

mRNA 백신에 대해 이해한 내용으로 적절한 것은?

정답 선지 분석

② 바이러스에 감염되는 경우와 마찬가지로 유전 물질을 통한 세포의 단백질 합성 과정이 수반된다.

바이러스는 생물체에 침입하여 자신의 유전 물질을 mRNA로 바꾼 뒤 숙주 세포가 스스로 바이러스 단백질을 합성하게 한다. mRNA 백신은 mRNA를 통해 바이러스 단백질을 합성한다. 즉 mRNA 백신 접종과 바이러스 감염 모두 유전 물질을 통한 세포의 단백질 합성 과정이 수반되므로 적절하다.

오답 선지 분석

① 바이러스 대신 인체 내에서 합성된 바이러스 단백질을 항체로 이용하여 면역 반응을 유도한다.

mRNA 백신은 인체가 바이러스 단백질을 항원으로 인식하게 하여 면역 반응을 일으킨다.

③ 기억 세포의 유전 정보를 암호화한 유전 물질을 이용하기 때문에 바이러스 감염으로부터 안전하다.

mRNA 백신은 바이러스 단백질의 유전 정보를 암호화한 mRNA를 접종하는 것이기 때문에, 기억 세포의 유전 정보를 암호화하지 않는다.

④ 세포핵 안에서 유전 정보가 전사되는 과정을 조절하여 리보솜의 단백질 합성 작용에 영향을 미친다.

mRNA 백신은 바이러스 단백질의 유전 정보를 암호화한 mRNA를 접종하는 것이기 때문에, 세포핵 안에서 유전 정보가 전사되는 과정을 조절하지 않는다.

⑤ 바이러스를 배양해서 접종하는 경우와 달리 유전 정보가 제거된 바이러스 단백질을 백신으로 주입한다.

mRNA 백신은 바이러스의 유전 정보를 암호화한 mRNA를 접종하는 것이므로, 유전 정보가 제거된 바이러스 단백질을 백신으로 주입하지 않는다.

02

답 | ①

㉠을 설명한 내용으로 적절하지 않은 것은?

정답 선지 분석

① 인산기가 세포 바깥쪽에, 지방산이 세포질에 접하는 형태로 구성된다.

생물체의 세포막은 인지질로 구성되며, 인지질의 인산기로 이루어진 친수성 머리가 세포 외부나 세포질의 수용액에 접하고 지방산으로 이루어진 소수성 꼬리가 몰려 있는 형태로 구성된다. 즉 지방산은 세포질에 접하지 않는다.

오답 선지 분석

② 수용체를 통해 특정의 세포 외부 물질을 세포 내부로 진입시킬 수 있다.

내포 작용이 발생하면 세포막의 일부가 수용체에 결합한 외부 물질과 함께 세포질로 함입되므로, 세포막은 수용체를 통해 특정의 세포 외부 물질을 세포 내부로 진입시킬 수 있다.

③ 내포 작용이 발생하면 일부가 세포질로 함입되어 엔도솜 구조체를 형성한다.

내포 작용이 발생하면 세포막의 일부가 수용체에 결합한 외부 물질과 함께 세포질로 함입되어 엔도솜 구조체가 형성된다.

④ 친수성 물질 및 소수성 물질 모두와 섞일 수 있는 양친매성의 인지질로 이루어진다.

세포막의 인지질은 인산기와 지방산으로 구성되므로, 친수성 물질 및 소수성 물질 모두와 섞일 수 있는 양친매성 물질이다.

⑤ 인지질의 소수성 꼬리로 인해 세포 내외의 친수성 물질이 세포막을 투과하는 것을 제한한다.

세포막은 양친매성 물질인 인지질로 구성되어 친수성 물질의 투과를 차단한다.

03

답 | ⑤

ⓐ~ⓓ에 대한 설명으로 적절하지 않은 것은?

정답 선지 분석

⑤ ⓐ와 결합하면서 ⓓ가 전기적으로 중성이 되기 때문에 체내에서 ⓒ가 흡착되는 현상이 억제된다.

양이온성 지질은 체내에서 ⓒ가 흡착되어 mRNA의 세포막 투과가 제한되지만 ⓓ는 높은 pH에서 전기적으로 중성이 되므로 ⓒ가 흡착되지 않는다. 즉 ⓐ와 결합하면서 ⓓ가 전기적으로 중성이 되기 때문이 아니라, ⓓ가 높은 pH에서 전기적으로 중성이 되기 때문에 체내에서 ⓒ와 흡착되는 현상이 억제된다.

오답 선지 분석

① ⓓ는 ⓐ가 체내 효소에 의해 분해되는 것을 방지하는 인공 외막으로 기능한다.

ⓐ는 체내 효소에 의해 쉽게 분해되므로, ⓐ를 보호하여 세포 내로 진입시키기 위해 ⓓ로 둘러싼 채 세포 내로 진입시킨다.

② ⓐ와 ⓑ는 모두 음전하를 띠기 때문에 둘 사이에 서로를 밀어내는 힘이 작용한다.

ⓐ와 ⓑ는 모두 음전하를 띠기 때문에 둘 사이에 밀어내는 힘이 작용한다.

③ ⓐ가 리보솜에 전달되려면 세포 밖에서 ⓓ와 결합한 후 세포 안에서 ⓓ와 분리되어야 한다.

ⓐ가 리보솜에 전달되려면 세포 밖에서 ⓓ와 결합하여 체내 효소에 의해 분해되지 않아야 하며, 세포 안에서 ⓓ와 분리되어야 리보솜을 통해 바이러스 단백질을 합성한다.

④ ⓒ는 음전하를 띠는 반면 ⓓ는 주변에 분포하는 수소 이온의 양에 따라 이온화의 정도가 변화한다.

ⓒ는 양이온성 지질에는 흡착되지만 전기적으로 중성인 상태의 ⓓ에는 흡착되지 않는데, 이는 ⓒ가 음전하를 띠기 때문이다. ⓓ는 수소 이온의 농도에 따라 양이온성이 달라진다.

04

답 | ②

ㄴ의 이유를 추론한 내용으로 가장 적절한 것은?

② 엔도솜 막의 인산기와 양이온화된 지질이 서로 결합함으로써 mRNA를 둘러싼 엔도솜 막이 붕괴하기 때문이다.

이온화 지질에 둘러싸인 mRNA가 내포 작용에 의해 세포 안으로 함입되면 엔도솜 구조체가 형성되며, 세포질 안에서 엔도솜 내부는 산성화된다. 엔도솜 내부의 pH가 낮아지면 수소 이온을 많이 받아들여 이온화 지질이 양전하를 띠게 되고, 그 결과 엔도솜 막이 불안정해져 mRNA가 세포질로 방출된다. 이때 엔도솜 막은 세포막에서 유래하였으므로, 음전하를 띤 인산기가 양이온화된 지질과 결합한다. 즉 엔도솜 막의 인산기와 양이온화된 이온화 지질이 서로 결합함으로써 mRNA를 둘러싼 엔도솜 막이 붕괴한다는 것을 추론할 수 있다.

① 엔도솜 내부의 pH가 낮아짐에 따라 mRNA와 지질 나노 입자 사이에 전기적인 반발력이 발생하기 때문이다.

엔도솜 내부의 pH가 낮아지면 지질 나노 입자가 양이온화되므로 음전하를 띤 mRNA 사이에 전기적인 반발력이 발생하지 않는다.

③ 내포 작용으로 세포질에 함입된 세포막이 엔도솜 내부의 산성화에 따라 다시 세포 표면으로 방출되기 때문이다.

엔도솜 내부가 산성화되면 내포 작용으로 세포질에 함입된 세포막이 세포 표면으로 방출된다는 내용은 지문을 통해 추론할 수 없다.

④ 엔도솜 내부가 산성화됨에 따라 mRNA가 음이온화되면서 mRNA와 리보솜 사이에 결합력이 발생하기 때문이다.

mRNA는 음전하를 띠며 엔도솜 내부가 산성화되더라도 이온화의 정도가 변화하지 않는다.

⑤ 엔도솜 내부의 pH 변화로 인해 엔도솜 막이 산성화되면서 체내 효소에 의한 엔도솜 분해 작용이 나타나기 때문이다.

엔도솜 내부의 pH 변화로 엔도솜 막이 산성화된다거나 이에 따라 체내 효소에 의한 엔도솜 분해 작용이 나타난다는 내용은 지문을 통해 추론할 수 없다.

05

답 | ⑤

<보기>는 'mRNA-지질 나노 입자 복합체'의 형성 과정을 나타낸 것이다. 윗글을 참고하여 <보기>를 이해한 내용으로 적절하지 않은 것은?

산성 용액에 녹인 mRNA와 에탄올에 녹인 이온화 지질을 Y자 형태의 미세관에 일정한 속도로 흘려보낸다. 이렇게 혼합된 용액을 수용성 완충 용액으로 투석 처리하여 pH를 높인다. 그리고 에탄올을 제거하여 균일한 상태의 mRNA-지질 나노 입자 복합체를 얻어낸다.

(단, 이때 에탄올의 pH는 7임.)

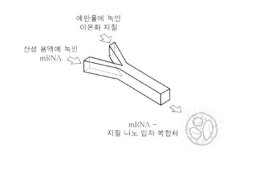

⑤ pH가 높아지면 이온화 지질의 소수성이 약해져 소수성 분자 간의 인력이 감소하므로 더욱 미세한 크기의 mRNA-지질 나노 입자 복합체가 형성되겠군.

pH가 높아지면 이온화 지질이 중성이 되므로 이온화 지질의 소수성이 강해진다. 그 결과 이온화 지질 내 소수성 분자 간의 인력이 증가하므로 이온화 지질 간 결합이 증가하여 mRNA-지질 나노 입자 복합체의 크기가 더욱 커지게 된다.

① 이온화 지질이 에탄올에 녹을 수 있는 것은 에탄올이 지질과 섞일 수 있는 소수성을 가진 물질이기 때문이겠군.

전기적으로 중성인 상태에서 소수성 물질인 지질이 에탄올에 녹을 수 있는 것은 에탄올 역시 소수성을 가진 물질이기 때문이다.

② mRNA와 이온화 지질이 녹은 각 용액의 투입 속도를 조절해 투입량을 조절하면 mRNA-지질 나노 입자 복합체의 균일도가 유지되겠군.

각 용액의 투입 속도를 통해 투입량을 조절하면 각각의 용액 속 mRNA와 이온화 지질의 양이 조절되므로 mRNA-지질 나노 입자 복합체의 균일도를 유지할 수 있다.

③ mRNA가 녹은 산성 용액과 이온화 지질이 녹은 에탄올이 혼합되면 이온화 지질이 양전하를 띠면서 이온화 지질과 mRNA가 결합하는 현상이 나타나겠군.

mRNA가 녹은 산성 용액과 이온화 지질이 녹은 에탄올이 혼합되면 pH가 높아져 이온화 지질이 양이온화되므로 음전하를 띤 mRNA와 결합하는 현상이 나타난다.

④ 수용성 완충 용액으로 산성 용액을 투석 처리하면 수소 이온의 농도가 낮아져 이온화 지질이 전기적으로 중성이 되겠군.

수용성 완충 용액으로 산성 용액을 투석 처리하여 pH를 높이면 수소 이온의 농도가 낮아져 이온화 지질이 전기적으로 중화된다.

DAY 4   예술과 세계: 세계의 모든 얼굴 / 대중문화, 예술과 일상의 구분 지우기

빠른 정답 체크

1 ③   **2** ④   **3** ⑤   **4** ④   **5** ②   **6** ④

가

❶ '세계'는 그것을 대면한 각 인식 주체들에 의해 다양하게 드러난다. 가장 일차적이고 일반적인 세계는 우리가 경험하는 현실 세계이며, 인식 주체들은 각자가 지닌 조건에 따라 현실 세계를 다양하게 인식한다.
_{가장 일차적이고 일반적인 세계}
_{세계는 인식 주체들에 의해 다양하게 드러남}
한 예로, 각 인식 주체는 서로 다른 가시 및 가청 범위를 가지며, 이러한 신체적 지각의 차이에 따라 그들이 경험하는 세계에 대한 인식도 각기 달라진다.
_{현실 세계가 인식 주체에 따라 다양하게 인식되는 이유 ①}
또한 인식 주체는 일상 언어를 바탕으로 현실 세계를 인식한다. 예를 들어 연속된 시간을 시, 분으로 표현하는 것처럼 일상 언어는 연속된 세계를 분절하여 인식하게 만든다.
_{현실 세계가 인식 주체에 따라 다양하게 인식되는 이유 ②}
_{일상 언어에 의해 연속된 세계가 분절되어 인식됨}

❷ 그런데 신체적 지각이나 일상 언어는 고정적이지 않다. 운동선수처럼 반복적 수련을 하거나 안경 등의 도구를 이용하면 인식 주체들이 지닌 조건은 ⓐ 달라질 수 있으며, 새로 도입된 낯선 언어가 시간이 흐르면서 일상 언어로 자리 잡기도 한다.
_{현실 세계를 다양하게 인식하게 만드는 요소는 가변적임}
_{신체적 지각이 달라짐}
_{일상 언어가 달라짐(낯선 언어가 일상 언어로 자리 잡음)}

❸ 인식 주체들에 의해 드러나는 각각의 세계는 세계 전체를 이
_{각각의 인식틀에 따라 각각의 얼굴(존재면)이 드러남}

루는 여러 얼굴이라 할 수 있다. 인식 주체들의 인식 조건은 다양하므로 각각의 인식틀에 따라 저마다의 얼굴, 즉 각각의 존재면이 드러나게 된다. 그런 의미에서 회화 예술은 세계의 다양한 존재면을 드러내는 작업이다.

❹ 의식 수준이 성장함에 따라 인간은 점차 현실 세계의 현상 너머에 있는 형이상학적인 것을 갈망하게 되었다. 이런 경향은 현대회화에도 영향을 ⓑ 끼쳤으며, 회화에서 현실 세계를 다루는 양상에도 변화가 나타났다. 현대회화의 존재적 특징은 과학과의 비교를 통해 분명해진다. 과학은 존재면이 비교적 일의적이며, 한 존재면을 수직으로 파고들어 그 면을 심층적으로 드러낸다. 예를 들어「생물학은 종, 개체, 기관, 세포, 유전자 등 무수한 면들을 드러내나, 이 면들은 넓게 보면 같은 면의 객관적 심층이다.」그러나 현대회화는 여러 존재면을 수평적으로 드러낸다. 예를 들어 입체주의나 표현주의 현대회화를 보면, 하나의 그림 위에 일상의 현실 세계와 상상에 의한 가능 세계가 혼재해 있음을 알 수 있다. 현실 세계의 실재를 있는 그대로 재현하고자 했던 ㉠ 전통회화와 달리 ㉡ 현대회화는 변형과 과장을 통해 실재와는 다른 방식으로 세계들을 조합해 나간 것이다. 이러한 현대회화의 추상성은 처음에는 혁신적이었으나 점차 보편적인 것이 되었다.

❺「추상의 강도가 더해질수록 현대회화는 실재의 재현에서 더욱 ⓒ 멀어져, 실재가 아닌 화가의 내면을 표현하는 것으로 인식되었다.」내면은 상상의 영역이기에, 전통회화와 달리 현대회화로는 현실 세계의 존재면을 드러내기 어렵다는 인식도 생겨났다. 그러나 현대회화의 추상성에 대해 실재는 배제한 채 내면만 표현한 것이라고 이분법적으로 이해하는 것은 적절하지 않다.「상상의 대부분은 현실의 경험에서 ⓓ 비롯되며, 내면의 추상적 영역 또한 객관적 실재의 외면을 이질적으로 변형시켜 존재를 다양하게 드러내는, 세계의 무수한 존재면 중 하나이기 때문이다.」회화를 통해 접하는 다양한 가능 세계와의 만남은 우리를 현실 세계에 더 가까이 다가가게 해 준다.

나

❶ 회화는 캔버스 위에 물감으로 색과 형태를 드러낸 가시적 존재지만, 회화의 의미가 창작자의 주관이나 감상자의 주관에 따라 다양하게 형성된다는 점에서 비가시적 존재이기도 하다. 이렇듯 회화는 가시적이면서 동시에 비가시적인 독특한 존재 방식을 갖는다.

❷ 전통회화는 회화의 가시적 속성을 통해 객관적 세계의 외면을 사실적으로 재현하는 데 주목했다. 이에 반해 현대회화는 회화의 가시적 속성을 통해 화가의 비가시적 내면을 드러내는 데 치중한

다. 현대회화는 화가들이 자신만의 관념적 세계를 가시화한 결과물로서, 회화 속에서 객관적 실재는 주관화된다. 현대회화의 화가들은「현실에서 목격하는 일상의 모습이 비대칭적이고 혼란스럽더라도 임의로 대칭을 만들거나 현실을 조작하는 등의 방법으로 비현실적 허구를 표현해 내고자 했다.」이렇게 예술을 통해 현실이 추상화되는 과정에서 예술은 객관적 현실로부터 점차 멀어져 가는 경향을 보였다.

❸ 이러한 ㉮ 예술과 현실의 분리는 회화뿐 아니라 음악에서도 나타난다. 음악에 사용되는 음은 현실의 무한한 소리 중 극히 일부이며, 일상에서 들을 수 있는 일반적 소리와 달리 균질적이고 세련되며 인위적인 배열을 ⓔ 따른다. 이렇게 음악도 일상 현실과 거리를 두며 그 정체성을 확보해 왔다.

❹ 그런데 이러한 예술의 흐름에 대항하여 새로운 시도를 하는 예술가들도 있었다. 화가이자 음악가였던 루솔로는 일상 현실의 기계 소리를 소음이 아닌 음악적 표현 대상으로 삼아, 소음 기계를 악기로 만들었다. 작곡가 바레즈는 분절된 몇 개의 음만을 표현할 수 있는 일반적 악기와 달리, 사이렌이 음과 음 사이의 분절되지 않은 무한한 음을 낼 수 있는 일상적 사물이라는 점에 주목하여 사이렌으로 음악을 표현했다. 또한 작곡가 셰페르는 사람의 소리, 기계 소리, 자연음 등을 '음향 오브제'로 활용하는 '구체음악'을 창시하기도 하였다.

❺ 게르노트 뵈메는 예술의 영역을 일상적 삶으로 확장하려는 이러한 노력을 '확장된 미학'이라 일컬었다. 뵈메는「예술의 미적 경험이 일상적인 맥락에서 분리되어 예술가라는 특별한 존재에 의해 창조되는 특정한 미적 대상에만 국한된다고 보는 기존의 미학」을 비판하며, 예술이 창작되고 수용되는 미적 경험이 일상적 현실로까지 확장되어야 한다고 보았다.

01

답 | ③

(가)와 (나)에 대한 설명으로 가장 적절한 것은?

정답 선지 분석

③ (가)는 세계에 대한 인식을 바탕으로 회화 예술을 이해하는 관점을, (나)는 예술과 현실의 관계에 대한 상반된 인식을 제시하고 있다.

(가)에서는 세계가 수많은 존재면으로 이루어져 있으며, 각 인식 주체가 지니고 있는 다양한 인식 조건에 따라 세계가 다양한 존재면으로 드러난다는 내용을 확인할 수 있다. 그리고 회화 예술은 세계의 이러한 다양한 존재면을 드러내는 작업이며, 추상성을 보이는 현대회화도 실재의 재현에 주목했던 전통회화와 마찬가지로 세계의 존재면을 드러내는 것이라는 내용도 확인할 수 있다. 따라서 (가)는 세계가 다양한 존재면으로 이루어져 있다는 인식을 바탕으로 현대회화의 추상성도 세계의 존재면을 드러내는 것이라고 이해하는 관점을 보여 주고 있다고 설명하는 것은 적절하다. (나)에서는 현대회화가 객관적 실재를 주관화하는 과정에서 객관적 현실로부터 점차 멀어지는 경향을 보였으며, 음악도 일상 현실과 거리를 두며 그 정체성을 확보해 왔다는 내용을 확인할 수 있다. 그리고 이러한 예술과 현실의 분리 경향에 대항하려는 몇몇 음악가들의 시도와 이를 지지하는 뵈메의 확장된 미학도 함께 소개되어 있음을 확인할 수 있다. 따라서 (나)가 예술과 현실을 분리하려는 움직임과 예술의 영역을 일상적 삶으로 확장하려는 움직임, 즉 예술과 현실의 관계에 대한 상반된 인식을 보여 주고 있다고 설명하는 것은 적절하다.

오답 선지 분석

① (가)는 인식 주체가 인식의 한계를 극복하는 과정을, (나)는 인식의 한계가 예술 이해에 미친 영향을 설명하고 있다.

(가)에서 언급한 인식 주체의 한계는 인식 주체마다 세계의 존재면을 다양하게 인식하게 되는 이유로서 제시된 것이다.

② (가)는 현대회화의 추상성을 이분법적으로 이해해야 하는 이유를, (나)는 회화가 비가시적 내면을 드러내는 원리를 분석하고 있다.

(가)의 5문단에서 현대회화의 추상성에 대해 실재는 배제한 채 내면만 표현한 것이라고 이분법적으로 이해하는 것은 적절하지 않다고 언급한 부분을 확인할 수 있다.

④ (가)는 인간의 의식 수준의 성장에 따른 현실 세계의 변화 양상을, (나)는 일상으로부터 분리되어 가는 예술의 흐름을 언급하고 있다.

(가)의 4문단에서 의식 수준이 성장함에 따라 인간이 형이상학적인 것을 갈망하게 되었다는 내용은 확인할 수 있으나, 의식 수준의 성장에 따른 현실 세계의 변화를 이야기하고 있지는 않다.

⑤ (가)는 현대회화가 세계를 추상적으로 드러내는 방식을, (나)는 현실 세계에 의해 회화와 음악이 변화하게 되는 계기를 밝히고 있다.

(나)의 4문단과 5문단을 통해 루솔로, 바레즈 등에 의해 기존 음악에서 벗어나려는 시도가 나타나게 된 것은 현실 세계에 의한 것이 아니라, 예술의 영역을 일상의 삶으로까지 확장하고자 하는 예술가의 의도에서 비롯된 것임을 확인할 수 있다.

02

답 | ④

(가)를 바탕으로 존재면과 관련하여 추론한 내용으로 적절하지 않은 것은?

정답 선지 분석

④ 개개의 과학 학문은 하나의 존재면이 서로 관련이 없는 여러 존재면들로 구성되어 있을 때 그 학문의 심층이 드러나게 되겠구나.

(가)의 4문단에 따르면, 과학은 한 존재면을 수직으로 파고들어 그 면을 심층적으로 드러내며, 심층을 이루는 그 무수한 면들은 넓게 보면 결국 같은 면의 객관적 심층임을 알 수 있다. 따라서 개개의 과학 학문에서의 한 존재면은, 넓게 보면 결국 하나의 면으로 귀결될 수 있는, 즉 서로 간에 유사성이 있고 관련이 있는 무수한 면들로 구성되어 있는 것이며, 그렇게 하나의 존재면이 심층적으로 드러나게 된다. 그러므로 서로 관련이 없는 여러 존재면들로 구성되어 있을 때 과학 학문의 심층이 드러난다는 이해는 적절하지 않다.

오답 선지 분석

① 하나의 회화 작품을 함께 감상하더라도 각 감상자가 지닌 인식틀에 따라 서로 다른 존재면을 인식하게 될 수 있겠구나.

(가)의 1~3문단을 보면, 인식 주체마다 각자가 지닌 인식 조건, 즉 인식틀에 따라 세계의 존재면을 각기 다르게 인식하게 됨을 알 수 있다.

② 새로 개발된 기술을 지칭하는 용어가 일상 언어로서의 지위를 갖게 되면 그 언어로 지각되는 존재면도 달라질 수 있겠구나.

(가)의 2문단에 따르면, 새로 도입된 낯선 언어가 시간이 흐르면서 일상 언어로 자리 잡기도 한다. 그런데 1문단에서 인식 주체는 일상 언어를 바탕으로 현실 세계를 인식한다고 하였으므로 새로 개발된 기술을 지칭하는 용어가 일상 언어로서의 지위를 갖게 되면 그 언어로 지각되는 존재면도 달라질 수 있다.

③ 형이상학적인 것에 대한 갈망으로 인해 회화에 나타난 현실 세계의 존재면이 추상적 방향으로 변하는 경향을 띠게 되었겠구나.

(가)의 4문단을 통해 의식 수준이 성장함에 따라 인간은 점차 현실 세계의 현상 너머에 있는 형이상학적인 것을 갈망하게 되었고, 이로 인해 회화가 현실을 다루는 양상도 변화하여 현대회화의 추상성이 나타나게 되었음을 알 수 있다. 그런데 현대회화는 여러 존재면을 수평적으로 드러낸다고 했으므로, 결국 현대회화의 추상성은 회화에 나타난 현실 세계의 존재면이 추상적 방향으로 변하는 경향을 띠게 되었음을 의미한다고 볼 수 있다.

⑤ 입체주의 화가의 회화에서는 현실 세계의 존재면과 가능 세계의 존재면이 수평적으로 혼재해 있는 모습을 발견할 수 있겠구나.

(가)의 4문단을 보면, 현대회화가 여러 존재면을 수평적으로 드러낸다는 것, 그리고 입체주의 현대회화에서는 하나의 그림 위에 일상의 현실 세계와 상상에 의한 가능 세계가 혼재해 있다는 것을 알 수 있다.

03

답 | ⑤

(가)와 (나)를 바탕으로 ㉠과 ㉡을 비교하여 이해한 내용으로 가장 적절한 것은?

정답 선지 분석

⑤ ㉡은 ㉠과 달리 현실 세계의 객관적 외면을 의도적으로 변형시킴으로써 현실 세계의 얼굴을 다양하게 드러낸다.

(가)의 5문단을 통해 현대회화에서 다루어지는 내면의 추상적 영역은 객관적 실재의 외면을 화가의 내면에 따라 이질적으로 변형시켜 존재를 다양하게 드러내는 무수한 존재면 중 하나임을 알 수 있다. 여기서 객관적 실재의 외면을 화가의 내면에 따라 변형시킨다는 것은 화가의 주관에 따라 객관적 실재의 외면을 의도적으로 변형시킨다는 것을 의미한다고 볼 수 있다. 또한 (나)의 2문단을 통해 전통회화는 객관적 세계의 외면을 사실적으로 재현하는 데 주목했음을 알 수 있다. 따라서 현대회화(㉡)가 전통회화(㉠)와 달리 현실 세계의 객관적 외면을 주관적으로 변형시킴으로써 현실 세계의 얼굴을 다양하게 드러낸다는 이해는 적절하다.

오답 선지 분석

① ㉠과 ㉡은 모두 현실 세계의 존재면을 드러내기 어렵다는 한계를 갖는다.

(가)의 5문단에서 전통회화와 달리 현대회화로는 현실 세계의 존재면을 드러내기 어렵다는 인식이 생겨났지만, 내면의 추상적 영역 또한 객관적 실재의 외면을 다양하게 드러내는 것이라는 점에서 현대회화도 현실 세계의 존재면을 드러낼 수 있다고 봐야 함을 알 수 있다.

② ㉠과 ㉡은 모두 현실 세계의 사실적 재현을 통해 화가의 내면 세계를 드러내는 데 치중했다.

(가)의 4문단에서 현실 세계의 실재를 있는 그대로 재현하고자 했던 전통회화와 달리 현대회화는 변형과 과장을 통해 실재와는 다른 방식으로 세계들을 조합해 나갔다고 하였다. 또한 (나)의 2문단에 따르면, 화가의 비가시적 내면을 드러내는 데 치중한 것은 현대회화이다.

③ ㉠은 ㉡과 달리 다양한 가능 세계와의 만남을 통해 현실 세계에 더 가까이 다가가게 해 준다.

(가)의 5문단에 따르면, 다양한 가능 세계와의 만남을 통해 현실 세계에 더 가까이 다가가게 해 주는 것은, 현실의 경험에서 비롯된 상상과 객관적 실재의 외면을 이질적으로 변형시켜 존재를 다양하게 드러내는 추상적 영역이 드러난 현대회화이다.

④ ㉡은 ㉠과 달리 가시적 속성과 비가시적 속성을 동시에 가지는 독특한 존재 방식을 취한다.

(나)의 1문단을 보면, 가시적이면서 동시에 비가시적인 독특한 존재 방식은 회화의 공통적 속성임을 알 수 있다.

04

답 | ④

(가), (나)와 관련지어 <보기>에 대해 보인 반응으로 적절하지 않은 것은?

보기

　최근 한 의과 대학에서 구스타프 클림트의 대표적 표현주의 작품인 〈키스〉에 대한 연구 결과를 발표했다. 연구진은 이 회화 속 남녀의 의상에 한 사람의 생명체가 완성되기까지의 순차적 세포분열 과정이 과장된 크기와 다양한 색으로 변형되어 그려져 있음에 주목했다. 그리고 이를 통해 클림트가 당시 현미경 기술의 비약적 발전에 따른 생물학적 탐구에 대한 성과를 토대로 삶과 죽음, 생명에 대한 자신의 깊은 관심을 드러냈다고 밝혔다.

정답 선지 분석

④ (나): 클림트의 회화는 색과 형태를 가진다는 점에서는 가시적이지만 세포분열 과정이라는 생물학적 탐구를 다루고 있다는 점에서는 비가시적 속성을 가진다고 볼 수 있겠군.

(나)의 1문단에 따르면, 회화는 캔버스 위에 물감으로 색과 형태를 드러낸 것이라는 점에서는 가시적 존재지만, 창작자의 의도나 감상자의 주관에 따라 그 의미가 추상적으로 파악된다는 점에서는 비가시적 존재임을 알 수 있다. 그러므로 <보기>에 언급된 클림트의 회화가 색과 형태를 가진다는 점에서 가시적이라고 본 것은 적절한 반응이지만, 이 회화가 세포분열 과정이라는 물리적이고 가시적인 과학의 영역을 소재로 삼고 있다는 점에서 비가시적 속성을 가진다고 본 것은 적절한 반응이라 할 수 없다. 클림트의 회화는 회화를 통해 클림트가 표현하고자 했던 삶과 죽음, 생명에 대한 깊은 관심 등의 주관적 내면에 의해 그 의미가 파악된다는 점에서 비가시적이라고 보는 것이 적절하다.

오답 선지 분석

① (가): 생명체가 완성되기까지의 세포분열 과정을 밝혀낸 생물학적 지식이 드러내는 현실 세계는 클림트의 회화에 비해 일의적인 성격을 갖는다고 볼 수 있겠군.

(가)의 4문단을 보면, 현대회화의 존재적 특징은 과학과의 비교를 통해 분명해지며, 과학은 존재면이 비교적 일의적임을 확인할 수 있다. 그러므로 생물학적 지식, 즉 과학에 의해 드러나는 현실 세계가 클림트의 회화에 비해 일의적인 성격을 갖는다는 반응은 적절하다.

② (가): 현미경 기술의 발전으로 세포분열 과정을 직접 관찰할 수 있게 된 것은 인식 주체가 지닌 조건이 달라져 현실 세계가 새롭게 지각된 사례에 해당한다고 볼 수 있겠군.

(가)의 1문단에서 각 인식 주체는 신체적 지각의 차이에 따라 경험하는 세계에 대한 인식이 달라진다고 하였고, 2문단에서 안경 등의 도구를 이용하여 인식 주체들이 지닌 조건은 달라질 수 있다고 하였다. 그러므로 맨눈으로 보기 어려운 세포분열 과정을 현미경이라는 도구를 이용해 직접 관찰할 수 있게 된 것이 인식 주체가 지닌 조건이 달라져 현실 세계가 새롭게 지각된 사례에 해당한다고 보는 것은 적절하다.

③ (가): 클림트의 회화에서 세포분열 과정이 현실과 다르게 변형되어 그려진 것에서 실재와는 다른 방식으로 세계를 조합하는 현대회화의 추상성이 드러난다고 볼 수 있겠군.

(가)의 4문단을 보면, 변형과 과장을 통해 실재와는 다른 방식으로 세계들을 조합하는 것이 현대회화의 추상성임을 알 수 있다. 그러므로 세포분열 과정이 과장된 크기와 다양한 색으로 변형되어 그려져 있는 클림트의 회화에서 현대회화의 추상성이 드러난다고 보는 것은 적절하다.

⑤ (나): 클림트의 회화에서 삶과 죽음, 생명에 대한 화가의 관심이 드러난다고 본 연구 결과는 회화가 화가의 관념적 세계를 표현한 결과라는 인식이 반영된 것이라 볼 수 있겠군.

(나)의 1문단에 따르면, 회화의 의미는 창작자의 주관이나 감상자의 주관에 따라 다양하게 형성된다. 또한 (나)의 2문단에 따르면, 현대회화는 화가들이 자신만의 관념적 세계를 가시화한 결과물이다. 그러므로 클림트의 회화에서 삶과 죽음, 생명에 대한 화가의 관심이 드러난다고 본 연구 결과는 회화가 화가의 관념적 세계를 표현한 결과라는 인식이 반영된 것이라고 보는 것은 적절하다.

05

답 | ②

㉠와 관련하여 (나)에 언급된 인물들에 대해 파악한 내용으로 적절하지 않은 것은?

정답 선지 분석

② 루솔로는 일상의 기계 소음에서 음악에 사용되는 음의 인위적인 배열을 추구함으로써 예술과 현실의 대립을 극복하고자 했다.

(나)의 3문단에 따르면, 음악에 사용되는 음은 현실의 무한한 소리 중 극히 일부이며, 균질적이고 세련되며 인위적인 배열을 따른다는 점에서 일상 현실과는 거리가 있음을 알 수 있다. 그리고 4문단에 따르면, 루솔로는 이러한 음악의 흐름에 대항하여 일상 현실의 기계 소리도 음악적 표현 대상으로 삼아 소음 기계를 악기로 만들었음을 알 수 있다. 루솔로는 기존 음악이 객관적 현실에서 점차 멀어지는 경향을 보이는 것에 대항하고자 소음 기계를 만든 것이므로 그가 일상의 기계 소리에서 기존 음악의 음이 가지는 인위적인 배열을 추구했다고 본 것은 적절하지 않다.

오답 선지 분석

① 현대회화 화가들은 일상의 비대칭성과 혼란스러움을 조작하여 그린 예술 작품을 통해 현실을 비현실적으로 추상화하고자 했다.

(나)의 2문단에서 현대회화의 화가들은 현실에서 목격하는 일상의 모습이 비대칭적이고 혼란스럽더라도 임의로 대칭을 만들거나 현실을 조작하는 등의 방법으로 비현실적 허구를 표현해 내고자 했으며, 이는 예술을 통해 현실이 추상화되는 과정이라고 했다.

③ 바레즈는 일반 악기와 달리 두 음 사이의 무한한 음을 표현할 수 있는 도구를 이용해 일상 현실을 예술로 표현하고자 했다.

(나)의 4문단에서 바레즈는 사이렌이 음과 음 사이의 분절되지 않은 무한한 음을 낼 수 있는 일상적 사물이라는 점에 주목하여 사이렌으로 음악을 표현했다고 했다.

④ 셰페르는 기존 음악의 정체성과는 거리가 먼 일상의 소리를 음향 오브제로 활용하는 새로운 예술 장르를 창시하였다.

(나)의 4문단에서 셰페르는 사람의 소리, 기계 소리, 자연음 등을 '음향 오브제'로 활용하는 '구체음악'을 창시했다고 했다.

⑤ 게르노트 뵈메는 미적 대상의 창작과 수용에 따르는 미적 경험이 일상 현실로까지 확장되어야 한다고 여겼다.

(나)의 5문단에서 게르노트 뵈메는 예술이 창작되고 수용되는 미적 경험이 일상적 현실로까지 확장되어야 한다고 보았다고 했다.

06

답 | ④

문맥상 ⓐ~ⓔ와 바꾸어 쓰기에 가장 적절한 것은?

정답 선지 분석

④ ⓓ: 시작(始作)되며

'상상의 대부분은 현실의 경험에서 비롯되며'에서 '비롯되며'는 상상도 현실의 경험에서부터 시작된다는 의미이다. 그러므로 '어떤 일이나 행동이 어떤 사건이나 장소에서 처음으로 발생되다.'라는 의미의 '시작(始作)되다'와 문맥상 바꾸어 쓸 수 있다.

오답 선지 분석

① ⓐ: 치환(置換)될

'치환(置換)하다'는 '바꾸어 놓다.'의 의미이므로 바꾸어 쓰기에 적절하지 않다.

② ⓑ: 부과(賦課)했으며

'부과(賦課)하다'는 '세금이나 책임, 일 따위를 부담하게 하다.'의 의미이므로 바꾸어 쓰기에 적절하지 않다.

③ ⓒ: 심화(深化)되어

'심화(深化)하다'는 '정도나 경지가 점점 깊어지다.'의 의미이므로 바꾸어 쓰기에 적절하지 않다.

⑤ ⓔ: 추종(追從)한다

'추종(追從)하다'는 '남의 뒤를 따라서 좇다.'의 의미이므로 바꾸어 쓰기에 적절하지 않다.

DAY 5 〈일민가〉_윤이후 / 〈화춘의장〉_이효석

빠른 정답 체크

❶ ①   ❷ ④   ❸ ②   ❹ ③

가

이몸이 늦게 나서 세상에 할 일 없어
└ 화자가 할 일이 없다고 하는 이유
강호의 임자 되야 풍월로 늙어가니

물외청복(物外淸福)이 없다야 하랴마는
└ 현실 세계에서의 좋은 복
돌이켜 생각하니 애달픈 일 하고 많다

만물의 귀한 것이 사람이 으뜸인데

그중의 남자 되야 이목총명(耳目聰明) 갖춰 삼겨
└ 화자의 성별   └ 귀와 눈의 감각과 기억력이 좋음
평생의 먹은 뜻이 일신부귀 아니러니

세월이 훌쩍 가고 지업(志業)에 때를 놓쳐
└ 학업에 뜻을 둠
백수공명(白首功名)을 겨우 굴어 이뤄내니
└ 늦은 공명
종적이 저어하고 세로(世路)도 기구하야
└ 세상을 살아가는 길=벼슬
수년(數年) 낮은 벼슬로 남 따라 다니다가
└ 화자의 인생을 요약적으로 표현함
삼춘휘(三春暉) 쉬이 가니 촌초심*이 그지없어
└ 봄의 세 달 혹은 세 번의 봄이 빛처럼 빠르게 지나감
동장(銅章)을 빌어 차고 오마(五馬)를 바삐 몰아
└ 구리로 만든 휘장
남주(南州) 백리지(百里地)에 여민휴식(與民休息)* 하랴터니

이마 흰 모진 범이 어디서 나타났는고
└ 화자를 방해하는 존재
가뜩이나 엷은 환정(宦情)* 하루아침에 재 되거다

「젖은 옷 벗어놓고 황관(黃冠)*으로 갈아 쓰고
└「」: 속세를 떠나 자연으로 돌아옴
채 하나 떨쳐 쥐고 호연히 돌아오니」

산천이 의구하고 송죽(松竹)이 반기는 듯
└ 변함없는 자연이 화자를 반김
시비(柴扉)를 찾아들어 삼경(三逕)을 다스리니

금서일실(琴書一室)*이 이 아니 내 분인가
└ 설의적 표현을 통해 소박한 생활에 대한 만족감을 드러냄
앞내에 고기 낚고 뒷뫼에 약을 캐야
└ 자연에서의 생활 모습
수업(手業)을 일로 삼아 여년(餘年)을 보내노니
└ 여생
인생지락(人生至樂)이 이밖에 또 없노나
└ 인생의 더할 나위 없는 즐거움

(중략)

박잔에 술을 부어 알맞게 먹은 후에
└ 자연에서의 흥취를 고조하는 소재
수조가(水調歌)를 길이 읊고 혼자 서서 흔들대니

호탕한 미친 흥을 행여 아니 남이 알겠는가
└ 자연 속에서 술을 마시며 흥취를 느낌
하마 저물었느냐 먼 뫼에 달 오른다
└ 화자가 석경에 오른 시간적 배경
그만하야 쉬어보자 바위에 배 매어라

패랭이 빗기쓰고 오죽장(烏竹杖) 흩어 짚어

모래 둑을 돌아들어 석경(石逕)으로 올라가니
└ 돌이 많은 좁은 길
오류댁(五柳宅)* 소쇄한데 경물이 새로워라
└ 기운이 맑고 깨끗함
솔 그늘에 훗걸으며 원근을 바라보니
└ 산책하며

수월(水月)이 영롱하야 건곤이 제각기인 듯

희희호호(熙熙皞皞)하야 신세를 다 잊겠구나
└ 자신의 신세를 잊을 정도로 자연의 아름다움에 매료됨
이 중에 맺힌 마음 북궐(北闕)에 달렸으니

사안(謝安)의 사죽도사(絲竹陶瀉)* 옛일이 오늘일세

내 근심 무익(無益)한 줄 모르지 아니하되

천성(天性)을 못 변하니 진실로 **가소롭다**
└ 속세에 대한 미련을 아직 떨치지 못함
두어라 **강호(江湖)의 일민(逸民)*이 되야 축성수(祝聖壽)**나 하
└ 자연에서 은거하는 모습   └ 자연에 있으면서도 세상에 대한 시선을 드러냄
리라

- 윤이후, 〈일민가(逸民歌)〉 -

* 촌초심: 부모의 은혜와 사랑에 보답하려는 마음.
* 여민휴식: 백성과 함께 지내는 마음으로 다스림.
* 환정: 벼슬을 하고 싶어 하는 마음.
* 황관: 풀로 만든 관으로, 평민이 씀.
* 금서일실: 거문고와 책이 있는 방.
* 오류댁: 진나라 시인 도연명의 집으로 은거하는 집을 일컬음.
* 사안의 사죽도사: 진나라 사람 사안이 음악으로 시름을 달래며 지냈다고 함.
* 일민: 학식과 덕행이 있으면서도 세상에 나서지 않고 묻혀 지내는 사람.
* 축성수: 임금의 장수를 빎.

나

　붉은 **튤립**의 열(列) 옆으로 나무장미의 만발한 이랑이 늘어서고
└ 글쓴이가 바라보는 공간을 묘사함
달리아가 장성하며 한편에는 우방의 활엽(闊葉)이 온통 빈틈없는
푸른 보료*를 편다. ㉠ **가구(街區)*에서는 좀체 얻어 볼 수 없는**
귀한 경물이니 아침저녁으로 손쉽게 그것을 바라볼 수 있는 나는
자신을 행복스럽게 여긴다. 그 한 조각의 밭을 다스려 아름다운
꽃을 보이는 사람은 놀라운 재인(才人)도 장정도 아니라 별사람
아닌 한 사람의 육십을 넘은 노인인 것이다. 봄에 씨를 뿌려 꽃을
└ 꽃밭을 가꾼 사람(=육십 옹)   └ 아름다운 꽃밭을 가꾸기 위한 과정
피우고 가을에 뒷거둠을 마치고 다시 갈아엎을 때까지 그 밭을
만지는 사람은 참으로 그 육십 옹 단 한 사람인 것이다. 씨를 뿌
리기 시작한 날부터는 하루도 번기는 날이 없이 **아침**만 되면 육
└ 꽃밭을 가꾸는 육십 옹의 성실함
십 옹은 보에 쟁기를 싸가지고 어디선지 나타난다. 살수(撒水) 중
경시비(中耕施肥) 제초 배토—그때그때를 따라 일과에는 조금의
소홀도 없으며, 일정한 필요의 과정이 오십 평의 구석구석까지
알뜰히 미쳐 이윽고 제때에 아름다운 성과를 맺게 한다. ㉡ **옹은**
허리가 휘고 기력이 부실하나 서두르는 법 없이 지치는 법 없이
말하는 법 없이 날이 맞도록 묵묵히 일하며 그의 장기(匠器)가 미
치는 뒷자취는 나날이 면목이 새롭고 아름다워진다. 침착하게 움
직이는 그의 양을 바라볼 때 거기에는 고로(苦勞)의 의식의 표정은
조금도 눈에 띄지 않으며 도리어 한 이랑 한 이랑의 흙을 아끼고
└ 육십 옹에 대한 글쓴이의 판단-꽃밭을 가꾸는 것에 즐거움을 느낌
사랑하는 그 거동에는 만신(滿身)의 희열이 드러나 보인다. ㉢ 때
때로 얼굴이 마주칠 때의 아이같이 방긋 웃어 보이는 동심의 표
정을 읽으면 그는 괴롭게 노동하고 있는 것이 아니라 그 오십 평
속에서 천진하게 장난하고 예술하고 있는 것이라고 번역된다. 참

으로 오십 평 속에서의 그의 생활은 싫은 노역이 아니라 즐거운
예술이라고 보여진다. <u>근로와 예술을 동시에 가진 생활—생활의</u>
_{글쓴이가 생각하는 육십 옹의 생활}
미화, 노동의 예술화—진부한 어투인지는 모르나 **노동의 참된 경**
지를 그 구체적 실례를 나는 그 육십 옹에게 보는 것이다.
_{글쓴이는 육십 옹을 관찰하며 삶의 가치를 깨달음}
생산만이 아니라 미를 겸했으며 미만이 있는 것이 아니라 생산
_{육십 옹이 하는 일}
의 열매가 아울러 온다. 반드시 **꽃밭**을 가꾸게 됨으로써의 미를
_{미학적 아름다움이 아닌 노동의 아름다움}
일컬음이 아니라 만족스런 노동의 표정의 미를 말함이다.

(중략)

「한편 그의 착실한 자태를 바라볼 때 나는 그 허리 굽은 **육십 옹**
「」: 글쓴이는 자신의 모습과 육십 옹의 모습을 비교하며 부끄러움을 느낌
의 여일한 **생활의식에** 비겨 자신의 그것이 때때로 월등 저하되
고 **소침(消沈)됨을 깨닫고 부끄러**운 생각을 마지 못한다.」 주기적
으로「**생활의욕이 급거히 저락되**고 침체된 일종의 플래토*의 지대
「」: 글쓴이의 무기력한 삶
에 다다르게 될 때 주위가 어둡고 진퇴가 귀치않고 우울, 저미(低
迷)되어 결과는 생활력조차 감퇴하여 버린다.」 욕심이 없고 희망
이 없는 탓이라면 육십 옹의 앞에 너무도 보람 없고 비굴하여 얼
굴이 붉어질 지경이나, ㉣ 솔직하게 말하여 그 대체 희망이라는
것이 어떤 내용 어느 정도 어느 거리의 것인가를 생각할 때 역시
_{구체적인 희망의 의미를 알지 못하는 글쓴이의 답답한 심정}
답답해지는 것이 당연하며 뜻 없는 명랑은 도리어 천치의 소위로
밖에는 생각되지 않는다. 같은 세대의 젊은이들에게 그대는 생활
의 신조를 어떻게 세웠느냐고 묻고 싶은 때조차 있다. 빈틈없는
이론으로 든든히 무장을 해본다 하더라도 행동이 없는 이상 갑을
흑백을 어떻게 가린단 말인가. 참으로 웃을 수 있는 사람은 웃어
보라고 다시 청해 보고 싶다. 우울을 말할 때가 아닌지는 모르
나 때때의 생활의식의 저조에는 너무도 절실함이 있다.

㉤ 할 바를 모르는 것이 아니라 길이 없는 것이다. 여기에 좀체
_{자신의 현재 상태에 대한 글쓴이의 판단}
구하기 어려운 저미의 근인(根因)*이 있기는 있는 것이나 그러나
「**그렇다고 허구한 날 상을 찌푸리고만 지낼 수도 없는 노릇이니**
「」: 육십 옹의 모습을 통해 무기력한 삶을 극복하고 가치있는 삶을 살고자 하는 의지를 드러냄
가까운 **손잡이**를 잡고 억지로라도 플래토를 정복하고 식물 이하
의 무기력에서 식물 이상의 **행(行)의 생활**로 애써 솟아올라야 할
것이다.

– 이효석, 〈화춘의장(花春意匠)〉 –

* 보료: 바닥에 까는 두툼한 요.
* 가구: 거리의 구역.
* 플래토: 정체기.
* 근인: 근본이 되는 원인.

01
답 | ①

(가)와 (나)의 공통점으로 가장 적절한 것은?

[정답 선지 분석]

① 설의적 표현을 활용하여 의미를 강조하고 있다.

(가)의 '금서일실이 이 아니 내 분인가'와 '호탕한 미친 흥을 행여 아니 남이 알겠는가'에 설의적 표현이 활용되어 의미를 강조하고 있고, (나)의 '빈틈없는 이론으로 든든히 무장을 해본다 하더라도 행동이 없는 이상 갑을흑백을 어떻게 가린단 말인가.'에 설의적 표현이 활용되어 의미를 강조하고 있으므로 적절하다.

[오답 선지 분석]

② 구체적 지명을 활용하여 현장감을 드러내고 있다.

(가)에서는 '남주 백리'라는 구체적 지명이 드러나고 있으나, (나)에서는 드러나지 않는다.

③ 청각적 이미지를 통해 대상의 특성을 강조하고 있다.

(가)의 '수조가를 길이 읊고 혼자 서서 흔들대니'에서 청각적 이미지가 드러난다고 볼 수 있으나 이를 통해 대상의 특성을 강조하고 있지는 않다. (나)에서는 청각적 이미지가 드러나지 않는다.

④ 연쇄의 방식을 사용하여 상황의 심각성을 표현하고 있다.

(가)와 (나) 모두 연쇄의 방식을 사용하지 않았다.

⑤ 언어유희를 통해 현실에 대한 태도를 간접적으로 드러내고 있다.

(가)와 (나) 모두 언어유희를 활용하지 않았다.

02
답 | ④

(가)와 (나)를 비교하여 이해한 내용으로 가장 적절한 것은?

[정답 선지 분석]

④ (가)의 '달'은 화자의 행동 변화가 일어나는 시간적 배경을 나타내는 소재이고, (나)의 '아침'은 글쓴이가 관찰한 대상의 일관된 행동이 나타나는 시간적 배경이다.

(가)의 '달'은 '수조가를 길이 읊고' 있던 화자가 '모래 둑을 돌아들어 석경으로 올라'간다는 점에서 화자의 행동 변화가 일어나는 시간적 배경을 나타내는 소재이고, (나)의 '아침'은 글쓴이가 관찰한 대상인 '육십 옹'이 '하루도 번기는 날이 없이' '보에 쟁기를 싸가지고 어디선지 나타'나는 일관된 행동이 나타나는 공간이므로 적절하다.

[오답 선지 분석]

① (가)의 '오마'는 화자를 과거에 억압하던 대상이고, (나)의 '꽃'은 글쓴이가 관찰한 대상이 자신의 이상을 펼치도록 돕는 소재이다.

(가)의 '오마'는 화자가 관직을 하면서 백성들을 다스리기 위해 활용한 대상이고, (나)의 '꽃'은 글쓴이가 관찰하는 대상인 '육십 옹'이 자신의 이상을 펼친 결과가 드러나는 소재이므로, 이상을 펼치도록 돕는 소재라고 볼 수 없다.

② (가)의 '옷'은 화자가 자연 풍경에 대한 감탄을 자아내게 하는 소재이고, (나)의 '손잡이'는 글쓴이가 이를 사용하는 인물의 능력에 대해 감탄을 자아내는 소재이다.

(가)의 '옷'은 세속에서의 화자가 입던 옷, 즉 관복을 가리키며, (나)의 '손잡이'는 글쓴이가 무기력한 삶을 극복하고 가치 있는 삶을 살고자 하는 의지를 드러내는 소재이므로 적절하지 않다.

③ (가)의 '송죽'은 화자가 새로운 공간으로 돌아와서 만난 소재이고, (나)의 '튤립'은 글쓴이가 벗어나고자 하는 공간의 특징을 나타내는 소재이다.

(가)의 '송죽'은 고향으로 돌아온 화자가 만난 소재라고 볼 수 있으나, 고향이 새로운 공간이라 볼 수는 없다. (나)의 '튤립'은 화자가 바라보는 공간에 존재하는 것으로, 이때 글쓴이가 공간을 벗어나고 싶어하는지는 윗글을 통해 알 수 없다.

⑤ (가)의 '오류댁'은 화자가 동경하는 행위가 드러나는 공간이고, (나)의 '꽃밭'은 글쓴이가 경계하는 행위가 드러나는 공간이다.

(가)의 '오류댁'은 화자가 은거하는 공간을 빗댄 표현이며, (나)의 '꽃밭'은 글쓴이가 동경하는 행위가 드러나는 공간이므로 적절하지 않다.

03

답 | ②

⊙~⑩에 대한 설명으로 적절하지 않은 것은?

② ⓒ: 대상에 대한 의혹이 해소되어 가는 데 대한 글쓴이의 인식이 드러나 있다.

ⓒ의 '옹은 허리가 휘고 기력이 부실하나 서두르는 법 없이 지치는 법 없이 말하는 법 없이 날이 맞도록 묵묵히 일하며'에 글쓴이가 대상을 관찰한 내용이 드러나 있을 뿐 대상에 대해 의혹을 갖는 내용이 나타나 있지 않고, '그의 장기가 미치는 뒷자취는 나날이 면목이 새롭고 아름다워진다'에 대상에 대한 의혹이 해소되어 가는 데 대한 글쓴이의 인식이 드러나 있지 않으므로 적절하지 않다.

오답 선지 분석

① ⊙: 풍경의 가치를 인식하며 이를 수시로 감상할 수 있는 데 따른 글쓴이의 심정이 드러나 있다.

⊙의 '가구에서는 좀체 얻어 볼 수 없는 귀한 경물'에 글쓴이가 풍경의 가치를 인식하는 내용이 나타나 있으며, '아침저녁으로 손쉽게 그것을 바라볼 수 있는 나는 자신을 행복스럽게 여긴다'에 이를 수시로 감상할 수 있는 데 따른 글쓴이의 심정이 드러나 있으므로 적절하다.

③ ⓒ: 주의 깊게 살펴본 대상의 면모를 주관적으로 해석하는 글쓴이의 인식이 드러나 있다.

ⓒ의 '아이같이 방긋 웃어 보이는 동심의 표정을 읽'는 것에 글쓴이가 대상을 주의 깊게 살펴보는 내용이 나타나 있고, '그는 괴롭게 노동하고 있는 것이 아니라'와 '천진하게 장난하고 예술하고 있는 것이라고 번역된다'에 주의 깊게 살펴본 대상의 면모를 주관적으로 해석하는 글쓴이의 인식이 드러나 있으므로 적절하다.

④ ⓔ: 희망의 의미를 구체화하지 못하는 것에 대한 글쓴이의 심정이 드러나 있다.

ⓔ의 '희망이라는 것이 어떤 내용 어느 정도 어느 거리의 것인가를 생각'하는 것에 희망의 의미를 구체화하지 못하는 것에 대해 '답답'함을 느끼는 글쓴이의 심정이 드러나 있으므로 적절하다.

⑤ ⑩: 자신이 현재 상태에 이르게 된 근본적 원인에 대한 글쓴이의 판단이 드러나 있다.

⑩의 '할 바를 모르는 것이 아니라 길이 없는 것이다.'에 '좀체 구하기 어려운 저미의 근인이 있기는 있'다고 하는 것에 자신이 현재 상태에 이르게 된 데 있어 '길이 없는 것'을 근본적 원인이라고 여기는 글쓴이의 판단이 드러나 있으므로 적절하다.

04

답 | ③

<보기>를 바탕으로 (가), (나)를 감상한 내용으로 적절하지 않은 것은?

보기

(가)와 (나)는 자기 성찰과 현실에 대한 고민이 드러나 있는 작품이다. (가)의 화자는 속세에서 갈등을 겪고 은거하는 삶을 살고 있다. 이때 화자는 자연을 통해 위안을 얻기도 하지만 번민을 떨치지 못하는 자신을 인식하며 자연에서의 삶에서도 세상을 향한 마음을 드러낸다. (나)의 글쓴이는 자신과 대조적인 삶을 살고 있는 대상을 통해 자신의 삶을 돌아보게 된다. 이러한 과정에서 글쓴이는 가치 있는 삶의 모습을 깨닫고 무기력한 삶을 극복하고자 하는 의지를 드러낸다.

정답 선지 분석

③ (가)의 '금서일실'을 '내 분'으로 여긴다는 것에서 화자가 속세로 돌아가고 싶어 하는 고민이 드러나 있음을, (나)의 '소침됨을 깨닫고' '생활의욕이 급거히 저락되'었다는 것에서 글쓴이가 해결하고 싶어 하는 고민이 드러나 있음을 알 수 있군.

(나)에서 생활이 '소침됨을 깨닫'는다는 것과 '생활의욕이 급거히 저락되'었다고 하는 것에는 무기력한 삶이라는 글쓴이가 해결하고 싶어 하는 고민이 나타나 있다. 하지만 (가)에서 '금서일실'을 '내 분'으로 여기는 것에는 소박한 삶에 만족하며 사는 화자의 모습이 드러나 있을 뿐, 화자가 속세로 돌아가고 싶어 하는 고민이 나타나 있지 않으므로 적절하지 않다.

오답 선지 분석

① (가)의 '앞내에 고기 낚고 뒷뫼에 약을 캐'며 '인생지락'을 느끼는 것에서 화자가 자연에서의 삶 속에서 위안을 얻고 있음을 알 수 있군.

(가)에서 '앞내에 고기 낚고 뒷뫼에 약을 캐'며 '인생지락'을 느끼는 것에 자연에서의 삶 속에서 위안을 얻고 있는 화자의 모습이 나타나 있으므로 적절하다.

② (나)의 '근로와 예술을 동시에 가진 생활'이 '노동의 참된 경지'라는 것에서 글쓴이가 깨달은 가치 있는 삶의 모습이 드러나고 있음을 알 수 있군.

(나)에서 '육십 옹'의 생활을 '근로와 예술을 동시에 가진 생활'이라고 하며 '육십 옹에게'서 '노동의 참된 경지'를 본다는 것에 가치 있는 삶의 모습에 대해 깨달음을 얻고 있는 글쓴이의 모습이 나타나 있으므로 적절하다.

④ (가)의 '내 근심 무익한 줄 모르지' 않지만 '천성을 못 변'해 '가소롭다'는 것에서 화자가 번민을 떨치지 못하는 자신을 성찰하고 있음을, (나)의 '육십 옹'의 '생활의식에 비겨' 보며 '부끄러'워 한 것에서 글쓴이가 타인과 대조하며 자신을 성찰하고 있음을 알 수 있군.

(가)에서 '내 근심 무익한 줄 모르지' 않지만 '천성을 못 변'해 '가소롭다'는 것에 번민을 떨치지 못하는 자신을 성찰하는 화자의 모습이 나타나 있고, (나)에서 '육십 옹의 여일한 생활의식에 비겨' 자신의 생활을 '부끄러'워 한 것에 타인과 대조하며 자신을 성찰하는 글쓴이의 모습이 나타나 있으므로 적절하다.

⑤ (가)의 '강호의 일민이 되야 축성수나 하리라'에서 화자가 은거하면서도 세상을 향한 마음을 드러내고 있음을, (나)의 '상을 찌푸리고만 지낼 수' 없다며 '행의 생활'을 다짐하는 것에서 글쓴이가 무기력한 삶을 극복하고자 하는 의지를 드러내고 있음을 알 수 있군.

(가)에서 '강호의 일민이 되야 축성수나 하리라'에 은거하고 있으면서도 세상을 향한 마음을 드러내는 화자의 모습이 나타나 있고, (나)에서 '허구한 날 상을 찌푸리고만 지낼 수도 없는 노릇'이라고 하며 '행의 생활'로 '애써 솟아올라야 할 것'이라고 다짐하는 것에 무기력한 삶을 극복하고자 하는 의지를 드러내는 글쓴이의 모습이 나타나 있으므로 적절하다.

DAY 6 〈어머니〉_한승원

빠른 정답 체크

01 ⑤   02 ③   03 ⑤

[앞부분의 줄거리] 어머니는 마름집 하인들에게 억울한 일을 당하자, 아들들에게 아버지의 억울한 죽음이 마름집과 관련되어 있다고 이야기한다. 이에 막내아들이 격분하여 마름집을 턴다. 이후 막내아들은 도피 생활을 하던 중 다른 사건에 연루되어 감옥에 갇히게 되고, 어머니에게 복역 중이라는 편지가 전달된다.

발만 동동 구르고 있을 수만은 없어, 도짓소* 내어 준 것을 팔아, 그래도 제간에는 세상 물정에 귀가 뚫렸다 하는 작은아들 이현이

를 광주로 보냈던 것이었는데, 거길 갔다 온 그놈의 말이, <u>국회의</u>
<u>원에 입후보한 독립투사였던 사람을 암살한 범인이기 때문에 징</u>
<u>막내아들이 감옥에 가게 된 이유</u>
역을 산다더라고 하던 것이었다. 한데, 또 그렇게도 답답할 수가
없던 것은, 언제까지 산다더냐 해도, 언제 나오게 될 것이라더냐
하여도, <u>이현이 대꾸를 하지 않고 고개를 푹 숙이고 있기만 하던</u>
<u>막내아들이 감옥에서 쉽게 나올 수 없을 것을 암시</u>
것이었다.

"먼 일이란가, 먼 일이여?"
<u>전라도 사투리를 통해 사실감을 드러냄</u>
그게 무슨 벼락맞을 소리냐고, 우리 막동이는 그럴 아이가 아니
라고, 그건 옆의 사람이 지어 붙여 뒤집어씌운 것일 거라고 펄펄
뛰어 보는 것도 마냥 쓸데없는 일이었고, 이때부터「열흘 걸러 한
번씩 허위허위 보성으로 달려가서 기차를 타고, 광주 땅에 내리기
「」: 어머니는 막내아들을 보러 열흘에 한 번꼴로 면회를 감
가 바쁘게 동명동 형무소 면회 창구에 면회 신청을 하여, 두 손을
묶이어 나오는 푸르스름한 죄수복의 막동이, 그놈의 허옇고 부석
부석한 얼굴을 보면서, 쓰라린 마음을 달래곤 했었다.」그러면서,
그놈에게 늙은 어머니는 누가 너에게 그런 죄를 씌웠느냐고 울며
불며 물어보고 했던 것이었지만, 그놈은 멀거니 이 어미의 얼굴을
건너다볼 뿐, 입을 꼭 다물고만 있곤 할 뿐이던 것이었다. 그놈의
<u>막내아들은 자신의 죄에 대한 내막을 밝히고 싶지 않아 함</u>
그런 태도를 미루어, 그놈의 심중에는 어느 누구한테도 말하지 못
할 어떤 사정인가가 있기는 있는 모양이지만, 그걸 무슨 말로 어
떻게 해서 비춰 주게 할 것인지 알 수가 없는 것이었다.

「늙은 어머니는, 그 **막동이를 그렇게 만들어 놓은** 게 모두 소갈
「」: 막내아들이 감옥에 갇힌 것에 대한 어머니의 자책감
머리 없는 **자기 때문이라** 하며, 혀를 깨물고 칵 죽어야 한다고 생
각해 보지 않은 게 아니었지만,」마룻장 위에서 울골골 떨고 있는
그 막동이를 그대로 둔 채 **눈을 감을 수란** 도저히 없는 일이므로,
일일마다가 마냥 답답하고 기막히다 할지라도, 이미 그놈한테 내
리 덮인 죄, 그 **죄를 어떻게 벗겨 줄 길**이란 없는 일이니, 이젠 그
놈이 벗어 나오는 날까지, 이렇게 <u>면회를 가면 **얼굴이라도 보도**</u>
록 해 주는 것만도 고맙게 여기면서, 부지런히 면회를 다니는 길
<u>막내아들을 보러 면회를 가는 것에 위안을 느낌</u>
밖에 없다 했다.

한데,「그 면회나 자주 다닐 수 있었으면 하련마는, 그놈이 집에
「」: 막내아들 면회에 필요한 여비를 마련해 주지 않은 큰아들들에 대한 원망
있을 때 품들어 받아들인 쌀 판 돈으로 마련한 송아지 도짓소로
준 것, 그것을 팔아 젖혀 면회를 다니며 써 버린 뒤로는, 왔다 갔
다 할 차비 이천 원에 먹고 잘 돈 오백 원, 면회하면서 그놈에게
먹고 마시게 할 돈 천 원…… 하여 모두 **삼천오백 원** 돈, 그걸 마
련 못해 주겠다고 앙탈을 하는 **큰아들들의 소행**들이 못내 섭섭하
고 **노여워**, 늙은 어머니는 그 저수지 둑 밑에 주저앉아 다리를 쭉
뻗고 통곡이라도 해 버렸으면 시원할 것 같은 심사를 억누르고,
부지런히 활갯짓을 하면서 오른손에 든 지팡이를 옮겨 놓는 것이
었다.」

(중략)

'아니, 어짠 일이란가?'
맨 먼저 접수를 시켰으니 응당
"윤 소님 씨!"
하고「늙은 어머니의 이름을 더 먼저 불러들여야 할 일인데도, 이
「」: 막내아들에게 무슨 일이 생겼음을 암시
미 늙은 어머니보다 훨씬 늦게 접수한 사람들을 무려 여섯 사람
이나 면회장 안으로 불러들이고 있으면서, 그 늙은 어머니를 불
러 넣어 주지는 않는 것이었다.」

'멋 땀시 그란단가?'
혹시 그놈이 아파서 못 나오는 것은 아닌가, 아니, 어디 다른 델
보내 버렸을까, 하며 조급해진 늙은 어머니의 생각에, 꼭 열두 번
째의 사람을 면회장 안으로 불러들였다고 느껴지는 순간,
"윤 소님 씨!"
하는 소리가 들려, 휘이, 이제야 데리고 나왔는가 보다 하며,「난로
「」: 뜨거움도 의식하지 못할 만큼 지극한 어머니의 사랑
위의 뜨거운 **쇠고깃국 냄비**를 뜨거운 것도 **의식하지 못한 채** 덥
썩 들어 안고 면회장 안으로 들어서려는데,」입구를 지키던 교도
관이
"할머니!"
하고 늙은 어머니를 세우더니, 손에 든 ㉠ 종이쪽지를 옆에 서 있
<u>어머니가 막내아들을 만나지 못할 것을 암시</u>
는 다른 교도관에게 보이며 무슨 말인가를 속닥거렸다. 그러더니
눈살을 잔뜩 찌푸리며 쓴 입맛을 다시고,
"이막동이가 아들이요?"
하고 물었다.
"야."
가슴이 후들거리고, 기침이 목구멍 너머에서 자꾸 근질거리며
튀어나오려는 것을 이를 악물어 억누르는데,
"이막동말고 아들 또 있소?"
하고 다시 물었다. 둘이나 있다고 하자, 그 교도관은 옆에 있는
교도관하고 말을 주고받은 뒤 고개를 주억거리다가,
"<u>이막동 씨 어제 옮겨 갔어요.</u>"
<u>막내아들이 다른 곳으로 이감됨</u>
하는 것이었다.
"야?"
무슨 뜻이냐고 묻자, 교도관이 예쁘장하게 생긴 얼굴을 다시 한
번 일그러뜨리고, 문밖으로 멀리 갔다는 손짓을 곁들여, 퉁명스
런 목소리로
"목포로 갔단 말이요, 어제. 빨리 그리로 가 보시오."
<u>막내아들이 이감된 지역</u>
늙은 어머니는 자기의 귀를 의심했다.
"목포로 웽게라우?"
교도관은 고개를 깊이 주억거려 주고, 잠시 동안 천장을 멀거니

쳐다보다가 다음 사람을 불렀다.

"어따 어메, 어째사 쓰꼬!"

하고 허둥허둥 나서다가, 쿨룩쿠울룩 터져 나오는 기침 때문에 배창자를 긁어 쥐느라고 쪼그려 앉은 늙은 **어머니의 품** 속에서 **우유병** 하나가 떨어져 하얗게 박살이 나고 있었는데, 옆에 섰던 한 남자가 안되었다는 듯 끌끌 혀를 차는 것이, 그 늙은 어머니의 귀에 들어갔을 까닭 없던 것이었다.

아들과의 만남이 무산된 어머니의 절망감을 드러냄

– 한승원, 〈어머니〉 –

* 도짓소: 한 해 동안 곡식을 얼마씩 내기로 하고 빌려 부리는 소.

01

답 | ⑤

윗글의 서술상 특징으로 가장 적절한 것은?

> 정답 선지 분석

⑤ 외부의 서술자가 특정 인물에 초점을 두고 사건을 서술하여 인물의 내면을 드러내고 있다.

이야기 외부의 서술자가 '어머니'에 초점을 두고 사건과 인물에 대한 생각을 서술하여 '어머니'의 내면을 잘 드러내고 있다.

> 오답 선지 분석

① 공간적 배경에 대한 묘사를 통해 미래의 일을 암시하고 있다.

윗글은 공간적 배경을 묘사하고 있지 않다.

② 인물 간 성격의 대비를 통해 사건이 반전되는 양상을 부각하고 있다.

윗글은 인물 간 성격을 대비하고 있지 않다.

③ 시간의 흐름에 따라 서술자를 달리하여 사건을 입체적으로 조명하고 있다.

윗글의 시점은 전지적 작가 시점으로, 시간의 흐름에 따라 서술자가 바뀌지 않는다.

④ 다른 공간에서 동시에 일어난 사건을 병치하여 이야기의 흐름을 지연시키고 있다.

윗글은 다른 공간에서 동시에 일어난 사건을 병치하고 있지 않다.

02

답 | ③

<보기>를 참고하여 윗글을 감상한 내용으로 적절하지 않은 것은?

> 보기

이 작품은 아들의 감옥살이를 자신의 탓이라고 여기는 어머니의 한과 자식을 향한 사랑을 그리고 있다. 어머니는 몸도 쇠약하고 경제적으로도 힘들지만, 아들을 만나러 다니는 것을 위안으로 삼는다. 그렇기에 고대하던 아들과의 만남이 무산된 비극적 상황은 어머니의 한이 심화될 것임을 암시한다.

> 정답 선지 분석

③ '삼천오백 원'을 마련해 주지 않은 '큰아들들의 소행'을 '노여워'하는 장면을 통해 어머니가 경제적 어려움을 자식들 탓으로 여기고 있음을 짐작할 수 있겠군.

어머니가 막내아들을 면회하기 위해 필요한 여비를 큰아들들이 마련해주지 않아서 원망을 한 것이지, 경제적 어려움이 자식들 때문이라고 탓하는 것은 아니다.

> 오답 선지 분석

① '막동이를 그렇게 만들어 놓은' 것이 '자기 때문이라'고 하며 '눈을 감을 수' 없다고 생각하는 장면을 통해 아들의 처지에 대한 어머니의 자책감을 짐작할 수 있겠군.

〈보기〉의 내용과 관련지을 때, 막내아들이 교도소에 수감된 것에 대해 어머니가 '모두 소갈머리 없는 자기 때문'이며, '혀를 깨물고 칵 죽어야 한다고 생각'한 것은 아들의 감옥살이를 자신의 탓이라고 여기는 모습이라 볼 수 있다.

② '죄를 어떻게 벗겨 줄 길이' 없지만 '얼굴이라도 보도록 해 주는 것만도 고맙게 여기'는 장면을 통해 어머니가 자식을 보러 가는 것을 위안으로 삼고 있음을 짐작할 수 있겠군.

'얼굴이라도 보도록 해 주는 것만도 고맙게 여기'며 '부지런히 면회를 다니'는 것은 아들을 만나러 다니는 것을 위안으로 삼는 것이라 볼 수 있다.

④ '쇠고깃국 냄비'의 뜨거움도 '의식하지 못한 채' 들고 가는 장면을 통해 아들을 향한 어머니의 사랑을 짐작할 수 있겠군.

자신의 이름이 불리자, 아들을 만나기 위해 '난로 위의 뜨거운 쇠고깃국 냄비를 뜨거운 것도 의식하지 못한 채 덥석 들어 안고' 가는 것을 통해 막내아들을 향한 어머니의 사랑을 짐작할 수 있다.

⑤ '어머니의 품'에 있던 '우유병'이 깨지는 장면을 통해 비극적 상황에 처한 어머니의 절망감을 짐작할 수 있겠군.

막내아들이 목포로 이감되었다는 소식을 들은 어머니가 기침을 하다 '품 속에서 우유병 하나'가 떨어져 박살이 나는 것을 통해 아들과의 만남이 무산된 비극적 상황에 대한 어머니의 절망감을 짐작할 수 있다.

03

답 | ⑤

㉠과 관련하여 윗글을 이해한 내용으로 가장 적절한 것은?

> 정답 선지 분석

⑤ '교도관'들은 ㉠과 관련하여 알고 있는 사실을 '어머니'에게 전달하기를 불편해 하였다.

어머니를 앞에 두고 교도관끼리 말을 속닥거리고, 다른 아들이 있는지 묻는 행동을 통해, 교도관들이 '종이쪽지'와 관련된 사실을 전달하는 것을 불편해 함을 알 수 있다.

> 오답 선지 분석

① '어머니'는 ㉠을 통해 자신의 마음을 아들에게 전달하고자 했다.

'종이쪽지'는 어머니가 쓴 것이 아니다.

② '어머니'는 ㉠ 때문에 면회가 늦어진 것을 알고 '교도관'에게 항의했다.

어머니가 면회가 늦어진 것에 대해 항의하지는 않았다.

③ '교도관'들은 ㉠으로 '어머니'와 '아들' 사이의 갈등을 해소하려고 하였다.

어머니와 아들 사이에 갈등이 있다고 보기 어렵고, 교도관들이 그것을 해소하려는 것도 확인할 수 없다.

④ '교도관'들은 ㉠을 '어머니'에게 보여 주며 '아들'과 아는 사이임을 드러내었다.

교도관들과 어머니의 대화 내용에서 교도관들이 아들과 아는 사이인지는 드러나지 않는다.

DAY 1 화법과 작문

빠른 정답 체크

❶ ④   ❷ ③   ❸ ④   ❹ ⑤

가

❶ ○○고등학교 학생 여러분, 안녕하세요. ○○고등학교 학생회
입니다. 학교 공간을 사용자 중심의 공간으로 만들자는 취지에
_{글을 작성한 주체}
서 학교 공간 개선에 대한 논의를 진행하고 있습니다. 그 일환으
_{논의 취지}
로 실시된 우리 학교 공간 중 개선이 필요한 장소에 대한 온라인
_{논의 주제}
투표가 여러분들의 협조 덕분에 잘 마무리되었습니다. 「그 결과를
_{학교 공간 개선에 대한 논의의 일환}
공유하고, 구체적인 개선 방안에 대한 설문 조사를 안내하기 위
_{「」: 글을 쓰게 된 동기를 밝힘}
해」글을 쓰게 되었습니다.

❷ 투표 실시 전에 안내가 된 것처럼, 「학생들이 가장 개선이 필요
_{「」: 학교 측과 사전에 협의가 된 내용}
하다고 생각하는 학교 공간을 학생들의 의견을 적극적으로 반영
하여 정비하겠다고 학교 측과 사전에 협의가 되었습니다. 전교생
_{투표 참여 인원}
중 90%가 투표에 참여했고, 그중 83%가 화장실 공간 개선을 요
_{투표의 결과}
구하였습니다. 이에 화장실 공간 개선에 대한 구체적인 의견을
_{설문 조사를 실시하는 이유}
수렴하기 위해 설문 조사를 실시하고자 합니다.

❸ 오늘부터 일주일간 진행되는 설문 조사는 크게 두 가지 항목
으로 이루어져 있습니다. 첫 번째로 여러분들이 생각하는 우리
학교 화장실의 문제점과 여기에 대한 해결 방안을 제안해 주십시
_{설문 조사의 항목 ①}
오. 두 번째로 첨부 파일에 있는 우리 학교 각 층 화장실 도면을
_{설문 조사의 항목 ②}
참고하여 화장실의 구체적인 공간 구성에 대한 의견도 제시해 주
시기 바랍니다.

❹ 학교 공간 디자인 전문가의 힘도 빌려야 하겠지만, 더 중요한
것은 학생 여러분의 의견입니다. '손이 많으면 일도 쉽다.'라는
_{전교생의 참여를 독려하기 위해 격언을 인용}
말이 있습니다. 무슨 일이나 여러 사람이 힘을 합하면 쉽게 잘 이
룰 수 있다는 이 말처럼 우리가 원하는 학교 화장실을 만들기 위
해서 학생 여러분의 많은 관심과 적극적인 참여가 필요합니다.

〔㉠〕

나

선생님: 많은 학생들이 요구했던 화장실 공간 개선에 대한 회의를
_{회의 주제}
시작하겠습니다. 설문 조사 기간이 일주일이었지요? 「회의를 통
해 화장실 개선에 대한 설문 조사 결과를 살피고, 학교 공간 디
자인 전문가에게 전달할 내용들을 정리해 봅시다.」 학생들은 개
_{「」: 회의 순서를 요약하여 제시함}
선이 필요한 점이 무엇이라고 이야기했는지 말해 볼까요?

학생 1: 네, 설문 조사 결과 여러 학생이 가장 불편함을 느꼈던

부분은 화장실 환기가 잘 되지 않는다는 점이었습니다. 습기가
_{설문 조사 결과-우리 학교 화장실의 문제점 ①}
빠지지 않아 눅눅하다는 의견, 공기 정화가 잘 되지 않는다는
_{환기가 잘 되지 않아 생기는 문제 ①}　　　_{환기가 잘 되지 않아 생기는 문제 ②}
의견 등이 나왔습니다.

학생 2: 맞습니다. 또 세면대 이용이 불편하다는 의견도 많았습
_{설문 조사 결과-우리 학교 화장실의 문제점 ②}
니다. 세면대 개수가 부족하고 높이가 모두 같기에 본인의 키
에 맞지 않아 불편함을 느낀다고 하였습니다.
_{세면대 이용이 불편한 이유}

선생님: 그렇군요. 정리하자면 「학생들이 생각하는 우리 학교 화
장실의 문제점은 화장실의 환기가 제대로 되지 않는다는 것과
_{「」: 학생들의 발화를 정리함}
세면대 개수와 높이에 문제가 있다는 것이네요.」 그렇다면 학생
들은 이러한 문제점에 대해 어떤 해결 방안을 제시하였나요?

학생 1: 화장실 환기 문제를 해결하기 위한 방안으로는, 낡고 ┐
오래되어 여닫기 힘든 창문을 교체해 달라는 의견이 있었
_{화장실 환기 문제 해결 방안 ①}
습니다. 또한 환풍기를 추가로 설치하고 공기 정화 장치를
_{화장실 환기 문제 해결 방안 ②}　　　_{화장실 환기 문제 해결 방안 ③}
새롭게 설치했으면 좋겠다는 의견도 있었습니다. ┘

학생 2: 공기 정화 장치를 설치하자는 것은 좋은 의견이네요. ┐ **[A]**
세면대에 대한 해결 방안으로, 먼저 학생들은 세면대가 지
_{세면대에 대한 해결 방안 ①}
금보다 더 많았으면 좋겠다고 답했습니다. 또한 두세 가지
정도의 다양한 높이로 되어 있다면 자신의 키에 맞게 사용
_{세면대에 대한 해결 방안 ②}
할 수 있어서 좋을 것 같다고 하였습니다. ┘

선생님: 그렇군요. 학생들이 생각하는 해결 방안을 잘 들었습니
다. 참, 학생들에게 우리 학교 각 층 화장실의 도면도 제시했다
고 알고 있는데, 이와 관련된 의견이 있었나요?

학생 2: 네, 우리 학교 1층 화장실의 도면을 참고하여 의견을 ┐
낸 학생들이 있었습니다. 다른 층에 비해 1층 화장실의 내
부 공간이 여유로우니 여기에 탈의 공간을 만들어 체육복을
_{탈의 공간을 만들자는 의견의 근거}
갈아입을 수 있도록 하면 좋겠다는 의견이 있었습니다. 저
_{설문 조사 결과-화장실의 공간 구성 ①}
도 이 의견에 동의합니다. ┘ **[B]**

학생 1: 이미 체육관 앞에 탈의 공간이 따로 있으니 탈의 공간
_{탈의 공간 마련 의견에 대한 반박 근거}
보다는 그곳에 세면대를 더 두면 어떨까요? 저도 1층 화장
실을 이용할 때 불편을 겪은 적이 있었기 때문에, 세면대를
두는 것이 넓은 공간을 잘 활용하는 방안이 될 것 같습니다.
_{새로운 의견 제시}

선생님: 학교 도면이 복잡해서 잘 파악했을지 걱정이 좀 되었는
데, 잘 이해하고 좋은 의견을 내어 주었네요. 그 외에 다른 의
견들은 없었나요?

학생 1: 화장실 벽면에 학생들의 추천을 받아 그림이나 글귀를
_{설문 조사 결과-화장실의 공간 구성 ②}
부착하자는 의견도 있었습니다.

선생님: 여러 의견이 나왔네요. 이 의견들이 충분히 고려되어야
하므로 회의 내용을 학교 측과 학교 공간 디자인 전문가에게
전달하겠습니다. 그럼 「다음 회의에는 학교 공간 디자인 전문가
_{「」: 다음 회의 내용}

도 함께 모셔서 구체적인 시안을 바탕으로 화장실 공간 디자인을 검토하도록 합시다.」

01

답 | ④

(가)를 이해한 내용으로 적절하지 않은 것은?

정답 선지 분석

④ 설문 항목을 안내하고 설문 참여 시에 주의할 점을 덧붙이고 있다.

(가)에서 설문 항목을 안내하고 있지만 설문 참여 시 주의할 점을 덧붙인 부분은 없다.

오답 선지 분석

① 예상 독자를 명시한 후 글을 쓴 이유를 드러내고 있다.

1문단에서 예상 독자를 명시하고 글을 쓴 이유를 드러내고 있다.

② 사전 협의 내용을 밝히며 이후 진행될 과정을 제시하고 있다.

2문단에서 사전 협의 내용을 밝히고 있으며, 이후 진행될 과정을 제시하고 있다.

③ 온라인 투표 결과를 수치로 나타내어 독자와 결과를 공유하고 있다.

2문단에서 온라인 투표 결과를 수치로 나타내어 독자와 결과를 공유하고 있다.

⑤ 관용 표현의 의미를 풀어 설명하여 독자의 참여를 유도하고 있다.

4문단에서 관용 표현의 의미를 풀어 설명함으로써 독자의 참여를 유도하고 있다.

02

답 | ③

<조건>에 따라 ㉠에 마지막 문장을 추가한다고 할 때 가장 적절한 것은?

조건

◦ 서두에 제시된 학교 공간 개선의 취지를 다시 강조할 것.
◦ 비유적 표현을 활용하여 맥락에 맞게 마무리할 것.

정답 선지 분석

③ 사용자인 우리의 편의를 두루 고려한 내 집 같은 학교 공간을 함께 만듭시다.

1문단에 제시된 '사용자 중심의 공간'이라는 학교 공간 개선의 취지가 '사용자인 우리의 편의를 두루 고려한'에서 나타나고 있다. '내 집 같은'이라는 비유적 표현을 활용하여 맥락에 맞게 마무리하였다.

오답 선지 분석

① 전문가도 인정하는 새로운 공간이 가득한 우리 학교는 사랑입니다.

개선의 취지는 포함되어 있지 않고, 비유적 표현은 포함되어 있다.

② 편안하고 쾌적한 공원 같은 우리 학교 공간을 여러분에게 소개합니다.

글의 맥락에 맞게 마무리하지 않았다.

④ 공간을 바라보는 틀에 박힌 생각에서 벗어나 우리 학교를 새롭게 바꾸어 봅시다.

개선의 취지와 비유적 표현이 포함되어 있지 않다.

⑤ 학생도 선생님도 만족하며 사용하는 학교 공간을 우리의 노력으로 만들어 봅시다.

비유적 표현이 포함되어 있지 않다.

03

답 | ④

(나)의 '선생님'에 대한 설명으로 적절하지 않은 것은?

정답 선지 분석

④ (가)에서 언급한 설문 참고 자료를 잘 파악했는지 점검한 후 학생의 설명에 대한 자신의 이해가 적절한지 확인하고 있다.

'선생님'의 네 번째 발화에서 설문 참고 자료를 잘 파악했는지를 점검하고 있지만, 학생의 설명에 대한 자신의 이해가 적절한지 확인하고 있지는 않다.

오답 선지 분석

① (가)에서 언급한 설문 조사 기간을 확인하고, 회의에서 논의해야 할 사항을 안내하고 있다.

선생님의 첫 번째 발화에서 (가)에서 언급한 설문 조사 기간을 확인하고 있으며, 회의에서 논의해야 할 사항을 안내하고 있다.

② (가)에서 제시한 첫 번째 설문 항목과 관련하여 설문 조사의 결과를 모아 온 학생들의 발화를 정리하고 있다.

선생님의 두 번째 발화에서 (가)에서 언급한 첫 번째 설문 항목과 관련하여 설문 조사의 결과를 모아 온 학생들의 발화를 정리하고 있다.

③ (가)에서 두 번째로 제시한 설문 항목과 관련하여 조사 결과에 대해 질문하고 있다.

선생님의 세 번째 발화에서 (가)에서 언급한 두 번째 설문 항목과 관련하여 조사 결과에 대해 질문하고 있다.

⑤ (가)에서 언급한 관련 분야 전문가가 다음 회의 참여자임을 밝히며 다음 회의를 예고하고 있다.

선생님의 다섯 번째 발화에서 (가)에서 언급한 관련 분야 전문가가 다음 회의 참여자임을 밝히며 다음 회의를 예고하고 있다.

04

답 | ⑤

[A], [B]에 대한 설명으로 가장 적절한 것은?

정답 선지 분석

⑤ [B]: '학생 1'은 '학생 2'의 발언 내용과는 다른 의견을 자신의 경험을 바탕으로 제안하고 있다.

[B]에서 '학생 1'은 1층 화장실을 이용하며 불편을 겪은 자신의 경험을 근거로 하여, '학생 2'의 발언 내용과는 다른 의견을 제안하고 있다.

오답 선지 분석

① [A]: '학생 1'은 '학생 2'의 발언과 달리 전달할 내용을 제시한 후 자신의 의견을 덧붙이고 있다.

'학생 1'은 자신의 의견을 덧붙이고 있지 않다.

② [A]: '학생 2'는 '학생 1'의 발언을 구체화하며 자신의 견해를 수정하고 있다.

'학생 2'는 '학생 1'의 발언을 구체화하고 있지 않으며, 자신의 견해를 수정하고 있지 않다.

③ [A]: '학생 2'는 '학생 1'의 발언의 일부를 긍정하며 추가적인 정보 제공을 요청하고 있다.

'학생 2'는 '학생 1'의 발언의 일부를 긍정하고 있지만, 추가적인 정보 제공을 요청하고 있지는 않다.

④ [B]: '학생 1'은 '학생 2'의 발언과 달리 조사한 내용을 말하고 그에 동의하고 있다.

'학생 2'는 '학생 1'의 발언과는 다르게 조사한 내용을 말하고 그에 동의하고 있다.

빠른 정답 체크

1 ①   **2** ②   **3** ④   **4** ③   **5** ①

형태소는 일정한 뜻을 가진 가장 작은 단위를 말하며, 한 형태
_{형태소의 개념}
소는 다른 형태소와 결합하여 단어나 구, 문장과 같은 상위 단위
를 이룬다. 이때 형태소는 항상 동일한 모습으로 나타나는 것은
_{형태소의 특징}
아니고, 환경에 따라 형태가 달라질 수 있다. 이처럼 한 형태소가
_{교체의 개념}
환경에 따라 다른 모습으로 실현되는 것을 교체라고 한다. 특히
한국어는 문법적 관계를 나타내 주는 조사와 어미가 발달해 있어
_{한국어에서 다양한 교체 현상이 일어나는 이유}
서 형태소끼리의 결합 과정에서 다양한 교체 현상이 나타난다.

빛: 빛이[비치], 빛도[빋또], 빛만[빈만], 쪽빛이[쪽삐치],

쪽빛도[쪽삗또], 쪽빛만[쪽삔만]

물: 물이[무리], 물도[물도], 물만[물만], 국물이[궁무리],

국물도[궁물도], 국물만[궁물만]

'빛'은 앞이나 뒤에 오는 형태소에 따라 6개의 서로 다른 형태
로 실현된다. 이처럼 교체에 의해 달리 실현된 형태들을 이형태
_{이형태의 개념}
라고 한다. 교체가 일어난다는 것은 한 형태소가 최소한 둘 이상
_{교체가 일어나기 위한 조건}
의 이형태를 가짐을 뜻한다. 이형태들은 나타나는 조건이나 환경
_{이형태의 특징 - 상보적 분포}
이 겹치지 않는 상보적 분포를 지닌다. 한편 '물'은 앞이나 뒤에
어떠한 형태소가 오든지 항상 '[물]'로만 실현된다. 즉 교체가 일
어나지 않는 것이다.

교체를 통해 이형태가 복수로 존재할 경우에는 기본형을 정해
_{기본형을 정하는 기준}
준다. 한 형태소가 여러 가지 다양한 이형태들로 실현되면 이형태
_{기본형의 개념}
들을 대표할 수 있는 형태를 하나 설정하게 되는데, 그것이 바로
기본형이다. 교체를 하지 않는 형태소의 경우 그 자체가 기본형이
되지만 교체를 하는 형태소는 기본형을 따로 정해야만 한다.

또한 형태소의 교체는 일어나는 동기에 따라 자동적 교체와 비
_{교체 발생 동기에 따른 형태소의 구분}
자동적 교체로 나눌 수 있다. ㉠ 자동적 교체는 교체가 일어나지
_{자동적 교체의 의미}
않고 그대로 실현되면 안 되기 때문에 일어나는 교체를 말한다.
음절의 종성에 두 개의 자음이 발음되는 것을 허용하지 않는 음
_{자동적 교체가 발생하는 음운 환경 ①}
운론적 제약이나 비음 앞에 평파열음인 'ㄱ, ㄷ, ㅂ'이 올 수 없다
_{자동적 교체가 발생하는 음운 환경 ②}
는 음운론적 제약 등으로 일어나는 교체가 자동적 교체이다. 예
를 들면 '먹물 → [멍물]'에서 '먹'이 비음으로 시작하는 형태소인
'물'과 결합할 때 '멍'으로 교체를 보이는 경우이다.

다음으로 ㉡ 비자동적 교체는 반드시 일어나야 할 필연적 이유
_{비자동적 교체의 의미}
가 없는 교체를 말한다. 즉 '감다 → [감:따]'는 비음으로 끝나는

어간 뒤에서 '-따'로 교체되는 경우로, 이는 비음 뒤에 'ㄱ, ㄷ,
ㅈ'과 같은 자음이 오지 못하기 때문에 일어난 것은 아니다. 용언
의 어간 말음이 비음으로 끝나고 뒤에 어미가 올 때에만 이 같은
_{비자동적 교체가 발생하는 음운 환경}
현상이 일어날 뿐, '단검 → [단:검]'과 같이 다른 환경에서는 얼
마든지 비음과 'ㄱ, ㄷ, ㅈ' 등이 결합할 수 있기 때문이다.

01

답 | ①

㉠, ㉡에 해당하는 예끼리 바르게 짝지어진 것은?

정답 선지 분석

	㉠	㉡
①	믿는[민는]	안고[안:꼬]

4문단에 따르면 '믿는'의 '믿-'은 비음인 'ㄴ' 앞에 평파열음인 'ㄷ'이 올 수 없어 '민-'으로
교체되었으므로 자동적 교체에 해당한다. 5문단에 따르면 '안고'는 비음으로 끝나는 어간
'안-' 뒤에서 '-고'가 '-꼬'로 교체되는 경우로, '-고'는 비음인 'ㄴ' 뒤에 'ㄱ, ㄷ, ㅈ'과 같은
자음이 오지 못해 '-꼬'로 교체된 것이 아니므로 비자동적 교체에 해당한다.

오답 선지 분석

②	삶도[삼:도]	김장[김장]

'삶도'의 '삶'은 음절의 종성에 두 개의 자음이 발음되는 것을 허용하지 않는 음운론적 제약으
로 인해 '삼'으로 교체되었으므로 자동적 교체에 해당한다. 그러나 '김장'은 교체가 일어나고
있지 않다.

③	입은[이븐]	넘다[넘:따]

'입은'이 '이븐'으로 발음되는 것은 앞말 받침 뒤에 모음으로 시작하는 형식 형태소가 결합하
여 받침을 그대로 뒤 음절 초성으로 옮겨 발음한 것이므로 교체에 해당하지 않는다. '넘다'는
비음으로 끝나는 어간 '넘-' 뒤에서 '-다'가 '-따'로 교체되는 비자동적 교체에 해당한다.

④	밥만[밤만]	앉는[안는]

'밥만'의 '밥'은 비음인 'ㅁ' 앞에 평파열음인 'ㅂ'이 올 수 없어 '밤'으로 교체되었으므로 자동
적 교체에 해당한다. 또한 '앉는'의 '앉'은 음절의 종성에 두 개의 자음이 발음되는 것을 허
용하지 않는 음운론적 제약으로 인해 '안-'으로 교체되었으므로 자동적 교체에 해당한다.

⑤	닭이[달기]	삼고[삼:꼬]

'닭이'가 '달기'로 발음되는 것은 앞말 받침 뒤에 모음으로 시작하는 형식 형태소가 결합하여
받침을 그대로 뒤 음절 초성으로 옮겨 발음한 것이므로 교체에 해당하지 않는다. '삼고'는 비
음으로 끝나는 어간 '삼-' 뒤에서 '-고'가 '-꼬'로 교체되는 비자동적 교체에 해당한다.

02

답 | ②

윗글을 바탕으로 <보기>에 대해 이해한 내용으로 적절하지 않은 것은?

보기

ⓐ 닭: 닭이[달기], 닭도[닥또], 닭만[당만], 통닭은[통달근]

ⓑ 책: 책이[채기], 책도[책또], 책만[챙만], 공책은[공채근]

ⓒ 밥: 밥이[바비], 밥도[밥또], 밥만[밤만], 찬밥은[찬바븐]

ⓓ 달: 달이[다리], 달도[달도], 달만[달만], 반달은[반:다른]

ⓔ 잎: 잎이[이피], 잎도[입또], 잎만[임만], 솔잎은[솔리픈]

정답 선지 분석

② ⓑ: '책'은 기본형을 따로 정할 필요 없이 그 자체로 기본형이 되겠군.

ⓑ의 '책'은 환경에 따라 '책이[채기]', '공책은[공채근]', '책도[책또]'에서는 '책'으로 '책만
[챙만]'에서는 '챙'으로 실현된다. 따라서 '책'이 기본형을 따로 정할 필요가 없는 경우에 해
당하는 것이 아니라, 이형태가 복수로 존재하여 기본형을 정해 주는 경우에 해당한다.

① ⓐ: '닭'의 이형태들은 상보적 분포를 보이는군.

ⓐ의 '닭'은 환경에 따라 '[덕]', '[당]' 등으로 실현되며 상보적 분포를 보인다.

③ ⓒ: '밥'이 이형태를 가지는 것으로 보아 교체가 일어났다고 볼 수 있겠군.

ⓒ의 '밥'은 환경에 따라 '밥이[바비]', '밥도[밥또]', '찬밥은[찬바븐]' 등에서는 '[밥]'으로, '밥만[밤만]'에서는 '[밤]'으로 실현된다. 따라서 '밥'은 이형태를 가지고 있다고 볼 수 있다. 이때 한 형태소가 환경에 따라 다른 모습으로 실현되는 것을 교체라고 하며 교체에 의해 달리 실현된 형태를 이형태라 하였으므로 적절하다.

④ ⓓ: '달'은 앞이나 뒤에 어떠한 형태소가 오더라도 하나의 형태로만 나타나는군.

ⓓ의 '달'은 앞이나 뒤에 어떠한 형태소가 오더라도 항상 '[달]'로만 실현된다.

⑤ ⓔ: '잎'은 환경에 따라 다른 모습으로 나타나므로 이형태들을 대표할 수 있는 기본형을 설정하겠군.

ⓔ의 '잎'은 환경에 따라 '[입]', '[임]' 등으로 실현되므로 이들을 대표할 수 있는 형태인 '잎'을 기본형으로 설정한다.

03
답 | ④

\<보기\>의 [A]에 들어갈 말로 적절하지 않은 것은?

> 보기
>
> 학생: 선생님, 피동 표현은 어떤 경우에 사용하나요?
>
> 선생님: 피동 표현은 행위의 주체보다 대상을 부각하고 싶을 때, 행위의 주체를 분명하게 밝히지 않고자 할 때, 행위의 주체가 중요하지 않거나 누구나 아는 사람이어서 말할 필요가 없을 때 사용해요. 또한 행위의 주체를 분명히 설정하기 어려운 경우에 사용하기도 해요. 이제 아래 자료를 보고 피동 표현에 대해 탐구해 봅시다.
>
> ㉠ ┌ 벌이 그를 쏘았다.
>   └ 그가 벌에 쏘였다.
>
> ㉡ ┌ 내가 편지를 찢었다.
>   └ 편지가 찢어졌다.
>
> ㉢ ┌ 기자가 내 이야기를 신문에 실었다.
>   └ 내 이야기가 신문에 실렸다.
>
> ㉣ ┌ 국민들이 대통령을 뽑았다.
>   └ 대통령이 뽑혔다.
>
> ㉤ ┌ *A가 추웠던 날씨를 풀었다.
>   └ 추웠던 날씨가 풀렸다.
>
> '*'는 문법에 맞지 않음을 나타냄.
>
> 학생: [A]
> 선생님: 네, 맞아요.

④ ㉣을 보니, 행위의 주체인 '대통령'이 누구나 아는 사람일 때 피동 표현을 사용할 수 있겠군요.

㉣에서 '대통령'을 뽑은 행위의 주체는 '국민들'이다. ㉣은 행위의 주체가 누구나 아는 사람이어서 말할 필요가 없을 때 피동 표현을 사용할 수 있는 경우이다.

① ㉠을 보니, 피동 표현을 통해 행위의 대상인 '그'를 부각할 수 있겠군요.

㉠에서 쏘는 행위의 주체는 '벌'이고 행위의 대상은 '그'이다. ㉠은 '그'를 부각하기 위해 피동 표현을 사용한 경우이다.

② ㉡을 보니, 피동 표현을 통해 '편지'를 찢은 주체를 분명하게 밝히지 않을 수 있겠군요.

㉡은 피동 표현을 통해 '편지'를 찢은 주체인 '나'를 밝히지 않고 있다.

③ ㉢을 보니, 행위의 주체인 '기자'가 중요하지 않을 때 피동 표현을 사용할 수 있겠군요.

㉢은 행위의 주체인 '기자'가 중요하지 않을 때 피동 표현을 사용할 수 있는 경우이다.

⑤ ㉤을 보니, 행위의 주체를 분명히 설정하기 어려워 피동 표현을 사용했겠군요.

㉤은 '날씨'를 푼 행위의 주체를 분명히 설정하기 어려워 피동 표현을 사용한 경우이다.

04
답 | ③

\<보기\>의 ㄱ~ㄹ을 탐구한 내용으로 적절하지 않은 것은?

> 보기
>
> ㄱ. 나는 키가 크다.
> ㄴ. 나는 여름만 좋아한다.
> ㄷ. 그녀는 시인이자 선생님이다.
> ㄹ. 그녀가 사과를 먹고 나는 배를 먹는다.

③ ㄴ과 ㄷ의 서술어의 개수는 동일하군.

ㄴ은 홑문장으로 서술어는 '좋아한다' 1개이며, ㄷ은 겹문장 중 이어진문장으로 서술어는 '시인이자'와 '선생님이다' 2개이다.

① ㄱ과 ㄷ을 구성하는 문장 성분의 종류는 동일하군.

ㄱ은 서술절을 가진 안은문장으로 주어 '나는'과 서술어의 역할을 하는 서술절 '키가 크다'로 이루어져 있고, '키가 크다'는 주어 '키가'와 서술어 '크다'로 이루어져 있다. ㄷ은 이어진문장으로 앞 절의 주어 '그녀는', 서술어 '시인이자', 뒤 절의 주어 '그녀는', 서술어 '선생님이다'로 이루어져 있다. 따라서 ㄱ과 ㄷ을 이루고 있는 문장 성분은 주어와 서술어로 동일하다.

② ㄱ과 ㄹ은 모두 주어와 서술어의 관계가 두 번 나타나는군.

ㄱ은 '나는'이 안은 문장의 주어이고 '키가 크다'라는 서술절이 서술어의 역할을 하는, 서술절을 가진 안은문장이다. ㄹ은 '그녀가 사과를 먹고'와 '나는 배를 먹는다'라는 2개의 절이 대등하게 이어져 있다. 따라서 ㄱ, ㄹ은 모두 주어와 서술어의 관계가 두 번 나타나 있다.

④ ㄴ과 ㄹ은 모두 주어와 목적어를 포함하고 있군.

ㄴ의 '나는'은 주어, '여름만'은 목적어이고, ㄹ의 '그녀가', '나는'은 주어, '사과를', '배를'은 목적어이므로 ㄴ과 ㄹ은 모두 주어와 목적어를 포함하고 있다.

⑤ ㄷ과 ㄹ은 모두 연결 어미를 포함하고 있군.

ㄷ과 ㄹ은 대등하게 연결된 이어진문장으로, ㄷ은 '-자'라는 대등적 연결 어미를, ㄹ은 '-고'라는 대등적 연결 어미를 포함하고 있다.

05

답 | ①

<보기>의 ㉠~㉢에 들어갈 말로 바르게 짝지어진 것은?

보기

중세 국어에서 과거 시제는 선어말 어미 '-더-'를 사용하여, 미래 시제는 선어말 어미 '-리-'를 사용하여 표현하였다. 하지만 현재 시제는 품사에 따라 다르게 표현했는데, 동사는 선어말 어미 '-ᄂᆞ-'를 사용하였고 형용사와 '체언+이다'는 특정한 선어말 어미를 사용하지 않았다.

∘ 내(㉠)
[내가 가겠습니다.]

∘ 사ᄅᆞ미(㉡)
[사람의 스승이시다.]

∘ 네 이제 ᄯᅩ(㉢)
[네가 이제 또 묻는다.]

정답 선지 분석

	㉠	㉡	㉢
①	가리이다	스스이시다	묻ᄂᆞ다

㉠의 현대어 '가겠습니다'를 통해 ㉠은 동사의 미래 시제임을 알 수 있고 이때의 중세 국어 표현은 선어말 어미 '-리-'를 사용한 '가리이다'이다.

㉡의 현대어 '스승이시다'를 통해 ㉡은 '체언+이다'의 현재 시제임을 알 수 있고 이때의 중세 국어 표현은 특정한 선어말 어미를 사용하지 않은 '스스이시다'이다.

㉢의 현대어 '묻는다'를 통해 ㉢은 동사의 현재 시제임을 알 수 있고 이때의 중세 국어 표현은 선어말 어미 '-ᄂᆞ-'를 사용한 '묻ᄂᆞ다'이다.

DAY 3 | 디지털 워터마킹

빠른 정답 체크

01 ③   02 ①   03 ③   04 ②   05 ①

❶ 디지털 이미지 워터마킹은 디지털 이미지에 저작권자나 배급자의 서명, 마크 등의 특정 정보를 다른 사람들이 인식하지 못하도록 삽입하는 것을 말한다. 이때 삽입된 정보를 디지털 워터마크라고 하며, 이것은 「디지털 이미지의 무단 배포, 무단 복사 등이 발생했을 때 저작권을 주장하거나 원본 이미지의 훼손 여부를 검증하기 위한 수단」으로 활용된다.

┌ ❷ 디지털 이미지 워터마킹은 이미지의 공간 영역 활용 방식과 주파수 영역 활용 방식으로 나눌 수 있는데, 공간 영역 활용 방식으로는 LSB(Least Significant Bit) 치환 방법이 있다. 흑백 원본 이미지에 흑백 워터마크 이미지를 삽입하는 과정을 통해 그 원리를 살펴보자. 흑백 이미지를 구성하는 한 픽셀*의 색상은 밝기에 따라 0~255까지의 정숫값을 가지는데 0은 검은색, 255는 흰색을 나타낸다. 이를 컴퓨터가 처리하는 데이터의 기본 단위인 8비트*로 나타내면 각각의 픽셀은 검은색인 00000000 부터 흰색인 11111111 까지 총 256가지의 값 중 하나를 갖게 되며, 그 숫자가 클수록 흰색에 가깝다. 이때 각 픽셀은 8비트의 데이터 중 왼쪽에 위치하는 상위 비트가 바뀔수록 그에 해당하는 정숫값의 변화가 크기 때문에 색상의 변화를 육안으로 인식하기 쉽고, 오른쪽 하위 비트가 바뀔수록 색상의 변화를 육안으로 인식하기 어렵다. LSB는 색상 변화에 가장 영향을 적게 주는 오른쪽 마지막 최하위 비트를 ㉠ 말한다. LSB 치환 과정에서는 「원본 이미지에 시각적인 변화를 주지 않기 위해 워터마크 이미지의 픽셀 데이터를 원본 이미지의 각 픽셀의 LSB에 하나씩 나누어 숨긴다.」

[A]

❸ 이때 원본 이미지 각 픽셀의 8개의 비트 중 LSB에만 데이터를 삽입하기 때문에 워터마크 이미지의 한 픽셀 데이터를 삽입하기 위해서는 원본 이미지의 픽셀 8개가 필요하다. 결국 「원본 이미지의 픽셀 수는 최대로 삽입 가능한 비트 수와 같기 때문에 원본 이미지의 픽셀 수가 워터마크 이미지의 전체 비트 수보다 적다면 워터마크 이미지의 데이터 일부는 삽입할 수 없게 된다.」 그리고 원본 이미지의 픽셀 수가 워터마크 이미지의 전체 비트 수보다 많을수록 원본 이미지에 시각적 변화가 적게 나타난다. 이 방법은 「많은 양의 데이터를 빠르고 간단하게 삽입할 수 있으며, 원본 이미지의 각 픽셀에서 LSB만 변경하기 때문에 시각적으로 색상이나 감도의 변화를 감지하기 어렵다.」 그러나 워터마크가 삽입된 이미지의 LSB를 인위적으로 조작하는 경우 워터마크가 쉽게 제거될 수 있다는 단점이 있다.

❹ 주파수 영역을 활용하는 방식으로는 DCT(Discrete Cosine Transform)를 이용하는 방법이 주로 쓰인다. DCT는 이미지 데이터를 공간값에서 주파숫값으로 바꾸는 과정이다. 「이미지에 DCT를 적용하면 주변 픽셀과 색상이나 밝기 차이가 적은 픽셀은 낮은 주파숫값으로, 경계선 등 주변 픽셀과 색상이나 밝기 차이가 큰 픽셀은 높은 주파숫값으로 나타난다.」 원본 이미지를 일정한 크기의 여러 블록으로 나누고 블록별로 각 픽셀의 색상값을 DCT 수식에 따라 변환하면 주파숫값 분포표를 얻을 수 있다. 주파숫값 분포표에는 좌측 상단으로 갈수록 낮은 주파숫값, 우측 하단으로 갈수록 높은 주파숫값이 분포하게 되는데 이미지의 색상이나 밝기에 따라 각 주파숫값이 분포하는 영역의 비율은 다르게 나타난다. 이때 워터마크 이미지의 픽셀의 색상값을 주파숫값 형태로 삽입한 후 다시 역변환 수식에 따라 변환하면, 어느 주파숫값에 삽입하든 워터마크가 원본 이미지의 전 영역에 걸쳐 고르게 분산된 형태로 삽입된다.

❺ 인간의 시각은 낮은 주파수 성분의 변화에는 민감하나 높은

주파수 성분의 변화에는 둔감하기 때문에 높은 주파숫값이 분포 하는 영역에 워터마크를 삽입하면 원본 이미지의 시각적인 변화 를 최소화할 수 있다. 그러나 JPEG와 같은 방식의 압축 이미지 `LSB 치환 방법처럼 시각적인 변화를 최소화하려 함` 알고리즘은 높은 주파수 성분의 요소를 제거하여 이미지를 압축 `이미지에서 주변 픽셀과 색상이나 밝기 차이가 큰 픽셀을 제거함` 하기 때문에 높은 주파숫값이 분포하는 영역에 워터마크를 삽입 하면 이미지 압축과 같은 과정에서 워터마크가 삭제될 수 있다. 그래서 워터마크를 삽입할 때는 낮은 주파숫값이 분포하는 영역 과 높은 주파숫값이 분포하는 영역의 경계면에 해당하는 특정 주 `이미지 압축 과정에서 워터마크가 삭제되는 것을 방지함` 파숫값 영역을 중심으로 워터마크 정보를 삽입한다.

❻ 이 방법은 이미지의 왜곡이 적어 시각적으로 원본 이미지와 의 차이를 식별하기 어렵다. 또한 삽입할 데이터를 이미지 영역 `DCT를 이용하는 방법의 장점 ①` 에 골고루 분산시키기 때문에 변형의 과정을 거쳐도 LSB 치환 방 법에 비해 워터마크가 상대적으로 쉽게 제거되지 않는다. 그러나 `DCT를 이용하는 방법의 장점 ②` 데이터 삽입이 가능한 주파숫값의 개수가 원본 이미지의 픽셀 수 보다는 훨씬 적기 때문에, 삽입할 수 있는 데이터의 양이 LSB 치 환 방법보다 상대적으로 적다. 그리고 픽셀의 개수가 같은 이미 `DCT를 이용하는 방법의 단점 ①` 지라 하더라도 이미지의 색상이나 밝기에 따라 각 주파숫값이 분 포하는 영역의 비율이 달라지기 때문에 이미지에 따라 삽입할 수 있는 데이터의 양이 달라질 수 있다. `DCT를 이용하는 방법의 단점 ②`

* **픽셀**: 작은 점의 행과 열로 이루어져 있는 화면의 작은 점 각각을 이르는 말.
* **비트**: 2진 기수법 표기의 기본 단위. 2진 기수법에서는 모든 수를 0과 1로만 표 기하는데 이 0 또는 1이 각각 하나의 비트가 된다.

01

윗글을 통해 답을 찾을 수 **없는** 질문은?

답 | ③

정답 선지 분석

③ 디지털 이미지 워터마킹 기술의 전망은 어떠한가?
디지털 이미지 워터마킹 기술의 전망은 드러나 있지 않다.

오답 선지 분석

① 디지털 워터마크의 용도는 무엇인가?
1문단에서 디지털 워터마크는 디지털 이미지의 무단 배포, 무단 복사 등이 일어났을 때 저작 권을 주장하거나 원본 이미지의 훼손 여부를 검증하기 위한 수단으로 쓰인다는 것을 알 수 있다.

② 디지털 이미지 워터마킹의 개념은 무엇인가?
1문단에서 디지털 이미지 워터마킹의 개념이 디지털 이미지에 저작권자나 배급자의 서명, 마크 등의 특정 정보를 다른 사람들이 인식하지 못하도록 삽입하는 것이라고 드러나 있다.

④ 디지털 이미지 워터마크를 삽입하는 원리는 무엇인가?
2~5문단에서 LSB 치환 방법은 원본 이미지와 워터마크 이미지의 각 픽셀 데이터를 이진화 하고 원본 이미지의 LSB에 워터마크 이미지의 각 픽셀 데이터를 삽입하는 원리이며, DCT를 이용하는 방법은 원본 이미지를 일정한 크기의 여러 블록으로 나누고 블록별로 각 픽셀의 색 상값을 DCT 수식에 따라 주파숫값으로 변환하고 워터마크 이미지의 데이터를 주파숫값 형 태로 삽입한 후 다시 역변환 수식에 따라 변환하는 원리임을 알 수 있다.

⑤ 디지털 이미지 워터마킹의 방식에는 어떤 것들이 있는가?
2문단에서 디지털 이미지 워터마킹은 공간 영역 활용 방식과 주파수 영역 활용 방식이 있다 는 것을 알 수 있다.

02

답 | ①

윗글에 대해 이해한 내용으로 적절하지 **않은** 것은?

정답 선지 분석

① LSB 치환 방법은 DCT를 이용하는 방법에 비해 상대적으로 쉽게 워터마크 가 제거되지 않는다.
3문단에서 LSB 치환 방법으로 워터마크를 삽입했을 때, 워터마크가 삽입된 이미지의 LSB 를 인위적으로 조작하는 경우 워터마크가 쉽게 제거될 수 있다는 점을 알 수 있고, 6문단에서 DCT를 이용하는 방법은 LSB 치환 방법에 비해 워터마크가 쉽게 제거되지 않는다는 점을 알 수 있기 때문에 LSB 치환 방법이 DCT를 이용하는 방법에 비해 상대적으로 워터마크가 쉽게 제거되지 않는다는 진술은 적절하지 않다.

오답 선지 분석

② LSB 치환 방법은 DCT를 이용하는 방법에 비해 동일한 원본 이미지에 삽입 할 수 있는 데이터의 양이 많다.
6문단에서 LSB 치환 방법은 삽입할 수 있는 데이터의 양이 DCT를 이용하는 방법에 비해 상 대적으로 많다는 점을 알 수 있다.

③ DCT를 적용하기 위해서는 원본 이미지를 여러 개의 블록으로 분할하고 블 록 단위로 변환을 수행해야 한다.
4문단에서 DCT는 원본 이미지를 일정한 크기의 여러 블록으로 나누고 블록별로 각 픽셀의 색상값을 DCT 수식에 따라 변환한다는 점을 알 수 있다.

④ JPEG 압축 방식은 이미지에서 주변 픽셀과 색상이나 밝기 차이가 큰 픽셀 을 제거하는 방식으로 이루어진다.
5문단에서 JPEG와 같은 방식의 압축 이미지 알고리즘은 이미지에서 주변 픽셀과 색상이나 밝기 차이가 큰 픽셀을 제거하는 방식으로 압축이 이루어진다는 점을 알 수 있다.

⑤ DCT를 이용하는 방법은 원본 이미지의 색상이나 밝기에 따라 삽입할 수 있 는 데이터의 양이 달라질 수 있다.
6문단에서 DCT를 이용하는 방법은 픽셀 수가 같은 원본 이미지라 하더라도 이미지의 색상 이나 밝기에 따라 각 주파수 값이 분포하는 영역의 비율이 달라지기 때문에 이미지에 따라 삽입할 수 있는 데이터의 양이 달라진다.

03

답 | ③

[A]를 바탕으로 <보기>를 이해한 내용으로 적절하지 **않은** 것은?

보기

다음은 LSB 치환 방법을 통해 흑백 이미지에 또 다른 흑백 이미지를 워 터마크로 삽입하는 과정을 도식화하여 나타낸 것이다.

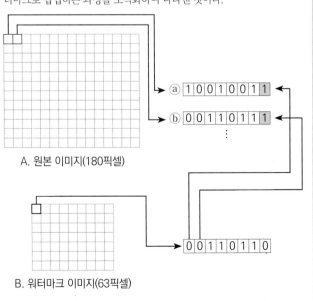

③ B의 픽셀 수가 더 많아지면 A의 시각적인 변화는 줄어든다.

3문단에서 원본 이미지의 픽셀 수가 워터마크 이미지의 전체 비트 수보다 많을수록 원본 이미지에 시각적인 변화가 적게 나타난다는 내용을 통해 B의 픽셀 수가 더 많아지면 A의 시각적인 변화가 더 커진다는 점을 추론할 수 있다. 단, 〈보기〉는 원본 이미지의 모든 LSB에 워터마크 이미지의 픽셀 데이터가 삽입되고도 워터마크 이미지의 데이터 일부를 삽입하지 못하는 상황이므로 이때 워터마크 이미지의 픽셀 수가 더 많아지더라도 원본 이미지는 더 이상의 시각적인 변화가 나타나지 않는다.

오답 선지 분석

① A에 최대로 삽입 가능한 비트 수는 180이다.

3문단에서 LSB 치환 방법은 원본 이미지 각 픽셀의 8개 비트 중에서 LSB에만 데이터를 삽입하기 때문에 결국 원본 이미지의 픽셀 수는 삽입이 가능한 비트 수와 같다는 점을 알 수 있다.

② B의 전체 데이터 중 일부 비트는 A에 삽입할 수 없다.

〈보기〉에서 원본 이미지의 총 픽셀 수는 180개임을 알 수 있고 워터마크 이미지의 총 비트 수는 8×63=504개임을 알 수 있다. 3문단에 따르면, LSB 치환 방법은 원본 이미지의 각 픽셀의 8개 비트 중 LSB에만 데이터를 삽입하기 때문에 원본 이미지의 픽셀 수가 워터마크 이미지의 전체 비트 수보다 적어서 워터마크 이미지의 데이터 일부는 삽입할 수 없게 된다는 점을 알 수 있다.

④ ⓐ 픽셀의 색상이 ⓑ 픽셀의 색상에 비해 더 흰색에 가깝다.

2문단에서 흑백의 이미지를 구성하는 한 픽셀의 색상은 검은색 00000000부터 흰색 11111111까지 총 256가지의 값 중 하나로 표현되는데, 이때 각 픽셀의 8비트 데이터 중 왼쪽에 위치하는 상위 비트가 클수록 흰색에 가깝다는 것을 알 수 있다. 따라서 상위 비트값이 더 큰 ⓐ 픽셀의 색상이 ⓑ 픽셀의 색상보다 더 흰색에 가깝다.

⑤ ⓐ 픽셀과 ⓑ 픽셀에 데이터가 삽입되면 LSB가 모두 1에서 0으로 바뀌게 된다.

2문단에서 LSB 치환 과정에서는 워터마크 이미지의 픽셀 데이터를 원본 이미지의 각 픽셀의 LSB에 하나씩 나누어 삽입한다는 것을 알 수 있다. 따라서 〈보기〉의 과정에 따라 ⓐ 픽셀과 ⓑ 픽셀에 데이터가 삽입되면 두 픽셀의 LSB는 모두 1에서 0으로 바뀌게 된다.

04

답 | ②

DCT(Discrete Cosine Transform)를 이용하는 방법에 대한 이해를 바탕으로 <보기>의 ㉮~㉰에 대해 보인 반응으로 가장 적절한 것은?

보기

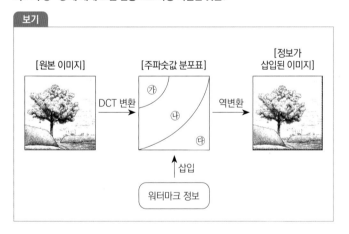

② ㉮에 워터마크를 삽입하면 ㉰에 삽입하는 것보다 역변환 후 원본 이미지의 시각적 변화가 더 크겠군.

4, 5문단의 내용을 통해 ㉮는 저주파숫값이 분포하는 영역, ㉰는 고주파숫값이 분포하는 영역, ㉯는 저주파숫값과 고주파숫값의 경계면이라는 것을 알 수 있고, 5문단에서 저주파 성분의 변화가 고주파 성분의 변화에 비해 시각적으로 민감하게 감지된다는 것을 알 수 있다. 이를 바탕으로 ㉮에 워터마크를 삽입하게 되면 ㉰에 삽입하는 것보다 원본 이미지의 시각적인 변화가 클 것이라 추론할 수 있다.

① ㉮는 ㉯보다 원본 이미지에서 주변 픽셀과 색상이나 밝기 차이가 더 큰 부분이겠군.

4문단에서 고주파숫값이 분포하는 영역이 저주파숫값이 분포하는 영역보다 원본 이미지에서 주변 픽셀과 색상이나 밝기 차이가 더 큰 부분이라는 것을 알 수 있다.

③ ㉯에 삽입된 워터마크가 ㉰에 삽입된 워터마크보다 JPEG와 같은 방식의 압축에 의해 더 쉽게 제거되겠군.

5문단에서 고주파숫값이 저주파숫값에 비해서 이미지 압축 시 더 쉽게 제거된다는 것을 알 수 있다. 따라서 ㉰에 워터마크를 삽입하면 ㉮에 삽입하는 것보다 이미지 압축 시 워터마크가 더 쉽게 제거된다.

④ ㉯에 삽입된 워터마크가 ㉮에 삽입된 워터마크보다 역변환 후 전체 이미지에 더 고르게 분산되겠군.

4문단에서 DCT를 이용하여 워터마크를 삽입하게 되면 어느 주파숫값 영역에 삽입하든 워터마크가 원본 이미지의 전 영역에 걸쳐 고르게 분산된 형태로 삽입된다는 것을 알 수 있다.

⑤ ㉮, ㉯, ㉰ 영역은 원본 이미지와 상관없이 항상 일정한 비율로 나타나겠군.

4문단에서 DCT를 이용하여 이미지를 주파숫값으로 변환했을 때 원본 이미지의 색상이나 밝기에 따라 저주파숫값과 고주파숫값이 분포하는 영역의 비율이 달라진다는 것을 알 수 있다.

05

답 | ①

문맥상 ㉠과 가장 가까운 의미로 쓰인 것은?

① 북극은 지구 자전축의 북쪽 끝을 말한다.

㉠은 'LSB는 오른쪽 마지막 최하위 비트이다'의 맥락에서 사용되었으므로 '어떤 사정이나 사실, 현상 따위를 나타내 보이다'의 의미로 쓰였다.

② 선생님은 그 작가에 대해 항상 좋게 말했다.

'평하거나 논하다'라는 의미로 쓰였다.

③ 난 내 생각을 다른 사람에게 솔직하게 말한다.

'생각이나 느낌 따위를 말로 나타내다'라는 의미로 쓰였다.

④ 친구에게 동생이 오면 문을 열어 달라고 말했다.

'무엇을 부탁하다'라는 의미로 쓰였다.

⑤ 그녀에게 약속 장소를 말하지 않은 것이 생각난다.

'어떠한 사실을 말로 알려주다'라는 의미로 쓰였다.

DAY 4 소유냐 존재냐 & 에리히 프롬의 〈소유냐 존재냐〉 읽기

빠른 정답 체크

01 ③   02 ③   03 ②   04 ②

❶ 인간은 누구나 행복을 추구하며 살아간다. 그런데 과학기술의 발전을 통해 유례없는 풍요를 누리고 있는 현대인은 과연 행복한가? 현대 사회에서의 행복에 대해 고찰한 철학자 에리히 프롬은 행복을 무엇이라고 했는지 알아보자.

❷ 프롬의 사상을 파악하기 위해서는 먼저 그의 인간관을 이해해야 한다. 프롬은 인간과 다른 동물을 구분 지을 수 있는 특성이자
〔이성이라는 본질이 있기 때문에 인간은 다른 동물과 구별됨〕
인간의 본질을 이성이라고 파악했다. 그에 따르면 이성이 있는 인간은 세계와 분리되어 있음을 인지하고 불안과 고독을 느낀다.
〔인간의 실존적 한계가 존재하는 이유〕
이는 인간의 실존적 한계이다. 프롬은 인간은 세계와 합일을 이
〔세계와 분리되어 있다는 데서 오는 불안과 고독〕
루고자 하며, 이러한 열망이 충족될 때 행복을 느낄 수 있다고 보
〔세계와 합일을 이룰 때〕
았다. 그는 인간이 세계와 관계 맺는 방식을 소유적 실존양식과
〔실존양식의 유형〕
존재적 실존양식으로 구분하고 어떤 실존양식을 따르는지에 의해 인간의 사고, 감정, 행동이 결정된다고 보았다.

❸ 먼저 ㉠소유적 실존양식은 자신을 소유물과 동일시함으로써
〔소유적 실존양식의 개념〕
세계와 일체감을 느끼고자 하는 삶의 방식이다. 소유적 실존양식 아래에서 사람들은 소유를 통해 감각적 욕망을 충족시킬 수 있지만, 욕망이 충족된 후에도 소유에 대한 탐욕을 느낀다. 자신과 세계와의 합일이 자신이 소유한 것에 의해 결정된다고 보기 때문이
〔소유적 실존양식에서 세계와의 합일을 이루는 방법〕
다. 프롬에 따르면 이러한 탐욕은〔소유물을 차지하기 위한 경쟁
〔: 소유에 대한 탐욕이 불러일으키는 욕구와 감정〕
의 욕구와 타인의 소유물을 빼앗기 위한 폭력의 욕구, 자신의 소유물을 잃을 수도 있다는 불안감〕을 불러일으킬 수밖에 없다. 그렇기에 소유적 실존양식 아래에서 사람들은〔더 많이 소유하는
〔: 소유적 실존양식에서 사람들이 행복을 찾는 방법〕
것, 자신의 소유물을 지키며 타인의 소유물을 빼앗을 수 있는 권력을 차지하는 것〕에서 행복을 찾으려고 한다. 프롬은 생존을 위해 필요한 최소한의 소유를 부정하지는 않았지만 소유를 통해 행
〔프롬의 비판 대상〕
복의 원천을 발견하려는 집착적 욕망을 비판했다. 프롬이 보기에 이러한 욕망에는 포화점이 없다. 이미 소유한 것은 더 이상 충족감을 줄 수 없으며, 소유를 통해서는 인간의 근원적 불안과 외로
〔소유를 통해서는 인간의 실존적 한계를 극복할 수 없음〕
움은 극복되지 않기 때문이다.

❹ 프롬은 이러한 소유적 실존양식이 아닌 ㉡존재적 실존양식으로 살아갈 것을 제안했다. 존재적 실존양식은 소유에서 벗어나
〔존재적 실존양식의 개념〕
세계와 하나가 되는 삶의 방식이다. 프롬은 세계와 합일을 이루기 위해서는 이성적 능력을 생산적으로 사용해야 한다고 했는데,
〔존재적 실존양식에서 세계와의 합일을 이루는 방법〕
이때 '생산적'이라는 것은 쓸모 있는 결과물을 만들어 내는 능력

이 아니라 내면의 능동적인 상태를 의미한다. 예를 들어 프롬은
〔'생산적'의 의미〕
시를 읽고 의미를 깊이 있게 고민하는 사람의 내면에서는 능동적
〔이성적 능력을 생산적으로 사용하는 사람〕
인 작용이 일어나고 있다고 보았다. 존재적 실존양식 아래에서 사람들은〔자신이 세계와 긴밀하게 결합해 있다고 느끼므로 가진
〔: 소유적 실존양식과의 차이〕
것을 잃을 수 있다는 불안에 시달리지 않는다.〕그래서 다른 존재
〔다른 존재를 소유를 위한 경쟁의 대상으로 보지 않음〕
에 대해 호의적이다. 이때 사람들은 타인을 사랑하고 자신이 가
〔존재적 실존양식에서 사람들이 행복을 찾는 방법(궁극적 행복)〕
진 것을 나눔으로써 다른 존재의 성장을 도우려 하는데, 프롬은 이러한 삶의 모습을 궁극적 행복이라 보았다.

❺ 한편 프롬에 따르면 두 실존양식에서는 우리가 일상생활에서
〔실존양식에 의해 인간의 사고, 감정, 행동이 결정되기 때문〕
사용하는 물건들과 지식·사상 등이 모두 그 대상으로 나타난다. 예를 들어 소유적 실존양식을 따르는 사람에게 학습은 권력 추구
〔소유적 실존양식을 따르는 사람의 학습에 대한 인식〕
의 수단이 되지만 존재적 실존양식을 따르는 사람에게 학습은 내면의 새로운 사고를 촉발하는 과정이 된다고 보았다.
〔존재적 실존양식을 따르는 사람의 학습에 대한 인식〕

❻ 그렇다면 프롬은 현대 사회에서의 행복 문제를 어떻게 진단했을까? 프롬이 보기에 현대인은〔물질적 풍요를 통한 감각적 욕망
〔: 프롬이 진단한 현대인의 모습〕
의 충족을 누리고 있지만, 고독과 불안에 시달리고 있다.〕그에 따르면 이 같은 현대 사회의 병리적 현상이 일어나는 원인은 끝없는 소비를 조장하여 무한한 이윤을 추구하는 소유지향적인 사회
〔현대 사회의 병리적 현상의 원인〕
이다. 프롬은 현대 사회의 병리적 현상과 같은 위기는 개인이 존재지향적 삶을 사는 것만으로는 극복하기 어려우며, 근본적 해결
〔개인적 차원의 노력으로는 극복할 수 없음〕
을 위해 사회적 변혁이 필요하다고 역설했다. 그는 사회의 구조
〔현대 사회의 병리적 현상을 해결하는 방법〕
와 규범에 따라 주된 실존양식이 무엇인지 결정된다고 보았기 때문이다.

❼ 이처럼 프롬은〔무한 소비를 조장하는 현대 사회의 병리적 현
〔: 프롬에 대한 평가〕
상을 고찰하고 인간에 대한 신뢰를 바탕으로 해결책을 제시한 휴머니스트〕로 평가받는다.

01   답 | ③

윗글을 통해 답을 찾을 수 없는 질문은?

정답 선지 분석

③ 프롬은 동물과 달리 인간이 이성을 가지는 이유를 무엇이라고 보았는가?
2문단에 따르면, 프롬은 인간과 다른 동물을 구분 지을 수 있는 특성이자 인간의 본질을 이성으로 파악했음을 알 수 있다. 하지만 프롬은 인간이 다른 동물과 달리 이성을 가지고 있는 이유를 설명하지는 않았다.

오답 선지 분석

① 프롬은 현대 사회의 병리적 현상의 원인을 무엇이라고 진단했는가?
6문단에 따르면, 프롬은 현대 사회의 병리적 현상의 원인을 현대 사회가 끝없는 소비를 조장하여 무한한 이윤을 추구하는 소유지향적 사회이기 때문이라고 보았음을 알 수 있다.

② 프롬은 실존양식에 따라 학습의 의미가 어떻게 달라진다고 보았는가?
5문단에 따르면, 프롬은 학습이 소유적 실존양식을 따르는 사람에게는 권력 추구의 수단이 되지만 존재적 실존양식을 따르는 사람에게는 내면의 새로운 사고를 촉발하는 과정이 된다고 보았음을 알 수 있다.

④ 프롬은 사회의 주된 실존양식을 결정짓는 요인을 무엇이라고 보았는가?

6문단에 따르면, 프롬은 사회의 주된 실존양식은 그 사회의 구조와 규범에 따라 결정된다고 보았음을 알 수 있다.

⑤ 프롬은 존재적 실존양식 아래에서 사람들이 타인에게 호의적인 이유를 무엇이라고 보았는가?

4문단에 따르면, 프롬은 존재적 실존양식 아래에서 사람들은 가진 것을 잃을 수 있다는 불안에 시달리지 않으므로 다른 존재에게 호의적이라고 보았음을 알 수 있다.

02
답 | ③

㉠, ㉡에 대한 이해로 적절하지 않은 것은?

정답 선지 분석

③ ㉡에서 유용한 결과물을 생산하는 것은 행복을 실현할 수 있는 조건이다.

4문단에 따르면, 세계와 합일을 이루기 위해서는 이성적 능력을 생산적으로 사용해야 하며, '생산적'이라는 것은 쓸모 있는 결과물을 만들어 내는 능력이 아니라 내면의 능동적인 상태를 의미한다고 했다. 따라서 유용한 결과물을 생산하는 것은 행복을 실현할 수 있는 조건으로 볼 수 없다.

오답 선지 분석

① ㉠에서 소유에 대한 탐욕은 경쟁심을 불러일으키는 요인이다.

3문단에 따르면, 소유적 실존양식 아래에서 사람들은 소유에 대한 탐욕을 느끼며, 이는 소유물을 차지하기 위한 경쟁의 욕구를 불러일으킨다.

② ㉠은 권력을 차지하는 것을 통해 소유의 충족감을 얻고자 하는 삶의 방식이다.

3문단에 따르면, 소유적 실존양식 아래에서 사람들은 자신의 소유물을 지키며 타인의 소유물을 빼앗을 수 있는 권력을 차지하는 것에서 행복을 찾으려고 한다.

④ ㉡은 상실에 대한 불안에서 벗어나 타인을 사랑하고 자신이 가진 것을 나눌 수 있는 삶의 방식이다.

4문단에 따르면, 존재적 실존양식 아래에서 사람들은 가진 것을 잃을 수 있다는 불안을 느끼지 않으므로 다른 존재에 대해 호의적이며, 타인을 사랑하고 자신이 가진 것을 나눔으로써 다른 존재의 성장을 도우려고 한다.

⑤ ㉠과 ㉡은 모두 일상의 사물과 관념적 대상에 적용되는 삶의 방식이다.

5문단에 따르면, 프롬은 각 실존양식이 일상생활에서 사용하는 물건들과 지식·사상 등과 같은 관념적 대상에 적용되는 삶의 방식이라고 보았음을 알 수 있다.

03
답 | ②

다음은 A와 B가 나눈 대화의 일부이다. 윗글을 바탕으로 할 때, ㉮에 들어갈 내용으로 가장 적절한 것은?

A: 내가 어제 책을 읽었는데, 행복을 위해서 아무것도 소유하지 않아야 한다고 하더라고. 그런데 현실적으로 생각하면 인간이 생존에 필수적인 의식주 없이 어떻게 살겠어? 또 난 얼마 전에 최신 휴대폰을 구매했는데 행복했어. 이처럼 소유를 통해 행복을 느낄 수도 있는 것 아닐까?

B: 그 문제에 대해서 프롬은 [㉮   ]고 이야기를 했어.

정답 선지 분석

② 삶을 영위하기 위한 기본적인 소유는 불가피한 것이지만 소유를 통해 행복을 찾으려는 욕망은 완전히 채워질 수 없다

3문단에 따르면, 프롬은 생존을 위해 필요한 최소한의 소유는 부정하지 않았음을 알 수 있다. 따라서 A의 의문에 대해 프롬은 삶을 영위하기 위한 기본적인 소유는 불가피하다고 답변했을 것이다. 또 3문단에 따르면, 프롬은 소유를 통해 행복의 원천을 발견하려는 집착적 욕망에는 포화점이 없으며, 소유를 통해서는 인간의 근원적 불안과 외로움을 극복할 수 없다고 하였음을 알 수 있다. 따라서 A의 의문에 대해 프롬은 소유를 통해 행복을 찾으려는 욕망은 완전히 채워질 수 없다고 답변했을 것이다.

오답 선지 분석

① 소유물은 소유하고 있는 동안 충분한 만족감과 행복을 제공하므로 소유를 통한 행복이 필요하다

3문단에 따르면, 프롬은 이미 소유한 것은 더 이상 충족감을 줄 수 없으며 소유를 통해서는 인간의 근원적 불안과 외로움은 극복될 수 없다고 하였다.

③ 소유를 통해 만족감을 얻거나 행복의 원천을 발견하려는 집착적 욕망을 극복할 수 없으므로 모든 소유의 방식을 부정해야 한다

3문단에 따르면, 프롬은 최소한의 소유를 부정하지는 않았다.

④ 생존을 위한 소유는 필요하지만 소유물과 자신을 동일시하는 태도는 세계와의 대립을 유발하므로 행복에 대한 욕망을 버려야 한다

프롬은 행복에 대한 욕망을 버려야 한다고 보지는 않았다.

⑤ 소유를 통한 행복을 부정하지는 않지만 처음 소유했을 때의 만족감은 시간이 지나면 사라지기 때문에 최소한의 소유도 필요 없다

3문단에 따르면, 프롬은 최소한의 소유를 부정하지는 않았다.

04
답 | ②

윗글과 <보기>를 비교한 내용으로 적절하지 않은 것은?

보기

인간의 본질인 이성이 탁월하게 실현된 상태가 덕이며, 덕이 구현된 상태가 행복이다. 행복은 세 가지로 나눌 수 있다. 첫 번째는 감각적 욕망의 충족을 통해 누릴 수 있는 행복이다. 하지만 이것은 찰나이며 지나칠 경우 거부감을 줄 수 있다. 두 번째는 사회에 책임을 지는 시민으로서의 정치적 행복이다. 이때 인간의 덕은 공동체의 훈육을 통해 개발되므로 인간은 사회를 떠나서 행복할 수 없다. 마지막은 이성적 사고를 통해 세상의 질서를 깨닫는 철학자로서의 행복이며, 최고의 행복이다. 인간이 행복한 삶을 누리기 위해서는 이 세 가지 행복을 함께 구현해야 한다. 행복이란 한순간의 감정이 아니라 덕의 실현이 습관화됐을 때 도달할 수 있는 경지이므로 어떤 사람이 행복한 사람인지를 알기 위해서는 그 사람이 일생에 이룩한 인격적 성숙에 따라 평가해야 한다.

정답 선지 분석

② 프롬과 <보기>는 모두 행복을 위해서 개인이 사회에 책임을 짐으로써 사회적 변혁을 이끌어야 한다고 보았군.

<보기>는 인간이 사회에 책임을 지는 시민으로서 정치적 행복을 느낄 수 있다고 하였으나, 개인이 사회적 변혁을 이끌어야 한다고 하지는 않았다.

오답 선지 분석

① 프롬과 <보기>는 모두 인간의 행복은 사회의 영향을 받는다고 보았군.

6문단에 따르면, 프롬은 사회의 구조와 규범에 따라 주된 실존양식이 결정된다고 보았음을 알 수 있다. <보기>는 공동체의 훈육을 통해 인간의 덕이 개발되므로 인간은 사회를 떠나 행복할 수 없다고 보았다. 따라서 프롬과 <보기> 모두 인간의 행복이 사회의 영향을 받는다고 보았다.

③ 프롬은 궁극적인 행복이 내면의 능동적인 작용을 통해, 〈보기〉는 최고의 행복이 이성적 사고를 통해 가능하다고 보았군.

4문단에 따르면, 프롬은 이성적 능력을 생산적으로 사용해야 세계와 합일을 이룰 수 있다고 보았는데, 이때 생산적이라는 것은 내면의 능동적인 상태를 의미한다. 〈보기〉는 최고의 행복이 이성적 사고를 통해 세상의 질서를 깨닫는 것이라고 보았다.

④ 한 인간이 행복한지 알기 위해서 프롬은 세계와 합일을 이루었는지를, 〈보기〉는 인격적으로 성숙했는지를 살펴보아야 한다고 보았군.

2문단에 따르면, 프롬은 인간은 이성을 가진 존재로서 실존적 한계를 느끼며, 실존적 한계를 극복하고 세계와 합일을 이룰 때 행복에 도달할 수 있다고 보았음을 알 수 있다. 〈보기〉는 행복은 덕의 실현이 습관화되었을 때 도달할 수 있는 경지이므로 그 사람의 인격적 성숙에 따라 평가해야 한다고 보았다.

⑤ 감각적 욕망의 충족을 프롬은 행복이 아니라고 보았으나, 〈보기〉는 지나치지만 않으면 행복한 삶을 누리기 위한 조건이 된다고 보았군.

3문단에 따르면, 프롬은 소유적 실존양식 아래에서 사람들은 소유를 통해 감각적 욕망을 충족시킬 수 있지만, 소유에 대한 탐욕은 충족되지 않기 때문에 행복을 느낄 수 없다고 보았음을 알 수 있다. 〈보기〉는 감각적 욕망의 충족이 지나칠 경우 거부감을 줄 수 있지만 행복한 삶을 누리기 위해서 세 가지 행복을 함께 구현해야 한다고 보았다. 따라서 〈보기〉는 감각적 욕망의 충족이 행복한 삶을 누리기 위한 조건이라고 보았음을 알 수 있다.

DAY 5 〈모란이 피기까지는〉_김영랑 / 〈그날 나는 슬픔도 배불렀다〉_함민복

빠른 정답 체크

01 ①　　02 ④　　03 ⑤

가

소망의 대상, 미적 대상
모란이 피기까지는
　모란이 개화하는 시기(소망이 이루어지는 계절)
나는 아직 나의 봄을 기둘리고 있을 테요
기다림이 숙명적임을 암시
모란이 뚝뚝 떨어져 버린 날
음성 상징어를 통해 모란이 진 것에 대한 상실감 표현
나는 비로소 봄을 여읜 설움에 잠길 테요
삶의 의미를 잃은 슬픔
「오월 ⓐ 어느 날 그 하루 무덥던 날」
「」: 봄이 가고 여름이 오는 시기
떨어져 누운 꽃잎마저 시들어 버리고는

천지에 모란은 자취도 없어지고

뻗쳐오르던 내 보람 서운케 무너졌느니
모란이 피었을 때의 보람을 잃고 화자의 소망 또한 무너짐
모란이 지고 말면 그뿐 내 한 해는 다 가고 말아
과장법-모란이 지는 것을 인생 전체를 잃는 것으로 생각함
삼백예순 날 하냥 섭섭해 우옵네다
기다림의 나날을 강조
모란이 피기까지는

나는 아직 기둘리고 있을 테요 찬란한 슬픔의 봄을
역설법-모란이 피는 기쁨과 지는 슬픔이 복합됨
　　　　　　- 김영랑, 〈모란이 피기까지는〉 -

수미상관
- 구조적 안정감

나

「아래층에서 물 틀면 단수가 되는
「」: 경제적으로 열악한 형님네의 처지
좁은 계단을 올라야 하는 전세방에서」

만학을 하는 나의 등록금을 위해
'나'는 나이가 들어 뒤늦게 공부를 하고 있음

사글셋방으로 이사를 떠나는 형님네
'나'에 대한 형의 애정 ① - '나'의 등록금을 장만하려 전세에서 월세로 이사를 감
달그락거리던 밥그릇들
청각적 심상 - 이사 가는 상황을 감각적으로 표현
베니어판으로 된 농짝을 리어카로 나르고

집안 형편을 적나라하게 까 보이던 이삿짐

가슴이 한참 덜컹거리고 이사가 끝났다
① 리어카로 짐을 날랐기 때문 ② 형님네에 대한 '나'의 미안함
형은 시장 골목에서 자장면을 시켜주고
'나'에 대한 형의 애정 ②
쉽게 정리될 살림살이를 정리하러 갔다

나는 전날 친구들과 깡소주를 마신 대가로

냉수 한 대접으로 조갈증을 풀면서
입술이나, 입안, 목이 몹시 마르는 느낌
자장면을 앞에 놓고

이상한 중국집 젊은 부부를 보았다
중국인 젊은 부부에 대한 '나'의 초반 인식
「바쁜 점심시간 맞춰 잠자주는 아기를 고마워하며
「」: 화자가 관찰한 중국집 젊은 부부의 긍정적 태도
젊은 부부는 밀가루, 그 연약한 반죽으로

튼튼한 미래를 꿈꾸듯 명랑하게 전화를 받고

서둘러 배달을 나아갔다」

나는 그 모습이 눈물처럼 아름다워
중국인 젊은 부부에 대한 '나'의 변화된 인식
물배가 부른데도 자장면을 남기기 미안하여

마지막 면발까지 다 먹고 나니

더부룩하게 배가 불렀다, 살아간다는 게

ⓑ 그날 나는 분명 슬픔도 배불렀다
슬픔 속에서 아름다움을 발견하였다는 역설적 표현
　　　　　　- 함민복, 〈그날 나는 슬픔도 배불렀다〉 -

01

답 | ①

(가)에 대한 설명으로 적절하지 않은 것은?

정답 선지 분석

① 색채어를 활용하여 대상의 불변성을 부각하고 있다.
색채어를 활용하지 않고 있으며, 모란의 불변성을 드러내는 것도 아니다.

오답 선지 분석

② 변형된 수미상관의 구조를 통해 시의 주제를 강조하고 있다.
시의 첫머리인 1, 2행과 마지막인 11, 12행에 비슷한 구절을 배치한 변형된 수미상관의 구조를 통해 모란이 피는 것에 대한 화자의 기다림을 강조하였다.

③ 도치의 방식으로 시상을 마무리하여 시적 의미를 강조하고 있다.
'나는 아직 기둘리고 있을 테요'와 '찬란한 슬픔의 봄을'을 도치하여 시적 의미를 강조하고 있다.

④ 음성 상징어를 통해 대상의 움직임에서 느끼는 인상을 드러내고 있다.
음성 상징어인 '뚝뚝'을 활용하여 꽃이 떨어지는 느낌을 인상적으로 드러내고 있다.

⑤ 작품의 표면에 나타난 화자가 자신의 정서를 직접적으로 드러내고 있다.
화자인 '나'가 시의 표면에 등장하여 설움의 감정을 직접 드러내고 있다.

정답 및 해설 | 25

WEEK 2

02

답 | ④

ⓐ와 ⓑ에 대한 설명으로 가장 적절한 것은?

[정답 선지 분석]

④ ⓐ는 대상의 소멸로 인해 슬픔을 느낀 시간이고, ⓑ는 슬픔 속에서도 아름다움을 발견한 시간이다.

ⓐ는 모란이 자취도 없이 사라져 화자가 슬픔을 느낀 시간이고, ⓑ는 화자가 중국집 젊은 부부의 모습을 보며 고단한 삶 속에서도 아름다움을 발견한 시간이다.

[오답 선지 분석]

① ⓐ는 대상과의 소통이 확대된 시간이고, ⓑ는 대상과의 소통이 단절된 시간이다.

ⓐ에서 모란과의 소통이 있는 것은 아니며, ⓑ에서 화자가 중국집 젊은 부부를 관찰하지만 소통의 단절은 확인할 수 없다.

② ⓐ는 대상과의 유대감을 느끼는 시간이고, ⓑ는 대상과의 거리감을 느끼는 시간이다.

ⓐ에서 화자는 모란이 사라져 슬픔을 느꼈을 뿐 유대감을 느낀 것은 아니다. ⓑ에서 화자는 중국집 젊은 부부에게 거리감을 느낀 것은 아니다.

③ ⓐ는 대상을 통해 삶의 희망을 찾게 된 시간이고, ⓑ는 대상을 통해 삶의 권태를 느낀 시간이다.

ⓑ는 화자가 명랑하게 살아가는 중국집 젊은 부부의 삶에서 아름다움을 발견한 시간이므로 삶의 권태를 느낀 시간은 아니다.

⑤ ⓐ는 현실에 대한 비판적 태도가 드러나는 시간이고, ⓑ는 미래에 대한 희망이 드러나는 시간이다.

ⓐ가 현실을 비판하는 시간은 아니다.

03

답 | ⑤

<보기>를 참고하여 (가)와 (나)를 감상한 것으로 적절하지 <u>않은</u> 것은?

[보기]

시에서 대비되는 정서나 태도, 이미지가 제시될 때, 화자가 처한 상황이나 대상에 대한 인식이 강조되는 효과가 있다. 그런데 상반되거나 이질적인 정서나 태도, 이미지들이 함께 나타날 때는 표면적으로 모순이 있는 것처럼 보이기도 한다. 하지만 시인은 모순적으로 보이는 것들을 통해서 표면적 진술 너머에 있는 보다 높은 차원의 인식을 보여 준다.

[정답 선지 분석]

⑤ (나): '슬픔도 배불렀다'는 모순된 진술을 통해 중국집 젊은 부부의 고단한 삶과의 대비에서 느끼는 화자 자신의 삶에 대한 만족감을 강조하고 있군.

'슬픔도 배불렀다'는 화자가 고단한 삶 속에서도 긍정적으로 살아가는 중국집 젊은 부부를 보고 슬픔 속에서도 아름다움을 발견했음을 나타낸 것이다. 젊은 부부의 고단한 삶을 보고 화자가 만족감을 느끼는 것은 아니다.

[오답 선지 분석]

① (가): '섭섭해 우옵네다'와 '아직 기둘리고 있을 테요'에서는 꽃이 사라진 것에 대한 화자의 태도가 대비되면서 화자의 기다림이 강조되는군.

'섭섭해 우옵네다'에는 꽃이 사라지는 것을 안타까워하는 화자의 태도가 나타나지만 '아직 기둘리고 있을 테요'를 통해 기다림을 잃지 않는 화자의 태도를 강조한다.

② (가): '찬란한 슬픔'은 모순된 진술처럼 보이지만, 표면적 진술 너머에 슬픔을 극복하려는 화자의 인식이 담겨 있음을 볼 수 있군.

'찬란한'과 '슬픔'은 봄을 수식하는 모순된 진술로, 희망과 절망이 공존하는 봄에 대한 인식을 통해 모란이 지는 슬픔을 극복하려는 모습을 강조한다.

③ (나): '연약한 반죽'과 '튼튼한 미래'에서는 이미지의 대비를 통해 희망을 잃지 않는 중국집 젊은 부부의 건강한 삶을 강조하고 있군.

'연약한'과 '튼튼한'의 이미지 대비를 통해 희망을 잃지 않는 중국집 젊은 부부의 삶을 강조한다.

④ (나): '이상한'과 '눈물처럼 아름다워'에서는 중국집 젊은 부부를 향한 태도가 대비되면서 중국집 젊은 부부에 대한 화자의 긍정적인 인식이 부각되고 있군.

화자가 처음 접한 중국집 젊은 부부의 모습은 '이상한' 것이었지만, 그들의 삶을 관찰하고 '눈물처럼 아름다워'와 같은 긍정적인 태도를 보여 준다.

DAY 6   〈화산기봉〉_작자 미상

[빠른 정답 체크]

01 ⑤   **02** ⑤   **03** ④   **04** ②

「계모 장씨는 이성이 왕실의 한 사람이 되어 그 권세가 가볍지
△: 반동 인물
않음을 알고 늘상 혜랑과 신광 법사에게 의논하였다.」 그러던 차에
「」: 장씨가 이성의 권력을 경계하여 계교를 꾸미고자 함
이성과 화양 공주가 화복하지 않음을 알아챈 혜랑이 말하였다.
혜랑이 장씨에게 계교를 제안하는 원인

"이러한 기회는 두 번 다시 오지 않습니다. 부인께서 뜻을 이루

실 때입니다."

"무슨 말이냐?"

혜랑이 헤헤헤 웃으며 말하였다.

"이렇게 저렇게 하면 묘하지 않겠습니까?"
계교의 구체적인 내용을 밝히지 않아 독자의 궁금증을 유발함
장씨가 잠시 동안 생각하더니 말하였다.

"이는 정말 중요한 일이니 다른 꾀를 생각해 보아라."

혜랑이 신광 법사를 돌아보며 말하였다.

"부인께서 이처럼 약하시니 어떻게 소원을 이루겠습니까?"
장씨가 계교를 실행하도록 종용함
신광 법사가 말하였다.

"이때가 정말 좋으니 부인은 의심하거나 걱정하지 마십시오."

그러고는 비밀스럽게 계교를 행하였다.

한편 보모 정 상궁은 이성이 화양 공주를 박대하자 통한히 여기

고 말하였다.

「"공주께서는 임금님의 아주 귀한 딸입니다. 더욱이 임금님께서
「」: 정 상궁이 화양 공주를 매몰차게 대하는 이성에 대한 원망을 토로함
특별히 부탁하신 혼인인데 부마께서 이렇게 매몰차시니 어찌
                               이성
분하지 않겠습니까?"」

화양이 그 말을 듣고는 볼을 붉히며 말하였다.

"이 무슨 말인가? 서방님이 드러나게 나를 박대함이 없고 도리
                        정 상궁의 말에 대한 화양 공주의 반박
어 나의 불초함을 예로 대한다. 이로 인해 내가 항시 조심하고

있거늘 네가 주인을 원망하며 권세를 운운하니 어찌 한심하지
                        이성을 원망하는 정 상궁을 질책함
않겠는가?"

말의 기운이 엄숙하니 정 상궁이 두려워하며 물러났다. 그때 갑

자기 신발 소리가 나며 이성이 ㉠방으로 들어왔다. 화양이 물러
내려서며 이성을 맞은 후 자리를 잡고 앉았다. 이성이 화양의 기
색을 살펴보니 조금도 방자함이 보이지 않았고, 잘난 척하는 마
<small>이성을 대하는 화양 공주의 태도—이성이 화양 공주에게 정을 가지게 되는 이유</small>
음이 조금도 얼굴에 드러나지 않았다. 이에 화양을 지극히 후대
하며 정이 점점 솟아났다. 한밤중 동안 그곳에 있다가 부모가 있
<small>화양 공주의 방</small>
는 곳으로 가 문안 인사를 정성껏 올렸다.

혜랑은 장씨와 매일 화양을 해칠 계교를 짜는 한편, 신광 법사
에게는 이렇게 저렇게 하되 비밀이 탄로나지 않게 하라고 당부하
고 보냈다. 혜랑의 가르침을 들은 신광 법사는 개용단*으로 이성
<small>비현실적 요소</small>
의 모습을 한 채 ㉡명월루에 숨었다. 밤이 깊어 인적이 고요해지
자, 바로 ㉢화양 공주의 방으로 뛰어 들어가 칼을 빼어 즉시 화
양을 찌르려고 하였다. 때마침 방 밖에 시비들의 소리가 시끄럽
<small>신광 법사가 급하게 행동한 외부적 요인</small>
게 들리자 마음이 급해진 신광 법사는 엉겁결에 비껴 찌르고 도
망갔다. 비명소리를 들은 시비들이 놀라 들어와 시신이 침상 위
<small>계략에 실패함</small>
에 놓여 있는 것을 보고, 목놓아 울며 말하였다.

"이 무슨 일이란 말인가?"

발을 구르고 ㉣외당에 사실을 알리며 우왕좌왕하였다. 이성이
미처 나오지 못한 사이에 이영준이 이성을 급히 불렀다. 이성이
나와 보니 명월루에 울음소리가 진동하였다. 시비들은 급히 뜻하
지 않은 재앙이 화양의 몸에 미쳤다고 전하였다. 이성은 크게 놀
라면서도 얼굴빛을 태연히 하였다. 이성이 화양을 찔렀다는 소식
<small>개용단을 먹은 신광 법사가 이성으로 변모함</small>
을 들은 이영준은 보자마자 어디에 있었는지 물었다. 이성이 정
<small>이성을 향한 의심에서 비롯된 질문</small>
당에 있었다고 답하자, 이영준은 장씨를 의심하면서도 여러 시녀
<small>평소 장씨가 계교를 꾸며 왔음을 알 수 있음</small>
들이 이성이 찔렀다고 하는 말을 듣고는 정신없이 이성과 함께
명월루로 갔다. 시비들이 울부짖으며 어찌할 바를 모르다가 이영
<small>화양 공주가 습격을 당한 공간</small>
준과 이성을 보고 놀랐다. 이영준이 휘장 밖에 서서는 이성에게
들어가 보라고 하였다. 화양은 침상 아래 거꾸러진 채로 유혈이
<small>신광 법사의 칼에 찔린 화양 공주의 모습</small>
낭자하니 그 모습이 매우 잔혹하였다. 왕실의 금지옥엽으로 이런
일을 당하였고, 그 누명이 이성에게 미칠 수 있으니 어찌 멸문지
<small>가문의 존속을 위협할 정도로 중대한 사건임</small>
화*를 면할 수 있겠는가? 그럼에도 얼굴빛이 전혀 흔들리지 않고
천천히 나아가 공주를 살폈다. 두 눈이 감긴 채 두 뺨에는 혈기가
없고 손과 발은 얼음처럼 차가웠다. 「살 방도가 전혀 없어 보였으
<small>「」: 이성의 능력으로 화양 공주를 살려냄</small>
나 비단 저고리를 걷고 자세히 보니 눈같이 흰 피부에 붉은 피가
가득하되 약간의 생기가 있었다. 주머니에서 침을 내어 기를 통
하게 할 곳을 짚어 찔렀다. 이성의 침법이 원래 신이하였기에 얼
<small>이성의 신이한 능력—영웅 소설의 요소</small>
마 지나지 않아 얼굴에 붉은빛이 통하고 생기가 돌았다. 약을 주
자 잠시 후 화양이 숨을 쉬더니 소스라치게 놀라며 깨어났다.」

[중간 부분의 줄거리] 누명을 쓰고 유배되었던 이성은 외적이 쳐들어오자 풀

려나 전장에서 활약하고, 반역의 무리를 제압하는 과정에서 누명을 벗는다.

그때 사신이 이르렀다는 전갈이 오자 이영준이 이상하게 여겨
즉시 당에서 내려가 임금의 교지를 받았다. 보니 장씨의 허물이
<small>장씨가 부정한 짓을 많이 저질러왔음을 알 수 있음</small>
적지 않게 들어 있었다. 궁궐에서 자기 집의 허물이 드러나 모든
<small>장씨의 잘못이 쓰인 임금의 교지를 읽은 이영준의 심리</small>
관리에게 파다하게 알려진 사실이 부끄러운 한편 장씨의 심술에
통분하였다. 이에 노비를 호령하여 장씨를 모시던 시녀와 유모
혜랑을 잡아들이게 한 후 실상을 파헤쳤다. 혜랑이 비록 크게 간
악하지만 일이 이 지경에 이르렀으니 어찌 속일 수 있겠는가? 처
<small>서술자가 개입하여 사건에 대한 주관적 판단을 드러냄</small>
음에 자객을 보내어 이성을 해하려고 한 일부터 화양을 해쳐 그
<small>장씨가 화양 공주에게 화를 입히기 전 이성을 죽이려 했음을 알 수 있음</small>
죄를 이성에게 뒤집어씌운 일까지 바로 자백하였다.

'장씨가 마음이 좁은 여자여서 이미 짐작은 하고 있었지만 간교
<small>간사하고 교활함</small>
함이 이 정도일 줄은 생각도 하지 못하였다.'

생각이 이에 미치자 소리를 높여 꾸짖었다.

"너의 간악한 꾀로 명공의 집안에 화란을 짓고, 요악한 도사와
<small>장씨를 모시던 시녀와 유모 혜랑의 잘못 ①</small>
결탁하여 그 화가 국가에까지 미쳤다. 또한 너의 주인을 아주
<small>장씨를 모시던 시녀와 유모 혜랑의 잘못 ②</small> <small>장씨를 모시던 시녀와 유모 혜랑의 잘못 ③</small>
못된 아녀자로 만들었으니 어찌 죽음을 면하겠느냐?"

말을 마치고는 노비를 명하여 지져 죽이는 형벌을 더해 죽였다.
장씨는 아들의 얼굴을 보아 ㉤후원 냉옥에 가두었다가 개과천선
하기를 기다린 후 다시 처치하고자 하였다. 이때 장씨는 자기 허
물이 온 나라에 시끄럽게 드러나자 크게 부끄러워하며 사람을 멀
리하였다.

한편 열한 살인 이무는 모든 일에 어른처럼 노련하였다. 이 일
<small>장씨와 이영준의 아들, 이성의 이복동생</small>
을 당하니 마치 벼락에 온몸이 부서지는 듯하였다. 어머니 장씨
의 허물이 이처럼 심한 것에 새롭게 놀라며 부끄러워 죽고 싶은
마음이 들었다. 그러나 죄를 받은 어머니를 보살필 사람이 없음
<small>효를 중시하는 사회적 배경이 반영됨</small>
을 알고 목숨을 유지하다가 아버지 이영준의 분노가 조금 가라앉
자 이성과 함께 나아가 울며 말하였다.

「소자들은 천륜의 죄인입니다. 엎드려 바라오니 아버님께서는
<small>「」: 유교적 윤리를 바탕으로 악인을 포용함으로써 가문의 안정을 지향하는 사대부의 면모가 드러남</small>
어머니의 망극한 죄를 더하지 마시어 불초한 저희들로 하여금
만고의 죄인이 되지 않게 해 주십시오.」

말을 하며 눈물을 비처럼 흘리니 그 효성스러운 거동이 사람의
분한 마음을 봄눈 녹듯이 사라지게 할 정도였다.

- 작자 미상, 〈화산기봉(華山奇逢)〉 -

* 개용단: 마음 먹은 대로 모습을 바꿔 주는 묘약.
* 멸문지화: 한집안이 다 죽임을 당하는 끔찍한 재앙.

01

답 | ⑤

윗글에 대한 이해로 가장 적절한 것은?

정답 선지 분석

⑤ 혜랑은 이성과 화양의 불화가 자신의 계획에 유리하게 작용한다고 판단했다.
혜랑이 '이성과 화양 공주가 화목하지 않음'을 알아채고 장씨에게 '이러한 기회는~오지 않습니다.'라고 했으므로 적절하다.

오답 선지 분석

① 이영준은 직접 화양의 상태를 확인하고 이성을 의심했다.
이영준은 이성이 화양을 찔렀다는 소식을 듣고 이성을 의심했다.

② 장씨는 자신의 잘못이 드러났음에도 끝까지 결백을 주장했다.
장씨는 자신의 잘못이 드러나자 크게 부끄러워하며 사람을 멀리하였다.

③ 이영준은 혜랑이 자백하는 척하며 장씨를 모함한 것을 꾸짖었다.
이영준은 혜랑이 장씨를 도와 계교를 꾸민 것을 꾸짖었다.

④ 이성은 화양이 습격을 당할 것을 예상하고 미리 그녀에게 주의를 주었다.
이성은 화양이 습격을 당할 것을 전혀 알지 못했다.

02

답 | ⑤

윗글의 서술상 특징으로 가장 적절한 것은?

정답 선지 분석

⑤ 서술자가 개입하여 사건에 대한 주관적 판단을 드러내고 있다.
'혜랑이 비록~어찌 속일 수 있겠는가?'와 '효성스러운 거동이~사라지게 할 정도였다'에서 서술자가 개입하여 사건에 대한 주관적인 판단을 드러내고 있으므로 적절하다.

오답 선지 분석

① 외양을 세밀하게 묘사하여 인물을 희화화하고 있다.
윗글은 인물의 외양을 세밀하게 묘사하고 있지 않다.

② 꿈과 현실의 교차를 통해 사건의 진상을 밝히고 있다.
윗글은 꿈과 현실의 교차가 드러나지 않는다.

③ 대화와 삽입된 노래를 통해 인물들의 심회를 드러내고 있다.
윗글은 대화를 통해 인물들의 심리를 파악할 수는 있으나, 노래가 삽입된 부분을 찾을 수 없다.

④ 비현실적인 소재를 활용하여 낭만적 분위기를 형성하고 있다.
윗글은 개용단이라는 비현실적인 소재가 나타나지만 이를 통해 낭만적 분위기를 형성하고 있지는 않다.

03

답 | ④

㉠~㉢에 대한 설명으로 적절하지 않은 것은?

정답 선지 분석

④ ㉣은 이영준과 이성이 문제 해결에 대한 의견 차이를 드러내는 곳이다.
이영준이 이성을 '외당'으로 불러서 '어디에 있었는지' 묻고 이성이 '정당에 있었다'고 대답할 뿐, '외당'에서 두 사람이 문제 해결 방식에 대해 의견 차이를 드러내고 있지 않으므로 적절하지 않다.

오답 선지 분석

① ㉠은 이성이 화양의 태도를 확인하고 화양에게 긍정적 감정을 느끼는 곳이다.
이성이 '방'으로 가서 화양이 '방자함'을 보이지 않고 '잘난 척하는 마음'이 드러나지 않는 것을 보고 '정이 점점 솟아'났으므로 적절하다.

② ㉡은 신광 법사가 혜랑의 지시를 이행하기 위해 이동한 곳이다.
신광 법사가 '혜랑의 가르침'을 들은 후 '명월루'로 이동했으므로 적절하다.

③ ㉢은 신광 법사가 외부적인 요인으로 인해 조급히 행동하는 곳이다.
신광 법사가 '화양 공주의 방'에서 '화양을 찌르려고' 하다가 '방 밖에 시비들의 소리' 때문에 '엉겁결에 비껴' 찔렀으므로 적절하다.

⑤ ㉤은 장씨가 자신의 행위를 반성하도록 이영준에 의해 보내진 곳이다.
이영준이 장씨를 '후원 냉옥'에 가두고 '개과천선하기를 기다'렸으므로 적절하다.

04

답 | ②

<보기>를 참고하여 윗글을 감상한 내용으로 적절하지 않은 것은?

보기

〈화산기봉〉에서 주인공의 혼인은 계모와의 갈등이 심화되는 계기가 된다. 이로 인해 가문 전체에 위협이 되는 사건이 초래되지만, 주인공은 비범한 능력을 발휘하여 위기에 대응한다. 한편 이러한 갈등의 해결 과정에서 가족 외 인물은 갈등 유발의 책임이 전가되어 처벌되는 반면, 가족 내 인물은 유교적 윤리를 바탕으로 포용의 대상이 된다. 이를 통해 가문의 안정을 지향하는 사대부의 면모를 보여 주고 있다.

정답 선지 분석

② 화양이 이성을 원망하는 정 상궁을 질책하는 것을 보니, 가족 내 갈등이 유발된 책임을 가족 외 인물에게 돌리고 있는 상황을 확인할 수 있군.
화양이 '어찌 분하지 않겠습니까?'라고 말하는 정 상궁에게 '서방님'이 '나를 박대함이 없고~예로 대한다'고 말한 것에서 가족 내 갈등이 유발된 책임을 가족 외 인물에게 돌리고 있는 상황을 확인할 수 없으므로 적절하지 않다.

오답 선지 분석

① 장씨가 왕실의 사람이 된 이성을 경계하여 계교를 꾸미는 것을 보니, 주인공의 혼인으로 인해 계모와 주인공 사이의 갈등이 심화되고 있음을 엿볼 수 있군.
장씨가 '이성이 왕실의 한 사람이~신광 법사에게 의논하'고 '비밀스럽게 계교를 행하였다'는 것에서 주인공의 혼인으로 인해 계모와 주인공 사이의 갈등이 심화되고 있음을 엿볼 수 있으므로 적절하다.

③ 장씨와 혜랑에 의해 이성이 누명을 쓰는 일이 멸문지화로 이어질 수 있다는 것을 보니, 계모가 일으킨 사건이 가문의 존속을 위협할 수 있음을 짐작할 수 있군.
장씨와 혜랑이 '화양을 해칠 계교'를 짜고 화양이 당한 일의 '누명이 이성에게~면할 수 있겠는가'라고 한 것에서 계모가 일으킨 사건이 가문의 존속을 위협할 수 있음을 짐작할 수 있으므로 적절하다.

④ 이성이 신이한 침술로 목숨이 위태로운 화양을 소생시키는 것을 보니, 주인공이 비범한 능력을 통해 급박한 상황에 대응하고 있음을 확인할 수 있군.
이성이 '신이'한 '침법'으로 '두 눈이~전혀 없어 보였'던 화양을 깨어나게 한 것에서 주인공이 비범한 능력을 통해 급박한 상황에 응하고 있음을 확인할 수 있으므로 적절하다.

⑤ 이무와 이성이 장씨를 용서해 달라고 간청하는 것을 보니, 효라는 유교적 윤리를 바탕으로 악행을 저지른 가족 내 인물을 포용하려는 모습을 엿볼 수 있군.
이무와 이성이 '함께 나아가 울며' 이영준에게 '어머니의 망극한 죄를~해 주십시오'라고 말하는 것에서 효라는 유교적 윤리를 바탕으로 악행을 저지른 가족 내 인물을 포용하려는 모습을 엿볼 수 있으므로 적절하다.

DAY 1 작문

빠른 정답 체크

01 ②   **02** ①   **03** ②

❶ 전 세계 의류 생산량은 경제 성장과 함께 지속적으로 증가해 왔다. 특히 저가의 의류를 짧은 주기로 대량 생산·소비하는 패스트 패션 산업의 영향으로 2015년의 전 세계 의류 생산량은 2000년 대비 약 두 배로 증가하였다. 의류는 신체를 보호하고 개성을 드러내는 수단이지만, 의류의 생산과 사용, 폐기 과정에서 환경 오염이 유발된다. 의류의 생산과 소비가 급격히 늘어나며 확대된 의류 산업은 이 문제를 심화하고 있다.
> 패스트 패션의 의미
> 의류 산업이 확대된 배경
> 환경 오염

❷ 『의류의 생산 과정에서 발생하는 미세 먼지와 같은 유해 물질은 대기 오염의 원인이 된다. 염색에 사용되는 다양한 염료와 표백제는 땅과 바다로 흘러 들어가 토양 오염과 수질 오염을 유발한다.』 의류의 사용과 폐기 과정에서 유발되는 환경 오염도 상당하다. 세탁할 때 의류에서 나오는 미세 플라스틱은 하천과 바다를 오염시킨다. 또한 폐기되는 의류 중 겨우 13%만 재활용되고, 대부분 소각·매립되어 대기 오염과 토양 오염을 일으킨다.
> 『』: 의류 산업으로 인해 발생하는 환경 오염의 예시를 들어 문제 상황의 심각성을 강조
> 구체적인 수치를 언급함

❸ 따라서 의류의 생산, 사용, 폐기 과정 전반에서 환경 오염을 최소화하는 방안이 필요하다. 의류 산업으로 인한 오염 물질의 배출량을 제한하는 제도를 강화해야 한다. 또한 천연 섬유를 일정 비율 이상 사용하도록 의무화하는 제도를 시행하고, 환경에 해가 되지 않는 의류 소재의 개발을 지원해야 한다.
> 의류 산업으로 인한 환경 오염을 줄일 수 있는 방안 ①
> 의류 산업으로 인한 환경 오염을 줄일 수 있는 방안 ②
> 의류 산업으로 인한 환경 오염을 줄일 수 있는 방안 ③

[A]

01

답 | ②

다음은 편집장이 원고를 의뢰하며 보낸 이메일이다. 초고에서 ㉠~㉢을 반영할 때 활용한 글쓰기 방법으로 적절하지 않은 것은?

| 답장 | 전체답장 | 전달 | × 삭제 | 스팸신고 | _ ✎ × |

안녕하세요. 편집장입니다. '산업과 환경' 기획 연재와 관련하여 '의류 산업과 환경 오염'이라는 주제로 글을 써주시길 부탁드립니다. ㉠ 의류 산업이 확대된 배경, ㉡ 의류 산업으로 인한 환경 오염의 문제 상황, ㉢ 문제 상황의 해결 방안을 포함해 주세요. 감사합니다.

정답 선지 분석

② ㉡: 환경 오염의 하위 범주들을 설정하고 오염의 정도를 비교했다.

2문단에서 환경 오염의 하위 범주들은 설정되어 있으나, 하위 범주인 대기 오염과 토양 오염, 수질 오염의 정도를 서로 비교하고 있지는 않다.

오답 선지 분석

① ㉠: 특정한 시기를 언급하고 해당 시기 의류 생산량이 증가하는 데 영향을 준 요인을 제시했다.

1문단에서 2000년과 2015년이라는 시기를 언급하고 이 시기에 의류 생산량이 증가하는 데 패스트 패션 산업이 영향을 미쳤음을 제시했다.

③ ㉡: 의류 생산 과정에서 발생하는 환경 오염과 사용, 폐기과정에서 발생하는 환경 오염을 구별하여 제시했다.

2문단에서 의류의 생산 과정에서 발생하는 오염과, 사용과 폐기 과정에서 발생하는 오염으로 구별하여 각각의 과정에서 발생하는 오염의 양상을 제시했다.

④ ㉡: 문제 상황을 인식할 수 있도록 의류 산업으로 인해 발생하는 환경 오염의 사례를 들었다.

2문단에서 의류 산업으로 인한 환경 오염의 사례를 구체적으로 제시했다.

⑤ ㉢: 의류 산업으로 인한 환경 오염을 줄일 수 있는 다양한 해결 방안을 나열했다.

3문단에서 의류 산업으로 인한 환경 오염을 최소화할 수 있는 여러 해결 방안을 나열했다.

02

답 | ①

다음은 학생이 글을 마무리하면서 떠올린 생각이다. 이에 따라 [A]를 작성한다고 했을 때 가장 적절한 것은?

마지막 문단에는 제도적 차원의 해결 방안만 제시되어 있으니 개인이 실천할 수 있는 방안을 추가해야겠다. 그리고 방안의 실천이 시급함을 강조하면서 글을 마무리해야지.

정답 선지 분석

① 필요한 만큼의 옷만 구입하여 의류 폐기를 최소화하려는 노력도 필요하다. 당장 시작하지 않으면, 곧 지구 전체가 의류 폐기물로 뒤덮이게 될 것이다.

학생이 글을 마무리하면서 떠올린 생각은 제도적 차원의 해결 방안 이외에 개인이 실천할 수 있는 방안을 추가해야겠다는 것과, 방안 실천이 시급함을 강조하는 것이다. [A]에 적절한 내용을 작성하기 위해서는, 이 두 조건을 모두 만족하면서 글을 마무리해야 한다. '필요한 만큼의 옷만 구입하여 의류 폐기를 최소화하려는 노력도 필요하다.'는 의류 산업으로 인한 문제점을 해결하기 위해 개인이 실천할 수 있는 방안에 대한 서술이다. 또한 '당장 시작하지 않으면, 곧 지구 전체가 의류 폐기물로 뒤덮이게 될 것이다.'는 방안 실천의 시급성을 강조하는 서술이다. 따라서 학생이 글을 마무리하면서 떠올린 생각에 들어 있는 두 조건을 모두 만족하였다.

오답 선지 분석

② 옷의 세탁 횟수를 줄이고, 세탁을 할 때는 미세 플라스틱을 적게 배출하는 방법을 선택해야 한다. 생활 속 작은 실천이 모여 지구를 회복시킬 수 있다.

'옷의 세탁 횟수를 줄이고, 세탁을 할 때는 미세 플라스틱을 적게 배출하는 방법을 선택해야 한다.'에서 개인이 실천할 수 있는 방안을 확인할 수 있다. 그러나 방안 실천의 시급성이 강조되어 있지는 않다.

③ 친환경 소재를 사용하여 의류를 생산하는 기업에 대한 감세도 효과적일 것이다. 무조건 채찍만 휘두르기보다는 당근을 적절히 활용하는 방안을 고민할 때이다.

'친환경 소재를 사용하여 의류를 생산하는 기업에 대한 감세도 효과적일 것이다.'에는 개인이 실천할 수 있는 방안이 아닌 제도적 차원의 방안이 제시되어 있다. 방안 실천의 시급성도 강조되어 있지 않다.

④ 개성의 표현이 반드시 새 옷으로만 가능한 것은 아니다. 중고 거래나 재활용 등을 통해 개성을 표현한다면 의류 산업으로 인한 환경 오염을 줄일 수 있을 것이다.

'중고 거래나 재활용 등을 통해 개성을 표현한다면'에서 개인이 실천할 수 있는 방안을 확인할 수 있다. 그러나 방안 실천의 시급성이 강조되어 있지는 않다.

⑤ 지구는 옷에서 나온 미세 플라스틱과 넘쳐나는 의류 폐기물로 고통받고 있다. 하루빨리 옷의 사용 과정과 폐기 과정에 대한 규제를 강화하여 죽어가는 지구를 살려야 한다.

'지구는 옷에서 나온 미세 플라스틱과 넘쳐나는 의류 폐기물로 고통받고 있다.'와 '하루빨리 옷의 사용 과정과 폐기 과정에 대한 규제를 강화하여 죽어가는 지구를 살려야 한다.'에는 방안 실천의 시급성이 제시되어 있다. 그러나 개인이 실천할 수 있는 방안이 아닌 제도적 차원에서 해결할 수 있는 방안만 제시되어 있다.

03
답 | ②

다음은 초고를 보완하기 위해 추가로 수집한 자료이다. 자료 활용 방안으로 적절하지 않은 것은?

(가) 전문가 인터뷰

"옷의 유행 주기는 점점 짧아져서 한 세기에서 10년, 다시 6개월이 되었습니다. 그런데 2000년대 초반 등장한 패스트 패션 브랜드들이 1~2주 간격으로 새 제품을 출시하면서 유행 주기는 더욱 짧아지고 있습니다. 이로 인한 의류의 과잉 생산으로 많은 자원이 소모됩니다. 가령 폴리에스테르의 생산에는 매년 3억 4,200만 배럴의 기름이 필요합니다."

(나) △△ 연구팀 논문 자료

(나-1)은 전 세계 의류 판매량과 의류 1점당 폐기 전까지 착용 횟수의 변화를 나타낸 그래프이고, (나-2)는 4인 가족 1회 세탁량에 해당하는 6kg의 의류를 세탁한 뒤 나오는 미세 플라스틱의 양을 의류의 소재별로 나타낸 그래프이다.

(나-1) (나-2)

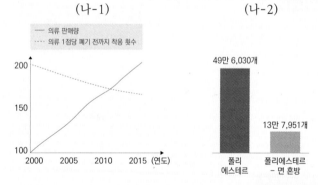

※ (나-1)에서 세로축의 수치는 2000년의 의류 판매량을 100으로, 의류 1점당 폐기 전까지 착용 횟수를 200으로 보았을 때의 지수임.

(다) 신문 기사

'미세 플라스틱 저감 제도 마련을 위한 토론회'에서 한 시민단체 관계자는 "프랑스는 2025년부터 세탁기에 미세 플라스틱 필터 설치가 의무화된다. 필터 설치 의무화는 해양 오염을 방지하는 가장 효과적인 방법이다."라며 관련 법 제정을 촉구했다.

정답 선지 분석

② (가): 의류 산업의 확대로 인한 문제점을 환경 오염으로 한정하기 위하여, 의류의 생산 과정에서 많은 자원이 소모된다는 내용을 2문단에 추가한다.

(가)에서 의류의 과잉 생산으로 많은 자원이 소모되고 있다는 내용을 확인할 수 있다. 이 내용은 의류 산업의 확대로 인한 문제점 중 하나이지만, 2문단에서 제시하고 있는 의류 산업으로 인한 환경 오염으로 한정하는 것과 관련되지 않으므로 자료의 활용이 적절하지 않다.

오답 선지 분석

① (가): 전 세계 의류 생산량이 급속하게 증가하는 원인을 구체화하기 위하여, 의류 유행 주기의 변화를 1문단에 추가한다.

(가)에서 옷의 유행 주기가 짧아지고 있다는 내용을 확인할 수 있다. 이 내용은 1문단에서 제시하고 있는, 전 세계 의류 생산량이 증가하는 원인을 구체화하는 자료로 활용할 수 있다.

③ (나-1): 의류 폐기로 인한 환경 오염과 관련하여, 예전에 비해 사람들이 의류를 많이 사서 적게 입고 버리기 때문에 이런 추세가 지속된다면 오염이 악화될 수 있다는 내용을 1문단에 추가한다.

(나-1)에서 예전에 비해 사람들이 의류를 많이 사서 적게 입고 버리는 추세가 지속된다는 사실을 확인할 수 있다. 이 사실은 의류 폐기로 인한 환경 오염이 악화될 수 있음을 보여 주는 자료이므로 1문단에서 활용할 수 있다.

④ (나-2): 일정 비율 이상의 천연 섬유 사용을 의무화하는 제도의 필요성을 뒷받침하기 위하여, 생산 단계에서 천연 섬유를 혼방할 때의 효과를 3문단에 추가한다.

(나-2)에서 천연 섬유를 혼방하면 미세 플라스틱의 배출량이 줄어든다는 사실을 확인할 수 있다. 이 사실은 3문단에서 제시하고 있는, 일정 비율 이상의 천연 섬유 사용을 의무화하는 제도의 필요성을 뒷받침하는 자료로 활용할 수 있다.

⑤ (다): 의류 산업으로 인한 환경 오염을 최소화하기 위한 제도를 마련하자는 주장을 뒷받침하기 위하여, 다른 나라의 사례를 3문단에 추가한다.

(다)에서 '신문 기사'에서 프랑스의 사례를 확인할 수 있으며, 이 사례는 3문단에서 제시하고 있는, 의류 산업으로 인한 환경 오염을 최소화하는 제도를 마련하자는 주장을 뒷받침하는 자료로 활용할 수 있다.

DAY 2 언어

빠른 정답 체크

01 ⑤   02 ③   03 ①   04 ②   05 ⑤

말을 글자로 적을 때 사람마다 다르게 적는다면 그 뜻을 제대로 파악하지 못할 수 있다. 이런 혼란을 피하고 효율적으로 의사소통하기 위해 제정한 것이 '한글 맞춤법'이다. **한글 맞춤법의 제정 목적** 한글 맞춤법 총칙 제1항은 '한글 맞춤법은 표준어를 **정확한 의미 전달을 위해 필요 ①** 소리대로 적되, 어법에 맞도록 함을 원칙으로 한다.'이다. **한글 맞춤법 총칙 제1항** 소리대로 적는다는 것은 발음 그대로 적는다는 것이다. **'소리대로 적는다'의 의미** 그런데 소리대로 적는다는 원칙이 적용되기 어려운 경우가 있어 어법에 맞도록 한다는 또 하나의 원칙이 붙었다. 예를 들어 체언과 조사가 결합한 '잎이', '잎만'을 발음대로 **형태소의 본모양을 밝혀 적는 경우 ①** 적으면 '이피', '임만'인데, 사람들이 다르게 적힌 형태를 보고 그 **어법에 맞도록 적어야 하는 이유** 의미를 파악하기 위해 '잎'이라는 본래 형태를 떠올려야 하는 어려움이 생긴다. 따라서 형태를 '잎'으로 고정하여 적을 필요가 있는 것이다. 그리고 '먹어', '먹는'처럼 용언의 어간과 어미도 구별 **형태소의 본모양을 밝혀 적는 경우 ②**

하여 적는다. 즉 어법에 맞도록 적는다는 것은 형태소의 본모양을 밝혀 적는 것을 말한다. 그런데 어근과 접미사, 용언과 용언이 결합하여 하나의 단어로 쓰일 때는 형태소의 본모양을 밝혀 적기도 하고 소리대로 적기도 한다.

<small>'어법에 맞도록 적는다'의 의미</small>

> (ㄱ) 그는 웃음을 지으며 마감 시간을 확인했다.
> <small>형태소의 본모양을 밝혀 적음 소리대로 적음</small>
> (ㄴ) 방에 들어간 그는 사라진 의자를 발견했다.
> <small>형태소의 본모양을 밝혀 적음 소리대로 적음</small>

(ㄱ)에서 '웃음(웃-+-음)'은 접미사 '-음/-ㅁ'이 비교적 여러 어근에 결합하고 결합한 후에도 어근의 본래 뜻이 유지되므로 형태소의 본모양을 밝혀 적었다. 이와 달리 '마감(막-+-암)'은 접미사 '-암'이 일부 어근에만 결합하기 때문에 소리대로 적었다.
<small>어근과 접미사가 결합하여 하나의 단어로 쓰일 때 형태소의 본모양을 밝혀 적는 경우</small>
<small>어근과 접미사가 결합하여 하나의 단어로 쓰일 때 소리대로 적는 경우</small>

(ㄴ)에서 '들어간'은 앞말인 '들어'에 '들다'의 뜻이 유지되고 있어 형태소의 본모양을 밝혀 적었지만, '사라진'은 앞말이 본뜻에서 멀어져 그 의미가 유지되지 않아 소리대로 적었다.
<small>용언과 용언이 결합하여 하나의 단어로 쓰일 때 형태소의 본모양을 밝혀 적는 경우</small>
<small>용언과 용언이 결합하여 하나의 단어로 쓰일 때 형태소의 소리대로 적는 경우</small>

한편, 의미를 정확하게 전달하기 위해서는 띄어쓰기를 바르게 하는 것도 중요하다. 예를 들어 '지'는 어미 '-(으)ㄴ지, -(으)ㄹ지'의 일부일 때는 띄어 쓰지 않지만, 시간의 경과를 나타낼 때는 앞말과 띄어 쓴다. 또한 어떤 일을 시험 삼아 시 **[A]** 도함을 나타내거나 어떤 행동이나 상태를 강조하는 뜻을 나타낼 때는 '한번'이라고 쓰지만, '번'이 일의 횟수를 나타낼 때는 '한 번', '두 번'처럼 띄어 쓴다.
<small>정확한 의미 전달을 위해 필요 ②</small>
<small>'지'를 앞말에 붙여 쓰는 경우(어미로 사용될 때)</small>
<small>'지'를 앞말과 띄어 쓰는 경우(의존 명사로 사용될 때)</small>
<small>'번'을 앞말에 붙여 쓰는 경우</small>
<small>'번'을 앞말과 띄어 쓰는 경우</small>

해서 소리대로 적은 것이겠군.
<small>'마중'은 접미사 '-웅'이 일부 어근에만 결합하기 때문에 소리대로 적었다.</small>

④ ⓓ: '끝'이라는 체언의 의미가 쉽게 파악되도록 형태소의 본모양을 밝혀 적은 것이겠군.
<small>'끝이'는 체언과 조사가 결합할 때 '끝'의 의미를 쉽게 파악하기 위해 본모양을 밝혀 적었다.</small>

02
답 | ③

[A]를 참고할 때, 밑줄 친 부분의 띄어쓰기가 적절하지 않은 것은?

<정답 선지 분석>

③ 무엇부터 해야 할 지를 모르겠다.
<small>[A]에서 '지'는 어미 '-(으)ㄴ지, -(으)ㄹ지'의 일부일 때는 띄어 쓰지 않음을 확인할 수 있다. '무엇부터 해야 할 지를 모르겠다.'에서 '할 지'의 '지'는 어미 '-ㄹ지'의 일부이므로 '할지'라고 붙여 써야 한다.</small>

<오답 선지 분석>

① 동네 인심 한번 고약하구나.
<small>'동네 인심 한번 고약하구나.'에서 '한번'은 어떤 행동이나 상태를 강조하는 뜻을 나타내므로 '한번'이라고 써야 한다.</small>

② 그를 만난 지도 꽤 오래되었다.
<small>'그를 만난 지도 꽤 오래되었다.'에서의 '지'는 시간의 경과를 나타내므로 앞말과 띄어 써야 한다.</small>

④ 견우와 직녀는 일 년에 한 번 만난다.
<small>'견우와 직녀는 일 년에 한 번 만난다.'에서 '번'이 일의 횟수를 나타내고 있으므로, '한 번'이라고 띄어 써야 한다.</small>

⑤ 얼마나 부지런한지 세 명 몫의 일을 해낸다.
<small>'얼마나 부지런한지 세 명 몫의 일을 해낸다.'에서 '부지런한지'의 '지'는 어미 '-ㄴ지'의 일부이므로 붙여 써야 한다.</small>

01
답 | ⑤

<보기>의 ⓐ~ⓔ를 이해한 내용으로 적절하지 않은 것은?

<보기>

◦ 풀이 ⓐ 쓰러진 사이로 ⓑ 작은 꽃이 ⓒ 마중을 나왔다.

◦ ⓓ 끝이 보이지 않았지만 나는 그 ⓔ 믿음을 잃지 않았다.

<정답 선지 분석>

⑤ ⓔ: 어근에 접미사 '-음'이 결합한 후에 어근의 본래 뜻이 유지되지 않아서 형태소의 본모양을 밝혀 적은 것이겠군.
<small>어근 '믿-'과 접미사 '-음'이 결합한 '믿음'은 형태소의 본모양을 밝혀 적은 말이다. 접미사 '-음'이 비교적 여러 어근에 결합하고, 결합한 후에도 어근의 본래 뜻이 유지되기 때문이다.</small>

<오답 선지 분석>

① ⓐ: 앞말이 '쓸다'라는 본뜻에서 멀어져서 소리대로 적은 것이겠군.
<small>'쓰러진'은 앞말인 '쓸-'에 '비로 쓰레기 따위를 밀어 내거나 한데 모아서 버리다'라는 뜻의 '쓸다'의 의미가 유지되지 않아 소리대로 적었다.</small>

② ⓑ: 용언의 어간 '작-'과 어미 '-은'이 구별되도록 형태소의 본모양을 밝혀 적은 것이겠군.
<small>'작은'은 앞말인 '작-'에 '작다'의 뜻이 유지되고 있으므로 형태소의 본모양을 밝혀 적었다.</small>

③ ⓒ: 접미사 '-웅'이 여러 어근에 널리 결합하지 못하고 일부 어근에만 결합

03
답 | ①

다음은 수업 장면의 일부이다. ⓐ와 ⓑ에 들어갈 말로 적절한 것은?

> 선생님: 음운의 변동에는 어떤 음운이 다른 음운으로 바뀌는 교체, 두 음운이 합쳐져 하나가 되는 축약, 원래 있던 한 음운이 없어지는 탈락, 없던 음운이 추가되는 첨가의 유형이 있습니다. 이러한 음운의 변동은 한 단어에서 두 가지 이상이 함께 나타나기도 합니다. 또한 음운의 변동 결과가 표기에 반영되기도 하고, 음운의 변동 후에 음운의 개수가 달라지기도 합니다. 그러면 다음 자료에 나타난 음운의 변동을 탐구해 봅시다.
>
> 국밥[국빱], 굳히다[구치다], 급행열차[그팽녈차]
>
> 위 자료를 '국밥', 그리고 '굳히다, 급행열차'로 나눈다면, 그 기준은 무엇일까요?
>
> 학생: (ⓐ   )를 기준으로 나누었습니다.
>
> 선생님: 맞습니다. 그럼, '굳히다'와 '급행열차'에 공통으로 나타나는 음운의 변동은 무엇일까요?
>
> 학생: (ⓑ   )입니다.
>
> 선생님: 네, 맞습니다.

	ⓐ	ⓑ
①	음운의 변동이 두 가지 이상 일어났는지	축약

'국법[국뻡]'은 음절 끝 'ㄱ' 뒤에 'ㅂ'이 와서 'ㅂ'이 'ㅃ'으로 교체가 일어난 것으로, 음운의 변동 전과 후의 음운 개수는 각각 6개로 같다. '굳히다[구치다]'는 'ㄷ'이 'ㅎ'과 결합하여 'ㅌ'으로 축약된 후 'ㅣ'모음으로 시작되는 형식 형태소와 만나 'ㅊ'으로 교체가 일어난 것으로, 음운의 변동 결과 음운 개수가 7개에서 6개로 줄어든다. '급행열차[그팽녈차]'는 'ㅂ'이 'ㅎ'과 결합하여 'ㅍ'으로 축약되고 '열차'에 'ㄴ'첨가가 일어난 것으로, 음운의 변동 결과 음운 개수는 10개로 음운의 변동 전과 동일하다. 또한 '국법[국뻡]', '굳히다[구치다]', '급행열차[그팽녈차]'는 모두 음운의 변동 결과가 표기에 반영되지 않았다.

04

답 | ②

<학습 활동>을 수행한 결과로 적절하지 않은 것은?

학습 활동

시제는 말하는 때인 발화시를 기준으로 동작이나 상태가 일어난 때인 사건시와의 선후 관계를 따져 과거 시제, 현재 시제, 미래 시제로 나뉘며, 선어말 어미나 관형사형 어미, 부사어 등을 통해 실현된다. 다음 자료를 분석해 보자.

ㄱ. 창밖에는 눈이 내린다.
ㄴ. 곧 강연을 시작하겠습니다.
ㄷ. 이것은 그가 내일 입을 옷이다.
ㄹ. 내가 만든 빵을 형이 맛있게 먹더라.

정답 선지 분석

② ㄴ은 사건시가 발화시보다 앞선다.

사건시와 발화시가 일치하는 시제는 현재 시제, 사건시가 발화시보다 앞서는 시제는 과거 시제, 사건시가 발화시보다 나중인 시제는 미래 시제이다. ㄴ은 부사어 '곧'과 선어말 어미 '-겠-'을 활용하여 미래 시제를 표현하고 있다.

오답 선지 분석

① ㄱ은 사건시와 발화시가 일치한다.

선어말 어미 '-ㄴ-'을 활용하여 현재 시제를 표현하고 있다.

③ ㄴ과 ㄷ 모두 부사어를 활용한 시간 표현이 나타난다.

ㄴ에서는 미래 시제의 시간 부사어인 '곧'을, ㄷ에서는 미래 시제의 시간 부사어인 '내일'을 활용하여 시간 표현을 나타내고 있다.

④ ㄷ과 ㄹ 모두 관형사형 어미를 활용한 시간 표현이 나타난다.

ㄷ에서는 관형사형 어미 '-(으)ㄹ'을 활용하여 미래 시제를 표현하고 있으며, ㄹ에서는 관형사형 어미 '-(으)ㄴ'을 활용하여 과거 시제를 표현하고 있다.

⑤ ㄱ, ㄴ, ㄹ 모두 선어말 어미를 활용한 시간 표현이 나타난다.

ㄱ에서는 선어말 어미 '-ㄴ-'을 통해 현재 시제임을 알 수 있고, ㄴ에서는 선어말 어미 '-겠-'을 통해 미래 시제임을 알 수 있다. 또한 ㄹ에서는 선어말 어미 '-더'를 통해 과거 시제임을 알 수 있다. 따라서 ㄱ, ㄴ, ㄹ 모두 선어말 어미를 활용하여 시간 표현을 나타내고 있다.

05

답 | ⑤

다음은 '사전 활용하기' 학습 활동을 위한 자료이다. 이에 대한 이해로 적절하지 않은 것은?

바르다¹ 동

【…을 …에】【…을 …으로】

① 풀칠한 종이나 헝겊 따위를 다른 물건의 표면에 고루 붙이다.

¶ 아이들 방을 예쁜 벽지로 발랐다.

② 차지게 이긴 흙 따위를 다른 물체의 표면에 고르게 덧붙이다.

¶ 흙을 벽에 바르다.

바르다² 형

① 겉으로 보기에 비뚤어지거나 굽은 데가 없다.

¶ 길이 바르다.

② 말이나 행동 따위가 사회적인 규범이나 사리에 어긋나지 아니하고 들어맞다.

¶ 그는 인사성이 바른 사람이다.

정답 선지 분석

⑤ '바르다² ①'의 예로 '마음가짐이 바르다.'를 추가할 수 있다.

'마음가짐이 바르다.'는 '바르다² ②'의 용례에 해당하므로 적절하지 않다.

오답 선지 분석

① '바르다¹'과 '바르다²'는 사전에 각각 다른 표제어로 등재되는 동음이의어이다.

사전에서 동음이의어는 단어에 따라 어깨번호를 달리하여 제시한다. '바르다¹'과 '바르다²'는 어깨번호를 달리하여 제시되어 있으므로 각각 다른 표제어로 등재된 동음이의어이다.

② '바르다¹'과 '바르다²'는 모두 여러 가지 의미가 있는 다의어이다.

사전에서 다의어는 한 표제어에 여러 뜻을 구분하여 제시한다. '바르다¹'과 '바르다²' 모두 ① ②로 의미를 구분하여 제시하고 있으므로 하나의 단어가 여러 개의 의미를 지니고 있는 다의어이다.

③ '바르다¹'은 '바르다²'와 달리 주어 이외의 다른 문장 성분을 필요로 한다.

'바르다¹'의 【…을 …에】【…을 …으로】를 보면, '바르다¹'은 주어 이외에 목적어와 부사어가 반드시 필요하다는 점을 알 수 있다. 하지만 '바르다²'는 주어만 필요로 한다.

④ '바르다¹'은 동작이나 작용을 나타내는 말이고, '바르다²'는 성질이나 상태를 나타내는 말이다.

'바르다¹'의 품사는 동사이고, '바르다²'의 품사는 형용사이다.

WEEK 3

DAY 3 홍대용의 사상과 그 의의

빠른 정답 체크

01 ③   **02** ②   **03** ④   **04** ④   **05** ①

❶ ⓐ 중화(中華)사상은「한족(漢族)이 자신들을 세계의 중심을 의
└ : 중화사상의 의미
미하는 중화로 생각하고, 주변국들이 자신들의 발달된 문화와 예
법을 받아들여야 한다고 생각한 사상이다.」조선은 중화사상을 수
용하여 한족 왕조인 명나라의 문화를 받아들이는 것을 당연시하
였다. 17세기에 이민족이 ⓐ 세운 청나라가 중국 땅을 차지하였
지만, 조선은 청나라를 중화라고 생각하지 않고 명나라의 부활을
고대하였다. 당시 송시열은 '오랑캐는 중국을 차지할 수 없고 금
        └ 청나라에 대한 조선의 입장
수(禽獸)는 인류와 한 부류가 될 수 없다.'라고 하였는데, 이는 청
        └ 당시 청나라에 대한 조선 유학자들의 반감이 드러남
나라를 공격하자는 북벌론과 청나라를 배척하자는 척화론으로
        └ 중화사상에 영향을 받음
이어졌다.

❷ 18세기에 청나라가 정치적 안정을 이루고 조선이 북벌을 통
해 명나라를 회복하기 어렵게 되자, 조선의 유학자들 사이에서는
        └ 중화사상에서 완전히 벗어나지 못함
조선이 중화의 계승자라는 인식이 보편화되었다. 이때 청나라가
        └ 북학파의 주장
가진 발달된 문물을 도입하자는 북학파가 등장하였다. 그중 홍대
용은「청나라의 발달된 문물은 오랑캐인 청나라가 만든 것이 아니
    └ : 청나라와 청나라의 문물을 구별한 홍대용
라, 청나라가 중국 땅을 차지하며 가지게 된 한족의 문물로 보았
다.」이런 생각은 청나라와 청나라의 문물을 구별한 것으로, 그가
저술한 〈을병연행록〉에서도 발견된다. 이를 통해 이때까지도 그
는 조선이 중화의 계승자라는 인식과 중화사상에서 벗어나지 못
    └ 〈을병연행록〉에 드러난 홍대용의 사상
했음을 알 수 있다. 하지만「청나라 여행을 계기로 그곳에서 만난
        └ : 홍대용이 사상적 전환을 이루게 된 계기
학자들과 교류를 이어 가며 선진 문물과 새로운 학문을 탐구」한
결과, 사상적 전환을 이루었고 이를 바탕으로 〈의산문답〉을 저술
하였다.

❸ 홍대용의 사상적 전환을 잘 보여 주는 것은 〈의산문답〉에 실
        └ 중화주의 → 평등주의, 다원주의
려 있는 ⓛ 지구설과 무한 우주설이다. 그는 하늘이 둥글고 땅이
모나다는 전통적인 천지관을 비판하고, 땅이 둥글다는 지구설을
        └ 전통적인 천지관
주장하면서 그 근거로 일식과 월식을 이야기하였다. 일식과 월식
        └ 지구설의 주장
이 둥글게 나타나는 것은 달과 우리가 사는 땅이 둥글기 때문이
    └ 홍대용이 제시한 지구설의 근거
라는 것이다. 우리가 사는 땅은 둥글기 때문에 상하나 동서남북
은 정해져 있지 않고, 개개인이 서 있는 곳이 각각 기준이 될 수
        └ 평등주의, 다원주의로 이어짐
있다고 주장하였다. 또한 그는 하늘은 무한하여 형체를 알 수 없
        └ 무한 우주설의 주장
고 지구와 같은 땅이 몇 개가 되는지 알 수 없다는 무한 우주설을
주장하였다.

❹ 지구설과 무한 우주설은 세상의 중심과 그 주변을 구별하는
    └ 지구설과 무한 우주설은 세상의 중심과 그 주변을 구별하지 않음
중화사상과 다른 생각이다. 홍대용은「하늘에서 우리가 사는 세
                        └ : 지구설과 무한 우주설에 입각한 생각

상을 본다면 이 땅이 무한한 우주에 비해 티끌만큼도 안 되며, 안
과 밖을 구별하거나 중심과 주변을 나눌 수 없다」고 보았다. 따라
서 중국 안과 밖을 구별할 수 없고 중화와 오랑캐라는 구별도 상
                    └ 중화사상에서 벗어남
대적이라고 생각했다. 이에 따라 중화와 오랑캐로 여겨졌던 국가
                        └ 평등주의적 사상
가 모두 동등하며, 사람들이 각자 제 나라와 제 문화를 기준으로
                    └ 다원주의적 사상
살아가는 것이 당연하다고 생각하였다. 이러한 그의 생각은 모든
사람들이 중심이 될 수 있고 존재 가치가 있다는 생각으로 이어
            └ 평등주의, 다원주의
졌고, 이를 바탕으로 그는 당시「유교적 명분을 내세우며 특권을
            └ : 평등주의, 다원주의를 바탕으로 조선 사회에 새로운 사상을 적용함
누리려 했던 양반들을 비판하였다. 또한 재주와 학식이 있는 자
는 신분이 낮은 농부의 자식이라도 높은 관직에 오를 수 있어야
한다고 주장하였다.」

❺ 어떤 국가와 문화, 사람도 각자 중심이 될 수 있고 존재 가치
가 있다고 생각한 홍대용의 사상은 평등주의와 다원주의를 우리
                        └ 홍대용의 사상의 의의
역사에서 선구적으로 보여 주었다는 점에서 의의가 있다.

01

답 | ③

다음은 학생이 윗글을 읽는 중 작성한 독서 활동지이다. 학생의 활동 내용 중 적절하
지 **않은** 것은?

◈ 2문단까지 읽고 내용을 정리한 후, 이어질 내용을 예측하고 확인하며
읽어 보자.

읽은 내용 정리
◦ 청나라가 중국 땅을 차지한 후 조선에서는 북벌론과 척화론이 나타남. ····················· ①
◦ 청나라가 정치적 안정을 이루고 북벌이 힘들어지자 조선의 유학자들은 조선이 중화의 계승자라고 생각함. ················· ②
◦ 청의 문물을 배우자는 북학파가 등장하였고, 그중 홍대용은 선진 문물과 새로운 학문을 탐구하여 사상을 전환하고 〈의산문답〉을 저술함.

↓

이어질 내용 예측	확인 결과
◦ 홍대용이 선진 문물과 새로운 학문을 탐구하여 깨달은 점이 언급될 것이다.	하늘이 둥글다는 것을 깨달음. ····················· ③
◦ 〈의산문답〉의 내용이 언급될 것이다.	지구설과 무한 우주설을 설명함. ····················· ④
◦ 홍대용이 아닌 다른 북학파 학자들의 사상이 언급될 것이다.	언급되지 않음. ············ ⑤

정답 선지 분석

③ 하늘이 둥글다는 것을 깨달음.
  3문단에 따르면 하늘이 둥글다는 것은 전통적인 천지관이며, 홍대용이 청나라 여행을 계기
  로 깨달은 점이 아니다.

오답 선지 분석

① 청나라가 중국 땅을 차지한 후 조선에서는 북벌론과 척화론이 나타남.

1문단에서 청나라가 중국 땅을 차지하자 조선에서는 청나라를 공격하자는 북벌론과 청나라를 배척하자는 척화론이 나왔음을 알 수 있다.

② 청나라가 정치적 안정을 이루고 북벌이 힘들어지자 조선의 유학자들은 조선이 중화의 계승자라고 생각함.

2문단에서 청나라가 정치적 안정을 이루자 조선의 유학자들은 조선이 중화의 계승자라고 인식했음을 알 수 있다.

④ 지구설과 무한 우주설을 설명함.

3문단에서 〈의산문답〉에 실려 있는 지구설과 무한 우주설을 설명하고 있다.

⑤ 언급되지 않음.

이 글에서는 홍대용이 아닌 다른 북학파 학자들의 사상이 언급되지 않는다.

02

답 | ②

〈보기〉의 대화를 윗글과 관련지어 이해한 것으로 적절하지 않은 것은?

보기

갑: 천지 사이의 생물 가운데 오직 사람만이 귀합니다. 동물과 초목은 지혜가 없고 깨달음도 없으며, 오륜도 모릅니다. 그러므로 사람은 동물보다 귀하고, 초목은 동물보다 천합니다.

을: 오륜은 사람의 예의입니다. 무리 지어 다니고 소리를 내어 새끼들을 불러 먹이는 것은 동물의 예의입니다. 그리고 떨기로 나서 무성해지는 것은 초목의 예의입니다. 사람의 관점을 기준으로 하면 사람이 귀하고 사물이 천하지만, 사물의 관점을 기준으로 하면 사물이 귀하고 사람이 천한 것입니다. 하늘에서 보면 사람과 사물은 똑같습니다.

정답 선지 분석

② 갑이 동물보다 사람을 높게 평가한 것은 신분이 낮은 농부의 자식이라도 높은 관직에 오를 수 있어야 한다는 생각으로 이어질 수 있다.

갑의 말은 사람이 귀한 존재이고 동물이 천한 존재이므로 이들이 같을 수가 없다는 생각에서 나온 것이다. 신분이 낮은 자도 높은 관직에 오를 수 있어야 한다는 주장은 천한 신분이라도 능력에 따라 중요한 존재가 될 수 있다는 생각으로 갑의 말과는 다른 생각이다.

오답 선지 분석

① 갑은 귀한 대상과 천한 대상을 나누어 생각한다는 점에서 송시열과 공통점이 있다.

갑은 사람을 귀한 대상으로 생각하고 동물과 초목은 천한 대상으로 생각하고 있으며, 송시열 또한 중국과 인류를 귀한 대상으로 생각하고, 오랑캐와 금수는 천한 대상으로 생각하고 있다.

③ 을이 동물과 초목이 각자의 예의가 있다고 한 것은 세상 사람들이 자기 나라와 자기 문화를 기준으로 살아가는 것이 당연하다는 생각과 연결될 수 있다.

을의 말은 동물과 초목도 각자 기준이 될 수 있다는 것이며, 이는 모든 국가와 문화, 사람이 각자 중심이 될 수 있고 존재 가치가 있다는 홍대용 사상의 다원주의적 성격과 공통점이 있다.

④ 을이 사물의 관점을 기준으로 하면 사물이 귀하다고 한 것은 모든 사람이 존재 가치가 있다는 생각과 연결될 수 있다.

을의 말은 정해진 관점과 기준이 있는 것이 아니라 각자가 기준이 될 수 있다는 것이며, 이는 모든 사람이 존재 가치가 있다는 홍대용의 생각과 연결될 수 있다.

⑤ 을이 하늘에서 보면 사람과 사물이 똑같다고 한 것은 우리가 사는 이 땅에서 중심과 주변을 나눌 수 없다는 홍대용의 생각과 일맥상통한다.

을의 말은 하늘에서 우리가 사는 땅을 보면 특정 대상을 중심으로 생각할 수가 없다는 것으로, 우리가 사는 이 땅에서 중심과 주변을 나눌 수 없다는 홍대용의 생각과 공통점이 있다.

03

답 | ④

㉠과 ㉡을 이해한 것으로 가장 적절한 것은?

정답 선지 분석

④ ㉡은 홍대용이 ㉠에서 벗어났음을 보여 주는 학설이다.

2, 3문단에서 홍대용은 ㉠에서 벗어나 사상적 전환을 이루었다고 하였으며, 이를 보여 주는 것이 ㉡이라고 하였다.

오답 선지 분석

① ㉠은 ㉡을 통해 조선의 중심 사상으로 자리 잡았다.

㉠은 조선의 중심 사상으로 자리 잡은 것이 맞지만, ㉡은 ㉠에 어긋나는 학설이다.

② ㉠과 ㉡은 청을 오랑캐라 여기는 생각의 근거가 되었다.

㉠은 청을 오랑캐로 여기는 생각의 근거가 되지만, ㉡은 아니다.

③ ㉠은 북벌론의 바탕이 되었고, ㉡은 척화론의 바탕이 되었다.

㉠은 북벌론의 바탕이 되지만, ㉡은 척화론과 관련이 없다.

⑤ ㉡은 조선의 유학자들이 가지고 있던 ㉠을 홍대용이 발전시킨 것이다.

㉠은 조선의 유학자들이 가지고 있던 것이 맞지만, ㉡이 ㉠을 발전시킨 것은 아니다.

04

답 | ④

〈보기〉는 심화 학습을 위해 조사한 자료이다. (가), (나)에 대해 보인 반응으로 적절하지 않은 것은?

보기

(가)

중국 의관이 변한 지 이미 100년이 넘은지라 지금 천하에 오직 우리 조선만이 오히려 명나라의 제도를 지키거늘, 청나라에 들어오니 무식한 부류들이 우리를 보고 웃지 않는 사람이 없으니 어찌 가련치 않겠는가? (중략) 슬프다! 번화한 문물을 오랑캐에게 맡기고 백 년이 넘도록 회복할 방법이 없구나.

‒ 홍대용, 〈을병연행록〉

(나)

피와 살이 있으면 다 똑같은 사람이고, 강토를 지키고 있으면 다 동등한 국가이다. 공자는 주나라 사람이므로 그가 쓴 《춘추》에서 주나라 안과 밖을 구분한 것은 당연하다. 그가 바다를 건너 주나라 밖에 살았더라면 주나라 밖에서 도를 일으켰을 것이고, 그곳을 기준으로 생각하는 《춘추》가 나왔을 것이다.

‒ 홍대용, 〈의산문답〉

정답 선지 분석

④ (나): 《춘추》에서 주나라 안과 밖을 구분한 것이 당연하다는 것에서, 중국 안과 밖을 구별하려는 홍대용의 생각이 드러나는군.

《춘추》에서 주나라 안과 밖을 구분한 것이 당연하다는 것은, 공자가 주나라 사람이므로 주나라를 기준으로 생각하는 것이 당연하다는 것이다. 이는 제 나라를 기준으로 살아가는 것이 당연하다는 홍대용의 생각을 보여 주는 것으로, 중국 안과 밖을 구별하려는 중화사상과는 다른 생각이다.

오답 선지 분석

① (가): 청나라를 오랑캐라고 말하고 있는 것에서, 홍대용이 중화사상을 가진 적이 있었다는 것을 확인할 수 있군.

청나라를 오랑캐로 보는 것은 중화사상을 바탕으로 한 것이므로, 홍대용이 중화사상을 가진 적이 있었다는 것을 알 수 있다.

② (가): 조선만이 명나라의 제도를 지킨다는 것에서, 홍대용이 조선을 중화의
계승자라고 생각했었음을 알 수 있군.
> 조선이 명나라의 제도를 지킨다는 것은, 조선이 중화였던 명나라를 이어가고 있다는 것으
> 로, 홍대용이 조선을 중화의 계승자로 생각했었음을 보여 준다.

③ (가): 번화한 문물을 오랑캐에게 맡겼다고 한 것에서, 홍대용이 청나라와 청
나라가 가지고 있는 문물을 구별하려 했음을 확인할 수 있군.
> 번화한 문물을 오랑캐에게 맡겼다고 한 것은, 오랑캐로 여겨졌던 청나라와 그들이 가지고 있
> 는 문물을 구별하는 것임을 알 수 있다.

⑤ (나): 공자가 주나라 밖에 살았다면 그곳에서 도를 일으켰을 것이라는 부분
에서, 중화와 오랑캐의 구별이 상대적이라는 홍대용의 생각이 드러나는군.
> 공자가 주나라 밖에 살았다면 그곳에서 도를 일으켰을 것이라는 부분은, 주나라가 아닌 다른
> 곳에서도 도가 나올 수 있다는 것이다. 이를 통해 중화와 오랑캐의 구별이 상대적이라는 홍
> 대용의 생각을 알 수 있다.

05

답 | ①

문맥상 ⓐ와 의미가 가장 유사한 것은?

정답 선지 분석

① 그는 새로운 회사를 세웠다.
> ⓐ와 ①의 '세우다'는 '나라나 기관 따위를 처음으로 생기게 하다.'라는 의미이다.

오답 선지 분석

② 국가의 기강을 바로 세워야 한다.
> '질서나 체계, 규율 따위를 올바르게 하거나 짜다.'라는 의미이다.

③ 집을 지을 구체적인 방안을 세웠다.
> '계획, 방안 따위를 정하거나 짜다.'라는 의미이다.

④ 두 귀를 쫑긋 세우고 말소리를 들었다.
> '처져 있던 것을 똑바로 위를 향하여 곧게 하다.'라는 의미이다.

⑤ 도끼날을 잘 세워야 나무를 쉽게 벨 수 있다.
> '무딘 것을 날카롭게 하다.'라는 의미이다.

DAY 4 **결정의 본질**

빠른 정답 체크

01 ③ **02** ③ **03** ⑤ **04** ② **05** ①

❶ 특정 상황에서 어떤 방안을 선택함으로써 얻을 수 있는 이익
을 그 방안이 갖는 효용이라고 하며, 효용을 최대화하는 행동을
〔효용의 개념〕
〔합리적 행위의 개념〕
합리적 행위라고 한다. 허버트 사이먼은 합리적 행위와 관련하여
㉠ 포괄적 합리성과 ㉡ 제한적 합리성이라는 두 가지 관점을 제
시했다. 먼저 포괄적 합리성은「의사를 결정하는 행위자가 분명한
〔 」: 포괄적 합리성의 개념〕
목적을 가지고 그것을 달성하기 위한 모든 방안을 찾는다고 보는
관점이다. 나아가 행위자는「각 방안에서 초래될 모든 결과를 정
〔 」: 포괄적 합리성에서의 행위자의 특징〕
확히 평가하여 효용을 극대화하는 방안을 의도적으로 선택하며,
이러한 경향이 행위자의 특성에 상관없이 언제나 일관되게 선택
〔포괄적 합리성은 행위자의 특성과 관련이 없음〕

과정에 반영된다고 전제한다. 반면 제한적 합리성은「행위자가 자
〔 」: 제한적 합리성의 개념〕
신의 목적을 달성하는 데 있어 지식과 인지 능력에 한계가 있음
을 인정하는 관점이다. 행위자는「목적 달성에 필요한 정보인 자
〔 」: 제한적 합리성에서의 행위자의 특징〕
신이 처한 상황과 선택 가능한 방안, 선택의 결과 등을 정확히 인
지하지 못한다고 보는 것이다. 따라서「제한적 합리성의 관점에서
〔 」: 제한적 합리성은 행위자의 특성과 관련 있음〕
선택의 합리성 여부를 판단하기 위해서는 행위자의 목적과 관련
하여 그가 가진 정보와, 그 정보를 바탕으로 추론할 수 있는 능력
등 행위자의 특성에 대해서도 알아야 한다.」그레이엄 앨리슨은
이러한 관점들을 바탕으로 국제 사회의 외교 정책 행위를 몇 가
지 모델로 분석하고자 하였다.

❷ 그중 합리적 행위자 모델은 포괄적 합리성을 바탕으로 정책
〔합리적 행위자 모델의 바탕이 되는 것〕
행위를 설명한다. 이 모델은「결정된 정책 행위가 특정 목적에 대
〔 」: 합리적 행위자 모델의 특징〕
해 최대 효용을 갖는 방안이라고 상정하기 때문에 그 목적을 찾
아냄으로써 행위자가 왜 그러한 방안을 선택했는지를 설명한다.
여기서 행위자는 단일한 의사 결정자로서의 국가이며, 모든 국
〔합리적 행위자 모델에서의 행위자〕
가는 포괄적 합리성을 가지고 행동한다. 이 모델에서는 행위자
인 국가가 정책 행위를 결정한 목적을 몇 가지로 예상해 보고, 분
석하고자 하는 정책 행위가 각각의 목적에서 갖는 효용을 계산한
다. 그 결과 가장 큰 효용을 갖게 되는 목적을 찾아 선택의 의도
〔합리적 행위자 모델에서의 정책 결정 기준〕
를 추론하는 것이다. 이때 행위자는 언제나 일관된 경향으로 결
〔합리적 행위자 모델은 포괄적 합리성을 바탕으로 함〕
정을 내리는 존재이므로 행위자가 처한 상황과 목적에 대한 객관
〔합리적 행위자 모델에서의 정책 행위 해석 기준〕
적 지식만으로 정책 행위를 해석할 수 있다.「행위자가 처한 위기
〔 」: 행위자가 처한 상황과 목적에 대한 객관적 지식〕
나 기회는 무엇인지, 목적 달성을 위해 선택할 수 있었던 방안들
의 효용은 무엇인지, 그중 행위자의 목적을 최대한 달성하기 위
한 최선의 선택은 무엇인지」를 종합적으로 판단하여 정책 행위를
이해하는 것이다.

❸ 이러한 관점 때문에 합리적 행위자 모델은 포괄적 합리성에서
〔합리적 행위자 모델의 한계〕
벗어나는 외교 사례를 설명할 수 없다는 한계가 있다. 앨리슨은
이를 보완하기 위해 제한적 합리성을 바탕으로 한 조직 과정 모델
〔조직 과정 모델의 바탕이 되는 것〕
을 제시하였다. 이 모델은 정책 행위가 제한적 정보만으로 결정
된다고 보기 때문에, 정책 행위의 목적보다는 그 정책 행위가 어
떻게 결정되었는지에 주목한다. 이 모델에서 행위자는 독자적인
여러 조직이 모인 연합체로서의 국가이며, 정책 행위는 행위자의
〔조직 과정 모델에서의 행위자〕
의도적 선택이 아닌 미리 규정된 절차에 따라 조직들이 수행한
〔조직 과정 모델에서의 정책 행위〕
결과가 모여 만들어진 기계적 산출물로 인식된다. 각 조직은 원
활한 업무 수행을 위해 자체적인 표준운영절차(SOP), 즉 일을 처
〔각 조직이 작동하는 방식〕
리하는 규칙에 따라 작동하는데, 국가는 그 규모가 크기 때문에
조직의 모든 활동을 국가의 의도에 맞게 완전히 통제하거나 감독
할 수 없다. 결과적으로 국가는 조직이 SOP에 따라 처리한 제한
〔조직 과정 모델은 제한적 합리성을 바탕으로 함〕

된 정보만으로 정책 행위를 탐색하고 결정한다는 점에서 이 모델은 제한적 합리성에 기반을 ⓐ 둔다고 할 수 있다. 또한 조직은 불확실한 미래를 추측하고 그에 맞게 행동하는 것을 매우 꺼리기 때문에 문제의 심각성이나 긴박성에 따른 새로운 해결책을 강구하기보다 일상적인 SOP에 의존하여 판단을 내리는 경향이 강하다. _{조직 과정 모델에서의 조직의 경향} 이러한 경향으로 인해 조직 과정 모델은 조직이 최적의 방안을 찾기보다 SOP에 부합하는, '그만하면 충분히 만족스러운' 방안을 선택한다고 본다. _{조직 과정 모델에서 조직이 선택하는 방안} 이 과정에서「조직이 미처 고려하지 못한 _{「」: 조직 과정 모델의 한계} 방안이 가질 수 있는 더 큰 효용은 무시될 가능성이 높아지고, 합리적 행위자 모델로는 설명하기 힘든 정책 행위가 선택될 수 있다.」하지만 조직 과정 모델은 조직들의 SOP와 역량, 조직 간의 관계에 대해 분석하기 때문에 포괄적 합리성에서 벗어나는 외교 정책 행위를 설명할 수 있다. _{조직 과정 모델의 의의}

❹ 이처럼 합리적 행위자 모델과 조직 과정 모델은 ㉮ 분석 대상이 되는 정책 행위를 바라보는 시각이 다르기 때문에 같은 현상에 대해서도 다른 분석 결과를 도출하게 된다. 이때 두 모델은 대립 관계에 있는 것이 아니라 외교 사건을 다각적으로 설명할 수 있게 해 준다는 것이 앨리슨의 정책 결정 모델이 갖는 의의이다.

01

답 | ③

윗글에 대한 설명으로 적절하지 <u>않은</u> 것은?

정답 선지 분석

③ 합리적 행위자 모델과 조직 과정 모델의 정책 행위 분석 단계를 구체적인 사례를 들어 설명하고 있다.

합리적 행위자 모델과 조직 과정 모델에서 정책 행위 분석 단계에 대한 구체적인 사례가 제시되어 있지 않다.

오답 선지 분석

① 합리적 행위자 모델이 지닌 한계와 관련하여 조직 과정 모델이 갖는 의의를 제시하고 있다.

3문단에서 합리적 행위자 모델이 지닌 한계를 설명하고, 앨리슨이 이를 보완하기 위해 조직 과정 모델을 제시했음을 밝히며, 조직 과정 모델이 포괄적 합리성에서 벗어나는 외교 정책 행위를 설명할 수 있음을 설명하고 있다.

② 합리적 행위자 모델과 조직 과정 모델의 특징을 사이먼이 제시한 합리성과 관련지어 서술하고 있다.

1문단에서 사이먼이 제시한 합리성을 설명하고, 2문단과 3문단에서 합리적 행위자 모델은 포괄적 합리성을, 조직 과정 모델은 제한적 합리성을 바탕으로 함을 서술하고 있다.

④ 합리적 행위자 모델과 조직 과정 모델에서 외교 정책 행위를 분석하는 방식을 비교하여 설명하고 있다.

2문단에서 합리적 행위자 모델에서 외교 정책 행위를 분석하는 방식을, 3문단에서 조직 과정 모델에서 외교 정책 행위를 분석하는 방식을 비교하여 설명하고 있다.

⑤ 합리적 행위자 모델과 조직 과정 모델에서 바라보는 국가의 성격을 바탕으로 각 모델의 분석 대상을 서술하고 있다.

2문단에서 합리적 행위자 모델은 단일한 의사 결정자로서의 국가를, 3문단에서 조직 과정 모델은 독자적인 여러 조직이 모인 연합체로서의 국가를 상정함을 밝히며 각 모델의 분석 대상을 서술하고 있다.

02

답 | ③

㉮에 대한 이해로 가장 적절한 것은?

정답 선지 분석

③ 합리적 행위자 모델은 정책 행위를 목적에 따른 행위자의 의도적 선택으로 보지만, 조직 과정 모델은 정책 행위를 조직의 수행에 따른 기계적 산출물로 본다.

합리적 행위자 모델은 정책 행위를 목적 달성을 위해 의도적으로 선택된 것으로 보고, 조직 과정 모델은 정책 행위를 조직의 업무 수행에 따른 기계적 산출물로 본다.

오답 선지 분석

① 합리적 행위자 모델은 규정된 절차에 따라 정책 행위가 결정된다고 보지만, 조직 과정 모델은 조직의 역량에 따라 정책 행위가 결정된다고 본다.

3문단에서 규정된 절차에 따라 정책 행위가 결정된다고 보는 것은 조직 과정 모델이라고 하였다.

② 합리적 행위자 모델은 정책 행위를 연합체로서의 국가가 선택한 결과로 보지만, 조직 과정 모델은 정책 행위를 단일체로서의 국가가 선택한 결과로 본다.

2문단에서 합리적 행위자 모델은 국가를 단일체로 본다고 하였고, 3문단에서 조직 과정 모델은 국가를 연합체로 본다고 하였다.

④ 합리적 행위자 모델은 국가가 효용을 계산하여 정책 행위를 결정한다고 보지만, 조직 과정 모델은 국가가 조직을 완전히 통제하여 정책 행위를 결정한다고 본다.

3문단에서 조직 과정 모델은 국가가 조직의 모든 활동을 완전히 통제할 수는 없다고 하였다.

⑤ 합리적 행위자 모델은 정책 행위를 객관적 정보를 종합한 결과로 보지만, 조직 과정 모델은 정책 행위를 불확실한 미래를 추측하여 문제에 대한 새로운 해결책을 찾은 결과로 본다.

3문단에서 조직 과정 모델에서는 조직이 불확실한 미래를 추측하고 그에 맞게 행동하는 것을 매우 꺼리기 때문에 심각성이나 긴박성에 따른 새로운 해결책을 강구하기보다 일상적인 SOP에 의존하여 판단을 내리는 경향이 강하다고 하였다.

03

답 | ⑤

㉠과 ㉡에 대한 이해로 가장 적절한 것은?

정답 선지 분석

⑤ ㉡은 ㉠과 달리 목적과 상황이 동일하더라도 행위자의 특성에 따라 결정이 달라질 수 있다고 본다.

포괄적 합리성(㉠)의 관점은 행위자의 특성과 상관없이 행위자는 언제나 효용을 극대화하는 방안을 선택한다고 하였으므로, 목적이나 상황 등이 일치한다면 행위자는 언제나 같은 결정을 내린다는 것을 알 수 있다. 제한적 합리성(㉡)의 관점은 행위자가 자신이 처한 상황과 선택 가능한 방안, 선택의 결과 등을 정확하게 인지하지 못한다고 하였으므로, 행위자의 특성에 따라 결정이 달라질 수 있다고 본다.

오답 선지 분석

① ㉠은 행위자의 지식이, ㉡은 행위자의 목적이 선택에 가장 큰 영향을 미치는 요소라고 본다.

포괄적 합리성에서는 어떤 방안을 선택함으로써 얻을 수 있는 효용이, 제한적 합리성에서는 행위자의 지식이나 인지 능력과 같은 특성이 선택에 영향을 미친다고 본다.

② ㉠은 ㉡과 달리 행위자가 어떤 방안을 선택할 때 자신이 달성하고자 하는 목적을 고려한다고 본다.

포괄적 합리성과 제한적 합리성은 모두 행위자가 선택 과정에서 목적을 고려하여 방안을 선택한다고 본다.

③ ㉠은 ㉡과 달리 행위자의 인지적 한계를 이유로 행위자가 처한 상황에 대한 분석이 중요하다고 본다.
행위자의 인지적 한계를 고려하는 것은 제한적 합리성의 관점이다.

④ ㉡은 ㉠과 달리 행위자가 어떤 방안을 선택했을 때 그 방안이 합리적인지 판단할 수 있다고 본다.
포괄적 합리성에서는 행위자가 효용을 극대화하는 방안을 의도적으로 선택한다고 하였으므로, 선택된 방안이 목적에 대해 갖는 효용을 따져 합리성 여부를 판단한다고 본다. 제한적 합리성에서는 행위자가 자신의 목적과 관련하여 가진 정보와 행위자의 특성을 바탕으로 합리성 여부를 판단한다고 하였다.

04
답 | ②

윗글을 바탕으로 <보기>를 이해한 내용으로 적절하지 <u>않은</u> 것은?

보기

A국과 B국은 군사적으로 대립 관계에 있는 인접 국가이다. A국은 B국보다 약한 군사력을 보완하기 위해 B국과의 국경 근처에 군대를 추가적으로 배치했다. 한편 B국의 정보 조직은 A국의 군대 배치 정보를 입수했지만, 일상적인 SOP에 따라 정보를 처리한 결과 이 정보가 상부에 전달되지 않았다. 결국 B국은 A국의 상황을 모른 채, A국에 대한 안보를 확보하기 위한 정책으로 군사력 강화와 평화 협정 체결 중 후자의 방안을 선택하게 되었다.

(단, A국과 B국은 독립 국가이며 국내외의 다른 정치 외교적 상황은 양국의 정책 행위에 영향을 미치지 않는다고 가정한다.)

정답 선지 분석

② 합리적 행위자 모델의 관점에서 B국의 정책 행위를 분석한다면, B국의 정보 조직이 파악한 정보가 상부에 전달되지 않은 과정에 주목하겠군.
2문단에서 합리적 행위자 모델은 정책 행위를 분석할 때 행위자의 목적과 그에 따라 선택된 방안의 효용을 고려한다고 하였으므로, 합리적 행위자 모델이 B국의 정보 조직이 파악한 정보가 상부에 전달되지 않은 과정에 주목한다는 내용은 적절하지 않다. 조직의 업무 수행 과정에 주목하는 것은 조직 과정 모델이다.

오답 선지 분석

① 합리적 행위자 모델의 관점에서 A국의 목적을 군사력 증강으로 분석했다면, 군대의 추가 배치가 이 목적에 대해 가장 큰 효용을 가졌다고 분석했기 때문이겠군.
2문단에서 합리적 행위자 모델은 분석하고자 하는 정책 행위가 가장 큰 효용을 갖게 되는 목적을 찾는다고 하였으므로 적절하다.

③ 합리적 행위자 모델의 관점에서 B국의 평화 협정 체결이 국가 안보 확보를 위한 최적의 방안이 아니라고 분석했더라도, 이 관점에서는 왜 B국이 평화 협정 체결을 정책 행위로 선택했는지를 설명하지 못하겠군.
3문단에서 합리적 행위자 모델은 포괄적 합리성에서 벗어나는 외교 사례를 설명할 수 없다는 한계가 있다고 하였으므로 적절하다.

④ 조직 과정 모델의 관점에서 A국의 정책 행위를 분석한다면, 군대를 추가적으로 배치한 목적이 무엇인가보다는 어떻게 그 정책 행위가 선택되었는가를 분석하겠군.
3문단에서 조직 과정 모델은 정책 행위의 목적보다는 그 정책 행위가 어떻게 결정되었는지에 주목한다고 하였으므로 적절하다.

⑤ 조직 과정 모델의 관점에서 B국이 평화 협정 체결을 선택하게 된 과정을 분석한다면, 관련 조직들의 SOP 및 조직 간의 관계를 중심으로 B국의 정책 행위를 설명하겠군.
3문단에서 조직 과정 모델은 조직들의 SOP와 역량, 조직 간의 관계를 분석한다고 하였으므로 적절하다.

05
답 | ①

문맥상 @의 의미와 가장 가까운 것은?

정답 선지 분석

① 기준을 어디에 두느냐가 중요하다.
'기반을 둔다'의 '두다'는 '행위의 준거점, 목표, 근거 따위를 설정하다.'의 의미이므로, '기준을 어디에 두느냐가 중요하다.'의 '두다'가 문맥상 이와 가장 유사한 의미로 사용된 경우에 해당한다.

오답 선지 분석

② 주말에 바둑을 두는 것이 취미이다.
'바둑이나 장기 따위의 놀이를 하다.'의 의미로 사용되었다.

③ 앞의 사람과 간격을 두며 줄을 섰다.
'시간적 여유나 공간적 간격 따위를 주다.'의 의미로 사용되었다.

④ 위험물을 여기 그대로 두면 안 된다.
'어떤 대상을 일정한 상태로 있게 하다.'의 의미로 사용되었다.

⑤ 그 사건은 평생을 두고 잊을 수 없다.
'어떤 상황이 어떤 시간이나 기간에 걸치다.'의 의미로 사용되었다.

DAY 5 〈고공답주인가〉_이원익 / 〈돌탑과 잔돌〉_문태준

빠른 정답 체크

01 ④ 02 ① 03 ④ 04 ④ 05 ④

가

나는 이럴망정 외방의 늙은 종이
  화자
공물 바치고 돌아갈 때 하는 일 다 보았네

㉠ 우리 댁(宅) 살림이 예부터 이렇던가
  「 」: 설의법을 통해 예전과 달리 살림이 나빠졌음을 드러냄
전민(田民)*이 많단 말이 일국에 소문이 났는데

먹고 입으며 드나드는 종이 백여 명이 넘는데도

무슨 일 하느라 텃밭을 묵혔는가

농장이 없던가 호미 연장 못 가졌나

「날마다 무엇하려 밥 먹고 다니면서
  「 」: 종들의 나태함 때문에 살림이 어려워졌음을 지적함
열 나무 정자 아래 **낮잠만 자**는가」

아이들 탓이던가

「㉡ 우리 댁 종의 버릇 보노라면 이상하다
  「 」: 신분의 위계질서가 무너져 종(관리)들의 기강이 해이해진 상황을 비판함
소 먹이는 아이들이 상마름을 능욕하고

오고 가는 어리석은 손님이 큰 양반을 기롱*한다」

㉢ 그릇된 재산 모아 다른 꾀로 제 일하니
  부정한 방법으로 재물을 횡령하는 종들의 모습
큰 집의 많은 일을 뉘라서 힘써 할까

「곡식 창고 비었거든 창고지기인들 어찌하며
  「 」: 가세가 기울어지고 형편이 나빠진 집안
세간이 흩어지니 질그릇인들 어찌할까」

내 잘못된 줄 내 몰라도 남 잘못된 줄 모르겠는가

ⓔ 풀어헤치거니 맺히거니, 헐뜯거니 돕거니
> ㄴ: 종들의 내부 다툼으로 혼란스러운 집안의 모습

하루 열두 때 어수선을 핀 것인가

(중략)

크게 기운 집에 상전님 혼자 앉아

명령을 뉘 들으며 논의를 뉘와 할까

낮 시름 밤 근심 혼자 맡아 계시거니

옥 같은 얼굴이 편하실 적 몇 날인가
> 시름과 근심으로 얼굴이 편치 않은 상전

이 집 이리 되기 뉘 탓이라 할 것인가

「ⓜ 생각 없는 종의 일은 묻지도 아니하려니와
> ㄴ: 가세가 기울어진 데에는 상전에게도 잘못이 있음을 지적함

돌이켜 생각하니 상전님 탓이로다」

내 상전 그르다 하기에는 종의 죄 많건마는

그렇다 세상 보며 민망하여 여쭙니다

새끼 꼬는 일 멈추시고 내 말씀 들으소서

　　┌ 「집일을 고치려거든 종들을 휘어잡고
　　│ 」: 집안을 일으키는 방책을 제시함(연쇄법)
[A]　│ 종들을 휘어잡으려거든 상벌을 밝히시고
　　└ 상벌을 밝히시려거든 어른 종을 믿으소서」
　　　　　 화자를 포함한 노련한 종들

진실로 이리 하시면 가도(家道)* 절로 일 겁니다

- 이원익, 〈고공답주인가〉 -

---

* 전민: 농사짓는 일을 생업으로 삼는 사람.
* 기롱: 남을 속이거나 비웃으며 놀림.
* 가도: 집안에서 마땅히 지켜야 할 도덕적 규범.

나

"사람답게 살아라."라는 말은 소설가 김정한이 평생을 두고 자
> 소설가 김정한의 말 ①

주 한 말이다. 나는 그의 문장 가운데 다음의 구절을 좋아한다.
> 글쓴이

「어딜 가도 산이 있고 들이 있고 그리고 인간이 살았다. 인간이
> ㄴ: 소설가 김정한의 말 ②

사는 곳에는 으레 나뭇가리가 있고 그 곁에는 코흘리개들이 놀곤

하였다. 조국이란 것이 점점 가슴에 느껴졌다.」이 명료한 문장을

읽고 있으면 사람이 떼를 이루어 사는 세상의 풍경이 한눈에 들
> 글쓴이가 김정한의 문장을 좋아하는 이유

어오는 것만 같다. 그것도 느리고 큰 자연과 더불어. 사람의 생활

이라는 것도 눈에 들어오는 문장이다.

　　┌ 이래저래 만나게 되는 사람들과 이런저런 사연으로 이별을
　　│
　　│ 경험하게 된 사람들, 그리고 그들의 눈물과 사랑을 하고 있는
　　│
　　│ 저 뜨거운 가슴도 짐작을 하게 된다. 「조각돌처럼 까다롭고 별
　　│ 　　　　　　　　　　　　　　　　　　　」: 비유법을 통해 다양한 모습의 사람들을 열거함
　　│ 난 사람도 있고, 몽돌처럼 둥글둥글한 사람도 있고, 조각을
[B]　│
　　│ 한 듯 잘생긴 사람도 있고, 마음에 태풍이 지나가는 사람도
　　│
　　│ 있고, 마음에 4월의 봄볕이 내리는 사람도 있다.」 그들 모두
　　│
　　│ 하나의 무리를 이루고 사는 것이 이 세상 아닌가 싶은 생각이
　　│
　　└ 드는 것이다.

(중략)

나는 가끔 생각하기를 마당이 있는 집이 내게 있다면 주변의 돌
> 글쓴이의 소망

들을 모아서 돌탑을 쌓고 싶다고 소망한다. 그리고 나의 아이들

과 아내에게도 돌탑을 하나씩 쌓을 것을 부탁하고 싶다. 산사에

올라가다 보면 길가나 바위 위에 누군가 쌓아 올린 돌탑들처럼

나의 작은 마당 한쪽 한쪽에 돌탑을 쌓아 놓고 싶은 것이다. 아래

에는 큰 돌이 필요하고 위를 향해 쌓아 갈수록 보다 작은 돌들이

필요할 것이다. 그리고 각각의 장소에서 구해온 돌들은 각각의

크기와 모양과 빛깔을 지니고 있을 것이다. 반듯한 것도 있고 움

푹 팬 것도 있을 것이다. 마치 여러 종류의 꽃과 풀들이 자라나서
> 각기 다른 돌들이 하나의 탑을 이루는 것을 화단에 비유함

하나의 화단을 이루듯이 그 돌들은 서로 업고 업혀서 하나의 탑

을 이룰 것이다.

그런데 돌탑을 쌓아 본 사람은 돌탑을 쌓는 데에는 잔돌이 필요
> 조그마한 돌

하다는 것을 알 것이다. 불안하게 기우뚱하는 돌탑의 층을 바로

잡아 주려면 이 잔돌을 괴는 일이 무엇보다 필요하다. 잔돌을 굄
> 돌탑을 쌓을 때 잔돌의 중요성

으로써 탑은 한 층 한 층 수평을 이루게 된다. 못생긴 나무도 숲

을 이루는 한 나무요, 쓸모없는 나무는 없다는 말이 있듯이 보잘

것없고 작은 잔돌이라도 탑을 올리는 데에는 꼭 필요하다. 돌탑

을 쌓아 올리면서 배우는 것 가운데 하나는 이 잔돌의 소중함을
> 돌탑을 쌓으며 배울 수 있는 것

아는 일이다.

사람 사는 세상도 다를 바 없다. 잔돌 같은 사람이 필요하다. 의
> 유추의 방식을 통해 돌탑을 쌓으며 깨달은 점을 인생에 확장함

견이 맞지 않아 다툴 때 그 대화의 매정한 분위기를 무너뜨려 주
> 잔돌 같은 사람의 특징 ①

는 사람이 우리 주변에는 더러 있다. 잔돌처럼 작용해 의견이 다

른 사람들의 의견과 의견의 대립을 풀어 주는 사람이 있다. 이런
> 잔돌 같은 사람의 특징 ②

부드러운 개입의 고마움을 우리는 간혹 잊고 사는 것이 아닐까
> 잔돌 같은 사람에 대한 고마움

싶다.

봄 산이 봄 산인 이유는 새잎이 돋고 꽃이 거기에 있기 때문이

다. 수많은 꽃은 자기의 존재감을 주장하지 않는다. 그냥 스스로
> 꽃과 대응되는 잔돌의 속성 ①

의 생명력으로 피어나 봄 산의 아름다움을 이룬다. 이 세세하고
> 꽃과 대응되는 잔돌의 속성 ②

능동적인 존재의 움직임을 보살폈으면 한다. 돌탑에 다시 비유하

자면 잔돌과 같은 그 무엇이기 때문이다.

- 문태준, 〈돌탑과 잔돌〉 -

01
> 답 | ④

(가)와 (나)의 공통점으로 가장 적절한 것은?

정답 선지 분석

④ 현실이나 세상에 대해 통찰한 내용을 전달하고 있다.

> (가)는 화자가 처한 현실 상황에 대해 통찰한 내용을 구체적 청자로 설정된 상전에게 전하고 있다. (나)는 인간의 삶, 즉 세상에 대해 통찰한 내용을 전하고 있다.

오답 선지 분석

① 부재하는 대상에 대한 그리움을 표현하고 있다.

　(가), (나)는 모두 부재하는 대상에 대한 그리움을 표현하고 있지 않다.

② 순수한 자연 세계에 대한 동경을 나타내고 있다.

　(가)에서는 순수한 자연 세계에 대한 동경을 나타내는 부분을 확인할 수 없고, (나)에서는 자연과 더불어 사는 삶에 대해 긍정적으로 바라보는 내용을 확인할 수는 있지만 이를 자연 세계에 대한 동경으로 보는 것은 적절하지 않다.

③ 부정적 현실에 대한 냉소적 태도를 드러내고 있다.

　(가)에서는 부정적 현실을 바로잡고자 하는 태도를 엿볼 수 있을 뿐 화자의 냉소적 태도는 나타나지 않는다. (나)에서는 글쓴이가 바람직하게 생각하는 삶의 모습이 제시되어 있을 뿐 현실에 대한 냉소적 태도는 나타나지 않는다.

⑤ 자신이 처한 상황에 순응하는 태도를 보여 주고 있다.

　(가)의 화자는 자신이 처한 상황을 개선하고자 하는 뜻을 전하고 있으므로 자신이 처한 상황에 순응하는 태도가 나타난다는 말은 적절하지 않다. (나)의 글쓴이 역시 자신이 처한 상황에 순응하려는 태도를 표출하고 있지 않다.

02

답 | ①

＜보기＞를 참고할 때 (가)의 ㉠~㉫에 대한 이해로 적절하지 않은 것은?

보기

　〈고공답주인가〉는 고공(종)이 상전에게 답을 하는 형식을 통해 국가 경영을 집안 다스리는 일에 빗대어 표현하고 있다. 이 작품에서 상전은 왕, 종은 신하를 가리키는데, 화자는 임진왜란으로 인해 나라가 황폐해지고 위계질서가 무너진 상황에서 당파 싸움만 일삼으며 재물을 탐하는 신하들을 비판하고 있다. 그리고 국가를 경영하는 왕으로서의 책임을 강조하고 있다.

정답 선지 분석

① ㉠: 나라가 황폐해진 상황이 예전부터 지금까지 이어지고 있다는 것을 드러내고 있다.

　'우리 댁 살림이 예부터 이렇던가'는 설의법이 사용된 문장이므로 예전에는 살림이 이렇지 않았다고 말한 것으로 볼 수 있다. 따라서 나라가 황폐해진 상황이 예전부터 지금까지 이어지고 있다고 보는 것은 적절하지 않다.

오답 선지 분석

② ㉡: 상하의 위계질서가 무너져 신하들의 기강이 해이해진 상황을 나타내고 있다.

　'소 먹이는 아이들이' 자신보다 지위가 높은 '상마름을 능욕하'는 것은 상하의 위계질서가 무너져 신하들의 기강이 해이해진 상황을 나타낸 것으로 볼 수 있다.

③ ㉢: 나라를 돌보는 일을 외면한 채 부정한 방법으로 재물을 탐하는 신하들의 모습을 드러내고 있다.

　'그릇된 재산 모아 다른 꾀로 제 일하'는 것은 부정한 방법으로 재물을 탐하는 신하들의 모습을 나타낸 것으로 볼 수 있다.

④ ㉣: 시도 때도 없는 당파 싸움으로 인해 혼란스러운 조정의 모습을 나타내고 있다.

　'풀어헤치거나 맺히거나'는 당파를 결성하는 모습을, '헐뜯거니 돕거니'는 서로 다른 당파끼리 당쟁을 하는 모습을 나타낸 것이고, '하루 열두 때 어수선을 핀 것'은 당파 싸움으로 인해 혼란스러운 조정의 모습을 나타낸 것으로 볼 수 있다.

⑤ ㉫: 나라가 어지러워진 책임이 신하뿐만 아니라 왕에게도 있다는 인식을 드러내고 있다.

　'돌이켜 생각하니 상전님 탓이로다'라고 말하고 있으므로 나라가 어지러운 책임이 왕에게도 있다는 인식을 드러낸 것으로 볼 수 있다.

03

답 | ④

[A]와 [B]에 대한 설명으로 가장 적절한 것은?

정답 선지 분석

④ [A]와 [B]는 모두 유사한 문장 구조를 반복하여 전달 의도를 강조하고 있다.

　[A]에서는 '~거든, ~고'의 문장 구조가 반복되고 있으며, [B]에서는 '~ 사람도 있고'의 문장 구조가 반복되고 있다는 것을 확인할 수 있다. [A]와 [B]는 모두 유사한 문장 구조를 반복하여 화자나 글쓴이의 전달 의도를 강조하고 있는 것으로 볼 수 있다.

오답 선지 분석

① [A]는 [B]와 달리 대조적 의미를 지닌 구절을 활용하여 대상의 속성을 드러내고 있다.

　[A]에는 대조적 의미를 지닌 구절이 활용되고 있지 않고, [B]에는 대조적 의미를 지닌 구절이 활용되고 있다.

② [B]는 [A]와 달리 자연물에 글쓴이의 감정을 이입하여 표현의 효과를 높이고 있다.

　[A]와 [B] 모두 자연물에 화자의 감정을 이입한 표현이 나타나지 않는다.

③ [A]는 반어법을 활용하여, [B]는 역설법을 활용하여 주제 의식을 강조하고 있다.

　[A]에 반어법이 활용되고 있지 않으며, [B]에 역설법이 활용되고 있지 않다.

⑤ [A]와 [B]는 모두 말을 건네는 어투를 사용하여 청자의 행동 변화를 호소하고 있다.

　[A]에서는 구체적인 청자로 설정된 상전에게 말을 건네는 어투를 사용하여 청자의 행동 변화를 호소하고 있다고 볼 수 있지만, [B]에서는 말을 건네는 어투를 확인할 수 없으며 행동 변화를 호소하는 내용도 확인할 수 없다.

04

답 | ④

(나)의 글쓴이에 대한 이해로 적절한 것만을 고른 것은?

　ㄱ. 자연과 대비되는 인간의 유한성을 자각한다.

　ㄴ. 사람들이 서로 더불어 사는 세상을 긍정한다.

　ㄷ. 주장을 굽히지 않는 삶을 살았던 자신을 반성한다.

　ㄹ. 세상에는 갈등을 중재할 사람이 필요하다고 생각한다.

정답 선지 분석

④ ㄴ, ㄹ

　ㄴ. 글쓴이는 '이 명료한 문장을 읽고 있으면 사람이 떼를 이루어 사는 세상의 풍경이 한눈에 들어오는 것만 같다.'라고 말하고 있다. 이는 사람들이 서로 더불어 사는 세상을 긍정하는 태도가 표출된 것으로 볼 수 있다.

　ㄹ. 글쓴이는 '의견이 맞지 않아 다툴 때 그 대화의 매정한 분위기를 무너뜨려 주는 사람'을 '잔돌 같은 사람'이라 말하며 그러한 존재가 필요하다는 생각을 드러내고 있다.

오답 선지 분석

　ㄱ. 글쓴이가 자연과 대비되는 인간의 유한성을 자각하는 내용은 제시되어 있지 않다.

　ㄷ. 글쓴이가 주장을 굽히지 않는 삶을 살았다는 내용이 제시되어 있지 않다.

05

답 | ④

<보기>를 바탕으로 (가), (나)를 감상한 내용으로 적절하지 않은 것은?

보기

전체는 구성 요소들의 집합체이다. 그러므로 전체를 이루는 구성 요소들은 그 자체로는 두드러지지 않을지라도 전체를 위해 없어서는 안 되는 존재이다. 그리고 다양성을 지닌 구성 요소들은 각각의 역할을 능동적으로 수행할 때 존재의 의미를 획득하게 되고 전체는 조화로운 모습을 이루게 된다.

정답 선지 분석

④ (가)의 '먹고 입으며 드나드는'과 (나)의 '서로 업고 업혀서'는 다양성을 지닌 존재들의 필요성을 강조한 것으로 볼 수 있겠군.

(가)의 '먹고 입으며 드나드는'은 종의 행동을 나타낸 말로, 이를 다양성을 지닌 존재들의 필요성을 강조한 것으로 해석하는 것은 적절하지 않다. (나)의 '서로 업고 업혀서'는 큰 돌과 잔돌이 모두 필요하다는 생각을 드러낸 것이므로 다양성을 지닌 존재들의 필요성을 강조한 것으로 볼 수 있다.

오답 선지 분석

① (가)의 '가도'가 바로 선 집안은 구성 요소들이 어우러져 조화로운 모습을 갖춘 전체를 의미한다고 볼 수 있겠군.

'가도'는 '집안의 법도'를 의미하므로 가도가 바로 선 집안은 집안을 이루는 구성 요소들이 어우러져 조화로운 모습을 갖춘 것으로 볼 수 있다.

② (나)의 '탑'이 '수평을 이루게' 하는 '잔돌'은 두드러지지 않지만 전체를 위해 없어서는 안 될 구성 요소로 볼 수 있겠군.

'탑'이 '수평을 이루게' 하기 위해 필요한 '잔돌'은 그 자체로는 두드러지지 않은 존재로 볼 수 있다. 하지만 잔돌이 없으면 돌탑이 수평을 이루지 않게 될 수 있으므로 전체를 위해 없어서는 안 될 구성 요소로 볼 수 있다.

③ (가)의 '낮잠만 자'는 종과 달리 (나)의 '스스로' 핀 꽃은 능동적으로 존재의 의미를 획득한 구성 요소로 볼 수 있겠군.

'낮잠만 자'는 종은 자신에게 주어진 역할을 제대로 하지 않아 존재의 의미를 획득하지 못한 구성 요소로 볼 수 있다. 이와 달리 '스스로의 생명력으로' 핀 꽃은 세세하고 능동적인 존재의 움직임을 보여 주고 있으므로 능동적으로 존재의 의미를 획득한 구성 요소로 볼 수 있다.

⑤ (가)의 '크게 기운 집'은 구성 요소들이 역할을 제대로 수행하지 않은 결과로, (나)의 '기우뚱하는 돌탑'은 필요한 구성 요소들이 제대로 갖추어지지 않은 결과로 볼 수 있겠군.

'크게 기운 집'은 집안을 이루는 구성 요소들이 자신에게 주어진 역할을 제대로 하지 않아서 생기는 결과로 볼 수 있다. '기우뚱하는 돌탑'은 돌탑이 수평을 이루기 위해 필요한 큰 돌이나 잔돌이 없을 때 발생할 수 있는 결과이므로, 이는 필요한 구성 요소들이 제대로 갖추어지지 않은 결과로 볼 수 있다.

DAY 6 〈하얀 배〉_윤후명

빠른 정답 체크

01 ④ **02** ① **03** ①

[앞부분의 줄거리] '나'는 취재 차 중앙아시아로 향하면서 강제 이주된 고려인 동포들의 삶을 목격한다. 또한 한국을 그리며 '말 배우는 아이'라는 글을 쓴 고려인 '류다'를 만나길 희망한다. 알마아타에 도착한 '나'는 인근 우슈토베 지역을 여행하며 고려인 '미하일'로부터 류다가 이식쿨 호수 근처에 살고 있음을 듣게 된다.
〔강제 이주된 고려인들의 첫 정착지〕

"여기 사람들이 말하는데, 그 호수 밑에 옛날 도시가 가라앉아 있다고 그렇게 말합니다."
〔이식쿨 호수〕

내가 그 호수에 관심을 보이자 미하일이 말했다. 그는 드물게도 서울 동숭동에 있는 해외동포교육원의 초청을 받아 어느새 한국에도 갔다 왔다고 했는데, **우리말을 꽤 정확하게 구사하고 있었다.** 그의 말에 나는 더욱 흥미를 갖지 않을 수 없었다.
〔중앙아시아에 살면서도 우리 민족의 정체성을 잊지 않으려 함〕

"호수 밑에……"

나는 음료수와 함께 나온 깡통 맥주를 한 모금 마시며 그 먼 호수를 머릿속에 그렸다. 미하일의 말에 의하면 키르기스말로 이식쿨의 이식은 뜨겁다는 뜻이며, 쿨은 호수라고 했다. 또, 이식쿨의 물은 위는 민물, 아래는 짠물이며, 이에 비교되어 발하슈 호수는 한쪽이 민물, 다른 쪽이 짠물로서, 서로 차이를 보인다는 것이었다.
〔이식쿨 호수〕

그리고 키르기스스탄의 소설가 아이트마토프가 쓴 〈하얀 배〉라는 소설까지 들먹거렸다. 『부모가 이혼하는 바람에 그 호숫가의 할아버지 집으로 와 살고 있는 한 소년이 호수를 떠가는 **하얀 배**를 보면서, 커다란 물고기가 되어 **배를 따라가기를 꿈꾸는** 이야기라는 것이었다.』 그의 말을 들으면서 나는 나대로 학교 시절에 읽은 독일 소설가 슈토름의 소설 〈이멘 호수〉를 떠올리고도 있었다.
〔이식쿨 호수를 배경으로 한 문학 작품〕
〔『』: 소설 〈하얀 배〉의 줄거리〕
〔지난날 이루어지지 못한 첫사랑을 그린 작품〕

㉠ "하얀 배라……"
〔'나'는 이식쿨 호수와 관련된 이야기를 듣고 흥미를 느낌〕

신비하고 아름다운 광경이 내 머리를 자극했다.

그러던 나는 한글 선생이나 미하일 누구에게랄 것 없이 그 곳까지 가볼 수는 없느냐고 조심스럽게 물었다. 미하일이 들려주는 이야기는 모두 그 호수를 향한 내 마음을 한층 북돋기에 부족함이 없는 것이었다.

그러나 미하일에 의하면, 『알마아타에서 호수까지는 직선거리는 그리 멀지 않지만 천산 산맥이 가로막혀 있어서 서남쪽 고갯길이 뚫린 곳으로 빙 돌아가야 하기 때문에 상당히 멀다는 것이었다.』
〔『』: 이식쿨 호수로 가기까지의 험난한 과정〕

㉡ "꼭 거길 가봤으면 하는데……무슨 방법이 없었을까요?"

나는 한글 선생과 미하일을 번갈아 쳐다보며 간청하다시피 했

다. 내 말에 미하일은 한참 동안 생각을 하는 듯하다가 마침내 자
기도 이 기회에 비탈리를 찾아가서 한번 만날 겸 같이 가보자고
말했다. 알마아타로 가서 차편을 알아보자는 것이었다. 이렇게 되
어 나는 정말 뜻하지 않게 그 호수를 향하여 떠나게 된 것이었다.

우슈토베에의 여행에서 얻은 것은 적지 않은 셈이었다. 「다른 것
은 그렇다 치더라도 무엇보다 우리 동포들의 무덤을 보았고, 그
들이 저 1937년에 내동댕이쳐 버려졌던 처절한 삶의 뿌리를 내
리기 위해 광야에 파놓은 갈대 움막집의 흔적을 보았다. 오늘날
그곳에 문을 연 한글학교도 보았다.」ⓒ 그러나 무엇보다도 내 가
슴을 뛰게 한 것은 새로운 세계, 산속의 호수를 향해 가게 된 것
이었다.

(중략)

그 호수를 보겠다고 해서, 카라가지나무와 주다나무와 미루나
무와 버드나무를 이정표로 달려왔고, 드디어 보았다. 그러나……

나는 머리에 '그러나'가 꼬리표처럼 따라붙는 것을 어쩌지 못했
다. 서울에서의 문제들은 서울에 가서의 일이다. ⓔ 나는 그 꼬리
표를 떼어내려고 머리를 흔들었다. 그러나……

그때였다. 유원지의 돌 축대를 바라보던 나는 거기 웬 나무가
한 그루 우뚝 서 있는 것을 보았다. 들어올 때는 눈에 띄지 않은
까닭을 알 수 없었다. 아니다. 그 나무만 서 있었다면 그냥 스쳐
지나갔을지도 모른다. 그러니까 나는 그 나무만을 본 것이 아니
라 그 옆에 서 있는 한 여자를 함께 본 것이었다. 젊고 환한 얼굴
이 나무 그늘에 묻혀 있었다.

"류다!"

미하일이 소리쳤다. 우리는 돌 축대를 올라가 그 나무 아래로
걸음을 옮겼다. 서로 몇 마디의 러시아말이 오가고 난 뒤 내가 소
개되었다.

"안녕하십니까."

맑은 눈동자가 나를 바라보았다. 순간, 나는 너무나 또렷한 우
리말에 놀라지 않을 수 없었다. 중앙아시아에서 처음 들어 보는
또렷한 우리말이었다. 그리고 그 말 뒤에 '이 말은 우리 민족 말
입니다'하는 말이 소리 없이 뒤따르고 있음도 또렷이 느낄 수 있
었다.

"아, 안녕하십니까."

ⓜ 나는 엉겁결에 똑같이 따라하고 말았다. 그와 함께 나는 그
단순한 인사말이 왜 그렇게 깊은 울림으로 온몸을 떨리게 하는지
형언할 수 없는 감동에 휩싸였다. 「ⓐ 개양귀비 꽃밭이 수런거리
고, 숲 속의 들고양이들이 귀를 쫑긋거리고, 커다란 까마귀들이
전나무 가지를 치고 날았으며, 사막쥐들이 이리 뛰고 저리 뛰고,
돌소금이 하얗게 깔린 사막으로 큰바람이 이는 광경이 눈에 어른

거렸다. 천산에서 빙하가 우르르르 무너지는 소리가 들린다고도
생각되었다.」

나는 호수 건너 눈 덮인 천산을 바라보았다. '그러나'라고 미진
했던 마음이 그녀의 "안녕하십니까"에 눈 녹듯 스러지는 듯 싶었
다. 건너편의 천산이 내게 "안녕하십니까"의 새로운 의미를 배워
주고 있다고 받아들여졌다. 멀리 동방의 조상 나라를 동경하며
하얀 배를 그리는 모습이 거기 있음을 알 수 있었다.

그녀가 그 그늘에 서 있던 나무가 바로 러시아말로 '키파리스'
인 사이프러스였다. 스타니슬라브는 그 나무가 본래 중앙아시아
에는 없는 나무로서 그루지야에나 가야 많다고 설명해 주었다.
아마도 유원지가 북적거리던 시절, 무슨 기념으로 심은 나무일
것이라고도 했다.

그날 그녀를 만나서 이야기를 나눈 시간은 매우 짧을 수밖에 없
었다. 우리는 곧 알마아타로 돌아가야 했고, 또 내가 그녀와 오랫
동안 함께 있어야 할 이유도 특별히 없는 것이었다. 그러나 나는
그 어느 때보다도 많은 느낌을 받았다.

「ⓑ 키르기스스탄의 사이프러스나무 아래 우리 민족의 말인 "안
녕하십니까"의 의미를 전혀 새롭게 말하는 처녀가 있었다. 나는
돌아오는 차 안에서도 내내 그 모습이 머리에서 떠나지를 않았
다. 그리고 그 나무 아래서 호수를 바라보았을 때 물에 비치던 하
얀 만년설의 산봉우리를 눈에 그렸다. 그리고 그것이 바로 하얀
배의 또 다른 모습이라고 깨달은 나는 입속으로 가만히 "안녕하
십니까"를 되뇌었다.」

– 윤후명, 〈하얀 배〉 –

01

답ㅣ④

㉠~㉤에 대한 이해로 적절하지 않은 것은?

<정답 선지 분석>

④ ⓔ: 이식쿨 호수만을 생각하며 달려왔던 것을 반성하는 마음이 드러난다.
이식쿨 호수만을 생각하며 달려온 것이 아니라 류다를 만나기도 원했으며, 반성하는 마음으
로 보기도 어렵다. ⓔ은 류다를 만나지 못한 상태에서 느끼는 미진한 마음에서 나온 행동이
라고 할 수 있다.

<오답 선지 분석>

① ㉠: 이식쿨 호수와 관련된 이야기를 듣고 흥미를 느끼고 있음이 드러난다.
이식쿨 호수의 하얀 배와 관련된 이야기를 되뇌며 흥미를 보이고 있다.

② ㉡: 이식쿨 호수에 가고 싶어 하는 간절한 마음을 확인할 수 있다.
이식쿨 호수에 가는 방법을 묻는 것으로, 그곳에 가고 싶어 하는 간절한 마음이 드러난다.

③ ㉢: 계획에 없었던 새로운 여정에 대한 기대감과 설렘이 나타난다.
이식쿨 호수에 가게 된 기대감과 설렘을 표현하고 있다.

⑤ ㉤: 놀라움에 자신도 생각지 못한 반응이 나타났음을 확인할 수 있다.
"안녕하십니까."라고 말하는 류다를 만난 놀라움에 "아, 안녕하십니까."라고 똑같이 따라하
는 것은, 자신도 생각지 못한 반응을 보인 것이라 할 수 있다.

02

답 | ①

ⓐ와 ⓑ에 대한 설명으로 가장 적절한 것은?

> **정답 선지 분석**

① ⓐ는 상상 속 장면을 활용하여, ⓑ는 과거 회상을 활용하여 인물의 내면 상황을 드러내고 있다.

   ⓐ는 류다를 만나 인사말을 듣고 받게 된 감동을 상상적 장면으로 표현한 것이고, ⓑ는 류다와의 만남을 회상하며 만남의 의미를 생각하고 깨달음에 이르는 내면 상황이 드러난다.

> **오답 선지 분석**

② ⓐ는 내적 독백을 사용하여, ⓑ는 구어체를 사용하여 인물 사이의 대립 양상을 제시하고 있다.

   ⓐ, ⓑ 모두 내적 독백을 사용하고 있으며 인물 사이의 대립 양상을 제시하고 있지 않다.

③ ⓐ는 전해 들은 이야기를 통해, ⓑ는 직접 경험한 사건을 통해 인물의 성격을 구체적으로 보여 주고 있다.

   ⓐ, ⓑ 모두 서술자가 직접 경험한 사건에 대한 감상으로, 이를 통해 인물의 성격을 구체적으로 보여 주고 있지 않다.

④ ⓐ는 외부 세계를 묘사하여, ⓑ는 인물 간의 대화를 서술하여 인물이 처한 상황을 객관적으로 전달하고 있다.

   ⓐ는 인물 내면의 세계를, ⓑ는 과거 회상을 통해 인물이 느낀 바를 전달하고 있다.

⑤ ⓐ는 앞으로 일어날 일들을 제시하여, ⓑ는 이전에 일어난 일들을 제시하여 인물의 심리 변화 과정을 나타내고 있다.

   ⓑ가 과거의 일을 회상하고 있으므로 이전에 일어난 일들을 제시하였다고 볼 수 있으나 이를 통해 인물의 심리 변화 과정을 나타내고 있지 않다. ⓐ에서는 앞으로 일어날 일들을 제시하고 있지 않다.

03

답 | ①

<보기>를 바탕으로 윗글을 감상한 내용으로 적절하지 않은 것은?

> **보기**

> 이 작품에서 '하얀 배'는 외부 세계에 대한 동경을 상징하는 것으로, 중앙아시아 동포들의 고국에 대한 그리움을 서정적으로 드러내는 기능을 한다. '나'는 하얀 배를 그리는 소년과 류다를 연결지어 이해하면서, 류다를 포함한 중앙아시아 동포들이 시련이 연속되는 삶 속에서도 언어를 통해 민족의 정체성을 잃지 않으려는 모습에 주목한다.

> **정답 선지 분석**

① '호수 밑에 옛날 도시'는 소년이 '하얀 배'를 타고 가고자 하는 동경의 공간으로 '나'가 지향하는 곳이군.

   '호수 밑에 옛날 도시'는 미하일이 이식쿨 호수와 관련해 들려준 이야기의 일부로, '나'가 지향하는 공간으로 볼 수 없다.

> **오답 선지 분석**

② 미하일이 '우리말을 꽤 정확하게 구사하'는 것은 민족의 정체성을 잃지 않으려는 동포들의 모습으로 볼 수 있군.

   미하일이 고려인으로서 한국에 와서 우리말을 배운 것은 언어를 통해 민족의 정체성을 잃지 않으려는 모습으로 볼 수 있다.

③ '광야에 파놓은 갈대 움막집의 흔적'은 중앙아시아 동포들이 겪었던 시련을 증명하는 것이겠군.

   '광야에 파놓은 갈대 움막집의 흔적'은 동포들이 겪었던 역사적 시련을 보여 주는 소재이다.

④ '나'는 류다의 '너무나 또렷한 우리말'에서 동포들의 고국에 대한 그리움을 읽어 내고 있군.

   류다의 '안녕하십니까'라는 '너무나 또렷한 우리말'에서 고국에 대한 그리움을 읽어 내고 있다.

⑤ '나'는 '멀리 동방의 조상 나라'를 꿈꾸는 류다와 '배를 따라가기를 꿈꾸는' 소년을 연관지었군.

   '나'는 외부 세계에 대한 동경을 지니고 있는 류다와 소년을 연결지어 이해하고 있다. 류다는 '동방의 조상 나라'를 지향하고, 소년은 배를 따라가기를 바라고 있다.

빠른 정답 체크

01 ⑤　　02 ②　　03 ②

❶ (화면 1) 역사 동아리 친구들과 고분 답사를 갔다가 화면에서
<u>시각 자료 활용 ①</u>　　　<u>도자기 조각을 발견하게 된 계기</u>
보시는 도자기 조각 같은 것을 발견했습니다. 알고 보니 화단 장
식물 파편이었는데, 만약 진짜 문화재라면 어떻게 행동해야 하는
지 궁금했습니다. 혹시 여러분 중에 이런 경우에 어떻게 해야 하
는지 아시는 분 있나요? (반응을 확인하고) 대부분 잘 모르시는
<u>질문을 통해 청중의 반응을 확인함</u>
것 같군요. 자료 조사를 하면서 '매장 문화재 발견 신고 제도'가
마련되어 있음을 알게 되었는데, 저는 오늘 이에 대해 발표해 볼
<u>발표 주제</u>
까 합니다.

❷ 땅속이나 수중, 건조물 등에 묻혀 있던 유형의 문화재를 매장
　　　　　　　　　　<u>매장 문화재의 개념</u>
문화재라고 합니다. (화면 2) 일반적으로 이런 문화재는 화면과
　　　　　　　　　　<u>시각 자료 활용 ②</u>
같이 문화재청이나 학술 단체 등 전문 기관의 발굴 조사를 통해
　　　　　　　　　　<u>매장 문화재의 발굴 주체</u>
세상에 나옵니다. 그런데 최근에는 매장 문화재의 발견 양상이
다양해졌고, 특히 일상생활이나 여가 활동 중에 문화재를 발견하
　　　　　　　<u>일상생활 속 문화재의 발견이 늘어남</u>
는 경우가 늘고 있다고 합니다. (화면 3) 왼쪽에 보시는 것은 텃밭
　　　　　　　　　　　<u>시각 자료 활용 ③</u>
에서 농사를 짓다가 발견한 청동기 시대의 돌도끼, 오른쪽에 보시
는 것은 등산 중에 발견한 백제의 기와입니다.

❸ (화면 4) 이런 현실을 반영해 만들어진 매장 문화재 발견 신고
　　<u>시각 자료 활용 ④</u>
제도의 절차를 화면으로 보고 계시는데요, 어떤 단계들이 있는지
함께 살펴봅시다. 우선 매장 문화재를 발견하게 되면 7일 이내에
　　　　　　　　　<u>매장 문화재 발견 신고 제도 절차 ①</u>
관할 지방 자치 단체나 경찰서로 신고를 해야 합니다. 신고를 받
은 기관은 발견 신고서를 문화재청으로 제출하고, 해당 물건의 소
<u>매장 문화재 발견 신고 제도 절차 ②</u>　　　　<u>매장 문화재 발견 신고 제도 절차 ③</u>
유자를 찾기 위해 90일간 공고를 해야 합니다. 다음으로 「문화재
청은 해당 물건이 문화재인지 확인하기 위해 예비 감정 평가를 실
　　　　　　　　　　　<u>매장 문화재 발견 신고 제도 절차 ④</u>
시하고, 필요에 따라 발견 지역에 대한 현장 조사도 진행합니다.」

❹ 문화재로 판명되었는데도 정당한 소유자가 나타나지 않으면
　　　　　　<u>매장 문화재가 국가에 귀속되는 경우</u>
국가에 귀속시켜 보관·관리하게 됩니다. 「국가는 귀속된 문화재
　　　　　　　　　　　　　　<u>「」: 매장 문화재 발견 신고 제도 절차 ⑤</u>
의 가치를 최종 감정하여 신고자에게 보상금을 지급하며, 이 신
고로 인근에 발굴 조사가 이루어졌다면 포상금도 지급할 수 있습
니다.」

❺ (화면 5) 주의할 점도 정리해 보았는데요, 화면에 붉게 표시한
<u>시각 자료 활용 ⑤</u>
부분들에 특히 유의해야 합니다. 발견이란 우연한 기회에 드러난
　　　　　　　　　　　　　<u>'발견'의 의미</u>
문화재를 찾은 것을 말합니다. 따라서 땅속에 묻혀 있는 것을 일
부러 파내어 신고하는 것은 범죄 행위인 도굴에 해당됩니다. 또
　　　<u>도굴에 해당하는 경우</u>
한 발견하고도 신고하지 않는 경우에는 은닉죄 등이 적용되어 처
　　　　　　　<u>은닉죄에 해당하는 경우</u>

벌을 받게 된다는 것도 기억해야 합니다.

❻ 매장 문화재 발견 신고는 소중한 문화재를 보호하는 데 힘이
　　　　　　　　　　　<u>매장 문화재 발견 신고의 의의 ①</u>
됩니다. 그리고 무엇보다 일반 국민의 신고로 우리 문화재를 지
　　　　　　　　　　　　<u>매장 문화재 발견 신고의 의의 ②</u>
키고 남길 수 있다는 데도 큰 의미가 있습니다. 「여러분도 주변 사
　　　　　　　　　　　　　　　「」: 청중에게 문화재에 더 많은 주의를 기울일 것을 당부하며 마무리
물들과 문화재에 더 많은 주의를 기울였으면 합니다. 끝까지 들
어주셔서 감사합니다.」

01
답 | ⑤

위 발표에 활용된 말하기 방식으로 적절하지 않은 것은?

정답 선지 분석

⑤ 발표 내용을 친숙한 소재에 빗대어 표현하여 청중의 흥미를 유발하고 있다.
　학생의 발표에서 발표 내용을 친숙한 소재에 빗대어 표현한 부분은 찾을 수 없다.

오답 선지 분석

① 발표 주제를 선정하게 된 동기를 밝히며 발표를 시작하고 있다.
　1문단에서 개인적 경험과 관련하여 발표 주제를 선정하게 된 동기를 밝히고 있다.

② 발표 내용과 관련된 질문을 하여 청중의 관심을 유도하고 있다.
　1문단에서 청중에게 질문을 하여 관심을 유도하고 있다.

③ 구체적인 예를 활용하여 발표 내용을 효과적으로 전달하고 있다.
　2문단에서 일상생활이나 여가 활동 중에 문화재를 발견하는 예를 언급하고 있다.

④ 발표 주제와 관련된 용어의 개념을 설명하여 청중의 이해를 돕고 있다.
　2문단에서 '매장 문화재'의 개념을 설명하여 청중의 이해를 돕고 있다.

02
답 | ②

위 발표에서 자료를 활용한 방식에 대한 설명으로 가장 적절한 것은?

정답 선지 분석

② 일반적으로 매장 문화재가 세상에 나오는 상황을 보여 주기 위해 '화면 2'
에 문화재청의 발굴 조사 장면을 제시하였다.
　'화면 2'는 전문 기관의 발굴 조사 장면을 제시한 것이므로, 일반적으로 매장 문화재가 세상
에 나오는 상황을 보여 주기 위한 것이라는 설명은 적절하다.

오답 선지 분석

① 자신이 발굴한 문화재를 소개하기 위해 '화면 1'에 발견한 것의 실물 사진
을 제시하였다.
　'화면 1'은 화단 장식물 파편을 발견한 것이므로 발굴한 문화재를 소개했다는 설명은 적절하
지 않다.

③ 발견된 문화재의 시대적 층위를 부각하기 위해 '화면 3'에 고대와 근대의
문화재를 대비하여 제시하였다.
　'화면 3'은 일상생활, 여가 생활 중의 문화재 발견 상황과 관련되는 것이므로 고대와 근대의
문화재를 대비했다는 설명은 적절하지 않다.

④ 제도를 세부적으로 파악할 수 있도록 하기 위해 '화면 4'에 감정 평가의 세
부 단계들을 정리하여 제시하였다.
　'화면 4'는 '매장 문화재 발견 신고 제도'의 절차들을 담고 있으므로 감정 평가의 세부 단계
을 정리하여 제시했다는 설명은 적절하지 않다.

⑤ 주의할 점을 부각하여 전하기 위해 '화면 5'에 제도 운영의 핵심 취지 부분에 강조 표시를 해서 제시하였다.

'화면 5'는 매장 문화재 발견 신고와 관련하여 유의할 점을 부각하고 있으므로 제도 운영의 핵심 취지를 강조했다는 설명은 적절하지 않다.

03

답 | ②

위 발표를 들은 학생이 <보기>와 같이 반응했다고 할 때, 이에 대한 설명으로 가장 적절한 것은?

보기

할아버지 친구분께서 집을 새로 짓다가 비석을 발견해서 신고하셨는데 신라 시대 문화재로 밝혀졌다는 이야기를 들었던 게 떠올랐어. 이 비석이 어떤 절차를 밟아 문화재로 인정을 받게 되었는지 이전부터 궁금했는데, 알게 되어 유익했어. 수중에도 매장 문화재가 있다고 했는데, 구체적인 사례를 발표에서 다루지 않은 점은 아쉬웠어.

정답 선지 분석

② 발표를 듣기 전에 지니고 있었던 의문을 발표 내용을 통해 해소하고 있군.

'비석이 어떤 절차를 밟아 문화재로 인정을 받게 되었는지 궁금'하다는 것은 학생이 듣기 전에 지니고 있었던 의문에 해당한다. '알게 되어 유익했어'를 통해 이것이 해소되었음을 확인할 수 있다.

오답 선지 분석

① 자신이 직접 당사자가 되었던 경험과 관련지어 발표 내용에 공감하고 있군.

할아버지 친구분이 비석을 발견한 상황을 전해 들은 것이므로 직접 당사자가 되었던 경험이라고 할 수 없다.

③ 발표의 내용을 구조적으로 파악하여 전체 내용을 간략하게 정리하고 있군.

학생의 반응에서 발표의 내용을 구조적으로 파악하여 정리한 부분은 드러나지 않는다.

④ 발표의 내용이 발표 목적에 부합하고 있는지를 객관적으로 분석하고 있군.

학생의 반응에서 발표 내용이 발표 목적에 부합하는지 분석하는 부분은 드러나지 않는다.

⑤ 발표 내용 중에서 사실과 다른 부분을 판단하며 비판적으로 평가하고 있군.

수중의 매장 문화재 사례를 다루지 않은 점을 아쉬워하였으나, 사실과 다른 부분을 비판하고 있는 것은 아니다.

DAY 2 언어

빠른 정답 체크

1 ⑤ **2** ④ **3** ③ **4** ③ **5** ⑤

용언은 문장에서 다양한 형태로 활용하면서 주로 서술어의 역할을 하는 단어로, _{용언의 개념} 동사와 형용사가 있다. 용언이 활용할 때 형태가 변하지 않는 부분을 _{용언의 종류} 어간이라고 하고, 형태가 변하는 부분을 _{어간의 개념} 어미라고 한다. _{어미의 개념}

어간이나 어미는 문장에서 홀로 쓰일 수 없고, 어간 뒤에 어미가 결합하여 용언을 이룬다. _{용언의 특징 ①} 가령 '먹다'는 어간 '먹-'의 뒤에 어미 '-고', '-어'가 각각 결합하여 '먹고', '먹어'와 같이 활용한다. 그런데 일부 용언에서는 활용할 때 어간의 일부가 탈락하기도 한다. _{용언의 특징 ③} '노는'은 어간 '놀-'과 어미 '-는'이 결합하면서 'ㄹ'이 탈락한 경우이고, _{용언이 활용할 때 어간의 일부가 탈락하는 경우 ①} '커'는 어간 '크-'와 어미 '-어'가 결합하면서 'ㅡ'가 탈락한 경우이다. _{용언이 활용할 때 어간의 일부가 탈락하는 경우 ②}

어미는 크게 어말 어미와 선어말 어미로 구분된다. _{어미의 종류} 어말 어미는 단어의 끝에 오는 어미이며, _{어말 어미의 개념} 선어말 어미는 어말 어미 앞에 오는 _{선어말 어미의 개념} 어미이다. '가다'의 활용형인 '가신다', '가겠고', '가셨던'을 어간, 선어말 어미, 어말 어미로 분석하면 아래와 같다.

활용형	어간	어미	
		선어말 어미	어말 어미
가신다	가-	-시-	-ㄴ-	-다
가겠고			-겠-	-고
가셨던		-시-	-었-	-던

어말 어미는 기능에 따라 종결 어미, 연결 어미, 전성 어미로 구분된다. 종결 어미는 '가신다'의 '-다'와 같이 문장을 종결하는 어미이고, _{종결 어미의 기능} 연결 어미는 '가겠고'의 '-고'와 같이 앞뒤의 말을 연결하는 어미이다. _{연결 어미의 기능} 그리고 전성 어미는 '가셨던'의 '-던'과 같이 용언이 다른 품사처럼 쓰이게 하는 어미이다. _{전성 어미의 기능} '-던'이나 '-(으)ㄴ', '-는', _{관형사형 전성 어미} '-(으)ㄹ' 등은 용언이 관형사처럼, '-게', '-도록' 등은 용언이 부사처럼, _{부사형 전성 어미} '-(으)ㅁ', '-기' 등은 용언이 명사처럼 쓰이게 한다. _{명사형 전성 어미}

선어말 어미는 높임이나 시제 등을 나타낼 때 쓰인다. _{선어말 어미의 활용} 활용할 때 어말 어미처럼 반드시 나타나지는 않지만, 한 용언에서 서로 다른 선어말 어미가 동시에 쓰이기도 한다. _{선어말 어미의 특징} 위에서 '가신다', '가셨던'의 '-시-'는 높임을 나타내는 선어말 어미로, 문장의 주체를 높이는 기능을 한다. _{선어말 어미 '-시-'의 기능} 그리고 '가신다', '가겠고', '가셨던'의 '-ㄴ-', '-겠-', '-었-'은 시제를 나타내는 선어말 어미로, 각각 현재, 미래, 과거 시제를 나타내는 기능을 한다. _{선어말 어미 '-ㄴ-', '-겠-', '-었-'의 기능}

01

답 | ⑤

윗글을 통해 알 수 있는 내용으로 적절한 것은?

정답 선지 분석

⑤ 선어말 어미는 한 용언에 두 개가 동시에 쓰일 수 있다.
　선어말 어미는 어간과 어말 어미 앞에 오는 어미로, 한 용언에 두 개가 동시에 쓰일 수 있다. 예를 들어 '가신다'에는 높임을 나타내는 선어말 어미인 '-시-'와 현재 시제를 나타내는 선어말 어미인 '-ㄴ-'이 결합해 있다.

오답 선지 분석

① 용언은 어간의 앞뒤에 어미가 결합한 단어이다.
　어미는 어간의 뒤에 결합한다.

② 어간은 단독으로 쓰여 하나의 용언을 이룰 수 있다.
　어간이나 어미가 하나의 용언을 이루기 위해서는 어간과 어미가 서로 결합하여야 한다.

③ 어미는 용언이 활용할 때 형태가 유지되는 부분이다.
　어미는 용언이 활용할 때 형태가 변하는 부분이다.

④ 어말 어미는 용언이 활용할 때 나타나지 않을 수 있다.
　어말 어미는 용언이 활용할 때 반드시 나타나야 한다.

02

답 | ④

윗글을 바탕으로 <보기>의 ㄱ~ㅁ의 밑줄 친 부분을 탐구한 내용으로 적절하지 <u>않</u>은 것은?

보기

ㄱ. 너도 그를 <u>아니</u>?
ㄴ. 사과가 <u>맛있구나</u>!
ㄷ. 산은 <u>높고</u> 강은 깊다.
ㄹ. 아침에 <u>뜨는</u> 해를 봐.
ㅁ. 그녀는 과자를 <u>먹었다</u>.

정답 선지 분석

④ ㄹ: 어간 '뜨-'에 전성 어미 '-는'이 결합하면서 용언이 부사처럼 쓰이고 있다.
　'뜨는'은 어간 '뜨-'에 전성 어미 '-는'이 결합한 형태의 용언이다. 그런데 여기서 '뜨는'은 뒤에 오는 체언인 '해'를 꾸며준다. 즉, '뜨는'은 주로 용언을 수식하는 기능을 하는 단어인 부사가 아니라 체언을 수식하는 기능을, 하는 단어인 관형사처럼 쓰이고 있다.

오답 선지 분석

① ㄱ: 어간 '알-'에 어미 '-니'가 결합하면서 'ㄹ'이 탈락하였다.
　'알다'의 어간 '알-'에 어미 '-니'가 결합할 때는 '아니'와 같이 쓰이면서 어간의 'ㄹ'이 탈락한다.

② ㄴ: 어간 '맛있-'에 종결 어미 '-구나'가 결합하여 문장을 종결하고 있다.
　'맛있다'의 어간은 '맛있-'이다. 또한 여기에 종결 어미 '-구나'가 결합하면서 문장을 종결하는 기능을 하고 있다.

③ ㄷ: 어간 '높-'에 연결 어미 '-고'가 결합하여 앞뒤의 말을 연결하고 있다.
　'높다'의 어간은 '높-'이다. 또한 여기에 연결 어미 '-고'가 결합하면서 앞뒤 말을 연결하는 기능을 하고 있다.

⑤ ㅁ: 어간 '먹-'과 어말 어미 '-다' 사이에 선어말 어미 '-었-'이 결합하여 과거 시제를 나타내고 있다.
　'먹다'의 어간은 '먹-'이다. '먹었다'에는 단어의 끝에 오는 어미인 어말 어미 '-다'가 있으며, 선어말 어미 '-었-'이 쓰여 과거 시제를 나타내고 있다.

03

답 | ③

<보기>의 '학습 과제'를 바르게 수행하였다고 할 때, ㉠에 들어갈 단어로 적절한 것은?

보기

[학습 자료]
　음운은 단어의 뜻을 구별해 주는 소리의 가장 작은 단위이다. 특정 언어에서 어떤 소리가 음운인지 아닌지는 최소 대립쌍을 통해 확인할 수 있다. 최소 대립쌍이란, 다른 모든 소리는 같고 단 하나의 소리 차이로 의미가 구별되는 단어의 쌍을 말한다. 예를 들어, 최소 대립쌍 '감'과 '잠'은 [ㄱ]과 [ㅈ]의 차이로 인해 의미가 구별되므로 'ㄱ'과 'ㅈ'은 서로 다른 음운이다.

[학습 과제]
　앞사람이 말한 단어와 최소 대립쌍인 단어를 말해 보자.

쌀! → 달! → ㉠ → 굴!

정답 선지 분석

③ 둘
　㉠에는 앞사람이 말한 '달', 뒷사람이 말한 '굴' 모두와 최소 대립쌍인 단어가 들어가야 한다. '둘'과 '달'은 [ㅜ]와 [ㅏ]의 차이가 있고, '둘'과 '굴'은 [ㄷ]과 [ㄱ]의 차이가 있다. 따라서 '둘'과 '달', '둘'과 '굴'은 최소 대립쌍이다.

오답 선지 분석

① 꿀
　'꿀'은 뒤의 '굴'과 최소 대립쌍이지만, 앞의 '달'과 최소 대립쌍이 아니다.

② 답
　'답'은 앞의 '달'과 최소 대립쌍이지만, 뒤의 '굴'과 최소 대립쌍이 아니다.

④ 말
　'말'은 앞의 '달'과 최소 대립쌍이지만, 뒤의 '굴'과 최소 대립쌍이 아니다.

⑤ 풀
　'풀'은 뒤의 '굴'과 최소 대립쌍이지만, 앞의 '달'과 최소 대립쌍이 아니다.

04

답 | ③

밑줄 친 부분이 <보기>의 ㉠, ㉡에 해당하는 예로 적절하지 <u>않</u>은 것은?

보기

　'위-아래'나 '앞-뒤'는 방향상 대립하는 반의어이다. '위 - 아래'나 '앞-뒤'가 단독으로 쓰이거나 다른 단어와 결합해서 쓰일 때, 문맥에 따라서 ㉠ <u>'위'나 '앞'이 '우월함'의 의미를</u>, ㉡ <u>'아래'나 '뒤'가 '열등함'의 의미를 갖거나 강화하기도 한다.</u>

③ ⓛ: 이번 행사는 치밀한 계획 아래 진행되었다.

'아래'는 '조건, 영향 따위가 미치는 범위'라는 의미로 쓰여 '열등함'의 의미를 갖는 경우로 볼 수 없다. '아래'가 '열등함'의 의미를 갖는 경우는 '신분, 지위, 정도 따위에서 어떠한 것보다 낮은 쪽'이라는 의미로 쓰이는 경우이다.

① ㉠: 그가 머리 쓰는 게 너보다 한 수 위다.

'위'는 '신분, 지위, 정도 따위에서 어떠한 것보다 높거나 나은 쪽'이라는 의미로 쓰여 '우월함'의 의미를 나타낸다.

② ㉠: 이 회사의 기술 수준은 다른 곳에 앞선다.

'앞서다'는 '발전이나 진급, 중요성 따위의 정도가 남보다 높은 수준에 있거나 빠르다.'라는 의미로 쓰여 '우월함'의 의미를 나타낸다.

④ ⓛ: 그녀는 남에게 뒤떨어지지 않고자 노력했다.

'뒤떨어지다'는 '발전 속도가 느려 도달하여야 할 수준이나 기준에 이르지 못하다.'라는 의미로 쓰여 '열등함'의 의미를 나타낸다.

⑤ ⓛ: 우리 팀의 승률이 조금씩 뒷걸음질 치고 있다.

'뒷걸음질'은 '본디보다 뒤지거나 뒤떨어짐.'이라는 의미로 쓰여 '열등함'의 의미를 나타낸다.

05

답 | ⑤

다음 '탐구 학습지' 활동의 결과로 적절하지 않은 것은?

[탐구 학습지]

1. 문장의 중의성
◦ 하나의 문장이 둘 이상의 의미로 해석되는 것

2. 중의성 해소 방법
◦ 어순 변경, 쉼표나 조사 추가, 상황 설명 추가 등

3. 중의성 해소하기
- 과제: 빈칸에 적절한 말 넣기

ㄱ. (조사 추가) ·· a
◦ 중의적 문장: 관객들이 다 도착하지 않았다.
◦ 전달 의도: (관객 중 일부가 도착하지 않음.) ············· b
◦ 수정 문장: 관객들이 다는 도착하지 않았다.

ㄴ. (어순 변경) ·· c
◦ 중의적 문장: 우리는 어제 전학 온 친구와 만났다.
◦ 전달 의도: (전학 온 친구와 만난 때가 어제임.) ··········· d
◦ 수정 문장: 우리는 전학 온 친구와 어제 만났다.

ㄷ. 상황 설명 추가
◦ 중의적 문장: 민우는 나와 윤서를 불렀다.
◦ 전달 의도: '나와 윤서'를 부른 사람이 '민우'임.
◦ 수정 문장: (민우는 나와 둘이서 윤서를 불렀다.) ·········· e

　⋮

⑤ e

수정 문장 '민우는 나와 둘이서 윤서를 불렀다.'는 '민우와 나'가 주체가 되어 '윤서'를 불렀음을 의미한다. 전달 의도처럼 '나와 윤서'를 부른 사람이 '민우'임을 표현하기 위해서는 '민우는 혼자서 나와 윤서를 불렀다.'로 문장을 수정해야 한다.

① a

ㄱ의 중의적 문장은 '관객 중 일부가 도착하지 않음.'과 '관객 중 누구도 도착하지 않음.'의 의미로 모두 해석될 수 있다. 수정 문장은 중의성 해소를 위해 조사 '는'을 추가하여 부정 표현의 범위를 한정한 것으로, '관객 중 일부가 도착하지 않음.'으로 해석된다.

② b

ㄱ의 중의적 문장은 '관객 중 일부가 도착하지 않음.'과 '관객 중 누구도 도착하지 않음.'의 의미로 모두 해석될 수 있다. 수정 문장은 중의성 해소를 위해 조사 '는'을 추가하여 부정 표현의 범위를 한정한 것으로, '관객 중 일부가 도착하지 않음.'으로 해석된다.

③ c

ㄴ의 중의적 문장은 '전학 온 친구와 만난 때가 어제임.'과 '친구가 전학 온 것이 어제임.'의 의미로 모두 해석될 수 있다. 수정 문장은 중의성 해소를 위해 '어제'의 위치를 변경해 '어제'의 수식 범위를 한정한 것으로, '전학 온 친구와 만난 때가 어제임.'으로 해석된다.

④ d

ㄴ의 중의적 문장은 '전학 온 친구와 만난 때가 어제임.'과 '친구가 전학 온 것이 어제임.'의 의미로 모두 해석될 수 있다. 수정 문장은 중의성 해소를 위해 '어제'의 위치를 변경해 '어제'의 수식 범위를 한정한 것으로, '전학 온 친구와 만난 때가 어제임.'으로 해석된다.

DAY 3　폐수처리공학 Ⅰ

빠른 정답 체크

01 ④　　**02** ④　　**03** ⑤　　**04** ③

❶ 오염된 물을 사용 목적에 맞게 정화하는 정수 처리 기술에서
　　　　　정수 처리 기술의 목적
침전 과정은 부유하는 오염 물질을 가라앉혀 물의 탁도를 제거
　　　　　　　　침전 과정의 목적
하는 것을 목적으로 한다. 부유물이 물보다 비중이 큰 경우, 다
른 물질과의 상호 작용 없이 중력만으로 가라앉힐 수 있는데 이
　　　　　　　　　　　　보통 침전 방식의 개념
를 '보통 침전 방식'이라고 한다. 하지만 중력만으로 침전시키기
어려운 콜로이드 입자와 같은 물질들은 화학 약품을 이용하여 입
　　　　　　　　　　　　　　　　약품 침전 방식의 개념
자들을 응집시켜 가라앉히는 방식을 사용하는데 이를 '약품 침전
방식'이라고 한다.

❷ 일반적으로 미세한 입자들은 입자 간의 거리가 일정 거리 이
하로 좁혀지면 서로를 끌어당기는 ㉠ 반데르발스 힘의 영향을 받
　　　　　　　　　　　　　　일반적인 입자에 영향을 미치는 힘
아 응집하게 된다. 하지만 물속에서 부유하는 미세한 콜로이드
입자들은 수산화 이온과의 결합 등으로 인해 음(-) 전하를 띠고
　　　콜로이드 입자가 전기적 반발력의 영향을 받는 이유 → 입자 간의 거리가 좁혀지지 않음
있어 서로를 밀어내는 ㉡ 전기적 반발력의 영향을 받기 때문에
　　　　　　　　　　　　콜로이드 입자에 영향을 미치는 힘
일정 거리 이하로 입자들의 거리가 좁혀지지 않는다. 그 결과 콜
로이드 입자들은 물속에서 균일하게 분산되어 안정성을 가지고
부유하게 된다. 이런 입자의 안정성은 물의 탁도를 높이는 주요
　　　　　　　　　　입자가 응집하지 않고 분산되어 있기 때문

한 원인이 된다.

❸ 약품 침전 방식에서는「응집제를 주입하여 전기적 중화 작용과
가교 작용을 통해 콜로이드 입자의 영향으로 발생한 물의 탁도를
낮추는 과정」을 거치게 된다. 이때 사용된 응집제는 보편적으로
└「」: 약품 침전 방식에서 물의 탁도를 낮추는 과정
알루미늄염과 철염 등의 양이온계 응집제로 이들은 물과 화학 반
━━━━━━━━━   응집제의 종류   응집제의 역할
응을 하면서 단계적으로 다양한 종류의 화합물을 형성하게 된다.

❹ 우선 전기적 중화 작용에서는 탁도가 높은 물에 주입된 응집
제가 물과 화학 반응을 거쳐 양(+) 전하의 금속 화합물을 형성하
                응집제와 물의 화학 반응으로 생성되는 물질 ①
고,「이 화합물이 음(-) 전하를 띤 콜로이드 입자와 결합하면 콜로
   └「」: 전기적 중성 상태가 되기 때문
이드 입자 간 전기적 반발력이 감소하게 된다.」그 결과 콜로이드
입자들이 불안정화되고 물 분자 운동이나 물의 흐름에 의해 움직
이다가 반데르발스 힘이 작용할 정도로 가까워지게 되면 서로 응
            전기적 반발력이 감소한 결과
집하여 침전이 가능한 작은 플록을 형성하게 된다. 이러한「전기
                 반데르발스 힘의 영향을 받아 응집함
적 중화 작용은 응집제 주입 후 극히 단시간 안에 이루어지기 때
문에 콜로이드 입자와 금속 화합물이 빠르게 결합하여 반응하게
하기 위해 물을 빠르게 젓는 급속 교반을 해야 한다.」
└「」: 전기적 중화 작용에서 급속 교반이 필요한 이유
❺ 다음으로 가교 작용에서는 전기적 중화 작용에서 형성된 작
은 플록을 더 크게 만든다. 침전 속도를 높이기 위해서는 플록의
크기가 더 커져야 하는데, 반데르발스 힘만으로는 플록의 크기
                                    가교 작용이 필요한 이유
를 키우는 데 한계가 있기 때문이다. 응집제의 주입으로 형성된
화합물 중 긴 사슬 형태의 고분자 화합물은 플록과 플록을 연결
          응집제와 물의 화학 반응으로 생성되는 물질 ②
하는 일종의 가교 역할을 하게 된다. 이런 작용을 통해 연결된 여
러 플록들은 하나의 큰 플록이 되어 중력의 영향을 받아 빠르게
침전한다. 이러한 가교 작용 과정에서는 침전에 용이한「큰 플록
                                        └「」: 가교 작용 과정에서 완속 교반이 필요한 이유
을 만들기 위해 플록이 다른 플록과 연결될 때 접촉 시간을 늘려
주고, 연결이 깨지지 않도록」물을 천천히 저어 주어야 한다. 이를
완속 교반이라고 한다.

❻ 한편, 이와 같은 과정을 거쳐 탁도가 낮아진 물에, 전기적 중
                              큰 플록이 침전함
화 작용과 가교 작용에서 반응하지 못한 응집제가 많이 남아 있
           양이온계 응집제
게 되면 전기적으로 중화되었던 콜로이드 입자들이 오히려 양(+)
전하를 띠게 된다. 이를 전하 역전 현상이라고 한다. 이렇게 되면
                       음(-) 전하 → 전기적 중성 상태 → 양(+) 전하
콜로이드 입자들이 재안정화되면서 물의 탁도는 다시 높아진다.
이 상태에서 여분의 응집제는 물과 화학 반응을 통해 최종적으로
침전성 금속 화합물을 형성하게 되고, 이 화합물은 마치 그물망처
응집제와 물의 화학 반응으로 생성되는 물질 ③   물의 탁도가 다시 낮아짐
럼 콜로이드 입자들을 흡착하면서 가라앉는데 이를 체 거름 현상
이라고 한다.

01

답 | ④

윗글에서 알 수 있는 내용으로 적절하지 않은 것은?

④ 물을 빠르게 저어 플록끼리 접촉할 시간을 늘리면 체 거름 현상이 나타난다.

5문단에서 '플록과 다른 플록이 연결될 때 접촉 시간을 늘려 주기 위해서는 물을 천천히 저
어 주어야 한다고 하였고, 이는 '가교 작용 과정'에서 '침전에 용이한 큰 플록을 만들기 위'한
것이므로 적절하지 않다.

① 급속 교반은 콜로이드 입자와 금속 화합물의 결합을 촉진한다.

4문단에서 급속 교반은 '콜로이드 입자와 금속 화합물이 빠르게 결합하여 반응하게 하기 위
해' 하는 것이라고 하였으므로 적절하다.

② 약품 침전 방식은 콜로이드 입자의 응집을 위해 화학 약품을 이용한다.

1문단에서 약품 침전 방식은 '화학 약품을 이용하여 입자들을 응집시켜 가라앉히는 방식'이
라고 하였으므로 적절하다.

③ 부유물의 비중이 물보다 큰 경우 중력만으로 부유물을 침전시킬 수 있다.

1문단에서 '부유물이 물보다 비중이 큰 경우, 다른 물질과의 상호 작용 없이 중력만으로 가
라앉힐 수 있다'고 하였으므로 적절하다.

⑤ 양이온계 응집제는 물과 화학 반응하여 다양한 종류의 화합물을 형성한다.

3문단에서 양이온계 응집제는 '물과 화학 반응을 하면서 단계적으로 다양한 종류의 화합물
을 형성'한다고 하였으므로 적절하다.

02

답 | ④

㉠, ㉡에 대한 이해로 가장 적절한 것은?

④ ㉡은 입자가 띠고 있는 전하의 성질로 인해 작용하는 힘이라고 할 수 있다.

2문단에서 '콜로이드 입자들'이 물속에서 '음(-) 전하를 띠고 있어 서로를 밀어내는 전기적
반발력의 영향'을 받는다고 하였으므로 적절하다.

① ㉠은 입자가 일정 거리 안에서 서로를 밀어내는 힘이라고 할 수 있다.

2문단에서 '미세한 입자들'은 '입자 간의 거리가 일정 거리 이하로 좁혀지면 서로를 끌어당
기는 반데르발스 힘의 영향'을 받는다고 하였으므로 적절하지 않다.

② ㉠은 입자가 물속에서 균일하게 분산할 수 있게 해 주는 힘이라고 할 수 있다.

2문단에서 '미세한 입자들'은 '반데르발스 힘의 영향을 받아 응집'하게 된다고 하였으므로
적절하지 않다.

③ ㉡은 입자 간의 거리가 멀어지면 발생하는 힘이라고 할 수 있다.

2문단에서 '콜로이드 입자들'은 '서로를 밀어내는 전기적 반발력의 영향'을 받는다고 하였으
므로 적절하지 않다.

⑤ ㉠과 ㉡은 모두 입자가 이온과 결합할 때 형성되는 힘이라고 할 수 있다.

2문단에서 '콜로이드 입자들'은 '수산화 이온과의 결합 등'으로 인해 '전기적 반발력의 영향'
을 받는다고 하였지만, '미세한 입자들'이 이온과 결합할 때 '반데르발스 힘의 영향'을 받는
지는 언급되지 않았으므로 적절하지 않다.

03

답 | ⑤

<보기>는 응집제의 투입에 따른 물의 탁도 변화를 설명하기 위한 그래프이다. 윗글을 읽은 학생들이 <보기>에 대해 보인 반응으로 적절하지 <u>않은</u> 것은?

보기

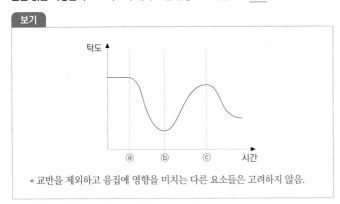

＊ 교반을 제외하고 응집에 영향을 미치는 다른 요소들은 고려하지 않음.

정답 선지 분석

⑤ ⓒ 이후 탁도가 낮아지는 것은 ⓑ에서 형성된 긴 사슬 형태의 화합물이 콜로이드 입자들과 흡착하여 침전했기 때문이겠군.

<보기>에서 ⓐ는 응집제가 주입된 지점, ⓐ와 ⓑ 사이는 전기적 중화 작용과 가교 작용으로 인해 콜로이드 입자들의 침전이 일어나는 구간, ⓑ와 ⓒ 사이는 전하 역전 현상이 일어나는 구간, ⓒ 이후는 체 거름 현상으로 인해 콜로이드 입자들의 침전이 일어나는 구간이다. 5문단에서 '응집제의 주입으로 형성된 화합물 중 긴 사슬 형태의 고분자 화합물'이 가교 작용에 쓰임을 알 수 있고, 6문단에서 '여분의 응집제'로 형성될 '침전성 금속 화합물'이 '콜로이드 입자들을 흡착하면서 가라앉는'다고 하였으므로 적절하지 않다.

오답 선지 분석

① ⓐ에서 주입된 응집제는 ⓐ와 ⓑ 사이에서 콜로이드 입자 간의 거리를 좁히는 작용을 하겠군.

3문단에서 응집제를 주입하여 '전기적 중화 작용과 가교 작용'으로 '물의 탁도를 낮'춘다고 하였고, 4문단에서 전기적 중화 작용으로 콜로이드 입자들이 '반데르발스 힘이 작용할 정도로 가까워지게 되면' '작은 플록을 형성'한다고 하였으므로 적절하다.

② ⓐ와 ⓑ 사이에서 형성된 고분자 화합물은 플록과 플록을 연결하여 침전에 용이한 큰 플록을 만들겠군.

5문단에서 '고분자 화합물은 플록과 플록을 연결'한다고 하였고, 이는 '침전에 용이한 큰 플록을 만들기 위해'서라고 하였으므로 적절하다.

③ ⓐ와 ⓑ 사이에서 탁도가 급속하게 낮아진 것은 가교 작용으로 형성된 플록의 침전 속도가 높아졌기 때문이라고 할 수 있겠군.

5문단에서 '가교 작용'의 목적이 '침전 속도를 높이기 위해서'라고 하였고, '연결된 여러 플록들은 하나의 큰 플록이 되어 중력의 영향을 받아 빠르게 침전한다'고 하였으므로 적절하다.

④ ⓑ와 ⓒ 사이에서 탁도가 다시 높아진 것은 ⓐ에서 주입된 응집제가 전기적 중화 작용과 가교 작용에서 반응하지 못하고 남아 있는 것이 원인으로 작용했기 때문이겠군.

6문단에서 '탁도가 낮아진 물에, 전기적 중화 작용과 가교 작용에서 반응하지 못한 응집제가 많이 남아 있게 되면' 콜로이드 입자들이 '양(+) 전하를 띠게 된다'고 하였으므로 적절하다.

04

답 | ③

<보기>는 윗글을 읽은 학생이 정리한 내용의 일부이다. ㉮~㉱에 들어갈 말로 적절한 것은?

보기

오염된 물에 존재하는 콜로이드 입자는 수산화 이온과의 결합 등의 원인으로 (㉮)된 상태에서 부유한다. 응집제를 주입하면 (㉯)이/가 일어나고 콜로이드 입자는 (㉰)된다. 응집제를 과다하게 주입하면 (㉱)이/가 나타난다.

정답 선지 분석

	㉮	㉯	㉰	㉱
③	안정화	전기적 중화	불안정화	전하 역전

2문단에서 '음(−) 전하를 띠고 있는 콜로이드 입자들이 '안정성을 가지고 부유'한다고 하였으므로 ㉮는 '안정화'가 적절하다. 4문단에서 '전기적 중화 작용'은 '양(+) 전하의 금속 화합물'이 '콜로이드 입자와 결합'하면 나타난다고 하였고, 그 결과 '콜로이드 입자들이 불안정화'된다고 하였으므로 ㉯는 '전기적 중화'가, ㉰는 '불안정화'가 적절하다. 6문단에서 전기적 중화 작용과 가교 작용에서 반응하지 못한 응집제가 많이 남아 있게 되면 전기적으로 중화되었던 콜로이드 입자들이 오히려 양(+) 전하를 띠게 된다고 하였으므로 ㉱는 '전하 역전'이 적절하다.

DAY 4 현실요법

빠른 정답 체크

01 ① **02** ① **03** ② **04** ③ **05** ②

❶ 상담 이론이자 상담 기법인 '현실요법'에서는 인간의 다섯 가지 기본 욕구를 제시하고 있다. 이 이론에서는 <u>개인의 모든 행동은 기본 욕구를 충족시키기 위해서 그 자신이 선택하는 것이라</u> 보았다. 만약 이러한 선택으로 문제가 발생한다면 <u>다섯 가지 기본 욕구를 실현 가능한 수준으로 타협하고 조절해 새로운 선택을</u> 할 필요가 있다고 ⓐ 제안했다.
　「」: 현실요법의 문제 해결 방법
　현실요법의 관점

❷ 다섯 가지 기본 욕구 중 첫째는 <u>생존의 욕구</u>로, 자신의 삶을 유지하려는 생물학적인 속성이다. 「사회적 규칙이나 상식을 지키려는 욕구이며, 생존에 필요한 것을 아끼고 모으려는 욕구」이기도
　「」: 생존의 욕구의 개념
하다. 이 욕구가 강한 사람은 건강과 안전을 중시하는 편이다. 둘째는 <u>사랑의 욕구</u>로, 사랑하고 나누며 함께하고자 하는 욕구이
　생존의 욕구가 강한 사람의 특징
다. 이 욕구가 강한 사람은「타인을 잘 돕고, 사랑을 주는 만큼 받
　사랑의 욕구의 개념
는 것도 중요하게 여기기에 인간관계에서 힘들어하기도 한다.」셋
　「」: 사랑의 욕구가 강한 사람의 특징
째는 <u>힘의 욕구</u>로, 경쟁하여 성취하고 인정받고 싶어 하는 욕구
　힘의 욕구의 개념
이다. 이 욕구가 강한 사람은「직장에서의 성공과 명예를 중시하
고 높은 사회적 지위에 ⓑ 도달하기 위해 노력한다. 또한 자기가
　「」: 힘의 욕구가 강한 사람의 특징
옳게 여기는 것에 대한 의지가 있어 자기주장이 강하며 타인에게

지시하는 일에 능하다., 넷째는 자유의 욕구로, 무언가에 얽매이지 않고 벗어나고 싶어 하는 욕구이다. 이 욕구가 강한 사람은 상대방을 구속하는 것, 자신을 구속시키는 것을 싫어한다. 그래서 상대방에게 대체로 관대하고, 혼자 하는 것을 좋아하며, 사람들과 적정한 거리를 유지하는 것을 편하게 여긴다., 다섯째는 즐거움의 욕구로, 새로운 것을 배우고 놀이를 통해 즐기고 싶어 하는 욕구이다. 이 욕구가 강한 사람은 취미 생활을 즐기며, 잘 웃고 긍정적 태도를 취한다. 또한 호기심이 많기에 배우는 것을 좋아한다.,

❸ 현실요법에서는 이 다섯 가지 욕구들의 강도가 개인마다 달라 행동 양상이 다양하게 나타나고, 여러 가지 갈등을 겪을 수도 있다고 보았다. 현실요법은 우선 내담자*가 자신의 욕구를 들여다볼 수 있도록 한 다음, 약한 욕구를 북돋아 주거나 강한 욕구들 사이에서 타협과 조절을 하여 새로운 선택을 하도록 이끄는 단계를 밟는다., 예를 들어 사랑의 욕구가 강하고 힘의 욕구가 약한 사람이 타인의 부탁에 불편함을 느끼면서도 거절하지 못해 괴로워한다고 가정해 보자. 이 경우 현실요법에서는 ㉠ 힘의 욕구를 북돋아 자기주장을 표현할 수 있도록 도울 수 있다. 또 자유의 욕구와 힘의 욕구 모두가 강한 사람은 자신이 ⓒ 선호하는 것을 우선시하고 이것이 방해받으면 불편해하며 주변 사람들과 갈등을 일으킬 수 있다., 이 경우 힘의 욕구를 조절하도록 이끌 수 있는데, 타인과의 사소한 의견 충돌 상황에서 자기주장을 강조하기보다는 타인의 마음을 헤아리고 그 의견을 ⓓ 겸허하게 수용하는 연습을 하게 할 수 있다.,

❹ 현실요법은 타인의 욕구 충족을 방해하지 않으면서 효과적인 선택을 통해 자신의 욕구를 충족시키려 한다. 이는 내담자가 외부 요인에 의해 통제되는 존재가 아니라 스스로 자신의 욕구를 조절할 수 있는 주체라고 보는 관점을 기반으로 한다. 현재 현실요법은 상담 분야에서 호응을 얻어 심리 상담에 널리 ⓔ 활용되고 있다.

*내담자: 상담실 따위에 자발적으로 찾아와서 이야기하는 사람.

01

답 | ①

윗글에 대한 설명으로 가장 적절한 것은?

`정답 선지 분석`

① 이론의 주요 개념을 밝히고 그 이론의 구체적 적용 사례를 들고 있다.

이 글은 현실요법에서 제시한 다섯 가지 기본 욕구의 개념을 밝히고 현실요법의 적용 사례를 들고 있다.

`오답 선지 분석`

② 이론을 소개하고 장점을 밝힌 후 그 이론이 지닌 한계를 덧붙이고 있다.

이론이 지닌 한계는 드러나지 않는다.

---

③ 이론이 등장하게 된 사회적 배경과 이론이 발전하는 과정을 드러내고 있다.

이론이 등장하게 된 사회적 배경이나 이론이 발전하는 과정은 나타나 있지 않다.

④ 하나의 이론과 다른 관점의 이론을 대조하여 둘의 차이점을 부각하고 있다.

다른 관점을 지닌 이론은 제시되지 않았다.

⑤ 이론의 주요 개념을 여러 유형으로 나눈 다음 추가할 새로운 유형을 소개하고 있다.

이론의 주요 개념인 욕구를 다섯 가지로 나누었으나, 추가할 새로운 유형을 소개하지 않았다.

02

답 | ①

윗글의 내용과 일치하지 않는 것은?

`정답 선지 분석`

① 약한 욕구를 강한 욕구로 대체해야 갈등에서 벗어날 수 있다.

3문단에서 약한 욕구는 강한 욕구로 대체해야 하는 것이 아니라 북돋아 주어야 한다고 하였다.

`오답 선지 분석`

② 개인이 지닌 욕구들의 강도에 따라 다양한 행동 양상이 나타난다.

3문단에서 다섯 가지 욕구들의 강도는 개인마다 달라 다양한 양상으로 나타난다고 하였다.

③ 현실요법에서는 내담자는 외부 요인에 의해 통제되는 존재가 아니라고 본다.

4문단에서 현실요법에서는 내담자를 외부 요인에 의해 통제되는 존재가 아니라고 보았다.

④ 현실요법에 따르면 인간은 기본 욕구를 충족시키기 위해 스스로 행동을 선택한다.

1문단에서 인간은 기본 욕구를 충족시키기 위해서 행동을 그 자신이 스스로 선택한다고 하였다.

⑤ 현실요법은 기본 욕구들을 실현 가능한 수준으로 타협하는 것이 가능하다고 본다.

1문단에서 현실요법은 기본 욕구들을 실현 가능한 수준으로 타협하는 것이 가능하다고 보았다.

03

답 | ②

㉠의 구체적인 방법으로 가장 적절한 것은?

`정답 선지 분석`

② 부탁을 거절하거나 자신의 불편함을 표출하도록 이끈다.

㉠은 사랑의 욕구가 강하고 힘의 욕구가 약한 사람의 갈등 해결을 도와주는 방법이다. 이 경우 타인의 부탁에 불편해하면서도 거절하지 못할 수 있으므로, 이를 거절하거나 불편하다는 자기주장을 할 수 있게 도와줄 수 있다.

`오답 선지 분석`

① 자신과 다른 의견을 경청하는 연습을 하도록 이끈다.

자신과 다른 의견을 경청하는 연습을 하는 것은 힘의 욕구가 높은 경우 활용할 수 있는 구체적 방법이다.

③ 혼자 어디론가 떠나거나 혼자만의 시간을 갖도록 권한다.

혼자 훌쩍 떠나거나 혼자만의 시간을 갖는 것은 자유의 욕구가 낮을 때 활용할 수 있는 구체적 방법이다.

④ 타인과 약속을 잘 지킬 수 있는 원칙을 만들도록 권한다.

타인과 약속을 지킬 수 있는 원칙을 만드는 것은 생존의 욕구가 낮을 때 활용할 수 있는 구체적 방법이다.

⑤ 사람들과 어울려 새로운 취미 생활을 즐길 수 있도록 권한다 .

사람들과 어울리는 것은 사랑의 욕구가 낮을 때에, 취미 생활을 즐기는 것은 즐거움의 욕구가 낮을 때에 활용할 수 있는 구체적 방법이다.

04

답 | ③

윗글을 바탕으로 <보기>를 이해한 내용으로 적절하지 않은 것은?

보기

A, B 학생의 욕구 강도 프로파일

(5점: 매우 강하다, 4점: 강하다, 3점: 보통이다, 2점: 약하다, 1점: 매우 약하다)

다섯 가지 기본 욕구 측정 항목		욕구 강도	
		A	B
(가)	• 남의 지시와 잔소리를 싫어한다. • 자신의 방식대로 살고 싶다. ⋮	5	5
(나)	• 다른 사람의 잘못을 잘 짚어 준다. • 내 분야에서 최고가 되고 싶다. ⋮	4	1
(다)	• 친구를 위한 일에 기꺼이 시간을 낸다. • 친절을 베푸는 것을 좋아한다. ⋮	5	1
(라)	• 큰 소리로 웃는 것을 좋아한다. • 여가 활동으로 알찬 휴일을 보낸다. ⋮	1	3
(마)	• 균형 잡힌 식생활을 하려고 노력한다. • 저축을 중요하게 생각한다. ⋮	2	5

정답 선지 분석

③ A는 B보다 '힘의 욕구'가 더 약하다고 할 수 있겠군.

(가)는 자유의 욕구, (나)는 힘의 욕구, (다)는 사랑의 욕구, (라)는 즐거움의 욕구, (마)는 생존의 욕구에 해당하는 항목들이다. 힘의 욕구 강도가 A는 4, B는 1이므로, A는 B보다 힘의 욕구가 더 강하다고 할 수 있다.

오답 선지 분석

① A는 '즐거움의 욕구'보다 '힘의 욕구'가 더 강하다고 할 수 있겠군.

A는 즐거움의 욕구 강도는 1, 힘의 욕구 강도는 4로, 즐거움의 욕구보다 힘의 욕구가 더 강하다고 할 수 있다.

② B는 '힘의 욕구'가 '생존의 욕구'보다 더 약하다고 할 수 있겠군.

B는 힘의 욕구 강도가 1, 생존의 욕구 강도가 5로, 힘의 욕구가 생존의 욕구보다 더 약하다.

④ A와 B는 모두 '자유의 욕구'가 매우 강하다고 할 수 있겠군.

A와 B 모두 자유의 욕구 강도는 5로, 매우 강하다고 할 수 있다.

⑤ A는 '사랑의 욕구'가 '즐거움의 욕구'보다 강하지만, B는 '즐거움의 욕구'가 '사랑의 욕구'보다 강하다고 할 수 있겠군.

A는 사랑의 욕구 강도가 5로 즐거움의 욕구 강도 1보다 강하지만, B는 즐거움의 욕구 강도가 3으로 사랑의 욕구 강도 1보다 강하다.

05

답 | ②

ⓐ~ⓔ의 사전적 의미로 적절하지 않은 것은?

정답 선지 분석

② ⓑ: 사람이나 동식물 따위가 자라서 점점 커짐.

ⓑ '도달'의 사전적 의미는 '목표로 정한 곳이나 어떤 수준에 이르러 다다름.'이고, '사람이나 동식물 따위가 자라서 점점 커짐.'은 '성장'의 의미이다.

오답 선지 분석

① ⓐ: 안이나 의견으로 내놓음.

ⓐ '제안'의 사전적 의미는 '안이나 의견으로 내놓음.'이다.

③ ⓒ: 여럿 가운데서 특별히 가려서 좋아함.

ⓒ '선호'의 사전적 의미는 '여럿 가운데서 특별히 가려서 좋아함.'이다.

④ ⓓ: 스스로 자신을 낮추고 비우는 태도가 있음.

ⓓ '겸허'의 사전적 의미는 '스스로 자신을 낮추고 비우는 태도가 있음.'이다.

⑤ ⓔ: 충분히 잘 이용함.

ⓔ '활용'의 사전적 의미는 '충분히 잘 이용함.'이다.

DAY 5 〈천수답〉_박목월 / 〈민들레꽃〉_이형기

빠른 정답 체크

01 ① **02** ⑤ **03** ⑤

가

어메야,
어머니의 방언, 반복을 통해 운율 형성
복(福)이 따로 있나.
설의법 - 복이라는 것은 따로 있지 않다고 여김
「뚝심 세고
「」: 화자가 생각하는 삶의 방식 ① - 성실하게 살아가려는 태도
부지런하면 사는거지.」

하늘이 물을 대는 천수답(天水畓)*
하늘이 내려준 땅이라는 긍정적 인식
그 논의 벼이삭.

니 말이 정말이데,
1연의 화자
엄첩구나*
화자에 대한 지지
내 새끼야,
1연의 화자와 모자지간임을 알 수 있음
팔자가 따로 있나

본심 가지고

부지런하면 사는거지.

어메야,

누군 한 평생

만년을 사나.
설의법 - 인간의 유한성
「허둥거리지 않고
「」: 화자가 생각하는 삶의 방식 ② - 주어진 대로 열심히 살아가려는 태도

제 길로 가면 그만이지.」

오냐,

내 새끼야,

니 말이 엄첩구나.

잘 살고 못 살고가 어딨노.
잘 살고 못 사는 것에는 차등이 없다는 인식
제 길 가면 그만이지.

수런거리는 감잎 사이로

별떨기 빛나는 밤하늘.

그 하늘의 깊이.
달관의 자세로 이룬 삶의 경지, 명사형으로 종결하여 여운을 형성함

- 박목월, 〈천수답(天水畓)〉 -

* **천수답**: 빗물에 의하여서만 벼를 심어 재배할 수 있는 논.
* **엄첩구나**: '대견하구나'의 경상도 방언.

나

쬐그만 것이
　민들레
노랗게 노랗게　　　　　　　　　　　　　[A]
　색채 이미지의 반복
전력을 다해 샛노랗게 피어 있다
　　　민들레의 생명력

「아무 곳도 넘보지 않는다
　민들레의 욕심 없는 태도
다만 혼자

주어진 한계 그 안에서 아슬아슬　　　　　[B]
　　　　　　　음성 상징어
한치의 틈도 없이 끝까지」
「」: 다른 공간은 욕심내지 않고 주어진 한계 안에서 홀로 애쓰는 민들레의 모습

바위 새를 비집거나 잡초 속이거나
　　　민들레에게 주어진 척박한 환경
씨 뿌려진 그 자리가 바로 내 자리　　　　[C]
씨가 뿌려진 비좁은 곳을 자신의 자리로 받아들임 - 강인한 생명력
터를 잡고

「물을 길어 올리는 실뿌리
　　　　　　　　□: 민들레를 이루는 기관 - 강인한 생명력
어둠을 힘껏 밀어내는 떡잎,
「」: 강한 의지와 생명력으로 꽃을 피우기 위해 노력하는 민들레의 모습
그리고 그것들이 한데 어울려　　　　　　[D]

열심히 열심히 한 댓새
　　반복을 통한 강조

「」: 민들레의 운명이자 절대적 가치
「세상에 그밖에는 할 일이 없어서」
　꽃을 피워내는 일
아주 노랗게 노랗게만 피는 꽃　　　　　　[E]

피어선 질 수밖에 없는 꽃
　소멸할 수밖에 없는 민들레의 운명

「쬐그만 것이지만 그 크기는
「」: 역설법 - 내적 가치에 대한 긍정적 인식
어떤 자로서도 잴 수 없다」

아 민들레!

그래봤자

혼자 가는 자의 **헛된 꿈**
　　　　　　　민들레의 소멸될 운명
하지만 헛되어도 좋은 꿈 아니냐
　소멸하더라도 민들레의 노력은 가치 있음
한 **댓새를 점짓 영원인 양하고**
　　운명에 저항하고 맞서는 자세
보라 저기 민들레는 피어 있다

- 이형기, 〈민들레꽃〉 -

01
답 | ①

(가)와 (나)의 공통점으로 가장 적절한 것은?

정답 선지 분석

① 동일한 시어를 반복하여 시적 의미를 강조하고 있다.

(가)는 '어메야', '엄첩구나', '그만이지' 등의 시어를, (나)는 '노랗게', '열심히', '피어 있다' 등의 시어를 반복하여 시적 의미를 강조하고 있다.

오답 선지 분석

② 공감각적 이미지를 통해 대상의 속성을 나타내고 있다.

(가)와 (나) 모두 공감각적 이미지를 통해 대상의 속성을 나타내고 있지 않다.

③ 명령형 어조를 활용하여 화자의 정서를 부각하고 있다.

(나)는 6연의 '보라'에서 명령형 어조를 활용하여 민들레에 대한 시적 화자의 정서를 부각하고 있지만, (가)에는 명령형 어조가 쓰이지 않았다.

④ 음성 상징어를 활용하여 대상의 상황을 드러내고 있다.

(나)는 '아슬아슬'이라는 음성 상징어를 활용하여 민들레가 처한 상황을 드러내고 있지만 (가)에는 음성 상징어가 쓰이지 않았다.

⑤ 수미상관의 방식을 통해 구조적 안정감을 부여하고 있다.

(가)와 (나) 모두 수미상관의 방식을 통해 구조적 안정감을 부여하고 있지 않다.

02
답 | ⑤

[A]~[E]에 대한 이해로 적절하지 않은 것은?

정답 선지 분석

⑤ [E]에는 꽃을 피웠지만 세상에서 자신이 할 일을 찾기 위해 결국 질 수밖에 없는 민들레의 모습이 나타나 있다.

[E]에는 '세상에 그밖에는 할 일이 없어서' '노랗게만 피'고, 또 '피어선 질 수밖에 없'는 민들레의 모습이 나타나 있다. 꽃을 피운 민들레가 세상에서 자신의 할 일을 찾기 위해 결국 질 수밖에 없었던 것은 아니다.

오답 선지 분석

① [A]에는 작지만 온 힘을 다해 선명한 빛깔로 피어 있는 민들레의 모습이 나타나 있다.

[A]에는 민들레가 크기로는 '쬐그만 것', 즉 작은 것이지만 '전력을 다해' '샛노'란 선명한 빛깔로 피어 있는 모습이 나타나 있다.

② [B]에는 다른 공간은 욕심내지 않고 주어진 한계 안에서 홀로 애쓰는 민들레의 모습이 나타나 있다.

[B]에는 민들레가 '아무 곳도 넘보지 않'는 것에서 다른 곳을 욕심내지 않는 모습이 나타나 있으며 '주어진 한계' 안에서 '다만 혼자' '아슬아슬' 위태로운 상황에서도 '한치의 틈도 없이 끝까지' 애쓰는 모습이 나타나 있다.

③ [C]에는 씨가 뿌려진 비좁은 곳을 자신의 자리로 받아들이고 터를 잡는 민들레의 모습이 나타나 있다.

[C]에는 민들레가 '씨 뿌려진' '바위 새'나 '잡초 속'처럼 비좁은 곳을 '바로 내 자리'로 받아들이고 '터를 잡'는 모습이 나타나 있다.

④ [D]에는 강한 의지와 생명력으로 꽃을 피우기 위해 노력하는 민들레의 모습이 나타나 있다.

[D]에는 '실뿌리'가 '물을 길어 올리'고 '떡잎'이 '어둠을 힘껏 밀어내'는 등 강한 의지와 생명력으로 '열심히 열심히' 노력하는 민들레의 모습이 나타나 있다.

03

답 | ⑤

<보기>를 바탕으로 (가), (나)를 감상한 내용으로 적절하지 않은 것은?

보기

시에는 삶을 대하는 가치 있는 태도가 담겨 있다. (가)에는 인간의 유한성에 대한 인식을 바탕으로 열악한 농토를 하늘이 내린 축복의 땅이라 여기며 달관의 자세로 살아가려는 소신과 그에 대한 지지가 드러나 있다. (나)에는 민들레를 소멸될 수밖에 없는 운명에 좌절하지 않고 허무에 맞서는 존재로 바라보는 시선과 민들레의 내적 가치에 대한 긍정적 인식이 드러나 있다.

정답 선지 분석

⑤ (나)에서 '댓새를 짐짓 영원인 양하'는 모습을 '헛된 꿈'이라고 하는 것은 민들레를 소멸될 수밖에 없는 운명에 맞서는 존재로 바라보는 시선을 드러낸 것이겠군.

(나)에서 민들레가 '댓새를 짐짓 영원인 양하'고 피어 있는 것은 소멸될 수밖에 없는 운명에 좌절하지 않고 허무에 맞선 모습을 형상화한 것으로 볼 수 있다. 그러나 그 모습을 '헛된 꿈'이라고 말하는 것에서, 소멸될 수밖에 없는 운명에 맞서는 존재로 바라보는 시선이 드러나는 것은 아니다.

오답 선지 분석

① (가)에서 '천수답'을 일구는 삶을 '제 길'이라고 여기는 것은 달관의 자세로 살아가려는 소신을 드러낸 것이겠군.

(가)에는 열악한 농토인 '천수답'을 '하늘이 물을 대'는 하늘이 내린 축복의 '논'이라 알고 '벼이삭'을 일구며 살아가는 삶을 '제 길'로 여기는 것에서 달관의 자세로 살아가려는 소신이 드러난다고 볼 수 있다.

② (가)에서 '니 말이 정말이데', '니 말이 엄첩구나'라고 하는 것은 '어메'가 '내 새끼'에게 보내는 지지를 드러낸 것이겠군.

(가)에는 '니 말이 정말이데', '오냐', '니 말이 엄첩구나' 등 '어메'가 '내 새끼'에게 말한 내용을 통해, '어메'가 달관의 자세로 살아가려는 '내 새끼'에게 보내는 지지가 드러난다고 볼 수 있다.

③ (가)에서 '누군 한 평생 / 만년을 사'냐고 말하는 것은 인간이 유한한 존재라는 인식을 드러낸 것이겠군.

(가)에는 '누군 한 평생 / 만년을 사'냐고 말하는 것에서 인간 그 누구도 만년을 살 수 없는 유한한 존재라는 인식이 드러난다고 볼 수 있다.

④ (나)에서 '그 크기는 / 어떤 자로서도 잴 수 없다'고 하는 것은 민들레의 내적 가치에 대한 긍정적 인식을 드러낸 것이겠군.

(나)에는 외적으로는 '쬐그만 것'인 민들레를 두고 '그 크기는 / 어떤 자로서도 잴 수 없다'고 말하는 것을 통해 민들레가 지닌 내적 가치가 어떤 자로도 크기를 잴 수 없을 만큼 크고 위대하다고 여기는 긍정적 인식이 드러난다고 볼 수 있다.

DAY 6 〈이생규장전〉_김시습

빠른 정답 체크

01 ③　　**02** ④　　**03** ②　　**04** ④

어느 날 이생이 최씨에게 말했다.

"옛 성인의 말씀에 '어버이가 계시면 나가 놀더라도 반드시 가는 곳을 고해야 한다.'라고 했소. 그런데 지금 나는 부모님께 아침저녁 문안 인사를 드리지 못한 채 벌써 사흘이나 보냈구려.
_{〈논어〉에 나오는 말로, 부모에 대한 자식의 도리를 이름}
_{부모님께 문안 인사를 드리는 것보다 처녀와의 만남을 더 중요하게 생각함}
분명 부모님께서는 문간에 기대어 나를 기다리실 것이니 이 어
_{자식으로서의 도리(효)를 중시하는 이생의 유교적 가치관이 제시됨}
찌 **자식된 도리**라 하겠소."

최씨는 서운해하면서도 고개를 끄덕였다. 그러고는 이생이 **담을 넘어 돌아가**게 해 주었다.

이생은 그 뒤부터 ㉠ 밤마다 최씨를 찾아가지 않는 날이 없었다. 어느 날 저녁에 이생의 아버지가 아들에게 물었다.

「네가 아침에 집을 나갔다가 저녁에 돌아오는 것은 옛 성인이 남
_{「」: 평소와 다른 아들의 행동을 눈치채고 있음}
기신 인의의 가르침을 배우려는 것이다. 그런데 요즘은 황혼녘에 나갔다가 ㉡ 새벽에야 돌아오니 이게 어찌 된 일이냐? 분명 **경박한 놈들의 행실**을 배워 남의 집 담장을 넘어가서 누구네 집 규수와 정을 통하고 다니는 것일 테지.「이 일이 탄로 나면 **남들**은
_{「」: 가문의 명예와 예의 등을 중시하는 이생 아버지의 유교적 가치관이 드러남}
모두 내가 자식을 엄하게 가르치지 못한 탓이라고 **책망**할 것이
_{이생의 행동으로 발생할 수 있는 문제 ①}
다. 또 만일 그 규수가 지체 높은 집안의 딸이라면 필시 네 미친 짓 때문에 가문을 더럽히고 남의 집에 누를 끼치게 될 것이야. 이
_{이생의 행동으로 발생할 수 있는 문제 ②}
일은 작은 일이 아니로다. 너는 ㉢ 지금 당장 영남으로 가서 종들을 거느리고 농사나 감독하여라. 그리고 **다시 돌아오지 말아라**."

이생은 그 이튿날 울주로 보내졌다.
_{이생과 최씨의 시련 ①}
「최씨는 ㉣ 매일 저녁 화원에서 이생을 기다렸다. 그러나 ㉤ 몇
_{「」: 이생이 울주로 보내진 일을 알지 못함}
달이 지나도록 그는 돌아오지 않았다.」 최씨는 이생이 병에 걸렸나 보다고 생각하여 향아를 시켜 이생의 이웃들에게 몰래 물어보
_{최씨의 몸종}
게 하였다. 이웃집 사람은 이렇게 말하였다.

"이 도령이 그 부친에게 죄를 지어 영남으로 내려간 지 이미 여러 달이 되었다오."

최씨는 그 말을 전해 듣고 병이 나서 자리에 눕게 되었다. 몸만
_{이생을 향한 그리움으로 인해 상사병이 남}
이리 뒤척 저리 뒤척 할 뿐 일어나지도 못하고, 물조차도 삼키기 어려운 지경에 이르렀다. 말도 두서가 없어지고, 얼굴도 초췌해졌다.

최씨의 부모가 이상히 여겨 병의 증상을 물어보아도 최씨는 입
_{부모의 허락 없이 연애를 했기 때문}
을 다물고 **아무 말**도 하지 않았다. 그러던 중 최씨의 부모가 딸의
_{최씨의 부모가 이생과 최씨의 관계를 알게 됨}
글 상자를 들추어 보다가 전에 이생이 최씨에게 화답한 시를 발

견하게 되었다. 그들은 그제야 깜짝 놀라며 말하였다.

"하마터면 우리 딸을 잃을 뻔했구나."

그러고는 딸에게 물었다.

"이생이 누구냐?"

일이 이렇게 되자 최씨도 더 이상 숨길 수가 없었다. 그녀는 목구멍에서 겨우 나오는 작은 목소리로 부모님께 사실을 아뢰었다.
<small>자유연애가 허용되지 않았던 당시의 시대상을 엿볼 수 있음</small>

"아버님, 어머님. 길러 주신 은혜가 깊으니 감히 숨기질 못 하겠습니다. 혼자 가만히 생각해 보니 남녀가 서로 사랑을 느끼는 것은 **인간의 정리로서 지극히 중요한 일**이옵니다. 그러므로
<small>최씨의 가치관</small>
매실이 떨어지는 것을 보고 **혼기**를 놓치지 말라고 《시경》의
<small>'표유매(시집가고 싶은 처녀가 매실이 다 떨어지기 전에 자신에게 구혼해 달라고 노래한 작품)'의 내용</small>
〈주남〉편에서 노래하였고, 여자가 정조를 지키지 못하면 흉하
<small>'택산함(남녀가 소통하고 하늘과 땅이 소통하는 점괘)'의 내용</small>
다는 말을 《주역》에서 경계하였습니다. 저는 버들처럼 가녀린 몸으로 뽕나무 잎이 시들기 전에 시집가야 한다는 말을 유념치 못하고 길가 이슬에 옷을 적셔 주위 사람들의 비웃음을 받게
<small>이생과 몰래 사랑을 하여</small>
되었습니다. 덩굴이 다른 나무에 의지해서 살듯 벌써 위당 처녀의 행실을 하고 말았으니 죄가 이미 넘쳐 가문에 누를 끼치게 되었습니다. 그러나 저 신의 없는 도련님이 한 번 가씨 집안의 향을 훔친 뒤로 원망이 천 갈래로 생겨났습니다.「여리디여린 몸
<small>「」: 돌아오지 않고 소식조차 없는 이생에 대한 최씨의 간절함과 슬픔이 드러남</small>
으로 서러운 고독을 견디다 보니 그리운 정은 나날이 깊어 가고 큰 병은 나날이 더해 가서 거의 죽을 지경에 이르렀습니다.」장차 한 맺힌 귀신이 될 듯합니다.「부모님께서 저의 **소원**을 들어
<small>「」: 사랑 앞에 적극적인 최씨의 성격이 제시됨</small>
주신다면 제 남은 목숨을 보존하게 될 것이고, 만약 간곡한 청을 거절하신다면 그저 **죽음만이 있을 뿐**입니다. 이생과 저승에서 함께 노닐지언정 맹세코 **다른 가문으로 시집가**지는 않겠습니다.」

이에 최씨의 부모도 그녀의 뜻을 알게 되었으므로 다시 병의 증
<small>이생이 아니면 혼인하지 않겠다는 것</small>
세를 묻지 않았다. 그저 한편으로는 경계하고 한편으로는 달래 가면서 딸의 마음을 누그러뜨리려고 노력하였다. 그러고는 중매
<small>최씨의 설득으로 최씨의 부모가 이생과의 관계를 인정하게 됨</small>
의 예를 갖추어 이생의 집에 혼인 의사를 물었다.

이생의 아버지는 최씨 가문의 문벌이 어떤지를 물은 후 말하였다.

[A]
「"우리 집 아이가 비록 나이가 어려 잠시 바람이 나긴 했지만
<small>「」: 근거를 들어 상대의 제안을 거절함</small>
학문에 정통하고 풍모도 남부끄럽지 않으니 바라는 바는 앞으로 장원급제하여 훗날 세상에 이름을 떨치는 것이오. 서
<small>이생의 앞날이 긍정적일 것이라는 기대를 드러냄</small>
둘러 혼처를 구하고 싶지 않소."」

중매쟁이가 돌아와 최씨 부친에게 이 말을 아뢰니 최씨 집안에서 다시 이씨 집안에 이러한 말을 전했다.

[B]
「"한 시대의 벗들이 모두 그 댁 아드님의 재주가 뛰어나다고
<small>「」: 상대를 추켜세우며 자신이 원하는 바를 전달함</small>
칭찬들을 하더이다. 지금은 웅크리고 있지만 어찌 끝내 연못 속에만 머물러 있겠습니까? 속히 좋은 날을 정해 두 가문의 즐거움을 합하는 것이 좋을 듯합니다."」

중매쟁이가 또 가서 그 말을 이생의 부친에게 고하니 그 부친이 말하였다.

"「나 역시 젊어서부터 책을 잡고 경전을 공부했지만 늙도록 성공
<small>「」: 궁핍한 이생 집안의 형편</small>
하지 못했소. 노비들은 도망가 흩어지고, 친척들의 도움도 적어 생활이 어렵고 살림도 궁색하다오.」그러니 문벌 좋고 번성한 집에서 어찌 한갓 한미한 선비를 사위로 삼으려 하신단 말이오? 이는 반드시 일 만들기 좋아하는 사람들이 우리 집안을 과도하
<small>이생과 최씨의 시련 ② - 문벌 차이를 이유로 청혼을 거절함</small>
게 칭찬해서 귀댁을 속인 것일 겁니다."

중매쟁이가 다시 최씨 가문에 고하자 최씨 부친이 말하였다.

"납채의 예와 의복에 관한 일은 제가 모두 알아서 하겠습니다.
<small>이생의 집안 사정을 배려함</small>
좋은 날을 가려서 화촉을 밝힐 날짜만 정해 주시면 좋겠습니다."

중매쟁이가 또 돌아가서 고하였다.

이씨 집안에서는 일이 여기에 이르자 마음을 돌려 곧 이생을 불러다 그의 의사를 물었다. 이생은 기쁨을 이기지 못하였다.

- 김시습, 〈이생규장전〉 -

---

01 답 | ③

윗글의 내용에 대한 이해로 적절하지 <u>않은</u> 것은?

> 정답 선지 분석

③ 이생 부친은 자신의 가문에 비해 최씨 가문이 한미하다고 인식한다.

'문벌 좋고 번성한 집에서 어찌 한갓 한미한 선비를 사위로 삼으려 하신단 말이오?'라는 부분을 통해 이생 부친은 자신의 가문이 최씨 가문에 비해 한미하다고 인식하고 있음을 알 수 있다.

> 오답 선지 분석

① 이생은 집안에서 최씨와의 혼인 의사를 묻자 기뻐한다.

이씨 집안에서 이생을 불러 그에게 혼인 의사를 묻자 이생은 기쁨을 이기지 못했다는 부분을 통해 알 수 있다.

② 향아는 이생이 영남으로 떠났다는 사실을 최씨에게 알린다.

최씨가 향아를 시켜 이생의 이웃들에게 이생의 일을 물어보게 하였으며, '최씨는 그 말을 전해 듣고' 부분을 통해 향아가 이생이 영남으로 떠났다는 사실을 듣고 최씨에게 전달했음을 알 수 있다.

④ 최씨는 이생과의 만남을 부모에게 숨기다가 끝내 사실대로 고백한다.

이생의 화답시를 발견한 최씨 부모가 최씨에게 이생이 누군지 묻자, '최씨도 더 이상 숨길 수가 없었다'며 이생과의 만남을 말하는 부분을 통해 알 수 있다.

⑤ 최씨 부친은 최씨의 청을 들어주기 위해 중매쟁이를 이생 집에 보낸다.

최씨의 마음을 누그러뜨리려 노력하며 '중매의 예를 갖추어 이생의 집에 혼인 의사를 물었다.'라는 부분을 통해 알 수 있다.

02 답 | ④

㉠~㉤에 대한 이해로 적절하지 <u>않은</u> 것은?

> 정답 선지 분석

④ ㉣은 최씨가 초췌해지는 과정을 요약적으로 드러내면서, 최씨의 심경에 변화가 일어났음을 암시한다.

최씨가 초췌해지는 것은 이생의 소식을 듣고 병을 얻게 된 '매일 저녁' 이후의 일이므로, 최씨가 초췌해지는 과정을 요약적으로 드러낸다는 것은 적절하지 않다.

정답 및 해설 | 53

오답 선지 분석

① ㉠은 이생과 최씨의 만남이 반복됨을 드러내는 한편, 이생이 집에서 쫓겨나는 사건에 개연성을 부여한다.

'최씨를 찾아가지 않는 날이 없었다.'를 통해 이생과 최씨의 만남이 반복됨을 드러내고, 이는 이생 부친이 이생의 행동을 못마땅하게 여겨 이생을 쫓아내는 사건으로 이어짐으로써 개연성을 부여한다.

② ㉡은 이생이 집에 돌아오는 시점을 특정하면서, 이생이 부친의 뜻과는 다르게 행동하고 있음을 드러낸다.

이생이 귀가하는 시간이 '새벽'임을 특정하면서, '인의의 가르침'을 배우기 위해 아침에 나갔다가 저녁에 돌아오기를 바라는 이생 부친의 뜻과는 이생이 다르게 행동하고 있다는 것을 드러낸다.

③ ㉢은 이생 부친의 단호함을 함축하는 한편, 이생과 최씨가 새로운 국면을 맞이하게 될 것을 암시한다.

앞에 제시된 '작은 일이 아니로다.'를 통해 '지금 당장'에 이생 부친의 단호함이 함축되어 있음을 확인할 수 있고, 이로 인해 그동안 반복된 이생과 최씨의 만남이 새로운 국면을 맞이하게 될 것을 암시한다.

⑤ ㉣은 이생과 최씨의 이별이 오랫동안 지속되었음을 드러내면서, 최씨가 느끼는 그리움의 깊이를 함축한다.

이생이 돌아오지 않는 기간을 제시하여 최씨와의 이별이 오랫동안 지속되었음을 드러내고 있고, 그동안 최씨가 느끼는 이생에 대한 그리움의 깊이를 함축하고 있다.

03

답 | ②

[A]와 [B]에 대한 설명으로 가장 적절한 것은?

정답 선지 분석

② [A]와 [B]는 모두 이생의 앞날에 대한 긍정적 기대를 드러내며 자신의 의중을 전달하고 있다.

[A]에서는 '바라는 바는 앞으로 장원급제하여 훗날 세상에 이름을 떨치는 것', [B]에서는 '어찌 끝내 연못 속에만 머물러 있겠습니까?'를 통해 모두 이생의 앞날이 긍정적일 것이라는 기대를 드러내며 자신의 의중을 전달하고 있음을 확인할 수 있다.

오답 선지 분석

① [A]와 [B]는 모두 이생이 겪은 구체적인 사건을 언급하며 상대를 회유하고 있다.

[A]에서 '잠시 바람'이 났다며 이생이 겪은 구체적 사건은 언급하지만 상대를 회유하고 있지는 않으며, [B]에서 이생이 겪은 구체적 사건을 언급하지 않는다.

③ [A]는 자신에게 시간이 더 필요하다며, [B]는 서두를 것을 요청하며 상대의 태도 변화를 촉구하고 있다.

[A]에서 서둘러 혼처를 구하고 싶지 않다고 했을 뿐, 시간이 더 필요하다며 상대의 태도 변화를 촉구하지는 않는다.

④ [A]는 자신이 입게 될 손해를 우려하며, [B]는 이생이 얻게 될 이익을 강조하며 자신의 입장을 고수하고 있다.

[A]에서 혼인 성사 시 이생 부친이 입게 될 손해가 명시적으로 드러나지 않으며, 이에 대한 우려 역시 드러나지 않는다. [B]에서 혼인 성사 시 이생이 얻게 될 이익이 드러나지 않는다.

⑤ [A]는 이생에 대한 긍정적 평판을 내세우며, [B]는 상대에 대한 신뢰를 드러내며 제안에 응할 것을 요청하고 있다.

[A]에서 이생에 대한 이생 부친 자신의 주관적 평가만 드러날 뿐, 평판은 드러나지 않으며 상대에게 제안에 응할 것을 요청하지도 않는다. [B]에서 이생 부친에 대한 신뢰를 드러내지는 않는다.

04

답 | ④

<보기>를 바탕으로 윗글을 감상한 내용으로 적절하지 않은 것은?

보기

이 작품에서 사랑을 이루기 위해 물리적 경계인 담장을 넘어선 주인공들은 규범적 질서가 구축한 또 다른 담장의 존재를 의식하게 된다. 이들의 사랑은 이 담장의 외부에 위치하여, 주변 인물이나 옛말 등으로 구현된 규범적 질서로부터 옹호받지 못하는 취약함을 드러낸다. 이들은 담장의 제약에 일차적으로 순응하지만, 최씨는 자신들을 막아선 담장의 내부로 들어가겠다는 강력한 의지를 드러냄으로써 상황을 타개한다.

정답 선지 분석

④ 최씨가 남녀의 사랑을 '인간의 정리로서 지극히 중요한 일'로 규정하며 '혼기'와 관련된 옛말을 언급한 것은, 규범적 질서가 구축한 담장의 외부에서 자신의 사랑을 유지할 수 있다는 가능성을 간파했기 때문이겠군.

최씨가 남녀의 사랑을 '인간의 정리로서 지극히 중요한 일'로 규정한 것은 사랑을 인간의 자연스러운 감정으로 여기며 이를 긍정하는 것으로 볼 수 있다. <보기>에 따르면 최씨는 현재 규범적 질서가 구축한 담장의 외부에 있는 이생과의 사랑을, 규범적 질서로부터 옹호받을 수 있는 담장의 내부로 진입시키기 위해 노력하며 제약의 상황을 타개한다. 따라서 최씨가 옛말을 언급하며 담장의 외부에서 자신의 사랑을 유지할 수 있다는 가능성을 간파했다는 감상은 적절하지 않다.

오답 선지 분석

① 이생이 '옛 성인의 말씀'과 '자식된 도리'를 언급하며 다시 '담을 넘어 돌아가'는 것은, 최씨와의 사랑이 규범적 질서의 옹호를 받지 못한다는 점을 의식했기 때문이겠군.

이생은 최씨와의 사랑이 '옛 성인의 말씀'이나 '자식된 도리'와 같은 규범적 질서로부터 옹호받지 못한다는 것을 의식했기 때문에 최씨와 계속 같이 있지 못하고 담을 넘어 다시 집으로 돌아가게 된다.

② 아들의 행동을 '경박한 놈들의 행실'로 간주하고 이로 인한 '남들'의 '책망'을 걱정하는 이생 부친은, 규범적 질서가 구현된 주변 인물이라고 할 수 있겠군.

이생 부친은 최씨와 만난 이생의 행동을 '경박한 놈들의 행실'로 간주하며 '남들'의 '책망'을 걱정한다는 점에서, 규범적 질서가 구현된 주변 인물로 볼 수 있다.

③ '다시 돌아오지 말'라는 부친의 지시에 저항하지 못하는 이생의 모습과 병의 증상을 묻는 부모에게 '아무 말'도 하지 못하는 최씨의 모습은, 규범적 질서의 제약을 넘어서지 못한 사랑의 취약함을 드러내는 것이겠군.

이생이 '다시 돌아오지 말'라는 부친의 지시에 저항하지 못하고 순응하는 모습과, 이생과의 이별로 병을 얻게 된 최씨가 부모에게 '아무 말'도 하지 못하는 모습은 규범적 질서로부터 옹호받지 못한 둘의 사랑이 취약하다는 점을 드러낸다.

⑤ 최씨가 '소원'이 이루어지지 못하면 '죽음만이 있을 뿐'이라며 '다른 가문으로 시집가'는 것을 거부하는 것은, 둘의 사랑을 규범적 질서가 용인하는 범위 내로 진입시키겠다는 강력한 의지의 표현으로 볼 수 있겠군.

<보기>에 따르면 최씨가 언급한 '소원'은 이생과의 만남이 규범적 질서의 옹호를 받는 것으로 해석할 수 있다. 소원이 이루어지지 못하면 '죽음만이 있을 뿐', '다른 가문으로 시집가'지 않겠다고 하는 것은 규범적 질서의 옹호를 받는 범위 안으로 이생과의 사랑을 진입시키겠다는 강력한 의지의 표현으로 볼 수 있다.

WEEK 5

DAY 1 화법과 작문

빠른 정답 체크

01 ⑤   02 ③   03 ③   04 ⑤

가

동아리 회장: 지난 회의에서 <u>우리 학교 학생들을 대상으로 반려</u>
_{캠페인 대상}
<u>식물 키우기 캠페인을 하기로 결정했는데요</u>, 오늘은 <u>캠페인을</u>
_{회의 제재}
<u>어떻게, 어떤 내용으로 진행할지에 대해 협의해 보겠습니다.</u>
_{회의 주제}
좋은 의견이 있으면 말씀해 주시기 바랍니다.

부원 1: 이번 캠페인을 통해 많은 학생들이 반려 식물을 키워 보
는 경험을 하는 것이 가장 중요하다고 생각합니다. 그렇게 하
려면 <u>학생들에게 반려 식물 모종을 나누어 주고 직접 키워 보</u>
_{캠페인의 진행 방법에 대한 의견}
<u>도록 해야 할 것 같습니다.</u>

부원 2: 저도 같은 생각입니다. 다만 우리 학교 학생들에게 <u>나누</u>
<u>어 줄 모종을 충분히 준비할 수 있을까요?</u>
_{예상되는 문제를 지적함}

부원 1: 예전에 동아리 담당 선생님께서 학교에 생태 교육 예산
_{문제를 해결하기 위한 방안}
이 있다고 말씀하신 것을 들은 적이 있는데, 혹시 그 예산으로
반려 식물 모종을 준비할 수 있지 않을까요?

동아리 회장: 「저도 그 이야기를 들어서 여쭈어보았더니 선생님께
_{「」: 부원 1의 발언 내용을 구체적으로 보완함}
서 그 예산으로 300개 정도의 모종을 준비해 주실 수 있다고
말씀하셨고, 학생들이 키우기 좋은 반려 식물 세 가지도 추천
해 주셨습니다.」

부원 1: 반가운 소식이네요. 그런데 <u>모종의 수가 우리 학교 학생</u>
_{모종 수의 부족을 지적하며 우려하는 바를 밝힘}
<u>수의 절반밖에 되지 않아 걱정입니다.</u>

부원 2: 「그래도 300명이나 되는 학생들이 반려 식물을 키우 ┐
_{「」: 상대방이 우려하는 점이 문제가 되지 않음을 밝힘}
는 경험을 할 수 있고 반려 식물 키우기를 원치 않는 학생
들도 있을 테니, 모종 300개로도 캠페인을 진행하는 데 무 [A]
리가 없을 것 같습니다.」 ┘

부원 1: 말씀을 들어 보니 모종 수는 문제가 되지 않겠네요.

동아리 회장: 그런데 캠페인이 모종 나누어 주기만으로 끝나면
안 될 것 같습니다. <u>나누어 줄 식물의 이름, 특징, 키우는 방법</u>
_{추가로 보완해야 할 점에 대해 언급함}
에 대한 정보도 함께 제공해야 하지 않을까요?

부원 1: 좋은 의견이네요.

부원 2: 저도 같은 생각입니다. <u>정보를 제공하면 반려 식물을 더</u>
_{정보를 함께 제공했을 때의 기대 효과}
<u>잘 키우는 데 도움이 될 수 있을 것입니다.</u>

동아리 회장: 반려 식물 모종 나누기와 함께 반려 식물과 관련한
정보를 제공해 주자는 의견에 모두 공감하는 것 같은데요, 반

려 식물에 대한 정보를 담은 안내문을 만들어 모종과 함께 나
_{정보를 제공하기 위한 방안을 제시함}
누어 주면 어떨까요?

부원 2: 좋은 생각입니다. 모종 나누기 행사 전에 안내문을 학교 게
시판에 게시하면 캠페인의 홍보 효과도 얻을 수 있을 것 같아요.
_{안내문의 기대 효과}

동아리 회장: 그렇네요. 그럼 안내문에는 어떤 내용을 어떤 순서
로 제시할지 한 분씩 의견을 말씀해 주시기 바랍니다.

부원 1: 「먼저 반려 식물은 무엇인지, 반려 식물을 키우면 어떤 효
_{「」: 안내문에 들어갈 내용과 순서}
과가 있는지 밝히면 좋겠어요. 그러면 학생들이 캠페인에 더
많은 관심을 가질 것 같습니다.

부원 2: 그다음에 모종 나누기 행사를 안내하고, 반려 식물의 이
름, 특징, 키우는 방법 등을 제시했으면 합니다.」

부원 1: 하지만 <u>안내문의 제한된 공간에 반려 식물을 키우는</u> ┐
_{예상되는 문제를 지적함}
<u>방법까지 제시하는 것은 어렵지 않을까요?</u> 나누어 주려는
반려 식물이 세 가지나 되는데, 이 세 가지 식물을 키우는 [B]
방법을 모두 안내하는 것은 무리일 것 같습니다. ┘

동아리 회장: 음, <u>각각의 반려 식물을 키우는 방법을 안내하는 홈</u>
_{부원 1이 지적한 문제를 해결하기 위한 방안 ①}
<u>페이지를 QR 코드로 연결해 두면 어떨까요?</u>

부원 1: 그러면 학생들이 <u>스마트 기기를 이용해 반려 식물을 키</u>
_{QR 코드를 사용하였을 때의 장점을 언급함}
<u>우는 방법을 확인할 수 있어 매우 유용하겠네요.</u>

부원 2: 그리고 <u>반려 식물을 키우며 수시로 생기는 궁금증을 해</u>
_{부원 1이 지적한 문제를 해결하기 위한 방안 ②}
<u>결할 수 있게 우리 동아리 블로그를 안내해도 좋겠어요.</u>

부원 1: 좋은 의견입니다. 고양이를 애지중지 키우는 사람을 뜻
하는 '냥집사'처럼, 식물을 키우며 기쁨을 찾는 사람들이라는
의미로 '<u>식집사</u>'라는 용어를 쓰면 학생들이 더 흥미를 느낄 수
_{학생들의 흥미를 끄는 용어 선택}
있지 않을까요?

동아리 회장: 재미있겠는데요. 그럼 지금까지의 회의 내용을 바
탕으로 안내문을 작성해 보도록 합시다.

나

반려 식물을 키우는 '식집사'가 되어 보세요!
_{부원 1의 의견이 반영된 제목}

▸ **반려 식물이란?**
_{「」: 문답의 방식을 활용}
「<u>생활공간에서 정서적으로 교감하는 식물을 일컫는 말이에요.</u>」
_{반려 식물의 개념}

▸ **반려 식물을 키우면?**

<u>생명을 키우는 성취감, 정서 안정, 공기 정화의 효과가 있어요.</u>
_{반려 식물 키우기의 효과}

▸ **반려 식물 모종 나누기 행사를 한다고요?**

☞ <u>〈3월 23일 하교 시간, 본관 앞〉</u>에서,
_{행사 정보 ① – 장소, 시간}
<u>원하는 모종을 하나씩 나누어 드려요. (300개 한정)</u>
_{행사 정보 ② – 모종 개수}

〈유칼립투스〉　　　　〈아이비〉　　　　〈칼라데아〉

은은한 향기가 주는
마음의 평화

물만 주면 잘 자라는
공기 청정기

풍성한 잎이 전하는
싱그러운 생명감

「 」: 행사에서 나눠 주는 식물의 이름과 특징을 간략하게 제시함

▶ 반려 식물은 어떻게 키우나요?

반려 식물을 키우는 방법을 QR 코드로 확인하세요.
추가 정보를 확득할 수 있는 방법 ①

〈유칼립투스〉　　　〈아이비〉　　　〈칼라데아〉

▶ 반려 식물을 키우면서 궁금증이 생기면?

우리 동아리 블로그(blog.com/eco△△△)를 찾아 주세요.
추가 정보를 확득할 수 있는 방법 ②

생태 환경 동아리 '푸른누리'

01

답 | ⑤

(가)의 '동아리 회장'의 말하기 방식으로 적절하지 않은 것은?

정답 선지 분석

⑤ 회의 내용을 전체적으로 요약하며 회의를 마무리하고 있다.

(가)에서 동아리 회장은 회의를 마무리하는 부분에서 안내문을 작성해 보자고 제안하고 있을 분 회의 내용을 전체적으로 요약하고 있지는 않다.

오답 선지 분석

① 지난 회의 내용을 환기하며 협의할 내용을 밝히고 있다.

동아리 회장은 회의를 시작하며 지난 회의에서 학생들을 대상으로 반려 식물 키우기 캠페인을 하기로 결정했다는 내용을 환기하고 있다. 그리고 캠페인을 어떻게, 어떤 내용으로 진행할지에 대해 협의하겠다고 말하고 있다.

② 의문의 형식을 활용하여 자신의 견해를 제안하고 있다.

동아리 회장은 세 번째, 네 번째, 여섯 번째 발화에서 의문의 형식을 활용하여 자신의 견해를 부원 1, 2에게 제안하고 있다.

③ 서로 공감한 내용을 바탕으로 새로운 의견을 제시하고 있다.

동아리 회장은 네 번째 발화에서 반려 식물과 관련한 정보를 제공해 주자는 의견에 대해 모두 공감하고 있음을 밝히고 있다. 또 이를 바탕으로 정보를 제공할 수 있는 안내문을 작성하자는 새로운 의견을 제시하고 있다.

④ 논의된 내용을 구체화할 수 있는 발언을 유도하고 있다.

동아리 회장은 다섯 번째 발화에서 안내문에 어떤 내용을 어떤 순서로 제시할지에 대해 의견을 말씀해 달라고 하면서, 부원 1, 2에게 구체적인 발화를 유도하고 있다.

02

답 | ③

[A], [B]에 대한 설명으로 가장 적절한 것은?

정답 선지 분석

③ [A]는 상대의 우려를 해소하는, [B]는 상대의 견해에 우려를 드러내는 발화이다.

[A]는, 나누어 줄 모종의 수가 부족하여 걱정이라는 부원 1의 우려에 대해, 300명의 학생이 반려 식물을 키우는 경험을 할 수 있고, 반려 식물 키우기를 원하지 않는 학생들도 있을 수도 있기 때문에 모종 300개로도 충분하다며 부원 2가 부원 1의 우려를 해소하는 발화이다. 또 [B]는, 안내문에 반려 식물의 이름, 특징, 키우는 방법 등을 제시하자는 부원 2의 견해에 대해 반려 식물을 키우는 방법을 안내문의 제한된 공간에 제시하는 것이 현실적으로 어렵다는 부원 1의 우려를 드러내는 발화이다.

오답 선지 분석

① [A]는 미래의 상황을 예측하는, [B]는 과거의 상황을 환기하는 발화이다.

[A]에는 미래의 상황을 예측하는 내용이 일부 제시되어 있지만 [B]에는 과거의 상황을 환기하는 내용이 제시되어 있지 않다.

② [A]는 상대의 의견을 보완하는, [B]는 상대의 의견을 뒷받침하는 발화이다.

[A]에는 부원 1의 우려를 해소하는 내용이 제시되어 있을 뿐 부원 1의 의견을 보완하는 내용은 제시되어 있지 않다. 또한 [B]는 상대의 의견을 뒷받침하는 것이 아니라 상대의 의견에 대한 우려를 표하고 있는 발화이다.

④ [A]는 문제 해결의 방법을 요구하는, [B]는 문제 해결의 결과에 주목하는 발화이다.

[A]에는 부원 1이 제시한 우려를 해소하는 내용이 제시되어 있을 뿐 회의 참가자들에게 문제 해결의 방법을 요구하는 내용은 제시되어 있지 않다.

⑤ [A]는 상대와 자신의 견해 차이를 확인하는, [B]는 상대와 자신의 공통된 견해를 확인하는 발화이다.

[A]에서 부원 1과 부원 2의 견해 차이를 일부 확인할 수 있다. 그러나 [B]에는 부원 1과 부원 2의 공통된 견해가 제시되어 있지 않으므로, 이를 확인하는 발화라고 할 수 없다.

03

답 | ③

(가)의 내용이 (나)에 반영된 양상으로 적절하지 않은 것은?

정답 선지 분석

③ (가)에서 학생들이 캠페인에 적극적으로 동참하도록 촉구하자는 의견에 따라, (나)에서 캠페인의 취지를 설명하고 있다.

(가)에서 학생들이 캠페인 활동에 동참할 것을 촉구하자는 취지의 발언은 제시되어 있지 않다. 그리고 (나)에서 캠페인의 취지를 설명하고 있는 부분도 찾아볼 수 없다.

오답 선지 분석

① (가)에서 반려 식물 모종 나누기 행사를 안내하자는 의견에 따라, (나)에서 행사의 일시와 장소를 밝히고 있다.

(가)의 안내문에 담을 내용을 협의하는 과정에서 부원 2는 다섯 번째 발언을 통해 행사를 안내하자는 의견을 제시하고 있다. 그리고 이와 관련하여 (나)에서 모종 나누기 행사의 구체적인 일시와 장소가 제시되어 있는 부분을 확인할 수 있다.

② (가)에서 반려 식물과 관련한 정보를 제공하자는 의견에 따라, (나)에서 반려 식물의 이름, 특징 등을 제시하고 있다.

(가)에서 동아리 회장이 반려 식물과 관련한 정보를 제공하자는 제안을 하고 부원 1, 2가 이러한 제안에 동의한 부분을 확인할 수 있다. 그리고 (나)에 세 종류의 반려 식물의 이름, 특징 등이 제시되어 있음을 확인할 수 있다.

④ (가)에서 반려 식물을 키우며 생기는 궁금증을 해결하게 돕자는 의견에 따라, (나)에서 동아리 블로그를 소개하고 있다.

(가)에서 반려 식물을 키우며 수시로 생기는 궁금증을 해결할 수 있게 우리 동아리 블로그를 안내해도 좋겠다는 부원 2의 발언을 확인할 수 있다. 그리고 (나)의 마지막 부분에 '반려 식물을 키우면서 궁금증이 생기면?'이라는 항목에 동아리 블로그가 제시되어 있음을 확인할 수 있다.

⑤ (가)에서 학생들이 흥미를 느낄 수 있도록 '식집사'라는 용어를 쓰자는 의견에 따라, (나)의 제목에서 해당 용어를 사용하고 있다.

(가)에서 '냥집사'라는 용어처럼 '식집사'라는 용어를 쓰면 학생들이 더 흥미를 느낄 것이라는 부원 1의 제안을 확인할 수 있다. 그리고 (나)의 제목에 '식집사'라는 용어가 사용된 부분을 확인할 수 있다.

04
답 | ⑤

(나)의 성격을 고려할 때, <보기>의 자료를 활용하여 (나)를 보완하는 방안으로 가장 적절한 것은?

보기

[신문 자료]

최근 반려 동물과 식물에 대한 관심이 커지면서 이와 관련한 문제점이 나타나고 있다. 반려 동물의 경우 이미 동물 학대, 동물 유기 등이 사회적 문제로 부각되고 있으며, 최근에는 반려 식물과 관련한 문제도 증가하고 있다. 반려 식물은 반려 동물에 비해 존재감이 미약해 관리를 소홀히 하여 생명을 잃는 경우가 많고, 버려지는 사례도 점점 늘고 있다.

정답 선지 분석

⑤ 반려 식물이 생명을 지닌 존재임을 언급하며 정성을 기울여 반려 식물을 키워 줄 것을 권유하는 문구를 추가해야겠어.

<보기>의 신문 자료에서 최근 들어 반려 동물과 반려 식물에 대한 관심이 커지면서 여러 가지 문제가 발생하고 있으며, 특히 최근에는 반려 식물이 생명을 잃거나 버려지는 사례가 점점 늘고 있다는 내용을 확인할 수 있다. 그러므로 이러한 내용을 바탕으로 (나)에 정성을 기울여 반려 식물을 키워 줄 것을 권유하는 문구를 추가하는 것은 (나)를 보완하는 적절한 방안이라고 볼 수 있다.

오답 선지 분석

① 반려 식물을 키우기 쉬운 이유를 밝히며 지속적인 관심과 노력이 필요하다는 점을 강조해야겠어.

<보기>에는 반려 식물을 키우기 쉬운 이유와 관련된 내용이 제시되어 있지 않으므로, 이러한 내용을 바탕으로 반려 식물 키우기에 대한 지속적인 관심과 노력이 필요하다는 보완 방안을 제시하는 것은 적절하지 않다.

② 반려 식물에 대한 관심이 부족한 점을 지적하며 반려 식물을 구입할 수 있는 방법에 대한 내용을 추가해야겠어.

<보기>에 최근 반려 식물에 대한 관심이 커진다는 내용이 있으므로 반려 식물에 대한 관심이 부족하다는 점을 지적하며 반려 식물을 구입할 수 있는 방법에 대한 내용을 추가하는 것은 (나)의 적절한 보완 방안이라고 볼 수 없다.

③ 반려 식물의 유기를 금지하는 규정이 마련되어 있지 않은 점을 강조하며 이를 제정해야 한다는 내용을 추가해야겠어.

<보기>에서 반려 동물과 반려 식물의 유기를 금지하는 규정과 관련된 내용은 제시되어 있지 않다. 그러므로 이러한 규정을 제정해야 한다는 내용을 추가하는 보완 방안은 적절하지 않다.

④ 반려 동물과 구별되는 반려 식물의 장점을 언급하며 반려 식물을 키우는 사람이 많아지고 있다는 점을 강조해야겠어.

<보기>에는 반려 식물의 장점이 언급되어 있지 않다. 그러므로 반려 식물의 장점을 언급하며 반려 식물을 키우는 사람이 많아지고 있다는 점을 강조하는 보완 방안은 적절하지 않다.

빠른 정답 체크

1 ②   **2** ④   **3** ⑤   **4** ③   **5** ⑤

문장이 문법적으로 올바른지를 판단할 때 확인해야 할 기준은 여러 가지가 있다. 그중 서술어의 특성을 고려하는 기준으로는 서술어의 자릿수와 서술어로 쓰인 단어가 가지는 선택 자질 등을 들 수 있다.
서술어의 특성을 고려하여 문장이 문법적으로 올바른지 판단하는 기준

우선 서술어의 자릿수란 문장에서 서술어가 필수적으로 요구하는 문장 성분의 개수를 의미한다. ⑦ 서술어가 필수적으로 요구하는 문장 성분이 갖추어지지 않은 문장은 문법적으로 올바르지 않은 문장이 된다. 서술어가 주어만을 필요로 하면 '한 자리 서술어', 주어 외에 한 개의 문장 성분을 더 필요로 하면 '두 자리 서술어', 주어 외에 두 개의 문장 성분을 더 필요로 하면 '세 자리 서술어'로 분류한다.
서술어의 자릿수의 개념 / 문법적으로 올바르지 않은 문장 / 한 자리 서술어 / 두 자리 서술어 / 세 자리 서술어

그런데 서술어로 사용되는 용언이 다의어일 때는 각각의 의미에 따라 서술어의 자릿수가 달라지는 경우가 있다. 예를 들어 동사 '멈추다'는 '사물의 움직임이나 동작이 그치다.'의 의미로 사용될 때는 '자동차가 멈추다.'에서와 같이 한 자리 서술어이고, '사물의 움직임이나 동작을 그치게 하다.'의 의미로 사용될 때는 '아버지가 자동차를 멈추다.'에서와 같이 두 자리 서술어이다.
의미에 따라 서술어의 자릿수가 달라지는 경우

다음으로, 문장에서 서술어로 쓰이는 용언은 경우에 따라 특정 체언하고만 어울리는 특성을 갖는데 이를 '선택 자질'이라고 한다. 그리고 용언이 선택 자질에 의해 특정 단어를 선택하여 결합하는 현상을 '선택 제약'이라고 한다. 예를 들어 '먹다'가 '음식 따위를 입을 통하여 배 속에 들여 보내다.'라는 의미로 쓰인 경우, 주어와 목적어 자리에 올 수 있는 체언은 한정된다. 즉 주어로는 입과 배라는 신체 기관을 지닌 생물만을, 목적어로는 음식만을 선택하여 결합해야 서술어의 의미가 온전하게 표현된다. 그렇기 때문에 '아이가 밥을 먹다.'는 문법적으로 올바른 문장이지만 '바위가 밥을 먹다.'와 '아이가 바위를 먹다.'는 서술어의 선택 제약을 어겨 문법적으로 올바르지 않은 문장이 된다.
선택 자질의 개념 / 선택 제약의 개념 / '먹다'의 선택 제약 / 주어에 생물이, 목적어에 음식이 옴 / 주어가 생물이 아님 / 목적어가 음식이 아님

WEEK 5

01

답 | ②

㉠에 해당하는 예로 적절한 것은?

정답 선지 분석

② 선생님께서 제자로 삼으셨다.

'삼다'는 주어와 목적어, 필수적 부사어를 요구하는 세 자리 서술어인데 '선생님께서 제자로 삼으셨다.'는 주어인 '선생님께서'와 필수적 부사어인 '제자로'는 있지만 목적어가 갖추어지지 않았으므로 ㉠에 해당하는 예로 적절하다.

오답 선지 분석

① 동생이 내 손을 꼭 잡았다.

'잡다'는 주어와 목적어를 요구하는 두 자리 서술어인데 '동생이 내 손을 꼭 잡았다.'는 주어인 '동생이'와 목적어인 '손을'이 모두 갖추어져 있으므로 ㉠에 해당하는 예로 적절하지 않다.

③ 이 책의 내용은 생각보다 쉽다.

'쉽다'는 주어만을 요구하는 한 자리 서술어인데 '이 책의 내용은 생각보다 쉽다.'에는 주어인 '내용은'이 갖추어져 있으므로 ㉠에 해당하는 예로 적절하지 않다.

④ 나는 밤새 보고서를 겨우 만들었다.

'만들다'는 주어와 목적어를 요구하는 두 자리 서술어인데 '나는 밤새 보고서를 겨우 만들었다.'는 주어인 '나는'과 목적어인 '보고서를'이 모두 갖추어져 있으므로 ㉠에 해당하는 예로 적절하지 않다.

⑤ 그는 자신의 친구에게 나를 소개했다.

'소개하다'는 주어와 목적어, 필수적 부사어를 요구하는 세 자리 서술어인데 '그는 자신의 친구에게 나를 소개했다.'는 주어인 '그는', 목적어인 '나를', 필수적 부사어인 '친구에게'가 모두 갖추어져 있으므로 ㉠에 해당하는 예로 적절하지 않다.

02

답 | ④

윗글을 바탕으로 <보기>의 탐구 과제를 수행했을 때, [A]에 들어갈 내용으로 적절하지 않은 것은?

보기

[탐구 과제]

다음 [탐구 자료]에 나타난 서술어의 특징에 대해 알아보자.

[탐구 자료]

살다 「동사」

「1」 생명을 지니고 있다.

　　예 그 사람들은 백 살까지 ⓐ 살았다.

「2」 【…에/에서】 어느 곳에 거주하거나 거처하다.

　　예 그는 하루 종일 연구실에서 ⓑ 산다.

「3」 【…을】 어떤 직분이나 신분의 생활을 하다.

　　예 그는 조선 시대에 오랫동안 벼슬을 ⓒ 살았다.

「4」 【(…과)】 ('과'가 나타나지 않을 때는 여럿임을 뜻하는 말이 주로 온다) 어떤 사람과 결혼하여 함께 생활하다.

　　예 그녀는 사랑하는 남편과 잘 ⓓ 산다.

　　　그 부부는 오순도순 잘 ⓔ 산다.

[탐구 결과]

[A]

03

답 | ⑤

<보기>는 문법 수업의 일부이다. 선생님의 설명에 따라 밑줄 친 단어를 이해한 내용으로 적절하지 않은 것은?

보기

선생님: 관형사는 체언을 꾸며 주는 품사로 뒤에 오는 체언의 성질이나 상태를 분명하게 해 주는 성상 관형사, 구체적인 대상을 지시해 주는 지시 관형사, 수량을 나타내는 수 관형사로 구분할 수 있습니다. 이러한 관형사는 형태가 변하지 않고 어떤 조사와도 결합하지 않는 특징이 있습니다.

ㄱ. 이 상점, 두 곳에서는 헌 물건을 판다.

ㄴ. 우리 다섯이 새로 산 구슬을 나눠 가지자.

ㄷ. 나는 오늘 어머니께 드릴 새 옷 한 벌을 샀다.

정답 선지 분석

④ ⓒ는 「3」의 의미를 고려할 때, 목적어와 부사어 자리에 어떤 직분이나 신분을 의미하는 체언하고만 어울리는 선택 자질을 갖겠군.

ⓒ는 '어떤 직분이나 신분의 생활을 하다.'라는 의미를 고려할 때 주어와 목적어를 필요로 하는 두 자리 서술어이므로 부사어를 필수적으로 요구하지 않는다. 그리고 어떤 직분이나 신분을 의미하는 체언하고만 어울리는 선택 자질은 목적어 자리에 오는 단어에만 해당하므로 적절하지 않다.

오답 선지 분석

① ⓐ는 「1」의 의미를 고려할 때, 주어에 '생명을 지닌 존재'만을 선택하여 결합해야 서술어의 의미가 온전하게 표현되겠군.

ⓐ는 '생명을 지니고 있다.'라는 의미를 고려할 때 주어에 '생명을 지닌 존재'를 선택하여 결합해야 서술어의 의미가 온전하게 표현되므로 적절하다.

② ⓑ와 ⓒ는 필수적으로 요구하는 문장 성분의 종류는 다르지만 개수는 동일하겠군.

ⓑ는 주어와 부사어를 요구하는 두 자리 서술어이고 ⓒ는 주어와 목적어를 요구하는 두 자리 서술어이므로 필수적으로 요구하는 문장 성분의 종류는 다르지만, 요구하는 문장 성분의 개수는 2개이므로 적절하다.

③ ⓑ와 ⓓ는 각각 「2」와 「4」의 의미를 고려할 때, 필수적으로 요구되는 부사어 자리에 올 수 있는 체언은 한정되겠군.

ⓑ는 '어느 곳에 거주하거나 거처하다.'의 의미를 고려할 때 필수적으로 요구되는 부사어 자리에 '장소'를 의미하는 체언이, ⓓ는 '어떤 사람과 결혼하여 함께 생활하다.'의 의미를 고려할 때 필수적으로 요구되는 부사어 자리에 '결혼을 하여 함께 생활하는 사람'을 의미하는 체언이 한정되므로 적절하다.

⑤ ⓔ는 「4」의 의미를 고려할 때, 서술어의 자릿수가 ⓐ와 같겠군.

ⓔ는 '과'가 나타나지 않을 때 여럿임을 뜻하는 말이 주어로 온 문장의 서술어이므로 한 자리 서술어이고 ⓐ 또한 한 자리 서술어이므로 적절하다.

정답 선지 분석

⑤ ㄴ의 '새로'와 ㄷ의 '새'는 형태가 변하지 않는 성상 관형사이다.

ㄴ의 '새로'는 동사 '사다'의 활용형인 '산'을 꾸며 주는 부사이므로 적절하지 않다.

오답 선지 분석

① ㄱ에서 '이'는 '상점'을 꾸며 주는 지시 관형사이다.

ㄱ에서 '이'는 뒤에 오는 체언인 명사 '상점'을 꾸며 주는 지시 관형사이므로 적절하다.

② ㄱ에서 '헌'은 체언인 '물건'의 상태를 드러내 준다.

ㄱ에서 '헌'은 뒤에 오는 체언인 명사 '물건'의 상태를 드러내주는 성상 관형사이므로 적절하다.

③ ㄴ의 '다섯'은 조사와 결합하는 것을 보니 관형사가 아니다.

ㄴ의 '다섯'은 수사로 주격 조사 '이'와 결합하고 있으므로 적절하다.

④ ㄱ의 '두'와 ㄷ의 '한'은 수량을 나타내는 수 관형사이다.
ㄱ의 '두'는 뒤에 오는 체언인 의존 명사 '곳'을 수식하고, ㄷ의 '한'은 뒤에 오는 체언인 의존 명사 '벌'을 수식하는 수 관형사이므로 적절하다.

04 답 | ③

다음은 음운 변동에 대해 학습하기 위한 활동지이다. 활동의 결과로 적절한 것은?

학습 활동지

1. 학습 자료
　ㄱ. 목화솜[모콰솜]　　ㄴ. 흙덩이[흑떵이]　　ㄷ. 새벽이슬[새병니슬]

2. 학습 활동
　ㄱ~ㄷ에 대한 질문에 대해 '예'는 '○', '아니요'는 '×'로 표시하시오.

질문	답변			
	ㄱ	ㄴ	ㄷ	
두 개의 음운 중 하나의 음운이 없어지는 현상이 일어났는가?	×	○	○	…… ⓐ
기존에 있던 음운이 다른 음운으로 바뀌는 현상이 일어났는가?	×	○	×	…… ⓑ
두 개의 음운이 하나의 음운으로 합쳐지는 현상이 일어났는가?	○	×	×	…… ⓒ
원래 없던 음운이 새로 더해지는 현상이 일어났는가?	○	×	○	…… ⓓ
음운 변동이 총 2번 일어났는가?	○	×	○	…… ⓔ

③ ⓒ
〈보기〉의 학습 자료 ㄱ~ㄷ에 나타난 음운의 변동을 분석하면 '목화솜[모콰솜]'은 'ㄱ'와 'ㅎ'이 합쳐져 'ㅋ'이 되는 음운의 축약이 1회 나타나고, '흙덩이[흑떵이]'는 'ㄺ'의 'ㄹ'이 탈락하는 음운의 탈락 1회와 'ㄷ'이 'ㄸ'으로 교체되는 음운의 교체 1회가 나타나며 '새벽이슬[새병니슬]'은 'ㄴ'이 새로 첨가되는 음운의 첨가 1회, 'ㄱ'이 'ㅇ'으로 교체되는 음운의 교체 1회가 나타난다. 따라서 '두 개의 음운이 하나의 음운으로 합쳐지는 현상이 일어났는가?'라는 질문에 대한 답변으로 ㄱ에만 '예'라고 표시하였으므로 적절하다.

① ⓐ
두 개의 음운 중 하나의 음운이 없어지는 현상은 음운의 탈락에 해당한다. ㄱ~ㄷ 중 탈락 현상은 ㄴ에서만 일어나고 있다.

② ⓑ
기존에 있던 음운이 다른 음운으로 바뀌는 현상은 음운의 교체에 해당한다. ㄱ~ㄷ 중 교체 현상은 ㄴ과 ㄷ에서 일어나고 있다.

④ ⓓ
원래 없던 음운이 새로 더해지는 현상은 음운의 첨가에 해당한다. ㄱ~ㄷ 중 첨가 현상은 ㄷ에서만 일어나고 있다.

⑤ ⓔ
ㄱ은 음운의 축약이 1회, ㄴ은 음운의 탈락 1회, 교체 1회, ㄷ은 음운의 첨가 1회, 교체 1회가 나타난다. 따라서 음운 변동이 총 2번 일어난 것은 ㄴ과 ㄷ에 해당한다.

05 답 | ⑤

<보기 1>을 참고하여 <보기 2>를 탐구한 내용으로 적절하지 않은 것은?

보기 1

　중세 국어에서는 시제를 표현하기 위해 다음과 같이 선어말 어미를 사용하였다. 과거 시제를 표현할 때는 동사와 형용사 모두 '-더-'를 사용하였고, 동사의 경우에는 아무런 선어말 어미를 쓰지 않기도 했다. 현재 시제를 표현할 때는 동사의 경우 '-ᄂ-'를 사용하였고, 형용사의 경우 선어말 어미를 쓰지 않았다. 미래 시제를 표현할 때는 동사와 형용사 모두 '-리-'를 사용하였다.

보기 2

　⊙ 分明(분명)히 너ᄃ려 닐오리라　[분명하게 너한테 말하겠다.]
　ⓒ 네 이제 ᄯᅩ 묻ᄂ다　　[네가 이제 또 묻는다.]
　ⓒ 나리 ᄒᆞ마 西(서)의 가니 어엿브다
　　　[날이 벌써 서쪽으로 저무니 불쌍하다.]
　ⓔ ᄆᆞᄋᆞᆯ 사ᄅᆞᆷ이 우디 아니리 업더라
　　　[마을 사람들이 울지 않는 이가 없었다.]
　ⓜ 네 겨집 그려 가던다　[네가 아내를 그리워해서 갔느냐?]

⑤ ⓜ을 보니 동사의 경우 아무런 선어말 어미도 사용하지 않는 방식으로 과거 시제를 표현했음을 확인할 수 있군.
ⓜ에서 동사 '가던다'는 선어말 어미 '-더-'를 사용하여 과거 시제를 표현하고 있으므로 아무런 선어말 어미도 사용하지 않는 방식으로 과거 시제를 표현했다는 진술은 적절하지 않다.

① ⊙을 보니 동사의 경우 '-리-'를 사용하여 미래 시제를 표현했음을 확인할 수 있군.
동사 '닐오리라'는 선어말 어미 '-리-'를 사용하여 미래 시제를 표현하고 있으므로 적절하다.

② ⓒ을 보니 동사의 경우 '-ᄂ-'를 사용하여 현재 시제를 표현했음을 확인할 수 있군.
동사 '묻ᄂ다'는 선어말 어미 '-ᄂ-'를 사용하여 현재 시제를 표현하고 있으므로 적절하다.

③ ⓒ을 보니 형용사의 경우 아무런 선어말 어미도 사용하지 않는 방식으로 현재 시제를 표현했음을 확인할 수 있군.
형용사 '어엿브다'는 아무런 선어말 어미를 쓰지 않고 현재 시제를 표현하고 있으므로 적절하다.

④ ⓔ을 보니 형용사의 경우 '-더-'를 사용하여 과거 시제를 표현했음을 확인할 수 있군.
형용사 '업더라'는 선어말 어미 '-더-'를 사용하여 과거 시제를 표현하고 있으므로 적절하다.

WEEK 5

DAY 3   소용돌이의 종류와 특성

빠른 정답 체크

01 ①   02 ④   03 ③   04 ⑤   05 ③

❶ 「물이 담긴 욕조의 마개를 빼면 물이 배수구 주변에서 회전하
「 :자유 소용돌이의 예시
며 소용돌이를 일으킨다.」 배수구에서 멀리 떨어져 있으면 빨려
들어가는 속도의 크기가 0에 가깝고, 배수구 중앙에 가까울수록
속도가 빨라진다. 원운동을 하는 물체의 이동 거리, 즉 호의 길이
가 시간에 따라 변하는 비율을 원주속도라고 한다. 욕조의 「소용
원주속도의 개념   「 :자유 소용돌이의 개념
돌이 중심과 가장 가까운 부분에서 최대 원주속도가 나오고, 소
용돌이 중심에서 멀어져 반지름이 커짐에 따라 원주속도가 감소한
다. 이 소용돌이를 자유 소용돌이 라 하는데, 배수구로 들어간
물은 물체의 자유낙하처럼 중력의 영향 아래 물 자체의 에너지로
운동을 유지한다.

❷ 이와 달리 「컵 속의 물을 숟가락으로 강하게 휘젓거나 컵의 중
「 :강제 소용돌이의 예시
심선을 회전축으로 하여 컵과 물을 함께 회전시키는 상황을 생각
해 보자. 이때 원심력 등이 작용해 중심의 물 입자들이 컵 가장자
리로 쏠려 컵 중앙에 있는 물의 압력이 낮아지면서 ㉠ 가운데가
오목한 소용돌이가 만들어진다. 회전이 충분히 안정되면 물 전체
의 회전 속도, 즉 회전하는 물체의 단위 시간당 각도 변화 비율인
각속도의 개념
㉡ 각속도가 똑같아져 마치 팽이가 돌듯이 물 전체가 고체처럼
회전한다. 이때 물은 팽이의 회전과 같이 「회전 중심은 원주속도
「 :강제 소용돌이의 개념
가 0이 되고 중심에서 멀어질수록 반지름에 비례하여 원주속도
가 증가하는 분포를 보인다. 이 소용돌이를 강제 소용돌이 라 하
는데, 용기 안의 물이 회전 운동을 유지하려면 에너지를 외부에
서 인위적으로 제공해야 한다.

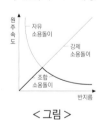

❸ 숟가락으로 컵 안에 강제 소용돌이를 만
든 후 숟가락을 빼고 일정한 시간 동안 관
찰하면 가운데에는 강제 소용돌이, 주변에
는 자유 소용돌이가 발생한다. <그림>에서
보는 것처럼 이를 랭킨의 조합 소용돌이
라고 한다. 이는 「전체를 강제로 회전시킨 힘을 제거했을 때 바깥
「 :조합 소용돌이의 개념
쪽에서는 원주속도가 서서히 떨어지고, 중심에서는 원주속도가
유지되는 상태의 소용돌이다. 조합 소용돌이에서는 소용돌이 중
심에서 원주속도가 최소가 되고, 강제 소용돌이에서 자유 소용돌
이로 전환되는 점에서 원주속도가 최대가 된다. 조합 소용돌이의
예로 ㉢ 태풍의 소용돌이를 들 수 있다.

❹ 이러한 원리를 적용한 분체 분리기는 기체나 액체의 흐름으로
분체 분리기의 개념
분진 등 혼합물을 분리하는 장치이다. 「혼합물에 작용하는 원심력
「 :분체 분리기의 다른 명칭

도 이용하기 때문에 원심 분리기, 공기의 흐름이 기상 현상의 사
이클론과 비슷해서 사이클론 분리기라고도 한다. 그 예로 쓰레기
용 필터가 없는 가정용, 산업용 ㉣ 사이클론식 청소기를 들 수 있
분체 분리기의 예시
다. 원통 아래에 원추 모양의 통을 붙이고 원추 아래에 혼합물 상
자를 두는데, 내부 중앙에는 별도의 작은 원통인 내통이 있다. 혼
합물을 함유한 공기를 원통부 가장자리를 따라 소용돌이를 만들
어 시계 방향으로 흘려보내면, 혼합물은 원통부와 원추부 벽면에
충돌하여 떨어져 바닥에 쌓인다. 「유입된 공기는 아래쪽 원추부로
「 :자유 소용돌이 → 강제 소용돌이 순서로 만들어짐
향할수록 원주속도를 증가시키는 자유 소용돌이를 만들고, 원추
부 아래쪽에서는 강해진 자유 소용돌이가 돌면서 강제 소용돌이
를 만들어 낸다.」 강제 소용돌이는 용기 중앙의 내통에서 혼합물
이 없는 공기로 흐르게 되어 반시계 방향으로 돌며 배기된다.
원통부의 공기는 시계 방향, 내통의 공기는 반시계 방향으로 돎

01   답 | ①

윗글의 내용과 일치하지 않는 것은?

정답 선지 분석

① 자연에서 발생하는 소용돌이는 모두 자유 소용돌이이다.
　자연에서 발생하는 소용돌이가 모두 자유 소용돌이는 아니다. 지문에서 찾을 수 있는 자연의
　소용돌이는 태풍으로, 이는 랭킨의 조합 소용돌이에 해당하는 것이다.

오답 선지 분석

② 배수구에서 멀어지면 원운동을 하는 물의 속도는 느려진다.
　1문단에서 배수구 중심에 가까워질수록 원주속도가 빨라지지만, 멀어질수록 느려진다.

③ 강제 소용돌이는 고체처럼 회전하고 회전 중심의 속도는 0이다.
　2문단에서 강제 소용돌이는 팽이의 회전과 같이 중심은 원주속도가 0이라고 했다.

④ 분체 분리기는 자유 소용돌이로 강제 소용돌이를 만들어 낼 수 있는 기계
　장치이다.
　4문단에 분체 분리기, 사이클론 분리기의 예로 사이클론식 청소기를 들고 있다. 이것은 자유
　소용돌이를 강제 소용돌이(내통)로 바꿀 수 있는 기계 장치이다.

⑤ 용기 안의 강제 소용돌이는 외부에서 가해지는 힘이 있어야 운동을 유지할
　수 있다.
　2문단 마지막 문장에서 확인할 수 있다.

02   답 | ④

㉠에 대한 설명으로 적절한 것은?

정답 선지 분석

④ 컵 속에서 회전하는 물의 압력이 커진 부분은 수면이 높아진다.
　㉠은 물 입자가 컵 가장자리로 쏠려 컵 중앙의 물이 줄어들어 압력이 낮아지면서 만들어진
　다. 반대로 가장자리로 쏠린 물의 양은 많아져 압력은 커지고 수면은 높아진다.

오답 선지 분석

① 물이 회전할 때 원심력과 압력은 서로 관련이 없다.
　원심력이 커지면 압력도 커져 비례 관계를 보인다.

② 컵 중앙 부분으로 갈수록 물 입자의 양이 많아진다.
　컵 중앙 부분에는 물 입자의 양이 적고, 가장자리에 많다.

③ 컵 반지름이 클수록 물을 회전시키는 에너지 크기는 작아진다.

　컵의 반지름이 커질수록 물의 양이 많아 물을 회전시키는 에너지의 크기는 커져야 한다.

⑤ 외부 에너지를 더 가하더라도 회전 중심의 수면 높이는 변화가 없다.

　외부 에너지를 더 가하면 중심은 더 오목해지고 가장자리의 수면은 더 높아진다.

03

답 | ③

ⓒ을 통해 알 수 있는 것은?

정답 선지 분석

③ 각속도는 회전 중심에서 가깝든 멀든 상관없이 일정하겠군.

　각속도가 똑같아지고 물 전체가 고체처럼 회전하면 수면의 어느 지점에서나 각속도는 같다. 따라서 회전 중심에서 가깝든 멀든 각속도는 일정한 값을 가진다고 할 수 있다.

오답 선지 분석

① 각속도가 시간이 지남에 따라 점점 빨라지겠군.

　팽이는 물 전체가 고체처럼 회전하는 것과 같으므로 물 표면의 각속도는 일정하다. 시간이 지날수록 속도는 느려질 것이다.

② 단위 시간당 각도가 변하는 비율이 수시로 달라지겠군.

　각속도는 단위 시간당 각도가 변하는 비율이 수시로 달라지면 각속도가 빨라졌다 느려졌다 한다는 의미이므로, ⓒ으로 알 수 있는 것이 아니다.

④ 강제 소용돌이의 수면 어느 지점에서나 원주속도는 항상 같겠군.

　강제 소용돌이는 반지름에 비례하여 원주속도가 빨라진다. ⓒ으로 수면 어느 지점에서나 원주속도가 항상 같다는 것을 알 수 없다.

⑤ 강제 소용돌이는 자유 소용돌이와 같은 원주속도 분포를 보이겠군.

　강제 소용돌이의 원주속도는 반지름에 비례하여 중심에서 멀어질수록 빨라지지만, 자유 소용돌이의 원주속도는 중심에 가까워질수록 빨라진다. 그러므로 둘은 같은 분포를 보이지 않는다.

04

답 | ⑤

윗글을 바탕으로 ⓒ을 이해할 때, <보기>의 ⓐ~ⓒ에 들어갈 말로 적절한 것은?

보기

　태풍 중심 부분은 '태풍의 눈'이라 하고 (ⓐ)의 중심에 해당한다. 강제 소용돌이와 자유 소용돌이의 경계층에 해당하는 부분은 '태풍의 벽'이라고 하여 바람이 (ⓑ). 이는 윗글 〈그림〉의 (ⓒ)에 해당한다.

정답 선지 분석

	ⓐ	ⓑ	ⓒ
⑤	강제 소용돌이	강하다	자유 소용돌이와 강제 소용돌이의 교차점

　3문단에서 조합 소용돌이의 예로 태풍의 소용돌이를 들 수 있다고 했다. 조합 소용돌이는 가운데가 강제 소용돌이, 주변이 자유 소용돌이다. 또 강제 소용돌이의 중심에서 원주속도가 최소가 되는데, 태풍의 눈은 '강제 소용돌이'의 중심에 해당한다(ⓐ). 두 소용돌이의 경계층은 강제 소용돌이가 자유 소용돌이로 전환되는 지점으로 원주속도가 최대가 되기 때문에 바람이 '강하다'(ⓑ). 〈그림〉에서 강한 바람이 부는 곳은 두 소용돌이가 교차하는 지점이다(ⓒ).

오답 선지 분석

①	자유 소용돌이	강하다	자유 소용돌이와 강제 소용돌이의 교차점

　자유 소용돌이가 아니라 강제 소용돌이다.

②	자유 소용돌이	약하다	반지름이 가장 큰 자유 소용돌이의 지점

　반지름이 가장 큰 자유 소용돌이의 지점은 원주속도가 최소이고 바람이 약하다. 두 소용돌이의 경계층은 원주속도가 최대로 바람이 강하다.

③	강제 소용돌이	강하다	반지름이 가장 작은 자유 소용돌이의 지점

　반지름이 가장 작은 자유 소용돌이의 지점은 원주속도가 최대이지만 태풍의 중심 부분은 강제 소용돌이에 해당한다. 또 강제 소용돌이가 자유 소용돌이로 전환되는 지점, 즉 경계층이 아니다.

④	강제 소용돌이	약하다	반지름이 가장 큰 강제 소용돌이의 지점

　경계층은 바람이 강하다. 강제 소용돌이는 반지름에 비례하여 원주속도가 증가한다. 태풍에서 반지름이 커지면 태풍 주변부는 자유 소용돌이에 해당한다.

05

답 | ③

<보기>는 ⓔ의 구조를 그림으로 나타낸 것이다. 윗글을 읽은 학생의 반응으로 적절하지 <u>않은</u> 것은?

보기

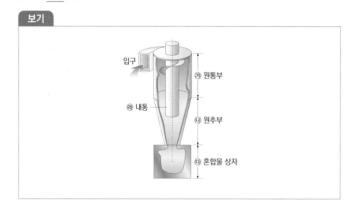

정답 선지 분석

③ ⓓ에 모인 쓰레기나 혼합물이 ⓐ 내부에서 도는 소용돌이를 통해 외부로 배출되겠군.

　4문단에서 혼합물은 원통부 측면에 충돌하여 혼합물 상자(ⓓ)에 쌓인다고 했다. 내통(ⓐ)을 통해 외부로 배출된다는 진술은 적절하지 않다.

오답 선지 분석

① ㉮에서는 소용돌이가 시계 방향으로 돌아 혼합물에 원심력이 작용하겠군.

　혼합물의 원심력을 활용하기에 원심 분리기라고도 한다고 했다.

② ㉮보다 ㉯에서 소용돌이의 원주속도가 상대적으로 빠르겠군.

　㉮, ㉯에는 자유 소용돌이가 발생한다. 반지름이 작고 중심에 가장 가까운 부분에서 최대 원주속도가 나타난다. ㉮보다 반지름이 작아지는 ㉯에서 원주속도가 더 빠르다.

④ ⓐ의 반지름이 커지면 ⓐ에서 반시계 방향으로 도는 소용돌이의 원주속도는 빨라지겠군.

　ⓐ에는 강제 소용돌이가 발생한다. 강제 소용돌이는 반지름에 비례하여 원주속도가 증가한다. 따라서 반지름이 커지면 원주속도는 증가하므로 원주속도가 빨라진다는 진술은 적질하다.

⑤ 산업용으로 돌조각을 분리한다면 ㉮와 ㉯에 충격이나 마모에 강한 소재를 써야겠군.

　㉮, ㉯ 벽면에 돌조각이 충돌한다면 강한 소재를 사용해야 한다.

DAY 4 민법총칙

빠른 정답 체크

01 ①　　**02** ⑤　　**03** ②　　**04** ③

❶ 매매 계약, 유언 등과 같은 법률행위가 법률효과를 발생시키려면 성립요건과 효력요건을 갖추어야 한다. 성립요건은 <u>법률행위가 성립되기 위한 요건</u>으로, 성립요건을 갖추지 못한 경우 법률행위가 불성립했다고 한다. 효력요건은 <u>이미 성립한 법률행위</u>가 효력을 발생하는 데 필요한 요건으로, 이를 갖추어 효력을 발생시켰을 때 법률행위가 유효하다고 한다.

❷ 그런데 「법률행위는 성립하였지만, 효력요건이 불충분하여 그 법률행위가 성립한 당시부터 법률상 당연히 그 효력이 발생하지 않는 경우」그 법률행위는 무효가 된다. ㉠ 법률행위의 무효는 무효 사유가 존재한다면 특정인의 무효 주장이 없이도 그 법률행위가 처음부터 효력이 없는 것이 되며, 기간이 경과해도 무효라는 사실은 변하지 않는다.

❸ 한편 ㉡ 법률행위의 취소는 「법률행위로서 일단 효력이 발생하였다가 어떤 사유가 있어 그 법률행위가 성립한 당시로 소급하여 효력을 잃게 되는 경우」를 말한다. 법률행위의 취소가 확정되면 법률상의 효력이 무효와 같아지지만, 「취소 사유가 존재하더라도 취소권을 가진 특정인이 취소를 주장할 때만 그 법률행위의 효력이 없어질 수 있다는 점에서 무효와 차이가 있다. 또한 취소권은 일정한 기간이 경과하면 소멸되고, 취소권이 소멸된 법률행위는 결국 유효한 것으로 확정된다.

❹ 무효인 법률행위에서는 아무런 효력도 생기지 않으며, 법적으로는 아무것도 없는 것이라 보기 때문에 소급하여 유효로 할 수 있는 대상이 없는 상태라 할 수 있다. 그래서 무효인 법률행위, 즉 무효행위는 다른 법률행위로 전환을 하기도 하고, 추인함으로써 그때부터 새로운 법률행위가 되게 만들기도 한다. 무효는 이미 성립된 법률행위를 전제로 하기 때문에 이러한 전환이나 추인이 가능한 것이며, 만약 법률행위가 불성립했다면 전환이나 추인은 할 수 없다. 무효행위를 전환한다는 것은 <u>무효인 법률행위가 다른 법률행위로서의 효력요건은 갖추고 있을 때, 그 법률행위로서의 효력을 인정하는 것</u>을 말한다. 이때 전환을 위해서는 당사자가 무효임을 알았더라면, 그 법률행위가 아니라 처음부터 다른 법률행위를 했을 것이라고 인정되어야 한다. 무효행위의 전환의 예로는, 「징계해고로서 효력요건을 갖추지 못해 무효가 된 법률행위가 징계휴직으로서의 효력요건은 갖추고 있을 때 징계휴직으

로 전환하여 법률행위가 유효가 되는 경우」를 들 수 있다.

❺ 무효행위를 추인한다는 것은 <u>무효가 된 법률행위가 갖추지 못했던 효력요건을 추후에 보충하여 새로운 법률행위로서의 효력을 인정하는 것</u>을 말한다. ㉮ 무효행위를 추인하면 그 무효행위가 처음 성립한 때로 소급하여 유효한 것이 되는 것이 아니라 <u>추인한 때부터 새로운 법률행위를 한 것으로 본다.</u> 민법은 원칙적으로 무효행위의 추인을 인정하지 않지만, 무효 원인이 소멸한 상태이고 당사자가 기존 법률행위가 무효임을 알고 추인한 경우에 한해서는 추인을 인정하고 있다.

❻ 법률행위가 무효가 되면 그 법률행위에 따른 법률효과도 생기지 않으므로 무효행위를 근거로 하는 청구권도 부인된다. 따라서 해당 법률행위에 따라 채무가 있는 경우 상대방이 청구권을 행사할 수 없으므로 채무를 이행할 필요가 없다. 만약 이미 채무가 이행된 경우라면 수령자는 해당 이득을 반환해야 하는 부당이득 반환의무를 진다. 무효는 시간이 흘러도 그대로 유지되지만, 부당이득의 반환청구권은 소멸시효가 있으므로 영구적으로 주장할 수 있는 것은 아니다.

01
답 | ①

윗글의 내용과 일치하지 <u>않는</u> 것은?

정답 선지 분석

① 법률행위가 불성립한 경우에도 법률행위의 전환이나 추인을 할 수 있다.

　4문단에서 무효행위의 전환이나 추인이 가능한 것은 무효가 이미 성립된 법률행위를 전제로 하기 때문이라고 밝히고 있다. 법률행위가 아예 성립하지 못했다면, 즉 법률행위가 불성립한 경우라면 법률행위의 전환이나 추인은 할 수 없다.

오답 선지 분석

② 성립요건과 효력요건을 모두 갖추어야 법률행위는 법률효과를 발생시킬 수 있다.

　1문단에 따르면, 법률행위가 법률효과를 발생시키려면 성립요건과 효력요건을 갖추어야 한다고 설명하고 있으므로 법률효과를 발생시키기 위해서는 이 두 요건이 모두 필요함을 알 수 있다.

③ 법률행위가 효력을 발생시켰더라도 어떤 사유가 있어 그 효력을 잃게 되기도 한다.

　3문단에 따르면, 법률행위의 취소가 법률행위로서 일단 효력이 발생하였지만 어떤 사유가 있어서 그 법률행위가 효력을 잃게 되는 경우임을 알 수 있다.

④ 법률행위가 무효가 되면 해당 법률행위에 따른 채무가 발생한 경우라도 그 채무를 이행할 필요가 없다.

　6문단에 따르면, 법률행위가 무효가 되면 그 무효행위를 근거로 하는 청구권도 부인되므로 해당 법률행위에 따른 채무도 이행할 필요가 없음을 알 수 있다.

⑤ 법률행위가 무효라는 사실이 그대로 유지되더라도 부당이득의 반환청구권을 영구적으로 주장할 수 있는 것은 아니다.

　6문단에 따르면, 무효행위에 대한 부당이득의 반환청구권은 소멸시효가 있다. 따라서 무효행위가 기한에 상관없이 계속 무효인 상태로 남아 있다고 해서 그에 따른 부당이득의 반환청구권까지 영구적으로 주장할 수 있는 것은 아니다.

02

답 | ⑤

㉠, ㉡에 대한 이해로 적절하지 않은 것은?

정답 선지 분석

⑤ ㉡은 ㉠과 달리 특정인의 주장이 없어도 법률행위의 효력이 없어질 수 있다.

2, 3문단에 따르면, 법률행위의 무효(㉠)는 특정인의 주장 없이도 처음부터 효력이 없는 것이 되지만, 법률행위의 취소(㉡)는 취소권을 가진 특정인의 주장이 있어야 그 법률행위의 효력이 없어진다는 것을 알 수 있다.

오답 선지 분석

① ㉠은 효력요건이 불충분하여 법률상 당연히 효력이 발생하지 않는 경우이다.

2문단에 따르면, 법률행위의 무효는 법률행위는 성립하였지만 효력요건이 불충분하여 법률상 당연히 효력이 발생하지 않게 된 경우이다.

② ㉡은 취소 사유가 존재하더라도 법률행위의 효력이 발생하는 경우가 있다.

3문단에 따르면, 취소 사유가 존재한다고 해서 해당 법률행위가 당연히 취소가 되는 것이 아니라, 취소권을 가진 특정인이 취소를 주장해야 그 법률행위의 효력이 없어질 수 있다. 따라서 취소권을 가진 특정인이 취소를 주장하지 않은 경우라면, 취소 사유가 존재하지만 법률행위의 효력이 발생하는 경우로 볼 수 있다. 또한 취소권은 일정 기간이 경과하면 소멸되고, 취소권이 소멸된 법률행위는 결국 유효한 것으로 확정된다. 따라서 취소권이 소멸된 법률행위라면, 취소 사유가 존재하지만 법률행위의 효력은 발생하는 경우로 볼 수 있다.

③ ㉠과 ㉡은 모두 법률행위가 성립한 것을 전제로 한다.

2, 3문단에 따르면, 법률행위의 무효는 법률행위는 성립하였지만 효력요건이 불충분한 경우이고, 법률행위의 취소는 법률행위로서 일단 효력이 발생하였다가 효력을 잃게 되는 경우이다. 여기서 '일단 효력이 발생하였다'는 것은 법률행위가 성립했고 그 성립한 법률행위가 효력요건을 갖추어 효력이 발생되었다는 것을 의미한다.

④ ㉡은 ㉠과 달리 법률행위의 효력 유무에 변화를 줄 수 있는 기한이 존재한다.

2, 3문단에 따르면, 법률행위의 취소는 일단 효력이 발생하였지만 취소 사유가 있고 취소권을 가진 특정인이 취소를 주장했을 때, 그 법률행위의 효력이 없어지는 경우를 의미한다. 이때 일정 기간이 경과하면 취소권이 소멸되어 결국 유효한 것으로 확정된다. 따라서 일단 효력이 발생한 법률행위를 취소하여 효력이 없어지게 하려면 취소권이 소멸되기 전에 취소를 주장해야 하기 때문에, 법률행위의 효력 유무에 변화를 줄 수 있는 일정한 기한이 존재함을 알 수 있다. 하지만 법률행위의 무효는 그 법률행위가 성립한 당시부터 법률상 당연히 그 효력이 발생하지 않았고, 기간의 경과 때문에 해당 법률행위가 무효라는 사실이 변하지도 않는다.

03

답 | ②

윗글을 바탕으로 <보기>의 ⓐ와 ⓑ에 대해 이해한 내용으로 가장 적절한 것은?

보기

갑은 자신의 유언을 법적으로 인정받고자 ⓐ '비밀증서에 의한 유언'의 형태로 유언증서를 남겼다. 하지만 갑의 사망 후 이 유언증서는 봉인상의 확정일자를 받아야 한다는 조건을 충족하지 않아 무효임이 밝혀졌다. 이에 대해 법원에서는 해당 유언증서가 다른 형태의 유언증서인 ⓑ '자필서명에 의한 유언'의 조건은 모두 충족하고 있으며 갑이 자신의 유언증서가 무효임을 알았다면 이러한 형태의 유언증서를 남겼을 것이라 보아, '자필서명에 의한 유언'으로서는 유효하다고 판단했다.

정답 선지 분석

② ⓐ는 효력요건을 갖추지 못했지만 ⓑ는 효력요건을 갖추고 있군.

4문단에서 당사자가 무효임을 알았더라면 그 법률행위가 아니라 처음부터 다른 법률행위를 했을 것이라고 인정될 경우, 다른 법률행위로서의 효력을 인정하는 것을 무효행위의 전환이라 설명하고 있다. 이에 따라 <보기>는 무효행위의 전환이 이루어진 사례임을 알 수 있다. ⓐ는 봉인상의 확정일자를 받아야 한다는 조건을 충족하지 못한 것이 사유가 되어 무효임이 밝혀진 법률행위이고, ⓑ는 당사자가 무효임을 알았다면 다른 형태로 남겼을 것이라 인정되는 법률행위이다. 따라서 무효행위인 ⓐ를 다른 법률행위인 ⓑ로 전환하여 효력을 인정받게 된 사례라고 이해할 수 있다.

오답 선지 분석

① ⓐ가 무효가 되면서 ⓑ의 성립요건도 불충분하게 된 것이군.

ⓐ가 무효인 것은 맞지만, 이로 인해 ⓑ의 성립요건이 불충분해진 것은 아니다. 성립요건이 불충분해졌다는 것은 법률행위가 불성립했다는 것인데, 이는 ⓑ와 상관없는 설명이다.

③ ⓐ의 부족한 효력요건이 추후에 보충되어 ⓑ가 유효하게 된 것이군.

<보기>의 사례는 무효행위인 ⓐ를 전환하여 ⓑ로서의 효력을 인정하는 것일 뿐, ⓐ의 효력요건을 추후에 보충하여 ⓑ를 유효하게 만드는 것이 아니다.

④ ⓐ는 ⓑ로 바뀌면서 무효 원인이 소멸되어 다시 효력을 가지게 되는군.

<보기>의 사례는 무효행위인 ⓐ를 전환하여 ⓑ로서의 효력을 인정하는 것일 뿐, ⓐ가 ⓑ로 바뀌면서 무효 원인이 소멸되어 ⓐ가 다시 효력을 가지게 되는 것이 아니다.

⑤ ⓐ의 효력이 발생하려면 ⓑ가 무효임을 당사자가 알았다는 조건이 충족되어야 하는군.

무효인 법률행위는 ⓑ가 아니라 ⓐ이고, ⓑ가 무효임을 당사자가 알았다는 조건이 충족되는 것과 ⓐ의 효력을 발생하게 하는 것은 아무런 관련이 없다.

04

답 | ③

㉮의 이유를 추론한 내용으로 가장 적절한 것은?

정답 선지 분석

③ 무효인 법률행위는 법적으로 아무것도 없는 것이어서 소급해서 추인할 수 있는 대상 자체가 없는 상태이기 때문이다.

4문단에 따르면, '무효인 법률행위에서는 아무런 효력도 생기지 않으며, 법적으로는 아무것도 없는 것'이라 보기 때문에 소급하여, 즉 처음으로 되돌려 '유효로 할 수 있는 대상이 없는 상태'라 할 수 있다. 따라서 무효행위를 추인하여 갖추지 못했던 효력요건을 추후에 보충한다고 해도, 그 무효행위가 성립한 당시로 소급하여 유효하게 만들 수 있는 대상 자체가 없는 상태임을 알 수 있다. 이를 통해 무효행위를 추인하면, 추인한 때부터 새로운 법률행위를 한 것으로 본다는 것을 추론할 수 있다.

오답 선지 분석

① 법률행위를 추인할 때 추인의 조건을 갖춘 상태라면 이를 소급하여 유효한 것으로 만들 수도 있기 때문이다.

4문단에서 무효인 법률행위는 법적으로는 아무것도 없는 것이라 보기 때문에 소급해서 유효로 할 수 있는 대상 자체가 없는 상태라고 하였다.

② 추인으로 인해 무효행위의 유효요건이 보충되면서 새로운 법률행위로서 효력을 발생시킬 필요가 없어졌기 때문이다.

5문단에서 무효행위를 추인한다는 것은 무효가 된 법률행위가 갖추지 못했던 효력요건을 추후에 보충하여 새로운 법률행위로서의 효력을 인정하는 것을 말한다고 하였으므로 새로운 법률행위로서 효력을 발생시킬 필요가 없어졌다는 것은 적절하지 않다.

④ 무효인 법률행위가 성립한 때를 정확하게 증명할 수 없다면 추인을 통해 유효하게 된 시점도 특정할 수 없기 때문이다.

무효인 법률행위가 성립한 때를 증명하는 것과 무효행위의 추인은 관계가 없다.

⑤ 무효인 법률행위는 원칙적으로 추인할 수 없도록 법률상으로 정해 놓은 것이어서 추인을 통해 유효한 것이 될 수는 없기 때문이다.

5문단에서 민법은 원칙적으로 무효행위의 추인을 인정하지 않지만, 무효 원인이 소멸한 상태이고 당사자가 기존 법률행위가 무효임을 알고 추인한 경우에 한해서는 추인을 인정하고 있다고 하였다.

DAY 5 〈북새곡〉_구강 / 〈귀산음〉_신교 / 〈엿장수 생각〉_안도현

빠른 정답 체크

01 ①   02 ②   03 ②   04 ④   05 ③

가

헌 누더기 입은 무리가 남자인지 여자인지
화자가 관찰하고 있는 대상(백성)
「어린 자식 등에 업고 자란 자식 손에 끌고
『 』: 백성들의 비참한 처지
울면서 눈물 씻고 엎어지며 오는 모양」

차마 보지 못할너라 나직이 묻는 말씀
고통스럽게 살아가는 백성들에 대한 안타까움
「어디로서 좇아오며 어디로 가려는고」
대구를 통한 운율 형성
주려들 가는 사람인가 가게 되면 얻어 먹나

아무 데도 한가지라 날 따라 도로 가면

자네 원님 가서 보고 **안접(安接)*하게 하여줌세**
「 」: 백성을 향한 화자의 말
겨우겨우 대답하되「우리 곳은 당진(唐津)이라
구체적 공간을 제시하여 사실감 부여
여러 해 흉년들어 살길이 없는 중에

도망한 자 신구환(新舊還)*을 있는 자에 물리니

제 것도 못 바치며 남의 곡식 어찌할꼬

못 바치면 매 맞으니 매 맞고 더욱 살까

정처 없이 가게 되면 죽을 줄 알건마는

아니 가고 어찌하리 굶고 맞고 죽을 지경

차라리 구렁*에나 염려 없이 뭇치이면

도리어 편할지라 이런 고로 가노메라」
「 」: 화자의 말에 대한 백성의 대답
급히 급히 넘어가자 이 백성들 살려보세

둘째 령(嶺)을 올라서서 고을 지경 바라보니

열 집에 일곱 집은 휑그러니 비었더라
백성들이 가난을 이기지 못해 고을을 떠남
「읍중(邑中)으로 들어가니 남은 집의 ㉠ 곡성(哭聲)이라」
「 」: 청각적 이미지를 통해 백성의 비참한 현실 강조
전년의 이천여 호 금년에 칠백 호라
전년과의 대비를 통해 비참한 현재 상황 부각
「미혹한 유부사(柳府使)*와 답답한 이도호(李都護)*는
「 」: 대구를 통한 운율 형성
국곡(國穀)도 중커니와 인명인들 아니 볼까」

백성 없는 곡식 바다 그 무엇에 쓰려하노

「출도한 후 전령하여 니징(里徵)* 족징(族徵)* 없이 하고
「 」: 대구를 통한 운율 형성
허두(虛頭)잡이 호역들을 태반이나 덜어 주고」

신구환 칠만 석은 탕감하자 아뢰겠네

- 구강, 〈북새곡(北塞曲)〉 -

* 안접: 편안히 마음을 먹고 머물러 삶.
* 신구환: 올해 세금과 지난해 세금.
* 구렁: 무덤.
* 부사, 도호: 조선시대 관직의 이름.
* 니징, 족징: 세금을 내지 못하는 사람이 있을 때 다른 사람이나 일가족에게 대신 물리던 일.

나

십 년 종사(從仕) 후에 고향으로 도라오니
어떤 일을 일삼아서 함
산천의구(山川依舊)ᄒ되 인사(人事)ᄂᆞᆫ 달나셰라
인사를 변하지 않는 자연에 대비하여 그 변화를 부각
아마다 세간존몰(世間存沒)*을 못내 슬허 ᄒ노라
화자의 감정을 직접적으로 드러냄
<1수>

□: 자연을 상징하는 대상
강산아 나 왓노라 백구(白鷗)야 반갑고야
돈호법을 통해 자연에 대한 반가움을 드러냄
청풍명월(淸風明月)도 기ᄃ러 줄 알건마ᄂᆞᆫ

「성은(聖恩)이 ᄒᆞᆼ 지중(至重)ᄒ시니 자연지체(自然遲滯)*ᄒ여라」
임금의 은혜   「 」: 임금의 은혜를 갚기 위해 자연에 돌아오는 시간이 지체됨
<2수>

산화(山花)ᄂᆞᆫ 들의 피고 물시ᄂᆞᆫ 산의 운다
대구를 통한 운율 형성
일신이 한가ᄒ야 산수간(山水間)의 누어시니
강호한정
세상의 어즈러은 긔별을 나ᄂᆞᆫ 몰라 ᄒ로라
속세의 소식
<4수>

거믄고 빗기 들고 산수(山水)을 희롱ᄒ니

청풍(淸風)은 건듯 블고 명월(明月)도 도라 온다
대구를 통한 운율 형성
ᄒ물며 유신(有信)ᄒ 믈여기*ᄂᆞᆫ 오명가명 ᄒ ᄂᆞ니
자연과의 물아일체
<5수>

산수(山水)의 병(病)이 되고 금가(琴歌)*의 벽(癖)이 이셔
자연을 사랑하는 마음
산수(山水) 죠흔 곳의 ㉡ 금가(琴歌)로 노니노라

두어라 초로인생(草露人生)*이 아이 놀고 어이 ᄒ랴
설의법을 통해 자연에서의 즐거움 강조
<8수>

- 신교, 〈귀산음(歸山吟)〉 -

* 세간존몰: 세상의 존속과 멸망.
* 자연지체: 저절로 늦어 머뭇거림.
* 믈여기: 갈매기.
* 금가: 거문고에 맞추어 부르는 노래.
* 초로인생: 풀 끝에 달린 이슬처럼 덧없는 인생.

다

기다리는 엿장수는 오지 않았다. 벌써 보름째 나타나지 않는 엿
엿장수에 대한 기다림
장수의 리어카를 기다리느라 조바심이 난 아이들은 오리처럼 목
비유적 표현을 통해 엿장수를 기다리는 아이들을 묘사함
이 길어졌다. 마당에서 자치기를 하다가도 담 너머로 슬쩍슬쩍
아이들의 구체적인 행동을 묘사하여 엿장수에 대한 기다림을 드러냄
눈을 돌렸고, 꼴을 베다가도 동구 밖을 자주 힐끔거렸다. 여름날,
대청마루에서 낮잠을 자고 있노라면 꿈속에서도 엿장수의 가위
소리가 귓전을 울리곤 했다.

엿장수의 그 넓적한 가위는 엿을 알맞게 나누는 도구인 동시에
그 소리로 엿장수 자신의 존재를 알리는 훌륭한 홍보 수단이었
다. 노련한 엿장수일수록 엿가위에 신명 난 장단을 넣어 아이들
노련한 엿장수는 엿가위로 흥겨운 가락을 만들어 아이들의 귀를 사로잡음
의 귀를 길쭉하게 만들었다.

「고요한 마을에 엿장수의 ㉢ 가위 소리가 멀리서 찰칵거리기 시
「 」: 아이들의 모습을 통해 엿장수에 대한 아이들의 반가움을 드러냄

작하면 아이들은 너나 할 것 없이 가위 소리가 나는 쪽을 향해 뛰었다. 한쪽 발에만 신을 꿰어 신고 뛰어가는 아이도 있었다. 신발을 손에 들고 뛰는 아이도 있었다. 아예 맨발로 뛰는 아이도 있었다. 바지가 흘러내리는 줄도 모르고, 가랑이가 찢어지는 줄도 모르고 아이들은 뛰었다.┘

「엿으로 바꿔 먹을 만한 물건이 없나, 하고 아이들은 이미 마루
└「」: 엿과 바꾸기 위해 다양한 물건을 가져감
밑이며 헛간 수도 없이 뒤진 터였다. 아이들은 고철이나 <u>함석</u>
<u>엿과 바꿀만한 물건 ①</u>
<u>조각</u>을 챙겨 들고 달렸다. 칠성사이다를 마시고 남은 <u>빈 병</u>을 쥐
엿과 바꿀만한 물건 ②   엿과 바꿀만한 물건 ③
고 달렸다. 뒤축이 닳아 <u>구멍이 난 흰 고무신</u>을 품고 달렸다. <u>1원</u>
엿과 바꿀만한 물건 ④   엿과 바꿀만한 물건 ⑤
<u>짜리 동전 하나</u>를 달랑 손에 움켜쥐고 달렸다. 어른들의 서릿발
엿과 바꿀만한 물건 ⑤
같은 꾸중을 각오하고 멀쩡한 <u>양은 냄비나 숟가락</u>을 들고 달리는
엿과 바꿀만한 물건 ⑥
용감한 아이도 있었다.┘

(중략)

「하지만 이제 우리나라 어디를 가더라도 그 옛날의 엿장수는 없
└「」: 과거와 현재의 대비를 통해 사라진 엿장수에 대한 안타까움을 드러냄
다. 엿장수의 가위 소리도 없고, 그 소리에 넋을 놓고 뛰어가던
아이들도 없다. 이어폰만 귀에 꽂으면 엿장수의 단조로운 가위
소리보다 더 빠르고 변화가 심한 매력적인 음악을 들을 수 있고,
엿가락보다 더 달콤한 군것질거리가 지천에 널려 있다.┘

누군가 우스개처럼 말했던 게 생각난다. 엿장수는 외국 자본에
엿장수에 대한 누군가의 평가
기대지 않고 순수하게 민족 자본으로 성장했던 마지막 기업이었
다고. 그렇지 않더라도 엿장수, 넝마주이, 고물상이라는 이름들
앞에 우리는 좀 더 겸손해져야 하지 않을까. 그들은 이 땅에서 쓰
엿장수, 넝마주이, 고물상에 대한 글쓴이의 평가
레기 분리수거를 제일 먼저 실천했던 선각자들이라고 말이다. 그
들이 아니었다면 삼천리 금수강산은 삼천리 유리 파편 강산이 되
었을지도 모르는 일이다. 안 그런가?
질문의 방식으로 글을 마무리하여 독자들이 주제에 대해 생각하도록 유도함
- 안도현, 〈엿장수 생각〉 -

01 답 | ①

(가)와 (나)의 표현상 특징에 대한 설명으로 가장 적절한 것은?

정답 선지 분석

① (가)는 (나)와 달리 문답 구조를 통해 시상을 전개하고 있다.
　(가)는 암행어사인 화자와 백성의 질문과 대답으로 내용이 전개되고 있다. 5~8행에서 암행어사인 화자가 백성들에게 질문과 제안을 하고 있고, 9~17행은 그에 대한 백성들의 대답으로 구성되어 있다. 그에 비해 (나)는 화자가 일방적으로 서술하고 있으므로 문답 구조를 확인할 수 없다.

오답 선지 분석

② (가)는 (나)와 달리 공간을 대비하여 지향하는 가치를 드러내고 있다.
　(가)에 드러나는 공간으로는 '당진'과 '구렁'이 있는데, 화자가 지향하는 가치가 어사로서의 임무를 수행하여 백성들의 고통을 덜어 주고 싶다는 것이라 본다면, 백성들이 현실을 도피하려는 공간인 '구렁'이 이 가치를 드러내는 공간이라 보기 힘들다.

③ (나)는 (가)와 달리 유사한 통사 구조를 반복하여 운율을 형성하고 있다.
　(가)의 '어린 자식 등에 업고 자란 자식 손에 끌고', '어디로서 좇아오며 어디로 가려는고'와 (나)의 '신화는 물의 피고, 물시는 산의 운다', '산수의 병이 되고 금가의 벽이 이서'에서 유사한 통사 구조를 반복하여 운율을 형성하는 것을 확인할 수 있다.

④ (나)는 (가)와 달리 구체적인 수치를 활용하여 상황의 변화를 드러내고 있다.
　(가)의 '전년의 이천여 호 금년의 칠백 호'에서 구체적인 수치를 활용하여 고을의 상황 변화를 드러내고 있음을 확인할 수 있다.

⑤ (가)와 (나)는 모두 계절감이 드러나는 시어를 사용하여 시간의 경과를 보여주고 있다.
　(가), (나)에는 계절감을 느낄 수 있는 시어가 사용되지 않았다.

02 답 | ②

<보기>를 바탕으로 (가)를 감상한 내용으로 적절하지 않은 것은?

보기

　(가)는 구강이 암행어사로 겨울에 북관을 지나면서 경험한 일을 바탕으로 쓴 가사이다. 어사로서 임무를 수행하며 백성들의 피폐한 삶과 지방 관리들의 폭정을 대면하고 이를 해결하기 위해 노력하는 과정에서의 감상이 드러나 있다. 이는 위정자로서의 책임감과 함께 인간에 대한 구강의 연민의 정이 표출된 것이다.

정답 선지 분석

② '안접하게 하여줌세'에서 고향으로 돌아가려는 백성들을 도우려는 위정자로서의 책임감을 느낄 수 있어.
　9~17행에서 백성들은 자신들이 당진 출신이지만 세금과 관리의 폭정으로 인해 차라리 죽는 게 편하다 싶어 떠나는 것이라 말하고 있으므로 '고향으로 돌아가려는 백성'이라는 표현은 적절하지 않다.

오답 선지 분석

① '차마 보지 못할녀라'에서 어려운 상황에 처한 백성들에게 연민의 정을 느끼는 작자의 모습을 발견할 수 있어.
　헌 누더기를 입은 백성들의 모습을 '차마 보지 못'하겠다고 한 것에서, 구강의 따뜻한 마음씨를 확인할 수 있다.

③ '도망한 자 신구환을 있는 자에 물리니'에서 불합리하게 부과된 세금으로 고통받는 백성들의 현실을 짐작할 수 있어.
　도망한 이에게 부과된 세금까지 부담해야 하는 백성들의 고통을 확인할 수 있다.

④ '급히 급히 넘어가자 이 백성들 살려보세'에서 암행어사로서 임무에 최선을 다하려는 마음가짐을 엿볼 수 있어.
　백성들의 문제를 해결하기 위해 '급히급히 고개를 넘어가자'는 말에서, 암행어사로의 임무에 최선을 다하려는 마음가짐을 확인할 수 있다.

⑤ '백성 없는 곡식 바다 그 무엇에 쓰려하노'에서 백성들을 수탈하는 지방 관리들에 대한 부정적 인식을 확인할 수 있어.
　백성들이 고을을 떠나고 있음에도 곡식을 거두는 데만 힘쓰고 있다는 내용의 발언을 통해, 지방 관리들에 대한 비판적 태도를 확인할 수 있다.

WEEK 5

03

답 | ②

(나)에 대한 설명으로 적절하지 <u>않은</u> 것은?

정답 선지 분석

② 〈2수〉: 강산을 즐기느라 임금에게 가지 못하는 상황에 대한 미안함을 드러내고 있다.

〈2수〉에서 귀향이 지체된 이유가 임금님의 은혜가 커서라고 말하고 있으므로, '미안함'은 적절하지 않다.

오답 선지 분석

① 〈1수〉: 돌아온 고향에서 변해 버린 인사(人事)에 대한 슬픔을 나타내고 있다.

'십 년' 관리 생활을 하다 돌아온 '고향'에서 '인사(人事)'가 달라진 것을 보고, '세간존몰'을 슬퍼하는 부분에서 확인할 수 있다.

③ 〈4수〉: 세속의 어지러운 소식을 모른 체하며 살고 싶은 심정을 표현하고 있다.

'세상의 어즈러운 긔별을 나는 몰라 ᄒᆞ로라'에서 확인할 수 있다.

④ 〈5수〉: 자연과 어우러지는 모습을 통해 자연에 대한 친근감을 드러내고 있다.

'산수를 희롱'하면서 '건듯' 부는 '청풍'과 돌아오는 '명월'을 감상하는 데서 자연과 어우러지는 모습을 확인할 수 있고, 이는 자연에 대한 친근감을 드러내는 것으로 볼 수 있다.

⑤ 〈8수〉: 인생이 덧없다고 느끼기에 산수(山水)와 노래를 즐기며 살기를 희망하고 있다.

'초로인생'이 '아이 놀고 어이 ᄒᆞ랴'에서 확인할 수 있다.

04

답 | ④

<보기>를 바탕으로 (다)를 이해한 내용으로 적절하지 <u>않은</u> 것은?

보기

(다)에서 글쓴이는 '엿장수'에 대한 생각과 느낌을 드러내고 있다. 엿장수를 기다리던 모습, 엿장수가 마을에 나타났을 때의 반응, 엿으로 바꿔 먹었던 다양한 물건 등 엿장수와 관련된 추억을 언급하고, 이제는 사라져 버린 대상에 대한 안타까움과 그 가치에 대해 이야기하고 있다.

정답 선지 분석

④ 엿장수가 사라진 이후 변화를 받아들이지 못하는 기존 세대에 대한 안타까운 심정을 토로하고 있다.

추억으로 남아 있던 엿장수가 사라진 것에 대한 안타까움은 드러나 있지만, 그로 인해 기존 세대가 변화를 받아들이지 못한다는 내용은 지문에서 확인할 수 없다.

오답 선지 분석

① 아이들이 엿장수를 기다리던 모습을 묘사하면서 그들의 애타는 심정을 효과적으로 드러내고 있다.

(다)의 1문단에서 엿장수를 기다리던 아이들의 모습을 그 심정이 잘 드러나도록 묘사하고 있다.

② 엿장수를 향해 정신없이 뛰어가던 아이들의 모습을 생동감 있게 그려내고 있다.

(다)의 3문단에서 엿장수의 가위 소리가 들리면 엿장수에게 뛰어가던 다양한 모습을 생동감 있게 그려내고 있다.

③ 아이들이 엿으로 바꿔 먹기 위해 들고 갔던 다양한 물건을 언급하고 있다.

(다)의 4문단에서 고철, 함석 조각, 빈 병 등 엿으로 바꿔 먹었던 물건들이 언급되고 있다.

⑤ 엿장수가 했던 일에 가치를 부여하여 그 의미를 독자들이 생각해 보도록 하고 있다.

(다)의 6문단에서 엿장수에 대해 작가가 생각하고 있는 가치를 언급하며, 독자들에게 질문을 던지고 있다.

05

답 | ③

㉠~㉢에 대한 설명으로 가장 적절한 것은?

정답 선지 분석

③ ㉡은 주변 경관을 감상하며 즐기는 소리이고, ㉢은 주변의 분위기를 분주하게 변화시키는 소리이다.

㉡은 자연을 즐기며 거문고 곡조에 맞춰 부르는 노랫소리이다. ㉢은 작가의 추억 속에 있는 '엿장수'가 내던 가위 소리로, (다)의 3문단에서 가위 소리가 들리기 시작하면 마을의 분위기가 분주하게 변화하던 모습을 확인할 수 있다.

오답 선지 분석

① ㉠은 현재 상황에 대한 슬픔을 드러내는 화자의 소리이고, ㉡은 현재 상황에 대한 만족감을 드러내는 화자의 소리이다.

㉠은 세금으로 인해 힘들어하는 백성들의 울음소리로, 현재 상황에 대한 슬픔을 드러내는 화자의 소리가 아니다.

② ㉠은 현실에 대한 울분을 드러내는 백성들의 소리이고, ㉢은 현실에 대한 불만을 드러내는 엿장수의 소리이다.

㉢에서 엿장수의 불만은 드러나지 않는다.

④ ㉠과 ㉡은 모두 화자의 과거 경험을 떠올리게 하는 소리이다.

㉠과 ㉡은 모두 화자의 과거 경험을 떠올리게 하는 기능을 하지 않는다.

⑤ ㉡과 ㉢은 모두 긍정적인 상황에서 부정적인 상황으로의 반전을 유발하는 소리이다.

㉡과 ㉢이 들린 이후의 상황은 부정적이지 않다. 그러므로 ㉡과 ㉢이 긍정적인 상황에서 부정적인 상황으로의 반전을 유발하는 것은 아니다.

DAY 6 〈아이젠하워에게 보내는 멧돼지〉_윤흥길

빠른 정답 체크

01 ① **02** ② **03** ⑤ **04** ⑤

[앞부분의 줄거리] 국민학교 2학년생인 '나'는 걸구대(궐기대회)가 열릴 때마
└ 서술자를 어린아이로 설정함
다 멧돼지를 서너 마리씩 미국 대통령이나 유엔 사무총장과 같은 외국 귀인들에게 보낸다는 것을 알고 의아해 한다.

「어린 소견에 도무지 알다가도 모를 노릇이었다. 그런 식으로 마
└「」: '나'는 멧돼지를 외국 귀인에게 보내는 것을 이해하지 못함
구 보내 주다가는 오래지 않아 나라 안의 멧돼지는 깡그리 씨가 마를 판이었다. 그렇잖아도 가뜩이나 육고기가 부족한 가난뱅이 나라에서 서양 부자 나라의 지체 높은 양반들한테 뭣 때문에 툭하면 그 귀한 멧돼지들을 보낸단 말인가. 또 보낸다면 그 멀고 먼 나라까지 무슨 수로, 그리고 어떤 모양으로 그 짐승들을 보낸단

말인가.」

멧돼지 보내기가 몇 번이나 되풀이된 다음, 마지막 순서로 혈서 쓰기가 시작되었다. 검정색 학생복 차림의 피 끓는 청년 학도들이 차례차례 연단에 올라 손가락을 깨물어 하얀 천 위에다 붉게 혈서를 쓰고 있었다. 그쯤에서 진력이 날 대로 나버린 급우 녀석들이 나를 향해 자꾸만 눈짓을 보내왔다.「엎어지면 코 닿을 자리에 집
몰래 빠져나가자는 의미의 눈짓　「」: 급우들이 '나'에게 눈짓을 보낸 이유
이 있는 내가 몇몇 친한 녀석들을 데리고 몰래 광장을 빠져나와 걸구대가 끝날 때까지 우리 식당에서 즐거운 시간을 함께 보낸 적이 종종 있었던 까닭이었다.」녀석들과 함께 걸구대에서 막 도망쳐 나오려는 순간이었다. 바로 그때 새롭게 연단에 오른 청년의 모습
창권이 형
이 내 발목을 꽉 붙잡았다. 그보다 앞서 혈서를 쓴 학생들과 달리 그는 학생복 차림이 아니었다. 검정물로 염색한 군복을 걸친 그
청년의 외양
헙수룩한 모습이 먼빛으로 봐도 어쩐지 많이 눈에 익어 보였다.
'나'가 아는 사람임을 알 수 있음
잠시 후에 열 손가락을 모조리 깨물어 혈서를 쓴, 참으로 보기 드문 열혈 애국 청년이 등장했음을 걸구대 사회자가 확성기를 통해 널리 알렸다. 곧이어 '북진통일'이라고 대문짝만 하게 적힌 혈서가 청중에게 공개되었다. 치솟는 박수갈채로 역전 광장이 갑자기
청중들이 청년의 혈서에 열광함
떠나갈 듯 요란해졌다. 설마 그럴 리가 있겠느냐고, 혹시 내가 잘못 봤을지도 모른다고 생각하면서 나는 고개를 저었다. 나는 몇
박수갈채를 받는 청년이 '나'가 아는 사람이 아닐 것이라 부정함
몇 급우들과 함께 슬며시 광장을 벗어나고 말았다.

내가 결코 잘못 본 게 아니라는 사실이 이윽고 밝혀졌다. 창권이 형은 열 손가락에 빨갛게 핏물이 밴 붕대를 친친 감은 채 식당
혈서를 쓴 흔적
에 돌아옴으로써 어머니와 나를 기절초풍케 만들었다. 너무도 어처구니가 없는 나머지 어머니는 형이 돌아오면 퍼부으려고 잔뜩 별러서 장만했던 욕바가지를 꺼내들 엄두조차 못 낼 정도였다. 아프지 않더냐는 내 걱정에 형은 마치 남의 살점 얘기하듯 심상하게 대꾸했다.

"괭기찮어. 어째피 남어도는 피니깨."
창권이 형의 의연한 태도
그 혈서 사건 이후부터 창권이 형은 자기 몸 안에 들끓는 더운 피를 덜어내기 위해 이따금 주먹으로 자신의 코쭝배기를 후려쳐 일부러 코피를 쏟아 내야 하는 수고를 더 이상 할 필요가 없게 되었다. 그리고 어머니 말마따나 형은 정말 우리 식당에서 아무짝에도 쓸모없는 인간으로 완전히 바뀌어 버렸다. 역전 광장에서는 사흘이 멀다 하고 크고 작은 걸구대가 잇달아 벌어졌다. 덕분에 형의 상처 난 **손가락들은 좀체 아물 새가 없**었다. 걸구대 때마다
창권이 형은 걸구대가 있을 때마다 혈서를 씀
단골로 혈서를 쓰는 열혈 애국 청년 노릇에 워낙 바쁘다 보니 식당 안에 진드근히 붙어 있을 겨를도 없었다. 어머니는 결국 역마살이 뻗쳐 하고많은 날들을 밖으로만 나대는 형의 발을 묶어 식당 안에 주저앉히려는 노력을 포기할 지경에 이르렀다. 형은 어

느덧 장국밥을 전문으로 하는 식당의 허드재비 심부름꾼에서 당
'나'의 어머니가 운영하는 식당
당한 손님으로 격이 달라져 있었다.

중요한 일로 높은 사람들을 만나러 간다며 아침 일찍 집을 나선 창권이 형이 해 질 녘에 다따가* 고등학생으로 변해 돌아왔다.
고등학생의 모습으로 변장함
그동안 형의 변모는 너무나 급격해서 그렇잖아도 눈알이 팽팽 돌 지경이었는데, 방금 새로 사 입은 빳빳한 학생복에 어엿이 어느 학교의 교표까지 붙인 학생모 차림은 상상을 뛰어넘는 것이라서 어머니와 나는 다시 한번 할 말을 잃고 말았다.

"일트레면은 가짜배기 나이롱 고등과 학생인 심이지."

언제 학교에 들어갔었느냐는 내 물음에 형은 천연덕스레 대꾸하고 나서 한바탕 히히거렸다. 가짜 대학생 이야기는 더러 들어 봤어도 가짜 고등학생은 형이 처음이었다.

"핵교도 안 댕기는 반거충이 청년이 단골 혈서가란 속내가 알려
무엇을 배우다 도중에 그만둬 다 이루지 못한 사람
지는 날이면 넘들 보기에도 모냥이 숭칙허다고, 날더러 당분간
자신이 원해서가 아닌, 타인(권력층)의 지시로 고등학생인 척을 하고 있음
고등과 학생 숭내를 내고 댕기란다."

형은 모자에 붙은 교표에 호호 입김을 불어 소맷부리로 정성스레 광을 내기 시작했다. 안 그래도 새것임을 만천하에 광고하듯 ㉠ 너무 번뜩여서 오히려 탈인 그 금빛의 교표를 형은 내친김에 아예 순금제로 바꿔 놓을 작정인 듯 시간 가는 줄 모르고 일삼아 닦고 또 닦아 댔다. 나는 국민학교 졸업이 학력의 전부인 형을 한동안 물끄러미 바라보았다. 가정 형편이 어려워 어릴 때부터 남의집살이로 잔뼈를 굵혀 나온 형은 자신을 진짜배기 고등학생으로 착각하고 있는 기색이었다.

"요담번 궐기대회 때부텀 나가 맥아더 원수에게 보내는 멧세지
다음 궐기대회에서 창권이 형이 맡은 역할
낭독까장 맡어서 허기로 결정이 나뿌렸다."

형은 교표 닦기를 끝마친 후 호주머니에서 피난민 시체로부터 선사 받은 금장의 회중시계를 꺼내어 더욱더 공력을 들여 삐까번쩍 광을 내기 시작했다. 정말 갈수록 태산이었다. 형은 걸구대에서 자신이 맡은 역할이 단골 혈서가 노릇 말고 다른 중요한 것이
권력층에 이용당하고 있음을 알지 못하는 창권이 형의 어리석음을 알 수 있음
더 있음을 자랑스레 밝히는 중이었다. 나는 멧돼지를 멧세지라 잘못 발음한 형의 실수를 부득이 지적하지 않을 수 없었다. 하지만 무식한 가짜 고등학생은, 멧돼지가 아니라고, 꼬부랑말로 **멧**
올바르게 말한 창권이 형을 무식하다고 표현하여 웃음을 유발함
세지가 맞다고 턱도 없는 우김질을 끝까지 계속했다.

(중략)

창권이 형의 마지막 활약상은 그리 오래 지속되지 못했다. 그날
창권이 형이 비극적인 사건을 겪을 것을 암시
도 형은 군산으로 원정을 떠나 적성중립국 감시위원들의 추방을 요구하는 **시위대의 선두에 섰**다. 시위 분위기가 무르익자 형은 그만 흥분을 가누지 못하고 미군 부대 철조망을 타넘는 만용을 부렸다. 바로 그때 경비병들이 송아지만 한 셰퍼드들을 풀어놓았

다. 형은 셰퍼드들의 집중 공격을 받아 엉덩이 살점이 뭉텅 뜯겨 나가고 왼쪽 발뒤꿈치의 인대가 끊어지는 **중상을 입었다.** 형이 병원에서 퇴원할 때는 이미 한쪽 다리를 저는 불구의 몸으로 변
<u>시위로 인해 신체적 장애를 얻게 됨</u>
해 있었다.

퇴원한 뒤에도 창권이 형은 한동안 우리 집에 계속 머물렀다. 형의 그 가짜배기 애국 학도 행각을 애초부터 꼴같잖게 여기던 어머니는 쩔쑥쩔쑥 기우뚱거리는 걸음걸이로 하릴없이 식당 안
<u>어머니와 창권이 형 간의 외적 갈등 심화—창권이 형이 시골로 돌아가려 결심한 이유</u>
팎을 서성이는 먼촌붙이 조카를 눈엣가시로 알고 노골적으로 박대했다. 우리 식당에 빌붙어 눈칫밥이나 축내며 지내던 어느 날, 형은 마침내 시골집으로 돌아갈 결심을 굳혔다.
<u>'나'의 어머니의 박대를 피해 떠날 것을 결심함</u>

떠나기 전날 밤, 창권이 형은 보퉁이를 다 꾸린 다음 크게 선심이라도 쓰는 척하면서 내게 금장 회중시계를 만져 볼 기회를 딱
<u>형이 애지중지하는 것</u>
한 차례 허락했다. 행여 닳기라도 할까 봐 오래 구경시키는 것마저도 꺼려 하던 그 귀물 단지를 형이 내 손에 통째로 맡긴 것은 그때가 처음이자 마지막이었다. 피난민 시체로부터 받은 선물이라고 주장하던 그 **회중시계**가 내 작은 손바닥 위에 제법 묵직한 중량감으로 올라앉아 있었다. 등잔불 그늘 안에서도 말갛고 은은한 광휘를 발산하는 금시계를 일삼아 들여다보고 있자니 마치 형의 금빛 찬란하던 한때를 그것이 째깍째깍 증언하는 듯한 느낌이
<u>궐기대회에서 눈부신 활약을 하던 때</u>
언뜻 들었다. 전쟁 기간을 통틀어 형의 수중에 남겨진 **유일한 전리품**이었다.
<u>장애를 얻는 등 많은 것을 잃은 창권이 형이 얻은 유일한 것</u>

"형이 옳았어."

회중시계를 되돌려 주면서 형의 호의에 대한 답례 삼아 뭔가 형
<u>금장 회중시계를 만져보도록 한 것</u>
에게 위로가 될 적당한 말을 찾느라 나는 복잡한 머릿속을 한참이나 뒤장질하지 않으면 안 되었다.

"멧돼지가 아니었어. 멧세지가 맞는 말이여."
<u>창권이 형에 대한 '나'의 위로</u>
내 말에 아무런 대꾸 없이 형은 그저 보일락말락 미소만 시부저기 흘리고 있을 따름이었다.

- 윤흥길, 〈아이젠하워에게 보내는 멧돼지〉 -

* 다따가: 난데없이 갑자기.

01

답 | ①

윗글에 대한 설명으로 가장 적절한 것은?

① 이야기 내부 인물이 중심인물의 행동과 그에 대한 자신의 생각을 서술하고 있다.

이야기 내부 인물이 중심인물의 행동과 그에 대한 자신의 생각을 서술하고 있다.

제시된 부분은 이 작품의 내화 중 일부로 이야기 내부 인물인 '나'가 중심인물인 창권이 형의 행동과 그에 대한 자신의 생각을 전달하고 있다.

② 이야기 내부 인물이 인물과 인물 사이의 갈등을 해소하는 과정을 보여 주고 있다.

이야기 내부 인물인 '나'와 창권이 형, '나'와 어머니, 창권이 형과 어머니 사이의 갈등을 해소하는 과정을 보여주지는 않는다.

③ 이야기 내부 인물이 과거와 현재를 반복적으로 교차하며 자신의 경험을 전달하고 있다.

이야기 내부 인물인 '나'가 자신의 경험을 전달하고는 있으나, 과거와 현재를 반복적으로 교차하며 전달하고 있지는 않다.

④ 이야기 외부 서술자가 특정 소재와 관련된 인물의 내면 심리를 묘사하고 있다.

'회중시계'와 관련된 '나'의 느낌을 서술한 부분은 있으나, 서술자가 등장인물인 '나'이므로 적절하지 않다.

⑤ 이야기 외부 서술자가 서로 다른 공간에서 동시에 일어나는 사건들을 나열하고 있다.

서술자는 등장인물인 '나'이며, 서로 다른 공간에서 동시에 일어나는 사건이 나열되고 있지 않으므로 적절하지 않다.

02

답 | ②

윗글을 읽고 알 수 있는 내용이 아닌 것은?

② '나'는 창권이 형이 궐기대회에서 혈서를 쓴 사실을 어머니를 통해 전해 들었다.

'나'는 어머니에게 창권이 형이 궐기대회에서 혈서를 쓴 사실을 들은 것이 아니다. '나'는 궐기대회에서 군복 차림의 인물이 연단에 오른 것을 직접 보고 눈에 익은 사람이라고 생각했고, 식당에 돌아온 창권이 형이 열 손가락에 붕대를 감고 있는 것을 보고 연단에 올랐던 인물이 창권이 형임을 확실히 알게 됐다.

① '나'는 궐기대회가 끝나기 전 친구들과 도중에 나온 적이 있었다.

'나'는 '친한 녀석들을 데리고 몰래 광장을 빠져나와 걸구대가 끝날 때까지 우리 식당에서 즐거운 시간을 함께 보낸 적이 종종 있었다'.

③ 창권이 형은 열혈 애국 청년 노릇으로 바빠지게 되자 식당 심부름꾼으로 일할 겨를이 없었다.

창권이 형은 '혈서를 쓰는 열혈 애국 청년 노릇'에 바쁘다보니 '식당 안에 진드근히 붙어 있을 겨를'이 없었다.

④ 창권이 형은 퇴원 후 어머니에게 노골적인 박대를 받던 끝에 고향으로 돌아갈 결심을 했다.

창권이 형이 퇴원한 뒤 어머니가 그를 '눈엣가시로 알고 노골적으로 박대했'으며, 창권이 형은 '눈칫밥이나 축내며 지내던 어느 날' '마침내 시골집으로 돌아갈 결심을 굳혔다'.

⑤ 어머니는 창권이 형이 궐기대회에서 박수갈채를 받으며 애국학도로 행세하는 것을 못마땅하게 여겼다.

창권이 형이 쓴 혈서가 궐기대회에서 공개될 때 '박수갈채'를 받았다고 했고, 어머니는 '형의 그 가짜배기 애국 학도 행각을 애초부터 꼴같잖게 여'겼다고 했으므로, 어머니는 창권이 형이 궐기대회에서 애국학도로 행세하는 것을 못마땅하게 여겼음을 알 수 있다.

03

답 | ⑤

㉠에 대한 이해로 가장 적절한 것은?

정답 선지 분석

⑤ 지나치게 새것으로 보이는 교표 때문에 오히려 창권이 형의 학력 위조가 쉽게 탄로 날 수 있음을 의미한다.

교표는 창권이 형의 학력을 위장하기 위한 장치이다. 그런데 '안 그래도 새것임을 만천하에 광고하듯' 교표가 너무 번뜩이면 새것으로 보이는 교표가 눈에 띄게 부자연스럽게 보여 창권이 형이 가짜 고등학생이라는 것이 쉽게 탄로 날 위험이 있다는 것이다.

오답 선지 분석

① 빛나는 교표로는 오히려 창권이 형의 능청스러운 성격을 은폐하기 어려움을 의미한다.

창권이 형의 능청스러운 성격은 교표를 통해 은폐하고자 하는 대상이 아니다.

② 교표가 빛이 날수록 오히려 창권이 형이 자신의 행동을 부끄럽게 생각할 수 있음을 의미한다.

창권이 형은 교표를 정성스럽게 닦으며 스스로 '진짜배기 고등학생으로 착각하고 있는 기색'이었고, 스스로 '가짜배기 나이롱 고등과 학생'이라며 '천연덕스레' '히히거'리며 말하는 등 자신의 행동을 부끄러워하는 모습을 보이지 않는다.

③ 번뜩이는 교표로 인해 궐기대회에서 창권이 형이 맡는 역할이 오히려 축소될 수 있음을 의미한다.

교표는 궐기대회에서 남들의 시선을 고려하여 창권이 형을 고등학생으로 보이게 하기 위한 것이고 이후 교표 때문에 창권이 형이 궐기대회에서 맡은 역할이 축소되지도 않았다.

④ 교표를 정성스럽게 닦는 행위 때문에 오히려 창권이 형이 불안감을 더 크게 느끼게 됨을 의미한다.

창권이 형은 교표를 정성스럽게 닦으며 자신의 학력 위조에 대해 불안감을 느끼는 모습을 보이지 않는다.

② '좀체 아물 새가 없'는 '손가락들'은 표면적으로는 애국심의 증거이지만 이면적으로는 창권이 형이 권력층에 이용당하는 인물임을 엿볼 수 있게 하는군.

궐기대회의 사회자가 '열 손가락을 모조리 깨물어 혈서를 쓴' 창권이 형을 '열혈 애국 청년'으로 소개하므로 창권이 형의 '손가락들'은 애국심의 증거로 볼 수 있다. 그러나 혈서를 쓰느라 그의 손가락이 '좀체 아물 새가 없'다는 것은 창권이 형이 궐기대회에 모인 군중들의 애국심을 고양하기 위해 이용되는 피해자이기도 하다는 것을 드러낸다.

③ '고등과 학생 숭내를 내고 댕기'라고 지시하는 것에서 자신들의 목적을 위해 대중을 속이는 권력층의 부정적 면모가 드러나는군.

창권이 형은 아침 일찍 '높은 사람들'을 만나러 갔다가 '고등학생으로 변해' 돌아온다. 국민학교 졸업에 불과한 인물이 궐기대회에서 하는 말을 신뢰하지 않을까 봐 권력층이 그에게 고등학생 숭내를 내라고 지시했다는 점에서 목적을 위해 대중을 속이는 권력층의 부정적 면모가 드러난다.

④ '시위대의 선두에 섰'다가 '중상을 입'은 비극을 통해 권력층에 편승하려는 창권이 형의 부질없는 욕망이 풍자되고 있군.

창권이 형이 '시위대의 선두에' 선 것은 권력층에 편승하여 애국 학도로서 인정을 받고자 한 욕망에서 나온 행동으로 볼 수 있다. 그런데 결국 '만용'을 부려 인대가 끊어지는 중상을 입는 비극으로 끝남으로써 그의 욕망이 부질없음이 드러난다는 점에서 풍자의 대상이 된다.

04

답 | ⑤

<보기>를 바탕으로 윗글을 감상한 내용으로 적절하지 않은 것은?

보기

이 작품은 6·25 전쟁으로 인해 혼란해진 사회를 배경으로 한다. 창권이 형은 궐기대회에서 애국 학도로 활약하게 되는 과정에서 권력층에 편승하는 모습을 보인다. 정치적 목적을 위해 대중을 기만하는 권력층에 이용당하다 결국 몰락하게 되는 창권이 형을 통해 어리석은 인물이 가진 욕망의 허망함을 풍자하고 있다. 그리고 궐기대회에서 벌어지는 일을 제대로 이해하지 못하는 어린 '나'를 통해 궐기대회가 희화화된다.

정답 선지 분석

⑤ '유일한 전리품'이었던 '회중시계'는 전쟁 시기에 애국 학도로서의 신념을 지키지 못한 창권이 형의 고뇌를 상징하는군.

'나'는 '회중시계'가 창권이 형의 '금빛 찬란하던 한 때'를 '증언'하는 듯하다고 했다. 그리고 창권이 형은 애국학도로서의 신념을 지키지 못한 것이 아니므로, 창권이 형에게 '유일한 전리품'으로 남겨진 '회중시계'가 전쟁 시기에 애국 학도로서의 신념을 지키지 못한 창권이 형의 고뇌를 상징한다고 보기 어렵다.

오답 선지 분석

① '멧세지'를 보내는 것을 '멧돼지 보내기'로 오해한 '나'를 통해 궐기대회가 희화화되는군.

'나'는 어리기 때문에 '멧세지'가 무엇인지 몰라 '멧돼지'로 오해한다. 이러한 '나'의 오해는 궐기대회에서 주장되는 비장한 멧세지를 우스꽝스러운 대상으로 만들어버리고 웃음을 유발한다.

DAY 1 작문

가 작문 상황

∘ **목적**: 바람직한 소비 생활을 위한 가치 소비 소개

∘ **예상 독자**: 우리 학교 학생들

나 학생의 초고

❶「최근 '가치 소비'가 사회적으로 관심을 받고 있다. 가치 소비 _{「」: 작문 배경}에 대한 우리 학교 학생들의 설문 조사 결과를 살펴보면, 가치 소비라는 말을 들어본 학생이 증가하고 있음을 알 수 있다. 그러나 가치 소비가 무엇인지 제대로 아는 학생은 많지 않다.」이에 <u>가치 소비의 개념과 실천 사례, 그 의의에 대해 소개하고자 한다.</u> _{작문 목적}

❷ 가치 소비란 <u>소비자가 본인의 가치 판단을 우선시하여 소비 _{가치 소비의 개념}</u>하는 방식을 말한다. 소비자 본인이 가치를 부여하는 제품에 대해서는 비용이 더 들더라도 과감하게 소비하되, 그렇지 않은 제품에 대해서는 저렴하거나 실속 있는 것을 선호하는 것이다. 가치 소비에는 <u>타인이 부러워할 만한 고가의 제품을 구매함으로써 _{가치 소비의 형태 ①}</u> 개인적인 만족감을 얻는 소비도 있지만, <u>다소 비싸더라도 사회 _{가치 소비의 형태 ②}</u> 적·윤리적 의미를 실현하고자 하는 소비도 있다. 소비가 기부로 <u>연결되는 제품이나 동물 실험을 거치지 않은 제품을 구매하는 것 _{가치 소비의 형태 ②에 해당하는 사례}</u>이 후자에 해당한다. 이처럼 <u>사회적·윤리적 의미를 추구하는 가 _{글쓴이가 주목하는 가치 소비의 형태}</u>치 소비는 <u>사회적으로 긍정적인 영향을 끼칠 수 있다는 점에서 _{사회적·윤리적 의미를 추구하는 가치 소비가 사회에 미치는 영향}</u>주목받고 있다.

❸ 가치 소비를 <u>적극적으로 표현하는 방법으로 '미닝 아웃 _{가치 소비를 적극적으로 표현하는 방법}</u>(meaning out)'이 있다. 미닝 아웃은「'신념'을 뜻하는 '미닝 _{「」: '미닝 아웃'의 뜻을 밝혀 독자의 이해를 도움}(meaning)'과 '벽장 속에서 나오다'라는 뜻을 지닌 '커밍 아웃 (coming out)'을 결합한 단어로, <u>소비 행위 등을 통해 개인의 사 _{미닝 아웃의 개념}</u>회적 신념이나 가치관을 표출하는 것을 말한다.「자신이 지향하는 _{「」: 미닝 아웃의 예시 ①}가치를 실현할 수 있는 소비를 한 후 이를 누리소통망(SNS)에 게시함으로써 자신이 어떤 신념을 지니고 있는지를 드러내는 것이 미닝 아웃의 하나이다. 또한 <u>선행을 실천한 가게의 제품 구매를 _{미닝 아웃의 예시 ②}</u>유도하거나「<u>부도덕한 기업의 제품에 대한 불매 의사를 표현함으 _{「」: 미닝 아웃의 예시 ③}</u>로써, 많은 사람의 동참에 영향을 주는 형태도 있다.

❹ 사회적·윤리적 가치를 구매 기준으로 삼는 소비자의 움직임에 발맞추어 기업에서도 사회적 책임이나 윤리적 가치를 추구하는 행보를 보이고 있다. 따라서「소비자의 바람직한 가치 소비가 장기 _{「」: 가치 소비의 의의}

적으로 계속된다면 사회에 선한 영향력을 미칠 것이라 생각한다.

[A]

01

답 | ②

초고를 쓰기 위해 떠올린 생각 중 (나)에 반영되지 <u>않은</u> 것은?

정답 선지 분석

② 가치 소비를 접한 경험을 언급하여 독자가 가치 소비에 흥미를 느끼도록 해야겠어.
(나)에서 가치 소비를 접한 경험을 언급하지 않았다.

오답 선지 분석

① 특정 용어를 분석하여 독자가 그 의미를 쉽게 받아들이도록 해야겠어.
'미닝 아웃'을 '미닝'과 '커밍 아웃'으로 분석하여 독자가 미닝 아웃의 의미를 쉽게 받아들이도록 하고 있다.

③ 미닝 아웃의 여러 형태를 제시하여 독자가 글을 이해하는 데 도움이 되도록 해야겠어.
누리소통망(SNS) 게시, 제품 구매 유도, 불매 의사 표현 등 미닝 아웃의 여러 형태를 제시하여, 독자가 글을 이해하는 데 도움이 되도록 하고 있다.

④ 가치 소비에 대해 다룰 내용을 제시하여 독자가 뒤에 이어질 내용을 추측하도록 해야겠어.
가치 소비의 개념, 실천 사례, 의의에 대해 다룰 것임을 제시하여 독자가 뒤에 이어질 내용을 추측하도록 하고 있다.

⑤ 가치 소비의 의의를 언급하여 독자가 가치 소비에 지속적으로 관심을 가지도록 해야겠어.
소비자의 바람직한 가치 소비가 장기적으로 계속되면 사회에 선한 영향력을 미칠 것이라고 그 의의를 언급하여, 독자가 가치 소비에 지속적으로 관심을 갖도록 하고 있다.

02

답 | ①

<조건>에 따라 [A]에 들어갈 내용으로 가장 적절한 것은?

조건

∘ 글의 흐름을 고려할 것.

∘ 설의법과 비유법을 모두 사용할 것.

정답 선지 분석

① 시냇물이 모여 강물이 되듯이 내가 실천한 올바른 가치 소비가 사회의 큰 흐름을 만들 수 있지 않을까?
글의 흐름에 따라 바람직한 가치 소비가 사회에 미치는 영향력을 표현하고 있으며, 비유법과 설의법을 사용하고 있다. '시냇물이 모여 강물이 되듯이', '큰 흐름'은 비유법, '만들 수 있지 않을까?'는 설의법이다.

오답 선지 분석

② 당신의 소비가 나를 위한 사치인지 남을 위한 가치인지 생각하며 현명하게 소비해야 하지 않겠는가?
'소비해야 하지 않을까?'라는 설의법을 사용했으나, 비유법을 사용하지 않았으며 바람직한 가치 소비가 사회에 미치는 영향을 표현하지 않았다.

③ 물방울이 바위를 뚫듯이 소비자들의 착한 가치 소비가 계속되면 더 나은 사회를 만들 수 있을 것이다.
바람직한 가치 소비가 사회에 영향을 미칠 수 있음을 표현하였고, '물방울이 바위를 뚫듯이'라는 비유법을 사용하고 있다. 그러나 설의법은 사용하지 않았다.

④ 내가 소비한 물건을 마음의 거울에 비춰보면 내가 어디에 가치를 두는지 알 수 있지 않을까?

'마음의 거울'이라는 비유법과 '있지 않을까?'라는 설의법을 사용하고 있다. 그러나 개인의 소비 생활을 성찰하자는 의미를 나타낼 뿐이며 바람직한 가치 소비가 사회에 미치는 영향을 표현한 것은 아니다.

⑤ 나의 소비가 부메랑처럼 돌아올 것을 생각하며, 우리 함께 바람직한 가치 소비를 하자.

개인의 소비가 사회에 영향을 미치고 그것이 자신에게도 영향을 주게 된다는 점을 언급하여 바람직한 가치 소비의 필요성을 표현하고 있다. '부메랑처럼'이라는 비유법을 사용하였으나 설의법은 사용하지 않았다.

03 답 | ④

<보기>를 활용하여 (나)를 보완하고자 한다. 자료 활용 방안으로 적절하지 않은 것은?

보기

[자료 1] 우리 학교 학생들의 설문 조사 결과

가치 소비에 대해 얼마나 알고 있나요?

2020년	9.3	14.2	76.5
2022년	21.5	46.7	31.8

(단위: %)

■ 들어본 적 있고 잘 알고 있음
▨ 들어본 적 있지만 잘 모름
□ 들어본 적 없음

[자료 2] 신문 기사

다른 제품에 비해 비싸더라도 환경보호를 실천하는 기업의 제품에 지갑을 여는 소비자가 늘고 있다. 이에 따라 제품의 생산 과정에서 폐기물을 줄이거나 포장재를 최소화하려고 노력하는 기업 역시 증가하고 있다. 건강한 지구를 미래 세대에게 물려주자는 소비자가 많아질수록 우리의 환경은 더욱 좋아질 것이다.

[자료 3] 전문가 인터뷰

"미닝 아웃으로 판매자에 대한 잘못된 정보가 전파되거나 불매 운동이 권유가 아닌 강요로 변질된다면, 타인의 권리를 침해할 수 있습니다. 그럼에도 불구하고 미닝 아웃은 윤리적 소비와 연결되어 사회, 환경 등에 긍정적인 영향을 끼칠 수 있기 때문에 우리가 지향해야 할 소비 현상이라 할 수 있습니다."

정답 선지 분석

④ [자료 1]과 [자료 2]를 활용하여, 가치 소비에 대한 관심이 높아지는 현상을 소비자와 기업의 상호 의존적인 관계로 설명해야겠군.

[자료 1]에서 가치 소비에 대한 관심이 높아지는 현상을 확인할 수 있다. 그러나 [자료 2]를 활용하여 소비자와 기업이 상호 의존적인 관계라고 설명할 수 없다. 이러한 내용은 (나)와도 관련 없다.

오답 선지 분석

① [자료 1]을 활용하여, 가치 소비에 대한 우리 학교 학생들의 인지도를 구체적 수치로 제시해야겠군.

[자료 1]의 설문 조사 결과를 활용하여 1문단에서 가치 소비를 들어본 학생과 가치 소비에 대해 모르는 학생의 비율을 수치로 나타낼 수 있다.

② [자료 2]를 활용하여, 가치 소비를 지향하는 사람들을 고려하여 기업이 실천하고 있는 사례를 보충해야겠군.

[자료 2]에서 기업이 폐기물을 줄이거나 포장재를 최소화한다는 내용을 활용하여, 가치 소비를 추구하는 움직임에 맞추어서 기업이 실천하고 있는 사례로 4문단에 보충할 수 있다.

③ [자료 3]을 활용하여, 미닝 아웃으로 불매 의사를 표현할 때 발생할 수 있는 부작용도 다루어야겠군.

[자료 3]에서 불매 운동이 타인의 권리를 침해할 수 있다는 내용을 활용하여 3문단에 미닝 아웃의 부작용으로 다룰 수 있다.

⑤ [자료 2]와 [자료 3]을 활용하여, 가치 소비가 바람직하게 전개되었을 때 얻을 수 있는 효과를 언급해야겠군.

[자료 2]에서 환경보호를 지향하는 제품을 구매하면 지구 환경이 좋아질 수 있으며, [자료 3]에서 미닝 아웃이 사회와 환경에 긍정적 영향을 끼칠 수 있다고 언급하였다. 이를 활용하여 4문단에서 가치 소비가 바람직하게 전개되었을 때 얻을 수 있는 효과를 언급할 수 있다.

DAY 2 언어

빠른 정답 체크

01 ④   02 ⑤   03 ③   04 ④   05 ①

관형어와 부사어는 다른 말을 수식하는 문장 성분이다. 관형어
　　　　　　　다른 말을 수식하는 문장 성분
는 체언을 수식하고 부사어는 주로 용언을 수식한다. 관형어나
　　　　　관형어의 역할　　　　　　　　부사어의 역할
부사어가 실현되는 방법은 주로 다음과 같다.

(가) 저 바다로 어서 떠나자.

(나) 찬 공기가 따뜻하게 변했다.

(다) 민지의 동생이 학교에 갔다.

(가)의 '저'와 '어서'처럼 관형사와 부사가 그 자체로 각각 관형
　　　　　　　　　　관형어나 부사어가 실현되는 방법①
어와 부사어로 쓰일 수 있다. 또한 (나)의 '찬'과 '따뜻하게'처럼
용언의 어간에 전성 어미가 결합하거나, (다)의 '민지의'와 '학교
　　　관형어나 부사어가 실현되는 방법②
에'처럼 체언에 격 조사가 결합하여 쓰일 수도 있다.
　　　관형어나 부사어가 실현되는 방법③
관형어와 부사어는 문장에서 필수적인 성분이 아니므로 일반적
　　　　　　　　　　　　　　　　　관형어와 부사어의 특징①
으로 생략이 가능하다. 다만, ㉠ 의존 명사를 수식하는 관형어나
　　　　　　　　　　　　　관형어를 생략할 수 없는 경우
㉡ 서술어가 필수적으로 요구하는 부사어는 생략할 수 없다. 또
　　부사어를 생략할 수 없는 경우
한 관형어와 부사어는 각각 여러 개를 겹쳐서 사용할 수 있다.
　　　　　　　　　　관형어와 부사어의 특징②
중세 국어의 관형어와 부사어도 현대 국어와 전반적으로 유사
한 양상을 보였으나 격 조사가 쓰일 때 차이를 보였다. 관형격 조
　　중세 국어의 관형어와 부사어가 현대 국어와 차이를 보이는 경우
사의 경우, 사람이나 동물과 같은 유정 체언 중 높임의 대상이 아
　　　　　　　　　　　　　　　　관형격 조사 '이/의' 사용
닌 것과 결합할 때는 '이/의'가 쓰였다. 그리고 무정 체언이나 높
　　　　　　　　　　　　　　　관형격 조사 'ㅅ' 사용
임의 대상이 되는 유정 체언과 결합할 때는 'ㅅ'이 쓰였다. 부사
격 조사의 경우, 결합하는 체언의 끝음절 모음이 양성 모음이면
'애', 음성 모음이면 '에', 'ㅣ'나 반모음 'ㅣ'이면 '예'가 쓰였는데
　　부사격 조사 '애' 사용　　　　　　　부사격 조사 '예' 사용

특정 체언 뒤에서는 '이 / 의'가 쓰이기도 했다.
부사격 조사 '이/의' 사용

01

답 | ④

윗글을 바탕으로 <보기>의 중세 국어 자료를 이해한 내용으로 적절하지 않은 것은?

보기

∘ 불휘 **기픈** 남군 **보루매** 아니 뮐씨
  (뿌리가 깊은 나무는 바람에 아니 흔들리므로)
  - 〈용비어천가〉 -

∘ **員(원)의 지븨** 가샤 避仇(피구)홇 소니 마리
  (원의 집에 가서서 피구할 손의 말이)
  - 〈용비어천가〉 -

∘ 뎌 **부텻** 行(행)과 願(원)과 工巧(공교)ᄒ신 方便(방편)은
  (저 부처의 행과 원과 공교하신 방편은)
  - 〈석보상절〉 -

정답 선지 분석

④ '員(원)의 지븨'를 보니 현대 국어와 마찬가지로 관형어가 여러 개 겹쳐서 사용되었음을 알 수 있군.
  '員(원)의'는 '員(원)'에 관형격 조사 '의'가 결합한 형태로 관형어이고, '지븨'는 '집'에 부사격 조사 '의'가 결합한 형태로 부사어이다. 따라서 관형어가 여러 개 겹쳐서 사용된 것이 아니므로 적절하지 않다.

오답 선지 분석

① '기픈'을 보니 현대 국어와 마찬가지로 용언 어간에 전성 어미가 결합한 형태의 관형어가 사용되었음을 알 수 있군.
  '기픈'은 '깊-'에 관형사형 전성 어미 '-ㄴ'이 결합한 것으로, 현대 국어와 마찬가지로 용언 어간에 관형사형 전성 어미가 결합하여 관형어로 사용되었으므로 적절하다.

② '보루매'를 보니 현대 국어와 달리 끝음절 모음이 양성 모음인 체언과 결합할 때는 부사격 조사 '애'가 사용되었음을 알 수 있군.
  '보루매'는 '보룸'과 부사격 조사 '애'가 결합한 것으로, 현대 국어와 달리 부사격 조사가 체언의 끝음절 모음이 양성인지 음성인지에 따라 서로 다른 형태가 사용되었으므로 적절하다.

③ '아니'를 보니 현대 국어와 마찬가지로 부사 자체가 부사어로 사용되었음을 알 수 있군.
  '아니'는 부사로, 현대 국어와 마찬가지로 부사가 그 자체로 부사어로 사용되었으므로 적절하다.

⑤ '부텻'을 보니 현대 국어와 달리 높임의 대상이 되는 유정 체언과 결합할 때는 관형격 조사 'ㅅ'이 사용되었음을 알 수 있군.
  '부텻'은 '부텨'에 관형격 조사 'ㅅ'이 결합한 것으로, 현대 국어와 달리 높임의 대상이 되는 유정 체언과 결합할 때는 관형격 조사 'ㅅ'이 사용되었으므로 적절하다.

02

답 | ⑤

밑줄 친 부분이 ㉠, ㉡에 해당하는 예로 적절한 것은?

정답 선지 분석

⑤ ㉠: 그는 노력한 만큼 좋은 결과를 얻었다.
  ㉡: 나는 꽃꽂이를 취미로 삼았다.
  '노력한'은 의존 명사 '만큼'을 수식하는 관형어이고, '취미로'는 서술어 '삼았다'가 필수적으로 요구하는 부사어이기 때문에 생략할 수 없으므로 각각 ㉠, ㉡에 해당하는 예이다.

오답 선지 분석

① ㉠: 작은 것이 아름답다.
  ㉡: 내가 회장으로 그 회의를 주재하였다.
  '회장으로'는 서술어 '주재하였다'가 필수적으로 요구하는 부사어가 아니므로 ㉡에 해당하지 않는다.

② ㉠: 그 집은 주변 풍경과 잘 어울린다.
  ㉡: 이 그림은 가짜인데도 진짜와 똑같다.
  '그'는 의존 명사를 수식하는 관형어가 아니므로 ㉠에 해당하지 않는다.

③ ㉠: 친구에게 책을 한 권 선물 받았다.
  ㉡: 강아지들이 마당에서 뛰논다.
  '마당에서'는 서술어 '뛰논다'가 필수적으로 요구하는 부사어가 아니므로 ㉡에 해당하지 않는다.

④ ㉠: 자라나는 어린이들은 나라의 보배이다.
  ㉡: 이삿짐을 바닥에 가지런히 놓았다.
  '나라의'는 의존 명사를 수식하는 관형어가 아니므로 ㉠에 해당하지 않는다.

03

답 | ③

다음은 문법 학습지의 일부이다. ⓐ~ⓒ에 들어갈 내용으로 적절한 것은?

∘ **구개음화:** 받침의 'ㄷ', 'ㅌ'이 'ㅣ'나 반모음 'ㅣ'로 시작하는 형식 형태소와 만나 [ㅈ], [ㅊ]으로 발음되는 현상

1. '끝인사'의 표준 발음이 [끄딘사]인 이유를 알아보자.
  '끝인사'에서 '끝'의 받침 'ㅌ' 뒤에 'ㅣ'로 시작하는 (ⓐ)가 오기 때문에 [끄딘사]로 발음된다.

2. '곧이'와 '곧이어'의 표준 발음은 무엇인지 알아보자.
  '곧이'의 '-이'는 부사를 만들어 주는 접사이다. 따라서 '곧이'의 표준 발음은 (ⓑ)이다. '곧이어'의 '이어'는 '앞의 말이나 행동 따위에 잇대어'라는 뜻을 지닌 부사이다. 따라서 '곧이어'의 표준 발음은 (ⓒ)이다.

정답 선지 분석

	ⓐ	ⓑ	ⓒ
③	실질 형태소	[고지]	[고디어]

ⓐ '끝인사'의 '인사'는 실질 형태소이다.
ⓑ '곧이'의 '-이'는 형식 형태소이므로 구개음화 현상이 일어나 [고지]로 발음된다.
ⓒ '곧이어'의 '이어'는 실질 형태소이므로 구개음화 현상이 일어나지 않아 [고디어]로 발음된다.

04

다음은 문법 수업의 내용을 정리한 학생의 노트이다. 이를 바탕으로 <보기>의 ㉠~㉤을 이해한 내용으로 적절하지 않은 것은?

```
1. 피동의 개념
   주어가 다른 주체에 의해 어떤 동작을 당하거나 영향을 받는 것

2. 피동 표현의 실현
   ◦ '-이-, -히-, -리-, -기-'와 같은 피동 접사에 의해 단형 피동으
     로 실현되거나 '-아/-어지다' 등에 의해 장형 피동으로 실현됨.
   ◦ 피동 접사와 '-아/-어지다'를 같이 쓰는 이중 피동 표현은 잘못
     된 표현임.
```

보기

- 그녀의 손등이 고양이에게 ㉠ 긁혔다.
- 형이 동생에게 아끼던 인형을 ㉡ 빼앗겼다.
- 비가 내려서 운동장에 천막이 ㉢ 세워졌다.
- 도화지의 질이 좋아서 그림이 잘 ㉣ 그려졌다.
- 커다란 빵이 순식간에 여러 조각으로 ㉤ 나뉘었다.

정답 선지 분석

④ ㉣은 접사 '-리-'와 함께 '-어지다'가 결합한 이중 피동 표현이군.

'그려졌다'는 '그리-'에 피동의 의미를 나타내는 '-어지다'만 결합한 형태로 이중 피동 표현이 아니므로 적절하지 않다.

오답 선지 분석

① ㉠은 '긁-'에 접사 '-히-'가 결합하여 피동의 의미를 나타내는군.

'긁혔다'는 '긁-'에 피동 접사 '-히-'가 결합했으므로 적절하다.

② ㉡은 주어인 '형'이 '동생'에 의해 행위를 당하는 것을 표현하고 있군.

'빼앗겼다'는 '빼앗-'에 피동 접사 '-기-'가 결합하여 주어인 '형'이 '동생'에게 '인형을 빼앗기는' 상황을 나타내는 피동 표현이므로 적절하다.

③ ㉢은 '세우-'에 '-어지다'가 결합하여 장형 피동으로 실현되었군.

'세워졌다'는 '세우-'에 피동의 의미를 나타내는 '-어지다'가 결합하여 장형 피동으로 실현되고 있으므로 적절하다.

⑤ ㉤은 '나누-'에 접사 '-이-'가 결합하여 줄어든 형태가 나타난 피동 표현이군.

'나뉘었다'는 '나누-'에 피동 접사 '-이-'가 결합하여 '나뉘-'로 줄어든 형태의 피동 표현이므로 적절하다.

05

답 | ①

<보기>는 '사전 활용하기' 학습 활동을 위한 자료이다. 이에 대해 탐구한 내용으로 적절하지 않은 것은?

보기

쓰다³ 동

[1] 【…에 …을】 어떤 일을 하는 데에 재료나 도구, 수단을 이용하다.

¶ 수염을 깎는 데 전기면도기를 쓴다.

[2] 【…에/에게 …을】

「1」 다른 사람에게 베풀거나 내다.

¶ 그는 취직 기념으로 친구들에게 한턱을 썼다.

「2」 어떤 일에 마음이나 관심을 기울이다.

¶ 선생님, 일부러 제게 마음을 쓰지 않으셔도 됩니다.

쓰다⁶ 형

[1] 혀로 느끼는 맛이 한약이나 소태, 씀바귀의 맛과 같다.

¶ 나물이 쓰다.

[2] 【…이】 몸이 좋지 않아서 입맛이 없다.

¶ 며칠을 앓았더니 입맛이 써서 맛있는 게 없다.

정답 선지 분석

① '쓰다³ [2] 「1」'의 용례로 '그는 들려오는 소문에 신경을 썼다.'를 추가할 수 있군.

'그는 들려오는 소문에 신경을 썼다.'는 '쓰다³ [2] 「2」'의 용례에 해당하므로 적절하지 않다.

오답 선지 분석

② '쓰다³ [1]'과 '쓰다³ [2]'는 모두 문형 정보와 용례로 보아 목적어와 어울려 써야 함을 알 수 있군.

'쓰다³ [1]'의 문형 정보 【…에 …을】과 용례, '쓰다³ [2]'의 문형 정보 【…에/에게 …을】과 용례로 보아 '쓰다³ [1]'과 '쓰다³ [2]'는 모두 목적어와 어울려 써야 하므로 적절하다.

③ '쓰다³'과 '쓰다⁶'은 별개의 표제어로 기술되어 있으므로 동음이의 관계임을 알 수 있군.

'쓰다³'과 '쓰다⁶'은 사전에 별개의 표제어로 기술되어 있는 것으로 보아 동음이의 관계이므로 적절하다.

④ '쓰다³'과 '쓰다⁶'은 각각 하나의 표제어 아래 여러 뜻을 지니고 있으므로 다의어라고 볼 수 있군.

'쓰다³'과 '쓰다⁶'은 각각 하나의 표제어 아래 여러 뜻을 지니는 다의어이므로 적절하다.

⑤ '쓰다⁶'은 '쓰다³'과 달리 성질이나 상태를 나타내는 말임을 알 수 있군.

'쓰다⁶'은 형용사이고 '쓰다³'은 동사로, '쓰다⁶'은 '쓰다³'과 달리 성질이나 상태를 나타내는 말이므로 적절하다.

DAY 3 관자 / 율곡의 군주론

빠른 정답 체크

01 ② **02** ④ **03** ⑤ **04** ④ **05** ④ **06** ③

가

❶ 관중은 춘추 시대 제(齊)나라의 재상으로 군주인 환공을 도와 약소국이던 제나라를 부강한 국가로 성장시켰다. 관중이 생각한 _{관중의 업적} 이상적인 국가의 모습과 국가를 통치하는 방법은 《관자》를 통해 살펴볼 수 있다. _{관중의 군주론이 실린 저서} 그는 자신이 살던 현실의 문제에 실리적으로 ⓐ 대처하고 정치적인 분열을 적극적으로 막아 나라의 부강과 백성의 평안을 이루고자 하였다.

❷ 관중은 백성이 국가 경제의 근본이라는 경제적 관점을 바탕으로 법의 필요성을 강조하였다. _{관중이 법의 필요성을 강조한 바탕} 그에 따르면, 군주는 법을 만들 수 있는 자격을 천부적으로 지닌 사람이다. _{관중이 생각한 군주} 하지만 군주가 마음대로 법을 만들면 백성의 삶이 ⓑ 피폐해질 수 있으므로 군주는 이익을 추구하는 백성의 본성을 고려해 백성의 삶이 윤택해질 수 있 _{법을 만들 때 고려해야 하는 것} 는 법을 만들어야 한다고 보았다. _{백성의 경제적 안정에 도움이 되는 법} 이때 관중이 강조한 백성의 윤택한 삶은 도덕적 교화와 같은 목적을 위한 것이 아닌, 부강한 나라의 실현을 위한 것이라는 실리적 관점에서 이해할 수 있다. _{관중이 백성의 윤택한 삶을 강조한 이유}

❸ 또한 관중은 군주가 자신에 대해서는 존귀하게 여기지 않는 것을 '패(覇)'라고 ⓒ 규정하였는데, _{관중이 규정한 패} 이를 바탕으로 군주도 법의 적용에서 예외가 되지 않아야 한다고 주장하였다. 그에 따르면 군주는 '권세'를 지녀야 국가를 다스릴 수 있는데, 이때 군주가 패를 실천해야 백성이 권세를 인정하게 된다. ㉠ 결국 군주가 법 _{군주의 법 존중 → 백성의 군주 존중} 을 존중하는 것은 백성이 군주를 존중하는 것으로 이어지게 되는 것이다.

❹ 관중은 권세를 가진 군주는 부강한 나라를 이루는 통치, 즉 '패업(覇業)'을 위한 통치를 펼쳐야 한다고 주장하고, 법을 통한 _{부강한 나라를 이루는 통치} 통치의 중요성을 강조하였다. 이때 군주는 능력 있는 신하를 공정 하게 등용하되 _{관중이 생각한 군주의 역할 ①} 신하들이 군주의 권세를 넘보거나 법질서를 혼란 스럽게 하지 못하도록 자신의 권세를 신하에게 위임하지 말아야 하며 _{관중이 생각한 군주의 역할 ②} 백성의 경제적 안정을 위한 정책들을 시행해야 한다고 보았 다. _{관중이 생각한 군주의 역할 ③} 이러한 관중의 사상은「백성들의 경제적 안정을 기반으로 부 _{「」: 관중의 사상이 가지는 의의} 강한 나라를 이루기 위해 법을 통한 통치를 도모한 것으로 평가 할 수 있다.

나

❶ 율곡은 유학적 사상을 기반으로, 자신이 생각하는 군주상을 제시하였다. 그는 《성학집요》에서 개인의 수양을 통해 앎을 늘리 _{율곡의 군주론이 실린 저서} 고 인격을 완성하는 것을 군주의 자격으로 보았다. _{율곡이 생각한 군주의 자격} 율곡은 군주 가 인격을 완성하고 아는 것을 실천하면 백성의 선한 본성을 회 _{백성을 교화하기 위한 방법} 복하는 도덕적 교화가 가능해진다고 본 것이다. _{백성의 교화를 중요시함} 율곡은 자신이 이상적으로 생각하는 왕도정치가 실현되기 위해서는 군주가 신 하를 통해 백성을 다스려야 한다고 생각했는데, _{왕도정치를 실현하는 방법} 만약 군주가 포 악한 정치를 펼쳐 신하들의 지지를 얻지 못하거나 민심을 잃으면 교체될 수 있다고 여겼다.

[A]

❷ 율곡은 군주의 통치에 따라 태평한 시대인 치세와 혼란스 러운 시대인 난세가 구분된다고 보고, 이를 중심으로 군주의 유형과 통치 방법을 나누어 설명했다. 치세를 만드는 군주는 「재능과 지식이 출중해 신하를 능력에 맞게 발탁하여 일을 분 _{「」: 치세를 만드는 군주의 특징} 배할 줄 알거나, 재능과 지식은 ⓓ 부족하지만 현명한 신하를 분별하여 그에게 나라의 일을 맡길 줄 안다.」 이들의 통치 방 법은 '왕도(王道)'와 '패도(霸道)'로 나뉜다. _{치세를 만드는 군주의 통치 방법} 왕도는 군주의 인 격 완성을 통해 백성의 도덕적 교화까지 이루어 내는 것이고, 패도는「군주의 인격이 완성되지 않아 백성의 도덕적 교화까 _{「」: 패도의 개념} 지는 이루어지지 않았지만 백성의 경제적 안정은 이루어 내 는 것이다.

❸ 난세를 만드는 군주는「자신의 총명만을 믿고 신하를 불신 _{「」: 난세를 만드는 군주의 특징} 하거나, 간신의 말을 믿고 의지하여 눈과 귀가 가려진 군주이 다. 이들은 백성을 괴롭히고 충언을 받아들이지 않아 스스로 멸망에 이르는 폭군, _{난세를 만드는 군주의 유형 ① – 폭군} 간사한 자를 분별하지 못하고 총명함이 _{난세를 만드는 군주의 유형 ② – 혼군} 없으며 무능력한 혼군, 나약하여 자신의 뜻을 세우지 못하고 우유부단한 용군으로 분류된다. _{난세를 만드는 군주의 유형 ③ – 용군} 이들의 통치 방법은 포악한 정치를 의미하는 '무도(無道)'이므로 _{무도의 개념} 율곡의 관점에서 무도를 행하는 군주는 교체되어야 할 존재이다.

❹ 율곡은 백성의 도덕적 교화를 이루는 왕도정치를 위해서는 백 성들의 삶이 경제적으로 편안한 것이 전제되어야 한다고 보았다. _{왕도정치를 위한 조건} 이는 군주의 존재 근거가 백성이라고 보는 민본관에 의한 것으로, 조세 부담을 줄이는 등 백성의 경제적 기반을 유지할 수 있는 정 책을 펼쳐야 함을 ⓔ 역설한 것이다. _{율곡이 생각한 군주의 역할} 이처럼 율곡의 사상은 왕도 정치를 실현하는 과정에서 백성의 현실적 삶에 주목하려는 시도 로 볼 수 있다. _{율곡의 사상이 가지는 의의}

01

답 | ②

(가), (나)에 대한 설명으로 가장 적절한 것은?

정답 선지 분석

② (가)와 (나)는 모두 특정한 사상가가 주장하는 군주의 통치술에 담긴 내용을 중심으로 그 의의를 밝히고 있다.

(가)는 1~3문단을 통해 관중이 주장하는 군주의 통치술에 담긴 내용을 중심으로 4문단에서 '백성들의 경제적 안정을 기반으로 부강한 나라를 이루기 위해 법을 통한 통치를 도모한 것으로 평가할 수 있다'라는 의의를 밝히고 있고, (나)는 1~3문단을 통해 율곡이 주장하는 군주의 통치술에 담긴 내용을 중심으로 4문단에서 '왕도정치를 실현하는 과정에서 백성의 현실적 삶에 주목하려는 시도로 볼 수 있다'라는 의의를 밝히고 있으므로 적절하다.

오답 선지 분석

① (가)와 (나)는 모두 특정한 사상가가 주장하는 군주의 통치술의 변화 과정을 소개하고 있다.

(가)는 관중이 주장하는 군주의 통치술을, (나)는 율곡이 주장하는 군주의 통치술을 소개하고 있으나 변화 과정을 소개하고 있지는 않다.

③ (가)와 달리 (나)는 특정한 사상가가 주장하는 군주의 통치술이 갖는 한계를 드러내고 새로운 통치술을 제안하고 있다.

(나)에서는 율곡이 주장하는 군주의 통치술이 갖는 한계를 드러내지 않았고, 새로운 통치술을 제안하고 있지도 않다.

④ (나)와 달리 (가)는 특정한 사상가가 주장하는 군주의 통치술을 군주의 유형에 따라 범주화하여 제시하고 있다.

(가)가 아닌 (나)에서 율곡이 주장하는 군주의 통치술을 군주의 유형에 따라 범주화하여 제시하고 있다.

⑤ (나)와 달리 (가)는 특정한 사상가가 주장하는 군주의 통치술에 대한 상반된 입장을 제시하고 장단점을 비교하고 있다.

(가)에서는 관중이 주장하는 군주의 통치술에 대한 상반된 입장을 제시하지 않았고, 장단점을 비교하고 있지도 않다.

02

답 | ④

㉠의 이유로 가장 적절한 것은?

정답 선지 분석

④ 군주가 자신에게도 법 적용에 예외를 두지 않음으로써 권세를 인정받게 되기 때문이다.

(가)의 3문단에서 관중은 '군주가 자신에 대해서는 존귀하게 여기지 않는 것을 패라고 규정하였는데, 이를 바탕으로 군주도 법의 적용에서 예외가 되지 않아야 한다고 주장하였고', '군주는 '권세'를 지녀야 국가를 다스릴 수 있는데, 이때 군주가 패를 실천해야 백성이 권세를 인정하게 된다'라는 것을 알 수 있으므로 적절하나.

오답 선지 분석

① 군주가 마음대로 법을 만들 수 있는 패를 실천할 수 있기 때문이다.

(가)의 3문단에서 관중은 '군주가 자신에 대해서는 존귀하게 여기지 않는 것을 패라고 규정하였는데, 이를 바탕으로 군주도 법의 적용에서 예외가 되지 않아야 한다고 주장하였'으므로 적절하지 않다.

② 군주가 법을 존중하면 법을 제정할 수 있는 기회를 얻을 수 있기 때문이다.

(가)의 2문단에서 관중은 '군주는 법을 만들 수 있는 자격을 천부적으로 지닌 사람'이라고 하였음을 알 수 있으므로 적절하지 않다.

③ 군주가 법의 필요성을 인식해야 백성을 국가의 근본으로 여기게 되기 때문이다.

(가)에서 관중이 군주가 법의 필요성을 인식해야 백성을 국가의 근본으로 여기게 된다고 하였는지는 알 수 없으므로 적절하지 않다.

⑤ 군주가 백성의 본성을 고려하지 않고 나라의 부강을 우선시하는 법을 만들어야 하기 때문이다.

(가)의 2문단에서 관중은 '군주는 이익을 추구하는 백성의 본성을 고려해 백성의 삶이 윤택해질 수 있는 법을 만들어야 한다고 보았'다고 하였으므로 적절하지 않다.

03

답 | ⑤

(가)의 관점에서 [A]를 판단한 것으로 가장 적절한 것은?

정답 선지 분석

⑤ [A]에서 군주가 신하를 능력에 맞게 발탁하여 일을 분배한 것은, 능력에 따라 신하를 공정하게 등용한 것이므로 패업을 위한 통치의 방법으로 볼 수 있다.

[A]에서 언급된 '신하를 능력에 맞게 발탁하여 일을 분배'하는 것은 '치세를 만드는' 방법임을 알 수 있고, (가)의 4문단을 통해 군주는 '패업을 위한 통치'의 방법으로 '능력 있는 신하를 공정하게 등용'함을 제시했음을 알 수 있다. 따라서 (가)의 관점에서는 패업을 위한 통치의 방법으로 판단할 수 있으므로 적절하다.

오답 선지 분석

① [A]에서 눈과 귀가 가려진 군주는, 정치적 분열을 막아 백성을 평안하게 하므로 패업을 이룰 수 있는 존재로 볼 수 있다.

[A]에서 언급된 '눈과 귀가 가려진 군주'는 '난세를 만드는' 군주이다. 따라서 (가)의 관점에서 패업을 이룰 수 있는 존재로 볼 수 없으므로 적절하지 않다.

② [A]에서 군주가 충언을 받아들이지 않는 것은, 법을 만들 수 있는 자격을 천부적으로 지닌 것이므로 패업으로 볼 수 있다.

[A]에서 '충언을 받아들이지 않는' 군주는 '난세를 만드는' 군주이다. 따라서 (가)의 관점에서 패업으로 볼 수 없으므로 적절하지 않다.

③ [A]에서 군주가 자신의 총명을 믿고 신하를 불신하는 것은, 백성의 삶을 윤택하게 하려는 것이므로 패업으로 볼 수 있다.

[A]에서 군주가 '자신의 총명만을 믿고 신하를 불신'하는 것은 '난세를 만드는' 방법이다. 따라서 (가)의 관점에서 패업으로 볼 수 없으므로 적절하지 않다.

④ [A]에서 군주가 자신의 뜻을 세우지 못하는 것은, 자신을 존귀하게 여기지 않은 것이므로 패업을 위한 통치의 방법으로 볼 수 있다.

[A]에서 군주가 '자신의 뜻을 세우지 못'하는 것은 '난세를 만드는' 방법이다. 따라서 (가)의 관점에서 패업을 위한 통치의 방법으로 볼 수 없으므로 적절하지 않다.

04

답 | ④

(나)에서 알 수 있는 '율곡'의 견해로 적절하지 않은 것은?

정답 선지 분석

④ 백성의 도덕적 교화가 이루어져야 백성의 삶이 경제적으로 편안해질 수 있다.

(나)의 4문단에서 율곡은 '백성의 도덕적 교화를 이루는 왕도정치를 위해서는 백성들의 삶이 경제적으로 편안한 것이 전제되어야 한다고 보았'음을 알 수 있다. 따라서 율곡의 입장에서는 백성의 삶이 경제적으로 편안해야 도덕적 교화가 이루어진다고 볼 것이므로 적절하지 않다.

오답 선지 분석

① 군주는 앎을 늘리는 것뿐 아니라 앎을 실천하는 것도 중요하다.

(나)의 1문단에서 율곡은 '개인의 수양을 통해 앎을 늘리고 인격을 완성하는 것을 군주의 자격으로 보았고', '군주가 인격을 완성하고 아는 것을 실천하면 백성의 선한 본성을 회복하는 도덕적 교화가 가능'하다고 보았음을 알 수 있다. 따라서 율곡의 입장에서는 군주는 앎을 늘리는 것뿐 아니라 앎을 실천하는 것도 중요하다고 볼 것이므로 적절하다.

② 군주는 포악한 정치를 펼쳐 신하들에게 지지를 얻지 못하면 교체될 수 있다.

(나)의 1문단에서 율곡은 '만약 군주가 포악한 정치를 펼쳐 신하들의 지지를 얻지 못하거나 민심을 잃으면 교체될 수 있다고 여겼'음을 알 수 있다. 따라서 율곡의 입장에서는 군주가 포악한 정치를 펼쳐 신하들에게 지지를 얻지 못하면 교체될 수 있다고 볼 것이므로 적절하다.

③ 군주는 왕도정치를 실현하기 위해 자신의 존재 근거를 백성으로 보아야 한다.

(나)의 4문단에서 율곡은 '왕도정치를 위해서는 백성들의 삶이 경제적으로 편안한 것이 전제되어야 한다고 보았'는데, 이는 '군주의 존재 근거가 백성이라고 보는 민본관에 의한 것'임을 알 수 있다. 따라서 율곡의 입장에서는 왕도정치를 실현하기 위해 자신의 존재 근거를 백성으로 보아야 한다고 볼 것이므로 적절하다.

⑤ 백성의 조세 부담을 줄이는 것은 백성의 경제적 기반을 유지할 수 있는 방법 중 하나이다.

(나)의 4문단에서 율곡은 '조세 부담을 줄이는 등 백성의 경제적 기반을 유지할 수 있는 정책을 펼쳐야 함을 역설'했음을 알 수 있으므로 적절하다.

05
답 | ④

<보기>는 동서양 사상가들의 견해이다. <보기>와 (가), (나)를 읽은 학생이 보인 반응으로 적절하지 않은 것은?

보기

㉮ 군주는 권력을 얻기 전까지는 수단과 방법을 가리지 않는 것이 오히려 백성을 위한 것입니다. 하지만 권력을 얻은 후에는 법을 통해 통치함으로써 자신의 권력을 유지할 수 있습니다.

㉯ 군주에 따라 치세와 난세가 되는 것을 지양하기 위해 법을 제정하고 기준을 세우는 것이 필요합니다. 그리고 법을 통해 통치할 수 있는 권한은 군주만이 갖고 있어야 권력을 유지할 수 있습니다.

㉰ 군주는 타락한 현실에 의해 잃어버린 인간의 선한 본성인 도덕성을 회복시켜야 합니다. 이때 군주는 도덕성의 회복을 목적으로 백성의 기본적인 경제적 욕구를 충족시키고 인간다운 교육을 실시해야 합니다.

정답 선지 분석

④ 율곡은 ㉯와 달리 군주의 인격 완성 여부에 따라 치세와 난세가 구분된다고 보았군.

(나)의 2문단에서 율곡은 '군주의 통치에 따라 태평한 시대인 치세와 혼란스러운 시대인 난세가 구분'되는데 '이들의 통치 방법은 왕도와 패도'이고 '왕도는 군주의 인격 완성을 통해 백성의 도덕적 교화까지 이루어 내는 것이고, 패도는 군주의 인격이 완성되지 않아~이루어내는 것'으로 보았음을 알 수 있다. 따라서 율곡은 군주의 인격 완성 여부에 따라 치세와 난세가 구분된다고 보지 않았음을 알 수 있으므로 적절하지 않다.

오답 선지 분석

① 관중과 ㉮는 모두 법을 통한 통치의 중요성을 인식했다고 볼 수 있겠군.

<보기>의 ㉮에서 '권력을 얻은 후에는 법을 통해 통치함으로써 자신의 권력을 유지할 수 있습니다'라고 한 것에서 법을 통한 통치의 중요성을 인식했다고 볼 수 있고, (가)의 4문단에서 관중은 '법을 통한 통치의 중요성을 강조하였다'라고 한 것에서 법을 통한 통치의 중요성을 인식했다고 볼 수 있으므로 적절하다.

② 관중과 ㉯는 모두 국가를 다스릴 수 있는 권한이 오로지 군주에게 있어야 함을 강조했다고 볼 수 있겠군.

<보기>의 ㉯에서 '법을 통해 통치할 수 있는 권한은 군주만이 갖고 있어야 권력을 유지할 수 있습니다'라고 한 것에서 국가를 다스릴 수 있는 권한이 군주에게 있어야 함을 강조했다고 볼 수 있고, (가)의 3~4문단에서 관중은 '군주는 '권세'를 지녀야 국가를 다스릴 수 있'다고 보고 '신하들이 군주의 권세를 넘보거나 법질서를 혼란스럽게 하지 못하도록 자신의 권세를 신하에게 위임하지 말아야' 한다고 한 것에서 국가를 다스릴 수 있는 권한인 권세가 군주에게 있어야 함을 강조했다고 볼 수 있으므로 적절하다.

③ 관중은 ㉰와 달리 백성의 경제적 안정의 목적이 도덕성 회복이 아니라고 보았군.

<보기>의 ㉰에서 '군주는 도덕성의 회복을 목적으로 백성의 기본적인 경제적 욕구를 충족시키고 인간다운 교육을 실시해야 합니다'라고 한 것에서 백성의 경제적 안정의 목적이 도덕성 회복임을 알 수 있고, (가)의 2문단에서 관중은 '백성의 윤택한 삶은 도덕적 교화와 같은 목적을 위한 것이 아닌, 부강한 나라의 실현을 위한 것이라는 실리적 관점에서 이해할 수 있다'라고 한 것에서 백성의 경제적 안정의 목적이 도덕성 회복이 아님을 알 수 있다. 따라서 관중은 ㉰와 다른 입장임을 알 수 있으므로 적절하다.

⑤ 율곡과 ㉰는 모두 백성의 본성을 선한 것으로 인식했다고 볼 수 있군.

<보기>의 ㉰에서 '인간의 선한 본성인 도덕성'이라고 한 것에서 백성의 본성을 선한 것으로 인식했음을 알 수 있고, (나)의 1문단에서 율곡은 '백성의 선한 본성'이라고 한 것에서 백성의 본성을 선한 것으로 인식했음을 알 수 있으므로 적절하다.

06
답 | ③

ⓐ~ⓔ의 사전적 의미로 적절하지 않은 것은?

정답 선지 분석

③ ⓒ: 바로잡아 고침.

ⓒ의 '규정'은 '내용이나 성격, 의미 따위를 밝혀 정함.'의 의미이고, '바로잡아 고침.'은 '수정'의 의미이므로 적절하지 않다.

오답 선지 분석

① ⓐ: 어떤 정세나 사건에 대하여 알맞은 조치를 취함.

ⓐ의 '대처'는 '어떤 정세나 사건에 대하여 알맞은 조치를 취함.'의 의미이므로 적절하다.

② ⓑ: 지치고 쇠약해짐.

ⓑ의 '피폐'는 '지치고 쇠약해짐.'의 의미이므로 적절하다.

④ ⓓ: 필요한 양이나 기준에 미치지 못해 충분하지 아니함.

ⓓ의 '부족'은 '필요한 양이나 기준에 미치지 못해 충분하지 아니함.'의 의미이므로 적절하다.

⑤ ⓔ: 자신의 뜻을 힘주어 말함.

ⓔ의 '역설'은 '자신의 뜻을 힘주어 말함.'의 의미이므로 적절하다.

DAY 4 공공 선택 이론

빠른 정답 체크

01 ② **02** ② **03** ④ **04** ⑤ **05** ③

---

❶ 어떤 안건을 대하는 집단 구성원들의 생각은 각기 다르므로, 상이한 생각들을 집단적 합의에 이르게 하는 의사 결정 과정이 ─의사 결정 과정의 목적─ 필요하다. 공공 선택 이론은 이처럼 집단을 구성하는 개인의 의사가 집단의 의사로 통합되는 과정을 다룬다. ─공공 선택 이론에서 다루는 것─ 직접 민주주의하에서의 의사 결정 방법으로 단순 과반수제, 최적 다수결제, 점수 투표제, 보르다(Borda) 투표제 등이 있다.

❷ ㉠단순 과반수제는 투표자의 과반수가 지지하는 안건이 채택 ─단순 과반수제의 개념─ 되는 다수결 제도이다. 효율적으로 의사 결정이 이루어져 많이 ─단순 과반수제의 장점─ 사용되고 있으나, 각 투표자는 찬반 여부를 표시할 뿐 투표 결과

에는 선호 강도가 드러나지 않아 안건 채택 시 사회 전체의 후생*
_{단순 과반수제의 단점 ①}
이 감소할 가능성이 있다. 이는 다수의 횡포에 의해 소수의 이익
이 침해되는 상황이 발생할 수 있음을 의미한다. 또한 어떤 대안
들을 먼저 비교하는가에 따라 그 결과가 달라지는 ⓐ '투표의 역
_{단순 과반수제의 단점 ②}
설' 현상이 나타날 수 있다. 예를 들어, 갑, 을, 병 세 사람이 사는
마을에 정부에서 병원, 학교, 경찰서 중 하나를 지어 줄 테니 투
표를 통해 선택하라고 제안하였고, 이때 세 사람의 선호 순위가
다음 〈표〉와 같다고 하자. 세 가지 대안을 동시에 투표에 부치면
_{갑, 을, 병이 1순위로 선택하는 기관이 모두 다르기 때문}
하나의 대안으로 결정되지 않는다. 그래서 먼저 병원, 학교, 경찰
서 중 두 대안을 선정하여 다수결로 결정한 후 남은 한 가지 대안
과 다수결로 승자를
결정하면 최종적으로
하나의 대안이 결정된
다. 즉, 비교하는 대안
의 순서에 따라 〈표〉
_{투표의 역설이 일어남}
의 투표 결과는 달라
지게 된다.

선호 순위 투표자	1순위	2순위	3순위
갑	병원	학교	경찰서
을	학교	경찰서	병원
병	경찰서	병원	학교

〈 표 〉

[A]
❸ 최적 다수결제는「투표에 따르는 총비용이 최소화되는 지
_{「」: 최적 다수결제의 개념}
점을 산정한 후, 안건의 찬성자 수가 그 이상이 될 때 안건이
통과되는 제도이다. 이때의 총비용은 의사 결정 비용과 외부
비용의 합으로 결정된다. 의사 결정 비용은 투표자들의 동의
_{총비용의 개념}
를 구하는 데 드는 시간과 노력에 따른 비용을 의미하며, 찬
_{의사 결정 비용의 개념}
성표의 비율이 높을수록 증가한다. 외부 비용은 어떤 안건이
_{의사 결정 비용은 찬성표의 비율에 비례함}
통과됨에 따라 그 안건에 반대하였던 사람들이 느끼는 부담
_{외부 비용의 개념}
을 의미하며, 찬성표의 비율이 높아질수록 낮아지며 모든 사
_{외부 비용은 찬성표의 비율에 반비례함}
람이 찬성할 경우에는 0이 된다. 안건 통과에 필요한 투표자
_{반대하는 사람이 0이므로 외부 비용도 0이 됨}
수가 증가할수록 의사 결정 비용이 증가하므로 의사 결정 비
용 곡선은 우상향한다. 이와 달리 외부 비용은 감소하므로 외
부 비용 곡선은 우하향하며, 두 곡선을 합한 총비용 곡선은 U
자 형태로 나타난다. 이때 총비용이 최소화되는 곳이 최적 다
_{의사 결정 비용 곡선은 우상향, 외부 비용 곡선은 우하향하기 때문}
수결제에서의 안건 통과의 기준이 되는 최적 다수 지점이 된
다. 이 제도는 의사 결정 과정을 이론적으로 명쾌하게 설명할
수 있지만, 최적 다수결의 기준을 정하는 데 시간을 지나치게
_{최적 다수결제의 장점}
소비하게 된다는 단점이 있다.
_{최적 다수결제의 단점}

❹ ⓛ 점수 투표제는「각 투표자에게 일정한 점수를 주고 각 투
_{「」: 점수 투표제의 개념}
자가 자신의 선호에 따라 각 대안에 대하여 주어진 점수를 배분
하여 투표하는 제도로, 합산하여 가장 많은 점수를 얻은 대안이
선택된다. 투표자의 선호 강도에 따라 점수를 배분하므로 투표자
의 선호 강도가 잘 반영된다. 소수의 의견도 투표 결과에 잘 반영
_{점수 투표제의 장점 ①}   _{점수 투표제의 장점 ②}

되며, 투표의 역설이 나타나지 않는다는 장점이 있다. 하지만 전
_{점수 투표제의 장점 ③}
략적 행동에 취약하여 투표 결과가 불규칙하게 바뀔 수 있다는
_{점수 투표제의 단점}
단점이 있다. 전략적 행동이란「어떤 투표자가 다른 투표자의 투표
_{「」: 전략적 행위의 개념}
성향을 예측하고 자신의 행동을 이에 맞춰 변화시킴으로써 자기
가 원하는 것을 얻으려 하는 태도」를 뜻한다. 이 행위는 어떤 투표
제도에서든 나타날 수 있으나, 점수 투표제에서 나타날 가능성이
높다.
_{투표자가 선호에 따라 점수를 배분하기 때문}

❺ ⓒ 보르다 투표제는「n개의 대안이 있을 때 가장 선호하는 대안
_{「」: 보르다 투표제의 개념}
부터 순서대로 n, (n-1), …, 1점을 주고, 합산하여 가장 높은 점
수를 받은 대안을 선택하는 투표 방식으로, 점수 투표제와 달리
오로지 순서에 의해서만 선호 강도를 표시한다. 이 제도하에서는
_{점수로 선호 강도를 표시하는 점수 투표제와의 차이}
일부에게 선호도가 아주 높은 대안보다는「투표자 모두에게 어느
_{「」: 보르다 투표제의 장점 ①}
정도 차선이 될 수 있는 ⓑ 중도의 대안이 채택될 가능성이 높으
며,」점수 투표제와 마찬가지로 투표의 역설이 발생하지 않는다.
_{보르다 투표제의 장점 ②}

* 후생: 사회 구성원들의 복지 수준.

01
답 | ②

윗글에 대한 이해로 적절하지 <u>않은</u> 것은?

정답 선지 분석

② 보르다 투표제에서는 가장 선호하지 않는 대안에 0점을 부여한다.

보르다 투표제(5문단)에서는 가장 선호하는 대안부터 순서대로 n점에서 시작해서 차례대로
n-1점, n-2점으로 점수를 부여하여 최하 1점을 준다고 했다. 따라서 가장 선호하지 않는 대
안에 0점을 부여한다는 진술은 적절하지 않다.

오답 선지 분석

① 어떤 투표제에서든 투표자의 전략적 행위가 나타날 수 있다.

투표의 전략적 행위는 어떤 투표자가 다른 투표자의 투표 성향을 예측하고 자신의 행동을 이
에 맞춰 변화시킴으로써 자기가 원하는 것을 얻으려 하는 태도로서, 4문단에서 언급한 것처
럼 어떤 투표제에서든지 나타날 수 있다.

③ 단순 과반수제에서는 채택된 대안으로 인해 사회의 후생이 감소되기도 한다.

2문단에서 언급한 것처럼 어느 대안이 채택이 되면 이로 인해 채택이 되지 않은 안건을 지지
한 사람들을 포함하여 사회 전체의 후생이 감소할 가능성이 있다고 했다.

④ 점수 투표제는 최적 다수결제와 달리 대안에 대한 선호 강도를 표시할 수
있다.

4문단에서 언급한 것처럼 점수 투표제는 선호 강도에 따라 점수를 배분하므로 투표자의 선
호 강도가 잘 반영된다.

⑤ 최적 다수결제는 단순 과반수제와 달리 안건 통과의 기준이 안건에 따라 달
라질 수 있다.

단순 과반수제는 안건 통과의 기준은 몇 가지 대안이든 과반수를 얻은 안이 통과된다. 이에
반해 최적 다수결제에서는 투표에 들어가는 총비용이 최소화되는 곳이 안건 통과의 기준이
되는 최적 다수 지점이 된다. 그러므로 안건에 따라 안건 통과의 기준이 달라질 수 있다.

02

답 | ②

ⓐ와 관련하여 <표>를 이해한 것으로 적절하지 않은 것은?

정답 선지 분석

② '학교'와 '경찰서'를 먼저 비교할 경우, '갑'과 '을'이 '학교'에 투표하여 최종적으로 '학교'가 결정된다.

학교와 경찰서를 먼저 비교한다면, 갑은 학교, 을은 학교, 병은 경찰서를 택할 것이므로, 다수결로 보면 학교가 두 표를 얻어 먼저 채택이 될 것이다. 이후에는 학교와 병원이 최종 투표에 부쳐지는데, 갑은 병원, 을은 학교, 병은 병원에 투표할 것이므로 최종적인 대안으로는 두 표를 얻어 병원이 결정된다. 그러므로 학교가 최종적으로 결정된다는 설명은 적절하지 않다.

오답 선지 분석

① '병원'과 '학교'를 먼저 비교할 경우, '병원'과 '경찰서'의 다수결 승자가 최종의 대안으로 결정된다.

병원과 학교를 먼저 비교한다면 갑은 병원, 을은 학교, 병은 병원을 투표할 것이므로, 병원이 채택될 것이다. 그 이후에는 최종 결정을 위해 투표한다면 병원과 경찰서의 다수결 승자가 최종적인 대안으로 결정된다. (갑은 병원, 을은 경찰서, 병은 경찰서를 택하게 되어 최종적으로는 경찰서가 최종적인 대안으로 결정된다.)

③ '병원'과 '학교'를 먼저 비교하는지, '학교'와 '경찰서'를 먼저 비교하는지에 따라 투표의 결과가 달라진다.

투표의 역설이란 개념은 어떤 대안들을 먼저 비교하느냐에 따라 결과가 달라진다는 것이다. 병원과 학교를 먼저 비교할 경우와 학교와 경찰서를 먼저 비교할 경우 결과가 달라지므로 투표의 역설이 나타난다.

④ '병원', '학교', '경찰서'를 동시에 투표에 부치면, 모두 한 표씩 얻어 어떤 대안도 과반수가 되지 않는다.

동시에 세 안건을 투표에 부치면 세 사람이 병원, 학교, 경찰서에 각 한 표씩 투표하게 되어 세 안건 중 어떤 대안도 과반수가 되지 않는다.

⑤ 대안에 대한 '갑', '을', '병' 세 사람의 선호 순위는 바뀌지 않아도, 투표의 결과가 바뀌는 현상이 나타난다.

갑, 을, 병의 선호 순위는 바뀌지 않더라도 어떤 대안을 먼저 비교하느냐에 따라 최종 투표 결과는 바뀌는 현상이 나타난다.

03

답 | ④

ⓑ의 이유로 가장 적절한 것은?

정답 선지 분석

④ 일부에게만 선호도가 높은 대안이 다수에게 선호도가 매우 낮으면 점수 합산 면에서 불리하기 때문이다.

보르다 투표제에서는 5문단에서 언급한 것처럼 일부에게 선호도가 아주 높은 대안보다는 투표자 모두에게 어느 정도 차선이 될 수 있는 중도의 대안이 채택될 가능성이 있다. 그 이유는 다수에 의해 중도의 대안으로 부여된 점수들의 합산 점수보다 선호도가 아주 높은 대안들의 합산 점수가 낮을 수 있기 때문이다.

오답 선지 분석

① 주어진 점수를 투표자가 임의대로 배분할 수 있기 때문이다.

보르다 투표제는 n개의 대안이 있을 때 가장 선호하는 대안부터 순서대로 n, (n-1), …, 1점을 주고, 합산하여 가장 높은 점수를 받은 대안을 선택하는 투표 방식이므로 주어진 점수를 투표자가 임의대로 배분할 수 없다.

② 투표자는 중도의 대안에 관해서만 자신의 의사를 표현할 수 있기 때문이다.

투표자는 중도의 대안에 관해서만 자신의 의사를 표현하는 것이 아니라 어떤 대안에 관해서도 점수를 배분하여 의사를 표현할 수 있다.

③ 점수 투표제와 달리 투표자의 전략적 행동을 유발하여 투표 결과를 조작할 수 있기 때문이다.

점수 투표제에서도 투표자의 전략적 행동이 드러날 수 있으나 이로 인해 투표 결과를 조작할 수 있는 것은 아니다.

⑤ 순서로만 선호 강도를 표시할 경우, 모든 투표자에게 선호도가 가장 높은 대안이라도 최종 승자가 아닐 수 있기 때문이다.

보르다 투표제에서는 일부에게 선호도가 아주 높은 대안이 채택되지 않을 수도 있다고 했을 뿐, 모든 투표자에게 선호도가 가장 높은 대안이 채택되지 않을 수 있는지는 언급하지 않았다.

04

답 | ⑤

<보기>가 [A]의 각 비용들에 대한 그래프라고 할 때, 이에 대한 이해로 적절하지 않은 것은?

보기

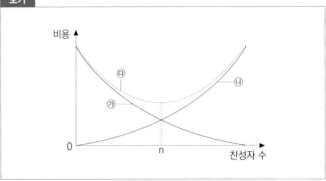

정답 선지 분석

⑤ 안건 통과에 필요한 투표자가 많아지게 되면 ⑭는 이동하지만 ㉠는 이동하지 않는다.

최적 다수결제에 따르면 ㉠는 외부 비용이고, ⑭는 의사 결정 비용이다. ㉲는 A와 B의 곡선을 합한 총비용을 의미하며 U자 형태로 나타난다. n은 ㉠와 ⑭의 교차점으로서 최적 다수 지점을 가리킨다. 이는 총비용이 가장 적게 드는 지점이다. 그런데 안건 통과에 필요한 투표자 수가 많아진다는 것은 의사 결정 비용은 증가하고 외부 비용은 감소한다는 것을 의미한다. 그러므로 안건 통과에 필요한 투표자가 많아지게 되면 ㉠와 ⑭는 이동하게 된다. 그러므로 ⑭는 이동하지만 ㉠가 이동하지 않는다는 진술은 적절하지 않다.

오답 선지 분석

① ㉠는 외부 비용으로, 반대하는 투표자 수가 많아질수록 그 값이 커진다.

㉠는 외부 비용을 나타낸다. 이는 안건에 반대하였던 사람들이 느끼는 부담을 의미하므로 찬성표의 비율이 높아질수록 외부 비용은 낮아지고, 반대표의 비율이 높아지면 외부 비용은 값이 커진다.

② ⑭는 의사 결정 비용으로, 투표 참가자들을 설득하는 데 드는 시간과 노력이 적을수록 그 값이 작아진다.

⑭는 의사 결정 비용으로, 이는 투표 참가자들의 동의를 구하는 데에 드는 시간과 노력에 따른 비용을 의미한다. 그러므로 투표 참가자들을 설득하는 데에 드는 시간과 노력이 적을수록 그 값은 작아진다.

③ ㉲는 총비용으로, ㉠와 ⑭를 합한 값이 최소가 되는 지점 n이 최적 다수 지점이 된다.

㉲는 총비용이다. n은 ㉠와 ⑭를 합한 값이 최소화되는 지점인데 이 지점은 안건 통과의 기준이 되는 최적 다수 지점이 된다.

④ 투표에 참가하는 모든 사람이 찬성하면 ㉠의 값은 0이 된다.

투표에 참가하는 모든 사람이 찬성하면 ㉠의 값은 0이 된다.

05

답 | ③

대안 Ⅰ~Ⅲ에 대한 투표자 A~E의 선호 강도가 <보기>와 같다고 할 때, ㉠~㉢을 통해 채택될 대안으로 적절한 것은?

보기

투표자 대안	A	B	C	D	E
Ⅰ	3	1	1	3	1
Ⅱ	1	7	6	2	5
Ⅲ	6	2	3	5	4

(단, 표 안의 수치가 높을수록 더 많이 선호함을 나타내며, 투표에 미치는 외부적인 요인과 투표자들의 전략적 행동은 없다고 가정한다.)

정답 선지 분석

	㉠	㉡	㉢
③	Ⅱ	Ⅱ	Ⅲ

<보기>는 대안 Ⅰ, Ⅱ, Ⅲ에 대해 투표자 A~E의 선호 강도를 표시하고 있다. 이 안건들을 ㉠(단순 과반수제) , ㉡(점수 투표제), ㉢(보르다 투표제)으로 투표에 부칠 때 각각의 경우에 채택될 대안이 무엇일지를 알아보는 문항이다. 참고로 단순 과반수제에서는 찬반 투표의 결과에는 개개인의 선호 강도가 드러나지 않는다고 했지만 발문에서 언급한 것처럼 <보기>와 같이 각각의 대안에 대하여 개인 선호 강도가 있을 수 있다. ㉠은 단순히 과반수가 되면 채택되는데, 선호 강도에 따라 투표하면 Ⅱ는 B, C, E가 지지하고, Ⅲ은 A, D가 지지한다. Ⅰ을 지지하는 지지자는 없다. 따라서 ㉠에서는 대안 Ⅱ가 선택된다. ㉡는 각 투표자가 선호에 따라 대안에 대해 주어진 점수를 배분하여 투표하는 제도이므로, 현재의 선호 강도에 따라 부여한 점수를 합산해 보면 Ⅱ가 21점, Ⅲ이 20점, Ⅰ이 9점이 되어 최종적으로 Ⅱ가 채택된다. ㉢은 선호 순서대로 n점, n-1점, n-2점으로 점수를 부여하고 이를 합산하여 가장 높은 점수를 받은 안이 채택된다. n은 대안의 개수이므로 3이 된다. 그러면 A의 경우 선호 강도가 가장 높은 Ⅲ에 3점, Ⅰ에 2점, Ⅱ에 1점을 부여한다. 이와 같은 방법으로 B~E가 점수를 부여하면 합산 점수는 Ⅰ은 7점, Ⅱ는 11점, Ⅲ은 12점이 되어 최종적으로 Ⅲ이 채택된다.

DAY 5 〈광야〉_이육사 / 〈울타리 밖〉_이용래

빠른 정답 체크

01 ③　　**02** ⑤　　**03** ①

가

까마득한 날에　□: 시간의 흐름(과거 → 현재 → 미래)
　　　과거
하늘이 처음 열리고　　　　　　　　　　　　[A]
　광야(세계)의 탄생
어데 닭 우는 소리 들렸으랴
　　생명의 탄생, 인간의 생활

「모든 산맥들이
「」: 산맥의 형성 과정(의인화)
바다를 연모해 휘달릴 때도　　　　　　　　[B]

차마 이곳을 범하던 못하였으리라
　광야-민족의 터전　　신성불가침의 땅인 광야

끊임없는 광음*을
　　　세월
부지런한 계절이 피어선 지고　　　　　　　[C]
　　　　　　　시간의 흐름
큰 강물이 비로소 길을 열었다
　역사, 문명

지금 눈 나리고
현재-고난과 시련의 시간
매화 향기 홀로 아득하니
조국 광복의 의지
내 여기 가난한 노래의 씨를 뿌려라
　　　　광복을 위한 자기 희생의 의지

다시 천고의 뒤에
　　　　미래
백마 타고 오는 ㉠ 초인이 있어

이 광야에서 목 놓아 부르게 하리라
　　　(노래의 씨를) 목 놓아 부르게

- 이육사, 〈광야〉 -

*광음: 햇빛과 그늘. 즉 낮과 밤이라는 뜻으로, 시간이나 세월을 이르는 말.

나

머리가 마늘쪽같이 생긴 고향의 소녀와
　　　직유법　　　　　○: 인간과 관련된 시어
한여름을 알몸으로 사는 고향의 소년과　　[D]
　원시성, 순수한 모습
같이 낮이 설어도 사랑스러운 들길이 있다
　　　　　　　□: 자연과 관련된 시어

그 길에 아지랑이가 피듯 태양이 타듯
사랑스러운 들길
제비가 날듯 길을 따라 물이 흐르듯 그렇게

그렇게　　　　　　　　　　　　　　　　　[E]

천연(天然)히*
사상을 집약하며 주제를 함축하는 기능을 함

「울타리 밖에도 ㉡ 화초를 심는 마을이 있다
「」: 안과 밖을 구분하지 않는 따뜻하고 넉넉한 마음
오래오래 잔광이 부신 마을이 있다

밤이면 더 많이 별이 뜨는 마을이 있다

- 박용래, 〈울타리 밖〉 -

* 천연히: 생긴 그대로 조금도 꾸밈이 없이.

01

답 | ③

[A]~[E]에 대한 설명으로 적절하지 않은 것은?

정답 선지 분석

③ [C]: 추상적 대상을 구체화하여 광야가 끊임없이 생성되고 소멸되는 순환성을 나타내고 있다.

[C]는 추상적 대상인 '계절'을 '꽃'이라는 자연물로 구체화하여 '피어선 지고'라고 표현하고 있다. 그러나 이는 시간의 흐름 또는 계절의 순환을 의미하는 것이며, '광야'라는 공간이 끊임없이 생성되고 소멸되는 순환성을 보인 것은 아니다.

오답 선지 분석

① [A]: 설의적 표현을 활용하여 원시성을 지닌 태초 광야의 모습을 강조하고 있다.

'들렸으랴'라는 설의적 표현을 통해 어떤 생명체도 존재하지 않았던 원시성을 지닌 태초 광야의 모습을 강조하고 있다.

② [B]: 인격화된 대상의 행위를 추측하여 광야의 신성성을 부각하고 있다.

'바다를 연모'하는 대상으로 인격화된 '산맥'이 '차마 이곳을 범하던 못하였'을 것이라고 추측하여 산맥도 범할 수 없었던 광야의 신성성을 부각하고 있다.

④ [D]: 시각적 심상을 활용하여 고향의 모습을 선명하게 표현하고 있다.
'마늘쪽같이 생긴', '한여름을 알몸으로 사는' 등의 시각적 심상을 통해 고향의 모습을 선명하게 표현하고 있다.

⑤ [E]: 비유적인 표현을 활용하여 인위적이지 않은 마을의 모습을 드러내고 있다.
'아지랑이가 피듯', '태양이 타듯', '제비가 날듯', '길을 따라 물이 흐르듯'이라는 비유적 표현을 활용하여 '천연(天然)히' 살아가는, 인위적이지 않은 마을의 모습을 드러내고 있다.

02

답 | ⑤

㉠과 ㉡에 대한 이해로 가장 적절한 것은?

정답 선지 분석

⑤ ㉠은 화자가 지향하는 이상을 실현하는 존재이며, ㉡은 화자가 지향하는 공동체의 모습을 드러내는 대상이다.
㉠은 화자가 '씨'를 뿌린 '가난한 노래'를 '목 놓아' 부를 존재이다. 화자는 '가난한 노래의 씨'가 자라 노래가 불리게 될 미래를 기대하고 있고, ㉠은 '노래'를 부르는 행위를 통해 화자가 지향하는 이상을 실현하는 존재이다. ㉡은 마을 사람들이 '울타리 밖'에도 심는 대상이다. ㉡을 자신의 공간인 울타리 안뿐 아니라 울타리 밖에도 심는다는 것은 '화초'를 자신의 소유로 한정하지 않고 남과 함께 나누려고 하는 것이다. 따라서 남을 배려하며 인정이 가득한 마을 사람들의 모습을 드러내는 ㉡은 화자가 지향하는 공동체의 모습을 드러내는 대상이다.

오답 선지 분석

① ㉠은 화자를 각성하게 하는 존재이며, ㉡은 화자를 성찰하게 하는 대상이다.
㉡을 통해 화자가 자기의 마음을 반성하거나 살피고 있지 않으므로, ㉡은 화자를 성찰하게 하는 대상이 아니다.

② ㉠은 공간의 황폐함을 심화하는 존재이며, ㉡은 공간에 생명력을 부여하는 대상이다.
㉠은 '눈' 내리는 '지금' 광야의 상황을 극복하고 '가난한 노래의 씨'가 자란 '노래'를 부르는 존재이므로, ㉠은 공간의 황폐함을 심화하는 존재가 아니다.

③ ㉠은 공간의 변화를 가져오는 존재이며, ㉡은 공동체의 인식전환을 일으키는 대상이다.
㉠은 '지금' 광야의 상황을 극복할 수 있는 존재이므로 ㉠을 공간의 변화를 가져오는 존재로 이해하는 것은 적절하나, ㉡은 공동체가 이미 지니고 있는 모습을 보여 주고 있으므로 ㉡은 공동체의 인식 전환을 일으키는 대상이 아니다.

④ ㉠은 화자가 위화감을 느끼게 하는 존재이며, ㉡은 화자가 애상감을 느끼게 하는 대상이다.
화자는 ㉠이 올 미래를 기다리고 있으므로 ㉠은 화자에게 위화감을 느끼게 하는 존재가 아니다.

03

답 | ①

<보기>를 바탕으로 (가), (나)를 감상한 내용으로 적절하지 않은 것은?

보기

시에서의 시간 양상은 화자의 지향성을 내포하고 있다. 화자가 미래 지향성을 보이는 경우, 시에서의 시간은 현재에서 미래로 나아가는 순방향의 흐름을 보인다. 이때 화자는 현재의 결핍을 인식하고 과거로의 회귀 대신 발전된 미래에 대한 신뢰를 바탕으로 부정적인 현재 상황을 적극적으로 극복하려 한다. 화자가 과거 상황을 긍정적으로 인식하는 과거 지향성을 보이는 경우, 화자는 미래에 대한 신뢰 없이 과거의 공간을 훼손되지 않은 원형으로 여기는 모습을 보인다. 이때 화자의 과거 회상이 현재 시제로 표현되기도 하는데, 이는 과거 공간이 존속하기를 소망하는 화자의 심리가 반영된 것으로 볼 수 있다.

정답 선지 분석

① (가)의 화자는 '큰 강물이 비로소 길을' 연 것을 통해 발전된 미래를 향한 희망을 확인하여 극복의 자세를 드러낸 것이겠군.
<보기>에 따르면 (가)는 화자가 미래 지향성을 보이는 시로 볼 수 있다. 화자는 '초인이 있어' 노래를 '목 놓아' 부를 발전된 미래에 대한 희망을 가지고 있으며, 이를 위해 '씨를 뿌리'는 극복의 자세를 드러내고는 있다. 그러나 '큰 강물이 비로소 길을' 연 것은 광야에서 인간의 문명이 시작된 과거의 상황을 표현한 것이며, 이를 통해 미래를 향한 희망을 확인한다고 보기 어렵다.

오답 선지 분석

② (가)의 화자가 '가난한 노래의 씨'를 뿌리고자 하는 것은 현재의 결핍을 인식하고 있기 때문이겠군.
화자는 '지금' '눈'이 내리는 현재의 결핍을 인식하였기 때문에 '가난한 노래의 씨'를 뿌려 부정적인 현재 상황을 적극적으로 극복하고자 하고 있다.

③ (나)의 '소녀', '소년', '들길'이 존재하는 고향의 모습을 통해 화자가 고향을 훼손되지 않은 원형으로 여기고 있음을 알 수 있겠군.
<보기>에 따르면 (나)는 화자가 과거 지향성을 보이는 시로 볼 수 있다. '소녀'와 '소년'은 때 묻지 않은 순수한 인간의 모습이며, '사랑스러운 들길'은 아름다운 자연의 모습이다. 순수한 사람들과 아름다운 자연이 어우러져 있는 고향의 모습을 통해 화자가 고향을 훼손되지 않은 원형으로 여기고 있음을 알 수 있다.

④ (나)의 '잔광'이 부시고 '별'이 뜨는 마을의 모습을 통해 화자가 마을을 긍정적으로 인식하고 있음을 알 수 있겠군.
'잔광'이 부시고 '별'이 뜨는 등 아름다운 자연이 돋보이는 마을의 모습을 통해 화자가 마을을 긍정적으로 인식하고 있음을 알 수 있다.

⑤ (나)의 '마을'을 '있다'로 표현하는 것은 마을의 모습이 존속하기를 소망하는 화자의 심리를 드러낸 것이겠군.
과거 '고향', '마을'에 대한 화자의 과거 회상을 '있다'라는 현재 시제로 표현하는 것은 마을의 모습이 존속하기를 소망하는 화자의 심리를 드러낸 것으로 볼 수 있다.

DAY 6 〈금방울전〉_작자 미상

빠른 정답 체크

01 ①　　02 ④　　03 ⑤

[앞부분의 줄거리] 전생에 부부였던 남해 용왕의 딸과 동해 용왕의 아들은 각각 금방울과 해룡으로 환생한다. 해룡은 피란 도중에 부모와 헤어져 장삼과 변 씨의 집에서 자라게 된다.

어느 추운 겨울날, 눈보라가 내리치는 밤에 변 씨는 소룡과 함
해룡을 박대하는 변 씨-해룡의 위기 ①
께 따뜻한 방에서 자고 해룡에게는 방아질을 시켰다. 해룡은 어쩔 수 없이 밤새도록 방아를 찧었는데, 얇은 홑옷만 입은 아이가 어
편집자적 논평(서술자의 개입)
찌 추위를 견딜 수 있겠는가? 추위를 이기지 못해 잠깐 쉬려고 제 방에 들어가니, 눈보라가 방 안에까지 들이치고 덮을 것이 하나도 없었다. 해룡이 몸을 잔뜩 웅크리고 엎드려 있는데, 갑자기 방 안
금방울이 변 씨의 박대를 받는 해룡을 도움 ①
이 대낮처럼 밝아지고 여름처럼 더워져 온몸에 땀이 났다. 놀라고 또 이상해 바로 일어나 밖을 자세히 살펴보니, 아직 날이 밝지 않았는데 하얀 눈이 뜰에 가득했다. 방앗간에 나가 보니 밤에 못다
금방울이 변 씨의 박대를 받는 해룡을 도움 ②
찧은 것이 다 찧어져 그릇에 담겨 있었다. 해룡이 더욱 놀라고 괴

이하게 여겨 방으로 돌아오니 방 안은 여전히 밝고 더웠다.

아무리 생각해도 이상해 방 안을 두루 살펴보니, 침상 위에 예전에 없었던 북만 한 방울 같은 것이 놓여 있었다. 해룡이 잡으려
금방울
했으나, 방울이 이리 미끈 달아나고 저리 미끈 달아나며 요리 구
금방울의 신이한 특성 ①
르고 저리 굴러 잡히지 않았다. 더욱 놀라고 신통해서 자세히 보니, 금빛이 방 안에 가득하고, 방울이 움직일 때마다 향취가 가득
금방울의 신이한 특성 ②
히 퍼져 코를 찔렀다. 이에 해룡은 생각했다.

'이것은 반드시 무슨 까닭이 있어서 일어난 일일 테니, 좀 더 두고 지켜봐야겠다.'

해룡은 마음속으로 기뻐하며 자리에 누웠다. 그동안 굶주림과 추위에 시달린 몸이 따뜻해지니, 마음이 절로 놓여 아침 늦도록 곤히 잠을 잤다. 이때 변 씨 모자는 추위 잠을 자지 못하고 떨며
더운 방에서 잤으나 추위를 느낌
앉아 있다가 날이 밝자마자 밖으로 나와보니, 눈이 쌓여 온 집 안을 뒤덮었고 찬바람이 얼굴을 깎듯이 세차게 불어 몸을 움직이는 것마저 어려웠다. 이에 변 씨는 생각했다.

'해룡이 틀림없이 얼어 죽었겠구나.'
변 씨의 기대
해룡을 불러도 대답이 없자, 해룡이 얼어 죽었으리라 생각하고 눈을 헤치고 나와 문틈으로 방 안을 엿보았다. 그랬더니 해룡이 벌거벗은 채 깊이 잠들어 있는데 놀라서 깨우려다가 자세히 살펴
해룡의 방이 여름처럼 더웠기 때문
보니「하얀 눈이 온 세상 가득 쌓여 있는데, 오직 해룡이 자고 있
「」: 비현실적 요소
는 사랑채 위에는 눈이 한 점도 없고 더운 기운이 연기처럼 일어나고 있었다.」이것이 어찌 된 일인지 알 수가 없었다.

변 씨가 놀라 소룡에게 이런 상황을 이야기했다.

"매우 이상한 일이니, 해룡의 거동을 두고 보자꾸나."

문득 해룡이 놀라 잠에서 깨어 내당으로 들어가 변 씨에게 문안을 올린 뒤 비를 잡고 눈을 쓸려 하는데, 갑자기 한 줄기 광풍이
비현실적인 상황이 일어나 해룡을 도움
일어나며 반 시간도 채 안 되어 눈을 다 쓸어버리고는 그쳤다. 해
룡은 이미 짐작하고 있었으나, 변 씨는 그 까닭을 전혀 알지 못해
금방울의 신이한 능력을 이미 알고 있음
더욱 신통히 여기며 마음속으로 생각했다.

'분명 해룡이 요술을 부려 사람을 속인 것이로다. 만약 해룡을
해룡에 대한 부정적 인식
집에 오래 두었다가는 큰 화를 당하리라.'

변 씨는 어떻게든 해룡을 죽여 없앨 생각으로 이리저리 궁리하
해룡을 구호동으로 보내는 실제 이유
다가, 한 가지 계교를 생각해 내고는 해룡을 불러 말했다.

[A]
"가군*이 돌아가신 뒤 우리 가산이 점점 줄어들게 된 것은
장삼
너 또한 잘 알 것이다. 구호동에 우리 집 논밭이 있는데, 근
래에는 호환이 자주 일어나 사람을 다치게 해 농사를 짓지
호랑이로 인한 피해
못하고 묵혀둔 지 벌써 수십여 년이 되었구나. 이제 그 땅을
다 일구어 너를 장가보내고 우리도 네 덕에 잘살게 된다면,
해룡을 구호동으로 보내는 표면적 이유
어찌 기쁘지 않겠느냐? 다만 너를 그 위험한 곳에 보내면,
혹시 후회할 일이 생길까 걱정이구나."

해룡이 기꺼이 허락하고 농기구를 챙겨 구호동으로 가려 하니, 변 씨가 짐짓 말리는 체했다. 이에 해룡이 웃으며 말했다.

"사람의 목숨은 하늘에 달려 있으니, 어찌 짐승에게 해를 당하
해룡의 운명론적 태도
겠나이까?"

해룡이 가벼운 발걸음으로 집을 나서자, 변 씨가 문밖에까지 나와 당부하며 말했다.

"쉬이 잘 다녀오너라."
속으로는 해룡이 호랑이에게 죽기를 바람
해룡이 공손하게 대답하고 구호동으로 들어가 보니, 사면이 절벽으로 둘러싸여 있고 그 사이에 작은 들판이 하나 있는데, 초목이 아주 무성했다. 해룡이 등나무 넝쿨을 붙들고 들어가니, 오직 호랑이와 표범, 승냥이와 이리의 자취뿐이요, 인적은 아예 없었다. 해룡은 조금도 두려워하지 않고 옷을 벗은 뒤 잠깐 쉬었다.
해룡의 담대한 면모
해가 서산으로 넘어가려 할 무렵 자리에서 일어나 밭을 두어 이랑 갈고 있는데, 갑자기 바람이 거세게 불고 모래가 날리면서 산꼭대기에서 이마가 흰 칡범이 주홍색 입을 벌리고 달려들었다. 해룡이 정신을 바싹 차리고 손으로 호랑이를 내리치려 할 때, 또 서쪽에서 큰 호랑이가 벽력같은 소리를 지르며 달려들어 해룡이
해룡의 위기 ②
매우 위급한 상황에 처하게 되었다.「그 순간 갑자기 등 뒤에서 금
「」: 비현실적 요소를 통해 금방울이 해룡을 구출함
방울이 달려와 두 호랑이를 한 번씩 들이받았다. 호랑이들이 소리를 지르며 달려들었으나, 금방울이 나는 듯이 뛰어서 연달아 호랑이를 들이받으니 두 호랑이가 동시에 거꾸러졌다.」

해룡이 달려들어 호랑이 두 마리를 다 죽이고 돌아보니, 금방울이 번개같이 굴러다니며 한 시간도 채 안 되어 그 넓은 밭을 다
금방울의 신이한 능력(비현실적 요소)
갈아 버렸다. 해룡은 기특하게 여기며 금방울에게 거듭거듭 사례했다. 해룡이 죽은 호랑이를 끌고 산을 내려오면서 돌아보니, 금방울은 어디로 갔는지 사라지고 없었다.

한편, 변 씨는 해룡을 구호동 사지에 보내고 생각했다.

'해룡은 반드시 호랑이에게 물려 죽었을 것이다.'

변 씨가 집 안팎을 들락날락하며 매우 기뻐하고 있는데, 문득
자신의 뜻대로 해룡이 죽었을 것이라 생각함
밖에서 사람들이 요란하게 떠드는 소리가 들려와 급히 나아가 보니, 해룡이 큰 호랑이 두 마리를 끌고 왔다. 변 씨는 크게 놀랐지만 무사히 잘 다녀온 것을 칭찬했다. 또한 큰 호랑이를 잡은 것을
예상과 달리 죽지 않은 해룡에게 자신의 속마음을 숨김
기뻐하는 체하며 해룡에게 말했다.

"일찍 들어가 쉬어라."

해룡이 변 씨의 칭찬에 감사드리고 제 방으로 들어가 보니, 방울이 먼저 와 있었다.
비현실적 요소

- 작자 미상, 〈금방울전〉 -

*가군: 남에게 자기 남편을 이르는 말.

01

답 | ①

윗글의 내용에 대한 이해로 적절하지 않은 것은?

정답 선지 분석

① 변 씨는 소룡에게 잠자는 해룡을 깨우라고 지시했다.

변 씨는 잠자는 해룡을 직접 부르고 있다. 해룡이 얼어 죽지 않은 것을 확인한 후 이상한 일이니 두고 보자고 소룡에게 이야기 할 뿐, 소룡에게 잠자는 해룡을 깨우라고 지시한 부분은 찾아볼 수 없다.

오답 선지 분석

② 변 씨는 해룡을 도운 것이 금방울이라는 것을 몰랐다.

해룡은 방아질을 하다가 얼어 죽을 뻔한 상황에서 금방울의 도움으로 살고, 방아질, 비질도 금방울의 도움을 받는다. 하지만 변 씨는 이를 알지 못하고 해룡이 요술을 부려 사람을 속인 것이라고 생각하고 있다.

③ 해룡은 밤에 방아질을 하다가 추워 방 안으로 들어갔다.

해룡은 얇은 홑옷만 입고 추운 겨울 날 밤에 방아질을 하다가 추위를 이기지 못해 잠깐 쉬려고 방 안으로 들어갔다.

④ 해룡은 방 안에서 움직이는 금방울을 보고 신통해 했다.

해룡은 자신의 방에서 금방울을 발견하고 잡으려 하지만 방 안을 굴러다니며 잡히지 않는 금방울을 신통하게 여겼다.

⑤ 금방울은 구호동에서 사라진 후 해룡보다 먼저 방에 도착했다.

금방울은 해룡이 호랑이를 잡도록 도와준 후 해룡이 산을 내려오면서 돌아볼 때는 이미 사라지고 없었으나, 해룡이 집에 돌아와 제 방에 들어가 보니 금방울이 방에 먼저 도착해 있었다.

02

답 | ④

[A]에 대한 설명으로 가장 적절한 것은?

정답 선지 분석

④ 자신이 제안한 바가 서로에게 이익이 됨을 근거로 상대방을 설득하고 있다.

변 씨는 해룡에게 구호동 논밭을 일굴 것을 제안하며, 해룡도 장가를 가고 변 씨와 소룡도 잘 살게 된다면 좋다는 말을 하고 있다. 즉 해룡이 구호동에서 논밭을 일구는 것이 변 씨와 해룡 모두에게 도움이 된다는 것을 근거로 해룡을 설득하고 있는 것이다.

오답 선지 분석

① 지난 일의 책임을 상대방에게 전가하며 태도 변화를 촉구하고 있다.

가산이 줄어든 것에 대해서 언급하고 있으나 해룡에게 이에 대한 책임을 묻고 있지 않다.

② 상대방으로 인한 자신의 손해를 언급하며 요청 사항을 전달하고 있다.

변 씨는 해룡이 논밭을 일구면 도움이 될 것이라고 말하고 있을 뿐, 해룡으로 인한 손해를 언급하고 있지 않다.

③ 상대방의 역할에 대해 의문을 제기하며 자신의 입장을 수정하고 있다.

변 씨는 해룡의 역할에 대해서 의문을 제기하고 있지 않으며, 입장을 수정하고 있지도 않다.

⑤ 상대방이 취하려는 행위를 만류하기 위해 상대방과 자신의 관계를 언급하고 있다.

변 씨는 해룡에게 구호동에 가서 논밭을 일굴 것을 제안하고 있는 것일 뿐 해룡이 취하려는 행위를 만류하려고 하고 있지 않다.

03

답 | ⑤

<보기>는 윗글의 서사 구조를 도식화한 것이다. ㄱ~ㄹ에 대한 설명으로 적절하지 않은 것은?

보기

해룡의 첫 번째 위기	⇒	해룡의 첫 번째 위기 극복	⇒	해룡의 두 번째 위기	⇒	해룡의 두 번째 위기 극복
⋮		⋮		⋮		⋮
ㄱ		ㄴ		ㄷ		ㄹ

정답 선지 분석

⑤ ㄱ~ㄹ의 과정에서 해룡은 겉과 속이 다르게 자신을 대하는 변 씨의 이중성을 눈치채고 반발하게 된다.

해룡이 집에서의 첫 번째 위기와 구호동에서의 두 번째 위기를 겪는 과정에서 변 씨는 해룡을 걱정하는 척, 겉과 속이 다른 모습을 부인다. 하지만 해룡은 구호동에서 돌아와서도 변 씨의 칭찬에 감사를 표하며 변 씨에게 예의 바른 모습을 보이고 있을 뿐 변 씨의 이중성에 대해 반발하고 있지 않다.

오답 선지 분석

① ㄱ은 집에서 얼어 죽게 될, ㄷ은 구호동에서 짐승에게 해를 입게 될 상황이다.

해룡의 첫 번째 위기는 집에서 방아질을 하면서 얼어 죽을 뻔한 것이고, 두 번째 위기는 호랑이가 나오는 구호동에서 짐승에게 해를 입을 뻔한 것이다.

② ㄱ과 ㄷ은 모두 해룡에게 수행하기 어려운 과제가 주어지는 상황이다.

ㄱ에서는 해룡에게 아이가 견디기 어려운 추위에 방아질이라는 어려운 과제가 주어졌고, ㄷ에서는 해룡에게 호랑이가 나오는 곳에서 논밭을 일구어야 하는 어려운 과제가 주어졌다.

③ ㄴ은 장차 해룡에게 화를 입을 것을 염려한 변 씨가 ㄷ을 계획하는 계기가 된다.

해룡이 첫 번째 위기를 극복한 뒤 변 씨는 금방울의 도움이 있던 것을 모르고, 해룡의 요술로 인한 것이라고 생각한 뒤 해룡을 오래 두었다가는 화를 당할 것이라 생각해, 해룡을 죽일 계획을 생각하게 된다.

④ ㄴ과 ㄹ은 신이한 능력을 지닌 금방울에 의해 주도적으로 진행된다.

금방울은 첫 번째 위기 상황에서 자신의 능력을 바탕으로 해룡의 방을 따뜻하게 해 해룡의 목숨을 구하고, 두 번째 위기 상황에서 해룡을 공격하는 호랑이를 공격해 제압한다. ㄴ과 ㄹ에서 해룡이 위기를 벗어나는 것은 금방울의 주도로 진행된 것이다.

빠른 정답 체크

01 ⑤　　**02** ④　　**03** ⑤

❶ 안녕하세요? '생활 속 전통문화'에 대한 발표를 맡은 ○○○입
_{발표자 소개}
니다. 저는 지난주에 매듭 팔찌를 만들며 우리 전통 매듭이 참 아
_{발표자의 경험을 언급하며 화제를 선정한 이유를 밝힘}
름답다고 생각하여 전통 매듭에 대해 조사해 보았습니다. 그래서
오늘은 제가 △△전통문화 연구소 누리집의 자료를 통해 알게 된
_{자료의 출처를 밝혀 발표의 신뢰성을 높임}
내용을 여러분과 나누고 싶어서 발표를 준비했습니다.

❷ 우리나라에서는 옛날부터 매듭을 생활 속에서 장식의 용도로
많이 사용했습니다. 고구려 벽화의 초상화 속 실내 장식에서도,
_{우리나라에서 옛날부터 매듭을 생활 속에서 장식의 용도로 사용한 예}
조선 시대 여성들이 사용하던 노리개의 장식에서도 매듭을 발견
할 수 있습니다.

❸ 그렇다면 우리나라의 전통 매듭에는 어떤 것들이 있을까요?
_{청중에게 질문하며 발표 내용에 대한 관심을 유도함}
(자료 1을 제시하며) 먼저 이 자료를 보시죠. 옷을 여미는 부분
_{발표 내용에 대한 청중의 이해를 돕기 위해 시각 자료를 제시}
에 매듭이 보이시나요? 이것이 연봉매듭입니다. 연봉은 연꽃 봉
_{연봉의 뜻을 설명하며 청중의 이해를 도움}
오리라는 뜻으로, 자료의 아래에 있는 그림처럼 매듭의 생김새가
_{연봉매듭의 이름의 유래}
연봉을 닮았다고 해서 붙은 이름이에요. 연꽃은 번영의 상징으로
_{연꽃의 상징}
여겨져 온 만큼, 연봉매듭에는 자손의 번창과 풍년을 기원하는
_{연봉매듭에 담긴 상징적 의미}
의미가 담겨 있습니다. 매듭은 보통 장식을 위해 사용되었는데
이 매듭은 단추와 같은 역할을 하여 실용적인 목적으로 사용되었
_{연봉매듭을 단추매듭이라고 부르는 이유}
기에 단추매듭이라 부르기도 합니다.

❹ 다음으로는 가지방석매듭을 소개하겠습니다. 이 매듭은 주머
니나 선추를 장식하기 위한 목적으로 많이 사용되었는데요, (자
_{가지방석매듭의 사용 목적}
료 2를 제시하며) 선추는 이렇게 부채의 고리나 자루에 매다는
_{선추의 뜻을 설명하며 청중의 이해를 도움}
장식품을 이르는 말입니다. 잠시 자료의 왼쪽 아래에 있는 매듭
을 보시죠. 이 매듭의 이름은 생쪽매듭이에요. 작은 원이 세 개
_{생쪽매듭의 이름의 유래}
있는 모양이 생강과 비슷해서 붙은 이름입니다. 생쪽매듭은 많은
매듭법의 기본이 되는데요, 가지방석매듭도 이 생쪽매듭을 중심
으로 하여 원 모양으로 줄줄이 이어 나가 방석 모양처럼 크게 엮
어 만든 매듭입니다. 그래서 이 매듭에는 좋은 일을 줄줄이 이어
_{가지방석매듭에 담긴 상징적 의미}
간다는 의미가 있고, 그것이 열매가 잘 맺히는 가지를 연상시킨
_{가지방석매듭의 이름의 유래}
다고 해서 가지방석매듭이라는 이름이 붙게 되었습니다.

❺ 지금까지 우리나라의 전통 매듭에 대해 알아보았습니다. 조사
를 하며 주변을 살펴보니 팔찌뿐 아니라 다양한 장신구에도 전통
_{조사 이후 발표자가 알게 된 점}
매듭이 활용된 것을 발견할 수 있었습니다. 여러분도 전통 매듭
의 의미를 떠올리며, 우리 주변의 전통 매듭에 관심을 가져 보면
_{전통 매듭에 관심을 가질 것을 당부하며 발표를 마무리함}
어떨까요? 이상으로 발표를 마치겠습니다.

01

답 | ⑤

위 발표자의 말하기 방식으로 적절하지 **않은** 것은?

정답 선지 분석

⑤ 발표 내용에 대한 청중의 이해도를 점검하며 발표를 마무리하고 있다.

　발표 내용에 대한 청중의 이해도를 점검하는 부분이 드러나지 않았으므로 적절하지 않다.

오답 선지 분석

① 자신의 경험을 언급하며 화제를 선정한 이유를 밝히고 있다.

　1문단에서 발표자가 매듭 팔찌를 만들어 본 경험을 언급하며 화제 선정의 이유를 밝히고 있다.

② 청중에게 질문을 하여 발표 내용에 대한 관심을 유도하고 있다.

　3문단에서 발표자가 청중에게 '그렇다면 우리나라의~것들이 있을까요?', '옷을 여미는 부분
　에 매듭이 보이시나요?'라고 질문하며 발표 내용에 대한 관심을 유도하고 있다.

③ 참고한 자료의 출처를 밝혀 발표 내용의 신뢰성을 높이고 있다.

　1문단에서 △△전통문화 연구소 누리집의 자료를 참고했다고 밝혀 신뢰성을 높이고 있다.

④ 발표 중간중간에 단어의 뜻을 설명하여 청중의 이해를 돕고 있다.

　3문단과 4문단에서 각각 '연봉'과 '선추'의 뜻을 설명하여 청중의 이해를 돕고 있다.

02

답 | ④

다음은 발표자가 제시한 자료이다. 발표자의 자료 활용에 대한 설명으로 적절하지 **않은** 것은?

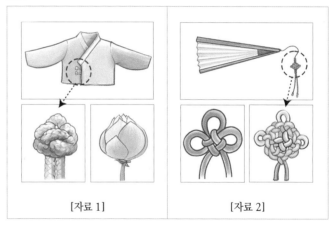

[자료 1]　　　　[자료 2]

정답 선지 분석

④ 가지방석매듭이 실용적인 목적으로 사용되었다는 것을 보여 주기 위해 [자
료 2]를 활용하였다.

　발표에서는 가지방석매듭이 선추의 장식으로 사용되었다는 것을 보여 주기 위해 [자료 2]를
　활용하고 있다. 가지방석매듭이 실용적인 목적으로 사용되었다는 것을 보여 주기 위해 [자료
　2]를 활용한 것은 아니다.

오답 선지 분석

① 연봉매듭이라는 명칭이 붙은 이유를 설명하기 위해 [자료 1]을 활용하였다.

　[자료 1]을 활용하여 매듭과 연봉의 형태적 유사성을 근거로 연봉매듭이라는 명칭이 붙었음
　을 설명하였다.

② 연봉매듭이 단추의 용도로 사용되었다는 것을 설명하기 위해 [자료 1]을 활
용하였다.

　[자료 1]을 활용하여 연봉매듭이 단추와 같은 역할을 하였음을 보여 주었다.

③ 가지방석매듭이 생쪽매듭을 기본으로 한다는 것을 설명하기 위해 [자료 2]
를 활용하였다.

　[자료 2]를 활용하여 가지방석매듭이 생쪽매듭을 기본으로 한다는 점을 설명하였다.

⑤ 좋은 일을 줄줄이 이어 간다는 의미가 담긴 가지방석매듭의 모양을 보여 주기 위해 [자료 2]를 활용하였다.

[자료 2]를 활용하여 좋은 일을 줄줄이 이어 간다는 의미가 담긴 가지방석매듭의 모양을 보여 주었다.

03
답 | ⑤

<보기>는 위 발표를 들은 학생들의 반응이다. 학생들의 반응을 이해한 내용으로 가장 적절한 것은?

보기

학생 1: 매듭을 단추의 용도로 사용한 것에서 조상들의 지혜를 느꼈어. 나도 매듭이 일상생활에서 응용된 다른 사례를 찾아봐야겠어.

학생 2: 나는 그동안 무언가를 묶거나 고정하는 데에만 매듭을 사용했는데, 다양한 물건을 아름답게 장식하는 용도로도 쓸 수 있다는 것을 알게 되었어.

학생 3: 얼마 전 전통 매듭 전시회를 다녀왔었어. 그때 본 노리개에 둥근 모양의 매듭이 달려 있었는데, 가지방석매듭과는 다른 모양이었어. 무슨 매듭이었는지 궁금해.

정답 선지 분석

⑤ '학생 2'와 '학생 3'은 모두 발표 내용과 관련 있는 자신의 경험을 떠올리고 있다.

'학생 2'는 매듭을 사용한 경험을 떠올렸고, '학생 3'은 전통 매듭 전시회에서 둥근 모양의 매듭을 본 경험을 떠올렸으므로 적절하다.

오답 선지 분석

① '학생 1'은 발표 내용에 제시된 정보를 사실과 의견으로 구분하고 있다.

'학생 1'은 발표 내용을 일상생활에 응용한 사례를 찾으려 할 뿐, 발표 내용을 사실과 의견으로 구분하고 있지는 않다.

② '학생 2'는 자료의 정확성을 판단하며 발표 내용을 비판적으로 수용하고 있다.

'학생 2'는 자신이 발표를 통해 새로 알게 된 내용을 언급하고 있을 뿐, 자료의 정확성을 판단하고 있지는 않다.

③ '학생 3'은 발표에서 누락된 부분이 있다는 점을 지적하고 있다.

'학생 3'은 자신의 경험을 떠올리며 궁금증을 표현하고 있을 뿐, 발표에서 누락된 부분이 있다는 것을 지적하고 있지는 않다.

④ '학생 1'과 '학생 2'는 모두 발표에서 직접적으로 언급하지 않은 내용을 추론하고 있다.

'학생 1'은 발표 내용을 일상생활에 응용한 사례를 찾으려 할 뿐, 발표에서 언급되지 않은 내용을 추론하고 있지 않다. '학생 2' 또한 발표를 통해 새로 알게 된 내용을 언급하고 있을 뿐, 발표에 언급되지 않은 내용을 추론하고 있지 않다.

DAY 2 언어

빠른 정답 체크

01 ③   **02** ①   **03** ⑤   **04** ②   **05** ②

사이시옷이란 두 단어 또는 형태소가 결합하여 만들어진 합성어의 두 요소 사이에 표기하는 'ㅅ'을 말한다. '한글 맞춤법'에 따르면 다음과 같은 조건들이 만족되어야 사이시옷을 표기할 수 있다.
_{사이시옷의 개념}

우선, 「두 단어가 결합하는 형태가 고유어와 고유어의 결합, 고유어와 한자어의 결합, 한자어와 고유어의 결합으로 이루어진 합성어인 경우」, 사이시옷을 표기할 수 있다. 단일어이거나 접사가 결합하여 만들어진 단어인 파생어에는 사이시옷이 표기되지 않고, 외래어가 포함된 합성어나 한자어만으로 구성된 합성어의 경우에도 사이시옷은 표기되지 않는다. 단, '곳간(庫間), 셋방(貰房), 숫자(數字), 찻간(車間), 툇간(退間), 횟수(回數)'라는 한자어는 예외적으로 사이시옷을 표기한다.

다음으로 이러한 합성어의 앞말이 모음으로 끝나고 두 단어가 결합하여 발생하는 음운론적 현상이 다음 중 하나에 해당하여야 한다. 첫째, 뒷말의 첫소리가 된소리로 바뀌는 경우, 둘째, 뒷말의 첫소리 'ㄴ, ㅁ' 앞에서 'ㄴ' 소리가 덧나는 경우, 셋째, 뒷말의 첫소리 모음 앞에서 'ㄴㄴ' 소리가 덧나는 경우에 사이시옷을 표기할 수 있다.

01
답 | ③

윗글을 바탕으로 사이시옷 표기에 대해 이해한 내용으로 적절하지 않은 것은?

정답 선지 분석

③ '코마개'와 달리 '콧날'은 뒷말의 첫소리 모음 앞에서 'ㄴㄴ' 소리가 덧나기 때문에 사이시옷이 표기된 것이겠군.

'콧날'은 '코'와 '날'이 결합해 [콘날]로 발음되므로 '뒷말의 첫소리 'ㄴ, ㅁ' 앞에서 'ㄴ' 소리가 덧나는 경우'에 해당하기 때문에 적절하지 않다.

오답 선지 분석

① '아래옷'과 달리 '아랫마을'은 앞말의 끝소리에 'ㄴ' 소리가 덧나기 때문에 사이시옷이 표기된 것이겠군.

'아랫마을'은 '아래옷'과 달리 '아래'와 '마을'이 결합할 때 앞말의 끝소리에 'ㄴ' 소리가 덧나 [아랜마을]로 발음되기 때문에 적절하다.

② '고깃국'과 달리 '해장국'은 앞말이 모음으로 끝나지 않았기 때문에 사이시옷이 표기되지 않은 것이겠군.

'고깃국'은 '고기'와 '국'이 결합할 때 앞말이 모음으로 끝나며 뒷말의 첫소리가 된소리로 발음되기 때문에 사이시옷을 첨가하여 '고깃국'으로 표기하고, '해장국'은 뒷말의 첫소리가 된소리로 발음되더라도 앞말이 모음으로 끝나지 않아 사이시옷이 표기되지 않은 것이므로 적절하다.

④ '우윳빛'과 달리 '오렌지빛'은 합성어를 구성하는 단어의 결합 형태를 고려하여 사이시옷을 표기하지 않은 것이겠군.

'우윳빛'은 한자어 '우유'와 고유어 '빛'이 결합된 형태이고, '오렌지빛'은 외래어 '오렌지'와 고유어 '빛'이 결합된 형태이다. '오렌지빛'은 '우윳빛'과 달리 '외래어가 포함된 합성어'로 사이시옷을 표기하지 않는 경우에 해당하기 때문에 적절하다.

⑤ '모래땅'과 달리 '모랫길'은 두 단어가 결합할 때 뒷말의 첫소리가 된소리로 바뀌었기에 사이시옷이 표기된 것이겠군.

'모래땅'은 '모래'와 '땅'이 결합된 형태로 뒷말의 첫소리가 본래 된소리이다. '모랫길'은 '모래'와 '길'이 결합하여 [모래낄/모랟낄]로 발음되므로 '뒷말의 첫소리가 된소리로 바뀌는 경우'에 해당하여 사이시옷이 표기된 것이므로 적절하다.

02

답 | ①

<보기>는 윗글을 이해하기 위한 탐구 학습지의 일부이다. ㉠~㉢에 들어갈 말로 적절한 것은?

보기

[탐구 과제]

[탐구 자료]를 활용하여 제시된 단어들의 올바른 표기를 쓰고, 그 이유를 설명해 보자.

◦ 해 + 살 → (　　　)　　　◦ 해 + 님 → (　　　)

[탐구 자료]

살² 「명사」
(일부 명사 뒤에 붙어) 해, 볕, 불 또는 흐르는 물 따위의 내비치는 기운.

살-⁶ 「접사」
온전하지 못함의 뜻을 더하는 접두사.

-님⁴ 「접사」
(사람이 아닌 일부 명사 뒤에 붙어) '그 대상을 인격화하여 높임'의 뜻을 더하는 접미사.

님⁵ 「명사」
(일부 속담에 쓰여) '임'을 이르는 말.

[탐구 결과]

'해'와 '살'이 결합한 단어의 표기는 (　㉠　)이고, '해'와 '님'이 결합한 단어의 표기는 (　㉡　)입니다. 사이시옷은 합성어의 두 요소 사이에 표기하는 것이기 때문에 (　㉢　)가 결합한 경우 사이시옷을 적지 않습니다.

정답 선지 분석

	㉠	㉡	㉢
①	햇살	해님	접사

'해'와 '살'이 결합할 때, 이때의 '살'은 [탐구 자료]의 '살²'에 해당하는 명사이므로 ㉠은 합성어이다. 합성어에서 뒷말의 첫소리가 된소리로 바뀌는 경우 사이시옷을 표기하는데, '해'와 '살'이 결합할 때, 뒷말의 첫소리가 된소리로 바뀌므로 ㉠에 들어갈 말은 '햇살'이다. '해'와 '님'이 결합할 때, 이때의 '님'은 [탐구자료]의 '-님⁴'에 해당하는 접사이므로, ㉡은 파생어이다. 합성어와 달리 접사가 결합하여 만들어진 단어인 파생어에는 사이시옷이 표기되지 않으므로 '해님'의 형태가 적절하다. 따라서 ㉡에 들어갈 말은 '해님'이고 ㉢에 들어갈 말은 '접사'이다.

03

답 | ⑤

<보기>는 수업의 일부이다. 선생님의 질문에 대한 답으로 적절한 것은?

보기

선생님: 음운 변동 중 교체가 일어날 때 앞 음절의 종성과 뒤 음절의 초성 자리에 놓인 두 음운이 만나서 그중 하나가 바뀌는 경우가 있습니다. ㉠은 뒤 음절의 초성 자리에 놓인 음운이 바뀌는 경우이고, ㉡은 앞 음절의 종성 자리에 놓인 음운이 바뀌는 경우를 나타냅니다.

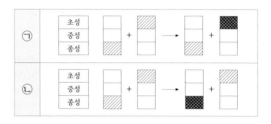

그럼, 표준 발음에 따라 다음 단어들을 ㉠과 ㉡으로 나눠 볼까요?

먹물, 중력, 집념, 칼날, 톱밥

정답 선지 분석

	㉠	㉡
⑤	중력, 칼날, 톱밥	먹물, 집념

'중력'은 [중녁]으로 발음되어 뒤 음절의 초성 자리에 놓인 음운이 바뀌고, '칼날'은 [칼랄]로 발음되어 뒤 음절의 초성 자리에 놓인 음운이 바뀌고, '톱밥'은 [톱빱]으로 발음되어 뒤 음절의 초성 자리에 놓인 음운이 바뀌므로 '중력', '칼날', '톱밥'은 ㉠에 해당한다. '먹물'은 [멍물]로 발음되어 앞 음절의 종성 자리에 놓인 음운이 바뀌고, '집념'은 [짐념]으로 발음되어 앞 음절의 종성 자리에 놓인 음운이 바뀌므로 '먹물', '집념'은 ㉡에 해당한다.

04

답 | ②

<보기 1>을 바탕으로 <보기 2>에 대해 설명한 내용으로 적절하지 <u>않은</u> 것은?

보기 1

주체 높임법은 문장의 주어인 서술의 주체에 대하여 높임의 태도를 나타내는 방법이다. 객체 높임법은 문장의 목적어나 부사어가 지시하는 대상, 곧 서술의 객체에 대하여 높임의 태도를 나타내는 방법이다. 주체 높임과 객체 높임의 대상은 문장에서 표면적으로 드러나기도 하고 생략되기도 한다. 한편, 상대 높임법은 화자가 청자인 상대방에 대하여 높이거나 낮추는 태도를 나타내는 방법이다. 한 문장 안에서도 다양한 높임법이 쓰일 수 있다.

보기 2

〈아들과 아버지의 통화〉

아들: ⓐ 아버지, 집에 언제 도착하시나요?

아버지: 무슨 일 있니?

아들: ⓑ 할머니께서 아버지께 전화해 보라고 하셨어요. ⓒ 아버지께 드릴 말씀도 있어서요.

아버지: 그래, 거의 다 왔으니 집에 가서 얘기하자. 그런데 할머니 아직 안 주무시니?

아들: ⓓ 아직 안 주무셔요. ⓔ 방금 어머니께서 할머니 모시고 나가셨어요.

② ⓑ는 객체 높임과 상대 높임의 대상이 다르다.

　ⓑ에서 객체 높임의 대상은 서술의 객체인 '아버지'이고, 상대 높임의 대상은 대화의 청자인 '아버지'이므로, 객체 높임과 상대 높임의 대상이 다르다는 진술은 적절하지 않다.

① ⓐ는 주체 높임과 상대 높임의 대상이 같다.

　ⓐ에서 주체 높임의 대상은 서술의 주체인 '아버지'이고, 상대 높임의 대상은 대화의 청자인 '아버지'로 동일하므로, 주체 높임과 상대 높임의 대상이 같다는 진술은 적절하다.

③ ⓒ는 객체 높임과 상대 높임의 대상이 같다.

　ⓒ에서 객체 높임의 대상은 서술의 객체인 '아버지'이고, 상대 높임의 대상은 대화의 청자인 '아버지'이므로, 객체 높임과 상대 높임의 대상이 같다는 진술은 적절하다.

④ ⓓ는 주체 높임과 상대 높임의 대상이 다르다.

　ⓓ에서 주체 높임의 대상은 생략된 서술의 주체인 '할머니'이고, 상대 높임의 대상은 대화의 청자인 '아버지'이므로, 주체 높임과 상대 높임의 대상이 다르다는 진술은 적절하다.

⑤ ⓔ는 주체 높임, 객체 높임, 상대 높임의 대상이 모두 다르다.

　ⓔ에서 주체 높임의 대상은 서술의 주체인 '어머니'이고, 객체 높임의 대상은 서술의 객체인 '할머니'이고, 상대 높임의 대상은 대화의 청자인 '아버지'이다. 그러므로 주체 높임, 객체 높임, 상대 높임의 대상이 모두 다르다는 진술은 적절하다.

05

답 | ②

<보기>에 대한 이해로 적절하지 <u>않은</u> 것은?

ㄱ. 羅睺羅(라후라) ㅣ 得道(득도)ㅎ야 도라가샤 **어미를** 濟渡(제도)ㅎ야
(라후라가 득도하여 돌아가서 어미를 제도하여)

ㄴ. 瞿曇(구담)이 오솔 니브샤 深山(심산)애 드러 **果實(과실)와** 믈와 좌시고
(구담의 옷을 입으시어 깊은 산에 들어 과일과 물을 자시고)

ㄷ. 南堀(남굴)ㅅ 仙人(선인)이 혼 **ᄯᆞ롤** 길어 내니 …… 時節(시절)에 자최마다 蓮花(연화) ㅣ 나ᄂᆞ니이다
(남굴의 선인이 한 딸을 길러 내니 …… 시절에 자취마다 연꽃이 납니다.)

ㄹ. 네가짓 受苦(수고)는 生(생)과 老(로)와 **病(병)과** 死(사)왜라
(네 가지 괴로움은 태어남과 늙음과 병듦과 죽음이다.).

② ㄱ의 '어미를'과 ㄷ의 'ᄯᆞ롤'에는 목적어의 자격을 부여해 주는 조사의 형태가 서로 동일하게 사용되었군.

　ㄱ의 '어미를'은 '어미'에 '를'이, ㄷ의 'ᄯᆞ롤'은 'ᄯᆞᆯ'에 '올'이 결합하고 있으며 이때 '를'과 '올'은 현대어 풀이에서 각각 목적격 조사 '를'과 '을'에 대응하고 있으므로 조사의 형태가 서로 동일하게 사용되었다는 것은 적절하지 않다.

① ㄱ의 '羅睺羅(라후라) ㅣ'와 ㄷ의 '仙人(선인)이'에는 주어의 자격을 부여해 주는 조사의 형태가 서로 다르게 사용되었군.

　ㄱ의 '羅睺羅(라후라) ㅣ'는 '羅睺羅(라후라)'에 'ㅣ'가, ㄷ의 '仙人(선인)이'는 '仙人(선인)'에 '이'가 결합하고 있으며 이때 'ㅣ'와 '이'는 현대어 풀이에서 각각 주격 조사 '가'와 '이'에 대응하고 있으므로 적절하다.

③ ㄴ의 '瞿曇(구담)이'와 ㄷ의 '南堀(남굴)ㅅ'에는 모두 관형어의 자격을 부여해 주는 조사가 사용되었군.

　ㄴ의 '瞿曇(구담)이'는 '瞿曇(구담)'에 '이'가, ㄷ의 '南堀(남굴)ㅅ'은 '南堀(남굴)'에 'ㅅ'이 결합하고 있으며 이때 '이'와 'ㅅ'은 모두 현대어 풀이에서 관형격 조사 '의'에 대응하고 있으므로 적절하다.

④ ㄴ의 '深山(심산)애'와 ㄷ의 '時節(시절)에'에는 모두 부사어의 자격을 부여해 주는 조사가 사용되었군.

　ㄴ의 '深山(심산)애'는 '深山(심산)'에 '애'가 ㄷ의 '時節(시절)에'는 '時節(시절)'에 '에'가 결합하고 있으며 이때 '애'와 '에'는 현대어 풀이에서 모두 부사격 조사 '에'에 대응하고 있으므로 적절하다.

⑤ ㄴ의 '果實(과실)와'와 ㄹ의 '病(병)과'에는 모두 단어와 단어를 이어주는 조사가 사용되었군.

　ㄴ의 '果實(과실)와'는 '果實(과실)'에 '와'가, ㄹ의 '病(병)과'는 '病(병)'에 '과'가 결합하고 있으며 이때 '와'와 '과'는 모두 현대어 풀이에서 조사 '과'에 대응하고, 각각 '果實(과실)'과 '믈', '病(병)'과 '死(사)'를 이어주고 있으므로 적절하다.

DAY 3　미시경제학

01 ③　　**02** ⑤　　**03** ①　　**04** ③　　**05** ⑤

❶ 경제학에서는「개별 경제 주체들이 주어진 조건하에서 자신이
　『」: 경제학의 기본 전제
ⓐ 조절할 수 있는 변수들을 적절히 선택하여 최적의 결과를 추구한다고 본다. 그런데 최적의 결과를 얻기 어려운 상황에 놓인다면 경제 주체들은 일반적으로 효율성을 ⓑ 고려하여 차선의 선택을 고민하게 된다. 하지만 립시와 랭카스터는 차선의 의미에
　　　　　　　　　　　　　　　립시와 랭카스터가 제시한 이론
대해 새로운 관점을 보여 주는 '차선의 이론'을 제시했다.

❷ 차선의 이론에서는「최적의 결과를 얻기 위한 여러 조건 중 한
　　　　　　　　　　『」: 충족되지 못한 조건이 그만큼 중요할 수 있기 때문
가지 이상의 조건이 ⓒ 충족되지 못하는 상황이라면 나머지 조건들이 모두 충족되더라도 그 결과는 차선이 아닐 수 있다고 본다. 예를 들어 ㉠ 효율성을 달성하기 위한 10개의 조건 중 9개의 조건이 충족되는 것이 8개의 조건이 충족되는 것보다 반드시 더 낫
　　　이미 1개의 조건이 충족되지 못한 상태임 → 조건의 개수만으로 비교할 수 없음
다고 볼 수는 없다는 의미이다.

❸ 여기서 왜 효율성을 달성하기 위한 10개의 조건 중 9개의 조건이 충족되는 것이 차선이 아닌지를 ⓓ 입증하기 위해서는 공평성을 함께 고려해야 한다. 한 사회가 어떤 것을 공평하다고 여기는지는 사회무차별곡선을 통해 확인할 수 있다. 사회무차별곡선
은「개별 경제 주체가 경제 활동을 통해 얻은 주관적 만족감인 효
　『」: 사회무차별곡선을 통해 알 수 있는 내용 ①
용수준을 종합한 사회후생수준」을 보여 준다. 사회무차별곡선의 모양을 보면「그 사회가 개인의 효용수준에 대한 평가를 통해 공
　　　　　　　　　『」: 사회무차별곡선을 통해 알 수 있는 내용 ②
평성에 대해 어떠한 가치판단을 하고 있는지」확인할 수 있다.

❹ 사회무차별곡선 위의 모든 점은 동일한 사회후생수준을 나타
　　　　　　　　　　사회무차별곡선의 해석 ①

내는데, 이 곡선이 원점에서 멀리 위치할수록 사회후생수준이 높

<u>사회무차별곡선의 해석 ②</u>

다는 것을 나타낸다. 일반적으로 사회무차별곡선의 모양은 <u>원점</u>

에 대해 볼록한 곡선으로, 우하향할수록 기울기가 완만해진다.

<u>사회무차별곡선의 모양</u>

이는「높은 효용수준을 누리는 사람의 효용에는 상대적으로 낮은

「 : 사회무차별곡선의 모양에 반영된 가치판단

가중치를 ⓔ <u>적용</u>하고, 낮은 효용수준밖에 누리지 못하는 사람들

의 효용에는 높은 가중치를 적용해 사회후생을 계산하는 것이 공

평하다는 가치판단이 반영된 결과이다.

❺ <그림>은 사회에서 경제적 자
원을 모두 활용하여 쌀과 옷 두 가
지 상품만 생산한다는 가정하에 생
산가능곡선 CD와 사회무차별곡선
(SIC)을 통해 차선의 이론의 예를
보여 준다. 〈그림〉의 생산가능곡선

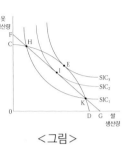

<그림>

CD는 원점에 내해 오목한 모양으로 이 <u>곡선 위의 점들은 생산의</u>

<u>E, H, K 지점</u>

효율성을 충족한다는 것을 의미하며, 곡선의 바깥쪽은 생산이 불

가능함을, <u>곡선의 안쪽은 생산은 가능하나 비효율적임을 나타낸</u>

<u>I 지점</u>

다. 이때 생산가능곡선과 사회무차별곡선이 접하는 E 지점이 최

<u>효율성을 충족하고 사회후생수준도 가장 높음</u>

적인데, 만약 선분 FG와 같은 어떤 제약이 가해져 이 <u>선분의 바</u>

<u>E 지점</u>

깥쪽에 있는 지점은 선택할 수 없게 되어 최적의 결과를 얻기 어

려운 상황이라고 가정해 보자. 이때 H 지점은 제약하에서도 생산

가능곡선 CD 위에 위치하기에「생산의 효율성이나마 충족하고

「 : 차선의 선택을 위해서는 사회후생수준도 고려해야 함

있으므로 차선의 선택이라고 생각하기 쉽지만 사회후생수준을

고려하면 그렇지 않다.」왜냐하면 SIC₁과 SIC₂의 원점에서의 위치

를 고려했을 때 SIC₁ 위에 있는 H 지점보다 SIC₂ 위에 있는 I 지

<u>사회후생수준을 고려하면 I 지점이 차선의 선택임</u>

점의 사회후생수준이 더 높기 때문이다. 따라서 제약하에서 사회

후생수준을 고려하면 I 지점이 차선의 선택이 된다.

01

답 | ③

윗글을 읽고 답을 찾을 수 <u>없는</u> 질문은?

> 정답 선지 분석

③ 립시와 랭카스터가 입증한 차선의 이론의 한계는 무엇인가?

1문단에서 립시와 랭카스터가 차선의 이론을 제시한 것은 확인할 수 있으나 윗글에 이들이
입증한 차선의 이론의 한계는 제시되어 있지 않으므로 적절하지 않다.

> 오답 선지 분석

① 차선의 이론이 갖는 의미는 무엇인가?

윗글은 최적의 결과를 얻기 위한 여러 조건 중 한 가지 이상의 조건이 충족되지 못하는 상황
이라면 나머지 조건들이 모두 충족되더라도 그 결과는 차선이 아닐 수 있다는 '차선의 이론'
을 설명하며 차선의 의미에 대해 새로운 관점을 보여 주고 있으므로 적절하다.

② 생산가능곡선 위의 점들이 의미하는 것은 무엇인가?

5문단에서 '생산가능곡선 CD는 원점에 대해 오목한 모양으로 이 곡선 위의 점들은 생산의
효율성을 충족한다는 것을 의미'한다고 하였으므로 적절하다.

④ 경제 주체들이 차선의 선택을 고민하게 되는 이유는 무엇인가?

1문단에서 '최적의 결과를 얻기 어려운 상황에 놓인다면 경제 주체들은 일반적으로 효율성
을 고려하여 차선의 선택을 고민하게 된다'고 하였으므로 적절하다.

⑤ 사회무차별곡선의 모양이 우하향할수록 기울기가 완만해지는 이유는 무엇
인가?

4문단에서 '일반적으로 사회무차별곡선의 모양은~공평하다는 가치판단이 반영된 결과'라고
하였으므로 적절하다.

02

답 | ⑤

<u>사회무차별곡선</u>에 대한 이해로 적절하지 <u>않은</u> 것은?

> 정답 선지 분석

⑤ 사회무차별곡선에는 높은 효용수준을 누리는 사람들의 주관적 만족감이 반
영되어 있지 않다.

3문단에서 '사회무차별곡선은 개별 경제 주체가 경제 활동을 통해 얻은 주관적 만족감인 효
용수준을 종합한 사회후생수준을 보여 준다.'고 하였고, 4문단에서 '일반적으로 사회무차별
곡선의 모양은~공평하다는 가치판단이 반영된 결과'라고 하였으므로, 사회무차별곡선에는
높은 효용수준을 누리는 사람들의 주관적 만족감이 반영되어 있지 않다는 진술은 적절하지
않다.

> 오답 선지 분석

① 사회무차별곡선 위의 모든 점은 동일한 사회후생수준을 나타낸다.

4문단에서 '사회무차별곡선 위의 모든 점은 동일한 사회후생수준을 나타'낸다고 하였으므로
적절하다.

② 사회무차별곡선은 일반적으로 원점에 대해 볼록한 곡선 모양이다.

4문단에서 '일반적으로 사회무차별곡선의 모양은 원점에 대해 볼록한 곡선'이라고 하였으므
로 적절하다.

③ 사회무차별곡선을 통해 공평성에 대한 사회의 가치판단을 확인할 수 있다.

3문단에서 '사회무차별곡선의 모양을 보면 그 사회가 개인의 효용수준에 대한 평가를 통해
공평성에 대해 어떠한 가치판단을 하고 있는지 확인할 수 있다.'라고 하였으므로 적절하다.

④ 사회무차별곡선은 개별 경제 주체의 효용수준을 종합한 사회후생수준을 보
여 준다.

3문단에서 '사회무차별곡선은 개별 경제 주체가 경제 활동을 통해 얻은 주관적 만족감인 효
용수준을 종합한 사회후생수준을 보여 준다.'고 하였으므로 적절하다.

03

답 | ①

차선의 이론을 통해 ㉠의 이유를 설명한 것으로 가장 적절한 것은?

> 정답 선지 분석

① 효율성과 다른 기준도 함께 고려할 필요가 있기 때문이다.

3문단에서 '왜 효율성을 달성하기 위한 10개의 조건 중 9개의 조건이 충족되는 것이 차선이
아닌지를 입증하기 위해서는 공평성을 함께 고려해야 한다'고 하였으므로 효율성과 다른 기
준도 함께 고려할 필요가 있기 때문이라고 ㉠의 이유를 설명하는 것은 적절하다. '

> 오답 선지 분석

② 경제 주체들이 스스로 자신의 효용수준에 대해 평가하기 때문이다.

경제 주체들이 스스로 자신의 효용수준에 대해 평가한 것을 통해 사회후생수준을 알 수 있지
만, ㉠의 이유와는 관련이 없으므로 적절하지 않다.

③ 효율성을 달성하기 위한 조건들의 중요도가 서로 다르기 때문이다.

효율성을 달성하기 위한 조건들의 중요도는 ㉠의 이유와는 관련이 없으므로 적절하지 않다.

④ 낮은 효용수준을 누리는 사람의 효용에는 가중치를 적용할 수 없기 때문이다.

4문단에서 사회무차별곡선에는 '낮은 효용수준밖에 누리지 못하는 사람들의 효용에는 높은
가중치를 적용해 사회후생을 계산하는 것이 공정하다는 가치판단이 반영된'다고 하였으므로
적절하지 않다.

⑤ 효율성을 달성하기 위한 모든 조건이 충족되지 않는다면 개별 주체의 효용 수준에 영향을 미치지 못하기 때문이다.

효율성을 달성하기 위한 조건의 미충족과 개별 주체의 효용수준은 관련이 없으므로 적절하지 않다.

04
답 | ③

다음은 윗글을 읽고 <그림>에 대해 경제 동아리 학생들이 나눈 대화이다. 적절하지 않은 것은?

동아리 회장: 오늘 살펴본 경제 자료 속 그래프에 대해 더 하고 싶은 얘기가 있으면 해 보자.

부원 1: 나는 H가 생산가능곡선 위에 있기 때문에 그렇지 않은 I보다 생산의 효율성이 높다고 생각해.

부원 2: 선분 FG와 같은 제약이 있는 상황에서 H가 아닌 I가 차선으로 선택되었다면 그 이유는 사회후생수준을 고려했기 때문이라고 생각해.

부원 3: I의 위치를 고려하면 생산이 가능하지 않아 비효율적인 지점이라고 생각해.

부원 4: 선분 FG와 같은 제약이 있는 상황에서 생산가능곡선을 고려하면 K도 H와 마찬가지로 생산의 효율성을 충족하는 지점이라고 생각해.

부원 5: SIC_3은 SIC_1과 SIC_2보다 사회후생수준이 높다고 생각해.

정답 선지 분석

③ 부원 3의 생각

5문단에서 생산가능곡선의 '안쪽은 생산은 가능하나 비효율적임을 나타낸다'고 하였고, <그림>에서 I는 생산가능곡선의 안쪽에 위치해 있음을 확인할 수 있다. 따라서 I의 위치를 고려하면 생산이 가능하지 않아 비효율적인 지점이라고 생각한다는 진술은 적절하지 않다.

오답 선지 분석

① 부원 1의 생각

5문단에서 '생산가능곡선 CD는 원점에 대해 오목한 모양으로 이 곡선 위의 점들은 생산의 효율성을 충족한다는 것을 의미'한다고 하였고, '곡선의 안쪽은 생산은 가능하나 비효율적임을 나타낸다'고 하였다. <그림>에서 H는 생산가능곡선 위의 한 점이고, I는 생산가능곡선 안쪽에 위치하고 있으므로 H가 생산가능곡선 위에 있어 그렇지 않은 I보다 생산의 효율성이 높다고 생각한다는 진술은 적절하다.

② 부원 2의 생각

5문단에서 '제약하에서 사회후생수준을 고려하면 I 지점이 차선의 선택이 된다'고 하였으므로, 선분 FG와 같은 제약이 있는 상황에서 H가 아닌 I가 차선으로 선택되었다면 그 이유는 사회후생수준을 고려했기 때문이라고 생각한다는 진술은 적절하다.

④ 부원 4의 생각

5문단에서 'H 지점은 제약하에서도 생산가능곡선 CD 위에 위치하기에 생산의 효율성이나마 충족하고 있다'고 하였고, <그림>에서 선분 FG와 같은 제약이 있는 상황에서 H와 K는 모두 생산가능곡선 위에 있으므로 선분 FG와 같은 제약이 있는 상황에서 생산가능곡선을 고려하면 K도 H와 마찬가지로 생산의 효율성을 충족하는 지점이라고 생각한다는 진술은 적절하다.

⑤ 부원 5의 생각

4문단에서 사회무차별곡선은 '원점에서 멀리 위치할수록 사회후생수준이 높다는 것을 나타낸다'고 하였고, <그림>에서 사회무차별곡선의 위치를 보면 SIC_3이 SIC_1과 SIC_2보다 원점에서 멀리 위치하고 있으므로 SIC_3은 SIC_1과 SIC_2보다 사회후생수준이 높다고 생각한다는 진술은 적절하다.

05
답 | ⑤

@~@의 사전적 의미로 적절하지 않은 것은?

정답 선지 분석

⑤ @: 일정한 조건이나 환경 따위에 맞추어 응하거나 알맞게 됨.

'적용'의 사전적 의미는 '알맞게 이용하거나 맞추어 씀.'이다. '일정한 조건이나 환경 따위에 맞추어 응하거나 알맞게 됨.'의 의미를 지닌 단어는 '적응'이므로 적절하지 않다.

오답 선지 분석

① @: 균형이 맞게 바로 잡음.

'조절'의 사전적 의미는 '균형이 맞게 바로 잡음.'이다.

② ⓑ: 생각하고 헤아려 봄.

'고려'의 사전적 의미는 '생각하고 헤아려 봄.'이다.

③ ⓒ: 일정한 분량을 채워 모자람이 없게 함.

'충족'의 사전적 의미는 '일정한 분량을 채워 모자람이 없게 함.'이다.

④ @: 어떤 증거 따위를 내세워 증명함.

'입증'의 사전적 의미는 '어떤 증거 따위를 내세워 증명함.'이다.

DAY 4	OLED 소재 및 소자의 기초와 응용

빠른 정답 체크

01 ① **02** ② **03** ③ **04** ③ **05** ③

❶ 맑고 화창한 날 밖에서 스마트폰 화면이 잘 보이지 않았던 경험이 한 번쯤은 있을 것이다. [야외 시인성이 저하되었기 때문] 이는 화면에 반사된 햇빛이 화면에서 나오는 빛과 많이 @ 혼재될수록 야외 시인성이 저하되기 때문이다. 야외 시인성이란, 빛이 밝은 야외에서 대상을 명확하게 인식할 수 있는 성질을 의미한다. [야외 시인성의 개념] 그렇다면 스마트폰에는 야외 시인성 개선을 위해 어떠한 기술이 적용되어 있을까?

❷ ㉠ 스마트폰 화면의 명암비가 높으면 우리는 화면에 표현된 이미지를 선명하다고 인식한다. 명암비는 「가장 밝은 색과 가장 어두운 색을 화면이 얼마나 잘 표현하는지를 나타내는 수치로, 「」: 명암비의 개념 흰색을 표현할 때의 휘도를 검은색을 표현할 때의 휘도로 나눈 [명암비의 계산법] 값이다. 여기서 휘도는 화면에서 나오는 빛이 사람의 눈에 얼마 [휘도의 개념] 나 들어오는지를 나타내는 양이다. 가령, 「흰색을 표현할 때의 휘 「」: 2,000cd/m²(흰색의 휘도)÷2cd/m²(검은색의 휘도) = 1,000(명암비) 도가 2,000cd/m²이고 검은색을 표현할 때의 휘도가 2cd/m²인 스마트폰의 명암비는 1,000」이다.

❸ 명암비는 휘도를 측정하는 환경에 따라 암실 명암비와 명실 [휘도를 측정하는 환경에 따른 명암비의 종류] 명암비로 구분된다. 암실 명암비는 「햇빛과 같은 외부광 없이 오 「」: 암실 명암비의 개념 로지 화면에서 나오는 빛만을 인식할 수 있는 조건에서의 명암비를, 명실 명암비는 「외부광이 ⓑ 존재하는 조건에서의 명암비를 「」: 명실 명암비의 개념 의미한다. 스마트폰의 야외 시인성을 높이기 위해서는 명실 명암 [스마트폰의 야외 시인성을 높이는 방법]

비를 높여야 한다. 이를 위해「화면에서 흰색을 표현할 때의 휘도
『: 명실 명암비를 높이는 방법
를 높이는 방법과 검은색을 표현할 때의 휘도를 낮추는 방법」을
사용할 수 있다.

❹ 그런데 스마트폰에 흔히 사용되는 OLED는 흰색을 표현할 때
의 휘도를 높이는 데 한계가 있다. OLED는 화면의 내부에 있는
기판*에서 빛을 내는 소자로,「빨간색, 초록색, 파란색 빛을 조합
                    OLED의 개념   『   : OLED의 기능
하여 다양한 색을 ⓒ 구현한다.」이렇게 OLED가 색을 표현할 때,
출력되는 빛의 세기를 높이면 해당 색의 휘도가 높아진다. 그러
나「강한 세기의 빛을 출력할수록 OLED의 수명이 ⓓ 단축되는 문
  『   : OLED의 한계
제가 있다.」이러한 이유로 OLED 스마트폰에는「편광판과 위상지
                                      『   : OLED의 한계를 해결하기 위한 방법
연필름을 활용하여, 외부광의 반사로 높아진, 검은색을 표현할
          OLED는 흰색을 표현할 때의 휘도를 높이는 데 한계가 있기 때문
때의 휘도를 낮추는 기술」이 적용되고 있다.

❺ <그림>은 OLED 스마트폰에 적용
된 편광판의 원리를 나타낸 것이다. 일
반적으로 빛은 진행하는 방향에 수직
      빛의 성질
인 모든 방향으로 진동하며 나아간다.

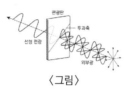

〈그림〉

빛이 편광판을 통과하면 그중 편광판의 투과축과 평행한 방향으
                                선형 편광의 개념
로 진동하며 나아가는 선형 편광만 남고, 투과축의 수직 방향으로
진동하는 빛은 차단된다. 이러한 과정에서 편광판을 통과한 빛의
                                빛이 편광판을 통과하면 선형 편광만 남기 때문
세기는 감소하게 된다.

┌ ❻ 이러한 원리를 이용해 OLED 스마트폰에서 야외 시인성
│   을 높이는 기술을 설명하면 다음과 같다.「먼저 스마트폰 화면
│   『   : OLED 스마트폰의 야외 시인성을 높이는 기술
│   안으로 들어오는 외부광은 편광판을 거치면서 일부가 차단되
│   고 투과축과 평행한 방향으로 진동하는 선형 편광만 남게 된
│   다. 그런 다음 이 선형 편광은 위상지연필름을 지나면서 회
│   전하며 나아가는 빛인 원형 편광으로 편광의 형태가 바뀐다.
[A]   원형 편광의 개념
│   이 원형 편광은 스마트폰 화면의 내부 기판에 반사된 뒤, 다
│   시 위상지연필름을 통과하며 선형 편광으로 바뀐다. 그런데
│   이 선형 편광의 진동 방향은 외부광이 처음 편광판을 통과했
│   투과축의 수직 방향으로 진동하는 빛은 차단됨
│   을 때 남은 선형 편광의 진동 방향과 수직을 이루게 되어 편
│   광판에 가로막히게 된다. 그 결과 기판에 반사된 외부광은 화
│   야외 시인성이 높아짐
└   면 밖으로 빠져나가지 못하게 된다.」

❼ 이와 같은 기술은 OLED 스마트폰의 야외 시인성을 높이는 데
에는 매우 효과적이지만, 편광판을 사용할 수밖에 없기 때문에「스
마트폰 화면이 일정 수준의 명암비를 유지하기 위해서는 ⓛ OLED
가 내는 빛의 세기를 높게 유지해야 한다는 단점이 존재한다.」그
  『   : OLED 스마트폰의 야외 시인성을 높이는 기술의 한계 ①
리고「외부광이 화면의 외부 표면에 반사되어 나타나는 야외 시
  『   : OLED 스마트폰의 야외 시인성을 높이는 기술의 한계 ②
인성의 저하도 ⓔ 방지하지 못한다.」최근에는 이러한 문제점들을
개선하기 위한 연구가 다양한 분야에서 이루어지고 있다.

---

* 기판: 전기 회로가 편성되어 있는 판.

01

답 | ①

윗글에서 알 수 있는 내용으로 가장 적절한 것은?

정답 선지 분석

① 햇빛은 진행하는 방향에 수직인 모든 방향으로 진동한다.
  5문단에 의하면 일반적으로 빛은 진행하는 방향에 수직인 모든 방향으로 진동하며 나아간
  다. 또한 스마트폰에 적용된 편광판의 원리를 나타낸 〈그림〉과 6문단을 참고했을 때, 외부광
  은 편광판을 거치면서 일부가 차단되므로 외부광이 일반적인 빛에 해당된다는 사실을 확인
  할 수 있다. 한편, 3문단에 의하면 햇빛은 외부광에 해당되므로, 햇빛이 진행하는 방향에 수
  직인 모든 방향으로 진동한다는 진술은 적절하다.

오답 선지 분석

② OLED는 네 가지의 색을 조합하여 다양한 색을 구현한다.
  4문단에 의하면 OLED는 빨간색, 초록색, 파란색 빛을 조합하여 다양한 색을 구현한다.

③ 사람의 눈에 들어오는 빛의 양이 많으면 휘도는 낮아진다.
  2문단에 의하면 휘도는 '화면에서 나오는 빛이 사람의 눈에 얼마나 들어오는지를 나타내는
  양'이므로, 사람의 눈에 들어오는 빛의 양이 많으면 휘도는 높아진다.

④ 야외 시인성은 사물 간의 크기 차이를 비교하는 기준이다.
  1문단에 의하면 야외 시인성이란 '빛이 밝은 야외에서 대상을 명확하게 인식할 수 있는 성질'
  이므로, 야외 시인성이 대상 간의 크기 차이를 비교하는 기준이라는 진술은 적절하지 않다.

⑤ OLED는 화면의 외부 표면에 반사되는 외부광을 차단한다.
  4문단에 의하면 OLED는 화면의 내부에 있는 기판에서 빛을 내는 역할을 하는 소자이다. 그
  러므로 OLED가 화면의 외부 표면에 반사되는 외부광을 차단한다는 진술은 적절하지 않다.

02

답 | ②

㉠에 대한 설명으로 적절하지 않은 것은?

정답 선지 분석

② 흰색을 표현할 때의 휘도가 낮아질수록 암실 명암비가 높아진다.
  2, 3문단에 의하면 암실 명암비는 외부광이 존재하지 않는 조건에서, 화면이 흰색을 표현할
  때의 휘도를 검은색을 표현할 때의 휘도로 나눈 값이다. 그러므로 흰색을 표현할 때의 휘도
  가 낮아질수록 암실 명암비도 낮아진다.

오답 선지 분석

① 명실 명암비를 높이면 야외 시인성이 높아지게 된다.
  3문단에 의하면 스마트폰의 야외 시인성을 높이기 위해서는 명실 명암비를 높여야 한다. 그
  러므로 명실 명암비를 높이면 야외 시인성이 높아지게 된다.

③ 휘도를 측정하는 환경에 따라 명실 명암비와 암실 명암비로 나뉜다.
  3문단에 의하면 암실 명암비와 명실 명암비는 휘도를 측정하는 환경에 따라 구분된다.

④ 흰색을 표현할 때의 휘도를 검은색을 표현할 때의 휘도로 나눈 값이다.
  2문단에 의하면 명암비는 흰색을 표현할 때의 휘도를 검은색을 표현할 때의 휘도로 나눈 값
  이다.

⑤ 화면에 반사된 외부광이 눈에 많이 들어올수록 명실 명암비가 낮아진다.
  1문단에 의하면 화면에 반사된 햇빛이 화면에서 나오는 빛과 많이 혼재될수록 검은색을 표
  현할 때의 휘도가 높아져서 명실 명암비가 낮아진다.

WEEK 7

03

답 | ③

ⓒ의 이유를 추론한 것으로 가장 적절한 것은?

정답 선지 분석

③ OLED가 내는 빛 중 일부가 편광판에서 차단되기 때문이다.

'OLED가 내는 빛의 세기를 높게 유지해야 한다'는 단점이 발생하는 원인은 투과되는 빛의 세기를 감소시키는 편광판이 사용되기 때문이다. 편광판은 OLED에서 방출된 빛 중 편광판 투과축의 수직 방향으로 진동하는 빛을 차단시켜 빛의 세기를 감소시킨다. 이를 통해 OLED 에서 방출된 빛이 외부광처럼 편광판에 일부 차단되어 빛의 세기가 줄어든다는 것을 추론할 수 있다.

오답 선지 분석

① OLED가 내는 빛의 휘도를 조절할 수 없기 때문이다.

4문단에 의하면 OLED가 색을 표현할 때, 출력되는 빛의 세기를 높여 해당 색의 휘도를 높일 수 있으므로 적절하지 않은 진술이다.

② OLED가 내는 빛이 강할수록 수명이 길어지기 때문이다.

4문단에 의하면 OLED가 강한 세기의 빛을 출력할수록 OLED의 수명이 단축되므로 적절하지 않은 진술이다.

④ OLED가 내는 빛이 약하면 명암비 계산이 어렵기 때문이다.

빛의 세기를 높게 유지해야 하는 것은 명암비 계산을 어렵게 하는 것과는 관련이 없으므로 적절하지 않은 진술이다.

⑤ OLED가 내는 빛의 세기를 높이는 데 한계가 있기 때문이다.

4문단에 의하면 빛의 세기를 높이는 데 한계가 있지만 이는 빛의 세기를 높게 유지하는 것과 관련이 없으므로 적절하지 않은 진술이다.

04

답 | ③

<보기>는 [A]의 과정을 나타낸 그림이다. 윗글을 바탕으로 <보기>를 이해한 내용으로 적절하지 않은 것은?

보기

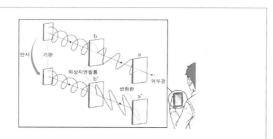

정답 선지 분석

③ b를 거친 빛은 기판에 의해 a를 거쳐 b로 나아가는 빛과 같은 형태의 편광으로 바뀌게 된다.

b를 거친 빛은 원형 편광이며, a를 거쳐 b로 나아가는 빛은 선형 편광이므로, 둘은 같은 형태의 편광이 아니다. 또한 기판은 편광의 형태를 바꾸지 않으므로, b를 거친 빛이 a를 거쳐 b로 나아가는 빛과 같은 형태의 편광으로 바뀐다는 진술은 적절하지 않다.

오답 선지 분석

① 외부광은 a를 거치면서 투과축과 평행한 방향으로 진동하는 빛만 남게 된다.

5, 6문단에 의하면 외부광은 편광판을 거치면서 편광판의 투과축과 평행한 방향으로 진동하며 나아가는 선형 편광만 남는다.

② a를 거쳐 b로 나아가는 빛은 진행 방향에 수직인 방향으로 진동한다.

5, 6문단에 의하면 편광판을 거쳐 위상지연필름으로 나아가는 빛은 선형 편광이다. 선형 편광은 진행하는 방향에 수직인 빛 중 편광판의 투과축과 평행한 방향으로 진동하며 나아가는 빛이다.

④ b′를 거친 빛의 진동 방향은 a를 거쳐 b로 나아가는 빛의 진동 방향과 수직을 이룬다.

6문단에 의하면 기판에 반사되어 다시 위상지연필름을 통과한 빛의 진동 방향은 외부광이 처음 편광판을 통과했을 때 남은 선형 편광의 진동 방향과 수직을 이룬다.

⑤ b′를 거친 빛은 진동 방향이 a′의 투과축과 수직을 이루므로 화면 밖으로 빠져나가지 못하게 된다.

6문단에 의하면 기판에 반사되어 다시 위상지연필름을 통과한 빛의 진동 방향은 편광판 투과축의 수직 방향이다.

05

답 | ③

문맥상 ⓐ~ⓔ와 바꾸어 쓰기에 적절하지 않은 것은?

정답 선지 분석

③ ⓒ: 고른다

'구현하다'는 '어떤 내용을 구체적인 사실로 나타나게 하다.'라는 의미를 지닌 단어이다. 따라서 '구현하다'를 '여럿 중에서 가려내거나 뽑는다.'라는 의미를 지닌 '고른다'로 바꾸는 것은 적절하지 않다.

오답 선지 분석

① ⓐ: 뒤섞일수록

'혼재되다'는 '뒤섞이어 있다.'라는 의미를 지닌 단어이므로, '혼재될수록'은 '뒤섞일수록'으로 바꾸어 쓸 수 있다.

② ⓑ: 있는

'존재하다'는 '현실에 실재(實在)하다.'라는 의미를 지닌 단어이며, '있다'는 '어떤 사실이나 현상이 현실로 존재하는 상태이다.'라는 의미를 지닌 단어이므로, '존재하는'은 '있는'으로 바꾸어 쓸 수 있다.

④ ⓓ: 줄어드는

'단축되다'는 '시간이나 거리 따위가 짧게 줄어들다.'라는 의미를 가진 단어이므로, '단축되는'은 '줄어드는'으로 바꾸어 쓸 수 있다.

⑤ ⓔ: 막지

'방지하다'는 '어떤 일이나 현상이 일어나지 못하게 막다.'의 의미를 지닌 단어이므로, '방지하지'는 '막지'로 바꾸어 쓸 수 있다.

DAY 5 〈십육영〉_권섭 / 〈출새곡〉_조우인 / 〈태안사 가는 길에서〉_공선옥

빠른 정답 체크

01 ①   02 ④   03 ②   04 ③   05 ⑤

가

구렁에 서 있는 나무 우뚝하기도 하구나
　　소나무에 대한 화자의 긍정적 인식
풍상(風霜)을 실컷 겪고 독야청청(獨也靑靑)하구나
　　시련과 고난　　　　영탄적 어조 - 소나무의 절개 예찬
져근덧 베지 말고 두면 동량재(棟梁材)* 되겠구나
　　시련으로 인해 미래의 인재가 희생될 것을 염려하는 정서 함의
　　　　　　　　　　　　　　　　　<제1수(소나무[松])>

꼬리치고 휘파람 불며 기염(氣焰)*도 황홀하구나
　　호랑이의 모습　　　　　　　　호랑이의 위엄과 기세 예찬
이 뫼에 들어온 지 몇 해나 되었나니
　　호랑이가 산의 질서를 지키는 존재임을 알 수 있음

「진실로 네 잠깐 떠나면 **호리종횡(狐狸縱橫)***하겠구나」
　　　　호랑이　　　　　　　「」: 호랑이의 부재로 인한 부조리한 현실 발생 염려

<제11수(호랑이[虎])>

㉠ 오리마 적표마*들이 관단 노태*와 같겠느냐
　　설의적 표현을 통해 오리마 적표마의 뛰어남 강조
바람에 슬피 울며 네 굽을 허위치니

아무리 **천리지(千里志)*** 있은들 알 이 없어 서러워라
　　　능력이 있어도 알아주는 이가 없는 상황　　　화자의 감정 직접적 제시

<제15수(말[馬])>

- 권섭, <십육영(十六詠)>-

* **동량재**: 기둥과 들보로 쓸 만한 재목. 한 집안이나 나라를 떠받치는 중대한 일을
　맡을 만한 인재를 이르기도 함.
* **기염**: 불꽃처럼 대단한 기세.
* **호리종횡**: 여우와 살쾡이가 이리저리 날뜀. 여우와 살쾡이는 도량이 좁고 간사
　한 사람을 비유적으로 이르는 말이기도 함.
* **오리마 적표마**: 오리마는 온몸의 털이 검은 말, 적표마는 붉은색을 가진 명마.
* **관단 노태**: 관단과 노태로 모두 걸음이 느린 말을 의미함.
* **천리지**: 천리를 달리고자 하는 뜻.

나

북방 이십여 주에 경성이 문호인데
　　　　　함경도 경성　　외부와의 교류를 위한 통로
군사 백성 다스리기를 나에게 맡기시니
화자가 기행을 떠나는 목적 - 화자가 경성의 목민관으로 임명됨
망극한 임금의 은혜 갚을 길이 어렵구나
　　　　　임금의 은혜에 대한 고마움
㉡ 서생의 일은 글쓰기인가 여겼더니
　　문인으로서 뜻밖에 북방의 관리로 부임을 하게 됨
늙은이의 변방 부임 진실로 뜻밖이로다

임금께 절하고 칼을 짚고 돌아서니

만 리 밖 국경에 내 한 몸 다 잊었다
　　자신의 임무를 다하겠다는 비장한 각오가 드러남
흥인문 내달아 녹양평에 말 갈아타고
□: 화자의 기행 여정(구체적 지명)
은하수 옛길을 다시 지나간단 말이냐
　　설의적 표현을 통해 화자의 감회를 드러냄
회양 옛 사실* 소문만 들었더니

대궐을 홀로 떠나는 적객*은 무슨 죄인가
　　　스스로를 귀양살이하는 사람으로 여김
높고 험한 철령을 험하단 말 전혀 마오
　　　　　　　　　　　　　　　　　　　　　　　　　[A]
세상살이에 비하면 평지인가 여기노라
　　변방으로 떠나는 자신의 처지
눈물을 거두고 두어 걸음 돌아서니

서울이 이디요 대궐이 가렸노다
　　　　서울을 벗어남
안변 북쪽은 저쯤에 오랑캐 땅인데

오랑캐를 정벌하여 천 리 밖 몰아내니
오랑캐를 정벌하여 국토를 확장한 장수들
윤관 김종서의 큰 공적 초목이 다 알도다
　　　두 장수의 공적을 과장하여 표현
용흥강 건너와 정평부 잠깐 지나
　　　　　　　평안도 정주
만세교 앞에 두고 낙민루에 올라앉아
함경도에 위치한 다리　　함경도에 위치한 누각 이름
옥저*의 산하 하나하나 돌아보니

천년의 풍패*에 상서로운 기운 어제인 듯하구나
　　　이성계의 고향인 함흥에 좋은 기운이 깃들어 있다고 느낌
함관령 저문 날에 말은 어찌 병들었는가

㉢ 모래바람 자욱한데 갈 길이 멀었구나
　　　　화자의 여정이 평탄하지 않음

홍원 옛 고을의 천관도를 바라보고
함경도 지명
대문령 넘어서 청해진에 들어오니
　　　　　　　화자의 부임지
함경도의 요해지요 남북의 요충지라
　　　　공간의 특징을 드러냄
충신과 정예 병사 무기를 늘어놓고

강한 활과 쇠뇌로 요충지를 지키는 듯

태평세월 백 년 동안 전쟁을 잊으니

철통같은 방어를 일러 무엇하리오

- 조우인, <출새곡(出塞曲)>-

* **회양 옛 사실**: 중국 한나라 무제(武帝) 때 급장유(汲長孺)가 회양 태수로 선정을
　베풀었던 일.
* **적객**: 귀양살이를 하는 사람. 여기서는 임금 곁을 떠나 경성 판관으로 부임하는
　자신의 신세를 말함.
* **옥저**: 함경도 함흥 일대에 위치했던 고대 국가.
* **풍패**: 천 년 전 한나라를 건국한 유방의 고향에 빗대어 조선을 건국한 이성계의
　고향인 함흥을 가리킴.

다

　태안사 가는 길에 물이, 보성강 물이 있습니다. 그 물길이 끝나
는 지점이 태안사 들어가는 입구지요. 아닙니다, 물길은 끝나지
　　　　　　　　　　　태안사의 입구가 물길이 끝나는 지점이 아니라고 정정함
않고 다만 태안사 들어가는 입구가 그 물길의 중간에나 있을 따
름이지요. ㉣ 물길이 끝났다고 슬퍼할 필요는 없습니다, 「곧이어
숲이, 숲길이 시작될 테니까요.」
　　　　　　　　　　　「」: 물길이 끝났다고 슬퍼할 필요가 없는 이유
　　　　여름 숲도 좋지만 겨울 숲은 또 나름대로 외로워서 좋습니
　　　　　　　　　　　　　열거의 방식을 통해 겨울 숲이 좋은 이유를 드러냄
　　　　다. 높아서 좋습니다. 야위어서 좋습니다. 여름 숲의 무성함,
　　　　　　　　　　　　　　　　　　　　　　여름 숲의 특징
　　　　풍성함, 윤택함에 한동안 외로움을 잊고 살았습니다. 외롭지
[B]
　　　　않을 때는 외롭지 않아서 좋았고 외로울 때는 또 외로워서 좋
　　　　　　　　　　　　　　계절에 상관없이 자연에서 느끼는 만족감을 드러냄
　　　　았습니다. 올해는 유난히 눈이 안 내리는 겨울입니다. 높고
　　　　푸른 하늘이 외로운 나무 끝에 펼쳐져 있습니다.
　　　　　　　　　　　눈이 내리지 않는 겨울 숲의 모습
(중략)

　거기에서 그 노인을 보았습니다. 노인은 절 부엌에서 나오는 음
　　　　　　　　글쓴이가 마주한 대상　　　　　　　　노인의 행동
식을 고양이에게 먹이고 있었습니다. 내가 빙긋 웃자 노인의 얼
굴이 한순간 붉어졌습니다. 노인은 소년의 얼굴을 가졌더군요.
　　　　　　　　　　　　노인을 따뜻한 시선으로 바라보는 글쓴이의 모습
아닙니다. 아기의 얼굴이었습니다. 절 사람들이 다 싫어하는 도
둑고양이를 아기 얼굴을 가진 태안사 불목하니* 그 노인이 혼자
　　　　　　　　　　　　　　　　　노인의 직업
숨어서 돌보고 있었습니다. 사람들이 많이 모여 있으면 다람쥐처
　　　　　　　　　　　　　　글쓴이가 태안사에 가는 이유
럼 어딘가로 숨어 버리는 그를 보러 나는 태안사에 가곤 합니다.
고양이, 해탈이는 잘 크고 있는지도 궁금하고요. 절 사람들은 노
인을 이 처사라고 불렀습니다. 「내가 그를 보면 바짝 반가워하는
다른 사람들이 노인을 호명할 때의 이름　　「」: 살갑지 않은 노인의 성격
데도 그는 반가운 내색을 할 줄 모릅니다. 내가 그와 헤어지는 게
못내 섭섭해 작별 인사가 길어지는데도 그는 그저 가라고 손짓
한번 해 주고 그만입니다.」 그것이 처음에는 굉장히 서운했는데
이제 그조차 익숙해졌습니다.

태안사 가는 길은 참 좋습니다. 물이 있고 곧이어 숲이 있고 해
태안사 가는 길에 대한 글쓴이의 긍정적 인식 / 글쓴이가 태안사 가는 길을 좋아하는 이유
탈이가 있고 다람쥐보다 더 빠르게 달릴 줄 아는 그가 있기 때문
입니다. 나는 그와 어떤 특별한 말을 주고받은 적도 없습니다. 그
래도 그는 나에게 커다란 위로가 됩니다. 그는 내 속의 부처가 되
글쓴이에게 있어 노인의 의미
었습니다. 그는 아마 그것도 모를 테지요. 자신이 누군가의 마음
속에 들어가 커다란 위로가 되고 부처가 되었다는 사실을. 나는
또한 누군가의 가슴속에 들어가 위로가 되고 부처가 될 수는 없
노인을 통해 자신의 모습을 성찰적으로 바라봄
을까요. 좀 더 가난해지고 좀 더 외로워지면 그럴 수 있을는지요.
하기사 태안사의 그는 가난과 외로움조차도 스스로 느끼지 않는
그저 '그'일 따름이었습니다. ⑪ 가난과 외로움조차도 때로는 거
가난과 외로움을 느끼지 않고도 잘 살아갈 수 있다는 깨달음을 얻음
추장스런 장신구일 수도 있겠습니다.

　　　　　　　　　　　　　　　- 공선옥, 〈태안사 가는 길에서〉 -

* 불목하니: 절에서 밥을 짓고 물을 긷는 일을 맡아서 하는 사람.

01　　　　　　　　　　　　　　답 | ①

(가)~(다)에 대한 설명으로 가장 적절한 것은?

정답 선지 분석

① (가)와 (나)는 모두 영탄적 어조를 통해 화자의 정서를 강조하고 있다.
(가)는 '하구나', '서러워라'에서 영탄적 어조를 사용하여 각각 독야청청한 소나무에 대한 감탄과 천리마에 대한 안타까움을 강조하여 드러내고 있다. (나)는 '어렵구나', '병들었는가'에서 영탄적 표현을 사용하여 각각 임금의 은혜에 대한 감사와 여정의 고됨을 강조하여 드러내고 있다.

오답 선지 분석

② (가)와 (다)는 모두 시간적 표현을 활용하여 대상에 대한 인식 변화를 제시하고 있다.
(가)와 (다) 모두 시간적 표현을 활용하여 대상에 대한 인식 변화를 제시하고 있지 않다.

③ (나)와 (다)는 모두 계절적 배경을 제시하여 분위기를 환기하고 있다.
(다)에서는 '여름 숲'과 '겨울 숲'을 통해 계절적 배경을 제시하여 분위기를 환기하고 있으나, (나)에서는 계절적 배경을 제시하고 있지 않다.

④ (가)~(다)는 모두 불가능한 상황을 설정하여 주제 의식을 드러내고 있다.
(가)~(다) 모두 불가능한 상황을 설정하여 주제 의식을 드러내고 있지 않다.

⑤ (가)~(다)는 모두 반어적 표현을 사용하여 대상이 지닌 의미를 부각하고 있다.
(가)~(다) 모두 반어적 표현을 사용하여 대상이 지닌 의미를 부각하고 있지 않다.

02　　　　　　　　　　　　　　답 | ④

[A]와 [B]에 대한 설명으로 가장 적절한 것은?

정답 선지 분석

④ [A]에는 자연을 보며 떠올린 삶의 고단함이, [B]에는 자연에서 느끼는 만족감이 나타난다.
[A]에는 시적 화자가 강원도 회양을 지나며 급장유가 한나라의 회양에서 선정을 베풀었던 일을 떠올리고 있는 모습이 드러나며, 높고 험한 철령을 바라보며 변방으로 떠나는 자신의 신세와 세상살이가 오히려 더 고되고 험하다고 느끼고 있음이 드러나 있다. [B]에는 글쓴이가 여름 숲의 무성함, 풍성함, 윤택함으로 인해 외로움을 잊어서 좋지만, 겨울 숲도 나름대로 외로워서 좋다고 이야기하며, 여름 숲과 겨울 숲에 만족하고 있음이 드러나 있다.

오답 선지 분석

① [A]와 [B]에는 모두 자연의 섭리에 담긴 가치가 나타난다.
[B]에는 계절의 변화에 따라 그 모습이 변화하는 숲의 모습을 통해 자연의 섭리에 담긴 가치가 나타난다고 볼 수 있으나 [A]에는 자연의 섭리에 담긴 가치가 드러나 있지 않다.

② [A]와 [B]에는 모두 변화하는 자연에서 얻는 즐거움이 나타난다.
[B]에는 여름 숲과 겨울 숲의 모습이 대조적으로 드러나 변화하는 자연의 모습에서 의미를 발견하여 즐기는 모습이 드러나 있으나 [A]에는 변화하는 자연의 모습이 드러나 있지 않다.

③ [A]에는 이상적 세계를 동경하는 삶이, [B]에는 자연에 동화되는 삶이 나타난다.
[B]에서 글쓴이는 여름 숲과 겨울 숲에 대한 만족감을 드러내므로 자연에 동화되는 삶이 나타난다고 볼 수 있으나 [A]에서는 이상적 세계를 동경하는 삶이 드러나지 않는다.

⑤ [A]에는 자연물에서 연상된 대상에 대한 경외감이, [B]에는 자연을 거닐며 느끼는 쓸쓸함이 나타난다.
[A]와 [B] 모두 자연물에서 연상된 대상에 대한 경외감과 자연을 거닐며 느끼는 쓸쓸함이 드러나지 않는다.

03　　　　　　　　　　　　　　답 | ②

<보기>를 참고하여 (가)를 감상한 내용으로 적절하지 않은 것은?

보기

권섭의 〈십육영(十六詠)〉은 열여섯 개의 중심 소재를 통해 현실에 대한 인식을 드러낸 작품이다. (가)의 각 수의 초장과 중장에는 소재로 쓰인 대상의 특성이나 상징적 의미가 강조되어 있고, 종장에는 부조리한 현실에 대한 부정적인 시각이 표출되어 있다.

정답 선지 분석

② <제1수>에서 '베지' 않으면 '동량재'가 될 수 있다고 한 것은 인재가 되기 위해서 시련을 겪어야만 하는 현실에 대한 한탄을 드러낸 것이군.
<제1수>에서 '베지' 않으면 '동량재'가 될 수 있다고 한 것은 나무가 동량재가 되기 전에 베어지는 현실, 즉 쓸 만한 인재가 되기 전에 좌절하게 되는 현실을 비판한 것으로 볼 수 있다. 인재가 되기 위해 시련을 겪어야 하는 현실에 대한 한탄을 드러낸 것은 아니다.

오답 선지 분석

① <제1수>에서 '풍상'을 이겨낸 소나무를 '독야청청'한 모습으로 그리며 소나무의 지조 있는 모습을 드러내고 있군.
<제1수>에서 '풍상을 실컷 겪고'도 우뚝 서 있는 소나무를 '독야청청하구나'라고 예찬한 것은 소나무의 지조를 드러내는 것으로 볼 수 있다.

③ <제11수>에서 호랑이의 기세를 '황홀'하다고 표현하며 호랑이의 위엄 있는 모습을 그리고 있군.
<제11수>에서 호랑이는 꼬리를 치며 휘파람을 불고 있는데, 그 모습이 불꽃 같은 대단한 기세가 있는 것으로 느껴져 '황홀'하다고 하였으므로 호랑이의 힘 있는 모습, 위엄 있는 모습을 그리고 있다고 볼 수 있다.

④ <제11수>에서 호랑이가 사라지면 '호리종횡'할 것이라고 한 것은 소인배들이 힘을 얻게 될 수도 있는 현실에 대한 우려를 표현한 것이군.
<제11수>에서 호랑이가 사라지면 '호리종횡'할 것이라고 표현한 것은 '뫼'에서 가장 힘이 있는 존재인 호랑이가 없을 때 여우와 살쾡이가 이리저리 날뛰게 될 것이라는 상황을 표현한 것으로, 힘이 있는 존재가 없을 때 도량이 좁고 간사한 사람들이 이리저리 날뜀으로써 벌어지게 될 일에 대한 우려를 드러낸 것으로 볼 수 있다.

⑤ <제15수>에서 '천리지'를 알아주는 이가 없다고 한 것은 인재가 뜻을 펼칠 수 없는 안타까운 현실을 드러낸 것이군.
<제15수>에서 '천리지'를 알아주는 이가 없다고 한 것은 '오리마'나 '적표마'와 같은 빠른 말이 천리를 달리고자 하는 뜻이 있어도 이를 알아주는 이가 없음을 표현한 것으로 뛰어난 인재가 뜻을 펼치지 못하는 현실에 대한 안타까움을 드러낸 것으로 볼 수 있다.

04

답 | ③

<보기>를 바탕으로 (나), (다)를 이해한 내용으로 적절하지 <u>않은</u> 것은?

보기

문학 작품에는 여정 가운데 만나게 되는 상황과 그에 따른 감회, 그 여정이 자신의 삶에 끼친 영향 등이 드러나기도 한다. (나)에는 화자가 부임지인 경성으로 가는 도중에 보게 된 변방의 경치와 회포 등이 드러나며, (다)에는 글쓴이가 태안사를 다녀온 경험과 이를 통해 얻은 깨달음이 드러난다.

정답 선지 분석

③ (나): 화자는 청해진에서 전쟁이 없어 오랑캐를 방어하는 일을 잊고 있는 병사들의 모습을 비판하고 있군.

(나)에서 화자는 청해진에 와서 충신과 정예 병사가 강한 활과 쇠뇌로 요충지를 철통같이 지키는 것을 긍정적으로 보고 있을 뿐 병사들의 모습을 비판하고 있는 것은 아니다.

오답 선지 분석

① (나): 화자는 경성으로 떠나면서 관원의 임무를 맡게 된 것을 임금의 은혜로 여기고 있군.

(나)에서 화자는 '군사 백성 다스리기를 나에게 맡'긴 임금에게 '은혜 갚을 길이 어렵구나'라고 감사하고 있다.

② (나): 화자는 낙민루에 올라 산하를 둘러보며 자연에서 느껴지는 기운에 감탄하고 있군.

(나)에서 화자는 낙민루에 올라 함흥 일대의 산하를 돌아보며 천년 전의 상서로운 기운이 바로 어제인 것 같다며 자연에서 느껴지는 상서로운 기운에 감탄하고 있다.

④ (다): 글쓴이는 태안사에서 고양이에게 먹이를 주는 노인의 모습을 따뜻한 시선으로 바라보고 있군.

글쓴이는 태안사를 가는 길에 노인이 고양이에게 먹이를 주는 모습을 보게 되며, 글쓴이와 눈이 마주친 후 얼굴이 붉어진 노인이 아기의 얼굴처럼 순수하다고 느끼고 있어, 이를 통해 글쓴이가 노인을 따뜻한 시선으로 바라보고 있음을 알 수 있다.

⑤ (다): 글쓴이는 태안사에서 만난 노인처럼 자신도 다른 사람들에게 위로가 되는 존재가 되고 싶어 하고 있군.

글쓴이는 태안사에서 만난 노인이 마음속에 들어가 커다란 위로가 되고 부처가 되었다면서, 자신 또한 누군가의 가슴속에 들어가 위로가 되고 부처가 되기를 바라고 있다.

05

답 | ⑤

㉠~㉤에 대한 설명으로 적절하지 <u>않은</u> 것은?

정답 선지 분석

⑤ ㉤: 가난과 외로움을 느끼며 살아가야 했던 노인의 삶에 대한 연민을 드러내고 있다.

㉤은 글쓴이가 가난과 외로움을 느끼지 않고 살아갈 수 있다는 것, 그것에서 벗어난 삶이 있을 수 있다는 것에 대한 깨달음을 드러낸 것이다. 글쓴이는 노인을 가난과 외로움조차도 스스로 느끼지 않는 '그' 자체라고 여기고 있으므로 가난과 외로움을 느끼며 살아온 노인의 삶에 대한 연민을 드러낸 것이라고 볼 수 없다.

오답 선지 분석

① ㉠: 오리마와 적표마가 뛰어난 능력을 지닌 존재라는 화자의 인식을 드러내고 있다.

'오리마'와 '적표마'를 걸음이 느린 말과 비교할 수 없음을 드러내어 '오리마'와 '적표마'가 뛰어난 존재라는 화자의 인식을 드러내고 있다.

② ㉡: 화자가 자신이 변방의 임무를 맡을 것이라고 예상하지 못했음을 드러내고 있다.

변방 부임을 뜻밖의 일로 받아들이는 것에서 화자가 자신이 변방의 임무를 맡을 것을 예상하지 못했음을 알 수 있다.

③ ㉢: 모래바람으로 인해 부임지로 가는 길이 험난할 것이라는 걱정을 드러내고 있다.

모래바람이 자욱한 상황을 드러내어 부임지로 갈 길이 험난하다는 걱정을 드러내고 있다.

④ ㉣: 물길이 끝나더라도 숲길이 시작된다는 것을 긍정적으로 여기고 있음을 드러내고 있다.

물길이 끝났다고 슬퍼할 필요는 없다는 것을 통해 숲길이 시작된다는 것을 긍정적으로 여기고 있음을 드러내고 있다.

DAY 6 〈고향〉_이태준

빠른 정답 체크

01 ④ 　　**02** ① 　　**03** ④ 　　**04** ②

'부산 부두에 발을 올려 딛는 때부터 내 고향이다. 내 고향은 나에겐 편안히 쉴 자리를 줄 리가 없다. 그것을 바라고 **그것을 꾀할 나도 아니다.** 그곳에는 여러 동무들이 있을 것이다. 「어서 신들메를 끄르지 말고 그대로 뛰어나오시오. 당신만은 온몸을 사
└ : 동무들이 고향에 돌아온 자신을 반겨줄 것이라고 기대함
신이 벗겨지지 않도록 신을 발에다 동여매는 끈
리고 저편에 붙지 말고 용감하게 우리 속에 와 끼어 주시오. 이렇게 부르짖는 힘차고 씩씩한 친구들이 나를 맞아 줄 것이다. **오, 어서 달려가다오!**」

윤건은 차 속이 좁고 갑갑한 듯이 땀에 절은 학생복 저고리는 벗
윤건이 유학한 지식인임을 드러냄
어 걸어 놓고 셔츠 바람으로 몇 번이나 승강대에 나와서 날아가는 이국의 밤경치를 내다보곤 하였다.
일본
그 이튿날 아침, 차가 고베 플랫폼에서 쉬게 되었음에 윤건은 도시락을 사러 나왔다가 어떤 낯익은 조선 청년을 만나게 되었다. 그 청년도 윤건을 얼른 알아보고 마주 와서 손을 잡았다.
조선인에 대한 반가운 마음 때문
"귀국하시는 길입니까?"

"네."

"저도 이 찻간에 탔습니다."
일본에서 조선으로 가는 기차
그 청년은 윤건이 도시락 사려는 것을 보고 말렸다. 윤건은 그에게 끌려 식당차로 올라갔다. 윤건은 그 청년의 성명을 기억하지는 못하였으나 「그가 W 대학 학생이었던 것과 그가 고학은 하
└ : 청년이 경제적으로 여유가 있는 인물임을 알 수 있음
나 자기와 같이 험한 일을 하지 않고도 어떻게 좋은 하숙에 있으며, 학비를 넉넉하게 쓰던 사람이란 것」으로 그의 낯을 익혀 둔 기억만은 있었다.

"이번이 졸업이시던가요?"

그 남색 신사복을 새로 지어 입은 청년이 보이에게 조반을 시키

고 윤건에게 물었다.

"네, 졸업하고 나갑니다."
「」: 윤건과 청년은 동경을 떠나 조선으로 가는 길임

"저도 이번에 아주 나가는 길이지요. 동경 길을 다시 못 다닐 것을 생각하면 퍽 섭섭해요. 돈만 모으면 얼마든지 또 올 수야 있겠지만…… 실례지만 어데 취직되셨습니까?"

"아직 못 했습니다."

"그럼, 매우 걱정되시겠군요. 놀지들은 말아야 할 터인데…… 어떤 방면을 희망하십니까?"

윤건은 얼른 대답이 나오지 않았다. 그 청년의 말이 몇 마디 내려가지 않아서 윤건의 비위를 건드려 놓았다. 돈만 모으면 또 동경 길을 다닐 수 있다느니, 놀지들은 말아야 한다느니, 어떤 방면을 희망하느냐는 등 몹시 윤건의 귀에 거슬리는 말들이었기 때문이다. 꽤 달랑거리는 친구로구나, 하고 대뜸 멸시를 느꼈으나 윤건은 곧 그것을 후회하였다.
「」: 윤건은 청년의 말에 자존심이 상함

'길동무다! 단순하게 한차를 타고 **한 조선으로 간다는 것**보다도 더 큰 운명에 있어서 길동무가 아니냐?'
민족 공동체로서의 정체성을 다짐

윤건은 곧 안색을 고치고 그에게 대답하였다.

"글쎄, 걱정이올시다. 아직 어떤 방면으로 나갈지 생각 중이올시다. 노형은 어데 작정되셨습니까?"

"네. 뭐 신통한 곳은 아니에요. 그래두 여간 힘들지 않은 곳이에요. 더구나 조선 사람은 좀처럼 가 볼 생각도 못 먹는 곳인데 어떻게 **유력자 하나를 만나서 한 1년 졸랐더니 다행히 됐**습니다."
청년은 자신의 능력이 아닌 타인을 통해 일자리를 구함

"어딘데요?"

"○○은행 본점이오."

"㉠ 좋은 데 취직하셨습니다."

윤건은 속으로 아니나 다르랴, 하면서도 상대자가 상대자인만치 마음에 없는 좋은 대답을 해 주었다.

"뭘요…… 하기는 큰일을 못 할 바에야 내 한 사람이 헐벗지 않도록 하는 것도 작게 보아 **조선 사람 하나가 헐벗지 않는 것**이 되니까요……"
자신의 행동을 대의를 위한 것이라 포장하는 것을 통해 청년의 속물적 면모가 드러남

"㉡ 좋은 해석이십니다."
진심과 반대로 말함

윤건은 또 꿀꺽 참고 마음에 없는 거짓 대답을 해 주었다.

[중략 부분의 줄거리] 청년과 헤어진 윤건은 부산행 밤배를 타러 가면서 석탄 연기에 그을린 조선 옷을 입은 사람들을 보게 된다.

'저 옷이 찬란한 문화를 가진 역사 있는 민족의 의복이라 할 수 있을까? 그러나 내일부터 조선 땅에서 보는 저 옷은 여기서 보는 것처럼 저렇게 보기 싫지는 않겠지……'
조선인의 초라한 행색에 대해 부정적으로 인식함

윤건은 여러 사람의 행렬에 끼어서 배를 탔다. 여러 사람이 뛰는 바람에 윤건도 손가방을 들고 삼등실 있는 편으로 뛰어갈 때 누가 조선말로 '여보시오?' 하고 부르는 이가 있었다. 양복은 입었으나 조선말을 한 것은 물론 얼굴 생김이 어디에다 갖다 놓아도 일견에 조선 사람의 모습이었다. 윤건은 반가워하였다.
같은 조선인임에 친근함을 느낌

"저 부르셨습니까?"

그러나 그 신사는 의외에도 불손스러웠다.
윤건의 예상과 달리 같은 조선 사람임에도 불손한 태도를 보임

"거기 좀 섰어."

윤건은 그때 그가 무엇하는 사람인지를 알아챘다. 심히 불쾌스러웠다. 윤건은 그 형사에게 행선지가 불분명한 점으로 유다른 조사를 받았다. 갑판 위에서 손가방을 열어젖히고 책갈피마다 열어 보인 뒤에 선실로 들어간즉 윤건을 위해서 남겨 놓은 자리는 없었다. 아무 데나 남의 발치가리에 쑤시고 누웠다. 옆에는 오사카에서 돌아온다는 조선 노동자들이 자리잡고 있었다. 그들 가운데선 이런 말이 나왔다.
그의 직업 / 중요하지 않은 이유로 검문을 당함 - 식민지 조선인의 비참한 현실 반영

"인전 다 왔소, 이 배만 타면 조선 땅에 온 것이나 다름없소……."

윤건도 과연 그렇다 하였다. 이 배만 타면 조선이란 그립던 땅을 밟은 것이나 다름없는 반가움도 앞서거니와, 그와 반면에는 선실에 들어서기도 전부터 조선다운 울분과 불안이 앞을 막는 것도 벌써 조선 땅의 분위기라 하였다.
「」: 고향에 대한 그리움과 동시에 식민지 조선인으로서의 울분과 불안을 느낌

"돈을 많이 벌어 가지고 오시오?"

윤건은 울분한 심사를 가라앉혀 가지고 배가 떠난 지 한참 만에 옆에 누운 조선 노동자에게 말을 건넸다.

"돈이 뭐요, 벌이가 좋으면 나가겠소?"

"조선보다야 돈이 흔하지 않소?"

"그 사람네 흔한 거 상관있나요."

"그래, 노형은 무슨 일을 하셨소?"

"길에 산스이 했지요. 일본 와서 큰길에 물만 몇 달 동안 뿌려 주고 가오."
살수. 물을 뿌리는 일

"첨에는 조선 사람도 1원 20전씩은 주었다는데 내가 갔을 때는 80전 줍디다. 그것도 요즘은 50전씩 주니 무얼 모아 보는 수가 있어야지요."
「」: 갈수록 조선인의 경제적 벌이가 줄어드는 현실

"고향은 어데시오?"

"대구 지나 김천이올시다. 우리 다 **한 고향 사람들**이지요."

"그럼, 고향에 가시면 농사하십니까?"

"농사니 농토가 있어야죠. 우리 제각기 저 한 몸만 같으면 조밥보다는 나으니 일본서 뒹굴겠지만 돈들도 못 벌 바에야 첫째 **처자식이 그리워 허턱대구** 나오지요."
「」: 당대 조선인들의 비참한 현실 반영

윤건은 더 묻지 않았다. 배는 쿵쿵거리며 엔진 소리가 높아져 갔다.

- 이태준, 〈고향〉 -

01

윗글의 서술상 특징으로 가장 적절한 것은?

정답 선지 분석

④ 이야기 외부의 서술자가 특정 인물의 관점에서 사건과 인물의 심리를 서술하고 있다.

이 작품은 전지적 작가 시점으로, 이야기 외부의 서술자가 '윤건'의 관점에서 '윤건'의 여정에 따른 사건과 인물의 내면 심리를 서술하는 것이 특징이다.

오답 선지 분석

① 외부 이야기의 서술자가 자신이 겪은 내부 이야기의 의미를 밝히고 있다.

윗글은 외부 이야기와 내부 이야기로 나눠져 있지 않다.

② 서술자가 여러 인물의 내면을 서술하여 인물의 다양한 특성을 드러내고 있다.

윗글은 전지적 작가 시점이지만, 여러 인물의 내면이 아닌 주인공 '윤건'의 내면만을 서술하고 있다.

③ 서술자가 공간의 이동에 따라 바뀌면서 인물 간의 갈등을 다각적으로 드러내고 있다.

윗글에서는 공간의 이동이 나타나고 있으나, 이에 따라 인물 간의 갈등이 발생하지는 않는다.

⑤ 이야기 내부의 서술자가 고백적 진술을 통해 자신이 처한 심리적 상황을 제시하고 있다.

윗글은 전지적 작가 시점으로 이야기 외부의 서술자가 인물의 상황을 서술하고 있다.

02

'윤건'에 대한 설명으로 가장 적절한 것은?

정답 선지 분석

① 조선의 친구들이 자신을 반겨 줄 것을 기대하고 있다.

'그곳(=고향)에는 여러 동무들이 있을 것이다', '친구들이 나를 맞아 줄 것이다'를 통해 조선의 친구들이 자신을 반겨 줄 것을 기대하는 '윤건'의 심리를 확인할 수 있다.

오답 선지 분석

② 오사카로 돌아가는 배에서 노동자와 이야기를 나눈다.

오사카로 돌아가는 배가 아니라 부산행 밤배에서 자신들의 고향인 김천으로 가는 노동자들을 우연히 만나 대화를 나눈다.

③ 고베 플랫폼에서 도시락을 사려는 조선 청년을 만류한다.

도시락을 사는 것을 말리는 사람은 윤건이 아니라 조선 청년이다.

④ 여비가 부족하여 돈을 빌리기 위해 조선 청년을 찾아간다.

윤건은 여비를 빌리기 위한 것이 아니라 도시락을 사기 위해 플랫폼에 나갔다가 우연히 조선 청년을 만난 것이다.

⑤ 행선지가 불분명하다는 이유로 일본인으로 보이는 형사에게 조사받는다.

윤건을 조사하는 사람은 일본인으로 보이는 형사가 아니라 '조선말'을 하고 '조선 사람'으로 보이는 형사이다.

03

맥락을 고려하여 ㉠과 ㉡을 이해한 내용으로 가장 적절한 것은?

정답 선지 분석

④ ㉠과 ㉡은 모두 상대에 대한 진심을 드러내지 않은 말이다.

'더 큰 운명에 있어서'의 '길동무'로 생각하고 있는 상대가 '○○은행 본점'에 '취직'한 것을 말하고, 자신의 '취직'을 '조선 사람 하나가 헐벗지 않는 것'이라고 의미를 밝히는 상황이므로, '속으로 아니나 다르랴' 하면서도 불쾌한 자신의 진심을 드러내지 않고 '마음에 없는 좋은 대답'과 '마음에 없는 거짓 대답'을 해 주는 것이다.

오답 선지 분석

① ㉠은 상대의 성취를 축하하는 말이고, ㉡은 상대의 의견에 동조하는 말이다.

'마음에 없는 좋은 대답'과 '마음에 없는 거짓 대답'이라는 것을 볼 때, 윤건이 상대의 성취를 축하하고 있거나 상대의 의견에 동조하고 있다고 볼 수 없다.

② ㉠은 상대의 우월함을 인정하는 말이고, ㉡은 자신의 열등감을 감추기 위해 한 말이다.

유력자를 졸라 ○○은행 본점에 취직했다는 상대에게 '속으로 아니나 다르랴'라며 불쾌하게 생각하면서도, 상대를 고려하여 '마음에 없는 좋은 대답'을 해 주었다는 것을 볼 때 상대의 우월함을 인정하고 있다고 할 수 없으며, 자신의 행위를 '조선 사람 하나가 헐벗지 않는', 대의를 위한 것이라는 상대의 말에 '마음에 없는 거짓 대답'을 해 주었다는 것을 볼 때 자신의 열등감을 감추기 위한 것이라고 할 수 없다.

③ ㉠은 상대의 의심을 피하기 위해 한 말이고, ㉡은 상대의 관심을 끌기 위해 한 말이다.

윤건은 상대가 듣기 좋을 만한 대답을 해 주고 있으나, 그것이 상대의 의심과 관심을 끌기 위한 목적이라고 볼 수 없다.

⑤ ㉠과 ㉡은 모두 상대의 태도를 변화시키고자 하는 의도로 한 말이다.

윤건은 상대가 듣기 좋을 만한 '좋은 대답', '거짓 대답'을 해 주고 있으므로 상대의 태도를 변화시키고자 하는 의도로 말한 것이라고 볼 수 없다.

04

<보기>를 바탕으로 윗글을 감상한 내용으로 적절하지 않은 것은?

보기

> 1931년에 발표된 〈고향〉은 '귀향' 모티프를 활용해 고향 사람들과 고국산천이라는 물리적 실체로서의 고향과 민족 공동체라는 정신적 의미의 고향을 형상화하였다. 이를 위해 작가는 귀향의 동기가 대립되는 '지식인'과 물리적 실체로서의 고향을 그리워하는 '노동자'를 등장시킨다. 또한 작가는 '지식인'을 '지사형'과 '속물형'으로 나누고 '지사형'은 개인의 안위보다는 조국을 우선시하는 인물로, '속물형'은 개인적 실리를 좇는 자신의 행위를 조국을 위한 것으로 포장하는 세속적 인물로 그리고 있다.

정답 선지 분석

② '한 조선으로 간다는 것', '한 고향 사람들'이라고 하는 데에서, 민족 공동체라는 정신적 의미의 고향을 확인할 수 있겠군.

'고향은 어디시오?'라는 질문에 '대구 지나 김천'이라 답하면서 '우리 다 한 고향 사람들'이라는 부분에서 고향 사람들이라는 물리적 실체로서의 고향의 의미를 확인할 수 있다.

오답 선지 분석

① '그것을 꾀할 나도 아니'라며 '오, 어서 달려가다오!'라고 하는 데에서, 지사형 인물의 면모를 확인할 수 있겠군.

윤건이 자신에게 있어 '고향은 나에게 편안히 쉴 자리를 줄 리가 없'으며, 그것을 바라고 꾀하지도 않는다고 한 것과, 고향에 있는 동무들이 자신을 반겨줄 것이라 기대하며, '오, 어서 달려가다오!'라고 하는 것을 통해 개인의 안위보다는 조국을 우선시하는 인물로 볼 수 있다.

③ '유력자 하나를 만나서 한 1년 졸랐더니 다행히 됐'다는 데에서, 속물형 인물의 귀향 동기를 확인할 수 있겠군.

조선으로 귀국하는 청년이 '유력자 하나를 만나서' ○○은행 본점에 취직되었다고 말하는 것을 통해 개인적 실리를 좇는 속물형 인물의 면모를 확인할 수 있다.

④ '조선 사람 하나가 헐벗지 않는 것'이라고 하는 데에서, 자신의 행위를 조국을 위한 것으로 포장하는 속물형 인물의 면모를 확인할 수 있겠군.

청년이 유력자의 도움을 받아 조선 사람은 좀처럼 가 볼 생각도 하지 못하는 ○○은행 본점에 취직하게 된 것은 실제로는 개인적 실리를 좇은 것이지만, 청년은 이를 '조선 사람 하나가 헐벗지 않는 것'이라며 조국을 위한 행위로 포장하고 있으므로 속물형 인물의 면모를 확인할 수 있다.

⑤ '처자식이 그리워 허턱대고' 나온다고 하는 데에서, 물리적 실체로서의 고향을 그리워하는 노동자의 모습을 확인할 수 있겠군.

경제적 벌이가 줄어드는 현실 상황에서, 돈도 못 벌 바에야 '처자식이 그리워' 고향으로 돌아오게 되었다는 노동자의 말을 통해 물리적 실체로서의 고향을 그리워하고 있음을 확인할 수 있다.

WEEK 8

본문 | 200

DAY 1 화법과 작문

빠른 정답 체크

01 ④   02 ②   03 ⑤   04 ③

가

학생 1: 우리 동아리가 학교 축제 마지막 날 오후에 행사를 진행
하게 됐잖아. 그래서 오늘은 그 행사를 어떻게 진행할지 토의
　　　　　　　　　　　토의의 주제
하려고 해. 자유롭게 의견을 말해 줘.

학생 2: 지난번에 우리 동아리원끼리 피구 시합했었잖아. 그
　　　　　　다른 학생들과 공유하는 경험을 언급함
때 친하지 않았던 동아리 친구들이랑 친해져서 좋았어. 그
거랑 비슷하게 이번 축제에서는 학급 대항 축구 대회를 열
　　　　　　　　　　　진행할 행사에 대한 학생 2의 의견
면 학급 단합도 되고 좋지 않을까?
학급 대항 축구 대회의 기대 효과   [A]

학생 3: 그래도 그건 학급 간에 경쟁을 유발하기도 하고, 참
　　　　　　　　학생 2가 제시한 의견의 문제점 ①
여할 수 있는 인원이 제한적이잖아. 이번에는 많은 친구들
　　　학생 2가 제시한 의견의 문제점 ②
이 제한 없이 참여할 수 있는 활동이 좋을 것 같아. 예전에
　　　　　　　　　　　마라톤을 제안한 이유
우리 동아리에서 운영했었던 마라톤 행사는 어때?
　　　　　　　　진행할 행사에 대한 학생 3의 의견

학생 2: 나도 많은 학생들이 참여할 수 있는 활동이면 좋겠는
데, 마라톤은 체력적으로 너무 부담스러워. 나 같은 생각을
　　　　　　학생 3이 제시한 의견의 문제점 ①
하는 학생들은 참여를 꺼리지 않을까? 게다가 기록에 따라
　　　　　　　　　　　　　학생 3이 제시한 의견의 문제점 ②
순위가 결정되니까 그것도 경쟁을 유발할 것 같아.

학생 3: 음……. 그럼, 플로깅 행사는 어때? 얼마 전에 기사에서
　　　　　　진행할 행사에 대한 학생 3의 새로운 의견
봤는데 운동 효과가 있으면서도 많은 친구들이 참여할 수 있을
플로깅을 제안한 이유 ①　　　　　　플로깅을 제안한 이유 ②
것 같아.

학생 1: 플로깅이 뭐야? 처음 들어 보는 말이라 낯설어.

학생 3: 쉽게 말하자면 달리면서 쓰레기를 줍는 활동이야. 정해
진 코스를 달리면서 쓰레기도 줍다 보니 운동 효과가 크다고
플로깅의 개념
하더라고.
플로깅의 기대 효과 ① - 운동 효과

학생 2: 그거 좋겠다. 플로깅 행사를 통해 마을 쓰레기가 줄어들
플로깅의 기대 효과 ② - 환경 미화로 지역 사회에 도움
면 우리 지역 사회에도 도움이 될 거야. 그리고 운동뿐만 아니
라 환경 문제에 관심 있는 친구들도 많이 참여하지 않을까?
플로깅의 기대 효과 ③ - 참여도 상승

학생 1: 그럼 다들 플로깅 행사를 진행하는 데 동의하니까 이제
코스에 대해 이야기해 보자.
새로 논의할 내용을 제시하며 토의를 이어감

학생 3: 학교 근처에 ○○천 둘레길이 있으니까 거기를 코스로
하면 좋겠어.

학생 2: 그런데 참여 인원이 많아지면 코스가 하나로는 부족해.
많은 인원이 달리다 보면 안전 관리가 어려울 거야.
다양한 코스가 필요한 이유 ①

학생 1: 네 말이 맞겠다. 주민들도 불편함을 겪을 거야.
다양한 코스가 필요한 이유 ②

학생 3: 그럼 학교 근처에서 지저분해지기 쉬운 장소를 중심으로
플로깅 행사의 코스 선정 기준

코스를 짜 보자.

학생 2: 좋은 생각이야. 「친구들이 자기 체력에 맞게 코스를 선택
　　　　　　「 」: 다양한 코스를 짰을 때의 장점
할 수 있도록 다양한 코스를 짜서 홍보하면 학생들이 더 많이
참여할 것 같아.」

학생 1: 「네 말은 친구들이 각자 체력에 맞게 코스를 선택할 수 있
　　　　　　「 」: 학생 2의 발화를 재진술하며 의견을 확인함
도록 다양한 코스를 짜면 학생들의 참여도가 더 높아질 거라는
거지?」내가 우선 코스를 짜 볼게.

학생 2: 응, 고마워. 참가 신청은 학생들이 쉽게 할 수 있도록 인
터넷 사이트를 이용해서 받자. 신청 기간은 일주일이면 넉넉하
참가 신청 방법　　　　　　　　　　　신청 기간
겠지?

학생 1: 좋아. 그럼 내가 오늘 토의한 내용을 바탕으로 안내문을
써서 공유할게.

나

플로깅 행사 개최 안내

안녕하세요. ○○고등학교 학생 여러분. 운동 동아리 '건강 더하
　　　　　　　　　　　　　　　　안내문의 예상 독자
기'에서 여러분을 위해 축제 마지막 날에 우리 학교 학생 누구나
　　　　　　　　　　행사 일시
참여할 수 있는 플로깅 행사를 개최하고자 합니다.

「'플로깅'은 이삭줍기를 의미하는 스웨덴어 '플로카 업(plocka
「 」: 플로깅의 어원을 설명하며 독자의 이해를 도움
upp)'과 영어 '조깅(jogging)'이 합쳐진 말로 환경을 지키자는 움
직임에서 시작되었습니다. 달리면서 쓰레기를 줍는 활동으로 건
　　　　　　　　　　　　　　　　　　플로깅의 개념
강과 환경을 모두 지키는 일석이조의 효과가 있습니다.
　　　　　　　　플로깅의 효과
플로깅 행사는 자신의 체력에 맞게 선택할 수 있도록 난이도에
따라 학교 주변을 중심으로 세 가지 코스로 운영될 예정입니다.
　　　　　　　　플로깅 행사의 내용
이번 행사에 참여하면 건강을 지키면서 지역 사회의 환경도 깨끗
　　　　　　　　　　　플로깅 행사의 기대 효과
하게 만들 수 있습니다.

(　　　　　　　　　　㉠　　　　　　　　　　)

• **일시:** 2022년 12월 ××일(금) 15:00~17:00
　　　　　　　　　　일시
• **대상:** 우리 학교 학생 누구나
　　　　대상
• **코스**

코스명	코스	거리	난이도
1코스	학교 운동장-○○천-영화관(반환 지점)	약 2km	하
2코스	학교 운동장-슈퍼마켓-공원(반환 지점)	약 3km	중
3코스	학교 운동장-도서관-전망대(반환 지점)	약 3.5km	상

• **신청 기간:** 2022년 11월 ××일~11월 ××일 / 7일간
　　　　　　　　　　　　신청 기간

WEEK 8

○ 신청 방법: 참여 링크 https://www.□□.com에서 신청
신청 사이트 주소

01

답 | ④

'학생 1'의 말하기 방식에 대한 설명으로 적절하지 않은 것은?

정답 선지 분석

④ 토의 흐름에 따라 다음에 발언할 토의 참여자를 지정하고 있다.

(가)의 '학생 1'의 발화에서 토의 흐름에 따라 다음에 발언할 토의 참여자를 지정한 부분을 확인할 수 없으므로 적절하지 않다.

오답 선지 분석

① 토의의 배경을 언급하며 토의 주제를 제시하고 있다.

'학생 1'은 첫 번째 발화에서 '우리 동아리가~어떻게 진행할지 토의하려고 해.'라고 토의 배경을 언급하며 토의 주제를 제시하고 있으므로 적절하다.

② 토의 참여자의 반응을 확인하고 논의를 이어가고 있다.

'학생 1'은 세 번째 발화에서 '그럼 다들 플로깅 행사를 진행하는 데 동의하니까 이제 코스에 대해 이야기해 보자.'라고 말하며 토의 참여자 반응을 확인하고 논의를 이어가고 있으므로 적절하다.

③ 토의 참여자의 발언에 동의하며 자신의 의견을 덧붙이고 있다.

'학생 1'은 네 번째 발화에서 '네 말이 맞겠다. 주민들도 불편함을 겪을 거야.'라고 토의 참여자의 발언에 동의하며 자신의 의견을 덧붙이고 있으므로 적절하다.

⑤ 토의 참여자의 발언을 재진술하며 상대의 의견을 확인하고 있다.

'학생 1'은 다섯 번째 발화에서 '네 말은 친구들이~더 높아질 거라는 거지?'라고 말하며 토의 참여자의 발언을 재진술하며 상대의 의견을 확인하고 있으므로 적절하다.

02

답 | ②

[A]에 대한 설명으로 가장 적절한 것은?

정답 선지 분석

② '학생 2'는 상대방과 공유하는 경험을 활용하여 자신의 의견을 제시하고 있다.

'학생 2'는 '지난번에 우리 동아리원끼리 피구 시합했잖아.'라고 동아리원인 상대방과 공유하는 경험을 활용하여 '그거랑 비슷하게 이번 축제에서는 학급 대항 축구 대회를 열면 학급 단합도 되고 좋지 않을까?'라고 자신의 의견을 제시하고 있으므로 적절하다.

오답 선지 분석

① '학생 2'는 상대방의 의견을 일부 인정하며 자신의 의견을 수정하고 있다.

'학생 2'는 '나도 많은 학생들이 참여할 수 있는 활동이면 좋겠는데'라고 하며 '학생 3'의 의견에 일부 동의하고 있으나, 자신의 의견을 수정하고 있지 않다.

③ '학생 2'는 자신의 의견을 여러 개 제시한 후 상대방에게 선택을 요구하고 있다.

'학생 2'는 학급 대항 축구 대회를 제안했을 뿐, 여러 가지 의견을 제시하지 않았다.

④ '학생 3'은 상대방이 제시한 방안의 장점을 언급하고 있다.

'학생 3'은 학급 대항 축구 대회가 '학급 간에 경쟁을 유발하기도 하고, 참여할 수 있는 인원이 제한적'이라는 점을 언급하며 '학생 2'가 제시한 의견의 문제점을 지적하고 있다.

⑤ '학생 3'은 자신의 의문을 해소하기 위해서 상대방에게 보충 설명을 요청하고 있다.

'학생 3'은 '학생 2'가 제시한 의견의 문제점을 언급하고 마라톤 행사를 제안하고 있을 뿐 상대방에게 보충 설명을 요청하고 있지 않다.

03

답 | ⑤

'학생 1'이 (가)의 토의 내용을 바탕으로 (나)를 작성할 때, (나)에 반영된 내용으로 적절하지 않은 것은?

정답 선지 분석

⑤ (가)에서 이번 행사가 지역 사회에 도움이 될 수 있다는 의견에 따라 지역 사회 주민과 연계하여 진행됨을 밝혀야겠어.

(가)에 언급된 '학생 2'의 세.번째 발화 '플로깅 행사를 통해~도움이 될 거야.'라는 의견은 (나)에 지역 사회 주민과 연계하여 진행된다는 내용으로 반영되지 않았으므로 적절하지 않다.

오답 선지 분석

① (가)에서 용어가 낯설다는 의견에 따라 학생들이 이해하기 쉽도록 용어를 풀어서 설명해야겠어.

(가)의 '학생 1'의 두 번째 발화에서 '처음 들어보는 말이라 낯설어.'라는 의견에 따라 (나)의 2문단에 '플로깅은 이삭줍기를~합쳐진 말'이라며 학생들이 이해하기 쉽도록 '플로깅'이라는 용어를 풀어서 설명하고 있으므로 적절하다.

② (가)에서 학생들이 쉽게 신청할 수 있도록 인터넷 사이트를 이용하자는 의견에 따라 참여 링크를 제시해야겠어.

(가)의 '학생 2'의 여섯 번째 발화에서 '참가 신청은~인터넷 사이트를 이용해서 받자.'라는 의견에 따라 (나)의 '신청 방법'에 '참여 링크'를 제시하고 있으므로 적절하다.

③ (가)에서 체력에 맞게 코스를 선택할 수 있도록 하자는 의견에 따라 행사 코스의 거리와 난이도를 제시해야겠어.

(가)의 '학생 2'의 다섯 번째 발화에서 '체력에 맞게 코스를 선택할 수 있도록 다양한 코스를 짜서 홍보하면 학생들이 더 많이 참여할 것 같아.'라는 의견에 따라 (나)에 도표로 코스의 거리와 난이도를 제시하고 있으므로 적절하다.

④ (가)에서 참여에 제한이 없는 활동이면 좋겠다는 의견에 따라 우리 학교 학생 누구나 참여할 수 있음을 밝혀야겠어.

(가)의 '학생 3'의 첫 번째 발화에서 '이번에는 많은 친구들이 제한 없이 참여할 수 있는 활동이 좋을 것 같아.'라는 의견에 따라 (나)의 1문단에 '여러분을 위해 축제 마지막 날~행사를 개최하고자 합니다.'라고 밝히고 있으므로 적절하다.

04

답 | ③

<조건>에 따라 (나)의 ⊙에 추가할 내용으로 가장 적절한 것은?

조건

○ 건강과 환경 측면에서의 기대 효과를 고려하여 작성할 것.
○ 비유적 표현을 활용할 것.

정답 선지 분석

③ 플로깅 행사 참여, 아직도 망설이시나요? 여러분의 건강도 지키고 지역 환경도 살리는 보석 같은 시간을 만들어 보세요.

'건강도 지키고'에서 건강 측면의 기대 효과와 '지역 환경도 살리는'에서 환경 측면에서의 기대 효과를 드러내며 '보석 같은 시간'에서 비유적 표현을 활용하고 있으므로 적절하다.

오답 선지 분석

① 열심히 공부하느라 몸을 돌볼 시간이 없으셨나요? 바쁜 일상 속에서 플로깅에 참여하여 건강을 지켜 보세요.

'건강을 지켜 보세요'에서 건강 측면의 기대 효과가 드러나지만, 환경 측면의 기대 효과를 언급하지 않았으며 비유적 표현을 활용하지 않았다.

② 달리며 쓰레기를 줍는 단순한 행동을 통해 지구가 깨끗해질 수 있어요. 플로깅 행사에 적극적인 참여 기대합니다.

'지구가 깨끗해질 수 있어요'에서 환경 측면의 기대 효과가 드러나지만, 건강 측면의 기대 효과를 언급하지 않았으며 비유적 표현을 활용하지 않았다.

④ 기후 위기를 막는 도전, 함께 시작해 봅시다. 오늘 우리가 투자한 하루가 유리같이 깨끗한 지역 사회를 만들 수 있습니다.
'기후 위기를 막는 도전'에서 환경 측면의 기대 효과와 '유리같이 깨끗한 지역 사회'에서 비유적 표현이 드러나지만, 건강 측면의 기대 효과를 언급하지 않았다.

⑤ 플로깅은 지구력 향상에 도움이 된다고 합니다. 원하는 코스를 선택하여 플로깅 행사에 참여하면 여러분의 건강을 지킬 수 있습니다.
'여러분의 건강을 지킬 수 있습니다'에서 건강 측면의 기대 효과가 드러나지만, 환경 측면의 기대 효과를 언급하지 않았으며 비유적 표현을 활용하지 않았다.

DAY 2 언어

빠른 정답 체크

01 ② **02** ⑤ **03** ① **04** ④ **05** ⑤

주어가 스스로 동작이나 행위를 하는 것을 능동이라 하고, 주어가 다른 대상에 의해 동작이나 행위를 당하게 되는 것을 피동이라 한다. 능동문이 피동문으로 바뀔 때 능동문의 주어는 피동문의 부사어가 되고, 능동문의 목적어는 피동문의 주어가 된다.
　피동은 크게 피동사 피동과 '-아/-어지다' 피동으로 나뉜다. 피동사 피동은 파생어인 피동사에 의한다고 하여 파생적 피동이라고 부르기도 하는데, 피동사는 능동사 어간을 어근으로 하여 피동 접미사 '-이-, -히-, -리-, -기-'가 붙어 만들어진다. 이때 '(건반을) 누르다'가 '눌리다'로 바뀌는 것처럼 동사의 불규칙 활용 형태로 나타나는 경우도 있다.
　그러나 모든 능동사가 피동사로 파생될 수 있는 것은 아니다. '던지다, 지키다'와 같이 어간이 'ㅣ' 모음으로 끝나는 동사의 경우에는 피동 접미사가 결합하기 어렵고, '만나다'나 '싸우다'와 같이 대칭되는 대상이 필요한 동사, '알다'나 '배우다'와 같이 주체의 지각과 관련된 동사 등은 피동사로 파생되지 않는다.
　'-아/-어지다' 피동은 「동사의 어간에 보조적 연결 어미 '-아/-어'에 보조 동사 '지다'가 결합한 '-아/-어지다'가 붙어서 이루어지는데,」 이를 통사적 피동이라고도 부른다. 「동사에 '-아/-어지다'가 결합되면 피동의 의미를 나타내지만, 형용사에 '-아/-어지다'가 결합되면 동사화되어 상태의 변화를 나타낼 뿐 피동의 의미를 나타내지 않는다.」
　15세기 국어에서도 피동 표현이 사용되었다. 파생적 피동은 능동사 어간을 어근으로 하여 피동 접미사 '-이-, -히-, -기-'가 붙어 만들어졌는데, 이때 'ㄹ'로 끝나는 어간에 피동 접미사 '-이-'가 결합하면 이어지지 않고 분철하여 표기하였다. 통사적 피동은 보조적 연결 어미 '-아/-어'와 보조 동사 '디다'가 결합한 '-아/-

어디다'가 사용되었다. 한편, 15세기 국어에는 피동 접미사와 결합하지 않고도 피동의 의미를 나타내는 동사가 현대 국어보다 많이 존재했다.

01　답 | ②

윗글을 이해한 내용으로 적절하지 않은 것은??

정답 선지 분석

② '(소리가) 작아지다'는 용언의 어간에 '-아지다'가 결합하여 피동의 의미를 나타낸다.
'(소리가) 작아지다'는 형용사 '작다'의 어간 '작-'에 '-아/-어지다'가 결합하여 동사화된 것으로 상태의 변화를 나타낸 것일 뿐 피동의 의미를 나타내지 않는다.

오답 선지 분석

① '(물건이) 실리다'는 피동사 파생이 동사의 불규칙 활용 형태로 나타난 것이다.
'(물건이) 실리다'는 동사 '싣다'의 어간 '싣-'이 피동 접미사 '-리-'와 결합할 때 어간의 받침 'ㄷ'이 'ㄹ'로 바뀌는 불규칙 활용을 한 것이다.

③ '(술이) 꼬이다'는 동사 어간 '꼬-'에 피동 접미사 '-이-'가 결합하여 피동사로 파생되었다.
'(줄이) 꼬이다'는 동사 어간 '꼬-'에 피동 접미사 '-이-'가 결합하여 피동사가 되었다.

④ '경찰이 도둑을 잡다.'가 피동문으로 바뀔 때에는 능동문의 목적어가 피동문의 주어로 바뀐다.
'경찰이 도둑을 잡다.'의 능동문이 피동문인 '도둑이 경찰에게 잡히다.'로 바뀔 때 능동문의 목적어인 '도둑을'이 피동문의 주어인 '도둑이'로 바뀌게 된다.

⑤ '(아버지와) 닮다'는 대칭되는 대상이 필요한 동사로 피동 접미사와 결합하여 파생되지 않는다.
'(아버지와) 닮다'는 피동 접미사와 결합하여 파생어가 될 수 없는, 대칭되는 대상이 필요한 동사이다.

02　답 | ⑤

윗글을 바탕으로 <보기>의 ⓐ~ⓓ를 탐구한 내용으로 적절하지 않은 것은?

보기

◦ 風輪에 ⓐ 담겨 (담-+-기-+-어)
　[풍륜에 담겨]

◦ 뫼해 살이 ⓑ 박거늘 (박-+-거늘)
　[산에 화살이 박히거늘]

◦ 옥문이 절로 ⓒ 열이고 (열-+-이-+-고)
　[옥문이 절로 열리고]

◦ 드트리 두외이 ⓓ 붓아디거늘 (ㅂ슨-+-아디-+-거늘)
　[티끌이 되어 부수어지거늘]

정답 선지 분석

⑤ ⓑ와 ⓓ는 모두 피동 접미사를 사용하지 않았으므로 통사적 피동에 해당하는군.
통사적 피동은 어간에 '-아/-어디다'가 결합하여 만들어지는 것이므로 '붓아디거늘'은 통사적 피동이다. 그러나 '박거늘'은 피동 접미사나 '-아/-어디다'가 결합하지 않고 피동의 의미를 실현하는 것이므로 통사적 피동이 아니다.

WEEK 8

오답 선지 분석

① ⓐ는 능동사 어간에 접미사 '-기-'가 결합하여 피동사가 되었군.
'담겨'는 능동사 어간 '담-'에 파생 접미사 '-기-'가 결합하여 피동사가 된 것이다.

② ⓑ는 파생적 피동이 일어난 단어가 아님에도 피동의 의미를 나타내고 있군.
'박거늘'은 피동 접미사가 결합하지 않고 피동의 의미가 실현된 것이다.

③ ⓒ는 'ㄹ'로 끝나는 어간에 접미사 '-이-'가 결합한 후 분철되어 표기되었군.
'열이고'는 동사 어간 '열-'이 'ㄹ'로 끝나므로 접미사 '-이-'가 결합한 후 분철되어 표기된 것이다.

④ ⓓ는 동사 어간 '부스-'에 '-아디-'가 붙어 피동의 의미를 나타내고 있군.
'붓아디거늘'은 동사 어간 '부스-'에 보조적 연결 어미 '-아'와 보조 동사 '디다'가 결합 된 '-아디-'를 사용하여 피동의 의미를 나타내고 있다.

03

답 | ①

<보기>의 ㉠, ㉡에 해당하는 사례를 바르게 짝지은 것은?

보기

국어의 음절 종성에서는 자음을 두 개 발음할 수 없다. 따라서 겹받침으로 끝나는 형태소와 다른 형태소가 결합하면 자음군 단순화와 더불어 다른 음운 변동이 함께 적용되는 경우가 많다. 예를 들어 '닭만[당만]'은 ㉠ 자음군 단순화와 비음화가 함께 적용된 경우에 해당하고, '맑지[막찌]'는 ㉡ 자음군 단순화와 된소리되기가 함께 적용된 경우에 해당한다.

정답 선지 분석

	㉠	㉡
①	값만[감만]	흙과[흑꽈]

'값만'은 'ㅅ'이 탈락하는 자음군 단순화와 'ㅂ'이 'ㅁ'의 영향을 받아 'ㅁ'으로 교체되는 비음화가 적용되어 [감만]으로 발음된다. '흙과'는 'ㄹ'이 탈락하는 자음군 단순화와 두 번째 음절의 초성인 'ㄱ'이 'ㄲ'으로 교체되는 된소리되기가 적용되어 [흑꽈]로 발음된다.

오답 선지 분석

②	잃는[일른]	읊고[읍꼬]

'잃는'은 자음군 단순화와 유음화가 적용되어 [일른]으로 발음되며, '읊고'는 자음군 단순화와 음절의 끝소리 규칙, 된소리되기가 적용되어 [읍꼬]로 발음된다.

③	덮지[덥찌]	밝혀[발켜]

'덮지'는 음절의 끝소리 규칙과 된소리되기가 적용되어 [덥찌]로 발음되며, '밝혀'는 거센소리되기에 의해 [발켜]로 발음된다.

④	밟는[밤ː는]	닦다[닥따]

'밟는'은 자음군 단순화와 비음화에 의해 [밤ː는]으로 발음되며, '닦다'는 음절의 끝소리 규칙과 된소리되기에 의해 [닥따]로 발음된다.

⑤	젊어[절머]	짧지[짤찌]

'젊어'는 'ㅁ'이 뒤 음절로 연음되어 [절머]로 발음되며, '짧지'는 자음군 단순화와 된소리되기에 의해 [짤찌]로 발음된다.

04

답 | ④

<보기 1>의 ㉠에 해당하는 것만을 <보기 2>에서 있는 대로 고른 것은?

보기 1

합성어는 명사와 명사의 결합, 용언의 관형사형과 명사의 결합, 부사와 용언의 결합처럼 어근과 어근의 연결이 우리말의 어순이나 단어 배열법과 일치하는 ㉠ 통사적 합성어와 용언의 어간과 명사의 결합, 용언의 어간에 용언의 어간이 직접 결합한 것처럼 우리말의 어순이나 단어 배열법과 일치하지 않는 비통사적 합성어로 나눌 수 있다.

보기 2

덮밥, 돌다리, 하얀색, 높푸르다, 잘생기다

정답 선지 분석

④ 돌다리, 하얀색, 잘생기다
'돌다리'는 명사(돌)와 명사(다리), '하얀색'은 용언의 관형사형(하얀)과 명사(색), '잘생기다'는 부사(잘)와 용언(생기다)이 결합한 말이기 때문에 통사적 합성어에 해당하고, '덮밥'은 용언의 어간(덮-)과 명사(밥), '높푸르다'는 용언의 어간(높-)과 용언의 어간(푸르-)이 직접 결합한 말이기 때문에 비통사적 합성어에 해당한다.

05

답 | ⑤

<보기>는 '사전 활용하기 학습 자료'의 일부이다. 이에 대해 탐구한 내용으로 적절하지 않은 것은?

보기

데¹ 「의존 명사」
「1」 '곳'이나 '장소'의 뜻을 나타내는 말.
「2」 '일'이나 '것'의 뜻을 나타내는 말.

-데² 「어미」
('이다'의 어간, 용언의 어간 또는 어미 '-으시-', '-었-', '-겠-' 뒤에 붙어) 해할 자리에 쓰여, 과거 어느 때에 직접 경험하여 알게 된 사실을 현재의 말하는 장면에 그대로 옮겨 와서 말함을 나타내는 종결 어미.

-는데 「어미」
('있다', '없다', '계시다'의 어간, 동사 어간 또는 어미 '-으시-', '-었-', '-겠-' 뒤에 붙어) 뒤 절에서 어떤 일을 설명하거나 묻거나 시키거나 제안하기 위하여 그 대상과 상관되는 상황을 미리 말할 때에 쓰는 연결 어미.

정답 선지 분석

⑤		책	을		다		읽	는	데	만		이	틀	이		걸	렸	다	.

'책을 다 읽는데만 이틀이 걸렸다.'에서 '읽는데'의 '데'는 '데'의 「2」에 해당하므로 '읽는 데'처럼 띄어 써야 한다.

오답 선지 분석

①		밥	은		있	는	데		반	찬	이		없	소	.

'있는데'의 '-는데'는 어미이므로 붙여 써야 한다.

②		지	금		가	는		데	가		어	디	인	가	요	?

'가는 데'의 '데'는 '데'의 「1」에 해당하므로 띄어 써야 한다.

③

| 그 | | 사 | 람 | 은 | | 말 | 을 | | 아 | 주 | | 잘 | 하 | 데 | . | |

'잘하데'의 '-데'는 '-데'에 해당하므로 붙여 써야 한다.

④

| 그 | 는 | | 의 | 지 | 할 | | 데 | | 없 | 는 | | 사 | 람 | 이 | 다 | . |

'의지할 데'의 '데'는 '데'의 「1」에 해당하므로 띄어 써야 한다.

DAY 3 경기 살리기 대작전

빠른 정답 체크

01 ⑤   **02** ①   **03** ①   **04** ②

---

❶ 「경기가 침체되어 가계의 소비가 줄어들면 시중의 제품이 팔리
└ : 경기 침체로 인한 악순환
지 않아 기업은 생산 규모를 축소하게 된다. 그 결과 실업률이 증
가하고 가계의 수입이 감소하면서 소비는 더욱 위축된다.」이와
같은 악순환으로 경기 침체가 심화되면 국가는 이에서 벗어나기
위해 유동성을 늘리는 통화 정책을 시행한다.
　　경기 침체에서 벗어나기 위한 국가의 정책
❷ 유동성이란 자산 또는 채권을 손실 없이 현금화할 수 있는 정
　　　유동성의 개념 ①
도로, 현금과 같은 화폐는 유동성이 높은 자산인 반면 토지나 건
　유동성이 높은 자산의 예시　　　유동성이 낮은 자산의 예시
물과 같은 부동산은 유동성이 낮은 자산이다. 이처럼 유동성은
자산의 성격을 나타내는 용어이지만, 흔히 시중에 유통되는 화폐
　　　　　　　　　　　　　　　　　　　　유동성의 개념 ②
의 양, 즉 통화량을 나타내는 말로도 사용된다. 가령 시중에 통화
량이 지나치게 많을 때 '유동성이 넘쳐 난다'고 표현하고, 반대로
통화량이 줄어들 때 '유동성이 감소한다'고 표현한다. 「유동성이
　　　　　　　　　　　　　　　└ : 유동성과 화폐의 가치는 반비례 관계임
넘쳐 날 경우 시중에 화폐가 흔해지는 상황이므로 화폐의 가치는
떨어지게 된다.」
❸ 유동성은 금리와 밀접한 관련이 있기 때문에 국가는 정책적으
　　　　　　　　　　　　　　　　유동성을 조절하는 방법
로 금리를 올리고 내림으로써 유동성을 조절할 수 있다. 이때 금
리는 예금이나 빌려준 돈에 붙는 이자율로, 이는 기준 금리와 시
　　　　금리의 개념
중 금리 등으로 구분된다. 기준 금리는 국가가 정책적인 차원에
　　　　　　　　　　　　　　　　　기준 금리의 개념
서 결정하는 금리로, 한 나라의 금융 및 통화 정책의 주체인 중앙
　　　　　　　　　　　　　기준 금리를 결정하는 주체
은행에 의해 결정된다. 반면 시중 금리는 기준 금리의 영향을 받
　　　　　　　　　　　　　　　　시중 금리의 개념
아 중앙은행 이외의 시중 은행이 세우는 표준적인 금리로, 가계
나 기업의 금융 거래에 영향을 미친다. 가령 「시중 금리가 내려가
　　　　　　　　　　　　　　└ : 시중 금리와 유동성은 반비례 관계임
면 예금을 통한 이자 수익과 대출에 따른 이자 부담이 줄어 가계
나 기업에서는 예금을 인출하거나 대출을 받으려는 경향성이 늘
어난다. 그 결과 시중의 유동성이 증가하게 된다. 반대로 시중 금
리가 올라가면 이자 수익과 대출 이자 부담이 모두 늘어나기 때
문에 유동성이 감소하게 된다.」
❹ 이와 같은 금리와 유동성의 관계를 고려하여, 중앙은행은 기
준 금리를 조절하는 통화 정책을 통해 경기를 안정시키려고 한
경기를 안정시키기 위한 중앙은행의 정책

다. 만일 「경기가 침체되면 중앙은행은 기준 금리를 인하하는 정
　　　　└ : 경기가 침체되었을 때의 중앙은행의 정책　　시중 금리는 기준 금리의 영향을 받음
책을 도입하여 시중 금리를 낮추도록 유도한다. 그 결과 유동성이
　　　　　　　　　　　　　　　　　　　　　　화폐의 가치 하락
증가하여 가계의 소비가 늘고 주식이나 부동산에 대한 투자가 확
대된다. 또한 기업의 생산과 고용이 늘고 다양한 분야에 대한 투
자가 확대되어 물가가 상승하고 경기가 전반적으로 활성화된다.」
반대로 「경기가 과열되어 자산 가격이나 물가가 지나치게 오르면
　　　　└ : 경기가 과열되었을 때의 중앙은행의 정책
중앙은행은 기준 금리를 인상하는 정책을 통해 유동성을 감소시
　　　　　　　　　　　　　　　　　　화폐의 가치 상승
킨다. 그 결과 기준 금리를 인하할 때와 반대의 현상이 나타나 자
산 가격이 하락하고 물가가 안정되어 과열된 경기가 진정된다.」
❺ 그러나 중앙은행이 경기 활성화를 위해 통화 정책을 시행했음
에도 불구하고 애초에 의도한 결과가 나타나지 않기도 한다. 즉,
기준 금리를 인하하여 시중에 유동성을 충분히 공급하더라도, 증
가한 유동성이 기대만큼 소비나 투자로 이어지지 않으면 경기가
　　　　　　　　　통화 정책을 시행했음에도 경기가 활성화되지 않음
활성화되지 않는다. 특히 심각한 경기 침체로 인해 경기 회복에
　　　　　　　　　　　　　　　유동성 함정의 원인
대한 전망이 불투명할 경우, 경제 주체들은 쉽게 소비를 늘리지
못하거나 투자를 결정하지 못해 돈을 손에 쥐고만 있게 된다. 이
경우 충분한 유동성이 경기 회복으로 이어지지 못해 경기 침체가
　　　　　　　　　　　　　　　　　　　　유동성 함정의 개념
지속되는데, 마치 유동성이 함정에 빠진 것 같다고 하여 케인스
는 이를 유동성 함정이라 불렀다. 그는 이러한 유동성 함정을 통
해 통화 정책의 한계를 설명하면서, 정부가 재정 지출을 확대하
　　　　　　　　　　　　　　　유동성 함정을 해결하는 방법
여 소비와 투자를 유도하는 정책을 시행하는 것이 중요하다고 역
설하였다.

01
답 | ⑤

윗글을 통해 알 수 있는 내용이 아닌 것은?

정답 선지 분석

⑤ 유동성에 대한 케인스 주장의 한계

　5문단에 케인스가 유동성 함정을 통해 통화 정책의 한계를 설명하였다는 내용은 언급되어
　있지만, 유동성에 대한 케인스 주장의 한계는 언급되어 있지 않다.

오답 선지 분석

① 중앙은행이 하는 역할

　3문단에 중앙은행은 '한 나라의 금융 및 통화 정책의 주체'라는 내용이 언급되어 있다.

② 유동성이 높은 자산의 예

　2문단에 '현금과 같은 화폐는 유동성이 높은 자산'이라는 내용이 언급되어 있다.

③ 기준 금리와 시중 금리의 관계

　'3문단에 '시중 금리는 기준 금리의 영향을 받'는다는 내용과, 4문단에 '중앙은행은 기준 금리
　를 인하하는 정책을 도입하여 시중 금리를 낮추도록 유도한다.'라는 내용이 언급되어 있다.

④ 경기 침체로 인해 나타나는 현상

　1문단에서 가계의 소비와 기업의 생산이 줄어드는 등 경기 침체로 인해 나타나는 현상이 언
　급되어 있다.

WEEK 8

02

답 | ①

윗글을 바탕으로 할 때, <보기>의 ㄱ~ㄷ에 들어갈 말로 적절한 것은?

보기

국가의 통화 정책이 정상적으로 작동될 때, 중앙은행이 기준 금리를 (ㄱ) 시중의 유동성이 (ㄴ)하며, 화폐의 가치가 (ㄷ)한다.

정답 선지 분석

	ㄱ	ㄴ	ㄷ
①	내리면	증가	하락

4문단에 따르면 중앙은행은 기준 금리를 인하하는 정책을 도입하여 시중 금리를 낮추도록 유도하고, 그 결과 유동성이 증가한다. 2문단에 따르면 유동성이 넘쳐 날 경우 화폐의 가치는 떨어지게 된다. 따라서 중앙은행이 기준 금리를 내리면 시중의 유동성이 증가하며, 화폐의 가치가 하락한다.

오답 선지 분석

	ㄱ	ㄴ	ㄷ
②	내리면	증가	상승

중앙은행이 기준 금리를 내리면 시중의 유동성이 증가하는 것은 맞지만, 이때 화폐의 가치는 하락한다.

③	내리면	감소	상승

중앙은행이 기준 금리를 내리면 시중의 유동성은 증가한다.

④	올리면	증가	상승

중앙은행이 기준 금리를 올리면 시중의 유동성은 감소한다.

⑤	올리면	감소	하락

중앙은행이 기준 금리를 올리면 시중의 유동성이 감소하는 것은 맞지만, 이때 화폐의 가치는 상승한다.

03

답 | ①

유동성 함정에 대해 이해한 내용으로 가장 적절한 것은?

정답 선지 분석

① 시중에 유동성이 충분히 공급되더라도 경기 침체가 지속되는 상황을 의미한다.

5문단에 따르면 유동성 함정이란 심각한 경기 침체로 인해 경기 회복에 대한 전망이 불투명할 경우, 기준 금리 인하를 통해 충분한 유동성이 시중에 공급되더라도 경기 침체가 지속되는 상황과 관련이 있다.

오답 선지 분석

② 시중 금리의 상승으로 유동성이 감소하여 물가가 하락하는 상황을 의미한다.

5문단에 따르면 유동성 함정이란 시중에 충분히 공급된 유동성이 경기 활성화로 이어지지 않는 상황을 의미하므로, 시중 금리 상승으로 유동성이 감소하는 상황을 의미하는 것은 아니다.

③ 기업의 생산과 가계의 소비가 줄어들어 유동성이 넘쳐 나는 상황을 의미한다.

5문단에 따르면 유동성 함정이 발생했을 때 시중에 유동성이 충분한 것은 맞지만, 유동성이 넘쳐 나는 상황이 기업의 생산과 가계의 소비가 감소하여 발생하는 것은 아니다.

④ 경기 과열로 인해 유동성이 높은 자산에 대한 선호가 늘어나는 상황을 의미한다.

5문단에 따르면 유동성 함정이란 충분한 유동성으로도 침체된 경기를 회복하지 못하는 경우를 의미하므로, 경기 과열로 인한 상황을 의미하는 것은 아니다.

⑤ 유동성이 감소하여 경기 회복에 대한 전망이 긍정적으로 바뀌는 상황을 의미한다.

5문단에 따르면 유동성 함정은 시중에 유동성이 충분하더라도 경기 회복에 대한 전망이 부정적일 때 발생하므로, 유동성이 감소하여 경기 회복에 대한 전망이 긍정적으로 바뀌는 상황을 의미하는 것은 아니다.

04

답 | ②

윗글을 바탕으로 경제 주체들이 <보기>의 신문 기사를 읽고 보일 수 있는 반응으로 적절하지 않은 것은?

보기

금융 당국 '빅스텝' 단행

금융 당국은 오늘 '빅스텝'을 단행하였다. 빅스텝이란 기준 금리를 한 번에 0.5%p 인상하는 것을 의미한다. 이처럼 금리를 큰 폭으로 인상한 것은 과도하게 증가한 유동성으로 인해 물가가 지나치게 상승하고 부동산, 주식 등의 자산 가격이 폭등했기 때문이다.

정답 선지 분석

② 소비자: 위축된 소비 심리가 회복되어 지금보다 물가가 오를 수 있으니, 자동차 구매 시기를 앞당겨야겠군.

3문단에 따르면, 기준 금리의 영향을 받아 시중 금리가 올라가면 이자 수익과 대출 이자 부담이 모두 늘어 유동성은 감소한다. 4문단에 따르면, 이 경우 가계의 소비는 줄고 주식이나 부동산에 대한 투자는 축소되며, 기업의 생산과 고용, 투자가 축소되어 자산 가격은 하락하고 물가는 안정된다. <보기>는 금융 당국이 한 번에 큰 폭으로 기준 금리를 인상하는 정책을 단행하였다는 내용의 신문 기사이다. 이러한 상황에서는 기준 금리의 영향을 받아 시중 금리 역시 상승하여 소비나 투자가 줄고 물가나 자산 가격이 하락할 것이다. 따라서 소비자가 물가 상승을 예측하고 자동차 구매 시기를 앞당기겠다는 반응을 보이는 것은 적절하지 않다.

오답 선지 분석

① 투자자: 부동산의 가격이 하락할 수 있으니, 당분간 부동산 투자를 미루고 시장 상황을 지켜봐야겠군.

4문단에 따르면 기준 금리 인하 정책은 주식이나 부동산과 같은 자산 가격이 하락하는 상황으로 이어진다. 따라서 투자자가 부동산의 가격이 하락할 것을 예측하고 당분간 부동산 투자를 미루겠다는 반응을 보이는 것은 적절하다.

③ 기업인: 대출을 통해 자금을 확보하는 것이 부담스러워질 수 있으니, 공장을 확장하려던 계획을 보류해야겠군.

3문단에 따르면 기준 금리 인상은 대출 이자에 대한 부담이 늘어나는 상황으로 이어진다. 따라서 기업인이 대출을 통한 자금 확보가 부담스러워질 것을 예측하고 공장 확장 계획을 보류하겠다는 반응을 보이는 것은 적절하다.

④ 공장장: 당분간 우리 공장에서 생산한 부품에 대한 수요가 줄 수 있으니, 재고가 늘어날 것에 대비해야겠군.

4문단에 따르면 기준 금리 인상은 소비와 투자가 축소되는 상황으로 이어진다. 따라서 공장장이 공장에서 생산한 부품에 대한 수요가 줄어들 것을 예측하고 재고가 늘어날 것에 대비하겠다는 반응을 보이는 것은 적절하다.

⑤ 은행원: 시중 은행에 저축하려는 사람들이 늘어날 수 있으니, 다양한 상품을 개발하여 고객을 유치해야겠군.

3문단에 따르면 기준 금리 인상은 예금을 통한 이자 수익이 늘어나는 상황으로 이어진다. 따라서 은행원이 저축 상품에 대한 사람들의 관심이 늘어날 것을 예측하고 고객 유치를 위해 다양한 상품을 개발하겠다는 반응을 보이는 것은 적절하다.

DAY 4 추상적 사유의 위대한 힘

빠른 정답 체크

01 ⑤   02 ①   03 ④   04 ④   05 ④

❶ 수학자 힐베르트는 「어떤 1차 논리의 논리식이 주어졌을 경우 이 논리식이 타당한지 여부를 결정하는 알고리즘이 존재하느냐 하는 문제를 제기했다.」 튜링은 이 문제에 대한 답을 얻는 과정에서 가상의 기계 장치인 '튜링 기계'를 ⓐ 고안하게 된다.
『』: 튜링이 답을 얻고자 한 문제 - 튜링 기계를 고안한 배경이 됨

❷ 튜링 기계는 사람이 계산할 때 일어나는 사고 과정을 응용한 가상의 기계로 ㉠ 테이프, ㉡ 헤드, ㉢ 상태 기록기 등의 부품으로 ⓑ 구성된다.
튜링 기계의 개념
테이프는 「좌우 양방향으로 무한히 많은 칸을 갖고 있다고 가정하며, 각 칸은 비어 있거나 한 개의 기호가 기록되어 있다.」 헤드는 「테이프에 기록된 기호를 읽거나 기호를 기록하는 장치인데, 테이프 위를 좌우로 한 칸씩 움직일 수 있다.」 상태
『』: 튜링 기계의 구성 ①-테이프
기록기는 튜링 기계의 상태를 나타낸다.
『』: 튜링 기계의 구성 ②-헤드
튜링 기계의 구성 ③ – 상태 기록기

❸ 튜링 기계는 작동규칙이 주어지면 튜링 기계의 상태와 헤드로 판독한 기호에 따라 작동되는데, 작동규칙은 예를 들면 (A, 1,
튜링 기계의 작동 방식
P0, R, B)와 같이 표시할 수 있으며 이와 같은 형식을 '5순서열'
튜링 기계의 작동규칙의 예시
이라고 한다. 5순서열의 첫 번째 자리와 다섯 번째 자리에는 A, B, C 등의 임의의 기호가 사용되어 튜링 기계의 상태를 나타낸다. (A, 1, P0, R, B)에서 'A'는 튜링 기계의 현재 상태를, 'B'는 튜링
5순서열의 첫 번째 기호가 나타내는 것
기계의 다음 상태를 나타낸다. 이렇게 현재 상태를 나타내는 기호
5순서열의 다섯 번째 기호가 나타내는 것
와 다음 상태를 나타내는 기호가 다르면 기계는 다음 상태로 바뀌고, 이와 달리 두 기호가 같으면 현재 상태가 유지된다. 5순서열의 두 번째 자리와 세 번째 자리에는 0, 1, □ 등의 기호가 사용되는데, □는 빈칸을 의미한다. (A, 1, P0, R, B)에서 '1'은 헤드가
5순서열의 두 번째 기호가 나타내는 것
읽는 기호를 나타내며, 'P0'은 기호를 읽은 칸에 0을 기록하라는
5순서열의 세 번째 기호가 나타내는 것 – 헤드가 기록하는 기호
것을 나타낸다. 만약 P□가 사용되면 이는 □를 기록하라는 뜻으로 테이프에 기록된 기호가 있을 경우에는 이를 지우게 된다. 튜
□가 빈칸을 의미하기 때문
링 기계는 「헤드가 읽는 기호와 테이프에 기록된 기호가 서로 같으면 주어진 5순서열을 수행하게 되지만, 다르면 주어진 5순서열을
『』: 튜링 기계가 주어진 5순서열을 수행하는 조건
수행하지 않게 된다.」 5순서열의 네 번째 자리에는 헤드의 위치 변
5순서열의 네 번째 기호가 나타내는 것
경을 지시하는 기호로 L, R, N이 사용되는데, L은 헤드를 왼쪽으로 한 칸, R은 헤드를 오른쪽으로 한 칸 이동하는 것을 나타내며, N은 헤드의 위치를 이동하지 않는 것을 나타낸다.

❹ 튜링 기계를 결정하는 5순서열은 여러 개가 모여 5순서열의 모임을 이룰 수도 있는데 이때는 세미콜론(;)을 사용해 나타낼
5순서열의 모임을 나타내는 방법
수 있다. 튜링 기계는 「테이프의 시작 모습, 기계의 시작 상태, 그리고 테이프에서 헤드의 시작 위치가 정해지면 주어진 5순서열
『』: 튜링 기계가 작동하는 경우

의 모임 중 수행 가능한 5순서열이 있을 경우, 이에 따라 작동하게 된다. 그러나 수행 가
튜링 기계가 작동을 멈추는 경우
능한 5순서열이 없을 경우에는 작동을 멈추게 된다.」 <그림>은 테이프의 시작 모습이 모두 빈칸이고, 기계의 시작 상태는 A이며, 헤드의 시작 위치는 화살표의 위치일 때, 5순서열의 모임 (A, □, P0, R, B) ; (B, □, P1, R, A)가 하나의 테
5순서열의 모임의 예시
이프에서 작동하는 상황을 단계별로 도식화한 것이다. 먼저 튜링 기계의 현재 상태가 A이고 테이프가 빈칸이므로, (A, □, P0, R, B)에 따라 그 칸에 0을 기록하고 오른쪽으로 헤드를 한 칸 이동
P0   R
한 후 상태를 B로 변경한다. 다음으로 튜링 기계의 현재 상태가 B
현재 상태와 다음 상태를 나타내는 기호가 다르면 다음 상태로 바뀜
이고 테이프가 빈칸이므로, (B, □, P1, R, A)에 따라 그 칸에 1을
P1
기록하고 오른쪽으로 헤드를 한 칸 이동한 후 상태를 A로 변경한
R
다. 그러면 다시 (A, □, P0, R, B)에 따라 작동하게 되어 결국 튜링 기계는 테이프에 0과 1을 무한히 반복하며 기록하게 된다.
예시는 무한히 반복되는 5순서열의 모임에 해당함

❻ 튜링은 위와 같이 무한히 반복되는 5순서열의 모임뿐만 아니라 사칙연산과 같은 유한한 계산을 수행하는 5순서열의 모임을 제시하며 5순서열을 어떻게 ⓒ 조합하느냐에 따라 다양한 튜링 기계의 알고리즘을 만들 수 있다고 말한다. 나아가 테이프 한 칸에 튜링 기계의 알고리즘 하나하나가 들어가는 '보편 튜링 기계'
보편 튜링 기계의 개념
라는 것을 제시하며, 아무리 복잡한 알고리즘도 간단한 단위로 ⓓ 분해해서 처리할 수 있다고 주장한다. 현대의 컴퓨터 역시, 용량이 크고 속도가 빠를 뿐 결국 복잡한 알고리즘을 아주 간단한
튜링 기계와 같은 원리임
단위로 분해해서 수행하는 것이다. 이런 면에서 튜링 기계는 현대 컴퓨터 발명의 기본적인 착상을 제공하는 데 크게 ⓔ 공헌한
튜링 기계의 의의
것으로 평가받고 있다.

도표: A ↓ 시작 위치 / B / 0 / A / 0 1 / B / 0 1 0
<그림>

01
답 | ⑤

윗글에서 답을 찾을 수 있는 질문에 해당하지 않는 것은?

정답 선지 분석

⑤ 보편 튜링 기계가 처리하지 못하는 알고리즘의 종류는 무엇인가?
보편 튜링 기계가 처리하지 못하는 알고리즘의 종류가 무엇인지는 윗글을 통해 알 수 없으므로 적절하지 않다.

오답 선지 분석

① 튜링 기계가 등장하게 된 배경은 무엇인가?
1문단의 '수학자 힐베르트는~고안하게 된다.'를 보면 튜링 기계가 등장하게 된 배경이 무엇인지 알 수 있으므로 적절하다.

② 튜링 기계의 작동규칙을 표시하는 형식은 무엇인가?
3문단의 '작동규칙은 예를 들면 (A, 1, P0, R, B)와 같이 표시할 수 있으며'를 보면 튜링 기계의 작동규칙을 표시하는 형식이 무엇인지 알 수 있으므로 적절하다.

③ 보편 튜링 기계와 현대 컴퓨터의 공통점은 무엇인가?

5문단의 '나아가 테이프 한 칸에~분해해서 수행하는 것이다.'를 보면 보편 튜링 기계와 현대 컴퓨터의 공통점이 무엇인지 알 수 있으므로 적절하다.

④ 튜링 기계가 작동되기 위해 필요한 조건들은 무엇인가?

3문단의 '튜링 기계는 작동규칙이~판독한 기호에 따라 작동되는데'와 4문단의 '튜링 기계는 테이프의 시작 모습~이에 따라 작동하게 된다.'를 보면 튜링 기계가 작동하기 위해 필요한 조건들이 무엇인지 알 수 있으므로 적절하다.

02

답 | ①

㉠~㉢을 이해한 내용으로 가장 적절한 것은?

정답 선지 분석

① ㉠의 길이를 무한으로 가정한 것은 튜링 기계가 가상의 장치라는 것을 보여 주는 것이겠군.

2문단의 '튜링 기계는~가상의 기계로'와 '테이프는 좌우 양방향으로~갖고 있다고 가정하며'를 보면, ㉠의 길이를 무한으로 가정한 것을 통해 튜링 기계가 현실에 존재하는 장치가 아닌 가상의 장치라는 것을 알 수 있으므로 적절하다.

오답 선지 분석

② ㉢이 한 번에 판독할 수 있는 기호의 개수는 항상 동일하게 유지되겠군.

3문단의 '튜링 기계는 작동규칙이 주어지면 튜링 기계의 상태와 헤드로 판독한 기호에 따라 작동되는데'를 보면, 기호를 판독할 수 있는 장치는 ㉢에 해당하므로 적절하지 않다.

③ ㉠의 시작 모습은 ㉡의 위치 변경을 지시하는 기호에 따라 결정되겠군.

3문단의 '5순서열의 첫 번째 자리와~임의의 기호가 사용되어 튜링 기계의 상태를 나타낸다'와 '5순서열의 네 번째 자리에는 헤드의 위치 변경을 지시하는 기호로 L, R, N이 사용되는데'를 보면, ㉠의 시작 모습을 결정하는 것은 ㉡의 위치 변경을 지시하는 기호와 무관하다.

④ ㉡의 시작 위치가 정해지는 것은 ㉢이 나타내는 튜링 기계의 상태와 관련이 있겠군.

4문단의 '테이프에서 헤드의 시작 위치가 정해지면 주어진 5순서열의 모임 중 수행 가능한 5순서열이 있을 경우, 이에 따라 작동하게 된다'를 보면, ㉡의 시작 위치가 정해지는 것은 ㉢이 나타내는 튜링 기계의 상태와 관련이 없으므로 적절하지 않다.

⑤ ㉢에 임의의 기호가 사용된다는 것은 ㉠에 기록된 기호의 종류가 항상 달라진다는 것을 의미하는 것이겠군.

3문단의 '5순서열의 첫 번째 자리와 다섯 번째 자리에는 A, B, C 등의 임의의 기호가 사용되어 튜링 기계의 상태를 나타낸다'를 보면, ㉢에 임의의 기호가 사용된다는 것이 ㉠에 기록된 기호의 종류가 항상 달라진다는 것을 의미하지는 않으므로 적절하지 않다.

※ 윗글과 다음을 참고하여 3번과 4번 두 물음에 답하시오.

[1진법의 덧셈을 하는 튜링 기계의 알고리즘]
㉮ (X, 1, P1, R, X); ㉯ (X, □, P1, R, Y); ㉰ (Y, 1, P1, R, Y);
㉱ (Y, □, P□, L, Z); ㉲ (Z, 1, P□, N, Z)

[1진법의 덧셈을 하는 튜링 기계의 시작 모습]

아래는 1진법의 덧셈을 하는 튜링 기계의 시작 모습을 도식화한 것이다. 튜링 기계의 시작 상태는 X이며, 헤드의 시작 위치는 화살표의 위치이다. 테이프에는 1진법에서 2를 의미하는 '11'과 3을 의미하는 '111'이 기록되어 있으며, '11'과 '111'을 구분하기 위해 사이에 빈칸이 하나 삽입되어 있다.

03

답 | ④

윗글을 바탕으로 ㉮~㉲에 대해 이해한 내용으로 적절한 것은?

정답 선지 분석

④ ㉯와 ㉱는 튜링 기계의 헤드가 기록할 기호가 다르게 지정되어 있다.

㉯와 ㉱는 튜링 기계의 헤드가 기록할 기호가 각각 '1'과 '□'로 다르게 지정되어 있으므로 적절하다.

오답 선지 분석

① ㉮는 튜링 기계의 현재 상태와 다음 상태가 다르게 지정되어 있다.

㉮는 튜링 기계의 현재 상태와 다음 상태가 모두 'X'로 동일하게 지정되어 있으므로 적절하지 않다.

② ㉰는 튜링 기계의 헤드가 읽는 기호와 기록할 기호가 동일하게 지정되어 있다.

㉰는 튜링 기계의 헤드가 읽는 기호와 기록할 기호가 각각 '1'과 '□'로 다르게 지정되어 있으므로 적절하지 않다.

③ ㉮와 ㉯는 튜링 기계의 헤드가 읽는 기호가 동일하게 지정되어 있다.

㉮와 ㉯는 튜링 기계의 헤드가 읽는 기호가 각각 '1'과 '□'로 다르게 지정되어 있으므로 적절하지 않다.

⑤ ㉰와 ㉱는 튜링 기계의 헤드가 이동할 방향이 동일하게 지정되어 있다.

㉰와 ㉱는 튜링 기계의 헤드가 이동할 방향이 각각 'R'과 'L'로 다르게 지정되어 있으므로 적절하지 않다.

04

답 | ④

윗글과 [1진법의 덧셈을 하는 튜링 기계의 시작 모습]을 바탕으로 Ⓐ~Ⓔ에 대해 이해한 내용으로 적절하지 않은 것은?

정답 선지 분석

④ Ⓓ에서 튜링 기계의 상태가 Z일 때, ㉲에 따라 헤드는 테이프에 기록된 1을 지우고 기계는 상태를 바꾸게 되겠군.

Ⓓ에서 튜링 기계의 상태가 Z일 때, ㉲에 따라 헤드는 테이프에 기록된 1을 지우고 기계의 상태는 현재 상태인 Z가 유지되게 되므로 적절하지 않다.

오답 선지 분석

① Ⓐ에서 튜링 기계의 상태가 X일 때, ㉮에 따라 헤드는 오른쪽으로 한 칸 이동하고 기계는 상태를 유지하게 되겠군.

Ⓐ에서 튜링 기계의 상태가 X일 때, ㉮에 따라 헤드는 오른쪽으로 한 칸 이동하고 기계의 상태는 현재 상태인 X가 유지되게 되므로 적절하다.

② Ⓑ에서 튜링 기계의 상태가 X일 때, ㉯에 따라 헤드는 빈칸에 1을 기록하고 기계는 상태를 바꾸게 되겠군.

Ⓑ에서 튜링 기계의 상태가 X일 때, ㉯에 따라 헤드는 빈칸에 1을 기록하고 기계의 상태는 다음 상태인 Y로 바뀌게 되므로 적절하다.

③ Ⓒ에서 튜링 기계의 상태가 Y일 때, ㉰에 따라 헤드는 오른쪽으로 한 칸 이동하고 기계는 상태를 유지하게 되겠군.

Ⓒ에서 튜링 기계의 상태가 Y일 때, ㉰에 따라 헤드는 오른쪽으로 한 칸 이동하고 기계의 상태는 현재 상태인 Y가 유지되게 되므로 적절하다.

⑤ Ⓔ에서 튜링 기계의 상태가 Y일 때, ㉱에 따라 헤드는 왼쪽으로 한 칸 이동하고 기계는 상태를 바꾸게 되겠군.

Ⓔ에서 튜링 기계의 상태가 Y일 때, ㉱에 따라 헤드는 왼쪽으로 한 칸 이동하고 기계의 상태는 다음 상태인 Z로 바뀌게 되므로 적절하다.

05

답 | ④

문맥상 ⓐ~ⓔ와 바꾸어 쓰기에 적절하지 않은 것은?

정답 선지 분석

④ ⓓ: 퍼뜨려서

ⓓ의 '분해하다'는 '여러 부분이 결합되어 이루어진 것을 그 낱낱으로 나누다.'라는 의미를 지닌 단어이다. 따라서 '분해해서'를 '퍼뜨려서'로 바꾸어 쓰는 것은 적절하지 않다.

오답 선지 분석

① ⓐ: 생각해 내게

'고안하다'는 '연구하여 새로운 안을 생각해 내다.'라는 의미를 지닌 단어이다. 따라서 '고안하게'를 '생각해 내게'로 바꾸어 쓰는 것은 적절하다.

② ⓑ: 이루어진다

'구성되다'는 '몇 가지 부분이나 요소들이 모여 일정한 전체가 짜여 이루어지다.'라는 의미를 지닌 단어이다. 따라서 '구성된다'를 '이루어진다'로 바꾸어 쓰는 것은 적절하다.

③ ⓒ: 짜느냐에

'조합하다'는 '여럿을 한데 모아 한 덩어리로 짜다.'라는 의미를 지닌 단어이다. 따라서 '조합하느냐에'를 '짜느냐에'로 바꾸어 쓰는 것은 적절하다.

⑤ ⓔ: 이바지한

'공헌하다'는 '힘을 써 이바지하다.'라는 의미를 지닌 단어이다. 따라서 '공헌한'을 '이바지한'으로 바꾸어 쓰는 것은 적절하다.

DAY 5 〈소년〉_윤동주 / 〈나무의 꿈〉_손택수

빠른 정답 체크

01 ④　　02 ①　　03 ③

가

계절적 배경
여기저기서 단풍잎 같은 슬픈 가을이 뚝뚝 떨어진다. 단풍잎 떨
추상적 개념의 구체화. 감정이입　　　　하강적 이미지
어져 나온 자리마다 봄을 마련해 놓고 나뭇가지 위에 하늘이 펼쳐
소멸이 아닌 생성의 공간　　기대감, 희망
있다. 「가만히 ㉠ 하늘을 들여다보려면 눈썹에 파란 물감이 든다.
기원의 대상
두 손으로 따뜻한 볼을 쓸어보면 손바닥에도 파란 물감이 묻어난
자연과의 동화로 인한 소년의 신체적 변화　　손금에서 강물로 시상 확대. 하늘의 이미지와 연관
다.」다시 손바닥을 들여다본다. 손금에는 **맑은 강물**이 흐르고, 맑
「」: 자연(하늘)과 소년의 동화로 하늘의 속성과 소년이 조응함
은 강물이 흐르고, 강물 속에는 사랑처럼 슬픈 얼굴—아름다운
순이(順伊)의 얼굴이 어린다. **소년(少年)**은 황홀히 눈을 감아 본
소년이 그리워하는 대상　　　　　　　　순이와의 과거 회상
다. 그래도 맑은 강물은 흘러 사랑처럼 슬픈 얼굴—아름다운 순
소년의 내면 상태　　　　　　　소년의 내면에 자리 잡은 순이
이(順伊)의 얼굴은 어린다.

- 윤동주, 〈소년(少年)〉 -

나

의인법 - 나무에 인격을 부여
자라면 뭐가 되고 싶니
─ : 종결어미의 반복을 통해 의미 강조, 운율 형성
의자가 되고 싶니
자라서 되고 싶은 것 ①
누군가의 **책상**이 되고 싶니
자라서 되고 싶은 것 ②
밟으면 삐걱 소리가 나는 계단도 있겠지
살아가면서 겪는 시련
그 계단을 따라 올라가는 다락방

별빛이 들고 나는 창문들도 있구나
미래. 미래를 볼 수 있는 도구
누군가 그 창문을 통해 바다를

생각할지도 몰라

수평선을 넘어가는 목선을 그리워할지도 몰라

㉡ 바다를 보는 게 꿈이라면

배가 되고 싶겠구나
자라서 되고 싶은 것 ③
어쩌면 그 무엇도 되지 못하고

아궁이 속 **장작**으로 눈을 감을지도 모르지
꿈을 실현하지 못한 상황
「잊지 마렴 **한 줌 재**가 되었지만
「」: 꿈을 이루지 못해도 존재 가치가 있음을 역설함
넌 그때도 하늘을 날고 있는 거야」

누군가의 **몸**을 **데워**주고 난 뒤

춤을 추듯 피어오르는 거야

하지만, 지금은
시상 전환
다만 네 잎사귀를 스치고 가는

저 **바람 소리**를 들어보렴
현재의 상황과 모습을 바라보게 되는 계기
「너는 지금 바람을 만나고 있구나
「」: 바람에 흔들리는 나무의 모습
바람의 춤을 따라 흔들리고 있구나」

지금이 바로 너로구나

- 손택수, 〈나무의 꿈〉 -

01

답 | ④

(가), (나)의 표현상 특징으로 가장 적절한 것은?

정답 선지 분석

④ (가)와 (나) 모두 시어의 연쇄적 활용을 통해 시상을 발전시켜 나가고 있다.

(가)에서는 '단풍잎', '하늘', '파란 물감', '손바닥', '맑은 강물'이라는 시어를 연쇄적으로 활용하였고, (나)에서는 '계단', '창문', '바다'라는 시어를 연쇄적으로 활용하였다.

오답 선지 분석

① (가)는 (나)와 달리 반어적 표현을 통해 시적 긴장을 고조시키고 있다.

(가), (나) 모두 반어적 표현으로 시적 긴장이 고조되지 않았다.

② (나)는 (가)와 달리 동일한 종결 어미의 반복으로 운율감을 형성하고 있다.

(가)는 '-ㄴ다'라는 종결 어미를 반복하여, (나)에서 '-니', '-구나' 등의 종결 어미를 반복하여 운율을 형성하고 있다.

③ (가)와 (나) 모두 대상을 의인화하여 화자의 연민을 드러내고 있다.

(가)에서 대상을 의인화한 표현은 사용되지 않았고, (나)에서 시적 대상인 '나무'를 '너'라는 의인화된 청자로 설정하고 말을 건네는 어조로 시상을 전개하였다.

⑤ (가)와 (나) 모두 시선의 이동을 통해 장소가 지닌 의미를 다양하게 제시하고 있다.

(가)에서 '단풍잎 떨어져 나온 자리', '하늘', '손바닥' 등으로의 시선의 이동이 드러나고, (나)에서 '계단', '다락방', '창문' 등으로의 시선의 이동이 드러나고 있지만 이를 통해 장소가 지닌 의미를 다양하게 제시하고 있지는 않다.

02

답 | ①

㉠, ㉡에 대한 이해로 가장 적절한 것은?

정답 선지 분석

① ㉠은 '소년(少年)'의 정서를 환기하는 기능을 하고 있다.

㉠을 통해 '소년'의 '순이'에 대한 그리움이라는 정서를 환기한다. ㉡은 화자가 '너'가 지향할 것이라고 가정한 대상이라고 볼 수 있다.

오답 선지 분석

② ㉠은 '소년(少年)'이 거부하고자 하는 세계를 상징하고 있다.

㉠은 '소년'이 거부하는 세계를 상징하지 않는다.

③ ㉠은 '소년(少年)'이 자신의 한계를 인식하는 계기가 되고 있다.

㉠은 '소년'이 자신의 한계를 인식하는 계기는 아니다.

④ ㉡은 '너'가 처한 긍정적 상황을 드러내는 역할을 한다.

㉡은 현재 '너'가 처한 긍정적 상황을 드러내지 않는다.

⑤ ㉡은 '너'의 성찰이 이루어진 이후의 모습을 표상하고 있다.

㉡은 '너'가 성찰이 이루어진 이후의 모습을 표상하지 않는다.

03

답 | ③

<보기>를 참고하여 (가)와 (나)를 감상한 내용으로 적절하지 않은 것은?

보기

(가), (나)는 시간의 흐름 속에서 성장하는 존재의 순수한 정서와 인식에 대해 표현하고 있다. (가)는 소년이 자연물에 동화되는 과정을 감각적으로 드러내면서 과거의 사랑을 그리워하는 소년의 정서를 보여 준다. (나)는 대상이 품을 수 있는 다양한 꿈을 제시하고, 꿈을 이루지 못한 상황에서도 대상이 존재 가치가 있다는 것을 역설적으로 보여 주고 있다. 또 미래보다 현재 상황과 모습에 주목하는 자세를 강조하며 마무리한다.

정답 선지 분석

③ (나)의 '의자', '책상', '한 줌 재' 등은 대상이 품을 수 있는 다양한 꿈을 보여주는군.

(나)의 '의자', '책상'은 대상이 품을 수 있는 다양한 꿈으로 이해할 수 있지만, '한 줌 재'는 그 꿈을 이루지 못한 상황을 의미한다.

오답 선지 분석

① (가)의 '파란 물감이 든' '눈썹'은 '소년(少年)'이 자연물에 동화되는 것을 감각적으로 표현하는군.

(가)에서는 '가만히 하늘을 들여다보'고 '눈썹에 파란 물감이 든다'는 것을 통해 자연물인 하늘과 점차 동화되는 과정을 감각적으로 표현하고 있다.

② (가)의 '맑은 강물'에 어린 얼굴에는 '순이(順伊)'에 대한 '소년(少年)'의 그리움이 투영되어 있군.

(가)의 '소년'은 '맑은 강물' 속에서 사랑처럼 슬픈 얼굴을 발견하고 있으므로, '맑은 강물'에는 현재 부재하는 '순이'에 대한 그리움이 투영되었다고 할 수 있다.

④ (나)의 '장작'은 꿈을 이루지 못한 상황에서도 '몸을 데워' 줄 수 있다는 존재 가치에 대한 역설적 인식을 보여 주는군.

(나)의 '장작'이 한 줌 재가 된 것은 '너'의 '꿈'이 좌절된 상태라고 할 수 있으며, 누군가의 '몸을 데워'준다는 것은 새롭게 발견한 존재 가치라 할 수 있다. 그러므로 대상의 존재 가치를 역설적으로 보여 준 것이라 할 수 있다.

⑤ (나)의 '바람 소리'는 대상에게 '지금'의 상황과 모습을 주목하게 하는 계기가 될 수 있겠군.

(나)의 '바람 소리'는 '너'가 '지금 바람을 만나' '바람의 춤을 따라 흔들리고 있'음과 이어지므로, '너'의 현재 상황을 주목하게 하는 계기가 될 수 있다.

DAY 6 〈왕경룡전〉_작자 미상

빠른 정답 체크

01 ② 02 ④ 03 ⑤ 04 ①

[앞부분의 줄거리] 왕경룡은 아버지가 상인에게 빌려준 돈을 받아 절강으로 돌아가던 중 서주에서 기생 옥단을 만나 함께 살게 된다. 기생 어미는 경룡의 재물이 떨어지자 노림에서 죽이려 하지만 <u>경룡은 겨우 목숨을 부지하고 떠돌게</u>
경룡의 시련 ①   시련 ①의 극복   경룡의 시련 ②
된다. 이후 어렵게 살아가던 경룡은 옥단을 다시 만나고, 잃었던 재물을 옥단의
시련 ②의 극복
기지로 되찾아 절강으로 가려 한다.

옥단이 답하여 말하였다.

"<u>열녀는 두 지아비를 섬기지 않는다 하니 만일 방법이 있사오면 목숨을 보존하려니와 만일 몸을 더럽히는 지경에 이른다면 죽</u>
옥단의 지조와 절개
<u>을 뿐입니다.</u> 어찌 살기를 바라겠습니까?"

경룡이 마침내 울며 이별하고 절강으로 향하였다.
경룡의 아버지가 있는 곳
옥단이 공자를 보내고 침방에 돌아와 시비와 함께 약속하고 각
옥단의 계책
각 옷을 찢어 그 입을 막고 줄을 그 손과 발에 얽매고 침상 아래에 거꾸러졌다.

이튿날 기생집의 노복이 경룡의 일행과 말이 없어진 것을 보고 기생 어미에게 고하니, 기생 어미가 취함을 이기지 못하여 머리를 들고 일어나 옥단의 침소에 가서 보니 <u>옥단과 시비가 모두 침상 아래에 엎어져 죽은 듯 쓰러져 있었다.</u> 기생 어미가 놀라서 구
기생 어미를 속이기 위한 행동
원하니 짐짓 깨어난 체하며 말하였다.

"내가 어제 공자를 보지 아니하려고 했는데, 모친이 지극히 권
경룡   어제 옥단과 경룡이 만난 것이 기생 어미 때문임을 알 수 있음
해서 이렇게 되었으니 누구를 원망하리요? 공자가 비록 노림에
기생 어미가 경룡을 죽이려 한 것
서의 원한을 잊었다 하나 간밤에 취침할 때에 서로 합방치 아니함을 이상히 여겼더니 「밤이 깊음에 가만히 그 종자를 불러 들어
「 」: 경룡이 종자와 금은보화를 가져간 것으로 꾸며 기생 어미를 서주 관청으로 유인함
와 그 금은보화를 다 거두어 갔나이다.」 우리를 결박하여 죽이려 하다가 공자가 이를 알고 살렸사오나 첩이 욕봄은 가히 원통치 아니하나 가산을 다 잃었사오니 어찌 통탄치 아니하리요? 첩이 묶일 때에 그 약속하는 말을 들으니 우리가 추적할 것을 두려워하여 서주 관청에 머물다가 도망가자 했으니 속히 잡으십시오."

「기생 어미가 이웃 사람을 모아서 말을 타고 서주 관청에 이르
「 」: 기생 어미와 서주 관청에 도착한 옥단은 기생 어미의 잘못을 사람들에게 알림
니, 옥단이 갑자기 기생 어미를 말에서 끌어 내리치고 관청 서리

와 이웃 사람에게 고하여 말하였다.」

「"첩이 본래 양가집 자식으로 부모님을 잃어 의탁할 곳이 없었는
「」: 옥단의 과거를 요약적으로 전개함
데 할미가 나의 자색을 보고 양녀를 삼아 여러 사람들에게 값을

취하려 하니 어찌 어미와 딸 사이의 의리가 있겠습니까? 전날

에 절강 사는 왕경룡이 마침 첩을 보고 흠모하여 수만금을 들여

저를 아내로 맞아 해로하려 했더니, 저 할미가 음모를 꾸며 노

림에서 죽이려 하였습니다. 공자께서 다행히 벗어나 맨몸으로

환향하다가 첩을 사모하여 다시 재물을 가지고 어제 다시 왔었

더니, 저 할미가 또 재물을 뺏으려 하니 공자가 그 기미를 알고

피하였습니다. 그런데 이 할미가 다시 데리고 와서는 재물도 빼

앗고 공자를 죽이려 하였기에 첩이 거짓으로 함께 모의를 하는

듯하여 왔으니, 당초 일의 과정은 이웃 사람이 다 아는 바이니,

어찌 거짓을 아뢸 수 있겠습니까?"」

하고 통곡하며 그 기생 어미를 끌고 송사에 나가려 하였다. 이 일

은 이웃 사람들이 아는 바여서, 밤사이의 음모를 믿고 모두 옥단

이 옳고 기생 어미가 그르다고 하면서,

[A]
「"왕 공자가 재물을 훔쳐 도망갔다고 거짓말을 하여 우리들
「」: 옥단이 기생 어미를 데리고 서주 관청에 온 이유를 밝힘
에게 쫓아가자 하옵기로 왔사오나 만약 공자를 죽이고 재물

을 빼앗으려는 사정을 알았으면 어찌 따라왔겠습니까?"」

하였다.

서리들이 또한 노림의 일을 아는지라 모두 다 기생 어미를 꾸짖
기생 어미가 경룡을 죽이려 했던 곳
어 도적이라고 말하고, 옥단에게 권해 송사하게 하였다.

기생 어미가 두려워하거늘, 옥단이 말하였다.

"할미가 비록 지아비를 죽이려는 음모를 꾸몄으나 나를 길러준
기생 어미   유교적 가치를 지키려 함
은혜가 있으니 일단 관아에 송사하지는 않겠소. 그러면 나를 끝

까지 수절하게 하여, 협박하지 아니하겠소?"
기생의 신분임에도 경룡에 대한 절개를 지키려 함
하니, 기생 어미가 허락하거늘, 옥단이 서리를 청하여 문서를 쓰

고 이웃 사람에게 서명하게 한 후 문서를 가지고 돌아와 **북루에**

올라 시비를 불러 쌀을 빌어 조석으로 바치게 했다.

그 시비 또한 정성으로 쌀을 빌어 낭자를 구원하니 그 시비의

이름은 난영이었다. 또한 자색이 있고 성품이 타인을 더불어 즐

기는 것을 좋아하지 않으니, 본래 옥단이 양가집에서 데리고 온

시비였다.

기생 어미가 옥단을 해치고자 하나, 이웃이 알까 염려하였다.

한편 전날 조씨 상인에게 금은을 받은 바가 있었는데, 조씨 상인
기생 어미가 새로운 계교를 꾸미게 되는 배경
이 옥단을 어찌할 수 없음을 알고 금은을 돌려받고자 하였다. 기

생 어미는 그 재물이 아까워 몰래 약속하여,

"이리이리하시오."
구체적인 계교의 내용을 알려주지 않아 독자의 호기심을 유발함
하였다.

몇 개월 뒤에 기생 어미가 옥단을 구박하여 말하였다.

"네가 공자를 위하여 나를 배반하고 비록 내 집에 있으나 이익
기생 어미의 계략 ①
되는 것이 없으니 북루를 비우고 나가 살아라."

하고, 옥단을 내쫓았다. 이에 앞서 기생 어미가 마을에 있는 장사

치 할미에게 많은 재물을 주고 비밀리에 약속을 했다.

옥단이 쫓겨나 시비 하나를 거느리고 돌아갈 곳이 없어 길가에
난영
앉아 통곡하니, 길에서 한 할미가 그 까닭을 묻고 거짓으로 우는
자신을 믿게 하기 위해 거짓으로 우는 척을 함
체하며 말하였다.

"제가 매양 낭자가 정조를 지키려 고생스럽게 쌀을 빌어 입에
장사치 할미는 기생 어미와의 약속에 따라 옥단에게 거짓말을 함
풀칠하는 것을 불쌍하게 여겼는데 이제 다시 쫓겨나 의탁할 곳

이 없으니 누추한 내 집에서 머물도록 하오."

낭자가 다행스럽게 여겨 감사하고 따라가 할미의 집에 거처하

였는데, 한 달이 지나자 할미가 말하였다.

[B]
「"저는 낭자가 절개 지킴을 어여삐 여겼습니다. 하여 약간의

가산을 팔아 인마를 갖추어 낭자를 데리고 절강으로 가고자

합니다. 절강에 도착하면 낭자께서는 능히 공자로 하여금
경룡을 언급하며 옥단으로 하여금 현재 있는 서주를 떠나도록 함
후한 값을 치르게 하여 돌려보낼 수 있겠습니까?"」

옥단이 그 말을 다행히 여겨 감사하여 말하였다.

"그렇게 해 주신다면 어찌 힘을 다하여 갚지 않겠습니까?"

할미가 허락하고 마부와 말을 내어 행장을 수습하여 날을 받아

길을 떠났다.

「여러 날 만에 **서주의 경계**에 이르니 갑자기 사람들이 길을 막고
「」: 기생 어미의 계략 ②
옥단을 에워싸고 구박하면서 데리고 갔다.」 옥단이 할미를 불렀

으나 간 곳이 없거늘, 무리에게 말하였다.

"무슨 연유로 너희가 나를 위협하여 데리고 가는 게냐?"

모두가 답하여 말하였다.

"우리는 조씨 상인이 시키는 대로 낭자를 맞이하여 데려가거늘

무슨 위협이 있겠소?"

옥단이 몹시 통곡하며 말하였다.

"내가 두 할미에게 속았구나."
기생 어미, 장사치 할미
하고, 말에서 떨어지니, 무리들이 부둥켜안아 옥단을 말에다 태
옥단의 위기
웠다.

– 작자 미상, 〈왕경룡전〉 –

01

답 | ②

윗글에 대한 설명으로 적절하지 않은 것은?

정답 선지 분석

② '기생집'은 기생 어미가 부모를 잃은 옥단을 위해 난영을 시비로 내어 준 공간이다.

난영은 옥단이 '기생집'에 들어가기 전 '양가집에서 데리고 온 시비'이다. 따라서 기생 어미가 부모를 잃은 옥단을 위해 난영을 시비로 내어 준 공간이 '기생집'이라는 것은 적절하지 않다.

오답 선지 분석

① '침방'은 옥단이 경룡의 무리에게 결박당했다고 기생 어미를 속이는 장소이다.

옥단은 경룡과 이별하고 '침방'에 돌아와 시비와 함께 손과 발을 묶고, 다음날 경룡의 무리들에게 결박당했다고 기생 어미를 속인다. 따라서 '침방'은 옥단이 기생 어미를 속이는 공간으로 볼 수 있다.

③ '서주 관청'은 옥단이 기생 어미의 잘못을 사람들에게 알리기 위해 기생 어미를 유인하여 데리고 간 공간이다.

옥단은 경룡을 속여 재물을 빼앗으려 했던 기생 어미의 잘못을 알리기 위해 '서주 관청'으로 기생 어미를 유인한다. 따라서 '서주 관청'은 옥단이 기생 어미를 유인해 데리고 간 공간으로 볼 수 있다.

④ '북루'는 옥단이 경룡에게 절개를 지키겠다고 했던 다짐을 실천하는 공간이다.

옥단은 경룡에게 절개를 더럽히는 지경에 이르면 죽겠다고 했던 다짐을 실천하기 위해 '북루'에서 지낸다. 따라서 '북루'는 옥단이 자신의 다짐을 실천하는 공간으로 볼 수 있다.

⑤ '서주의 경계'는 절강에서 경룡을 만날 수 있다는 옥단의 기대가 깨지는 공간이다.

옥단은 경룡을 만나기 위해 절강으로 가던 중 '서주의 경계'에서 조씨 상인이 보낸 무리에게 끌려간다. 따라서 '서주의 경계'는 경룡과의 만남을 바라던 옥단의 기대가 깨지는 공간으로 볼 수 있다.

02

답 | ④

윗글에 대한 이해로 가장 적절한 것은?

정답 선지 분석

④ 옥단은 관청에서 돌아온 뒤 난영이 빌어 온 양식으로 어렵게 살아갔다.

옥단은 관청에서 돌아온 뒤 기생 어미와 떨어져 북루에서 지내면서 난영에게 '쌀을 빌어 조석으로 바치게' 하며 어렵게 살아갔다.

오답 선지 분석

① 난영은 이웃 사람과 더불어 사귀기를 좋아했다.

난영은 타인을 더불어 즐기는 것을 좋아하지 않았다.

② 서리들은 옥단이 작성한 문서에 증인으로 서명했다.

옥단은 서리를 청하여 문서를 쓰고 이웃 사람에게 서명하게 했다.

③ 조씨 상인은 자색이 있는 난영을 얻기 위해 무리를 보냈다.

조씨 상인은 난영이 아닌 옥단을 얻기 위해 무리를 보냈다.

⑤ 이웃 사람들은 노림의 일에 대한 사실을 알기 위해 옥단에게 송사를 권유했다.

이웃 사람들은 '노림'의 일을 다 알고 있다.

03

답 | ⑤

[A], [B]에 대한 설명으로 가장 적절한 것은?

정답 선지 분석

⑤ [A]에서 화자는 상대에게 자신이 현재 장소로 오게 된 이유를 밝히고 있고, [B]에서 화자는 상대에게 현재 장소를 떠날 것을 제안하고 있다.

[A]에서 이웃 사람들은 기생 어미가 '왕 공자가 재물을 훔쳐 도망갔다고 거짓말을 하여' 기생 어미를 따라 '서주 관청'에 왔다며 현재 장소로 온 이유를 밝히고 있고, [B]에서 장사치 할미는 옥단에게 경룡을 만나기 위해 현재 장소인 '서주'를 떠날 것을 제안하고 있다.

오답 선지 분석

① [A]에서 화자는 자신의 불우한 처지를 언급하며 상대의 감정에 호소하고 있다.

[A]의 화자는 기생 어미에 대한 옥단의 말을 듣게 된 이웃 사람들 중 한 명의 말로, 자신의 불우한 처지를 언급하고 있지 않다.

② [B]에서 화자는 감정을 절제하며 상대의 결정에 대해 비판적 태도를 드러내고 있다.

[B]의 화자인 장사치 할미는 감정을 절제하고 있지 않으며, 옥단의 결정에 대한 비판적 태도 또한 드러내지 않는다.

③ [A]와 [B] 모두에서 화자는 상대의 과거 행적을 드러내며 상대의 미래를 예견하고 있다.

[A]와 [B]의 화자 모두 상대의 과거 행적을 드러내고 있지 않다.

④ [A]에서는 [B]에서와 달리, 화자가 고사를 인용하여 상대의 요구를 우회적으로 거절하고 있다.

[A]와 [B]의 화자 모두 고사를 인용하고 있지 않다.

04

답 | ①

<보기>를 바탕으로 윗글을 감상한 내용으로 적절하지 않은 것은?

보기

이 작품은 남녀 주인공의 결합을 방해하는 혼사 장애 모티프를 지닌 애정 소설이다. 여자 주인공 옥단은 신분이 기생이지만 유교 사회에서 여성에게 요구되었던 정절을 지키려고 노력한다. 이런 옥단의 노력은 자신의 이익을 취하려 음모를 꾸미는 악인에 의해 방해를 받는다. 이 작품은 선인과 악인의 대립 구도가 드러나며, 악인의 음모로 인해 새로운 사건이 발생하거나 사건이 전환되기도 한다.

정답 선지 분석

① 옥단을 쫓아낸 기생 어미와 쫓겨난 옥단에게 머물 곳을 제공한 장사치 할미가 대립하는 모습에서 선인과 악인의 대립 구도를 확인할 수 있군.

장사치 할미는 기생 어미에게 많은 재물을 받고 조씨 상인에게 옥단을 넘기려는 음모에 가담하기로 비밀리에 약속한 후, 쫓겨난 옥단에게 머물 곳을 제공한다. 따라서 장사치 할미는 선인이 아니라, 기생 어미의 음모에 협조하는 악인으로 볼 수 있다.

오답 선지 분석

② 기생 어미가 경룡의 재산을 다시 빼앗고 죽이려 한 음모로 인해, 옥단이 기지를 발휘하여 경룡이 자신의 재물을 되찾는 새로운 사건이 발생하는군.

기생 어미에게 재산을 빼앗기고 노림에서 목숨의 위협을 받았던 경룡이 다시 재산을 가지고 기생집을 찾아오자, 기생 어미는 다시 경룡의 목숨과 재산을 노리게 된다. 하지만 옥단을 통해 기생 어미의 음모를 알게 된 경룡은 자신의 재물을 되찾아 달아난다.

③ 조씨 상인의 재물을 돌려주는 것을 아까워하는 기생 어미의 욕심은, 기생 어미가 조씨 상인의 무리들에게 옥단을 납치하도록 하는 음모를 꾸미는 원인이 되는군.

기생 어미는 조씨 상인에게 받은 재물을 돌려주는 것이 아까워 조씨 상인에게 옥단을 넘기려는 음모를 꾸미고, 조씨 상인은 무리를 보내 옥단을 납치하게 된다.

④ 옥단과 재회한 경룡이 생명의 위협을 느낀 후 해로하기로 한 옥단을 남겨둔 채 절강으로 떠나는 모습에서, 경룡과 옥단의 결합을 방해하는 혼사 장애 모티프를 확인할 수 있군.

옥단과 재회한 경룡이 기생 어미로부터 생명의 위협을 느껴, 옥단을 기생집에 남겨 두고 떠나는 모습에서 혼사 장애 모티프를 확인할 수 있다.

⑤ 옥단이 송사하지 않는다는 조건을 내세워 기생 어미에게 자신의 정절을 훼손하지 않겠다는 승낙을 받는 장면에서, 기생이지만 유교적 가치를 지키려 노력하는 모습을 확인할 수 있군.

옥단이 자신의 정절을 훼손하지 않겠다는 기생 어미의 승낙을 받고 송사를 포기하는 장면에서 기생이지만 정절을 지키려 노력하는 옥단의 모습을 확인할 수 있다.

MEMO

MEMO

MEMO